U0857193

ZHUHAI YEARBOOK

珠海年鉴

珠海市人民政府 主办 ★ 珠海年鉴编纂委员会 编

2018

全国优秀出版社 全国百佳图书出版单位 广东教育出版社

·广州·

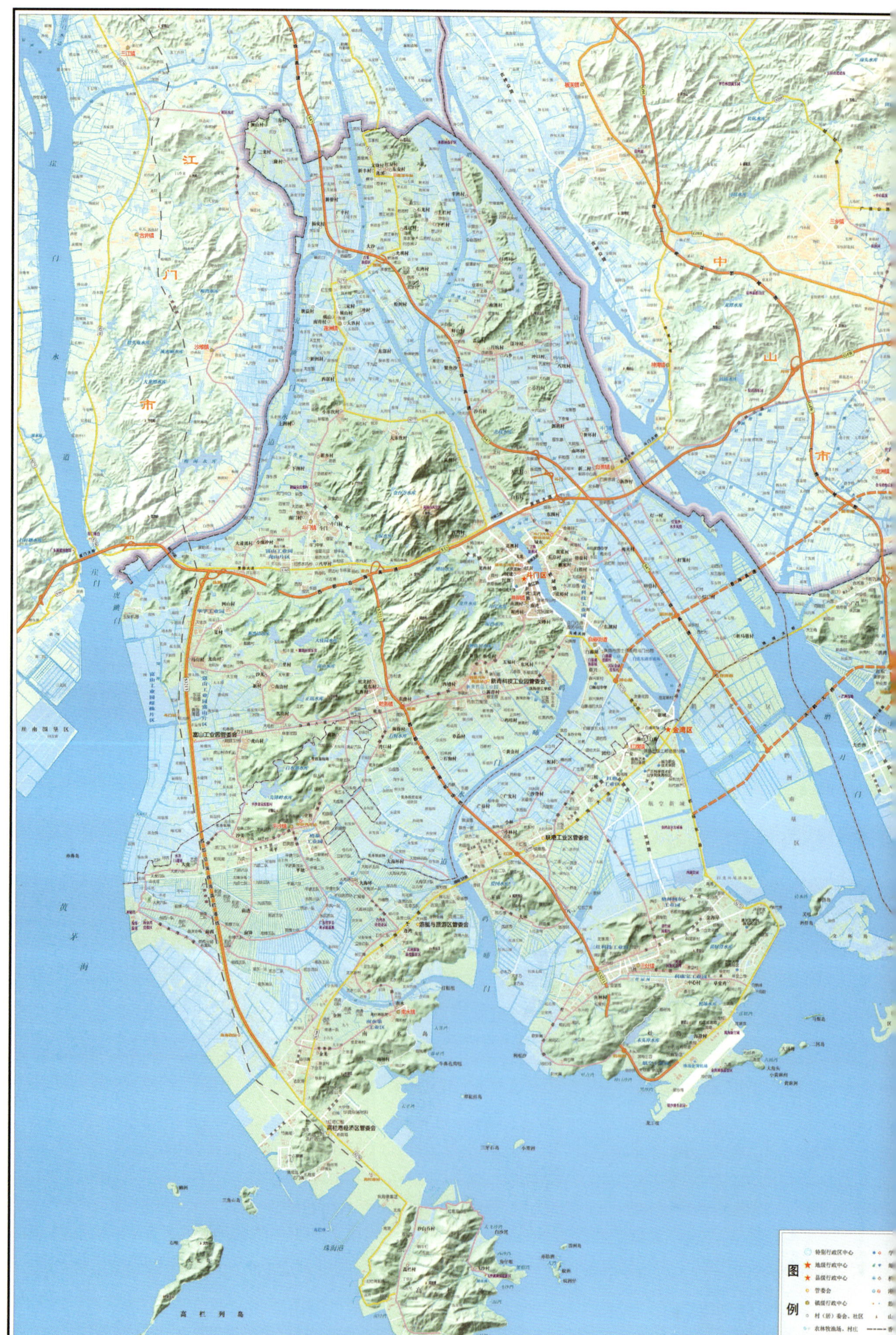

珠海市国土资源局、广东省地图院合编　　审图号：粤 S(2013)080 号

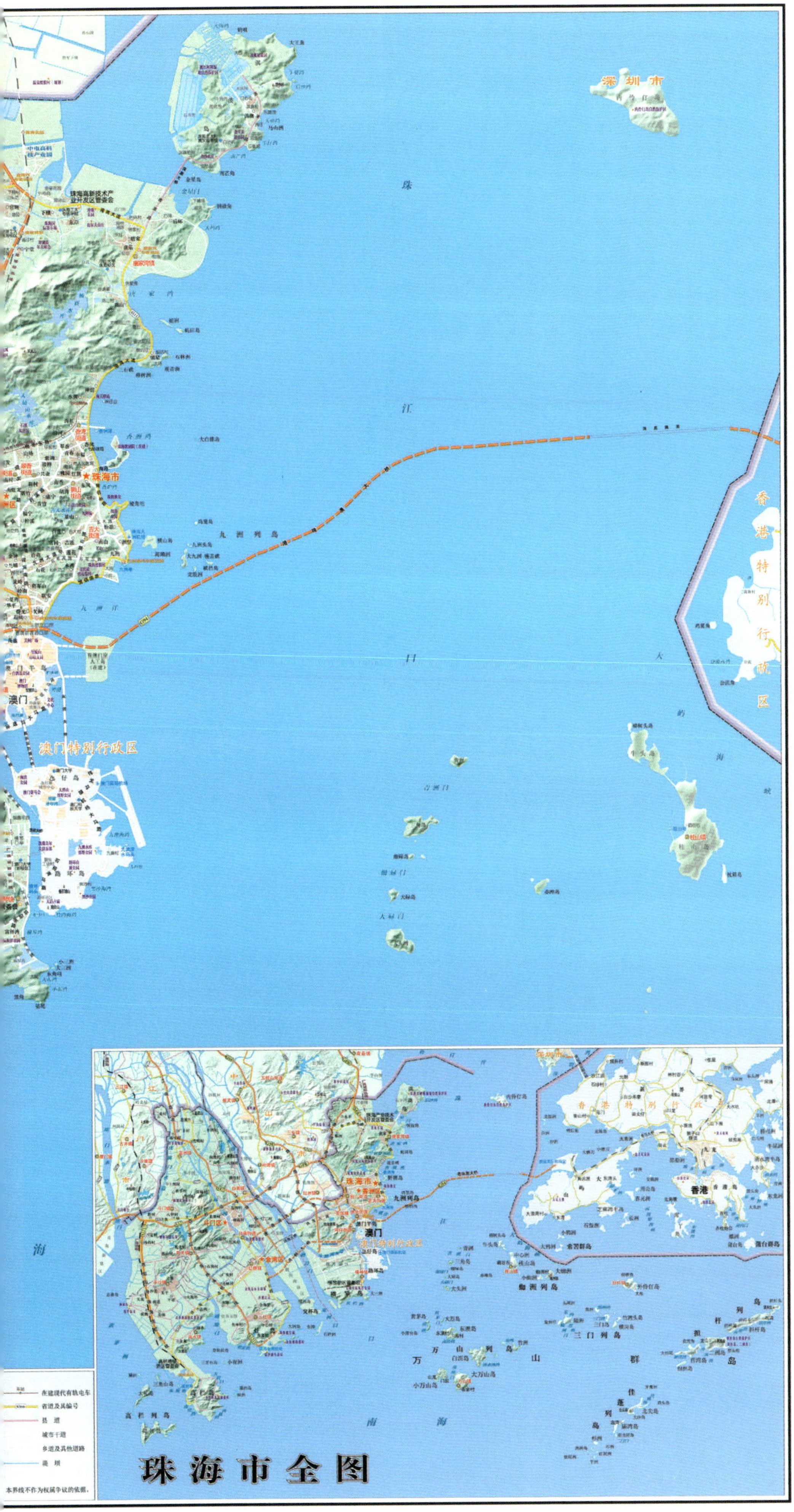

珠海

珠江口
九洲列岛
九洲洋
大屿海峡
青洲门
深圳市
香港特别行政区
澳门
澳门特别行政区
★珠海市

珠海市全图

万山列岛
三门列岛
佳蓬列岛
担杆列岛
南海

在建现代有轨电车
省道及其编号
县道
城市干道
乡道及其他道路
堤坝

本界线不作为权属争议的依据。

珠海市测绘院 供稿

2017 年 8 月 24 日，中共中央政治局委员、广东省委书记胡春华（前排右一）到珠海查看台风灾情，看望慰问受灾群众和奋战在一线的救灾人员

赵崇幸 摄

2017 年 9 月 8 日，中共中央政治局委员、广东省委书记胡春华（左七）到北京师范大学珠海分校经济与管理实验教学示范中心调研

赵崇幸 摄

2017 年 11 月 16 日，中共中央政治局委员、广东省委书记李希（前排左二）到港珠澳大桥珠海建设工地现场调研

赵崇幸 摄

2017 年 8 月 9 日，全国政协副主席梁振英（右三）到横琴粤澳中医药产业园考察

赵崇幸 摄

2017 年 6 月 8 日，交通运输部部长李小鹏（前排右一）到港珠澳大桥建设工地现场调研　　赵崇幸 摄

2017 年 12 月 6 日，国家质量监督检验检疫总局局长支树平（前排中）到珠海调研质检工作　　赵崇幸 摄

2017 年 11 月 30 日，广东省省长马兴瑞到珠海调研。图为马兴瑞（前排右 ）在前山街道福石社区向社区工作人员详细询问居民对教育、医疗、就业、住房和环保等民生需求情况
赵崇幸 摄

2017 年 1 月 11—14 日，珠海市九届人大一次会议在香洲召开，大会依法选举产生珠海市新一届国家机关领导人员。图为市九届人大常委会主任、副主任、秘书长集体亮相，左起：王红勤、田忠敏、关英彦、郭元强、陈英、黄锐、吴青山、李力
赵崇幸 摄

2017 年 8 月 25 日，珠海市委书记郭元强（右一）到斗门白蕉联围查看台风受灾情况　　赵　梓　摄

2017 年 10 月 23 日，珠海市市长姚奕生（前排左二）到高栏港区调研安全生产工作　　王　圣　摄

2017 年 3 月 28 日，珠海市农村工作暨扶贫开发工作会议召开　　市委农办 供稿

2017 年 12 月 15 日，珠海市委书记郭元强（左）率队到云南省怒江州贡山县独龙江乡孔当村调研贫困状况，走访慰问当地贫困户　　赵崇幸 摄

建设中的“珠海·怒江”扶贫协作维拉坝易地扶贫搬迁示范点

市委农办 供稿

2017 年 1 月 15 日，珠海市星园市场举办云南怒江特色农产品展示展销会

市委农办 供稿

2017 年 12 月 20 日，珠海市技师学院 2017 级“怒江班”同学在学习操作技术

市委农办 供稿

2017 年 2 月 28 日，珠海阳江合作共建项目签约仪式在阳江举行　　赵崇幸 摄

2017 年，珠海市精准扶贫项目——阳春市河西街道石上村荞头种植基地喜获丰收　　市委农办 供稿

2017 年 9 月 29 日，中国自贸区信息港揭牌暨信息港大厦奠基仪式在横琴新区举行　赵崇幸 摄

2017 年 3 月 10 日，珠海光库科技股份有限公司在深交所创业板上市

光库科技 供稿

2017 年 7 月 21 日，中国兴业新材料控股有限公司在港交所创业板上市　张文单 摄

2017 年 7 月 28 日，珠海经济技术开发区（高栏港经济区）举行实体经济项目集中动工竣工投产仪式

赵崇幸 摄

2017 年 9 月 20 日，珠海智慧产业园揭牌及项目签约仪式在高新区举行，15 个项目现场签约入园

赵崇幸 摄

2017 年 4 月 9 日，第五届中国电子信息博览会在深圳会展中心开幕。图为珠海展区格力水平多关节机器人弹奏电子琴

钟　凡 摄

2017 年 6 月 27 日，在第三届中以科技创新投资大会上展示的鼎芯科技无人船　钟　凡 摄

2017 年，英搏尔以科技创新为驱动加速新能源电动车发展。图为英博尔公司产品展示区

钟　凡 摄

2017 年 5 月 5 日，中国电子"i+"创新创效创意大赛在珠海南方软件园举办颁奖仪式和巅峰路演

钟　凡 摄

2017 年 12 月 24 日，中国航空工业集团公司自主研发的中国首款大型水陆两栖飞机——"鲲龙"AG600 在珠海金湾机场成功首飞

张　洲 摄

2017 年 2 月 16 日，珠海市代表团访问澳门。图为澳门特别行政区行政长官崔世安（左六）会见珠海市代表团

赵崇幸 摄

2017 年 6 月 27—28 日，第三届中以科技创新投资大会在珠海国际会展中心举行，高达 25 亿美元的 13 个中以合作重点项目正式签约。图为签约仪式现场

钟　凡 摄

中国-拉美国际博览会

CHINA-LATIN AMERICA AND THE CARIBBEAN INTERNATIONAL EXPOSITION

2017 年 11 月 9—11 日，“中国—拉美国际博览会”在珠海国际会展中心举行。图为开幕式现场　赵崇幸 摄

2017 年 11 月 29—30 日，“21 世纪海上丝绸之路”国际传播暨中国（广东）企业走出去论坛在珠海国际会展中心举行。图为开幕式现场　市委宣传部 供稿

2017 年 11 月 18—25 日，第四届中国国际马戏节在珠海长隆横琴国际马戏城举行，来自 18 个国家的 25 支马戏表演团队参加演出 赵崇幸 摄

2017 年 8 月 28—30 日，第三届珠江西岸先进装备制造业投资贸易洽谈会在佛山举行。图为珠海展区 曾 遥 摄

2017 年 12 月 12 日，粤港澳大湾区城市旅游联合会在珠海正式成立 朱 习 摄

2017 年 4 月 16 日，珠海开通前往南宁、郑州（经停武汉）、昆明、潮汕等地高铁线路，至此珠海市民可乘坐高铁直达的又添广西、河南、湖北、云南四省及潮汕等城市。图为珠海开往潮汕的 G6340 次列车即将发车

程　霖 摄

2017 年，珠海机场年旅客吞吐量创历史新高，突破 900 万人次大关。图为航空城（机场）集团公司董事长、珠港机场管理有限公司副董事长万景平（右）为幸运旅客颁发 VIP 贵宾卡

钟　凡 摄

2017 年 5 月 2 日，世界最大的沉管隧道——港珠澳大桥沉管隧道顺利合龙。图为起重船吊装 6000 吨重的接头

李建東 摄

2017 年 7 月 7 日，港珠澳大桥主体工程全线贯通。图为海底隧道贯通仪式现场

钟 凡 摄

2017 年 7 月 30 日，珠海市首座自锚式悬索桥——白石桥正式通车。该桥设计总长度 1307.2 米，其中桥梁 805 米，引道 301 米，连接道路 281.2 米 钟 凡 摄

2017 年 6 月 19 日，珠海市九洲大道公交专用车道正式启用 吴长赋 摄

2017 年 12 月 28 日，兴业快线（北段）项目开工。图为开工仪式现场 钟 凡 摄

横琴花海长廊。全长13.6千米，由本地木棉、樱花木棉等以及底层植被中的龙船花、黄蝉、毛杜鹃等开花植物构成

李建東 摄

香山驿站。位于珠海市香洲区梅华东路与迎宾北路交汇处，占地面积约37.2万平方米，是市民休闲散步的好去处

李建東 摄

珠海市吉大“菱角嘴” 蔡振丰 摄

珠海市香洲渔港 李建东 摄

海天公园

文　燕 摄

位于珠海十字门中央商务区湾仔片区的珠海国际会展中心

李建東 摄

珠海市前山河畔　　　　蔡振丰 摄

南湾新城　　　　文 燕 摄

2017 年 9 月 8 日，珠海报业传媒集团、珠海广播影视传媒集团成立暨揭牌仪式在珠海报业大厦举行

珠海特区报社 供稿

2017 年 12 月 15—17 日，“新时代 · 新经验 · 新想象”2017 金砖国家文学论坛在北京师范大学珠海分校举办。图为苏童（左）、莫言（中）、格非（右）等中国当代作家与巴西、俄罗斯、印度、南非的作家进行交流

吴长赋 摄

2017 年 9 月 24 日，第二届珠海莫扎特国际青少年音乐周圆满落幕。图为 C 组决赛现场　　朱　刁　摄

2017 年 9 月 20 日，“爱在珠海”2017 珠海市道德模范与身边好人现场交流活动在市图书馆报告厅举行。图为道德模范获奖者和十佳美德少年获奖者合影留念　　赵　梓　摄

2017 年 9 月 22 日，“党纪党规在心中”2017 珠海市直宣传文化系统知识竞赛决赛在珠海广播电视台演播大厅举行　　赵　梓　摄

2017 年 8 月 9 日，第三届中法大学生体育文艺周开幕式在北京师范大学珠海分校举行

吴长赋 摄

2017 年 11 月 12 日，南粤古驿道文化之旅 2017 年群英故里香山古道骑行——纪念孙中山先生 151 周年诞辰及岐关车路有限公司成立 90 周年活动在澳门、珠海和中山市举行

朱　习 摄

2017 年 11 月 12—19 日，2017 年全国帆船帆板锦标赛在珠海九州湾—香炉湾海面举行，全国各省市的帆船、帆板选手和教练员、裁判员 400 余人参加比赛

阮耀林 摄

2017 年，珠海市高新区构建人才强力磁场，打造人才聚集高地，提升人才安居保障力度。图为新建成的人才公寓

程　霖 摄

2017 年，中山大学珠海校区打造世界一流滨海校区，海洋科学学院楼、多学科交叉平台楼等基建项目启动

吴长赋 摄

建设中的珠海中山大学附属中学　　吴长赋 摄

2017 年，珠海市斗门区推进市第二中医院、镇级卫生院等一批项目建设，支持遵义医学院第五附属（珠海）医院创“三甲”，构建区镇村三级医疗体系。图为遵义医学院第五附属（珠海）医院　　陆绍龙 摄

2017 年 2 月 11 日，“团圆聚福 为爱而拍”第四届珠海大型全家福免费拍摄公益活动在吉大免税商场举行

钟 凡 摄

2017 年 3 月 9 日，珠海市斗门区莲洲镇南青村完成土地确权工作，村民领到新版农村土地承包经营权证书

曾 遥 摄

2017 年 3 月 25 日，位于拱北联安路的联安市民艺术中心向市民开放

联安市民艺术中心 供稿

2017 年 7 月 22 日，首届珠海市中医药文化宣传周启动仪式在吉大九州城举行　　市卫计局 供稿

2017 年 8 月 23 日，强台风“天鸽”正面袭击珠海后，抢险救灾工作随即迅速展开。图为当天下午 6 时武警官兵在银桦路上清障　　宁 睿 摄

珠海年鉴编纂委员会

主　　任　姚奕生

副主任　阎　武

委　　员（以姓氏笔画为序）

王国剑　王玲萍　王晓东　王梦阳　王朝晖　王智斌　方小勇　邓　文　玄　阳
刘棠闻　许广安　李　兴　李　勇　李灿宇　李奕根　闵云童　汪先富　张　华
张　磊　张经纬　张美慧　张梅生　陈　义　武　林　林日团　林粤海　罗新安
周　昌　周　峰　周晓文　郑安兴　郑潮龙　房　祁　练伟光　施胜勇　袁学东
高树林　唐成伟　陶海林　崔旭明　谢桂兰　潘杜鹃　戴伟辉

《珠海年鉴·2018》编辑人员

主　　任　潘杜鹃

副主任　曹　琨

编　　辑（以姓氏笔画为序）

冯建华　曹　琨　曾维浩　潘杜鹃

装帧设计　冯建华

珠海年鉴编辑中心
地址：广东省珠海市香洲区新光里三街23号1栋201/202室
电话：（0756）2110661　传真：（0756）2119331　邮编：519000

编辑说明

一、《珠海年鉴》是珠海市人民政府主办、珠海年鉴编纂委员会编纂的大型综合性、资料性市情工具书，自1986年创办以来，每年出版1卷（1990与1991年合出一卷），国内外公开发行。本卷为第32卷，旨在全面、系统、准确地反映珠海市2017年度自然、政治、经济、文化、社会等方面的基本情况，为读者了解和研究珠海提供基本资料。

二、《珠海年鉴》采取分类编辑法，在类目下设分目，分目下设条目（内容层级较多的设次分目），条目为年鉴的基本单位。类目与分目、次分目标题使用不同版式，条目标题一律以黑体字加【】号。全书前有目录，后有索引，具有比较完善的检索系统。《珠海年鉴·2018》采用大16开本，设32个类目。

三、《珠海年鉴·2018》在保持基本框架相对稳定的前提下，调整、充实、更新了部分内容。"特载"类目收录市委书记在八届四次全会上的讲话和政府工作报告，另设"年度关注"类目收录年度大事。"概貌"类目按照"五位一体"总体布局设置分目：原"国民经济和社会发展""固定资产投资"分目合并为"经济建设"分目；原"政治文明建设"分目更名为"政治建设"，保留"依法治市""政务公开"次分目；原"依法行政"次分目调整至"法治"类目，设为"法治政府建设"分目；原"精神文明建设"分目更名为"文化建设"，增设文化相关条目。原"人民团体"类目更名为"群众团体"，增设"中国国际贸易促进委员会珠海市分会"分目。"法治"类目中，增设"地方立法"分目，原"综述"和"社会治安综合治理"分目合并为"政法委和社会治安综合治理"分目。"经济监督管理"类目中"国土资源管理"分目调整至"城乡建设"类目。"工业"类目增设"军民融合产业"和"富山工业园"两个分目；原"交通装备产业"分目更名为"装备制造产业"；原"游艇工业"分目调整至"装备制造产业"分目下，设为条目。"金融业"类目更名为"金融"，原"银行业监督管理"分目更名为"银行业"，另增设"证券期货业"和"保险业"两个分目。原"农业"类目更名为"农业·海洋产业"，原"农业产业化经营""农业现代化建设""农业机械化"分目调整至"综述"分目下，设为条目；并在"综述"分目下增设"农业科技"条目。"交通·邮政"类目中原"珠海港集团"分目调整至"港口"分目下，设为条目。原"区域合作·扶贫开发"类目更名为"精准扶贫·区域合作"。原"对外经济贸易·民营经济"类目更名为"开放型经济·民营经济"。"口岸""环境保护""文化"单独设类目以突出其作用和地位。"文化"类目中设"文化事业"分目，并充实内容，设"概述""公共文化服务""文艺创作""文化遗产""文化产业与文化市场""文化交流"六个次分目。"旅游业"与"会展业"合并类目。"行政区"与"经济功能区"分开设类目。

四、本年鉴采用的文稿，均由珠海市各有关单位专人撰写或提供资料，并经主管领导审定。终审稿由珠海市地方志书审查委员会审定。统计数据采用法定计量单位，主要统计数据经供稿单位与统计部门核对。有些对应指标数据在上年卷刊出后做了调整的，本卷里不再说明，以本卷刊出的珠海市统计局提供的"统计资料"为准。

五、《珠海年鉴·2018》在编纂过程中，得到全市各级党委、政府和各部门、单位及各界人士的大力支持与热情帮助，在此衷心感谢。疏漏之处，敬请批评指正。

总　目

目 录

特 载

年度关注

大事记

概 貌

党政机关

群众团体

法 治

军　事

经济监督管理

财政・税务

工　业

商贸服务业

金 融

农业·海洋产业

交通·邮政

口　岸

精准扶贫·区域合作

信息业

城乡建设

环境保护

开放型经济·民营经济

旅游业·会展业

教育·科技

文　化

卫生·体育

社会生活

行政区

经济功能区

人 物

统计资料

文献·法规

附 录

Main Contents

特　载

在中共珠海市委八届四次全会上的讲话

中共广东省委常委、珠海市委书记　郭元强

（2018年1月8日）

现在，我受市委常委会委托，向全会作工作报告，请予审议。

一、2017年珠海各项事业取得新进步

过去一年，在党中央、省委的坚强领导下，市委常委会高举中国特色社会主义伟大旗帜，深入贯彻落实党的十八大、十八届历次全会精神，认真学习贯彻党的十九大精神，以习近平新时代中国特色社会主义思想为指导，按照习近平总书记对广东工作作出的“三个定位、两个率先”和“四个坚持、三个支撑、两个走在前列”重要指示批示要求，团结带领全市广大干部群众，坚持稳中求进工作总基调，坚定不移贯彻新发展理念，统筹推进“五位一体”总体布局和协调推进“四个全面”战略布局，推动全市各项事业取得了新的进展。

一年来，我们坚决维护以习近平同志为核心的党中央权威和集中统一领导，在政治立场、政治方向、政治原则、政治道路上同党中央保持高度一致。

一是深入学习宣传贯彻党的十九大精神。市委强调，全市上下要将学习宣传贯彻习近平新时代中国特色社会主义思想和党的十九大精神作为首要政治任务和最重要的“纲”，持续在学懂弄通做实上下功夫。市委召开八届三次全会，出台关于持续深入学习宣传贯彻党的十九大精神推动习近平新时代中国特色社会主义思想在珠海落地生根结出丰硕成果的决定，使贯彻落实党的十九大精神、在新时代再创发展新局成为全市上下的共同意志、共同目标、共同行动。部署开展“大学习、深调研、真落实”活动，实现全市党员学习培训全覆盖，市委常委带头开展调查研究形成系列工作意见和举措，切实把党的十九大精神贯彻落实到珠海各项工作中。

二是切实用习近平新时代中国特色社会主义思想武装头脑指导实践推动发展。市委强调，要推动习近平新时代中国特色社会主义思想贯彻到基层、落实到一线，用珠海建设中国特色社会主义的生动实践和丰硕成果，彰显习近平新时代中国特色社会主义思想的科学性和真理性。围绕学习贯彻习近平新时代中国特色社会主义思想、习近平总书记系列重要讲话精神等重大任务，举办市委理论学习中心组专题学习17场次，部署开展基层专题宣讲1900多场次。把《习近平谈治国理政》第一、第二卷作为权威读本，全面系统地学习领会习近平新时代中国特色社会主义思想。认真解决事关老百姓切身利益的实际问题，推动习近平新时代中国特色社会主义思想落实落细落具体，把学习贯彻党的十九大精神的过程变成为群众办实事解难事谋幸福的过程。

三是坚决贯彻落实习近平总书记对广东工作重要批示精神。习近平总书记对广东工作作出的“四个坚持、三个支撑、两个走在前列”重要批示，是习近平总书记治国理

政新理念新思想新战略在广东的具体化，是广东最宝贵的思想和精神财富，为新时代珠海改革发展提供了最强大的动力。省第十二次党代会围绕贯彻落实重要批示精神作出了具体部署安排。市委认真贯彻落实习近平总书记重要批示精神和省第十二次党代会各项决策部署，以"四个坚持"为旗帜和方向，以"三个支撑"为使命担当和发展路径，以"两个走在前列"为总的奋斗目标，按照习近平总书记重要批示精神对市第八次党代会各项决策部署进行完善提升，制定供给侧结构性改革、创新驱动、开放引领、实体经济和"一带一路"倡议支点等系列配套实施方案，确保中央和省的决策部署在珠海落地见效。

一年来，市委常委会认真落实"抢抓机遇、担当使命、干在实处、走在前列"的工作总要求，推进了以下十项重点工作。

（一）大力推进结构调整，经济发展质量和效益不断提升

适应、把握、引领经济发展新常态，必须坚定不移贯彻新发展理念。以深化供给侧结构性改革为主线，着力推动发展方式转变和发展动力转换，经济结构调整取得明显成效，经济实力上了新台阶。全市地区生产总值预计达2554亿元，增长9.0%，增速在全省和珠三角居于前列；固定资产投资、社会消费品零售总额、一般公共预算收入均实现两位数的增长。一是实体经济发展基础进一步夯实。出台工业企业培育、园区提质增效、招商引资、降低实体经济成本"珠海十条"等系列措施，规模以上工业增加值达1200亿元，同比增长10.9%。打造实体经济发展重大平台，启动智慧产业园建设，改革富山工业园管理体制，通过整合土地资源、完善园区配套、创新管理机制，提升八大园区承载能力。大力推进"三去一降一补"，重点任务顺利完成。设立总规模1000亿元的珠海发展投资基金，引导社会资金更多投入实体经济领域。TCL、安能泰制药、烽火科技、航特装备等一批项目投产、动工和签约。二是产业结构进一步优化。装备制造业增加值达500亿元，同比增长18%；其中先进制造业占规模以上工业增加值比重提升到54%，高技术制造业增加值占规模以上工业增加值比重提升到29.8%。现代服务业加快发展。三是房地产调控取得积极成效。严格执行两轮房地产调控政策，经济发展对房地产业的依赖程度不断降低，实体经济对全市经济增长的贡献率不断提升。

（二）深入实施创新驱动发展战略，粤港澳大湾区创新高地建设扎实推进

创新发展是珠海的优势所在，更是未来的努力方向。我们坚持把创新摆在发展全局的核心位置，着力推动发展方式转变和发展动力转换，以创新为主要引领和支撑的经济体系和发展模式正逐步形成。一是创新能力明显增强。出台建设粤港澳大湾区创新高地实施方案等系列政策措施，全市高企数量增长77.8%、总数突破1400家。规模以上工业企业研发机构覆盖率达37%，建成一批新型研发机构。世界最大的水陆两栖通用飞机"鲲龙"AG600首飞成功，一批具有国际竞争力的科技产品问世。珠三角国家自主创新示范区建设扎实推进，高新区在全国综合排名上升到第二十四名。质量强市建设稳步推进，国家级标准国际化创新型城市获批创建，国家新能源汽车动力电池及电驱动系统质检中心等获批建设。二是创新合作取得新成效。大力推动中以、中德创新合作，成功举办第三届中以科技创新投资大会，中以加速器产业园等一批项目落户，中德人工智能研究院等高水平创新平台建设加快。"双自联动"体制机制进一步完善，建设"双自联动"试点园区。积极对接广深科技创新走廊，建成珠海中科先进技术研究院等科技成果转化平台。三是创新要素加速集聚。深化人才发展体制机制改革，发挥横琴人才管理改革试验区平台作用，深入实施海内外高层次人才计划。全市新引进国家"千人计划"专家43人，累计93人。推动知识产权质押融资，全市创业投资机构数量达219家。推出产业人才共有产权住房，实施重大研发机构建设扶持资金等政策，良好创新创业生态环境加速形成。

（三）大力实施开放引领战略，对外开放合作迈出新步伐

开放是珠海的特质，也是珠海繁荣发展的必由之路。我们发挥区位优势和开放的先发优势，充分利用"两个市场"汇聚"两种资源"，不断提高产业和城市竞争力。一是横琴自贸试验片区示范引领作用更加凸显。以制度创新为核心，加大自贸区改革探索力度，新落地84

项制度创新措施并在全市复制推广。全区注册企业突破4.2万家，中国自贸区信息港等一批重大项目引进落地，国际休闲旅游岛建设加快推进，现代金融、休闲旅游、总部经济等现代服务业发展提速。二是开放合作载体和平台加快建设。打造珠港澳物流合作园，加快建设海港经济区，积极推进高栏港综合保税区申报，着力谋划建设空港经济区。布局全球招商网络，在境外设立5个经贸代表处。成功举办首届中国—拉美国际博览会，中拉经贸合作园也正式开园，对外开放合作新格局已初步形成。三是珠港澳合作有新成果。出台了一批支持澳门经济适度多元发展的政策措施，加快建设青茂口岸、横琴口岸综合交通枢纽等跨境基础设施，加快推进粤澳合作产业园、粤澳合作中医药产业园等合作项目，横琴澳门青年创业谷升级为国家级科技企业孵化器，孵化企业231家，粤澳合作发展基金落户横琴，内地首家澳门银行机构在横琴开业。珠中江阳紧密合作扎实开展。

（四）珠江西岸核心城市建设取得新进展

珠海要抓住粤港澳大湾区建设、港珠澳大桥即将建成通车等重大历史性机遇，必须加快提升核心城市的综合实力和辐射带动能力。我们加快构建以港珠澳大桥为龙头的交通大格局，加快构建以西部生态新区建设为重点的城市大格局，实现城市建设发展迈上新台阶。一是区域交通枢纽建设不断加快。全面打响新一轮交通基础设施建设大会战，港珠澳大桥及配套工程全线建成并具备通车条件，白石桥、洪湾枢纽互通二期工程通车，香海大桥、洪鹤大桥、金琴快线等动工建设。珠机城际轨道一期工程、珠海机场升级改造项目顺利推进。珠海机场年旅客吞吐量超过920万人次，同比增长50.3%，珠海港完成货物吞吐量约1.3亿吨。综合运用道路挖潜改造等举措，城市交通拥堵治理初显成效。二是城市发展呈现新面貌。西部生态新城起步区建设完成投资47亿元，主干路网全面开工建设，建成20条市政道路。加快建设横琴新区环澳城市带，“一河两岸”格局初步形成。以香洲区为重点推进城市更新工作，城市品质不断提升。推动建设新型智慧城市，城市治理能力不断增强。三是生态优势得到巩固和发展。成功创建国家生态文明建设示范市、国家节水型城市，获评“2017美丽山水城市”。加快推进国家海绵城市试点建设，新开工建设一批综合管廊。全面推行“河长制”，12条黑臭水体治理和截污工作顺利推进。空气质量在全国74个重点城市中排名前十。园林绿化重建和改造升级取得新进展。

（五）推进区域协调发展有新举措

我们按照全市“一盘棋”思路统筹生产力和人口布局，促进东西部、城乡、陆岛融合发展。谋划建设港珠澳大桥经济区，横琴、保税区、洪湾片区一体化改革发展进入实际推进阶段。统筹推进西部地区新型城镇化和新农村建设，加大财政投入力度，推动休闲农业和乡村旅游加快发展，村居集体收入较快增长，农民生活水平不断提高，村容村貌持续改善。推进美丽渔村建设，加快完善陆岛基础设施，海岛居住条件和产业发展环境优化。

（六）全面深化改革取得新成果

我们整体推进77项改革政策落实，集中抓好15项重点改革工程，激发珠海经济特区新活力。深化经济领域改革，加快推进投融资体制改革，创新公共服务项目开发建设模式，积极推进科技体制改革，稳步推进国资国企改革，市场环境更加公平开放透明。深化行政管理改革，加大“放管服”改革力度，政务服务效率进一步提升。积极落实司法责任制改革，深化公安改革试点工作，司法行政各项改革落地实施，法治环境更加优良。深化文化体制改革，文化企事业单位创造活力进一步激发。深化社会治理改革，社会发展活力显著增强。

（七）保障和改善民生工作取得新成效

我们坚持以人民为中心的发展思想，着力办好民生实事，人民群众获得感、幸福感明显增强。一是基本公共服务均等化水平显著提升。财政用于九项民生支出354.1亿元，占一般公共预算支出的71.7%。实施更加有效的就业创业政策，城镇失业率控制在2.26%，全体居民人均可支配收入预计达到4.39万元。社会保障制度体系更加完善、覆盖面持续扩大、待遇水平稳步提高。推动教育优质均衡发展，新建成4所中小学。扎实推进国家健康城市建设试点工作，医疗卫生服务能力提升。二是文化建设迈上新台阶。大力弘扬社会主义核心价值观，实施“四大文明”引导行动，市民文明素质不断提高。加快建设文化旅游之城，优化公共文化服务体系，推动文艺事业繁荣发展，人民群众文化获得感不断增强。成功举办中国国际马戏节等重大文化活动，获评“中国旅游休闲示范城市”。三是脱贫攻坚取得阶段性成效。东西部扶贫协作、省外对口支援、精准扶贫和省内对口帮扶扎实推进，市内农村低收入困难群体精准帮扶全面开展。

（八）加强民主法治建设，社会大局保持和谐稳定

我们坚持党的领导、人民当家作主、依法治市有机统一，更好发挥法治的引领和规范作用。加强和改进党对人大工作、政协工作的领导，坚持定期听取市人大常委会党组、市政协党组工作报告制度。支持人大及其常委会依法行使职权，加强各级人大建设。支持和保证人民政协依照章程履行职能，推动协商民主广泛、多层、制度化发展。扎实推进全面依法治市，立法、执法、司法、普法工作取得新成效。坚持打击整治和源头防范并重，打赢党的十九大维稳安保攻坚战，实现“四个不发生”。加强社会矛盾纠纷滚动排查，信访批次、人次和占比呈现双减双降态势。坚持以党建引领基层治理，开展涉农涉土专项整治，连续三年超额完成省下达任务，农村土地承包经营权颁证率达95.4%。深入推进平安珠海建设，实施“飓风2017”和“三打击一整治”等专项行动，全市刑事案件同比下降9.8%，群众安全感显著提升。

（九）强化管党治党主体责任，全面从严治党开创新局面

办好珠海的事情，关键在党，关键在党要管党、全面从严治党。我们切实担负起管党治党责任，把政治建设摆在首要位置，把各级党组织建设得更加坚强有力。一是旗帜鲜明讲政治。坚持把牢政治方向，严明党的政治纪律和政治规矩，引领全市党员牢固树立“四个意识”、坚定“四个自信”，始终在思想上政治上行动上同以习近平同志为核心的党中央保持高度一致。以“两学一做”学习教育常态化制度化为牵引，强化党员干部理论武装。认真执行新形势下党内政治生活的若干准则，营造了风清气正的良好政治生态。二是加强宣传思想和意识形态工作。认真落实党委（党组）意识形态工作责任制，坚持党对新闻舆论工作的领导，突出加强网络生态治理，意识形态领域形势始终保持正气上扬、正能量强劲、主旋律响亮。三是大力加强干部队伍建设。贯彻新时期好干部标准，坚持正确用人导向。从严抓好干部经常性管理监督，加强干部精准化培训，实施基层干部培养“双成长”计划、中青年干部“墩苗计划”，干部队伍素质能力显著提升。坚持党管人才原则，创新人才发展体制机制和政策措施，人才规模不断扩大、结构质量优化提升。四是扎实推进基层党组织建设。出台严格履行党建责任制的意见，层层落实管党治党主体责任。创新党组织设置方法，党组织覆盖和工作覆盖有效扩大。顺利完成村（社区）“两委”换届选举，基层党组织带头人队伍建设加强。创建基层党组织标准化示范点108个，精准整顿转化软弱涣散党组织20个，基层党组织创造力凝聚力战斗力不断增强。

（十）党风廉政建设和反腐败斗争取得积极成效

坚持驰而不息正风肃纪反腐，以优良作风和清廉形象赢得广大群众支持认同。严格落实中央八项规定精神，查处相关问题22个，给予党纪政纪处分33人。把纪律和规矩挺在前面，共运用监督执纪“四种形态”处理党员干部854人次。保持反腐败高压态势，查处各类违法违纪案件376件376人，给予处分351人。坚定不移深化政治巡察，高质量完成市委第一轮巡察。认真落实中央和省关于监察体制改革决策部署，如期完成监察体制改革试点工作各项任务。

一年来，市委沉着应对各种风险和挑战。面对有气象记录以来最严重的“天鸽”台风灾害，市委团结带领全市人民有力有序有效开展救灾复产重建工作，4天之内基本实现通电、通路、通水、通讯“四通”，群众正常生活生产秩序得到快速恢复，夺取了抗风救灾复产的重大胜利。认真总结在防御台风灾害中暴露出来的城市规划建设管理问题，出台城市环境清理规范优化提升“1+7”工作方案，积极推进基础设施改造升级，有效提升城市防灾抗灾能力。

一年来，市委总揽全局、协调各方。认真贯彻落实统一战线工作条例，支持市各民主党派、工商联和无党派人士参政议政，加强党外代表人士队伍建设和民族、宗教、

港澳台海外工作，不断巩固壮大爱国统一战线。工会、共青团、妇联等人民团体的作用得到充分发挥，国防教育等工作得到全面加强。

在肯定成绩的同时，必须清醒地看到，我们的工作还存在许多短板和不足，发展不平衡不充分的问题在很多领域不同程度地存在。一是经济发展的短板。经济总量偏小，实体经济偏弱，经济结构调整任务较重，经济增长对房地产业依赖度仍然较高，工业投资占固定资产投资的比重偏低。二是创新发展的短板。创新主体偏少、创新孵化能力和科技成果产业化能力较弱、创新生态体系不完善。三是开放发展的短板。开放度不高、聚集国外高端要素的能力不强，引进的国际高端企业、人才和技术比较少。四是城市建设管理的短板。城市基础设施配套建设滞后，防灾抗灾能力较弱，精细化现代化管理水平有待提高。五是区域协调发展的短板。城乡发展差距较大，农村发展总体滞后，农民收入水平偏低。东西发展不均衡，西部地区的产业、交通、城市建设进展缓慢。六是民生社会事业发展的短板。公办幼儿园学位紧缺，优质医疗卫生资源不足，高房价导致外来人才和中低收入群体住房需求得不到很好满足。七是全面从严治党还需要进一步加强。部分基层党组织软弱涣散、战斗力不强，部分党员干部不敢担当、抓落实不力，党内思想不纯、组织不纯、作风不纯等问题尚未根本解决，反腐败斗争形势仍然严峻。我们一定要高度重视上述问题，采取有力措施，认真加以解决。

二、深入学习领会习近平新时代中国特色社会主义经济思想，主动适应新时代新要求，把握好关系珠海发展全局的重大问题

中国特色社会主义进入新时代，珠海站在了新的历史起点上。我们一定要坚持以习近平新时代中国特色社会主义思想为指导，观大势、谋全局、抓大事，沿着正确方向坚定前行，在实现“两个一百年”奋斗目标新征程上走在前列。

（一）坚持以习近平新时代中国特色社会主义经济思想引领珠海发展

党的十八大以来，以习近平同志为核心的党中央成功驾驭经济发展大局，形成了以新发展理念为主要内容的习近平新时代中国特色社会主义经济思想。这一思想，是习近平新时代中国特色社会主义思想的重要组成部分，是中国特色社会主义政治经济学的最新成果，标志着党对经济发展规律的认识达到了新高度。珠海要开创发展新局，必须把这一思想作为长期坚持的科学理论指导和行动指南，深入贯彻落实到经济社会发展全过程各方面。

珠海“经济形势应该怎么看、经济工作应该怎么干”，都必须以习近平新时代中国特色社会主义经济思想为根本遵循，深刻领会并始终做到“七个坚持”。一要坚持加强党对经济工作的集中统一领导，不折不扣贯彻落实党中央和省委各项决策部署，不断完善党委领导经济工作的体制机制，提高专业化本领。二要坚持以人民为中心的发展思想，坚定践行根本宗旨，着力解决群众最盼最急最忧最怨的问题，带领人民通过不懈奋斗创造美好生活。三要坚持适应把握引领经济发展新常态，遵循经济发展规律，坚定贯彻新发展理念，实施创新驱动和开放引领两大战略，建设粤港澳大湾区创新高地和“一带一路”倡议支点，建设现代化经济体系，统筹区域城乡协调发展，努力实现更高质量、更有效率、更加公平、更可持续的发展。四要坚持使市场在资源配置中起决定性作用，更好发挥政府作用，不断深化经济体制改革，巩固珠海营商环境优势。五要坚持落实适应我国经济发展主要矛盾变化完善宏观调控的要求，深入推进供给侧结构性改革，把壮大实体经济作为珠海经济向上突围的战略支撑，推动经济“质”“量”双提升，以高水平供给满足人民群众升级变化的需求。六要坚持问题导向部署经济发展新战略，进一步深化对市情的认识和把握，研究制定解决发展不平衡不充分问题的行动计划和具体方案。七要坚持正确工作策略和方法，坚持稳中求进，保持战略定力，强化底线思维，把雷厉风行与久久为功结合起来，不断开创珠海发展新局面。

学习贯彻习近平新时代中国特色社会主义经济思想，领会掌握其核心要义，尤其要提高运用习近平总书记反复强调的“政治经济学”的本领。结合珠海实际，有几个方面需要重点把握。一要正确处理稳和进的关系。整体把握稳和进的辩证统一关系，审时度势、深思熟虑、

尊重规律，把握好工作节奏和力度，在保持工作连续性的同时，与时俱进开拓创新。稳是主基调、是大局，要保持战略定力和发展耐心，稳定经济运行，稳定社会预期，稳守风险、民生、环保等底线。在稳的前提下要奋发有为，继续发扬“先行一步、敢为人先”的改革创新精神，干出新气象、展现新作为，把进的方向和目标落到提高发展质量和效益上，在改革创新、结构调整、动力转换等关键领域积极进取，始终做到蹄疾而步稳。二要正确处理市场作用和政府作用的关系。既要“有效”的市场，也要“有为”的政府。要巩固珠海市场化程度高的优势，坚持社会主义市场经济改革方向，推动资源配置效益最大化和效率最优化。要更好发挥政府作用，厘清政府和市场的边界，把政府该管的事管好、管到位。推进“放管服”改革，决不能一放了之，要在“放”的同时，加强“服”和“管”，切实把“看得见的手”和“看不见的手”都用好。同时，要着力构建“亲”“清”新型政商关系，“亲”则两利，“清”则两安。要坚决改变在我市个别领域存在的“要么勾肩搭背，要么背对背”的畸形政商关系，政府与企业要“打开前门”沟通对话，“摆上台面”解决问题，在公平法治的前提下正大光明地为企业和企业家服务，保护和调动企业家的积极性，弘扬企业家精神，实现社会发展和企业家成长共赢。三要正确处理促发展和防风险的关系。习近平总书记高度重视防风险工作，多次对防范化解社会稳定风险、金融风险、地方政府债务风险等提出明确要求。我们要深刻领会，始终绷紧风险防控这根弦，处理好促发展和防风险的关系。要有担当精神，不回避矛盾，不掩盖问题，不畏首畏尾，不左顾右盼，坚持底线思维，凡事从最坏处准备，努力争取最好的结果，牢牢掌握工作主动权。

（二）牢牢把握高质量发展根本要求

习近平总书记指出，高质量发展是保持经济持续健康发展的必然要求，是适应我国社会主要矛盾变化和全面建成小康社会、全面建设社会主义现代化国家的必然要求，是遵循经济规律发展的必然要求。一要切实增强推动高质量发展的自觉性和坚定性。我国经济已由高速增长阶段转向高质量发展阶段。我们在确定发展思路、制定经济政策、实施宏观调控的过程中，要坚定不移走高质量发展之路，不断转换发展动能，在高质量发展上走在前列。二要牢固树立符合高质量发展要求的正确政绩观。实现高质量发展，要把注意力聚焦在质量效益、创新能力、就业创业、民生福祉、生态环保等发展目标上，切实做到动力转换更快、发展效益更好、生态环境更美、营商环境更优，群众获得感、幸福感更充实。要潜下心来多做推动经济结构调整、补齐基础设施建设短板等打基础利长远的工作，尽快提升珠海城市综合实力和发展后劲。三要明确推动高质量发展的努力方向。习近平总书记指出，高质量发展就是能够满足人民日益增长的美好生活需要的发展，是体现新发展理念的发展，为我们明确了什么是高质量发展，如何实现高质量发展。对珠海来说，最重要的是建设现代化经济体系。要牢牢把握质量第一、效益优先的要求，牢牢把握供给侧结构性改革的工作主线，牢牢把握质量变革、效率变革、动力变革的基本路径，牢牢把握加快建设协同发展的产业体系这一着力点，牢牢把握构建社会主义市场经济体制这一制度保障，加快把现代化经济体系建立起来。要打好三大攻坚战，加快转变发展方式、优化经济结构、转换增长动力，奋力在跨越“两个关口”上走在前列。

（三）坚定不移走中国特色社会主义乡村振兴道路

实施乡村振兴战略，是党的十九大作出的重大部署，是新时代做好“三农”工作的总抓手。在前不久召开的中央农村工作会议上，习近平总书记对此作了全面部署。我们要领会好、领会透党中央的战略意图，坚定不移走中国特色社会主义乡村振兴道路，把这一战略谋划好、实施好，书写新时代珠海“三农”工作新篇章。一要把乡村振兴摆在全市工作重中之重的位置。农业农村发展不平衡不充分是我市急需解决的问题。全市上下一定要把实施乡村振兴战略摆在突出位置，坚持农业农村优先发展，以更大的决心、更明确的目标、更有利的举措，尽快补齐“三农”短板，真正让农业强起来、农村美起来、农民富起来。二要科学谋划乡村振兴工作。习近平总书记对乡村振兴战略的重大意义、总体要求、目标任务作了系统阐述，明确指出办好农村的事情，实现乡村振兴，关键在党。

全市各级党委政府要认真贯彻落实习近平总书记重要讲话精神，准确把握我市“三农”工作新的历史方位，切实担负起乡村振兴的重任，既要有打持久战的前瞻和定力，进行战略思考、系统谋划；又要把长远战略分解为一个个阶段性安排，一年接着一年干，确保年年都有新气象。三要统筹乡村振兴和城市发展。近年来，我市大力推进西部生态新区建设，西部地区城市面貌发生明显变化，但农村发展滞后问题并未有效解决，城乡发展“一条腿长、一条腿短”的问题仍然突出。我们一定要强化大局意识、全局意识，正确认识和处理城乡关系，统筹推进城乡融合发展，推动形成工农互促、城乡互补、全面融合、共同繁荣的新型工农城乡关系。

三、以习近平新时代中国特色社会主义思想统领一切工作，奋力开创珠海改革发展新局

党的十九大精神和习近平新时代中国特色社会主义思想进一步指明了党和国家事业的前进方向，也为推动珠海改革发展提供了强大的思想武器和科学指南，极大增强了我们对未来发展的信心。李希书记调研珠海提出了在新时代干出新气象实现新作为的重要指示，为珠海深入学习宣传贯彻党的十九大精神注入了强大动力。中国特色社会主义进入了新时代，珠海发展也进入了新时代。当前，珠海拥有港珠澳大桥即将通车，粤港澳大湾区、横琴自贸片区和珠三角国家自主创新示范区建设等重大机遇，经济质量效益不断提升，新旧动能加速转换，社会大局和谐稳定，但自身发展不平衡不充分的问题仍然突出。总的来看，我市改革发展机遇多于挑战。要切实把思想和行动统一到以习近平同志为核心的党中央对发展形势的判断和作出的决策部署上来，既要充分估计困难，未雨绸缪，积极应对，更要坚定信心，锐意进取，牢牢把握工作主动权，争取经济社会发展取得更好成绩。

2018 年是贯彻党的十九大精神的开局之年，是改革开放 40 周年，是决胜全面建成小康社会、实施“十三五”规划承上启下的关键一年，做好全年各项工作意义重大。今年全市工作的总体要求是：全面贯彻党的十九大和中央经济工作会议、中央农村工作会议精神，以习近平新时代中国特色社会主义思想为指导，贯彻落实“三个定位、两个率先”和“四个坚持、三个支撑、两个走在前列”的要求，贯彻落实省委十二届二次、三次全会精神，坚持稳中求进工作总基调，坚持新发展理念，紧扣社会主要矛盾变化，贯彻高质量发展的要求，统筹推进“五位一体”总体布局和协调推进“四个全面”战略布局，深入实施创新驱动发展和开放引领“两大战略”，加快建设珠江西岸核心城市，提高保障和改善民生水平，全面推进依法治市，全面从严治党，促进经济社会持续健康发展，努力在全面建成小康社会、加快建设社会主义现代化新征程上走在前列。

市委考虑今年经济增长预期目标为 8.5% 左右，这是根据中央、省对今年发展的预期目标和政策导向，结合珠海实际综合考虑确定的。主要是着眼于把工作的聚焦点放在转变发展方式、优化经济结构、转换增长动力上。设定的目标比省预期目标高，既是考虑珠海要在贯彻落实党的十九大精神上走在前列，为全省大局作贡献，也考虑了珠海迫切需要破解发展不平衡不充分问题，加快提升城市综合实力，从内外环境看也完全具备现实可能性。

今年的改革发展任务十分繁重，需要全市上下共同努力。等会奕生同志将对今年经济工作作部署，大家要抓好落实，这里我重点强调以下九个方面的工作。

（一）持续深入学习宣传贯彻党的十九大精神，推动习近平新时代中国特色社会主义思想在珠海落地生根、结出丰硕成果

持续深入学习宣传贯彻党的十九大精神，最核心最根本的是要深入学习贯彻习近平新时代中国特色社会主义思想。要在前一段兴起热潮、良好开局的基础上，紧扣习近平新时代中国特色社会主义思想这个灵魂和主线，继续围绕学懂弄通做实，推动学习贯彻习近平新时代中国特色社会主义思想往深里走、往实里抓。要学深悟透、融会贯通，将学习党的十九大精神、习近平新时代中国特色社会主义思想，与学习贯彻《习近平谈治国理政》第一、第二卷结合起来，与学习贯彻习近平总书记在十九大精神研讨班开班式上的重要讲话精神结合起来，与学习贯彻习近平总书记对广东工作重要指示批示精神结合起来，学得更实、悟得更透、谋得更远，推动习近平新时代中国特色社会主义思想扎根珠海、扎根基层、扎根人民群众心中。要学用结合、

知行合一，把自己摆进去，把职责摆进去，把工作摆进去，对照“八个明确”基本内容和“十四个坚持”基本方略，做到坚持和发展中国特色社会主义要一以贯之，推进党的建设新的伟大工程要一以贯之，增强忧患意识、防范风险挑战要一以贯之，按照实现社会主义现代化和中华民族伟大复兴的总任务以及分“两步走”的战略安排，牢牢把握新时代珠海发展的奋斗目标，找准牵一发而动全身的工作着力点，以时不我待、只争朝夕的精神投入工作，推动习近平新时代中国特色社会主义思想在珠海落地生根、开花结果。

（二）深入贯彻落实习近平新时代中国特色社会主义经济思想，推动珠海经济高质量发展

适应新时代社会主要矛盾新变化，解决发展不平衡不充分问题，我们必须牢牢把握高质量发展这个关键，加快建设现代化经济体系，推动经济发展质量变革、效率变革和动力变革，在全省推进高质量发展中走在前列。

以培育壮大实体经济为重点，加快推进结构调整。重点在“破”“立”“降”上下功夫。大力破除无效供给，扩大有效供给，把资源和政策向实体经济集中，加大对产业工程、园区建设、基础设施等重大项目的投入力度，形成更高水平的土地供给、产业基础设施供给和人才供给，切实发挥投资对优化供给结构的关键性作用。加快推进全市八大产业园区提质增效，重点提升富山工业园与智慧产业园建设管理水平，完善园区基础设施和生活配套，推动公共技术平台建设，做大做强园区产业规模，打造现代化产业园区。大力降低实体经济成本，综合运用政策、规划和法律等多种调控手段，盘活闲置土地资源，提高土地使用效率。深入落实各项税收优惠政策，降低企业税费成本。大力培育新动能，以创新引领实体经济转型升级，推动军民融合产业发展，加快构建现代高端产业体系。推动传统产业优化升级，推进企业培育“十百千计划”，促进产业高端化集群化发展。增强消费对经济发展的基础性作用，壮大跨境电子商务等新兴业态，拓展旅游消费新空间，探索建设国际消费中心城市。

深入实施创新驱动发展战略，加快建设粤港澳大湾区创新高地。以珠三角国家自主创新示范区为主平台，打造粤港澳大湾区高端产业集聚高地、产业技术孵化高地、创新人才高地、创新创业投资高地、知识产权创造保护运用高地和质量发展高地。加大高企培育力度，扶持一批具有创新能力的龙头骨干企业，促进科技型中小微企业蓬勃发展。积极探索建设创新创业综合体，完善科技金融业态，打造企业孵化、成果转化、生活服务等功能齐全、设施完善的创新创业生态环境。以横琴科学城、横琴国际科创中心为载体，加快“双自联动”试点园区建设。积极对接广深科技创新走廊，推动重大科技平台和基础设施共建共享。深度融入全球创新链条和产业分工体系，加快构建“离岸创新、全球孵化、珠海整合”的创新链条，开展更为广泛的国际技术转移合作，吸引集聚国际高端创新要素。

大力实施开放引领战略，加快建设“一带一路”倡议支点。抢抓国家赋予自由贸易试验区更大改革自主权的机遇，高标准建设横琴自贸试验片区，以制度创新为核心，在口岸监管模式创新等方面争取突破，促进贸易和投资自由化便利化。加强与发达国家和地区的科研、产业、资本对接，加快推进珠海中以加速器产业园、中德（珠海）人工智能研究院等国际合作项目建设。打造区域性国际贸易中心，提升贸易服务集成功能，申报建设跨境电商综合试验区。加大品牌展会引进和培育力度，办好第十二届中国航展、全球服务外包大会等重大活动，打造国际会展城市。推进珠海港与中国香港地区及东南亚建立港口联盟，拓展内外贸航线。深入参与中拉经贸合作，携手港澳参与“一带一路”建设。

坚决打好决胜全面建成小康社会三大攻坚战。要打赢防范化解重大风险攻坚战，做好重点领域风险防范和处置，加强薄弱环节监管、风险监测预警等制度建设，促进形成金融和实体经济、金融和房地产之间的良性循环。要打好精准脱贫攻坚战，全力推进东西部扶贫协作、对口支援、精准扶贫和省内对口帮扶，把扶贫和扶志、扶智结合起来，激发贫困人口的内生动力。做好市内低收入群体精准帮扶。要打好污染防治攻坚战。巩固扩大国家生态文明建设示范市成果，坚决打好污染防治“三大战役”，推进水、大气、土壤等环境质量根本性改善。落实好“河长制”各项工作，确保

年底前消灭劣Ⅴ类黑臭水体。加快推进生态文明建设，强化国土空间用途管控，细化落实主体功能区规划，保护海域海岛资源和海洋生态环境。继续推进绿色发展，调整产业结构，倡导简约适度、绿色低碳的生活方式，从源头上减少污染。

（三）加快建设珠江西岸核心城市，积极参与粤港澳大湾区建设

当前，珠海的城市综合实力与珠江西岸核心城市的定位和要求还有相当的距离，必须尽快补短板、强弱项，着力提升核心城市的综合功能和辐射带动能力，深化珠港澳合作及区域合作，积极在参与粤港澳大湾区建设中走在前列。

加快构建以港珠澳大桥为龙头的综合交通体系。要全力打好新一轮交通基础设施建设大会战，打造“一桥双港”综合交通运输体系，加快形成无缝衔接、经济高效、海陆空并进的交通体系，建成区域综合交通枢纽。加快完善港珠澳大桥配套设施及衔接路网建设，全力推进城市快线、城际轨道以及机场、港口、口岸、桥梁等重大交通基础设施建设。积极对接深中通道，配合省推进黄茅海大桥前期工作，构建更加便捷的城际交通圈。推进高栏港加快建设现代智慧港口，强化港口集疏运体系建设，推动发展壮大西江港口联盟。积极推进珠海机场改造升级和通用机场建设，推进机场国际口岸开放。实施主城区交通拥堵综合治理工程。

全面提高城市规划建设管理水平。推进新一轮城市总规编制，深入推进“多规合一”。将港珠澳大桥经济区建设成为高水平对外开放的门户枢纽和珠海新的城市中心。加快香洲区城市更新步伐，提升主城区功能和品质。加大高新区创新要素的集聚能力，成为全市实施创新驱动发展的主引擎。加快推进西部生态新区建设，坚持高起点规划、高标准建设、高水平管理，推动产城融合发展。加强土地管理，加大闲置土地分类处理力度，提高工业用地投入产出效益，深入推进集约节约用地。修改完善城市基础设施标准体系，加快推进“海绵城市”建设。创新城市管理运行机制，提升精细化管理水平，努力打造全国智慧城市示范市。

深化珠港澳合作。加快推进与港澳基础设施互联互通，进一步提升市场一体化水平，促进跨境要素更加便捷流动。深入推进产业合作，深化科技创新合作交流，扩大对港澳服务业合作，做实做强粤澳合作产业园、粤澳中医药科技产业园、横琴澳门青年创业谷，支持澳门经济适度多元发展。积极创新与港澳合作机制，落实CEPA及系列协议，制定完善便利香港、澳门居民在珠海发展的政策措施，为港澳中小微企业和青年提供更广阔的发展空间。深化珠港澳在生态保护、文化体育、教育、口岸执法等领域的合作，落实粤港澳游艇自由行政策，加快横琴国际休闲旅游岛建设，配合澳门打造世界旅游休闲中心，积极与港澳共建生态环境优美、生活工作便利、宜居宜业宜游的优质生活圈。

（四）扎实推进全面深化改革，激发体制机制新活力

改革是特区的根和魂。40年来，珠海始终牢记党中央嘱托，逢山开路，遇水架桥，取得令人瞩目的发展成就。我们要以改革开放40周年为新起点，承前启后、继往开来，坚定当改革的促进派实干家，将改革进行到底，向深化改革开放要动力、要活力、要空间。要把握改革开放40周年这一重要契机，全面回顾40年来特别是十八大以来珠海改革开放的历程，系统总结成功经验，深刻把握改革开放规律，以更大勇气和智慧、更有力的措施和办法，掀起新一轮改革开放大潮。要遵循中央顶层设计，深刻把握新时代全面深化改革的新要求，坚定改革定力，勇于攻坚克难，将党的十九大的改革部署一项一项转化为具体改革方案，推动各项改革任务落地生效。要发挥经济体制改革牵引作用，增强经济发展的活力和动力。要全力营造优良营商环境，全面实施并不断完善市场准入负面清单制度，推进商事制度改革。要加大力度推进行政审批制度改革，推动“放管服”改革向纵深发展，为群众提供高效便捷的政务服务。要统筹抓好推动“数字政府”、国资国企、财税金融等一揽子具有标志性、引领性的改革。要完善协调联动、考评激励、容错纠错等工作机制，推动形成想改革、敢改革、善改革的良好氛围。

（五）大力实施乡村振兴战略，推进区域协调发展

区域发展不协调是我市发展的一个突出短板，农村发展更是短板中的短板。必须大力实施乡村振兴战略，缩小城乡发展差距，加快推进东西部协调发展。

大力实施乡村振兴战略。按照产业兴旺、生态宜居、乡风文明、治理有效、生活富裕的总要求，细化编制我市实施乡村振兴战略总体规划，推进农业全面升级、农村全面进步、农民全面发展。要以农村基层党组织建设牵引乡村振兴，建强组织，建好阵地，健全制度，把村党组织书记队伍建设摆在更加突出的位置，加快形成在党支部领导下的有效乡村治理体系，创新村民自治的有效实现形式，推动社会治理和服务重心向基层下移。要找准乡村振兴的有力抓手，深化农业供给侧结构性改革，推进农业绿色发展，发展多种形式适度规模经营，培育新型农业经营主体，促进农村一二三产业融合发展，支持和鼓励农民就业创业，拓宽增收渠道，提高农民收入。深入推进新农村连片示范区建设，开展农村人居环境综合整治，抓好“厕所革命”，以“小厕所”撬动大民生、引领新风尚，全面提升农民精神风貌。要加大对乡村振兴的支持和投入，把农业农村优先发展原则体现到各方面，在干部配备上优先考虑、要素配置上优先满足、资金投入上优先保障、公共服务上优先安排。健全农村金融体系，强化适合“三农”的金融服务创新。走城乡融合发展之路，坚持以工补农、以城带乡，统筹推动城乡基础设施共建共享、互联互通，加快推动公共服务下乡，逐步实现城乡基础设施和公共服务一体化。要大力推进农村综合改革，引导城市资源要素向农业农村流动。深入推进以人为核心的新型城镇化，加快实现基本公共服务常住人口全覆盖。

加快西部地区城市化进程。结合编制新一轮总体规划，围绕西部地区产城融合、西部中心城区功能提升等重点进一步提高规划水平。落实智慧城市、低碳城市、海绵城市等先进理念，高标准建设西部中心城区四大片区。加快市政及公共服务设施建设，不断提高西部地区教育、医疗、养老等基本公共服务均等化水平，吸引人口聚集。因地制宜推进人居环境综合整治，保持西部地区的滨江田园城市独特风貌。

着力推动区域联动发展。进一步明晰区域产业分工。加快建设东部智慧产业园和西部富山工业园，推动香洲区、高新区高新技术产业集聚发展，推动金湾区、斗门区、高栏港经济区先进制造产业集聚发展。统筹推进国家级新区、自贸区、大桥经济区三大建设任务，促进横琴与全市各区（功能区）高水平联动，增强产业集聚和创新能力。巩固提升保税区功能，打造吸纳国际先进生产要素、开展国际贸易合作的重要平台。万山海洋开发试验区要加强陆海统筹，坚守生态底线，大力发展特色海洋经济。做大临港产业规模，推动高栏港综合保税区落地，打造服务珠江西岸、辐射大西南的区域物流中心，着力建设海港经济区和空港经济区。

（六）大力加强民主法治建设

加强民主法治建设是珠海各项事业不断前进的重要保障。要加强和改善党对人大、政协工作的领导，用好用足两个立法权，更加注重发挥法治在社会治理中的重要作用。

支持人大、政协依法履职。坚持和完善人民代表大会制度，从各层次各领域扩大公民有序政治参与。支持人大依法有效行使立法权、监督权、决定权、任免权。充分发挥市人大及其常委会在立法工作中的主导作用，将人大立法与党委重大决策有机结合起来，加快推进优化营商环境、创新社会治理、打好三大攻坚战等重点领域立法，实现以良法促发展、保善治。充分发挥人民政协作为协商民主重要渠道和专门协商机构的作用，不断完善协商议政内容和形式，着力增进共识、促进团结。加强和改进人民政协民主监督，支持政协加大对党委政府重要决策部署落实情况监督力度。

充分调动各方积极性。牢牢把握大团结大联合主题，巩固和发展最广泛的爱国统一战线，发挥市各民主党派、工商联和无党派人士积极作用，加强和改进民族、宗教、港澳、对台和侨务等工作，画出最大同心圆。改进党委对群团工作的领导，深化工会、共青团、妇联、侨联等群团组织改革，增强党的群团工作和群团组织的政治性、先进性、群众性。进一步做好双拥工作，不断提高军民融合发展层次和水平。

深入推进依法治市。坚持把党的领导贯穿始终，推进科学立法、严格执法、公正司法、全民守法，把珠海建成最公平公正、法治环境最好的地区。着力优化法治化营商环境，完善平等保护产权的制度体系，依法妥善处理历史形成的产权案件，以实际行动展示保护产权的决心，让企业家安心扎根发展，进一步激发各类市场主体活力。推进信用立法，加强社会信用体系建设，提高全社会诚信水平。推进司法体制综合配套改革，持续提升司法质量、效率和公信力。深入推进法治社会建设，开展"四级同创"活动，实施"七五"普法规划，营造尊法学法守法用法的良好氛围。

（七）不断提高保障和改善民生水平

人民对美好生活的向往，就是我们的奋斗目标。要坚持以人民为中心的发展思想，坚持在发展中保障和改善民生，突出抓重点、补短板、强弱项，针对群众关心的新老问题精准施策，尽力而为、量力而行，不断满足人民日益增长的美好生活需要，让全市人民获得感、幸福感更加充实、更有保障、更可持续。教育方面，要以公平而有质量为目标，着力推进义务教育均衡发展和城乡一体化发展，研究解决普惠性学前教育供给不足的问题，提高公办幼儿园占比，增加更多中小学优质教育供给。深化教育改革，加快教育现代化。就业方面，将就业作为最大的民生。要坚持就业优先战略，实施新一轮积极就业政策，着力解决结构性就业矛盾。大力发展职业教育、技能培训和创业就业培训，重点培养产业发展急需的高技能人才，进一步优化技能人才队伍结构。启动建设珠海市人力资源服务产业园，推行部分公共就业服务全城通办。省、市合作推动大湾区博士博士后（珠海）创新创业孵化基地建设。加强农村实用技术人才、社会工作人才队伍建设。提高劳动者就业能力，促进提升城乡居民收入水平，扩大中等收入群体。社会保障方面，要深化养老、医疗等社会保险制度改革，稳步提高社会保障水平；进一步健全社会救助体系，完善养老服务体系，医养结合推进城乡养老服务设施建设。医疗方面，要完善基层医疗卫生服务体系，推动医疗资源向基层倾斜；深化公立医院综合改革，解决过度市场化的问题。住房是重要的民生，社会关注度很高，同时事关珠海长远发展，要保持房地产市场调控政策连续性和稳定性，坚决遏制投机炒房。推进住房制度改革，加快建立多主体供给、多渠道保障、租购并举的住房制度。研究优化人才购房政策和措施，吸引更多人才来珠工作生活。

（八）深入推进文化强市建设，全面提升城市文明水平

文明是一个城市的无形资产和重要战略资源。要坚持社会主义先进文化的前进方向，发扬特区精神，深入推进文化强市建设，全面提升市民文明素质和城市文明程度。

培育和践行社会主义核心价值观。坚持以习近平新时代中国特色社会主义思想为指导，推动社会主义核心价值观融入社会发展各方面。进一步弘扬岭南传统文化与特区现代文化，形成开放、创新、包容、向上的主流文化。深入实施公民道德建设工程，持续开展"四大文明"引导行动，不断提高市民道德素养。抓住未成年人这个关键，广泛开展理想信念教育和爱国主义教育。深化文明城市、文明村镇、文明单位、文明家庭、文明校园等群众性精神文明创建活动，拓展精神文明建设阵地，全面提升社会文明程度。

繁荣发展文化事业和文化产业。深化文化体制改革，创新文化管理体制机制，健全现代文化市场体系。坚持以人民为中心的创作导向，推出更多的文艺精品力作。深入实施文化惠民工程，加快完善现代公共文化服务体系，打造市区"十分钟文化圈"、西部地区"十里文化圈"。传承历史文脉，加强城市物质文化遗产与非物质文化遗产的保护利用。加强文化市场管理，坚持开展"扫黄打非"，抵制低俗现象。推动文化与科技、旅游、会展等融合发展，培育壮大新型文化业态。加强文化交流合作，利用重大国际性活动推动优秀文化"走出去"，提升城市知名度和影响力。

（九）深入推进平安珠海建设

没有安全稳定的社会环境，什么事都干不成，什么事也干不好。要牢固树立总体国家安全观，严厉打击违法犯罪，加强和创新社会治理，努力把珠海建设成为最安全稳定的平安之城，切实增强人民群众安全感。

全力维护社会安全稳定。深入推进社会治安综合治理，实施八大专项行动，保持对违法犯罪的严打高压态势，维护社会大局和谐稳定。健全社会矛盾纠纷滚动排查化解机制，着力抓好涉农涉土、涉环保、涉劳资等重点领域和重大社会矛盾化解。落实安全生产责任制，加快推进安全生产领域改革发展。加快创建省食品安全示范城市，建立健全食用农产品溯源制度，保障人民群众舌尖上的安全。完善城市综合

防灾减灾体系，确保城市生产安全和运行安全。

大力提升社会治理水平。深化社会治理改革，以加强社会精细化管理为主攻方向，以建设智慧城市为抓手，提高公共资源配置精准化、社会管理规范化和公共服务精细化水平。加快完善社会治安防控体系、社会心理服务体系、社区治理体系，不断提高社会治理社会化、法治化、智能化、专业化水平。推动社会治理重心下移、资源下沉，切实发挥好区、镇街、社区的社会管理职能。加大对社会组织的培育和监管力度，支持社会组织积极参与政府购买服务，实现政府和社会调节、居民自治良性互动。积极推进常住人口市民化，统筹抓好户籍制度改革和基本公共服务均等化。

四、贯彻党的十九大精神和部署，按照新时代党的建设总要求，推动全面从严治党向纵深发展

打铁必须自身硬。我们要认真落实新时代党的建设总要求，毫不动摇坚持和加强党的全面领导，毫不动摇把各级党组织建设得更加坚强有力，为完成好改革发展稳定各项任务，决胜全面建成小康社会、加快建设社会主义现代化提供坚强政治保证。

（一）抓好政治建设

政治建设是铸魂工程，是把理论的力量、信仰的力量传递给党员、干部和人民群众的过程。只要把政治建设抓好了，党魂没有丢、党性没有变、初心没有忘，无论碰到什么风浪、什么困难，我们都可以从容应对、稳坐钓鱼船。要始终坚持把政治建设摆在首位，牢固树立“四个意识”，坚决维护习近平总书记在党中央和全党的核心地位，坚决维护以习近平同志为核心的党中央权威和集中统一领导，自觉在思想上政治上行动上同党中央保持高度一致。要严格遵守政治纪律和政治规矩，牢记“五个必须”，坚决反对“七个有之”，全面彻底肃清李嘉、万庆良等的流毒影响。要尊崇党章，严格执行新形势下党内政治生活若干准则，发展积极健康的党内政治文化，营造风清气正的良好政治生态。要着重抓好各级领导班子政治建设，落实民主集中制，坚决防止名为集体领导、实际个人说了算，名为集体负责、实际无人负责。

（二）坚持用习近平新时代中国特色社会主义思想武装党员干部

学习宣传贯彻党的十九大精神，最核心最根本的是深入学习贯彻习近平新时代中国特色社会主义思想。要切实在学懂弄通做实上下功夫，把学习贯彻成果体现到谋划今后各项工作上，转化到广大干部精气神的提振上，反映到看得见摸得着的工作成效上。要与推进“两学一做”和开展“不忘初心、牢记使命”主题教育结合起来，坚持原原本本学，全面准确掌握这一思想的科学体系、精神实质和实践要求，做到真学真懂真信真用。要与大力弘扬“红船精神”结合起来，深刻理解“红船精神”所承载的首创精神、奋斗精神、奉献精神，所具有的超越时空的恒久价值和旺盛生命力，进一步融入血脉、化作基因，更好地把握和贯彻习近平新时代中国特色社会主义思想。

要以严实作风开展“大学习、深调研、真落实”工作。学习、调研最终是为了落实，市委常委要根据分工安排，牵头梳理党的十九大部署的工作任务，对属于中央顶层设计的，要积极对接、跟进落实；对新思路、新部署、新要求，要结合“深调研”研究出台具体举措；对已明确的具体工作任务要细化措施抓好落实。要坚持边学习、边调研、边推动、边实践、边落实，切实把这一工作变成践行习近平新时代中国特色社会主义思想、狠抓党的十九大精神贯彻落实的过程。

（三）牢牢掌握意识形态工作领导权、管理权、主动权

珠海地处改革开放和意识形态斗争“两个前沿”，意识形态工作责任重大。要壮大主流舆论，加强新型传媒集团和新型传播平台建设，进一步增强传播力、引导力、影响力、公信力，打造主流舆论高地。要严格落实意识形态工作责任制，及时研判苗头性、倾向性问题，构筑齐抓共管的工作格局，全面加强高校、互联网等阵地建设和管理，不断完善意识形态分析研判和处置机制，及早妥善处置突发事件，全方位筑牢意识形态安全的“护城河”和“防火墙”。

（四）着力建设高素质专业化干部队伍

坚持党管干部原则，落实好干部标准，把新时代高素质专业化要求贯穿干部选育用管全过程。要突出政治标准，坚持事业为上，提拔重用政治过硬本领高强的干部，精准科学选配各级领导班子，确保班子专业素养整体适应实际发展和单位核心职能业务需要。要围绕提高

政治素养、八项本领、新知识新技能开展分类培训，推动优秀干部到三大攻坚战一线攻坚克难、锻炼成长。要完善干部考核评价、管理监督、正向激励等机制，为干部大胆创新探索撑腰鼓劲。要坚持党管人才原则，实行更加积极、更加开放、更加有效的人才政策，统筹推进各领域人才队伍建设，加快建设粤港澳大湾区人才高地。

（五）全面加强基层组织建设

牢固树立大抓基层的鲜明导向，以提升组织力为重点，把政治建设放在首位，研究制定基层党建行动计划，每年确定一个主题，集中解决一两个突出问题，推动人往基层走、钱往基层投、政策向基层倾斜，切实把基层党组织建设成为坚强战斗堡垒。要统筹城市基层党建，以街道社区党组织为核心，有机联结单位、行业及各领域党组织，实现党的组织和党的工作100%覆盖。要切实加强农村党建，选优配强基层党组织带头人，持续整顿软弱涣散党组织，着力解决好一些基层党组织弱化、虚化、边缘化问题。要突出政治功能，健全国企党组织嵌入公司治理结构、高校党委领导下的校长负责制等制度机制，强化基层党组织的领导核心地位。要发挥好党支部的主体作用，深入开展“党支部建设年”活动，提高党支部标准化建设水平，让支部在教育管理监督党员和群众工作中唱主角。要充分发挥基层党组织在基层治理上的主导作用，解决涉农涉土等难点问题，切实把党的政治优势组织优势转化为发展优势。

（六）驰而不息正风反腐

党的十九大后，习近平总书记作出重要批示，强调纠正“四风”不能止步。中央印发贯彻落实中央八项规定实施细则，彰显了以习近平同志为核心的党中央持之以恒改进作风的鲜明态度和坚定决心。我们要进一步抓好作风建设，认真查摆“四风”突出问题，特别是形式主义、官僚主义的新表现，拿出过硬措施扎实整改。要坚持从各级领导干部做起，从一件件小事抓起，坚决防止不良风气反弹回潮，不断巩固和拓展落实中央八项规定精神的成果。要巩固发展反腐败斗争压倒性态势，坚持零容忍，有腐必反、有贪必肃，受贿行贿一起查，“打虎”“拍蝇”“猎狐”一起抓，形成强大震慑力。要加大农村基层正风反腐工作力度，深入解决发生在群众身边的不正之风和腐败问题。要充分运用监督执纪“四种形态”，积极开展谈话提醒，健全抓早抓小长效机制。要深化政治巡察，深化市区巡察全覆盖。要认真落实中央和省监察体制改革决策部署，集中力量抓好人员转隶，按期完成机构组建，推动实现对行使公权力的所有公职人员监察全覆盖。全力推动审计制度改革，优化审计流程，提高审计效率，实行精准审计。

同志们！时代是出卷人，我们是答卷人，人民是阅卷人。幸福都是奋斗出来的，关键就是要扑下身子、干在实处。要把践行“三严三实”贯穿于全部工作生活中，养成一种习惯、化为一种境界。要有真抓的实劲，发扬求真务实、真抓实干的作风，不抓则已、抓则必成，列出任务清单，明确时间表路线图，把各项新部署、新举措一项项转化为具体行动。要有敢抓的狠劲，敢闯敢试、敢于担当，既要勇于冲破思想观念的障碍，又要勇于突破利益固化的藩篱，敢啃硬骨头，敢于涉险滩。要有善抓的巧劲，立足实际创造性开展工作，善于精准发力，抓住突出短板和薄弱环节，分清轻重缓急，加强政策配套，加强协同攻坚。要有常抓的韧劲，咬定青山不放松，不达目的不罢休，胸怀功成不必在我的境界，拿出愚公移山、水滴石穿的韧劲，以钉钉子精神全面抓好落实。

同志们！做好今年工作，意义重大、任务艰巨。习近平总书记在新年贺词中强调指出，党的十九大描绘了我国发展今后30多年的美好蓝图。九层之台，起于累土。要把这个蓝图变为现实，必须不驰于空想、不骛于虚声，一步一个脚印，踏踏实实干好工作。让我们更加紧密地团结在以习近平同志为核心的党中央周围，高举习近平新时代中国特色社会主义思想伟大旗帜，按照习近平总书记对广东作出的“三个定位、两个率先”和“四个坚持、三个支撑、两个走在前列”重要指示批示要求，不忘初心、牢记使命，锐意进取、扎实工作，撸起袖子加油干，奋力在新时代干出新气象实现新作为，为改革开放40周年献上一份优异答卷！

政府工作报告

——2018年1月16日在珠海市第九届人民代表大会第五次会议上

珠海市市长　姚奕生

各位代表：

我代表珠海市人民政府，向大会作政府工作报告，请予审议，并请政协委员和其他列席人员提出意见。

一、2017年工作回顾

2017年，在省委、省政府和市委的正确领导下，在市人大、市政协的监督支持下，我们深入贯彻落实党的十八大和十八届历次全会精神，认真学习贯彻党的十九大精神，以习近平新时代中国特色社会主义思想为指导，以习近平总书记对广东作出的重要指示批示精神为统领，坚持稳中求进工作总基调，落实新发展理念和以人民为中心的发展思想，团结带领全市人民携手共进、攻坚克难，较好地完成了市九届人大一次会议确定的主要目标任务，经济社会发展取得积极成效，十件民生实事全部完成，各项工作再上新台阶。

全市实现地区生产总值2564.73亿元，增长9.2%，增速位居全省第一；固定资产投资1662.02亿元，增长19.6%；社会消费品零售总额1128.18亿元，增长11%；规模以上工业增加值1105.62亿元，增长10.6%；实际吸收外资24.33亿美元，增长6%；外贸进出口2990.12亿元，增长8.6%；一般公共预算收入314.35亿元，增长10.4%；全体居民人均可支配收入预计为43969元，增长9.5%。

一年来，我们主要做了以下工作：

（一）精准发力供给侧结构性改革，发展动能转换提速

“去降补”工作扎实开展。去产能取得成效，国有“僵尸企业”出清重组工作全面完成，向粤东西北地区转移落户项目26个。去杠杆稳步推进，全市规模以上工业企业资产负债率64.4%，金融机构杠杆率控制在合理水平。降成本使企业获益，全年为企业降负累计超过80亿元，规模以上工业企业利润总额369.62亿元，增长24.3%。对农村电网、地下管网、水利等十个领域的薄弱环节加大投资，全年完成补短板投资251.16亿元，完成计划的142.5%。

实体经济贡献率明显提升。在园区建设、招商引资、企业培育、技术改造等方面出台支持实体经济发展系列政策，启动横琴、保税、洪湾片区一体化建设，调整富山工业园管理体制，新设立智慧产业园，一批项目签约动工投产，实体经济发展活力不断增强。全市完成规模以上工业总产值4653.09亿元，增长12.9%；装备制造业增加值434.17亿元，增长13.4%；工业和建筑业对经济增长的贡献率达63.6%，比上年提高16.2个百分点。促进各类企业健康发展，产值超十亿元工业企业73家，其中超百亿元企业7家；民营经济增加值886.92亿元，增长9.1%，市属国企利润总额294亿元，增长27.5%。

房地产调控取得实效。实施“限购、限贷、价格备案、限售”调控措施，投机炒房得到有效遏制。全市与房地产相关的贷款增量占各项贷款增量的39.5%，比上年下降34.4个百分点，房地产投资占固定资产投资总额的40.1%，下降6个百分点；房地产业增加值占地区生产总值的7.7%，下降1.1个百分点，经济增长正逐步摆脱对房地产的过度依赖。

（二）着力实施创新驱动发展战略，创新环境不断优化

创新主体蓬勃发展。852家高新技术企业通过认定，总数突破1400家。全市完成工业技改投资194.84亿元，增长32.1%。研发机构建设加快，年主营业务收入5亿元以上工业企业实现研发机构全覆盖，规模以上工业企业研发机构覆盖率达37.5%，新增省级新型研发

机构2家、省级以上创新平台90家，引进中德人工智能研究院、珠海中科先进技术研究院等项目。支持企业开展核心技术攻关，13个项目获省级以上重大科技项目立项。完善科技企业孵化育成体系，新增2家国家级、2家省级科技企业孵化器，5家国家级、8家省级众创空间，2家国家小微企业双创示范基地，1家全国“互联网+”双创示范基地，全市在孵企业超过1300家。

创新体系逐步完善。出台粤港澳大湾区创新高地、“双自联动”、自创区建设实施方案。预计全社会研发经费支出占地区生产总值的2.5%，PCT申请量累计达1508件。每万人口发明专利拥有量50件，居全省第二。实施人才优先引进、留学人员创业资助等措施，新引进国家“千人计划”专家43名，累计达93名，均居全省地级市首位。科技金融服务能力增强，全市新增金融类企业3072家、备案创业投资企业137家、上市公司3家、“新三板”挂牌公司7家。加快知识产权强市、质量强市建设，通过国家知识产权试点城市验收，全国首个深海海洋工程装备产业知名品牌示范区成功创建。全国首批制冷设备、办公设备及耗材技术性贸易措施研究两个评议基地落地珠海。

创新型经济加快成长。全市高技术制造业增加值实现306.87亿元，占规模以上工业增加值的27.8%。格力智能装备制造、泰坦新动力、云洲智能等科技型企业产值翻倍增长，丽珠医药、健帆生物、赛纳打印等一批拥有核心技术的企业发展良好，纳睿达、四维科技、光驭科技等新兴企业加快成长。格力电器获第三届中国质量奖，烽火海洋等3个项目入选国家绿色制造系统集成项目。生产性服务业发展加快，新增1家国家级、3家省级工业设计中心，6家省电子商务试点企业，11家省供应链管理试点企业。促进军民融合产业发展，大型国产水陆两栖飞机AG600首飞成功。

（三）大力推进改革开放，发展活力进一步增强

改革力度持续加大。横琴自贸片区改革有新突破，新落地84项制度创新措施，9项创新措施在全省复制推广，创新跨境商事登记导办和智能办税服务模式，出台全国首部人力资本出资管理办法，搭建首个金融创新知识产权运营交易国家平台，发布首份失信商事主体联合惩戒清单。“放管服”改革继续推进，全市新承接省下放事权76项，下放市级事权44项，清理规范行政审批中介服务事项39项。建立市建设项目审批综合管理平台，56个事项实现“一门式一网式”审批。完善“互联网+政务服务”，727项行政许可事项全部进驻网厅。商事主体名称自主申报，“一照一码”登记全程电子化，“珠海易注册”开通上线，新增市场主体3.95万户，增长15.8%。27个部门合作开展诚信纳税联合激励，社会信用体系建设考核连续五年全省第一。投融资体制改革稳步推进，完成政府投资项目管理条例、建设工程招标投标管理办法修订，组建首期规模超过500亿元的珠海基金。国企改革“1+N”制度框架初步构建。

区域合作逐步深化。粤港澳紧密合作示范区加快建设，横琴新注册港澳企业849家，增长72%。粤澳合作产业园16个项目开工建设，粤澳中医药科技产业园注册企业达56家。粤港澳游艇“自由行”方案获批。澳门机动车出入横琴政策受惠面扩大，横琴口岸率先启动粤澳两地牌小客车检查结果参考互认。粤澳合作发展基金落户横琴，内地首家澳门银行营业性机构开业。新签署珠澳旅游、文化等多项合作协议。珠中江阳区域紧密合作取得新进展，对口帮扶阳江的37个亿元以上工业项目动工。

开放水平不断提升。制定开放引领发展、“一带一路”倡议支点建设实施方案。成功举办中以科技创新投资大会、中拉国际博览会，中以加速器启动建设，中拉经贸合作园开园。在海关、边检、检验检疫等口岸联检单位支持下，国际贸易“单一窗口”建设加快，通关便利化水平进一步提升。外贸结构持续优化，对“一带一路”国家出口增长36.4%，高新技术产品进出口增长12.9%。全市新引进项目127个，北美、欧洲等5个驻外经贸代表处挂牌运作，招商网络进一步完善。全年接待游客总人数3980.69万人次，旅游总收入367.7亿元，增长16%。“海丝”论坛、中国国际马戏节、WTA超级精英赛、莫扎特国际青少年音乐周、留学生节等活动成功举办，珠海向世界展示了独特的魅力和形象。

（四）全面加快交通建设，海陆空交通体系不断完善

对外交通建设有新突破。港珠澳大桥主体工程全线贯通，珠海在区域的交通地位发生历史性变化，成为唯一与港澳陆桥相连的城市。珠海机场升级改造项目开工，候机楼东指廊投入使用，在飞航线69条，旅客吞吐量达921.7万人次，

增长50.3%，增速位居中南地区第一。黄茅海5万吨航道开工，珠海港神华粤电煤炭码头、北港池15万吨级升级工程完工，北粮南运海铁大通道开通，高栏港货物吞吐量突破亿吨。高铁新增7条线路，通达城市47个，乘坐高铁和城际轨道出行人数达1792.87万人次，增长32%。横琴口岸及综合交通枢纽开发项目顺利推进。

市内路网建设加速推进。一批横跨东西、纵贯南北的交通项目加快建设，鹤港高速一期、珠峰大道、金琴快线、兴业快线北段动工建设，香海大桥、洪鹤大桥建设全面铺开，洪湾枢纽互通二期、白石桥建成通车，迎宾北路等4条主干道路沥青罩面铺设完成，诗僧路与南坦路衔接工程等一批珠中跨界道路加快实施。城际轨道市区至横琴段全线站点主体工程基本完工。

交通拥堵治理积极施策。全市机动车保有量超过62万辆，五年来年均增长16%，交通压力不断加大。为缓解交通拥堵，新开公交线路20条，新建成公交专用道3条，更换新能源公交车400辆。完成42个道路交叉口挖潜改造，打通断头支线道路11条，完成板樟山隧道扩容工程方案设计，建成智慧交通运行管理平台和信号协调中央控制平台。完善慢行设施，引导绿色出行，绿色公共交通出行总人次增长19.4%。

（五）城市建设稳步推进，生态优势持续巩固

新区新城建设有序铺开。横琴新区完成基础设施投资94.95亿元，马骝洲隧道、长湾隧道顺利贯通，横琴国贸大厦、洲际航运中心、励俊庞都广场等项目竣工。西部生态新城起步区完成基础设施投资53.72亿元，各片区土地清理进入收尾阶段，主干路网全面开工建设，已建成20条市政道路，25个公共服务项目和9个产城融合项目加快推进。高新区完成基础设施投资10.5亿元，一批市政设施、生态公园加快建设，高新区人民医院二期工程竣工验收。

城市管理出台新举措。出台城市环境清理、规范、优化、提升“1+7”工作方案，依法拆除大型户外立柱广告设施190宗，整改规范交通标志3293块，优化提升工地围挡114.4千米，修复提升市政道路和立面2101处，更换灯杆1640基，综合提升绿化节点110处，修复翻新公交亭140座。洪湾、银坑、广昌等旧村改造项目动工，乐士文化区、金湾智造大街等“工改产”项目全面启用。智慧城市建设明确了总体框架及重点领域，新增4G基站3926座、光纤接入用户数19.9万户，互联网普及率达83%，在全国智慧城市评估中排名第六。

生态文明建设取得新成果。获评全国首批国家生态文明建设示范市。香炉湾沙滩修复项目获评中国人居环境范例奖。完成40千米健康步道、80千米林荫道、70千米绿道、1.1万亩森林碳汇造林工程等森林城市项目建设。落实大气污染防治强化措施，淘汰黄标车1454辆，油气回收改造全部完成，加强扬尘治理，在横琴新区率先实行余泥渣土运输全密闭。建立市区镇村四级“河长制”，新建污水管网70千米，集中式饮用水源水质达标率100%。启动土地污染防治前期工作，开展336家重点行业企业土壤信息定性调查、393个农用地点位核实及采样。建成中信环保生物质热电一期工程。环境执法保持高压态势，开展水源保护区、“小散乱污”企业、固体废物污染防治等专项执法行动，中央环保督察交办案件全部按期办结。国内首个海洋波浪能试验项目在大万山岛启动。

（六）社会事业全面进步，民生保障不断加强

底线保障水平有新提升。九项民生支出354.14亿元，增长24.7%，占一般公共预算支出的71.7%。城镇新增就业人数46923人，城镇登记失业率控制在2.26%。低保标准提高到每人每月896元，农村五保集中和分散供养标准达到每人每年22260元和18929元，特困人员基本生活标准达到低保标准的1.6倍。为17000多名残疾人提供每人每年1920元到2640元的生活津贴。城乡居民月人均养老金提高到519元，基本医疗保险年度财政补贴提高到510元，医疗保险年度最高支付限额提高到72万元。生育保险和基本医疗保险在全国率先合并实施。超额完成省政府下达住房保障工作任务，新开工棚户区改造住房2863套，基本建成棚户区改造住房和公共租赁住房2260套。住房公积金异地转移实现“全国漫游”，缴存覆盖率全省第一。市中心粮库一期、市食品检测中心建成使用。

公共服务体系建设有新进步。教育事业加快发展，中大附中、中大附小、礼和小学、斗门区实验二小建成使用，珠海中学开工建设，市技师学院新校址项目顺利实施，中山大学海洋科学学院楼、多学科交叉平台楼等基建项目启动，北师

大珠海分校向北师大珠海校区转型。医疗卫生事业均衡发展，狠抓市妇幼保健院易地新建、市慢性病防治中心等项目进度，市精神卫生专科住院部建成使用，金湾中心医院正式运营，翠香、湾仔等社区养老服务中心投入使用。医药体制改革深化，全面取消公立医院药品加成，在省内率先推进药品和医用耗材配送改革。文体事业繁荣发展，建成7个市民艺术中心、12个社区体育公园、316家“数字农家书屋”，全国帆船帆板锦标赛、广东旅游文化节、广东群众音乐舞蹈花会、南粤古驿道骑行、国内首届市级应急救援运动会等活动成功举办。引导社会组织有序参与社会治理，社会福利与慈善事业加快发展。平安珠海建设深入推进，110违法犯罪警情下降4.1%。社会大局持续稳定，未发生重特大生产安全事故。

新农村建设有新成效。落实农村人居环境综合整治三年行动计划，完成一批路灯照明、污水处理、农田水利、厕所改造等设施建设。发展特色生态农业，白蕉海鲈获评中国百强农产品区域公用品牌，岭南大地度假区获批全国首批田园综合体试点，斗门镇获评全国特色小镇，斗门区获评全国休闲农业和乡村旅游示范区。对4131户、7402人的农村低收入群体开展精准帮扶，启动572户住房改善工作。完成农村土地承包经营权确权登记颁证任务。

脱贫攻坚有力推进。认真落实中央和省交办的扶贫任务。精准扶贫阳江市、茂名市211个贫困村，建设特色产业基地133个。开展对口云南怒江州扶贫协作项目30个。积极实施对口支援四川甘孜州稻城县和理塘县、西藏林芝市米林县及米林农场、重庆巫山县等藏区库区工作。

一年来，我们进一步加强政府自身建设，改进机关作风，提升行政效能，激励广大干部勇于担当、积极作为。持续推进廉洁政府建设，落实政府部门党组（党委）主体责任，强化廉政风险防控，加强审计结果运用。推进法治政府建设，提请市人大审议法规草案2部、制定政府规章6部，实现政府法律顾问聘任全覆盖，获评依法行政全省优秀城市。依法接受市人大及其常委会的监督，自觉接受市政协的民主监督，主动接受社会和舆论监督，认真办理市人大建议119件和市政协提案359件。双拥、民族、宗教、对台、侨务、统计、人防、气象、档案、仲裁、地方志、司法行政、政务公开、海防打私等工作取得新成效。

各位代表，2017年8月，强台风“天鸽”正面袭击珠海，面对有气象记录以来最大的台风灾害，在省委、省政府和市委的坚强领导下，全市人民万众一心、守望相助、不畏艰难、顽强奋战，迅速恢复了生产生活秩序，充分展现了珠海人民的文明素质，体现了大家对这座城市的热爱、对政府工作的大力支持。过去一年的成绩来之不易，这是全市人民共同奋斗的结果。我代表市政府，向为珠海建设发展付出辛勤劳动的全市人民，致以崇高的敬意！向给予政府工作大力支持的人大代表和政协委员，向各民主党派、工商联、无党派人士和人民团体，向关心支持珠海发展的中央和省驻珠单位、驻珠部队、省直部门、兄弟城市、港澳台同胞和国际友人表示衷心的感谢！

同时，我们清醒地看到，相对于广大市民日益增长的美好生活需要，我市发展不平衡不充分的矛盾还比较突出，政府工作还存在不少问题和不足。一是实体经济基础比较薄弱，产业龙头项目偏少、掌握核心技术的企业偏少，产业结构调整和新动能培育任务艰巨。二是东西之间、城乡之间、陆海之间发展差距较大，城市框架尚未完全拉开，西部地区和海岛公共配套建设相对滞后，建成区旧厂房、城中村、老旧社区等有待改造提升。三是社会民生事业存在短板，公办优质学位相对不足、中心城区交通拥堵、城市精细化管理水平不高等群众强烈关注的问题，还未能有效解决。四是特区开拓创新的锐气有所弱化，部分干部存在“小富即安”的心态，少数干部存在精神懈怠和不担当、不作为现象。对此，我们一定要保持清醒头脑，增强忧患意识和进取意识，采取有效措施，切实加快解决。

二、2018年工作部署

2018年是全面贯彻落实党的十九大精神的开局之年。党的十九大作出了中国特色社会主义进入新时代的重大判断，描绘了决胜全面建成小康社会、全面建设社会主义现代化国家的宏伟蓝图，为谱写新时代珠海改革发展新篇章指明了方向。随着“一带一路”、大湾区、自贸区、自创区建设等国家政策优势交汇叠加，特别是港珠澳大桥建成通车，珠海历史性地站在了粤港澳大湾区的中心连接点，作为广东省副中心和珠江西岸核心城市，珠海的战略地位更加凸显。我国经济发展进入新时代，珠海建市以来形成的生态环境、产业品质、城市格局、市场环境等优势，为推动高质量发展奠定了坚实基础。当前，国家和省对珠海寄予厚望，外界普遍看好珠海发展，全市人民对未来充满期待。面对十九大提出的新使命新任务，大桥通车后的新机遇新挑战，人民群众对美好生活的新期待新要求，政府工作要有新气象，更要有新作为。要结合“大学习、深调研、真落实”活动，更加自觉地落实中央、省和市委的决策部署，更加准确地认识和把握市情，更加主动地谋划和推动改革发展。各项工作都要坚持高标准，跟最好的比，向最好的学，为人民群众创造更有品质的生活。

做好今年政府工作的总体思路是：全面贯彻党的十九大和中央经济工作会议、中央农村工作会议精神，以习近平新时代中国特色社会主义思想为指导，按照“三个定位、两个率先”和“四个坚持、三个支撑、两个走在前列”的要求，贯彻落实省委十二届二次、三次全会和市委八届三次、四次全会精神，坚持稳中求进工作总基调，坚持新发展理念和以人民为中心的发展思想，贯彻高质量发展的要求，深入实施创新驱动和开放引领“两大战略”，统筹推进稳增长、促改革、调结构、惠民生、防风险各项工作，更加注重强化在大湾区中的交通枢纽功能，更加注重发挥横琴和西部生态新区的发展潜力，更加注重增强人民群众的获得感，进一步提升经济质量和城市品质，以优异成绩迎接改革开放40周年。

建议2018年经济社会发展的预期目标和约束性指标为：地区生产总值增长8.5%左右；规模以上工业增加值增长10.5%；社会消费品零售总额增长11%；固定资产投资增长18%；外贸进出口保持正增长；一般公共预算收入增长9%；居民人均可支配收入增长9%；居民消费价格涨幅、城镇登记失业率均控制在3%以内；节能减排降碳和大气、水环境质量完成省下达的目标任务。

围绕上述发展目标，重点安排以下工作：

（一）深化供给侧结构性改革，进一步提升经济发展质量

推进“破、立、降”各项工作。破除无效供给，巩固国有“僵尸企业”出清成果，推动非国有“僵尸企业”年底前实现市场出清。着力培育新动能，出台实施现代产业体系规划。大力降成本，全年为企业减负60亿元。坚持精明增长，清理闲置用地，督促供地两年以上的36个未开工项目明确开工时间，推动近两年供地的160个工业项目如期动工。提升产业存量，继续开展“十百千”工业企业梯度培育。启动新一轮技改三年行动计划，推动260家规模以上工业企业实施技术改造。做大产业增量，加强招商引资工作，完善商务、规划、国土等部门联动的招商机制，更加注重引进项目的动工达产时限和产值税收贡献。

扩大投资、消费、外贸需求。加大投资力度，安排年度重点项目411个，投资780亿元，力促64个项目建成投产、149个项目开工建设，带动全社会固定资产投资超过2000亿元。加强政府与社会资本合作，运用好珠海基金。扩大消费需求，推动流通追溯体系建设，构建三级城市配送体系，申报国家跨境电子商务综合试验区。加强城市宣传，加快建设滨海国际休闲旅游目的地和国家全域旅游示范区，推动珠海旅游产品品牌设计，发挥横琴长隆等龙头项目作用，带动旅游消费。推动外贸持续增长，扶持贸易平台建设，发展外贸产业集群，推进保税仓储业务扩大进出口，积极发展外贸综合服务平台、市场采购贸易出口等外贸新业态。

着力发展实体经济。切实做好系列支持政策的宣讲、落实、评估和完善，加快扶持资金审批拨付，强化金融服务支撑。划定产业保护区，保持产业用地足够规模，把好地留给好项目。推进园区扩能增效，全年园区建设投入不低于90亿元。出台实施先进装备制造业三年行动计划，申报“中国制造2025”国家级示范区，推动伟创力工业4.0制造基地、中海福陆海洋工程装备三期等一批项目动工，加快运泰利智能产业园、恩捷电池隔膜等项目建设。深入实施“互联网+先进制造业”，发展工业互联网。推动民营经济发展，推行政企云微门户，组建中小企业先进技术研究院。弘扬劳模精神和工匠精神，开展质量提升行动，推进国家新能源汽车动力电池及电驱动系统质检中心、省质量监督海洋工程装备检验站等项目建设，建成现代办公设备和打印耗材知名品牌示范区。支持富山工业园、智慧产业园、航空产业园等创建国防科工军民融合创新示范基地。办好2018中国集成电路设计年会。

促进房地产市场平稳健康发展。严格落实“房子是用来住的，不是用来炒的”总体定位，保持房

地产市场调控政策连续性和稳定性，坚决遏制投机炒房。优化人才购房政策措施，更好地满足人才在珠海创业生活的居住需求。鼓励住房租赁市场发展，加快建立多主体供应、多渠道保障、租购并举的住房制度。

（二）加快创新型城市建设，打造粤港澳大湾区创新高地

完善创新创业环境。制定推动创新驱动发展再提速行动计划，出台支持企业创新能力提升、科技成果转化、鼓励科技创新公共服务和资源共享等系列政策，修订创新相关扶持资金管理办法，提高政策的精准度和有效性，营造更加有利于创新要素集聚的环境。优化人才政策体系，加快实施人才卡、高层次人才“认定＋评审＋举荐”等人才新政，全年引进省创新创业团队不少于3家、国家“千人计划”专家不少于30名、各类人才不少于2万名。制定人才安居办法，加大人才公寓和共有产权房建设，着力解决人才尤其是青年人才对住房的后顾之忧。探索投贷结合、投债联动、投担联动等科技金融服务模式，发挥财政资金和珠海基金引导作用，发展天使投资、创业投资，新增备案创业投资机构70家。开展标准国际化创新型城市试点、国家知识产权示范城市创建工作。

加强创新载体建设。实施高新技术企业树标提质行动，力争企业数达1550家。瞄准国内外最具成长潜力、最具投资价值、最具创新力企业，开展精准招商。对接国家和省重大科技专项，组织实施一批市级重大技术攻关项目。扶持和培育新型研发机构，争取新增省级新型研发机构2个、省级以上创新平台50个。落实孵化器建设规划，建设大湾区博士和博士后（珠海）创新创业孵化基地。推动创新型应用型高校建设，加快中山大学珠海校区基础设施项目建设，力争北京师范大学珠海校区秋季开始招生。完善“菁创荟”服务平台，支持青年创新创业。对接广深科技创新走廊建设，承接科技项目和研发成果转移。

落实“双自联动”方案。支持高新区企业利用横琴保税融资租赁政策和与生产有关的进口免税政策，进口高价值科研设备。支持横琴企业利用高新区科技型企业集聚优势，开展研发设计、检测维修等保税业务。发挥创新主平台作用，主动融入国内外科技创新网络，推进粤澳合作产业园、中以加速器、中德人工智能研究院等项目建设。完善联动发展机制，打造横琴科学城、横琴国际科创中心等联动发展载体。

（三）深入推进重点领域改革，提升开放合作水平

打造横琴高水平对外开放门户枢纽。探索自贸区更大改革自主权，在口岸监管模式创新等方面争取更大突破。优化法治环境，探索建立粤港澳大湾区商标知识产权跨境合作机制，支持横琴国际知识产权交易中心发展。推进国家人才管理改革试验区建设，完善创业团队激励、人才引进等政策。发挥横琴辐射作用，带动保税区、洪湾片区功能升级，加强横琴与各区招商联动。促进与港澳更深层次合作，推动粤澳中医药科技产业园、创新方等合作项目首期建成运营。建成深井二线通道。加大对港澳创业项目的扶持，培育不少于200个澳门创业项目。推进珠港澳旅游合作，推动游客资源共享。配合澳门世界休闲旅游中心建设，创建横琴国际休闲旅游岛，争取横琴、澳门之间人员往来更加便利的措施。

推动改革举措落地生效。深化“放管服”改革，做好省政府下放事项的有效承接，完善市级事权下放的后续监管和动态调整机制。推动人往基层走、钱向基层投、政策朝基层倾斜，充分发挥区级积极性。加强市级在国土、规划、重大项目布局上的统筹。深化城市管理机制改革，做实网格化管理，确保每一寸土地、每一个角落都有人负责。推进政务服务标准化，启动“减证便民”工作。将全部市级事项纳入市建设项目审批综合管理平台，进一步优化并联审批流程。落实“证照分离”，提高商事主体开办便利度。加强社会信用体系建设，积极创建国家信用示范市。扎实推进国企改革，提升国企竞争力。完善公共设施建设模式，更加注重城市运营，土地出让时应充分考虑教育、卫生、文化、体育、养老、社区服务等设施的配建。

构建大湾区时代开放合作新格局。抢抓港珠澳大桥建成通车机遇，推动珠港澳物流合作园建设，打造大桥经济区。推动珠港澳三地机场合作，积极争取珠海机场开通国际航线和设立保税物流中心（B型）。加快高栏港综合保税区申报建设，拓展珠海港国际航运服务体系，打通“川贵广—南亚”国际物流大通道。以欧美和“一带一路”沿线为重点，发挥驻境外经贸代表处作用，加强经贸交流合作。跟踪落实中以科技创新大会和中拉国际博览会成果，推动中以产业园、以

色列中国（珠海）离岸创新中心建设，发挥中拉经贸合作园平台作用，承办好中拉企业家峰会。高质量办好第十二届中国国际航空航天博览会。推动会展中心二期建设，发挥国有场馆优势，引进培育1～2个国际精品专业会展品牌。做好珠海台创园转型升级，推进二期建设。深化珠中江阳合作，做好对口阳江产业帮扶工作。完善与黑龙江黑河市对口合作机制，加强农业、经贸、旅游等领域合作。

（四）推动交通内畅外联，建设区域交通枢纽城市

打好交通建设提速战。重点交通项目建设要快马加鞭。要畅通对外交通，加快完善港珠澳大桥配套设施及衔接路网建设，积极推进金琴快线北延段等项目对接深中通道，配合推进珠江肇高铁前期工作，争取将深珠高铁纳入国家和省相关规划，推动开展黄茅海大桥前期工作。完善城市组团交通网络，继续开展地铁前期和相关工作，加快东西通道香海大桥、洪鹤大桥、鹤港高速一期和南北通道兴业快线北段、金琴快线、情侣路南段主辅线工程建设。加快十字门隧道、黑白面将军山隧道、大横琴山隧道建设。一季度开工金海大桥，上半年开工板樟山新增隧道、香海大桥支线，年内开工古元大道。

加强港口、机场、口岸建设。开展珠海机场总体规划修编，推进机场改扩建和机场综合交通枢纽工程，加快机场升级改造和航空物流园建设进度。加速发展民航客货运输，增开航线航班。完成通用机场一期建设。增强港口集疏运功能，发展壮大西江港口联盟，推进高栏集装箱码头二期等项目建设，推动北方石油石化码头等项目开工，启动高栏港区20万吨级主航道前期工作。推进洪湾渔港建设，打造国际渔业物流港。推进横琴口岸综合交通枢纽和青茂口岸建设、湾仔口岸迁建、拱北口岸和九洲港口岸改造，加强智慧海防与打私建设。

综合施策治理交通拥堵。加强交通组织，做到哪里有拥堵，哪里就有交警引导。强化道路挖潜，打通断头路，建设下穿车道和美观实用的人行天桥。落实公交优先，加大车辆投放，科学安排公交线路、班次和密度，提高公交准点率和舒适度。优化道路施工方案，一定要减少对市民出行影响。规范共享单车管理，加快非机动车道优化改造。发展智慧交通，规范路内停车。鼓励建设机械式立体停车设施。

（五）全面实施乡村振兴战略，着力解决区域发展不平衡不充分问题

做好新时代“三农”工作。推进农业供给侧结构性改革，支持斗门打造供港供澳绿色食品示范区。完善支持农村一二三产业融合发展的配套措施，打造一批生态休闲农庄示范点，加快田园综合体试点项目建设。打造“互联网+现代农业”新模式，发展专业合作社、农业综合体、家庭农场等业态，完善村级电商服务网络。建设高标准基本农田3.34万亩，启动粮食生产功能区和重要农产品保护区划定工作。继续加大对农业龙头企业扶持力度，加强农业生产基地监管，提高农产品质量水平。探索推出更多涉农保险，提高农业抗灾能力。推进美丽宜居乡村建设，落实农村人居环境整治计划。加强水利基础设施建设，加快农村农田低压电网改造，提升乡村道路综合管养标准。抓好农村集体产权制度改革试点，完成农村地籍调查建库。健全市内精准帮扶长效机制，着力解决低收入群体生产生活困难。坚决打赢脱贫攻坚战，继续推进对阳江市、茂名市贫困村的精准帮扶工作，扎实做好对口云南怒江州东西部扶贫协作和对口支援藏区库区工作。

加快西部生态新区建设。高标准建设金湾、斗门、富山和平沙四大片区，推动产城融合。加快建设鸡啼门特大桥、双湖路、平华大道、富山新城大道、金湾体育中心、黄杨河湿地公园、平沙新城中心公园等项目，建成双湖路中段、航空城三期市政道路、金湾一中配套道路等项目。推动优质公共服务资源向西部地区倾斜，上半年开工建设西部医疗中心，推动珠海中学尽快建成。

促进海岛地区开发建设。海洋海岛资源是珠海发展的优势所在，也是潜力所在。要落实好海洋督查问题整改，强化围填海综合管控能力，在加强海洋保护中适度开发利用海洋资源。完善海岛基础设施，加快东澳岛客运码头、大万山岛万山湾客运码头、桂山岛十三湾防波堤建设，启动外伶仃石涌湾码头、唐家港陆岛交通补给码头项目建设。推进桂山岛海上风电、万山区海岛新能源微电网示范项目建设，改造扩容外伶仃、大万山岛水库，支持海岛路网建设改造。加密轮渡班次，改善轮渡服务。推动粤港澳游艇“自由行”政策落地，推进三角岛运动休闲与科教示范项目建设，提升海洋海岛旅游品质，加快海洋经济发展步伐。全面开展入海排污口整治，实现海岛存量垃圾打

包外运、主岛污水无害化处理全覆盖，建成东澳岛和大万山岛污水无害化处理工程。设立海洋生态修复和生态补偿专项资金。继续开展蓝色海湾和海洋牧场建设。

（六）深化生态文明建设，打造美丽中国样板城市

巩固提升生态优势。牢固树立社会主义生态文明观，提供更多优质生态产品，新建5个市政特色公园和一批社区公园、20千米健康步道、30千米城市绿道，改造提升40千米林荫道。加强淇澳岛生态保护，完善珠海古驿道建设。加快推进国家海绵城市试点建设，新开工建设一批综合管廊。完成全国水生态文明城市建设试点工作。深化水、大气和土壤污染综合治理。全面推进“河长制”三年行动计划，加大黑臭水体和江河水质整治。新建污水管网40千米，新增污水处理能力10万吨/日，启动污水管网改造，推进香洲污水处理厂三期扩建和拱北、吉大、南区污水处理厂提标改造工程，完成三灶、平沙污水处理厂提标改造及扩建工程。打好蓝天保卫战，落实扬尘管理和机动车污染控制，上半年在全市推开余泥渣土运输全密闭。加强土壤污染防治，推进土壤污染详查。加大环境执法力度，切实把污染源管住。继续推进生活垃圾分类工作。推动中信生态环保产业园建设，加快环保生物质热电二期、污泥处置中心一期、餐厨垃圾处理、医疗废物处理等项目进度，力争率先在全省实现原生垃圾零填埋。

提高城市现代化水平。珠海环境优美，具备打造样板城市的底气和条件。要对标国内外先进城市，高标准推进规划建设管理，让珠海更具现代化气息，更加宜居宜业宜游，市民更有归属感、幸福感、自豪感。开展新一轮城市总规编制，推进“东接西拓南进北联”，尽快拉开城市格局，实现生产空间集约高效、生活空间宜居适度、生态空间山清水秀。加强城市设计，注重功能使用、景观效果、文化特色及建筑平面、立面、天面的协调统筹。加快横琴、保税、洪湾片区一体化建设，打造开发强度适中、产业聚集高端、生态环境优美，与澳门交相辉映的珠海城市新中心，高标准建设十字门中央商务区，推进马骝洲“一河两岸”规划建设。推动唐家湾科教新城建设，推进北围、后环、前环等片区路网建设，加快布局优质公共服务资源。

提高城市管理精细化水平。进一步明确职责、细化标准、强化考核，建立常态化机制，既重建设，更重管理，像绣花一样精细管理城市，营造更加干净、整齐、平安、优美的环境。开展主干道和重点区域环境综合提升，统筹考虑天际线、道路桥梁、建筑立面、园林绿化、广告招牌、灯光照明等城市风貌。完善主城区主要道路沥青罩面铺设，完善大中型桥梁景观亮化，优化提升公园、绿地，打造城市阳台等一批山水相连、亲山近水的标志项目。加强项目招投标、设计、施工、监理、验收等全流程管理，努力做到造价合理、质量提高、施工安全、工期缩短、扬尘噪音减少。推行标准化施工围挡，设置明显标牌，让市民知晓项目情况。继续开展违法建设专项治理。及时修补破损路面、护栏等市政设施，启动“厕所革命”新三年行动计划。加强环卫基础配套保障，提高保洁人员待遇和机械化水平。进一步提升绿化水平，科学选择树种、把握种植密度、精细修剪管养，形成高低错落、疏密有度、色彩丰富的景观效果。推进新型智慧城市建设，实施大数据发展战略，打造全市政务信息枢纽，建设“数字政府”。加强与通信运营商和行业龙头企业的战略合作，推进大数据中心等第一批20个项目建设，推动智慧园区服务平台等第二、第三批25个项目启动。加快推进4K电视应用。

积极稳妥推进“三旧”改造。完善“三旧”改造政策措施，理顺改造审批环节，让老城区焕发新活力。统筹兼顾公共利益和土地权利人、投资主体的利益，重点推进安全隐患突出、公共配套缺乏、功能用途已不符合城市发展规划的区域改造。加强规划管控，保护城市肌理，采用连片改造、小拆小建和修旧如旧等模式，分类推进改造项目。旧工业区改造鼓励“工改工”“工改产”，严格限制“工改居”，重点推进“三溪”产业小镇、丽珠旧厂房改造等项目建设。推动东桥、永丰、上冲、翠微等旧村启动改造工作，优先推进村民改造意愿一致的项目。继续推进拱北口岸地区改造项目。

加强安全应对能力建设。落实安全生产责任，深化风险排查管控，坚决遏制重特大安全事故。狠抓火灾高风险区域专项整治，建立森林防火“4+1”体系。推进消防设施增量提质，升级和建成一批小型、微型消防站，开展畅通消防通道和逃生通道专项行动。加强城中村综合治理，完善出租屋管理系统。加强校园安全建设，提升中小学校、幼儿园、托管中心安全管理水平。

加快食品集中加工区、农贸市场升级改造等硬件建设，完成省食品安全示范试点城市创建工作。实现瓶装液化气供应全过程电子化监管和全电子化服务。加强三防能力建设，实施海堤提升工程，加强地质、内涝等灾害防治。落实基础设施人防要求。做好公共安全风险普查分析及应急预案，推广无人机、大数据等技术运用，完善海陆空立体应急救援体系。推动全市公共安全教育场所建设，提高群众自救互救技能。加快完善社会治安防控体系，全面提升“主动预警、快速反应”核心战斗能力，推动全民禁毒工程，完善反恐责任体系，严厉打击违法犯罪活动，让各类犯罪分子无所遁形。加强地方金融风险防范，妥善果断处理金融违法活动。加强和创新社会治理，促进社会组织健康有序发展，预防和化解社会矛盾。

（七）提高民生保障水平，增强人民群众获得感

加强就业服务和社会保障。实施就业优先战略，组织公共实训5000人次，实施在岗职工技能提升培训1万人次，城镇新增就业4万人，推行就业服务全城通办，启动人力资源服务产业园建设。出台就业困难人员认定和就业援助办法，建设高技能人才公共实训基地和高技能人才培养示范基地。保障好底线民生，加大对低保对象、特困人员、受灾群众等群体的帮扶救助力度。大力发展养老事业，落实民办养老机构资助办法，建立居家养老服务信息平台，深化医养结合试点工作，推动市级养老机构、社区居家养老服务站建设。建立健全心理健康服务体系。为全市户籍残疾人每人每年购买意外伤害保险100元。加强住房保障信息化建设，进一步扩大住房保障覆盖面。实施工伤保险浮动费率办法，开展失业保险浮动费率试点，进一步降低企业社保缴费成本。实施医疗保险病种点数法支付，降低基本医疗保险一档费率。

大力发展教育和医疗卫生事业。深入落实中小学办学联盟工作，促进东西部义务教育优质均衡发展。推进白藤东小学、北山小学、横琴一中、凤凰中学、梅华中学、珠峰实验学校等项目建设，增加优质学位供给。完善中高职衔接培养机制，加快市技师学院建设，推动金湾校区秋季招生。落实特殊教育提升计划，加快自闭症支持体系建设。支持民办教育发展，加强民办学校分类管理。推进市人民医院科研综合楼、中大五院外科大楼、市第二中医院、市第五人民医院、横琴新区医院等项目建设，加快高层次卫生人才队伍建设，集中力量打造区域优势学科专科群，全力支持市人民医院、中大五院进军全省“30强”医院。推进健康服务联合体、专科区域联盟建设。做实家庭医生签约服务，重点覆盖困难家庭、慢性病家庭、老人家庭。扩大妇女“两癌”免费检查覆盖范围。做好优生优育工作。完善社区卫生服务，落实分级诊疗制度。

健全公共文化服务体系。建立文明城市创建长效机制，持续提升市民文明素质。加强文化遗产保护传承，实施共乐园、山房路、会同村共同改造提升，完成拉塔石炮台遗址优化提升，推进容闳故居遗址修复一期工程，提升和扩展杨匏安陈列馆，加强苏兆征、林伟民等革命先驱及陈芳、唐国安等名人故居和陈列馆的保护利用。全面推进市区镇村四级文化设施达标，启动国家公共文化服务体系示范项目创建。推动市博物馆新馆和规划展览馆新馆年内对外开放。举办好中国国际马戏节、WTA超级精英赛、2018年亚洲帆板锦标赛等活动。

扎实推进十件民生实事。一是疏导重点交通拥堵路段。改造提升屏东四路、沿河路交情侣路交叉口、梅界路交敬业路交叉口等10处拥堵点。建设一批人行过街设施。提高上下班高峰期和重大节假日路面见警率，重点疏导上冲检查站、珠海大道、金凤路、旅游路、柠溪路、桂花路等拥堵路口路段。二是大力发展公交事业。完成753台传统能源公交车更新工作，新增投放400台纯电动公交车。优化公交线网，新增10条以上公交线路，推广产业园区“微循环公交”。粤海路、桂花路、翠前路等道路新建公交专用道。三是加大幼儿园学位供给。新建、移交、收购8所公办幼儿园，其中建成3所、移交2所、收购1所、开工2所。实现全市普惠性幼儿园覆盖率达80%以上。四是提升道路保洁水平。定时对道路清洗和洒水防尘，城区主干道实行16小时保洁制，相应提高次干道和背街小巷保洁水平。五是推进保障性安居工程建设。加快建设南屏保障房项目，基本建成保障性住房1140套。新开工建设棚户区改造安置住房1600套以上。六是提高医疗卫生保障水平。基本公共卫生服务经费标准提高到每人每年60元以上。推进市妇幼保健院易地新建、市慢性病防治中心、西部医疗中心等项目建设。建成5个健康镇（街）、50个健康村（居）、100个健康“细

胞”单元。七是推广使用管道天然气。新建40千米市政燃气管道，完成7.6万户老旧小区住宅的公共燃气管道加建工作。八是全面提升防灾减灾救灾能力。投入2亿元加强人、财、物保障，建设风暴潮灾害预报预警项目，高标准配备森林、高层建筑灭火救援装备，提升应急救援能力。九是开展污水整治行动。完成排水管网普查工作，对症下药，12条黑臭水体实现不黑不臭。十是改造提升老旧社区。启动翠香、东风、北堤等13个老旧社区环境改善行动，改善市政线网、公共照明、人行道、停车设施、消防通道等配套设施。

（八）以群众所需为施政所向，建设人民满意政府

建设法治政府。落实法治政府建设实施方案，完善行政执法体制机制，加大政务公开力度。深入推进政府法律顾问服务示范市建设。建立推动高质量发展的绩效评价机制。加大全民普法力度，推进公共法律服务体系建设。认真落实市人大及其常委会的各项决定，自觉接受市人大、市政协和社会各界的监督，办理好人大议案、建议和政协提案。

建设高效政府。增强干部队伍八种本领，知责有为，克服“慢、拖、虚”，以真抓的实劲、敢抓的狠劲、善抓的巧劲、常抓的韧劲，抓好各项工作落实。深化“一门式一网式”服务模式改革，践行“马上就办”的工作作风，推行“最多跑一次”服务，加强12345市民服务热线建设，让群众和企业切实感受到政府服务效率的提高。

建设廉洁政府。开展“不忘初心、牢记使命”主题教育。落实中央八项规定及实施细则精神，知止有戒。严守政治纪律和政治规矩，全面彻底肃清李嘉、万庆良流毒影响，持之以恒正风肃纪，保持惩治腐败高压态势。对财政资金分配、国有资产、政府投资等重点部门和岗位，强化内部流程监控，加强廉政风险防控和审计监督。构建“亲”“清”新型政商关系，营造风清气正的良好政治生态。

各位代表，新时代开启新征程，新使命呼唤新作为。我们将在市委的坚强领导下，在市人大和市政协的监督支持下，坚定信心、强化担当、狠抓落实，以时不我待、只争朝夕的精神投入工作，确保圆满完成今年的各项目标任务，以实实在在的工作成效向全市人民交上一份满意的答卷！

链 接：

名词解释和有关情况说明

1.“去降补”：指“三去一降一补”，即去产能、去库存、去杠杆、降成本、补短板。

2.“僵尸企业”：指已停产、半停产、连年亏损、资不抵债，主要靠政府补贴和银行续贷维持经营的企业。

3.“双自联动”：指横琴自贸片区和珠海国家自主创新示范区（高新区）联动发展。

4. PCT：PCT是“专利合作条约”（Patent Cooperation Treaty）的英文缩写，是有关专利的国际条约。根据PCT的规定，专利申请人可以通过PCT途径递交国际专利申请，向多个国家申请专利。

5. 国家“千人计划”：即海外高层次人才引进计划，指国家从2008年开始，在国家重点创新项目、学科、实验室以及中央企业和国有商业金融机构、以高新技术产业开发区为主的各类园区等，引进2000名左右人才并有重点地支持一批能够突破关键技术、发展高新产业、带动新兴学科的战略科学家和领军人才来华创新创业。

6. 创新跨境商事登记导办和智能办税服务模式：横琴工商局、税务局分别通过与中国银行横琴、澳门分行，工商银行横琴、澳门分行合作，将商事登记导办服务、智能办税业务延伸至澳门的大街小巷，打破政务服务的空间限制，澳门居民和投资者在澳门本地即可远程办理在横琴投资项目的商事登记和有关涉税业务。

7. 生产性服务业：指为保持工业生产过程的连续性、促进工业技术进步、产业升级和提高生产效率提供保障服务的服务行业，是与制造业直接相关的配套服务业，是从制造业内部生产服务部门而独立发展起来的新兴产业，本身并不向消费者提供直接的、独立的服务效用。

8. 供应链管理：指使供应链运作达到最优化，以最少的成本，令供应链从采购开始，到满足最终客户的所有过程。

9. 一门式一网式：指前台综合受理、后台分类审批、统一窗口出件的服务模式，将各部门行政许可和服务事项的咨询导办、预约办事、接件受理、进度跟踪和结果反馈等，集中到实体综合服务窗口或网上办事大厅实施。

10. “一照一码”：指通过“一口受理、并联审批、信息共享、结果互认”，将由多个部门分别核发不同证照，改由一个部门核发加载法人和其他组织统一社会信用代码的营业执照。

11. “珠海易注册”：指珠海市商事主体“一照一码”登记全程电子化服务系统，申请人可通过该系统在线上办理设立、变更、注销等商事登记事项，享受“7×24 小时”的服务。

12. 珠海基金：全称为珠海发展投资基金，是由市财政联合各级国企出资设立并按市场化方式运作的基金，基金目标 1000 亿元，首期为 500 亿元。

13. 国企改革“1+N”制度：指珠海深化国资国企改革方面的整体设计方案，其中“1”指《中共珠海市委珠海市人民政府关于进一步推进国有企业改革发展的意见》，“N”指若干与之配套的专项改革意见或方案。

14. 国际贸易“单一窗口”：指国际贸易和运输相关各方在单一登记点递交满足全部进口、出口和转口相关监管规定的标准资料和单证的一项措施，如果为电子报文，则只需一次性地提交各项数据。这是依据联合国下属的标准化机构（联合国贸易便利化与电子业务中心）（UN / GEFAGT）公布的 33 号、34 号、35 号建议书提出的建立国际贸易单一窗口及指南、国际贸易数据简化和标准化、法律框架而建立的措施。

15. “海丝”论坛：指“21 世纪海上丝绸之路”国际传播暨中国（广东）企业走出去论坛。

16. 绿色公共交通出行总人次：指公交车、共享单车、公共自行车等绿色公共交通的服务总人次。自 2017 年共享单车进驻珠海后，越来越多的市民选择了绿色公交出行。

17. 城市环境清理、规范、优化、提升“1+7”工作方案：“1”指珠海市城市环境清理规范优化提升工作方案，“7”指立柱广告拆除、公共设施保洁、科学合理设置交通标志、文明公益广告优化、市政道路优化和立面破损修复、加强工地文明施工管理和全市绿化综合提升等七大方面。

18. 珠海中学：指在斗门区乾务镇蘑菇场及周边地区筹建一所公办属性的珠海中学（暂定名），办学性质为高中，项目用地面积约 341930 平方米（约 512 亩），建设费用约 15.41 亿元，拟与国内著名高校（初步意向为华中师范大学）进行合作办学，提供学位 6000 个。

19. 数字农家书屋：指一台具备多通道无线互联网发射功能和存储功能的终端设备，附近居民可免费连接上这一网络平台。在“数字书屋”内存储了上万本图书，数百堂农民致富和科学生活视频课，大量地方戏曲文化节目及高清影视内容。还有办事指导、“法律法律”等常用政务、法规内容和小游戏。

20. 田园综合体：是集现代农业、休闲旅游、田园社区为一体的特色小镇和乡村综合发展模式，国家支持有条件的乡村，建设以农民合作社为主要载体、让农民充分参与和受益，集循环农业、创意农业、农事体验于一体的田园综合体，通过农业综合开发、农村综合改革转移支付等渠道开展试点示范。

21. “破、立、降”：是 2017 年中央经济会议关于供给侧改革的新提法，指大力破除无效供给，推动化解过剩产能；大力培育新动能，推动传统产业优化升级，培育一批具有创新能力的排头兵企业；

大力降低实体经济成本，降低制度性交易成本，继续清理涉企收费，加大对乱收费的查处和整治力度，深化电力、石油天然气、铁路等行业改革，降低用能和物流成本。

22.“十百千”：指《珠海市实施工业企业培育“十百千计划”工作方案》提出的，通过培育形成10家以上超百亿级龙头企业、100家以上超十亿级骨干企业和1000家以上成长性好的中小企业。

23. 三级城市配送体系：在城区的外围片区依托物流园区及物流快递分拨中心，形成引领全市共同配送发展的一级配送网络。二级配送中心主要布置在中心城区外围、高速公路通道接口处，结合周边物流企业的物流场站及试点企业物流快递分拨中心现状布局，支持和引导企业建立或升级专业配送中心，在人流、物流密集区设置终端配送网点，形成密集便捷的二级配送网络。三级物流快递配送中心承接二级配送中心配送的货品，以最后用户为服务对象，是城市末端公共配送站点。

24. 政企云微门户：是以政企云门户网站为基础，整合各种最新资讯的一种移动互联应用。拥有个性化资源订阅、精确全文云检索、原文查看、文章分享等功能，智能聚合原有门户网站的信息资源，支持各种移动平台终端和浏览器的访问。

25. 菁创荟：是由团市委、市科工信局、市人社局、市金融局共同发起，集全市公共部门、金融机构、创业基地、创业指导机构、公共平台为一体的创业联盟，是服务青年创新创业的综合服务平台。

26. 减证便民：指通过全面梳理市、区政府部门、直属事业单位要求其他单位开具，涉及群众办事创业时所需提交的各类证明和盖章环节，最大程度方便群众办事创业，努力为群众提供便捷高效、公平可及的公共服务。

27. 证照分离：指全面清理规范各类涉企行政许可等事项，通过直接取消一批、改为备案一批、实行告知承诺制一批以及优化准营管理，加强事中事后监管等方式，进一步破解企业“办照容易办证难”“准入不准营”的突出问题，释放企业创新创业活力，加快营造法治化、国际化、便利化营商环境。

28. 保税物流中心（B型）：是指经海关批准，由中国境内一家企业法人经营，多家企业进入并从事保税仓储物流业务的海关集中监管场所，可开展简单加工和增值服务、商品展示、全球采购和国际物流分拨配送、进出口贸易和转口贸易、出口退税等业务。

29.“川贵广—南亚”国际物流大通道：是珠海市、黔南州、遂宁市和广东省物流行业协会承载国家“一带一路”倡议，全方位参与国际合作，共同谋划实施的项目。该通道以遂宁物流港为起点，连接贵州（昌明）国际陆港，跨接珠海港和横琴自贸片区，通过海上对接南亚孟加拉国等4国的重要港口，能覆盖巴基斯坦等10余个国家和地区约20亿人口。

30. 海绵城市：指城市能够像海绵一样，在适应环境变化和应对自然灾害等方面具有良好的“弹性”，下雨时吸水、蓄水、渗水、净水，需要时将蓄存的水释放并加以利用。海绵城市建设应遵循生态优先等原则，将自然途径与人工措施相结合，在确保城市排水防涝安全的前提下，最大限度地实现雨水在城市区域的积存、渗透和净化，促进雨水资源的利用和生态环境保护。

31.“东接西拓南进北联”：“东接”指向东抢抓深中通道建设机遇，推进深中通道衔接区域的融合发展，同时依托万山区，建设环港澳绿色海洋产业带。“西拓”指向西利用“双港”优势，集中资源优先建设西部中心城区，打造城市功能高地，使西部地区成为新的城市中心。“南进”指向南抓住港珠澳大桥建成通车的历史机遇，促进横琴新区、保税区、洪湾片区一体化发展。“北联”指向北强化与广佛肇、中山江门及泛珠三角内陆腹地的联系，提升唐家湾地区在区域发展中的地位和作用，着力打造城市创新的主引擎。

32. 马骝洲“一河两岸”规划：规划范围位于马骝洲水道两侧。规划提出要整合马骝洲两岸的产业、交通、景观等资源，综合利用土地，优化交通组织，打造滨水空间，保护自然资源。

33.“城市阳台”：指通过下穿海滨路，将石景山公园与海滨公园、情侣路、香炉湾沙滩、海域联成一体的公园绿地景观系统。

34. 厕所革命：是对厕所改造的一项措施，重点在于改善厕所卫生情况。习近平总书记指出，厕所问题不是小事情，是城乡文明建设的重要方面，不但景区、城市要抓，农村也要抓，要把这项工作作为乡村振兴战略的一项具体工作来推进，努力补齐这块影响群众生活品质的短板。

35. 森林防火“4+1”体系：建立特殊时段封山、网络化巡查、无人机等科技手段侦查、开辟隔离带防护区和设置应急水池等4道防线，提高应急救援能力。

36. 工伤保险浮动费率办法：指市社会保险经办机构在执行工伤保险行业基准费率的基础上，根据用人单位上一个考核周期工伤保险支缴率、安全生产与职业病危害情况等因素，确定下一个浮动周期内其工伤保险费率是否浮动及浮动的档次。

37. 失业保险浮动费率：是指市社会保险经办机构以失业保险用人单位基准费率为基础，根据用人单位前五年平均失业保险申领率、全市前五年平均失业保险申领率、失业保险基金历年滚存状况和当年度失业保险基金结余状况等因素决定是否向下浮动基准费率，并核定用人单位当年度的失业保险缴费比例。

38. 医疗保险病种点数法支付：由市社会保险经办机构根据病种点数、医院系数等，结合各定点医疗机构考核清算系数，与各市内定点医疗机构进行医疗费用结算的付费方式。

39. 降低基本医疗保险一档费率：我市基本医疗保险分为两档，一档为统账结合档，二档为单建统筹档。政策调整对象为参加基本医疗保险一档的参保人。职工参加基本医疗保险一档的单位和个人缴费费率各下调0.5个百分点，灵活就业人员、失业人员、工伤人员参加基本医疗保险一档的，费率相应下调1个百分点。调整后，职工参加基本医疗保险一档的费率由目前的8.5%下调至7.5%，其中单位费率由6.5%下调至6%，个人费率由目前的2%下调至1.5%。灵活就业人员、失业人员、工伤人员参加基本医疗保险一档的，费率由8%下调为7%。

40. 普惠性幼儿园覆盖率：公办幼儿园和普惠性民办幼儿园在园幼儿数占在园幼儿总数的比例。

41. 保障性安居工程：指列入市政府住房保障规划和年度计划的保障性安居工程，包括保障性住房、棚户区改造、农村危房改造和游牧民定居工程。

42. 棚户区改造住房：指政府因城市规划、土地开发等原因进行拆迁，而安置给被拆迁人或承租人居住使用的房屋。主要包括城市棚户区（危旧房）改造住房、国有工矿棚户区改造住房、国有林区（场）棚户区（危旧房）改造住房、国有垦区危房改造住房、中央下放地方煤矿棚户区改造住房等类型，其中城市棚户区（危旧房）又包括城中村改造和城镇旧住宅区综合整治。

43. 不黑不臭：指黑臭水体经整治过后，视觉、嗅觉感官上实现不黑不臭，且水体水质达到住建部《城市黑臭水体整治工作指南》中明确的透明度、氧化还原电位等水体分级评价标准。

44. 健康“细胞”单元：即健康城市建设的基础和落脚点，倡导健康理念、健康行为和生活方式。通过改善环境、服务，使之有利于人们的健康、和谐，并激发潜能的工作、学习、生活的组织或场所。

45. 八种本领：指学习本领、政治领导本领、改革创新本领、科学发展本领、依法执政本领、群众工作本领、狠抓落实本领、驾驭风险本领。

· 责任编辑：潘杜鹃 ·

年度关注

精准发力供给侧结构性改革

【概　况】　2017年，珠海市为深入学习贯彻习近平总书记系列重要讲话精神和治国理政新理念新思想新战略，全面落实习近平总书记对广东工作重要批示精神和省第十二次党代会精神，切实把中央、省的战略部署和市第八次党代会的决策部署落到实处，以推进供给侧结构性改革为主线，深入推进“三去一降一补”，在广东实现“四个坚持、三个支撑、两个走在前列”上体现特区担当、贡献珠海力量，稳步推进供给侧结构性改革工作，去产能、去库存、去杠杆、降成本、补短板工作取得成效，实体经济不断发展壮大，以市场为导向的有效产品供给和有效投资供给有所提升，与供给侧结构性改革相适应的政策体系逐步健全，新的发展动能持续壮大，逐步形成多层次、高质量的供给体系。

【三去一降一补】　*去产能*　2017年，珠海市102家国有“僵尸企业”、31家特困企业完成出清重组（珠海无非国有僵尸企业处置目标任务）；清理闲置土地131宗；推动向粤东西北产业梯度转移项目26个；新增境外投资额超过25亿美元，超额完成2016—2018年三年行动计划任务。

去库存　珠海市加强房地产市场调控，2016年10月、2017年4月，先后出台《关于进一步促进珠海房地产市场平稳健康发展的若干意见》《关于进一步做好我市房地产市场调控工作的通知》，实施“限购、限贷、价格备案、限售”调控措施，有效遏制投机炒房。全年全市与房地产相关的贷款增量占各项贷款增量的39.5%，比上年下降34.4个百分点；房地产投资占固定资产投资总额的40.1%，下降6个百分点；房地产业增加值占地区生产总值的7.7%，下降1.1个百分点。经济增长逐步摆脱对房地产的过度依赖。

去杠杆　2017年，珠海市继续贯彻落实中央和省金融工作会议精神，出台《珠海市政府性债务风险应急预案》等文件，采取持续监控杠杆率状况、防范化解地方金融风险、加快处置不良贷款、严厉打击非法集资、推动直接融资发展、着力优化信贷结构等一系列措施。全市规模以上工业企业资产负债率64.4%，金融机构杠杆率控制在合理水平。

降成本　2017年，珠海市继续从降低企业税费负担、降低企业融资成本、降低制度性交易成本、减轻企业人工成本、降低企业用能用地成本、提高企业资金周转率等方面切实降低企业经营成本。其中，以降低制度性交易成本为重点，全面清理规范涉企收费，自2016年4月1日起，全部免征24项国家规定的涉企行政事业性收费的市、区级收入。落实省定涉企行政事业性收费“零收费”，自2016年4月1日起，全部免征省定11项行政事业性收费。至2017年底，近两年来累计降低各类成本214.9亿元。其中2017年降低全市实体经济企业成本96.6亿元。

补短板　2017年，珠海市供给侧结构性改革补短板行动计划涉及10个领域43个目标任务，包括：

提升农村配电网供电能力，扩大天然气主干管网覆盖面，加快新一代信息基础设施建设，加快电动汽车充电设施建设，推进城市地下管网和园区基础设施配套建设，推进交通基础设施建设，加快水利基础设施建设，提升城市环境污染治理水平，推进现代化教育示范市建设，打造面向全球的人才高地，加快新型城镇化步伐构建城乡协调发展格局。是年，对农村电网、地下管网、水利等10个领域的薄弱环节加大投资，全年完成补短板投资251.16亿元，完成计划的142.5%。重大交通基础设施建设提速，港珠澳大桥主体工程、港珠澳大桥珠海连接线年底前具备通车条件，洪湾枢纽互通二期工程全线通车，东西部通道工程项目加速铺开建设，香海大桥、洪鹤大桥、鹤港高速公路一期工程动工建设。

【发展动能持续转换】 2017年，珠海市新兴产业发展势头良好。先进制造业、装备制造业和高技术制造业增加值分别增长16.2%、16.8%和20.3%。高技术制造业增加值占规模以上工业增加值比重达27.8%。清洁能源发展实现新突破。桂山海上风电项目全面开工建设，金湾海上风电项目、斗门富山天然气分布式能源站前期工作全面铺开。全面贯彻落实国家和省新能源汽车发展战略部署，建成集中式充电站4座，分散式充电桩500个。促进军民融合产业发展，编制完成《珠海市国家军民融合创新示范区建设总体方案》，获批全国第一批通用航空产业示范区。

【农业供给侧改革加快推进】 2017年，珠海市加快推进岭南大地田园综合体试点项目等农业园区建设；促进“三产”融合，孵化“三产”融合示范龙头企业2家；培育“三品一标”等农业名牌，推动农产品加工项目2个；打造绿色高效都市现代农业，提高农民收入。农村土地承包经营权登记颁证率达93.77%；打造“互联网＋产业带＋园区＋金融＋政府”5.0电子商务园，引进中国云谷、阿里巴巴斗门农村淘宝等涉农电商平台型和服务型企业23家，成为第一批国家“星创天地”和全国农村农业双创基地。加快补齐农村基础设施短板，重点帮扶危房改造、学校、饮水等基本民生工程。加强农村卫生环境整治，加大垃圾处理力度。推进海岛公路、码头建设。 （刘慧娜）

创新驱动发展显成效

【概　况】 2017年，珠海市结合实际情况，以珠三角国家自主创新示范区为主平台，创新能力得到显著增强，创新驱动发展10项工作考核指标完成良好。创新型产业蓬勃发展，东部创新型产业带与西部装备制造产业带交相辉映，构成产业发展新动能。创新驱动引领社会发展，重点领域和关键环节改革亮点纷呈，横琴自贸区新落地84项制度创新措施，9项创新措施在全省复制推广，多项改革走在全国前列。

【高新技术企业培育】 2017年，珠海市继续大力培育高新技术企业，实施“对口督查、分片包干、一企一策”培育机制，年内申报高企1527家，通过835家。至年底，全市有高企1478家。及时兑付2016年省、市、区各级高企培育资金约7.1亿元。坚持高企数量扩张和质量提升并举，促进拥有核心技术的企业高速发展，培育新兴企业加快成长，引导和支持一批科技型中小企业成长为高新技术企业。

【新型研发机构和创新平台建设】 2017年，珠海市出台《珠海市引进重大研发机构扶持资金管理暂行办法》，规范重大研发机构的引进建设和日常管理。中德人工智能研究院落户珠海，国家知识产权运营公共服务平台金融创新（横琴）试点平台启动上线运行，引进珠海中科先进技术研究院、清华创新中心、复旦大学健康研究院、哈工大机器人研究院等一批新型研发机构。年内对新型研发机构和科技创新公共平台给予运营补助资金1705万元。

全市省级新型研发机构新增2家（累计14家），省级以上创新平台新增90个（累计306个，其中国家级工程研究中心4个、国家级企业技术中心3个、国家企业重点实验室1家）。与创新紧密相关的生产性服务业发展加快，新增国家级工业设计中心1个。

【企业技术改造】 2017年，珠海市深入实施工业企业技改三年行动计划，兑现省市技术改造事后奖补及设备补贴资金3.27亿元。支持企业开展智能化改造，汤臣倍健等12个项目列入国家或省智能制造示范项目，获2100万元资金支持。烽火海洋等3个项目入选国家绿色制造系统集成项目。支持企业开展“机器换人”，全市企业新增机器人1400台（套）。

【企业孵化育成体系完善】 2017年，珠海市出台实施《珠海市孵化器建设规划》，建成“众创空间—孵化器—加速器—产业园”全链条孵化体系，逐步实现全面覆盖主要产业。组织孵化器申报国家和省级认定，提高孵化能力和服务水平。是年，全市新增国家级孵化器2家（总数达8家）、省级孵化器2家（总数达13家），新增国家级众创空间5家（总数达11家）、省级众创空间8家（总数达15家）。落实《珠海市科技企业孵化器管理和扶持暂行办法》，通过认定和考核的孵化器和众创空间项目给予1295万元资助。加快建设一批投资主体多元化、服务运营专业化的创新孵化载体，更加注重孵化器的投资功能，支持孵化器设立自有天使投资和风险投资。探索、鼓励将老旧厂房转型为孵化器、加速器。加快建设一批移动互联网、智能机器人、电商等专业领域的孵化器。与高校、科技型企业等共建创客基地。

【高水平大学建设】 2017年，珠海市出台并落实《关于进一步提升高等教育发展水平的实施意见》，引导在珠高校建设一批适应珠海产业发展需求的重点学科，推动高校和优势学科进入国家“双一流”建设行列，向中山大学珠海校区拨付专项经费2亿元支持重点学科建设。珠海国家级重大科技基础设施建设取得零的突破——中山大学“天琴计划”建设稳步推进，核科学、深海、深地等多个国家级科研平台启动建设，完成两次科考航行，启动科考船建造。开展珠海特聘学者、珠海市协同创新中心、珠海市优势学科、珠海市重点实验室和重点研究基地“四大项目”(学校建设项目、职教基地建设项目、教育信息化项目、高等学校建设项目）评审和考核。珠海高校获国家自然科学基金资助84项，其中，国家自然科学基金37项、青年科学基金39项。聘请高校专家教授担任企业科技特派员，建立高校服务科技型企业创新发展长效机制，在珠高校向珠海企业转移技术成果188项，服务收入1729万元。

【企业技术攻关和产业化】 2017年，珠海市通过加大补贴力度、与省科学院等科技研发平台对接，实施企业研发机构覆盖行动，大力实施知识产权战略，制定出台《珠海市人民政府关于建设知识产权强市的意见》，通过国家知识产权试点城市验收，开展知识产权优势企业认定考核工作。新增PCT（专利合作条约）申请量435件，累计1508件。每万人口发明专利拥有量50.15件，居全省第二。是年，获中国专利奖13项，为历年最多；获广东专利奖7项，其中金奖3项。全市累计获中国专利奖50项，其中金奖3项；获广东专利奖58项，其中金奖14项、发明人奖3项。全市财政科技投入快速增长，市财政科技投入45.3亿元，比上年增长28.6%，占一般公共预算支出的9.2%。

【创新人才队伍建设】 2017年，珠海市制定实施《珠海市人才引进核准办法》，高效引进高层次、高学历、高技能和高水平十类人才，为珠海经济发展提供人才支撑。建立和完善共有产权住房、公共租赁住房、货币补贴等多层次、多渠道、多形式的人才住房保障机制。为全市高层次人才、企业新引进人才、产业发展与创新人才发放补贴和奖励9000余万元。举办系列高端人才交流活动，引进海外高端人才项目40多个落地珠海。对入选广东省领军人才和优秀留学人员给予创新创业扶持资金3800万元。推动企业设立院士工作站，“千人计划”专家创办科技型企业超过70家。引进“千人计划”专家总量、省领军人才存量、新引进留学生总量、引进博士和硕士总量等指标位居全省地级市前列。

【科技金融结合】 2017年，珠

海市依托横琴金融创新平台，引进股权（创业）投资企业，更好服务实体经济。完善多元融资渠道，以业务补贴、风险补偿等间接政策手段支持各类金融机构面向企业开展业务，以天使投资、创业投资、境内外上市、股权转让、担保融资、信用贷款、小额贷款为直接政策手段，满足科技企业不同融资需求。扩大科技贷款规模，发展各类金融产品，加大奖励力度；推动企业上市融资，加强企业信用体系建设；推动科技金融产品和服务创新，建立市级政策性国有融资担保平台；举办各类创新创业大赛和科技金融活动，促进资本、市场、技术对接。（罗玉宏）

先进装备制造产业壮大

【产业规模扩大】 2017年，珠海市实现装备制造业工业总产值1976.91亿元，比上年增长16.6%；装备制造业增加值434.17亿元，增长13.4%，占全市规模以上工业增加值比重39%；工作母机类制造业增加值91.29亿元，增长33.1%，增速居珠江西岸先进装备制造产业带“八市一区”（指佛山、珠海、中山、江门、阳江、肇庆、韶关、云浮八市及顺德区）第二；装备制造业固定资产投资188.85亿元，增长15.6%，占全市工业投资56%。装备制造业成为珠海市实体经济发展的重要支撑。

【政策环境优化】 2017年，珠海市全面贯彻落实《珠海市先进装备制造业发展规划（2014—2025）》《珠海市先进装备制造业“十三五”发展规划》《珠海市建设“中国制造2025”试点示范城市实施方案》等战略规划，出台实施《珠海市发展壮大实体经济实施方案》和“十百千”企业培育、招商引资、产业园区发展、降低实体经济成本、促进灾后恢复生产等“1+N”政策措施，与省“实体经济十条”形成政策叠加效应，在降低企业办税成本、用地成本、创新工业用地竞买模式、提高容积率上限、简化工业扩容手续等方面提出突破性的政策条款，进一步完善装备制造业发展政策环境。

【“海陆空＋智能制造”产业格局形成】 2017年，珠海对接“一带一路”倡议、“中国制造2025”战略、建设海洋强国战略和南海开发战略等国家战略部署，以及建设横琴自贸片区、珠三角国家自主创新示范区等重大战略机遇，以“产业链＋创新平台”模式推进装备制造产业集聚发展，推动37个投资额1亿元以上装备制造业项目动工建设，推动26个项目实现投产，装备制造业实现从“填补空白”“上天入海”到“海陆空＋智能制造”齐头并进。集聚中海福陆、三一海洋重工、瓦锡兰船舶动力、巨涛油气装备、珠江钢管、太阳鸟游艇等一大批企业，以及华南地区唯一的国家船舶及海洋工程装备材料质检中心，形成总装、配套、加工、服务协作完整的船舶与海洋工程装备制造产业链，获国家新型工业化示范基地、全国深海海洋装备制造知名品牌创建区等称号。以银隆新能源、中兴智能汽车整车制造企业为龙头，带动电池、电机、电控等关键零部件以及充电设备等相关配套产业发展，形成以锂电池材料和锂电池为核心，延伸到电动汽车动力总成、整车及智能电网调峰调频系统的新能源闭合式循环产业链。集聚中航通飞、德国摩天宇发动机维修、国家级航空标准件集成供应基地第三方检测中心、亚洲最大的南航翔翼飞行训练中心、中航爱飞客航空俱乐部等各类产业形态，是国家新型工业化产业示范基地。引进德国人工智能研究院，建设智慧产业园，以ABB和格力智能装备为龙头，云洲智能、运泰利自动化、广浩捷等本地培育的智能制造企业茁壮成长，初步形成机器人本体制造、核心零部件生产、系统集成、自动化解决方案的产业链条。

【企业竞争力提升】 2017年，中航通飞自主研制的世界最大的水陆两栖飞机AG600成功首飞；欧比特公司研制的“珠海一号”遥感微纳卫星成功发射，成为国内首家独立运营卫星星座的民营企业；纳睿达公司研制的相控阵天气雷达被中国气象探测中心认定为“国内首创、国际先进”；格力智能装备实现三大核心部件（减速机、控制器和电机）自主研发，成为国内第一家同时掌握机器人三大核心部件生产技术的企业；中海福陆重工有限公司的典型海工装备绿色供应链系统构建项目、烽火海洋网络通信设备有限公司的海洋通信设备产业化绿色关键工艺系统集成项目入选国家工信部2017年绿色制造系统集成项目。

【精准招商】 2017年，利用中以科技创新投资大会、首届中国—拉美国际博览会契机，加大优惠政策和营商环境宣传推介，设立美国、德国、以色列、马来西亚、香港5个经贸代表处，加强与国内外投资、金融、咨询等机构合作，构建全球化招商网络。全年新引进亿元以上装备制造业项目61个。在第三届珠江西岸先进装备制造业投资贸易洽谈会上，珠海市签约项目45个，总投资638.6亿元，涉及智能制造、新能源汽车和新材料等先进装备制造领域。

【高端人才体系】 2017年，珠海市实施《关于实施人才驱动先进装备制造业发展的若干政策措施》，多方面提供专项政策措施，促进先进装备制造业人才队伍建设。至年底，珠海拥有装备制造业企业博士后工作站7个、博士后创新实践基地8个、装备制造领域的国家“千人计划”专家16人。

【金融支撑体系】 2017年，珠海市在科技金融、企业上市、中小微企业创业投资、政府产业引导基金等各方面加大工作力度，提高融资效率，降低融资成本，疏通金融进入实体经济的通道。设立总规模1000亿元的珠海发展投资基金，重点支持珠海实体经济发展，特别是“中国制造2025”试点示范城市、珠江西岸先进装备制造产业带建设等领域，为制造业发展提供资金保障。11月30日，举办珠海市金融支持先进制造业推进会，推动金融资源与先进制造业精准对接，实现金融与地方重点产业良性互动发展。建设知识产权运营服务平台，设立首期规模为4000万元的知识产权质押融资风险补偿基金，建立由商业银行、保险公司、融资性担保公司灵活参与的多层次风险分担体系。 （曾素菲）

港珠澳大桥主体工程建设

【缘 起】 20世纪80年代，香港、澳门与内地之间的运输通道，特别是香港与广东珠江三角洲东岸地区的陆路运输通道建设取得明显进展，香港与珠江三角洲地区经济的互动发展得到有力推动，但是香港与珠江西岸的交通联系一直比较薄弱。回归祖国后，为振兴香港经济，寻找新的经济增长点，香港特区政府认为有必要尽快建设连接香港、澳门和珠海的跨海陆路通道，以充分发挥香港、澳门的优势，遂于2002年初向中央政府提出修建港珠澳大桥。同年7月，国家发改委与香港特区政府共同委托完成《香港与珠江西岸交通联系研究》，研究结果表明港珠澳大桥具有重大的政治及经济意义。

2003年8月4日，国务院批准三地政府开展港珠澳大桥前期工作，同意粤、港、澳三地政府成立港珠澳大桥前期工作协调小组（简称协调小组），并于29日在广州召开协调小组第一次会议。2004年3月，港珠澳大桥前期工作协调小组办公室（简称前期办）成立，全面启动港珠澳大桥各项建设前期工作。

【前期筹备】 港珠澳大桥是中国第一个粤港澳三地共建的大型跨境公共设施，其独一无二属性的背后存在着内地与港澳地区在政策法规、管理体制、办事程序、技术标准、思维习惯等多方面的差异。为促进全面顺畅开展港珠澳大桥各项前期工作，先后于2003年、2004年、2006年成立协调小组、前期办和港珠澳大桥专责小组。协调小组由粤、港、澳三地政府各派代表组成，港方为召集人。协调小组需对项目的各项工作做决策。前期办对上向协调小组和专责小组汇报，对下与科研合作单位“公规院”共同进行工程可行性研究工作（包括37项专题研究），并开展项目整体规划、项目管理创新等工作。港珠澳大桥专责小组（简称专责小组）由发改委、交通运输部、国务院港澳事务办公室和三地政府组成，以协调各方，加快港珠澳大桥建设进展。决策统一流程为：前期办提出方案，提交协调小组进行讨论研究，在三地政府各自考量、达成共识后方可执行。涉及中央事权的重大问题，由专责小组直接参与协调。前期办经过严谨研究和论证，从标准体系建设层面提出设计、施工规范、检验评定、运营维护和费用5个标准；从管理层面，编制《港珠澳大桥主体工程建设项目管理规划大纲》《港珠澳大桥主体工程项目管理制度》，为港珠澳大桥主体工程规范高效运作打下坚实基础。

关键性问题得以陆续解决。2005年4月2日，桥隧组合方案在协调小组第五次会议中经粤港澳三地政府同意后得以确定。4月3日，确定单Y桥型和港珠澳三地落脚点，大桥香港侧起点为大屿山·石湾，西岸落脚点为珠海拱北、澳门明珠。2007年1月，明确口岸查验采用“三地三检”模式（由于口岸选址牵扯防洪水利、通航影响等技术问题，一度使项目搁置，直至2006年12月27日专责小组成立，由中央牵头协调各方利益，在广州召开第一次专责小组会议，确定口岸布设模式方案）。2008年8月，确定采用“政府全额出资本金方式”作为大桥海中桥隧主体工程的投融资模式，并提出效益费用比概念，解决三方出资比例问题（方案最终确定前，先后提出过“单一招标方式”“国际化的BOT模式”等方案，因顾及三地合作建设跨境工程涉及的法律、程序、技术、管理等诸多复杂问题，提出三方共赢的方案难度极大，导致方案讨论僵持长达5年）。2009年1月，香港特区、广东省和澳门特区政府在内地对港珠澳大桥主桥贷款银团牵头行进行公开招标。同年3月，三地政府在财务顾问协助下，确定中国银行为大桥主桥的贷款牵头银行，组建银团提供贷款。8月11日，国家海洋局出具《关于港珠澳大桥工程环境影响报告书核准意见的复函》，核准港珠澳大桥工程环境影响报告书。

在一系列关键问题解决后，港珠澳大桥项目推进走上“快车道”。2008年12月29日，广东发改委向国家发改委上报《关于上报港珠澳大桥工程可行性研究报告的请示》。12月31日，前期办代表将上报港珠澳大桥可行性报告的请示及项目工程可行性报告分别送至国家发改委、国务院港澳办、交通运输部和中国国际工程咨询公司。2009年3月13日，国务院总理温家宝在回答中外记者提问时明确：“港珠澳大桥融资问题已经解决，各项准备工作加紧进行，年内一定开工。”8月13日，交通运输部出具《关于港珠澳大桥工程可行性研究报告的审查意见》，同意建设港珠澳大桥。10月28日，国务院总理温家宝主持召开国务院常务会议，批准港珠澳大桥工程可行性研究报告。

【大桥建设】 2009年12月15日，国务院副总理李克强在珠海宣布：港珠澳大桥开工。

项目管理机制 为促进工程良性运转、科学管理，形成“专责小组—三地联合工作委员会（简称三地委）—项目法人”三个层面的港珠澳大桥建设协调与决策管理机制。专责小组：由国家发改委牵头，交通运输部、国务院港澳事务办公室和粤港澳三地政府参加。三地委：由粤港澳三地政府共同组建，广东省人民政府作为召集人，主要协调相关问题并对项目法人进行监管。项目法人：港珠澳大桥管理局，由香港特别行政区、广东省人民政府、澳门特别行政区政府共同主办，承担大桥主体部分的建设、运营和管理的组织实施等工作，于2010年7月成立。此外，交通运输部牵头组织成立技术专家组，对重大技术方案、施工方案论证及重大工程问题处理措施等方面提供咨询和技术支持。

工程管理 港珠澳大桥位于珠江口伶仃洋水域，项目涉及水文泥沙、地质、白海豚、防洪、防台风和满足通航、海事、航空限高等复杂建设难题，是中国交通行业建设项目管理的全新挑战。项目管理者经过广泛调研、深入研究与总结凝练，逐渐形成一系列创新管理理念。四大建设理念：“全寿命周期规划，需求引导设计；大型化、标准化、工厂化、装配化；立足自主创新，整合全球优势资源；绿色环保、可持续发展”。内容涵盖设计、施工、生态环保等多个领域，促进中国交通建设行业工程施工技术及项目管理水平全面提升。项目技术标准：按照三地确定的技术标准“就高不就低”的原则，充分吸取香港地区及相关国际标准的长处，逐步建立完整的项目技术标准体系，包括设计标准体系、施工标准体系、施工及质量验收标准体系、营运维护标准体系，填补中国海洋环境下交通建设技术标准多方面的空白。伙伴关系理念：“互信、协商、共赢”，激发建设、设计、施工、监理、咨询、科研、试验检测、材料等各方共赢与良性互动，实现高效组织、文明施工、创新成果和可靠质量。工程质量管理：参考香港、澳门特区和内地高铁建设对混凝土生产推行的产品认证制度，实行首件制工程认可制，引进设计及施工咨询、质量管理顾问、试验检验中心、测量中心，充实法人质量管理力量。安全环保管理：借鉴石油行业经验，建立职业健康、安全与环境（HSE）一体化管理体系和 HSE 应急保障体系，组建跨境环保联络小组，并与海事部门紧密协作，全面加强海上通航安全监管。施工管理理念：在钢箱梁制造板块，提出“工厂化、机械化、智能化、信息化”的钢箱梁板单元全自动生产线理念，推动钢箱梁制造行业创新及变革；在桥面铺装板块，提出铺装“四保”理念，即以认证保材料，以考核保人员，以设备保工艺，以工艺保质量，保障“人机物法环”各要素均达到高水准。

建设实施 港珠澳大桥项目包括海中桥隧主体工程、三地连接线和三地口岸，总长约 55 千米，涉及跨海桥梁、海底隧道、深水人工岛填筑、交通机电、路面、房建等多个领域，是集岛、隧、桥、路等各专业为一体的超级综合集群项目，复杂程度极高，项目总投资超过 1000 亿元。在“建设世界级跨海通道，为用户提供优质服务，成为地标性建筑”的目标引领下，港珠澳大桥项目打破内地惯例，提出 120 年设计使用寿命的要求。

经过系统分析港珠澳大桥项目的边界条件、深度策划、多维度市场调查后，港珠澳大桥管理局制定《港珠澳大桥招标管理规划》，

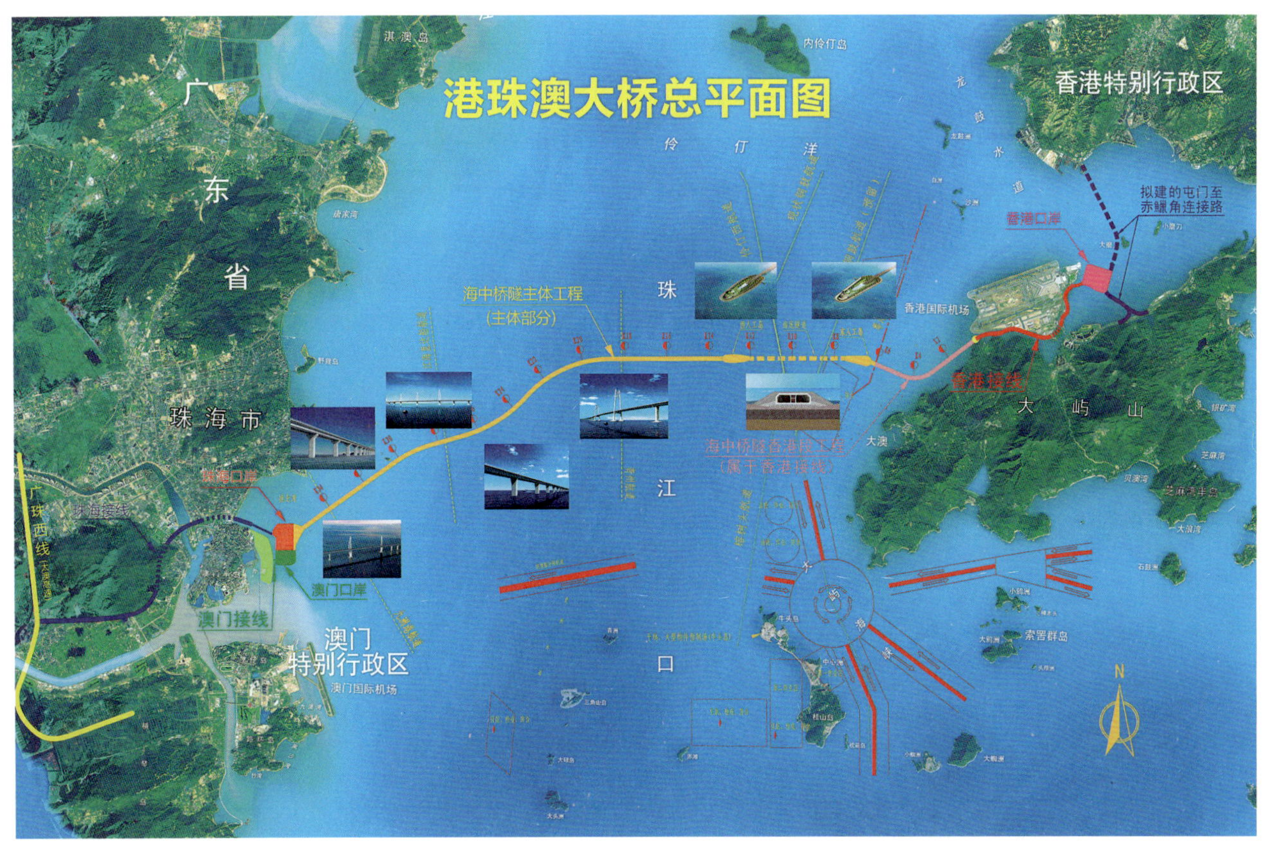

港珠澳大桥总平面图 （港珠澳大桥管理局 供稿）

将港珠澳大桥主体工程分为近40个标段。根据不同招标种类、工程特点，采取不同形式开展招标工作，聚集起一个汇集国内外精英的万人建设团队。

“高标准、严要求”是港珠澳大桥的烙印。一系列为破解难题而产生的新材料、新技术、新装备应运而生，多领域填补中国行业标准和国家标准的空白，诸多施工工艺及标准达到国际领先水平。2010年，“港珠澳大桥跨海集群工程建设关键技术与示范”被列入“十一五”国家科技支撑计划，由交通运输部组织实施，研究参与单位包括21家企事业单位、8所高等院校，形成以企业为龙头，产学研相结合，覆盖桥、岛、隧工程全产业链的“智囊团”，科研队伍人数超过500人，设5大课题19个子课题73项课题研究。至2017年底，项目创新工法31项、创新软件13项、创新装备31项、创新产品3项，申请专利454项。

港珠澳大桥主体工程8年的成长足迹：

2011年5月15日，岛隧工程西人工岛首个钢圆筒打设成功。9月11日，西人工岛成岛。12月21日，东人工岛成岛。

2012年5月，岛隧工程沉管管节预制启动。7月，桥梁工程钢结构制造和土建工程动工。

2013年1月22日，岛隧工程首批沉管E1、E2管节通过验收。5月6日，经过95小时艰苦鏖战，E1管节完成浮运、沉放和安装任务。6月20日，“无水空间”下完成国内首个整体埋置式墩台成功安装，开启海上装配化作业阶段。7月30日，经过近28小时艰苦奋战，岛隧工程首节180米标准管节（E3）完成浮运安装，实现国内首次外海无掩护、深水条件下的大型沉管安装。

2014年1月19日，港珠澳大桥首跨钢箱梁在深海区架设完成，首跨钢箱梁长132.6米，宽33.1米，重2815吨。3月17日，第二跨钢箱梁架设成功，并与首跨钢箱梁顺利对接，港珠澳大桥首次钢箱梁对接施工圆满完成。8月19日，岛隧工程E12管节安装成功，隧道建设经受最大水深46米的考验。12月14日，桥梁工程桩基础施工完成。

东人工岛实景 （港珠澳大桥管理局 供稿）

2015年3月26日，岛隧工程E15沉管历经三次浮运、两次返航后，圆满对接。5月3日，青州桥首个索塔结形撑吊装完成，具有景观标志的“中国结”屹立伶仃洋上，其施工设计填补建筑史空白。5月11日，九洲桥主塔207号上塔柱整体竖转提升到位，九洲航道桥扬起双帆。

2016年6月2日，江海桥第三座“海豚”塔吊装成功，港珠澳大桥主体工程七座桥塔施工全部完成。9月27日，主体工程桥梁工程全线贯通。10月，岛隧工程管节预制全部完成。

2017年3月7日，海底隧道最后一节沉管E30安装成功，距最终合龙仅差12米。5月2日，海底沉管隧道最终接头吊装到指定位置，完成临时止水作业，并于5日凌晨精调到位。7月7日，港珠澳大桥海底隧道暨大桥主体工程顺利贯通。7月27日，桥梁工程主线桥面铺装完成。12月4日，港珠澳大桥首条区间线路一次送电成功，同时国内独一无二的兼容识别粤港澳三地车牌的收费车道开始带电测试。12月15日，港珠澳大桥主体工程桥梁段供水管道贯通。12月28日，港主体工程通信干线贯通。12月31日，港珠澳大桥主体工程点亮全线灯光，主体工程施工任务基本完成。

港珠澳大桥主体工程项目中世界领先关键技术有：深埋沉管隧道管节工厂化制造、深埋沉管隧道基础处理、创新工法实施隧道最终接头、深埋沉管隧道半刚性结构体系、海中人工岛快速成岛、海中人工岛岛内软基处理、大规模采用埋置式承台基础、海上长桥装配化施工，桥塔、箱梁整体运输吊装、板单元自动化施工、海洋混凝土结构耐久性、大型施工装备、新材料开发及应用等。走在全国前列的关键技术有：世界最大规模钢桥面铺装、巨型沉管浮运安装、交通工程系统集成等。（港珠澳大桥管理局）

2017 年 3 月 7 日，海底隧道最后一节沉管 E30 安装成功，距最终合龙仅差 12 米（薛安平　陈立通 摄）

第三届中以科技创新投资大会

【概　况】2017年6月27—28日，第三届中以科技创新投资大会在珠海召开。2759 家企业 5800 多人参会，吸引 2.5 万余人次到会场参加有关活动，其中包括以色列耶路撒冷、特拉维夫、海法等城市 146 家著名创新企业 255 人，广东、江苏、黑龙江等 8 个省 25 个城市的市领导带队组团 500 多人。大会举办开幕式、主题演讲、圆桌论坛、B2B 对接、以色列企业路演、中以合作城市推介、中以合作成果展览展示、珠海投资环境考察等系列活动。

【创新合作项目】　2017 年，第三届中以科技创新投资大会以科技创新为切入点，以促进项目合作为目的，推动一批优质项目签约。大会开幕式上，14 个项目启动和签约，涉及总金额25.18亿美元。其中，国家级基金项目 1 个，基金总规模 50 亿元；珠海企业签约项目 9 个，签约金额 10.38 亿美元；珠海企业参与项目 1 个，签约金额 1.39 亿美元；外省城市签约项目 3 个，签约金额 5.97 亿美元。重点落实以色列宇航工业公司与珠海中航通飞合作民用航空器项目的落地协议，投资额达 4.34 亿美元；促成以色列趋势线集团与珠海农控集团合资成立中以（珠海）现代农业技术孵化器公司，共同开展高技术现代农业项目的孵化和产业化；推进启动由国家发改委牵头，珠海华发集团、英飞尼迪资本共同发起设立的中以创新投资基金项目，重点支持以色列企业到中国产业化。

【创新企业对接】　2017 年，第三届中以科技创新投资大会参照国际会议做法，按照参会企业行业分类，及时公布企业信息，有针对性地组织中方参会企业、投资机构与以色列参会企业通过网络系统双向选择、提前预约一对一的 B2B 洽谈。大会开幕前预约达成 B2B 洽谈 2000 多场，27 日洽谈时间持续到晚上 10 点，28 日洽谈时间持续到大会闭幕后。280 多名英语翻译志愿者参与 B2B 的组织和记录，通过科学安排，精准对接，洽谈成效明显。据统计，B2B 洽谈 2653 场，1035 个项目达成初步合作意向，意向金额 13.42 亿美元。

【创新演讲和论坛】　2017 年，第三届中以科技创新投资大会邀请董明珠、雷军、李东生、熊晓鸽、巴曙松、江南春、向文波、侯为贵、刘啸东，以及以色列御眼集团、全球知名 3D 打印公司斯特塔西、以色列外骨骼系统提供商瑞沃科公

2017 年 6 月 27 日，第三届中以科技创新投资大会在珠海召开。图为珠海展馆展示的云洲智能无人船（钟 凡 摄）

司、耶路撒冷股权众筹公司、阿里巴巴、华为、创新工场、优必选、清华大学、复旦大学、美国加州大学等知名创新企业和高校负责人等中以两国创新创业成功人士 100 多位，围绕科技创新主题，紧扣时代发展脉搏，举办主题演讲 11 场、圆桌论坛 5 场。

【创新展览展示】 2017 年，第三届中以科技创新投资大会安排展览展示，展示中以科技创新最新成果，尤其是以色列企业创新成果。一是组织以色列创新企业路演 6 场，来自生命科学、移动通信及互联网、科技金融、人工智能与机器人、AR 与 VR、自动化、工业应用、清洁能源等领域的 120 多家以色列企业呈现各自最新创新成果；二是组织 3D 打印、自动驾驶、辅助行走等以色列创新产品在大会开幕式做现场演示；三是专门设立广州、大连、珠海、东莞、哈尔滨、常州、阳江等特装城市馆 7 个，112 家以色列企业和 200 多家国内企业参与展示中以创新最新成果；四是组织中以合作城市推介会，广州、大连、东莞、常州、珠海、哈尔滨 6 个中以合作城市集中向中以嘉宾推介、展示各自创新创业环境，邀请创新创业者前往考察、落户。（皮宝琳）

2017 中国—拉美国际博览会

【概　况】 2017年11月9—11日，中国—拉美国际博览会在珠海国际会展中心举办，设置中拉合作展区 5000 平方米，拉美特色展区 1.5 万平方米，粤港澳大湾区展区 1 万平方米。博览会期间举办主题及配套活动 14 场，61 个国家和地区 523 家企业（机构）、2423 名嘉宾参展参会；签约项目 73 个，总金额 32.5 亿元；展馆入场观众 4.9 万人次，配套文体活动入场观众约 4 万人次。

【博览会成果】 2017 中国—拉美国际博览会整合融通展览、论坛、洽谈、对接，促成合作项目签约 73 个，涵盖现代物流、石油化工、家电电器、打印耗材等领域，合作外方包括巴西、墨西哥、阿根廷、巴拿马、智利、哥伦比亚、厄瓜多尔、秘鲁、乌拉圭等拉美和加勒比国家，以及泰国、越南等“一带一路”沿线国家。中拉经贸合作园投入运营，吸引中拉企业广泛关注，首批15个合作项目签署入驻协议。博览会期间，举办中国—拉美投资贸易交流会，有针对性地组织 500 多场 B2B 洽谈，签订合同或达成合作意向 764 宗，总金额 14.6 亿元。中兴智能签订约 4 亿元订单。

【参展企业】 2017 中国—拉美国际博览会通过境内外路演推介活动，推动 12 个拉美国家以国家馆形式参展，7 个拉美国家的省州市以整体馆形式参展。吸引 61 个国家（地区）523 家企业（机构），其中，国外展商339家（拉美国家252家、“一带一路”沿线国家87家），包括萨尔瓦多、多米尼加、洪都拉斯、危地马拉、海地、尼加拉瓜6个未建交国家18家企业；国内展商184家（17个省市95家、港澳台89家），包括智利化工、巴西马可波罗、中海油、中石油、中航工业、中国中车、中核、中兴、三一重工、富士康、小米、格力电器等知名企业。国内外参展参会嘉宾2423人，其中国外展商、专业观众及嘉宾818人，国内展商、专业观众及嘉宾1605人。

【参会嘉宾】 2017中国—拉美国际博览会期间，巴拿马总统巴雷拉、智利前总统弗雷以视频形式发来贺电。乌拉圭卡内洛内斯省省长亚曼都·奥尔西，厄瓜多尔、墨西哥、古巴、秘鲁、哥斯达黎加等国驻华大使出席博览会并致辞。146位拉美和加勒比国家政府嘉宾、469位国内政府嘉宾出席博览会。

【展会配套活动】 2017中国—拉美国际博览会期间，举行会见会谈30场，配套设立主论坛1个、平行论坛3个、学术研讨会1个，举行主题演讲对话56场，董明珠、李东生、向文波和来自墨西哥外贸银行、智利坤恩科集团、中国社会科学院、北京大学、清华大学、中山大学、美国布朗大学、阿根廷罗萨里奥国立大学、智利中央大学、古巴哈瓦那大学等63名国内外知名企业家、学者共商中拉务实合作大计，探讨合作与发展前景。举办“大使林”植树活动，14个拉美和加勒比国家驻华使节在横琴新区大使林共同种下象征珠海与拉美和加勒比国家友谊的和平之树。举办中拉“璀璨之夜·琴鸣天下”文艺演出和首届“中拉杯”国际足球邀请赛等活动，入场观众近4万人。

（贺体斌）

强台风“天鸽”正面袭击珠海

【概　况】 2017年8月23日12时50分，第13号强台风“天鸽”正面登陆珠海，登陆时中心风力14级，陆地最大阵风16级，海岛最大阵风17级以上（66.9米/秒），打破1961年珠海有气象资料以来的最高纪录。强台风“天鸽”移速快、近海加强、影响范围广，同时引发严重的海浪和风暴潮灾害，大万山海洋站实测最大波高4.5米，珠海海洋站（吉大）实测最高潮位370厘米（珠基），超过红色警戒潮位150厘米，最大风暴潮增水274厘米。

【受灾情况】 2017年，珠海市因强台风“天鸽”受灾64.14万人，死亡4人，受损房屋7074间，损坏车辆4.4万辆，直接经济损失204.5亿元。

全市道路瘫痪　全市城区范围树木倒伏折断60多万棵，28座户外大型立柱广告设施倒塌，道路两侧护栏、路灯、架空线路、交通灯等大量市政基础设施受损，2771条主次交通干道在台风中受损。

全市大面积停电　珠海供电线路跳闸停电990条次，变电站失压56座，影响69万用户。

水厂全部停产　因电力线路损坏和短路，全市水厂、污水厂全部停产，1090处供水管爆裂，278座二次供水泵房受损，69万用户供水受影响。

通讯受阻　因停电和机房浸水，移动、电信、联通、铁塔的无线通信设备（设施）受损基站11806个、核心机房10间、汇聚机房101间，通讯受到严重影响。

产业发展和重大在建项目受影响　据不完全统计，全市工业重点企业直接损失40.8亿元，交通运输行业直接经济损失6.2亿元；种植业和水产养殖业遭受重创，农作物受灾面积1.23万公顷（18.4万亩），水产养殖受灾1.8万公顷（27万亩），死亡畜禽28.9万头（只），损坏渔船258艘，搁浅商船47艘，沉船9艘，堤防栏杆、防浪墙受损72千米，受损水闸11座，直接经济损失41.6亿元；全市房屋市政工程项目108台塔吊倒塌、变形受损，99个项目脚手架受损，工地围挡及临时工棚大幅受损。

【防御工作】 2017年8月，珠海市委市政府传达贯彻落实国家防总、省委书记胡春华、省长马兴瑞等领导的重要批示、指示精神，从最不利情况出发，尽最大努力，扎实落实强风、暴潮、巨浪、暴雨防御措施，及时部署开展抗灾救灾复产工作，把人员伤亡、灾害损失和对群众的影响减小到最低限度。

各级领导高度重视 市委市政府把防风和救灾复产工作作为中心要务，市委书记郭元强先后6次主持召开会议，对防灾救灾工作进行再动员、再部署、再落实。在防风紧要关头，郭元强一直在市三防指挥部坐镇指挥，及时掌握台风动态，各级各部门防风工作落实情况和险情灾情实时状况，督促指导全市防风工作。市三防指挥部总指挥刘嘉文、副总指挥林粤海连日通宵达旦坐镇三防指挥部指挥防风工作，其他市领导组成7个防风督导组分别带队到各区防风重点部位进行检查督导。各级党政一把手和职能部门主要负责落实防汛责任制，深入防风一线靠前指挥，落实临险人员转移、工程安全保障、易涝区域预排强排、地质灾害防范等防风措施，组织干部群众奋力开展防风抢险。指挥部成员单位各司其职、各负其责，密切配合，确保防风抢险救灾工作有序进行。

安全转移庇护 按照防风“五个百分百”要求落实人员安全转移，对临险人员转移安置工作做到摸得清、转得快、安得好。防风巡查时对部分不顾个人安危自行返回原地的群众进行有力劝导和强行转移，确保临险人员安全。强台风“天鸽”期间，全市转移临险人员7.43万人，安置5.32万人，2479艘渔船全部回港避风，2378名渔排作业人员转移上岸，关闭景区景点26处，撤离游客2.35万人，开放庇护场所182处。撤离万山区海岛游客4500多人，取消航空航班183班，全市48家水运企业251艘营运船舶全部停航。

2017年8月23日，强台风“天鸽”正面登陆珠海，全市绿化树木倒伏折断60多万棵。图为“天鸽”过后的石花西路 （郑蔼芳 摄）

动员全民防御 8月23日6时30分，市气象台发布台风红色预警信号，全市启动防风Ⅰ级应急响应。市政府、市三防指挥部于23日凌晨分别通过电视台、电台、报纸发布《告市民书》和《政府动员令》，落实停航、停运、停工、停业、停课、停市等紧急措施，启动三防成员单位联合值守工作机制。市三防指挥部主要成员单位派人进驻三防指挥部值守，及时汇总信息，传达指令，处置防风险情。各级新闻媒体按照防御强台风工作预案要求全面加强防风宣传报道，24小时不间断报道台风动态、防风部署以及防风避险知识，全网发布防御指引短信918万人次，形成全民防御的氛围。

落实抢险准备 在防风过程中，针对台风特点和防风形势，预置抢险队伍300多支、人员1.6万人（其中驻珠部队870人）、应急发电车48台、发电机82台、移动泵车14台、工程机械设备419台、铲车42辆、运输车辆60台、橡皮艇36条、冲锋舟24艘、砂石料3万立方、编织袋38.43万个、救生器材4.25万件，确保发生险情第一时间组织抢险救灾。

【救灾复产】 2017年8月23日，强台风“天鸽”灾情发生后，国家防总及广东省委、省政府高度重视，省委书记胡春华亲赴珠海检查指导救灾工作，省长马兴瑞作出批示，要求扎实开展救灾各项工作。国家防总督察专员田以堂，副省长林少春、邓海光分别深入受灾一线指导救灾复产。市委、市政府于23日下午下发《关于迅速组织开展救灾复产工作的紧急通知》，对“四通”（通电、通路、通水、通讯）及救灾复产工作进行部署。在巩固“四通”的基础上，制定实施《灾后复产重建工作总体方案》和救灾、复产、重建三个子方案，督促各区及各职能部门制定相应的复产重建工作方案，迅速开展一系列复产重建工作。

高效救灾　一是救治受伤人员，组织医疗人员进社区、进企业，救治伤病员2158人，救助遇险船舶33艘，船上人员166人，保障群众生命安全。二是统计灾情和救灾理赔，截至8月31日，全市保险业接灾害相关报案4.66万件，报损金额16.25亿元。协调商业保险加快查勘理赔工作进度，让受灾企业和群众尽早得到保险赔款。三是灾后援助，做好省下拨救灾资金和市级救灾资金的管理使用，发动社会各界爱心捐助，对受灾群众特别困难群体予以经济上的支持和救助，特别是做好死难家属的安抚救济工作。四是防范次生灾害，加强对重点部位和区域的巡查，密切监视水情、雨情和台风的次生影响，未收到次生灾害的情况报告。五是加快全市环境清理综合整治，组织发动全市机关和企事业单位干部职工、广大市民、志愿者及社会各界上路上街、进社区，清理倒伏树木、淤泥、垃圾，齐头并进开展绿化保洁等工作，清运损毁树木树枝、石头砖块泥沙、垃圾等4.2万车次。六是加强应急宣传工作，统筹组织主流媒体及时发布权威信息和救灾指引，滚动播发新闻3360条，传播总曝光量1.3亿条次。七是加强慰问保障工作，广大市民踊跃为抢险救灾人员送饭送水。八是协调配合口岸查验单位，确保广东省援澳物资及时投入抗灾救灾工作。

迅速复产　一是组织专业技术人员对受影响的重大产业项目和基础设施项目开展安全生产大检查，解决项目存在的不安全因素。受损房屋全面排查鉴定，核查受损水利设施并制定修复方案。二是深入受灾企业、商户和农渔户开展调查摸底工作，协调解决复产过程中遇到的厂房重建、设备引进、融资贷款、保险理赔等困难和问题，制定专项扶持政策，加快推动复工复产。三是修缮城市重要景点景区，指导受灾景区、酒店、旅游餐饮店等尽快恢复营业。

灾后重建　一是组织专业技术人员对受影响的建筑物、危险化学品生产储存设施、油气输送管线管道等风险区域和设施项目开展安全检测，全面排除安全隐患，确保重建安全。二是修复重建市政基础设施，针对沿海地区楼宇地下停车场海水倒灌、部分基础设施防灾标准较低等可以快速解决的问题，迅速推进整改工作，加固市政和通讯基础设施。三是组织修复受损桥梁、码头、港口、机场、铁路等重要交通设施，恢复正常的交通运输秩序。四是加快学校、医院、体育、文化等公共设施的修复重建，在确保安全的前提下，恢复公共基础设施正常运行。五是按照先急后缓、抢险结合达标加固的原则，以海堤、水库以及排灌系统的修复为重点，分类整治、分步实施，尽快恢复工程防洪能力。六是推进农村道路、水利、用电、养殖等农业基础设施重建工作。七是推进灾后重建项目审批和建设速度，集中财力确保灾后重建资金投入，确保如期高质量完成建设任务。

在救灾复产工作中，军警部队、广东省直部门、各兄弟市和驻珠单位纷纷提供无私支持和指导帮助，累计支援珠海救灾复产人数14173人、机械设备1968台（套）。其中，省武警总队派出738人、省消防总队派出640人，驻珠部队派出2187人，支援道路清障等工作；省各厅局协调专家团队和救灾物资；省内各兄弟城市抽调大批人员、设备前来支援，广州、深圳分别捐赠5000万元救灾资金；南方电网、电信、移动、联通、铁塔等单位快速调集人员设备抢险救灾，支援人数最多时超过万人。珠海组织各部门、各镇街及志愿者、市民48.4万人次参与抢险救灾工作，出动设备7634台、车辆5852台，投入救灾复产资金13.36亿元，市、区两级红十字会接收企业、个人赈灾意向捐款5500万元。截至8月28日下午，灾后四天基本实现“四通”目标：全市公共电网故障设备全部修复并恢复供电；主次干道机动车道恢复畅通；供水管道、泵房全部完成抢险，受影响用户全面恢复供水；电信、移动、联通无线通信网络恢复平稳运行，所有海岛通讯正常。至10月底，全市受台风影响停产的1014家企业复产率99.21%，达产企业1000家，达产率98.62%；在建项目复建率100%；农业企业复产率100%，市、区财政救灾复产重建资金20.17亿元。（罗钢浩）

2017 年珠海市十件民生实事任务落实情况

事　项	工作任务	责任单位	落实情况
一、着力解决公办学位紧张和幼儿园发展问题	新建凤凰中学、梅华中学、珠峰实验学校、中山大学附属中学、第十二小学高年级部、明珠小学、容国团小学、白藤东小学、中山大学附属小学、第二十四小学、北山小学、礼和小学 12 所中小学	牵头：市教育局 配合：市国土资源局、市住规建局 实施：香洲区、斗门区、高新区	已完成 1. 中山大学附属小学和中学、礼和小学 3 所学校于 2017 年 9 月开始招生 2. 凤凰中学、梅华中学等 8 所学校按工作计划开工，抓紧建设中 3. 容国团小学因用地东侧排洪渠对学校建设和使用存在安全隐患，加之格力学校的学区辐射范围可覆盖到原拟建容国团小学的区域，经市政府研究，同意暂停容国团小学项目建设，由正在建设的格力学校替代
	对经认定的普惠性民办幼儿园，奖励每班 2 万元 / 年	牵头：市教育局 实施：香洲区、金湾区、斗门区、高新区、高栏港区	已完成 全市各区在 2017 年 6 月底前制定《普惠性民办幼儿园的奖补办法》，12 月完成奖补资金发放，对全市经认定的 207 所普惠性民办幼儿园，奖励每班 2 万元 / 年
二、关心帮扶困难群体	将残疾人生活津贴提高至每月 160 元 / 人以上，重度残疾人护理费提高至每月 200 元 / 人	牵头：市民政局 配合：市财政局、市残联 实施：各区	已完成 2017 年第三季度珠海市各区残疾人两项补贴已按残疾人生活津贴提高至每月 160 元 / 人标准，重度残疾人护理补贴提高至每月 200 元 / 人标准发放
	将城乡最低生活保障标准提高至每月 690 元 / 人	牵头：市民政局 配合：市财政局 实施：各区	已完成 2017 年 7 月，市政府印发《珠海市人民政府关于调整我市城乡居民最低生活保障标准的通知》，将珠海市城乡居民最低生活标准提高至每月 896 元 / 人，提标幅度达 42.2%，调整后的低保标准自 2017 年 1 月 1 日起执行
	对 2200 名家庭经济困难的普通高中生给予每年 2000 元 / 人的生活补助	牵头：市教育局 配合：市财政局 实施：各区	已完成 2017 年完成对 2200 名家庭经济困难的普通高中生给予每年 2000 元 / 人的生活补助
	对 460 名学前教育困难家庭幼儿给予每年 1500 元 / 人的资助	牵头：市教育局 配合：市财政局 实施：各区	已完成 2017 年 11 月底前完成对 460 名学前教育困难家庭幼儿给予每年 1500 元 / 人的资助

（续 表）

事 项	工作任务	责任单位	落实情况
三、降低个人就医成本	医疗保险年度最高支付限额提高至 72 万元	牵头：市人社局	已完成 2017 年 6 月，市人社局印发《关于珠海市医疗保险住院费用年度最高支付限额有关问题的通知》，从 2017 年 7 月 1 日起，珠海市医疗保险年度最高支付限额提高至 72 万元
	基本公共卫生服务经费标准提高至每年 55 元 / 人以上	牵头：市卫计局 配合：市财政局 实施：各区	已完成 基本公共卫生服务经费标准提高至每年 55 元 / 人，近四年每年提升幅度比省标准高 5 元
	实现省内他市参保人在珠海二级以上医院住院就医即时结算	牵头：市人社局 配合：市卫计局、市财政局	已完成 截至 2017 年 9 月 26 日，19 所珠海市二级以上医院全部上线省内异地就医结算平台，实现省内他市参保人在珠海二级以上医院住院就医的即时结算
四、加大保障房建设力度	新开工保障性住房 2700 套，基本建成 2100 套	牵头：市住规建局 实施：香洲区、金湾区、高栏港区	已完成 1. 全市新开工保障性住房 2863 套，开工完成率 104.5%。其中，香洲区城市棚户区改造开工 2710 套，开工完成率 104.2%；高栏港区农场职工危房改造开工 153 套，开工完成率 109% 2. 全市基本建成保障性住房 2260 套，基本建成率 107.6%。其中，城市棚户区改造基本建成 1966 套，基本建成率 103.5%；公共租赁住房基本建成 294 套，基本建成率 147%
五、新增一批文化体育设施	新建前山、北山、湾仔、红旗、井岸、唐家湾、美平 7 个市民艺术中心	牵头：市文体旅游局 实施：香洲区、金湾区、斗门区、高新区、高栏港区	已完成 1. 前山市民艺术中心于 2017 年 11 月完成建设并验收 2. 北山市民艺术中心于 2017 年 6 月对外开放 3. 湾仔市民艺术中心于 2017 年 11 月对外开放 4. 红旗市民艺术中心部分功能室对外开放 5. 井岸市民艺术中心于 2017 年 6 月对外开放 6. 会同市民艺术中心的会同祠修缮工程于 2017 年 8 月竣工验收，开始布场陈设 7. 美平市民艺术中心于 2017 年 11 月完成建设验收并对外开放

（续 表）

事　项	工作任务	责任单位	落实情况
五、新增一批文化体育设施	新建社区体育公园10个	牵头：市文体旅游局 实施：香洲区、金湾区、高新区、高栏港区	已完成 2017年新建社区体育公园12个，超额完成20%，其中香洲区10个、高新区1个、高栏港区1个 1. 香洲区建设情况（10个）：鸿业社区公园、荣泰西社区公园、荣泰东社区体育公园、啤口社区公园、海湾社区公园、香溪庄社区公园、吉大新村沿河社区公园、吉大新村社区公园、莲花社区公园、景山文化公园 2. 高新区建设情况（1个）：银星社区文体公园 3. 高栏港区建设情况（1个）：美平社区文体广场建设进入收尾阶段
六、改善公共出行条件	新增投放新能源公交车100辆以上	牵头：市交通运输局 实施：珠海公交集团	已完成 2017年投放新能源公交车132辆
	新建公交候车亭100座	牵头：市交通运输局 实施：珠海城建集团	已完成 至2017年8月，建设公交候车亭100座
	优化调整一批公交线路	牵头：市交通运输局 实施：珠海公交集团	已完成 至2017年8月，新开干线接驳线路3条、常规线路2条、微循环公交线路14条，优化调整公交线路（站点）86条次
	改造提升自行车专用道51千米	牵头：市市政和林业局 配合：香洲区，市住规建局、市交通运输局、市财政局、市公安局 实施：市城建设施管理中心	已完成 1. 至2017年9月，完成自行车专用道改造提升46千米 2. 根据全市中心城区道路修缮提升三年行动计划及《2017年第二次全市公共道路建设项目方案设计工作会议纪要》要求，市公路局启动主城区道路路面改造及美化工程前期工作。该工程部分路段建设与本工作任务即自行车专用道改造提升存在交叉建设情况，经市政府研究，同意将存在交叉建设的白云路、银桦路及吉柠路5千米路段统一纳入市公路局负责的工程中实施
	建成白石桥	牵头：市公路局 实施：珠海城建集团	已完成 于2017年7月底建成并通车
七、增加一批养老设施	建成翠香社区、湾仔社区养老服务中心和白藤街道社会福利中心	牵头：市民政局 实施：香洲区、斗门区	已完成 1. 香洲区翠香社区养老服务中心于2017年2月投入运营，收住37名老人 2. 香洲区湾仔社区养老服务中心于2017年投入试运营 3. 斗门区白藤街道社会福利中心于2017年5月完成新建大楼主体结构工程，于12月完成水电安装、外墙配套工程及电梯安装，并通过主体工程验收

（续 表）

事　项	工作任务	责任单位	落实情况
八、实施生态景观工程，拓展户外休闲空间	建成碳汇林733.7公顷（1.1万亩）、健康步道10千米、林荫道20千米、绿道40千米、乡村绿化美化点30个	牵头：市市政和林业局 实施：市园林绿化和市容环境管理中心、市城建设施管理中心、各区	已完成 1. 完成碳汇造林1133.9公顷（1.7万亩），完成率154% 2. 完成乡村绿化美化点30个，完成率100% 3. 完成健康步道10千米，完成率100% 4. 完成林荫道20千米，完成率100% 5. 完成绿道40千米，完成率100%
	实施野狸岛公园景观提升工程	牵头：市市政和林业局 实施：珠海城建集团	已完成 1. 至2017年12月中旬，完成投资4520万元；至2017年12月下旬，财政支付资金3200万元 2. 抓紧进行风雨廊、垃圾压缩站、综合服务中心等房建部分；完成大剧院至南侧厕所段海边步道人行道铺装、部分土方换填、全线雨污水主管及湿地种植等建设
九、保障市民食品安全	建设一批牛羊定点屠宰车间	牵头：市海洋农业和水务局 实施：香洲区、金湾区、斗门区	已完成 珠海市建成验收牛定点屠宰车间3个和羊定点屠宰车间5个，市政府分批颁发牛羊定点屠宰证书和标志牌，并于2016年10月及2017年7月分别出台《珠海市牛羊定点屠宰设置规划（2016—2020年）》和《珠海经济特区牛羊定点屠宰管理办法》。珠海市是省内第一个规范制定牛羊定点屠宰设置规划的地市
	在全市70家农贸市场和20家大型超市开展食用农产品快速检测	牵头：市食药监局 配合：市工商局 实施：各区	已完成 1. 2017年3月，印发《珠海市2017年农贸市场（含大型超市）开展食用农产品快检工作方案》 2. 完成2017年5月份食用农产品快检任务 3. 全年完成快检蔬菜和水产品190432批次，任务完成率为105.26%，合格率为99.16%，筛查发现和销毁1592批次15.16吨快检不合格食用农产品 4. 珠海市“快检开放日”免费检测活动于6月启动，全市各区6个活动地点同时向群众开放，接受群众免费送检、咨询，听取群众意见建议。全年举办“快检开放日”免费检测活动7期，开展活动46场
	启动唐家水厂改造	牵头：市市政和林业局 实施：珠海水务集团	已完成 2017年7月取得施工许可证并开工。先进行臭氧发生间、深度处理池、预处理池主体结构施工，以及旧厂装修施工。累计完成投资1000万元

（续 表）

事 项	工作任务	责任单位	落实情况
十、促进就业和创业	城镇新增就业人数4万人，实现就业困难人员就业2000人	牵头：市人社局 实施：各区	已完成 2017年1—11月，城镇新增就业人数4.42万人，就业困难人员实现就业2222人，分别完成年度任务的110.6%和111.1%
	组织全民技能提升培训5万人次和大学生就业创业培训1万人次	牵头：市人社局 实施：各区	已完成 推行“万名大学生学技能”计划，至2017年10月，完成大学生就业创业培训12451人次，全民技能提升培训5.5万人次，提前完成目标任务
	新增市级创业孵化基地3家，资助创业项目800个	牵头：市人社局 实施：各区	已完成 1. 认定横琴·澳门青年创业谷、中大创新谷（珠海）、金湾·智造大街为市级创业孵化基地 2. 至2017年10月，全市建设创业孵化基地24家，其中省级2家、市级15家、区级7家，在孵企业（项目）累计2648个，直接带动就业26137人。2017年1—10月资助创业项目890个

（林志健）

2017年荣誉榜

1月2日 在第十二届中国少年科学院“小院士”课题研究成果交流与展示活动中，珠海市文园中学李沛轩的“IEC-1小型智能气溶胶灭火器”、黄筠凯的“工厂自动抓取运输机器人”获全国一等奖，两人入选中国少年科学院“小院士”；文园中学苏文涛、谢晟捷的“基于‘SLS’和‘智能微铸锻’的‘烧锻’打印”，梁浩东的“‘会呼吸’的墙——家装涂料分层探究”获全国二等奖，三人入选少年科学院“预备小院士”；何双海老师被评为全国“优秀辅导老师”。

1月18日 在国家税务总局公布的第一批全国税务系统法治基地名单中，珠海市金湾区地税局是广东省地税系统唯一入选单位。

1月19日 在广东省人民政府2015—2016年度地级以上市政府质量工作考核中，珠海获A级，连续第二次获此成绩。

1月20日 在环保部公布的2016年全国74个城市空气质量排名中，珠海排名第八。

1月23日 珠海市十亿人社区农业科技有限公司史宪宾获“全国农村青年致富带头人”称号。

2月7日 在2016年度广东省科学技术奖评选中，珠海出入境检验检疫局完成的“食品安全高风险因子现场快速检测体系的构建及其标准化”、珠海银隆新能源有限公司参与完成的“大容量锂离子电池储能电站关键技术研发与应用”、广东珠海金湾发电有限公司参与完成的“火电厂超低排放系统优化技术研究及工程实践”、珠海格力电器股份有限公司参与完成的“家电产品绿色制造技术集成开发与示范应用”、珠海联邦制药股份有限公司参与完成的“基因工程糖尿病治疗药物重组人胰岛素系列产品的研发及产业化”5个项目获二等奖；珠海天威飞马打印耗材有限公司完成的“打印耗材再制造核心技术研发及产业化”等9个项目获三等奖。

2月22日 在住房城乡建设部办公厅公布的2016年县（市）域乡村建设规划和村庄规划示范名单中，斗门区入选县（市）域乡村建设规划示范，斗门区莲洲镇莲江村入选村庄规划示范。

2月28日 斗门区妇联获“全国维护妇女儿童权益先进集体”称号。

2月 官方头条号“食安香洲”获“2017年度全国最具影响力民生头条号”，是广东省食药监系统唯一获奖单位。

3月7日 珠海市召开“三八”国际劳动妇女节纪念大会，表彰“全国三八红旗集体”珠海市公安局出入境与外国人事务管理支队受理大队，“全国巾帼建功先进集体”金湾区三灶镇碧青蜜蜂养殖专业合作社，“全国巾帼建功标兵”伍素萍、刘文，“全国巾帼文明岗”珠海市人民检察院侦查监督科、珠海高速客轮有限公司“蓝色干线海乘团队”等先进集体和个人。

3月17—19日 在第三十二届广东省青少年科技创新大赛中，珠海市获科技竞赛项目类一等奖3项、二等奖6项、三等奖9项，优秀科技实践活动类一等奖1项、三等奖2项，科幻绘画类二等奖3项、三等奖10项。

3月20日 在福布斯“2017中国潜力企业榜”中，珠海市溢多利、健帆生物、亿胜生物科技入选“福布斯中国上市公司潜力企业榜”，珠海光库科技股份有限公司入选“福布斯中国非上市公司潜力企业榜”。

3月22日 珠海市获第八批（2016年度）国家节水型城市命名。

3月29日 2017年全国基层卫生信息化应用创新大赛总决赛中，珠海高新区“社区580”家庭医生服务平台项目路演获全场最高分92.74分，获评一等奖。

4月20日 在第四届“粤治—治理现代化”优秀案例经验交流会中，珠海数字城管将大数据应用于破解共享单车的管理难题，作为广东“大数据与公共服务”优秀典型入选。

4月23日 珠海横琴长隆海洋王国5D城堡影院获第二十三届世界主题娱乐协会“杰出成就奖”。

4月26日 中建钢构有限公司、港珠澳大桥建设者胡从柱获全国“最美职工”称号。

4月27日 炬芯（珠海）科技有限公司陶永耀获2017年全国五一劳动奖章；南航珠海公司被授予2017年“全国五一劳动奖状”，是全国民航系统唯一获此称号的先进集体。

4月27日 在国务院国资委首届“央企楷模”评选中，港珠澳大桥岛隧工程项目总经理、总工程师林鸣获“央企楷模”称号。

5月2日 珠海市不动产登记中心科员陈剑皓获2017年“全国优秀共青团员”称号；珠海市斗门区第四中学团委书记叶越强获“全国优秀共青团干部”称号。

5月19日 珠海市公安局出入境与外国人事务管理支队殷银获“全国特级优秀人民警察”称号；珠海市公安局高新分局获“全国优秀公安局”称号；交警支队车辆管理所获“全国优秀公安基层单位”称号；警训支队李辉、高新分局罗海华获“全国优秀人民警察”称号。

5月19日 在第六十八届英特尔国际科学与工程大奖赛（ISEF）中，珠海一中李晨天的“基于误差检测和末端动态数据分析技术的光电传感器”作为计算机类别代表项目参赛获四等奖。这是珠海一中学生在国际顶尖科技创新大赛中获得的第一个奖项。

5月24日 珠海市海岛夫妻罗承志家庭入选2017年全国“最美家庭”。

5月25日 在2016年广东省食品安全工作考核中，珠海市被评为A级。

6月6日 在广东省各地级以上市、顺德区2016年度大气污染防治考核中，珠海市排名第三，获评“优秀”。

6月15日 珠海企业家董凡、戴晓兵入选科技部2016年“科技创新创业人才”名单。

6月22日 珠海供电局以99.9793%的供电可靠率蝉联全国供电可靠率行业对标第一名，并获“2016年度供电可靠性评价对标证书”。

6月23日 珠海市井岸镇、三灶镇入选2016年重新确认国家卫生县城（乡镇）名单。

6月23日 珠海市担杆镇、红旗镇、横琴镇、唐家湾镇、南水镇、桂山镇、斗门镇、乾务镇、南屏镇、白蕉镇入选2014—2016周期国家卫生县城（乡镇）命名名单。

7月4日 在2016年广东省专利奖获奖单位和个人中，广东省特种设备检测研究院珠海检测院和珠海市安粤科技有限公司的“自动梯/道的超速和非操纵逆转保护功能检测方法及装置”、炬芯（珠海）科技有限公司的“一种降低在矢量图形填充过程中CPU耗费的方法及装置”、珠海云洲智能科技有限公司的“全自动地表水水质采样机器人”、珠海格力电器股份有限公司的“导风板驱动装置及挂式空调器的室内机”、天大药业（珠海）有限公司的“一种缬沙坦胶囊及其制备方法”、珠海安联锐视科技股份有限公司的“多媒体设备的自动化测试系统及方法”获第十八届中国专利优秀奖；珠海格力电器股份有限公司的“空调机（落地式13-04）”获中国外观设计优秀奖。珠海格力电器股份有限公司的“轴流风扇及具有其的空调器”获第三届广东专利金奖；炬芯（珠海）科技的“一种电池充电方法及装置”等9个项目获广东专利优秀奖；珠海格力电器股份有限公司谭建明获“广东发明人”奖。

7月11日 香洲区前山街道人民调解委员会获评“全国模范人民调解委员会”；金湾区红旗镇赖敬忠、横琴镇吴银喜获评“全国模范人民调解员”。

7月12日 在住房和城乡建设部2017年度第七批建设工程企业资质资格名单中，珠海市重点培育的总部型企业——中国铁建港航局集团成为全国第十一家拥有港口与航道工程施工总承包特级资质的施工企业，同时获得勘察设计类水运行业甲级资质，成为珠海市首家拥有“一特一甲”资质的建筑企业。

7月12日 在2017“创客中国创新创业大赛·珠海站”总决赛中，优微（珠海）生物科技有限公司可溶性纳米微针的研发及产业化项目获创客组第一名，珠海市一芯半导体科技有限公司的倒装LED芯片零级封装项目获企业组第一名。

7月18日 “珠海交警”微信公众号获“2017企鹅生活圈（华南）十佳自媒体”“2017媒探（华南）影响力自媒体”两个奖项。“珠海交警”是十佳自媒体中唯一的政务微信号，也是珠海唯一获奖的微信公众号。

7月 在国家科技部火炬中心发布的国家高新区2016年综合排名中，珠海高新区排第二十四位。

7月 在海关总署2016中国外贸百强城市名单中，珠海位列第五。

8月3日 珠海入选全国首批十个中国旅游休闲示范城市，是广东省唯一入选城市。

8月3日 珠海格力电器股份有限公司、珠海华发集团有限公司、银隆新能源股份有限公司等14家珠海企业荣登2017年广东企业500强榜单。

8月17日 珠海市人民医院院长陆骊工和珠海市妇幼保健院儿

链接：

2017年广东企业500强珠海企业

珠海企业	排名
珠海格力电器股份有限公司	17
珠海华发集团有限公司	53
银隆新能源股份有限公司	137
珠海粤裕丰钢铁有限公司	149
中国电子进出口珠海有限公司	168
纳思达股份有限公司	173
广东德豪润达电气股份有限公司	215
汤臣倍健股份有限公司	320
珠海港股份有限公司	367
广东溢多利生物科技股份有限公司	401
东信和平科技股份有限公司	403
广东世荣兆业股份有限公司	416
珠海全志科技股份有限公司	441
远光软件股份有限公司	462

科主任医师马廷和获“全国卫生计生系统先进工作者”称号。

8 月 29 日 在第十三届全国运动会男子 2000 米双人单桨无舵手比赛中，斗门健儿李东健搭档程勋满以 6 分 38 秒 76 的成绩夺冠。

8 月 29 日 高栏港区平沙影视文创小镇入选“广东特色小镇创建工作示范点”。

9 月 3 日 珠海市魅族通讯设备有限公司作为网上零售类代表入选商务部 2017—2018 年度电子商务示范企业名单，填补珠海市在国家电子商务示范企业的空白。

9 月 4 日 珠海运动员吴水娇以 12 秒 97 的成绩夺得第十三届全国运动会女子 100 米栏冠军。

9 月 10 日 在“2017 中国企业 500 强”榜单中，珠海的格力电器、华发集团、振戎公司分别排名第 141、446、494 位。

9 月 12 日 珠海南方软件园、珠海 V12 文化创意产业园入选第三批国家小型微型企业创业创新示范基地名单，是珠海市首批入选的此类示范基地。

9 月 12 日 珠海港信息技术股份有限公司的“互联网 + 智慧港口管理平台建设”、横琴国际知识产权交易中心有限公司的“七弦琴国家知识产权交易网”、珠海天威飞马打印耗材有限公司的“基于‘互联网 +’和物联网技术打造的快速研发和智能制造融合创新能力建设项目”3 个项目入选 2017 年广东省“互联网 +”试点项目名单。

9 月 14 日 在国家海事局 2017 年安全诚信公司、船舶、船长评选中，珠海高速客轮有限公司连续第十年获“安全诚信公司”称号；珠海高速客轮有限公司陈进、吴光胜，珠海市九洲油轮有限公司江沛权被授予“安全诚信船长”称号。

9 月 14 日 在 2017 年广东政务新媒体小编大会上，“珠海交警”微信编辑部获“广东省政务新媒体十大优秀团队”奖。

9 月 17 日 广东科学技术职业学院成为中国计算机学会首批试点 CSP（计算机软件能力认证）的全国 3 所高职院校之一，也是中国计算机学会 CSP 在广东省的第四所软件能力认证点。

9 月 20 日 在 2017 年“中国百强农产品区域公用品牌”推选活动中，珠海斗门的白蕉海鲈入选百强。

9 月 21 日 珠海市被环境保护部授予首批“国家生态文明建设示范市”称号。

9 月 26 日 珠海市金嘉创意谷入围广东省 2017 年十个省级文化产业示范园区创建资格名单。

9 月 26 日 珠海杨匏安纪念学校入选第一届 495 所全国文明校园候选名单。

9 月 28 日 CDEA·2017 第八届中国城市区域能源系统运营推广研讨会在横琴召开。横琴综合智慧能源项目获“中国区域能源示范项目”称号。

9 月 30 日 珠海市委宣传部选送的电视纪录片《容闳》、歌曲《雁儿飞》《白发如花》获广东省第十届精神文明建设“五个一工程”优秀作品奖，珠海市委宣传部获评组织工作先进单位。

10 月 9 日 《人民日报》发布的 2017 年中国中小城市科学发展指数研究成果显示，珠海市香洲区入选 2017 年度“全国综合实力百强区”，排名榜单第四十五位。

10 月 10 日 在第六届中国创新创业大赛（广东·珠海赛区）暨 2017 年珠海市创新创业大赛中，珠海先达科技有限公司、珠海普生医疗科技有限公司分获初创组和成长组冠军。

10 月 12 日 在第五届全国小学信息技术优质课展评活动中，斗门区城南学校林幸强老师获现场课堂教学特等奖。

10 月 28 日 珠海市慈安护老中心入围 2017 十家“广东最佳养老机构”。

10 月 31 日 珠海市香炉湾沙滩修复项目获“2017 年中国人居环境范例奖”。

11月4—7日 广东省第七届群众音乐舞蹈花会在珠海大剧院举办。珠海选送的12个节目夺得4金4银4铜，珠海市文化体育旅游局获优秀组织奖。

11月6日 在2016—2017年度中国建设工程鲁班奖（国家优质工程）评选中，珠海保障性安居住房工程之“华发人才公馆（一、二期）”和“珠海横琴新区市政基础设施I标段城市综合管廊工程”获奖。

11月16日 珠海高新区连续第七年被科技部火炬中心授予全国“火炬统计工作先进单位”称号。

11月17日 珠海市香洲区拱北街道华平社区、珠海市紧急医疗救援中心、珠海海事局被授予“全国文明单位”称号。

11月16—21日 在第十九届中国国际高新技术成果交易会上，珠海的格力智能装备有限公司等10家单位11项产品获交易会“优秀产品奖”。

11月23日 由中国社会科学院信息化研究中心、北京国脉互联信息顾问有限公司联合主办的第三届（2017）中国“互联网+政务”优秀实践案例50强评选中，珠海市政务服务管理局报送的“珠海网上办事大厅APP”获评“互联网+政务”优秀实践案例50强。

11月24日 在2017中国融资租赁年会中，横琴金投国际融资租赁有限公司入选“2017中国融资租赁榜”，获“年度成就奖”。

11月29日 珠海市政务服务管理局“‘珠海办事’手机客户端”被评为2017年广东省电子政务优秀案例。

11月29日 珠海罗西尼表业有限公司获第十七届“全国质量奖”，实现钟表行业在全国质量奖零的突破。

12月2日 在2017年中国生态文明论坛中，珠海市作为全国第一批国家生态文明建设示范市受邀出席，并获评全国12个“2017美丽山水城市”之一。

12月4日 珠海出入境检验检疫局检验检疫技术中心被工业和信息化部认定为国家级中小企业公共服务示范平台，为全市首家国家级中小企业公共服务示范平台。

12月4—6日 在第十届中国会议产业大会上，珠海获评“2017中国最具品牌价值会奖目的地”；珠海国际会展中心获评“2017中国最佳服务会展中心”；珠海国际会展中心总经理付睿获评“2017中国会奖最受关注行业领导人”；静云山庄获评“2017中国最受青睐会奖度假酒店”。

12月6—7日 在2017博鳌国际物流论坛会上，珠海港控股集团有限公司获中国物流业大奖“金飞马”奖——“中国物流品牌价值百强企业”。

12月14日 《中国工业百强县（市）、百强区发展报告》显示，珠海市香洲区入选全国工业百强区，排名第三十二位。

12月14日 粤澳合作中医药科技产业园获广东省粤港澳台科技企业孵化器认定，成为广东省首批4家粤港澳台科技企业孵化器单位之一。

12月17日 在2017（第三届）中国美丽乡村建设发展论坛会上，珠海市斗门区获“中国最美乡村旅游目的地”称号，是全国22个获奖单位之一，也是广东省唯一获奖单位。

12月25日 珠海市斗门区白蕉海鲈中国特色农产品优势区入选第一批中国特色农产品优势区名单，是全省唯一上榜者。

12月25日 横琴金投创业谷孵化器管理有限公司、珠海壹拾贰文化创意产业园投资有限公司入选2017年度国家级科技企业孵化器名单。

12月26日 珠海南方软件园发展有限公司《基于移动互联的可视化运营管理平台的建设》获2017年度国防科技工业企业管理创新获奖成果三等奖。

12月 珠海罗西尼表业有限公司被认定为2017年国家级工业设计中心。（吴蔚 朱见）

·责任编辑：潘杜鹃·

大事记

1 月

1 日　珠海市取消车辆通行费年票制，不再收取年费或委托高速公路代收普通公路次票。珠海持续22年的年票制画上句号。

▲　《关于调整珠海市城乡居民最低生活保障标准的方案》施行。珠海市低保标准调至每月896元/人；特困供养人员基本生活标准按照珠海市城乡最低生活保障标准的1.6倍确定。

▲　《珠海经济特区公共安全技术防范条例》施行。

▲　珠海市启动第三次全国农业普查入户登记工作。

▲　2017珠海新年音乐会拉开珠海大剧院首演帷幕。市领导、劳动模范、见义勇为者、医护人员、环卫工人、公交司机、残障人士及志愿者代表与上千市民一起观看俄罗斯国家交响乐团的精彩演出。

10—12 日　政协珠海市第九届委员会第一次会议在香洲召开。陈洪辉代表政协珠海市第八届委员会常务委员会向大会作工作报告；张松向大会作八届委员会常务委员会提案工作情况的报告。陈洪辉当选为政协珠海市第九届委员会主席，朱权伟、潘明、张松、梁元东、陈仁福、黄文忠、彭洪当选为政协珠海市第九届委员会副主席。会议表决通过中国人民政治协商会议珠海市第九届委员会第一次会议决议。

11—14 日　珠海市第九届人民代表大会第一次会议在香洲召开。珠海市委副书记、市长郑人豪向大会作政府工作报告；大会依法选举郭元强为市人大常委会主任，陈英、关英彦、黄锐、田忠敏、吴青山、王红勤当选为市人大常委会副主任，李力当选为市人大常委会秘书长；郑人豪当选为市人民政府市长，王庆利、刘嘉文、史明锋、芦晓凤、张宜生、阎武当选为市人民政府副市长。大会表决通过关于珠海市人民政府工作报告的决议；通过关于珠海市2016年国民经济和社会发展计划执行情况与2017年计划的决议等一系列决议。

16 日　云南怒江傈僳族自治州州委宣传部代表团一行到珠海访问交流，两地宣传部签署《珠海市对口怒江傈僳族自治州扶贫协作宣传文化发展工作备忘录》。

▲　珠海东西扶贫协作对口帮扶怒江州两地经贸合作签约仪式在珠海星园扶贫专业市场举行。

17 日　珠海市住房和城乡规划建设局发布《关于加强商业办公建筑规划建设管理的实施意见》，执行禁止“商改住”新规。

20 日　珠海市人力资源和社会保障局官网发布“我市停止外来务工人员积分制入户政策”的通告。

22 日　珠海市观鸟协会会员在淇澳岛发现一只朱雀雌鸟。经市观鸟协会检索，证实普通朱雀属于珠海市新发现的鸟种。

23 日　2017珠海（斗门）乡村旅游年活动在莲洲逸丰生态园启动，主题为“自在斗门·超越精彩”，由斗门区人民政府与珠海市文化体育旅游局联合举办。

是月　珠海平均气温17.7℃，刷新历年同期最高纪录。

2 月

1 日　《珠海经济特区安全生产条例》施行。

11 日　珠海高新区挂牌启用全省首家国地税联合纳税人服务中心。

16 日　市委书记、市人大常

委会主任郭元强，市委副书记、市长郑人豪率珠海市代表团访问澳门，拜会全国政协副主席何厚铧、澳门特别行政区行政长官崔世安，就深化珠澳合作、共同推动横琴自贸片区建设发展、促进澳门经济适度多元发展和维护澳门长期繁荣稳定等进行深入交流和探讨。

17日　教育部公布华航唯实、ABB、新时达工业机器人领域职业教育项目合作院校名单。广东科学技术职业学院工业机器人技术专业入选，被确定为“工业机器人应用人才培养中心”全国100个建设单位之一。

20—25日　珠海市委副书记赵建国率市相关部门和企业前往怒江傈僳族自治州，就深化对口扶贫协作工作进行调研。怒江州委副书记卢文祥、珠海驻怒江工作组组长张松等参加调研。

26日　郭元强会见国家质检总局党组成员、国家标准委主任田世宏，国际标准化组织主席张晓刚一行，双方就加强质量和标准化工作合作、推动共同发展等事宜进行交流。

27日　国家统计局副局长贾楠一行在高新区听取广东省及珠海市的第三次全国农业普查工作情况的汇报，并部署下一步工作。

28日　郭元强率团赴阳江、茂名考察，检查对口帮扶和精准扶贫工作。其间，珠海、阳江举行合作共建项目签约暨重点项目动工仪式，总投资超200亿元的68个优质项目集中签约落户、动工建设。

3月

1日　《珠海市人才引进核准办法》实施。新政实施后，在珠海工作的“高层次人才、专业技术人才、留学回国人员、技能人才、大学应届毕业生、全日制大专以上学历人员”等十类企业人才可直接核准引进落户。

▲　0时起珠江禁渔开始，至6月30日24时结束，比往年延长两个月。珠海市列入禁渔范围的内陆渔船305艘。

▲　郭元强、郑人豪等市四套班子领导在高新区金唐东路参加义务植树活动，以实际行动号召全市干部群众踊跃投入创建全国绿化模范城市的行动，共同推进生态宜居之城建设。

▲　“国家工商总局商标局横琴商标受理窗口”揭牌仪式暨商标纠纷快速调解与仲裁机制签约活动在横琴北京大学创业训练营举行，此窗口是全省唯一兼具商标质押登记和商标注册业务的单位。

3日　全国首张境外电子税票由横琴纳税人在澳门通过广东地税微信公众号成功打印。

7日　港珠澳大桥海底隧道最后一节沉管E30安装成功，距最终合龙仅差12米。

15日　珠海市召开全市领导干部大会。省委组织部宣布省委关于珠海市人民政府主要领导职务调整的决定。

16日　珠海三角岛旅游开发使用权挂牌转让签字仪式在珠海度假村酒店举行。这是全省首个采取“公益＋旅游”开发模式的项目，也是全国首批以市场化方式转让无居民海岛使用权的示范项目。

▲　荷兰驻广州总领事郭媚姚一行到访珠海。副市长芦晓凤会见总领事一行，双方就加强珠海与荷兰交流合作进行会谈。

23日　郭元强会见BP集团全球石化芳烃业务总裁路易斯·斯瑞尔一行，双方就深化合作事宜进行交流。

23—24日　农业部调研组在珠海市开展专题调研，其间考察广东大麟洋海洋生物有限公司深水网箱养殖基地等项目。调研组高度肯定珠海市渔业渔政管理工作。

25日　“九城同创国家森林城市群”暨广东省第三十六届爱鸟周宣传活动在海滨公园举办。

29日　美国内华达州北拉斯维加斯市市长约翰·李一行到访珠海。芦晓凤会见约翰·李一行，双方就推动两市在经贸领域等方面的合作进行交流。

30—31日　全国人大常委会执法检查组在珠海开展《中华人民共和国产品质量法》执法检查。

31日　珠海保障性住房管理平台启用。

4月

1日起　珠海各区（含功能区）在新界定的海域管辖范围内履行管

理职责。

8日　珠海市人民政府办公室印发《关于进一步做好我市房地产市场调控工作的通知》。按照新政策，珠海限购范围升级至“全市”及“所有户型”，非本市居民购房从需要1年个税或社保改为5年，新购房屋3年内禁止交易。

11—15日　郭元强率队赴武汉、长沙、上海、嘉兴招商，先后拜访烽火科技公司、三一集团、中谷海运集团、中远海运集团和复旦大学负责人。

13日　省政协主席王荣率调研组到珠海进行“提振实体经济，推动我省制造业加快迈向中高端水平”专题调研。调研组实地考察中航通飞华南飞机工业有限公司、珠海赛纳打印科技股份有限公司。

15日　中国首部临时仲裁规则——《横琴自由贸易试验区临时仲裁规则》实施。

15日至5月5日　第一百二十一届广交会在广州中国进出口商品交易会展馆举行。珠海参展企业176家，展位576个，出口成交8.76亿美元。

16日　珠海市开通始发前往南宁、郑州、昆明、潮汕的4条高铁线路。

17日　珠海港“营口—高栏—衡阳”北粮南运海铁大通道开通。

▲　“国门生物安全宣传教育示范学校”在珠海市金钟小学挂牌。珠海首批国门生物安全教育示范学校还有香山学校和桂山小学。

21日　香港特别行政区行政长官梁振英率香港考察团就粤港澳大湾区城市合作到珠海进行考察。郭元强陪同考察，双方就推进粤港澳大湾区建设及两地合作发展的构想进行交流。

▲　横琴工商局发布《横琴新区失信商事主体联合惩戒清单（工商行政管理第一批）》，以清单形式向社会公开工商行政管理领域首批违法失信行为、惩戒措施及联合惩戒部门。

▲　拱北海关等5部门联合发布“在横琴设立知识产权海关保护中心”等新一批24项创新措施。

23日　珠海市公共图书馆“通借通还”系统全线开通，系统涵盖市图书馆新址、市图书馆旧址、斗门区图书馆、金湾区图书馆、市图书馆高栏港分馆。

5月

1日　12时，珠海2017年海洋伏季休渔开始，至8月16日12时结束，总休渔时间延长1个月。

▲　《珠海市残疾人就业创业补贴实施办法》执行，有效期至2022年4月30日。

2日　珠海进出口公共技术服务平台与葡萄牙经济和食品安全局在澳门签署合作框架协议。

▲　港珠澳大桥海底沉管隧道最终接头吊装到指定位置，完成临时止水作业，并于5日凌晨精调到位。

8日　珠海市与澳大利亚联邦黄金海岸市签署《中华人民共和国珠海市与澳大利亚联邦黄金海岸市关于深化友好城市关系协议书》。

12日　“2017年西语国家工商界招商交流活动”在珠海国际会展中心举行。来自拉美和加勒比国家及地区的40位商协会代表与珠海市100名企业代表与会。

13日　2017珠海斗门龙舟文化节举行。

16日　珠海市第九届人民代表大会第二次会议在珠海大会堂召开。会议依法补选李泽中为珠海市人民政府市长。

17日　郭元强会见中间民主党国际主席、哥伦比亚前总统帕斯特拉纳。

▲　珠海市与波兰格丁尼亚市签署《中华人民共和国珠海市与波兰共和国格丁尼亚市建立友好城市关系协议书》。这是珠海签署的第十三份友好城市协议。

▲　珠海给广东珠海金湾发电有限公司颁出全市首张国家版排污许可证。

19日　2017年中国旅游日珠海主题活动——“江海情·携手行”怒江旅游文化宣传与招商推介活动在珠海圆明新园举行。活动由珠海市人民政府、怒江州人民政府联合主办，珠海市扶贫办公室、怒江州旅游发展委员会等协办。

22日　中航工业通飞西锐公司宣布，“愿景”喷气式飞机获欧洲航空安全局（EASA）适航证书，并完成首次欧洲交付。

▲　江凌、王衍诗、郭元强、赵建国、龚海明、曾祥华、龙广艳、吴轼、闫昊波、周海金、王越、朱江俐、刘斌、苏旭梅、张美连、殷金好等珠海党代表在广州出席中国共产党广东省第十二次代表大会。

23日　珠海市驻北美（洛杉矶）经贸代表处揭牌。珠海是广东省首个在北美设立经贸代表处的地级市。

25日　港珠澳大桥6.7千米海底隧道全线合龙。

27日　湾仔海关首票自报自缴报关单顺利办结通关手续。这是海关总署启动企业“自主申报、自行缴税”试点以来，珠海市首票通过该模式申报的报关单。

6月

1日　珠海市政府代表团访问澳门，拜会全国政协副主席何厚铧、澳门特别行政区行政长官崔世安、中央人民政府驻澳门特别行政区联络办公室主任王志民、澳门立法会主席贺一诚等，就进一步深化珠澳合作深入交流和探讨。

▲　《珠海经济特区促进横琴休闲旅游业发展办法》施行。

1—2日　九三学社中央调研组来珠海调研科技型中小微企业创新发展及高等教育新型合作办学模式等情况。

5日　港珠澳大桥海底隧道北车道钢封门全部拆除完成，实现隧道单向贯通。

6—10日　郭元强率珠海市代表团访问以色列，举办珠海市（以色列）投资环境交流会。其间，为珠海市驻以色列经贸代表处授牌，出席中国（广东）—以色列经贸交流会，签署《通航/民用航空领域战略合作备忘录》等3个合作项目，合同金额2亿美元。

7日　乌拉圭卡内洛内斯省阿特兰蒂达市市长古斯塔沃·刚萨雷斯一行到访珠海，与珠海签署《关于加强友好交流与合作的意向书》。

8日　交通运输部部长李小鹏在珠海考察港珠澳大桥建设现场和交通运输部南海第一救助飞行队。

11日　广东省首个海上风电项目——珠海桂山海上风电场示范项目两台风机吊装成功。这是国内首例采用内插式四桩导管架基础型式、整机安装的海上风电机组。

12日　央视国际频道“走遍中国”栏目开播横琴系列纪录片——《特区中的特区》。

13日　副市长张宜生会见来访的加拿大哈利法克斯市市长麦克·萨维奇一行，两市友好合作协会共同签署交流与合作工作计划。

▲　广东省内河第一艘LNG双燃料动力示范船“粤珠328”首航仪式在高栏港务码头举行。

15日　珠海欧比特控制工程股份公司投资并运营的遥感微纳卫星星座“珠海一号”首发的两颗视频微纳卫星OVS-1A和OVS-1B在酒泉航天发射场搭载“长征四号”乙运载火箭成功发射。

17日　由澳门民康医疗集团有限公司设立的珠海澳康健门诊部落户珠海，是首家受惠于CEPA政策进驻珠海的澳门独资医疗机构。

19日　国内首个金融创新知识产权运营交易国家平台——国家知识产权运营公共服务平台金融创新（横琴）试点平台上线运行。

19—20日　2017世界自贸区（横琴）论坛在珠海国际会展中心举行。来自30个国家和地区的1024名专家、代表，围绕“经济全球化背景下中国自贸区发展”主题，对自贸区发展过程中的政策研究、国际贸易、国际物流、金融资本等多个热门领域进行讨论与交流。

20日　交通运输部等四部委联合发函，原则同意《中国（广东）自由贸易试验区粤港澳游艇“自由行”实施方案》。珠海的九洲港口岸、万山港口岸入选首批指定的游艇出入境口岸；珠海的横琴法拉帝游艇码头、横琴长隆游艇码头入选首批指定的游艇停泊码头。

▲　国家发改委副主任、港珠澳大桥专责小组组长胡祖才在港珠澳大桥建设工地现场调研。

20—21日　郭元强率珠海市党政代表团赴西藏自治区林芝市米林县考察。代表团实地考察米林农场第四管区、米林县宇拓广场等一批援建项目。

25日　省委常委、常务副省长林少春在珠海市开展“七一”慰问活动，深入基层看望慰问因公殉职党员家属和生活困难老党员。

26日　珠海市首次发布市级企业环境信用评价结果，2016年全市有“环保诚信企业”（绿牌企业）17家、“环保警示企业”（黄牌企业）14家、“环保不良企业”（红牌企业）10家，珠海市企业环境信用情况总体良好。

27日　电视纪录片《港珠澳大桥》在珠海举行首映式。该片由中央电视台科教频道、港珠澳大桥管理局、Discovery（探索）频道、广东广播电视台和珠海广播电视台联合摄制完成，被列入 2016 年度中宣部“纪录中国”国际传播工程项目。

27—28 日　第三届中以科技创新投资大会在珠海国际会展中心举行。参会中以企业 2759 家、5800 多人，大会首日举行国家级中以创新基金启动仪式和战略合作协议签约仪式，珠海中以加速器产业园等 13 个中以合作重点项目现场签约，签约金额超过 25 亿美元。

30 日　珠海市政府印发《珠海市土壤污染防治行动计划实施方案》。

▲　珠海市举行 2017 年“广东扶贫济困日”活动启动仪式。

7 月

1 日　新版《珠海市环境保护条例》施行。

▲　“住院费用年度最高可报 72 万元”政策实施，为 2017 年珠海市十件民生实事之一。

▲　广东省人民医院珠海医院（珠海金湾中心医院）全面运营。

5—15 日　郭元强率珠海市代表团访问秘鲁、智利和巴西，宣传推介珠海良好的投资经营环境。

7 日　港珠澳大桥主体工程海底隧道贯通仪式举行。港珠澳大桥沉管隧道长 6.7 千米，其中海底部分 5664 米，由 33 节巨型沉管和 1 个合龙段最终接头组成，最大安装水深超过 40 米，是中国第一条外海沉管隧道，也是世界最长的公路沉管隧道和唯一的深埋沉管隧道。

12 日　2017“创客中国创新创业大赛·珠海站”总决赛举行。

20 日　珠海市政府与中国建设银行股份有限公司广东省分行、中国建设银行（亚洲）股份有限公司、建银国际（控股）有限公司、中国建设银行股份有限公司澳门分行签署《支持与服务珠海市全面落实粤港澳大湾区建设合作协议》。

21 日　珠海市决策咨询委员会成立。省社会科学院院长王珺等 72 名专家受聘为委员会首批特聘顾问、委员。

25 日　南航通航九洲机场获 A1 类通用机场使用许可证，是民航局发布最新《通用机场分类管理办法》后中南地区的首张许可证。

26 日　2017 年珠澳合作会议在澳门召开，两地签署《珠海市文化体育旅游局与澳门特别行政区政府旅游局旅游合作框架协议》等多个协议。

27 日　郭元强率市“八一”拥军慰问团看望慰问驻珠军警部队，与部队官兵亲切座谈。

▲　港珠澳大桥桥梁工程主线桥面铺装完成。

28 日　珠海市委、市政府在富山工业园召开全市促进实体经济发展现场会。全市实体经济项目签约仪式在富山工业园举行，签约项目 109 个，总投资额 835.61 亿元，其中投资额超 5 亿元的项目 49 个。

▲　广东省国资委、珠海市政府、阳江市政府联合在阳江举行 2017 年阳江市产业共建暨重点项目招商推介会，32 个项目现场签约，投资总额 511.15 亿元。

▲　国际贸易“单一窗口”国家标准版在珠海上线，首票货物顺利通关放行。

30 日　上午 10 时，横跨前山河东西两岸的珠海市首座自锚式悬索桥——白石桥通车。

8 月

3 日　珠海市发出第一张“网络预约出租汽车驾驶员证”。

7—8 日　省委常委、宣传部部长慎海雄在珠海调研宣传思想文化工作。

9 日　全国政协副主席梁振英在郭元强陪同下，视察粤澳合作中医药科技产业园展示中心等处，了解产业园的发展现状及进展。

10 日　2017 南国书香节珠海分会场开幕，主题为“阅读是一种生活态度”，活动至 14 日结束。

23 日　中午 12 时 50 分，2017 年第 13 号强台风“天鸽”在珠海市金湾区登陆，登陆时中心风力 14 级（45 米 / 秒），是珠海市自 1961 年有气象资料以来遭遇的最强台风。气象台挂红色预警信号（飓风信号）和暴雨黄色预警信号。全市 64.14 万人受灾，直接经济损失 204.5 亿元。全市树木倒伏严重，道路交通受阻，大面积停水停电，通信网络部分中断，人民群众生产生活受到严重影响。

25 日　2017 年广东“众创杯”创业创新大赛科技（海归）人员领航赛决赛在珠海举行，珠海市 7 个项目晋级决赛，获 2 金 2 银 3 铜，其中团队组、企业组金奖各 1 个。

26 日　珠海市人民政府与中山大学在广州签署进一步加强新型战略合作协议。

27 日　广东省人民政府、珠海市人民政府和北京师范大学三方共建北京师范大学珠海校区协议在

2017年9月28日，市委、市政府召开珠海市救灾复产重建总结推进大会。图为部分受表扬的先进集体代表　（赵崇幸　摄）

广州签署。北京师范大学珠海分校升级为北京师范大学珠海校区。

29日　2017中国知识产权横琴论坛在珠海国际会展中心举办，主题为“知识产权运营与金融创新”。

31日　珠海中山大学附中、附小建成开学，迎来首届新学生1000余人。

9月

1日　《珠海经济特区牛羊定点屠宰管理办法》施行。珠海是广东省率先实行牛羊定点屠宰制度的地级市。

2日　李泽中涉嫌严重违纪，接受组织审查。

3—12日　市政协主席陈洪辉率代表团访问英国、法国和冰岛。其间，拜访珠海友好城市朴次茅斯市政府和议会，出席英国珠海国际交流协会成立大会，并举办英国、法国投资环境推介会，推介宣传珠海良好的投资经营环境。

5日　原“珠海水务集团有限公司”更名为“珠海水务环境控股集团有限公司”，各项权利义务不变。

8日　中共中央政治局委员、广东省委书记胡春华赴珠海开展教师节慰问活动，看望慰问张培震院士等教师代表。

19日　省委批准：姚奕生任珠海市委委员、常委、副书记。

22日　珠海市九届人大常委会第七次会议第二次全体会议表决：任命姚奕生为珠海市人民政府副市长、代理市长。

27日　“珠海十大文化名片”揭晓，邓小平题词“珠海经济特区好”、珠海渔女雕像、中国国际航空航天博览会、容闳、情侣路、中国历史文化名镇唐家湾镇、格力电器、珠海长隆国际海洋度假区、珠海大剧院、珠海国际沙滩音乐节等入选；“红色三杰”（苏兆征、杨匏安、林伟民）、万山群岛游、宝镜湾岩画、水上婚嫁习俗等20个项目为“珠海文化名片”。

28日　市委、市政府召开珠海市救灾复产重建总结推进大会。通报表扬抗击强台风“天鸽”“帕卡”救灾复产重建工作中先进集体102个和先进个人215名，对支援珠海救灾复产重建工作的108个单位表示特别感谢。

29日　广东省委副书记、省长马兴瑞到珠海横琴自贸片区调研。

▲　珠海市第九届人民代表大会第三次会议在珠海大会堂召开，会议依法补选姚奕生为珠海市人民政府市长。

▲　中国自贸区信息港在横琴揭牌，信息港总部大厦奠基。

30日　珠海市公祭烈士活动在珠海烈士陵园举行。珠海市党政军群各界代表400多人出席活动。

10月

1—2日　2017 SHARK沙滩音乐节在珠海海滨泳场举行。

1—8日　国庆长假期间，珠海市接待游客237.17万人次，旅游总收入13.7亿元。

2日　市人民医院眼科全飞秒中心启用，当日完成手术13台，成功帮助近视患者“脱镜”。市人民医院是珠中江及澳门地区首家配备全世界最先进的全飞秒治疗近视手术设备，并能完成全飞秒激光近视矫正手术的公立医院。

10日　珠海市人民政府与中谷海运集团有限公司签署战略合作框架协议，双方将在建设集装箱中转枢纽港、建设“川贵粤—南亚国际物流大通道”、发展现代综合物流和大宗商品贸易等多个领域开展全面战略合作。

▲ 市政府常务会议审议通过《珠海市降低制造业企业成本支持实体经济发展若干政策措施》（简称“珠海十条”）。

11日 珠海市国土局网站发布《珠海市土地利用总体规划（2006—2020年）调整完善方案》公告。

▲ 国家质检总局标法中心、珠海市人民政府、珠海检验检疫局、珠海格力电器股份有限公司、珠海市耗材行业协会在珠海共同签署中国WTO／TBT－SPS国家通报咨询中心技术性贸易措施研究评议基地共建协议，标志着全国首批制冷设备、办公设备及耗材技术性贸易措施研究评议基地落户珠海。

12日 广东省3D打印标准化技术委员会（GD/TC126）落户珠海。

▲ 由珠海市人民政府、中国标准化研究院、中国绿色设计与制造产业创新联盟、节能环保标准化创新研发基地（珠海）支持举办的绿色低碳发展标准化国际交流会在横琴召开。

▲ 珠海（横琴）作品著作权登记代办机构在横琴国际知识产权交易中心揭牌成立。

12—14日 第十一届中国（珠海）国际打印耗材展览会在珠海国际会展中心举行，482家海内外企业参展，104个国家和地区超过1.5万名买家与会。

13日 经过4个月的试运行，珠海现代有轨电车1号线开始对外售票。

15日至11月5日 第一百二十二届中国进出口商品交易会在广州举办。珠海市参展企业182家，展位总数577个，出口成交金额9.25亿美元。

16日 《福布斯》首度发布“最受信赖公司榜单”，中国内地、香港和台湾17家企业上榜。珠海格力电器股份有限公司是其中唯一一家家电企业。

17日 珠海中欧低碳生态综合试点项目信息管理平台（国际宜居知识共享平台）和历史建筑数字化保护项目入选住房和城乡建设部2017年科学技术项目计划。

18日 上午9时，中国共产党第十九次全国代表大会在人民大会堂开幕。珠海市两位党的十九大代表：市委书记、市人大常委会主任郭元强，市公安局网警支队副支队长徐飞参加会议。

22日 贯穿北京长安街的首都1路公交，启用珠海银隆新能源以“中国红”为外观主题的18米纯电动公交车。

23日 港珠澳大桥邻近香港的东人工岛风帽主体工程全面封顶，标志着港珠澳大桥岛隧主体土建工程全面完工。

24日 珠海市“以地控税以税节地”综合税源管理平台在全市全面推广上线。

27日 珠海市—中山大学新型战略合作项目动工仪式在中山大学珠海校区举行。

▲ 珠海中学项目开工仪式在斗门区乾务镇举行。学校按照国家级示范性普通高中标准建设，建成后可新增6000个公办高中学位。

29日 珠海市第七届全民终身学习活动周启动，主题为“推进全民终身学习　加快建设学习型城市”。活动持续至11月5日。

31日 广东省采购服务标准化技术委员会（GD/TC121）落户珠海。

31日至11月5日 2017横琴人寿珠海WTA超级精英赛举办。

11月

1日 荷兰乌特勒支省副省长皮姆·范登·博格率团访问珠海，推动双方务实合作。

8日 郭元强、姚奕生会见西藏自治区林芝市米林县委书记李牧之率领的米林县党政代表团一行。

▲ 珠海交警部门推出电子证照服务，领取电子驾驶证、行驶证的司机如遇交警查车，可凭电子驾驶证免于处罚。申请电子证照必须是珠海车管所核发的驾驶证或粤C牌机动车辆，仅限珠海范围使用。

8日 横琴新区港澳中小企业法律服务中心揭牌。这是全国首家面向港澳中小企业提供法律服务的专业机构。

9日 郭元强主持召开市委常委会议，会议审议并原则通过珠海市关于党的十九大精神的宣传、宣讲、大学习大培训和调研督导方案。

▲ 珠海市海域移动监测指挥系统启动暨交接仪式在市海洋农业和水务局举行。海域移动监测指挥系统投入使用，标志着珠海市形成“天地空”一体的海域动态监视监测体系。

▲ 英诺赛科（珠海）科技有限公司自主研发的中国首条8英寸

硅基氮化镓生产线通线投产汇报会在珠海举行。

9—11日 首届中国—拉美国际博览会在中国珠海举行，吸引61国家和地区的523家企业和机构展示中拉企业合作新成果、拉美各国特色和优势产品。

10日 横琴中拉经贸合作园开园。合作园整合法律服务、政策研究、金融合作、跨境商品交易等服务，重点打造“三中心三平台”，为拉美和加勒比海地区投资者提供精准专业服务。

10—12日 首期全市领导干部学习贯彻党的十九大精神专题研讨班举行，全市党的十九大精神“大学习大培训”活动启动。

12—13日 副省长许瑞生在珠海就水环境治理、农村人居环境建设、小区环境整治提升等生态文明建设情况进行调研。

12—19日 “九洲·翠湖香山杯”2017年全国帆船帆板锦标赛在珠海举行。

▲ 横琴新区马骝洲交通隧道全线贯通。隧道全长2834.6米，双向六车道，是国内首条海域超大直径复合地层盾构法隧道。

14日 2017珠海科技工作者创新大会暨第十五届珠海市科协学术活动月开幕。围绕“创新驱动引领支撑”主题，在全市设立主会场1个、分会场153个，举办各类专题学术报告350多场，参与人数突破3万人次。

▲ 珠海市召开抗击“天鸽”见义勇为表彰会，表彰抗击强台风“天鸽”见义勇为人员50人。

▲ “海外侨胞故乡行——走进广东”活动在珠海启动。活动由中国侨联、广东省侨联联合举办，20多个国家的近80位海外侨胞参加活动。

15—18日 由中华医学会、中华医学会骨科学分会主办的“中华医学会第十九届骨科学术会议暨第十二届COA国际学术大会”在珠海国际会展中心召开，来自65个国家和地区的2万多名骨科界知名专家学者参加。

16日 中共中央政治局委员、广东省委书记李希到珠海调研，了解珠海市经济社会发展、城市规划布局、交通基础设施建设、基层党建工作情况，指导基层学习宣传贯彻党的十九大精神。

18—21日 “2017中国横琴中拉标准舞/拉丁舞国际锦标赛”举行。

18—25日 第四届中国国际马戏节在珠海长隆横琴国际马戏城举办。来自18个国家的25支世界顶尖队伍同场献技。

20日 国务院农村综合改革办公室主任吴奇修一行在斗门区莲洲镇调研督导“珠海斗门岭南大地国家级田园综合体试点创建项目”。

21—22日 珠海市第九届人大常委会第九次会议在香洲举行。

22日 外交部驻香港特派员公署特派员谢锋率外国驻港领团商会媒体联合参访团到访珠海。

23日 广东珠海国家农业科技园区通过国家科技部验收。

24日 珠海市深化监察体制改革试点工作小组第一次会议召开。

28日 中国共产党珠海市第八届委员会第三次全体会议在香洲召开。全会由市委常委会主持。全会深入学习宣传贯彻党的十九大精神，审议通过《中共珠海市委关于持续深入学习宣传贯彻党的十九大精神 推动习近平新时代中国特色社会主义思想在珠海落地生根结出丰硕成果的决定》。

▲ 农业部副部长于康震一行考察调研珠海市现代渔业产业发展情况。

▲ 珠海报业传媒集团、香洲区教育局、珠海市强制隔离戒毒所联合举办的远程公益课堂启动，是广东首个戒毒帮教的“空中课堂”。

29—30日 “21世纪海上丝绸之路”国际传播暨中国（广东）企业走出去论坛在珠海国际会展中心举办。

30日 广东省委副书记、省长马兴瑞到珠海督导学习宣传贯彻党的十九大精神，并调研基层党建、企业创新、民生保障和推进“厕所革命”等情况。

▲ 中国人民银行广州分行、广东省经济和信息化委员会、珠海市人民政府联合在珠海举办金融支持珠海市制造业推进会。到会企业近200家、金融机构近100家，11个金融支持制造业项目现场签约，签约金额达148亿元。

12月

1—2日 珠海市代表团参加在乌拉圭东角市举办的第十一届中国—拉美企业家高峰会。在当地时间1日晚举办的交接仪式上，大会宣布2018年在珠海举办下一届高峰会。

4日　由广东省林业厅、澳门民政总署、珠海市人民政府主办的粤港澳湿地生态保育座谈会在珠海召开，来自粤港澳的70多名专家、学者及环保人士参加会议。

▲　港珠澳大桥首条区间线路一次送电成功，国内独一无二的兼容识别粤港澳三地车牌的收费车道开始带电测试。

▲　中国（横琴）投资环境推介会在阿根廷首都布宜诺斯艾利斯举行。

5日　农业部南海渔业资源开发利用重点实验室（珠海）在市现代农业发展中心揭牌成立。

▲　超硬材料国家重点实验室珠海分实验室落户吉林大学珠海分院。这是国内唯一以高压与超硬材料为主要研究方向的国家重点实验室。

▲　珠海市第四届“市长杯”工业设计大赛闭幕，53件优秀工业设计作品获奖，入围的116件作品同时展出。

6日　国家质检总局局长支树平在珠海调研质检工作。

6—8日　国家住建部专家一行莅临珠海，对珠海市海绵城市试点建设情况进行督导检查。

8日　第四届留学生节暨2017海外学人回国创业周在珠海国际会展中心开幕。1000余名来自全国各地的留学生代表、国家“千人计划”专家、海内外专家学者、中国港澳地区及外国嘉宾等齐聚珠海，共商留学报国、创新创业大计。

▲　珠海、黑河两市对口合作座谈会在珠海召开，就谋划推动两市对口合作发展深入交流。

9日　国家海洋督察组（第五组）下沉督察三组到珠海市开展海洋督察工作。郭元强会见并主持召开国家海洋督察组（第五组）督察工作汇报会，姚奕生出席会议并汇报珠海市海洋工作情况。

▲　由珠海市港澳事务局与澳门经济学会联合主办的第七届珠澳合作发展论坛在珠海举行，论坛以“粤港澳大湾区背景下的珠澳合作”为主题。

▲　由北京师范大学刑事法律科学研究院主办，北京师范大学珠海分校承办，联合国反恐执行局协办的“第七届当代刑法国际论坛”在北京师范大学珠海分校国际交流中心召开。论坛主题为“恐怖主义的国际发展趋势及其立法与执法的挑战”。

10日　横琴“霍普金斯生命医学馆”奠基。霍普金斯生命医学馆是横琴新区第一个在新三板挂牌的高新技术企业，由珠海重点引进的海外高端人才团队创立。

▲　库克群岛财政部部长马克·布朗率代表团一行应邀抵达珠海进行友好访问。

11日　2017年度珠海市市长质量奖揭晓，广东电网有限责任公司珠海供电局、汤臣倍健股份有限公司获“2017年度珠海市市长质量奖”。

12日　2017广东旅游文化节开幕式在珠海举行。当日，2017两广城市旅游合作（珠海）联席会议在珠海召开；江西省旅发委主办的“江西风景独好”旅游推介会暨赣粤两省旅游合作座谈会在珠海举行；珠海、纽埃、库克旅游精品推介会在横琴举行。

▲　横琴·澳门青年创业谷通过国家科技部火炬中心2017年度国家级科技企业孵化器公示，成为横琴自贸片区首家国家级科技企业孵化器。

13日　珠海交警微信公众平台推出私人订制服务，关注微信的粉丝可以根据自身需要，订制个人化的路况查询。

13—15日　“2017全球无人系统大会”在珠海喜来登酒店举行，中国（珠海）国际无人系统博览会在珠海国际会展中心同期开幕，国内领先的无人机、无人车、无人船等企业代表携各类新机型亮相。

13—16日　郭元强率队赴云南省怒江傈僳族自治州调研东西部扶贫协作工作，其间深入泸水市大兴地镇维拉坝易地扶贫搬迁安置示范点等实地调研。14日，金湾区、高栏港经济区与贡山县签订扶贫协作建立友好区县协议；16日，珠海市与怒江州召开扶贫协作工作联席会议。

14—15日　2017年CCF（中国计算机学会）首届全国职业教育大会在珠海举行，来自全国88所高校和28家企业300余人出席大会。

15日　港珠澳大桥主体工程桥梁段供水管道贯通。管道全长约46千米，是国内最长的跨海大桥供水管道，管道出水量可达每小时120吨。

▲　中国国际贸易促进委员会（广东）自由贸易试验区珠海横琴服务中心在横琴新区揭牌。

▲　由北京师范大学主办，北京师范大学珠海分校和国际写作中心联合承办的“新时代·新经验·新想象”2017金砖国家文学论坛在珠海举办，莫言、韩少功、苏童、格非、阿来等中国当代作家与来自巴西、俄罗斯、印度、南非的作家

2017 年 12 月 24 日，大型水陆两栖飞机“鲲龙”AG600 在金湾实现陆上首飞
（王　强 摄）

们进行深入交流对话。

16 日　云南省委副书记李秀领、副省长何金平率队到珠海横琴考察，了解珠海市科技创新、城市建设等方面先进经验和做法。

18—20 日　珠海市第九届人民代表大会第四次会议在香洲召开。大会依法选举产生珠海市出席广东省第十三届人民代表大会代表 25 名。

19 日　珠海市与怒江傈僳族自治州扶贫协作联席会议在珠海召开。市长姚奕生和怒江州委副书记、代理州长李文辉出席会议并就两地推进扶贫协作工作情况进行交流，对接下一步工作计划，助推怒江打赢脱贫攻坚战。

▲　兴业快线（北段）PPP 项目合作签约仪式举行。该快线为珠海“九纵五横”城市道路之一，是打通主城区南北快速化出行，对接深中通道和港珠澳大桥的重要通道。

▲　首届珠江西岸城市联盟有害生物高峰论坛在珠海举行。联盟城市包括珠海、中山、江门、肇庆、顺德，这是广东首个防治有害生物的城市联盟组织。

20 日　澳门机动车入出横琴第二阶段相关政策实施。这一阶段入出横琴的澳门机动车总量限制为 800 辆。

21 日　珠海市委举行首届法律顾问聘任仪式，市委法律顾问制度启动运行。

23 日　中华见义勇为基金会理事长贾春旺到珠海走访慰问见义勇为困难人员张树年、见义勇为牺牲人员刘东承家属。

▲　珠海市人力资源和社会保障局与横琴新区管委会共同举办“2017 年珠海市高端人才创新创业交流大会”，主题为“才聚珠海 智赢未来”。

24 日　中国航空工业集团公司自主研发的国内首款大型水陆两栖运输飞机——“鲲龙”AG600 成功首飞。

24—25 日　姚奕生赴阳江市和茂名市调研对口帮扶和精准扶贫工作。

26 日　横琴新区、保税区、洪湾片区一体化区域重点项目启动、签约、揭牌仪式在珠海国际会展中心举行，签约项目总投资额超过 1100 亿元。作为一体化区域开发运营主体公司，珠海大横琴城市新中心发展有限公司揭牌。

27 日　珠海、中山、江门、阳江区域紧密合作第十二次党政联席会议暨“大湾区大交通”论坛在中山举行，四市签署《主动融入粤港澳大湾区促进互联互通共建共享战略合作备忘录》。

▲　广东省河长办第二验收督查组对珠海市全面推行“河长制”工作进行验收和督查，充分肯定珠海市取得的阶段性成绩。

28 日　第十六届广东种业博览会珠海分会场在珠海台湾农民创业园开幕，集中展示珠海市新引进的新优蔬菜品种 500 多个。

▲　唐家湾大南山应急避险工程暨中山大学“天琴计划”山洞实验室开工仪式在中山大学珠海校区举行。

29 日　珠海机场年旅客吞吐量突破 900 万人次大关，再创历史新高。

▲　珠海市完成首批排污权交易。格力电器、联邦制药等 22 家企业成为珠海市首批自愿参与排污权有偿使用交易并获得排污权交易鉴定书的企业。

31 日　港珠澳大桥主体工程点亮全线灯光，主体工程施工任务基本完成。　（吴　蔚　朱　见）

·责任编辑：潘杜鹃·

概 貌

基本情况

【建置沿革】 1953年4月7日，经中华人民共和国政务院批准，珠海县成立，县政府设在唐家，隶属粤中行政区管辖。1955年，珠海划为边防区，设立上涌、下栅边防检查站并发放边防居民证。1959年3月20日，珠海县撤销并入中山县。1961年4月17日，珠海县建制恢复，县政府设在香洲。

1979年3月5日，珠海县改为珠海市，市革命委员会（1980年改为市人民政府）设在香洲；11月，定为省辖市。1980年8月26日，中华人民共和国第五届全国人民代表大会常务委员会第十五次会议批准，在珠海市内设立经济特区，面积6.81平方千米。1983年5月5日，斗门县划归珠海市管辖；6月29日，国务院批准调整珠海经济特区范围面积15.16平方千米。1984年6月，在原珠海县管辖区域设立香洲区，为县一级建制。1988年4月5日，经国务院批准，珠海经济特区面积扩大至121平方千米。

1988年12月，珠海市委、市政府为实施“东西两翼发展战略”，设立万山管理区、三灶管理区。1998年，省政府为实施全省“海洋综合开发战略”，批准万山管理区为万山海洋开发试验区，是全省第一个地方性海洋综合开发试验区。

1992年春，横琴被广东省定为90年代扩大对外开放的四个重点开发区域之一；7月，横琴经济开发区成立；8月，横琴经济开发区管委会挂牌办公，为珠海市政府派出机构。

1993年4月，珠海港管理区成立，为市委、市政府派出机构。1999年7月，市委、市政府对珠海港管理体制实行重大改革，撤销珠海港管理区，成立珠海临港工业区管理委员会、高栏港区建设管理委员会（一个机构两块牌子），将原管辖的南水镇和南通公司划归三灶管理区管辖。

1996年11月3日，经国务院批准，珠海保税区成立（1999年10月封关运作）。

2001年4月4日，经国务院批准，金湾区成立，为县一级建制。同年12月29日，斗门撤县建区。

2009年6月24日，国务院常务会议审议和原则通过《横琴总体发展规划》。同年11月25日，中央编委同意设立珠海横琴新区管理委员会，属省政府派出机构并委托珠海市政府管理，为副厅级建制。横琴被纳入珠海经济特区范围，珠海经济特区总面积扩大至227.46平方千米。2010年8月26日，国务院批复，自2010年10月1日开始，珠海经济特区范围扩大至全市，总面积扩大至7653平方千米。

2015年4月21日，中国（广东）自由贸易试验区挂牌。23日，广东自贸试验区珠海横琴新区片区挂牌；《珠海市人民政府和澳门特别行政区政府关于成立广东自贸试验区横琴片区建设珠澳合作机制的协议》签订。

2017年7月1日，富山工业园调整管理体制，由市政府及职能部门委托管委会对园区内经济事务和其他行政工作行使市一级经济管理权限，园区经济指标纳入斗门区统计，财税收益归属斗门区支配。

（刘利亚）

【位置和面积】 珠海市位于广东省珠江口西南部，珠江出海口西岸，珠江水系之西江流经珠海境内的磨刀门、坭湾门、鸡啼门、虎跳门，汇入南海。地处北纬21° 48′ ～22° 27′ 、东经113° 03′ ～114° 19′ 。珠海市区东与深圳、香港隔海相望，距香港36海里，南与澳门陆地相连，西邻江门新会区、台山市，北与中山市接壤，距广州市140千米。珠海市海陆域总面积7653平方千米，占广东省面积的3.4%，其中陆地面积1736.46平方千米。珠海市南北长77.3千米（从平洲岛到淇澳岛两岛末端止），东西宽123.4千米（从担杆岛到荷包岛两岛末端止）。珠海市面积大于500平方米的海岛有147个，常住居民的海岛有11个，素称“百岛之市”，是珠三角城市中海洋面积最大、岛屿最多的城市。珠海市是中国重要的口岸城市，设有拱北、九洲港、高栏港、万山港、横琴、斗门港、湾仔港、珠澳跨境工业区等国家一类口岸8个，国家二类口岸7个，其中，高栏港是中国沿海主枢纽港，可建1万～30万吨泊位150多个，已建成生产性泊位35个，是珠江西岸唯一的深水港。（珠　鉴）

【气　候】 2017年，珠海市天气总体偏暖偏干，台风灾害严重。

气　温　全年平均气温23.5℃，较常年平均值偏高0.9℃，是1961年珠海市有气象观测记录以来第二高温年份（第一高温年份出现在2015年，平均气温23.9℃）。除5月外，其余各月平均气温均不同程度偏高，其中1月平均气温17.7℃，较常年同期偏高2.6℃，刷新历年同期最高纪录。在极端气温方面，全年高温日5天，最高气温出现在8月22日（37.6℃）；年内未出现低温天气，最低气温出现在12月18日（7.3℃）。

降　雨　全年降雨日134天，较常年平均值偏少7天。1月、7月、9月、10月降雨日数较常年同期偏多，其余各月降雨日数均较常年同期偏少。年总降雨量1948.9毫米，较常年平均值偏少6.4%。全年降雨分布不均匀，4—9月降雨量1654.6毫米，较常年平均值偏少5.7%；9—10月降雨量较常年同期偏多近1倍，其余各月降雨量均不同程度偏少。12月降雨量为0，11月20日至12月31日连续42天无降水。

暴　雨　全年暴雨日10天（其中大暴雨2天），接近常年平均值。暴雨日降雨量870.9毫米，占年总降雨量44.7%。珠海国家基本气象站录得全年最大单日降雨量为205.5毫米，出现在9月4日。

热带气旋　全年有4个台风（“天鸽”“帕卡”“玛娃”和“卡努”）影响珠海市，与常年持平，其中3个台风给珠海市带来严重风雨影响，较常年同期（1.3个）偏多。8月23日至9月3日，珠海市先后经历“天鸽”“帕卡”“玛娃”三连击，其中“天鸽”和“帕卡”仅相隔4天，登陆地点和影响区域高度重合，均正面袭击珠海，历史罕见。其间，市气象局历史上首次发布最高级别预警信号“三红”——2次台风红色和1次暴雨红色。“天鸽”是1949年以来登陆珠三角地区的最强台风，也是历史上影响珠海最严重的台风之一，受其影响，桂山岛录得最大阵风66.9米/秒（17级以上），珠海国家基本气象站录得最大阵风51.9米/秒（16级），陆地和海岛最大阵风均打破1961年珠海有气象资料以来最高纪录。“天鸽”登陆期间伴随狂风、骤雨和大潮，给珠海市造成重创。

日　照　全年日照总时数1910.1小时，较常年平均值偏多30.4小时。1月、2月、3月、4月、6月、8月、9月和10月日照偏多，其中2月日照时数偏多50.0小时，其余月份日照都较常年同期偏少，其中11月显著偏少72.9小时。

（杨丽蓉）

链　接：

“2017年度珠海十大气候事件”评选

2017年，珠海市遭受台风、暖冬、高温、干旱、暴雨等极端气候影响较大，市气象局通过邀请市民投票，评选出“2017年度珠海十大气候事件”。

1.“天鸽”风力爆表，录得最大阵风17级以上

8月23日12时50分，强台风“天鸽”在珠海市金湾区沿海登陆，受其影响，桂山岛录得最大阵风17级以上（66.9米/秒），市区（香洲）录得最大阵风16级（51.9米/秒），陆地和海岛最大阵风均打破珠海有气象资料以来最高纪录。

2.强台风罕见接连正面袭击珠海

“天鸽”“帕卡”接连正面袭击珠海，登陆时间相近，登陆

地点高度重合，历史罕见。历史上仅1964年出现过连续两次台风登陆珠海或台风中心经过珠海，间隔时间27天，此次“天鸽”与“帕卡”前后影响间隔仅4天，为珠海首次。

3. 半个月内3次发布“红色”预警，史上首次

2017年，有3个台风给珠海市带来严重风雨影响（1713号“天鸽”、1714号“帕卡”和1716号“玛娃”），且影响时间在半个月以内，其中“天鸽”和“帕卡”相隔仅4天，市气象局发布台风暴雨最高级别预警信号3次（台风红色预警信号2次，暴雨红色预警信号1次），为历史最多。

4.“玛娃”造成珠海市严重水浸

受“玛娃”外围降雨云系影响，9月3—4日，珠海市出现强降雨天气，在早晨5时达到峰值，市区小时降雨量97.6毫米，是2006年以来第二大值（市区小时降雨量最大值118.7毫米，出现在2013年5月22日8时）。强降雨造成珠海市路面水浸严重，多条公交线路暂停发车。

5. 3个台风严重影响珠海，个数显著偏多

2017年，有3个台风（“天鸽”“帕卡”“玛娃”）严重影响珠海，较常年同期（1.3个）偏多。

6. 两天37℃以上极端高温

2017年夏季，珠海市有两天（7月30日和8月22日）日最高气温超过37℃，历史上仅2005年出现过这种情况（2005年7月18—20日连续三天最高气温超过37℃）。

7.11—12月连续超过40天无降雨记录

自11月20日起至年底，连续超过40天无降雨记录。据历史资料统计，上一次类似情况发生在2013年12月18日—2014年2月5日，连续50天无降雨。

8. 全年寒冷天气显著偏少

2017年，珠海市出现寒冷天气（日平均气温≤12℃）6天（2月4天，12月2天），较常年偏少近10天，历史上与1973年和2001年并列第四（第一是2015年，没有出现寒冷天气；第二是2007年，出现寒冷天气2天；第三是2003年，出现寒冷天气5天）。

9.1962年以来最暖1月

2017年1月，珠海市月平均气温17.7℃，打破1966年1月16.9℃历史纪录。

10. 夏季天气炎热，平均气温位列史上第三

2017年夏季（6—8月），珠海市平均气温28.9℃，仅次于2015年和2014年，与2016年相同，并列第三。

【土地资源】 根据2017年土地利用变更调查成果显示，珠海市陆地总面积1736.46平方千米，其中农用地面积926.35平方千米，建设用地面积515.45平方千米，未利用地面积294.65平方千米。

（龚亚军）

【水资源】 珠海市水资源的构成特点是过境水量多，本地水资源量少；地表水资源量大，地下水资源量小。珠海市多年平均入境水资源量1412.24亿立方米，而本地水资源量仅为17.57亿立方米，入境水资源量是本地水资源量的80.3倍。境内多年平均地表水资源量17.13亿立方米，地下水资源量2.06亿立方米，地表水资源量是地下水资源量的8.3倍。

2016年，全市平均降水量2450毫米，比常年偏多20.3%，属丰水年；地表水资源量21亿立方米，比常年偏多19.9%；地下水资源量2.41亿立方米，比常年偏多17%；水资源总量21.50亿立方米，比常年偏多19.4%。全市入境水量1448.51亿立方米，出境水量1466.82亿立方米。年末4座中型水库蓄水量0.58亿立方米，比上年增加517万立方米。全年总用水量5.10亿立方米，比上年增长1.1%，其中居民生活用水增长3.1%、工业用水下降7.4%、农业用水下降9.1%、生态补水增长60.5%。万元国内生产总值用水量22.92立方米，比上年下降8.4%；万元工业增加值用水量14.22立方米，下降5.2%；人均用水量308立方米，与上年基本持平。年内通过国家节水型城市现场考核验收。

（2016年相关数据核定较迟，未录入《珠海年鉴·2017》，特在此补充）

2017年，全年水资源总量17.83亿立方米，比上年下降17.1%。年末4座中型水库蓄水总量0.58亿立方米，与上年持平。全年总用水量5.38亿立方米，增长5.5%，其中生活用水增长5.8%、工业用水增长4.8%、农业用水增长25.87%、生态补水下降31.56%。万元国内生产总值用水量20.97立方米，比上年下降8.4%；万元工业增加值用水量12.36立方米，下降13.08%；人均用水量305立方米，下降0.97%。全市总售水量3.35亿立方米，比上年增长3.3%，其中居民1.16亿立方米，增长3.6%；工业1.16亿立方米，增长0.4%。

【海洋资源】 珠海是珠三角城市中海洋面积最大、岛屿最多的城市。领海基线内海域面积约6000平方千米，其中滩涂面积227平方千米。大小岛屿262个，其中面积大于500平方米的海岛147个。大陆海岸线长224.5千米。港口航运条件优越，具有建设深水大港的优质港口资源，高栏港区平均水深10～15米，万山岛群拥有20米等深线；辖区内水道密布，分布有大濠水道、蜘洲水道、桂山水道、青洲航道、磨刀门水道等航道。海洋旅游、海洋生物、海洋可再生能源等资源丰富。

2017年，珠海海域水质状况总体良好，但受陆源污染影响较大的近岸及江河入海口等局部海域水质较差，主要污染要素为无机氮和活性磷酸盐。沉积物质量总体一般；监测的5个入海排污口全年排放达标率（达标排放的监测次数占全年监测总次数的比例）为70%，较2016年略有下降，主要超标因子为化学需养量、总磷和氨氮。

（杨泳豪）

【矿产资源】 珠海市矿产资源主要特点是：矿产资源种类较少，大型矿床极少，金属矿产均为小型规模或为矿点、矿化点，优势矿产为滨海石英砂矿、建筑用花岗岩、地下热水和矿泉水。至2017年底，已发现矿种25种，其中金属矿产15种、非金属矿产7种、能源矿产1种、液体矿产2种。

金属矿产 主要矿种有铁、钨、铋、钼，少量铜、铅、锌、金、银等。铁矿：矿点、矿化点11处，主要分布在斗门井岸、金湾三灶、南水、小林、南屏、湾仔等地，以产于花岗岩中的脉状磁铁矿为主，成脉组或单脉产出，单脉长几十到数百米，脉幅从10厘米到数米；少量为寒武系和泥盆系含铁粉砂岩、砂页岩经风化淋滤形成的褐铁矿。全市铁矿远景储量约83万吨，除南山磁铁矿属小型矿床外，其余均为矿点。南山磁铁矿床属岩浆热液型，TFe（全铁）30%～40%，品位低，杂质多，333资源储量17万吨，规模小，工业意义不大。钨矿：矿点、矿化点9处，矿点规模均为小型，分布较为零星，香洲、金湾、斗门三个区均有分布，全市钨矿远景储量6万吨，以产于花岗岩中裂隙充填黑钨矿石英脉型为主，其中南水钨多金属矿中钨储量规模较大，早期有开采，其余在几百吨到几千吨之间。金、银矿：产地3处，分布在珠海市北部唐家和淇澳一带，属产于花岗岩中的破碎带蚀变岩型金银矿床，远景储量估计超过500千克，其中大澳山金矿储量规模相对较大，其余2处均为金矿化点，只具找矿意义，工业意义不大。稀有、稀土矿：稀有金属矿产地3处，稀土金属矿产地4处，分布于香洲柠溪、南屏、唐家和南水等地。稀有金属主要是产于花岗岩中的绿柱石伟晶岩脉，稀土矿主要是花岗岩风化壳离子吸附型稀土矿和第四系冲洪积独居石砂矿。单个矿床储量在几百吨到几千吨之间，品位不高，个别矿床适合小规模民营开采。金属矿产中，早期主要开采的矿种有铁矿、钨矿、钾长石和绿柱石等，其中湾仔南山磁铁矿、金湾区红旗镇大林山铁矿、高栏南水多金属矿规模相对较大，开采时间相对较长，其余矿点、矿化点多因规模小、品位低未被开采或仅有小规模的民采。至2011年底，珠海市所有金属矿山关停。

非金属矿产 主要有钾长石、石英砂矿、建筑用花岗岩、砖瓦用黏土、泥炭等。钾长石：矿产地4处，规模均为小型，位于香洲区东坑、板樟山、柠溪及湾仔等地，矿床类型为花岗岩中的钾长石伟晶岩脉，其中兰埔钾长石矿床规模较大，矿石质量较好。部分矿点早期有小规模的民采，至2000年先后关停。石英砂矿：区内石英砂有玻璃用砂和建筑用砂。玻璃用砂有矿产地12处（1处经地质工作评价），主要分布在珠海市北面的金鼎、唐家湾和东面沿海一带，均属滨海石英砂矿床。有大型规模1处、中型规模2处，其余均为小型规模，其中下栅、莲塘湾、泮砂、下沙、唐家湾等地玻璃用砂矿床规模较大，单个矿床远景储量在200万吨到800万吨之间。下栅玻璃用砂矿床储量2744万吨（B+C+D级），全区玻璃用砂远景储量达4585万吨，质量较好。下栅玻璃用砂矿床二氧化硅含量平均97.30%，可以达到平板玻璃砂Ⅰ级品标准，但大部分矿点已被压覆。区内建筑用砂矿产地7处，属滨海沉积砂矿，河流冲积砂矿和花岗岩风化矿床，分布在现代海湾古海湾及河流两岸，除花岗岩风化壳砂矿床外，一般规模不大，质量一般，远景储量达355万吨，部分矿点被压覆。建筑用花岗岩：珠海市经地质调查评价的矿产地6处，主要分布在南屏洪湾、平沙、黄杨山及万山海岛区，经评价的资源储量为2860万立方米，全市估计远景储量接近70亿立方米，岩石物理性能较好，抗压强度一般达到80～150MPa，耐酸耐碱性较高。至2013年底，珠海市在采建筑用花岗岩矿山仅有1家，生产规模300万立方米/年，2014年关停。砖瓦用黏土：经地质调查工作评价的黏土矿产地8处，主要分布在唐家官塘、金鼎会同和阳春埔、香洲山场、南溪以及三灶深井等地，估计全区黏土远景储量接近500万吨，其类型主要为第四系沉积型和花岗岩风化残积型，一般单个矿床储量规模不大。部分矿点早期有小规模的民采，至2000年先后关停。泥炭：矿产地4处，主要分布在斗门井岸和白蕉等地，属第四系山间洼地沼泽相沉积，单个矿层规模小，一般在数千吨到数万吨之间，个别泥炭土矿含腐植酸较高，如井岸大金坑泥炭矿腐植酸含量平均可达27.5%。

能源矿产 有地下热水1种。地下热水矿产地有5处，主要分布在斗门下洲、灯笼沙、银村、平沙以及南屏等地，其中平沙和斗门下洲矿点水温较高，达70℃以上，其余为低温地下热水，总允许开采量1.04万立方米/天。开发利用的有金湾平沙地下热水（海泉湾度假城）和斗门下洲地下热水（御温泉度假村），其中平沙地下热水允许开采量3250立方米/天，年开采量86万立方米，水温76℃～81℃；斗门下洲地下热水允许开采量3749立方米/天，年开采量29.2万立方米，水温69℃～71.7℃。

液体矿产 有矿泉水和地下水2种。矿泉水：矿产地13处，主要分布在市区的凤凰山、板樟山、加林山，平沙的孖髻山、斗门大环和桂山岛等地，水量达中型规模的8处。全市矿泉水总允许开采量1804立方米/天，偏硅酸含量一般在30～50mg/L之间，其中湾仔雷公石壁矿泉水和东坑矿泉水储量较大。地下水：包括孔隙水—裂隙水和基岩裂隙水，孔隙水—裂隙水主要分布于丘间谷地、丘陵前缘，基岩裂隙水分布于丘陵台地地段。全市可供开采的地下淡水资源量约20万立方米/天。全市淡水供水量4.5亿立方米，主要依靠地表水供给，形成“江水为主、库水为辅、江库连动、江水补库、库水调咸”的原水供水模式，占总供水量的99.4%，地下水仅占总供水量的0.6%，年供水量280万立方米。

（龚亚军）

【生物资源】 珠海市位于广东省南部，珠江出海口西岸，气候宜人，环境优美，光、热、水资源丰富，四季常青，动植物种类繁多。有野生维管植物202科723属1462种。有陆生脊椎野生动物279种，其中两栖纲1目5科19种、爬行纲3目10科50种、鸟纲16目50科174种、哺乳纲8目17科36种。水生野生动物种类繁多。

植物种类中，国家一级保护野生植物有水松1种，国家二级保护植物有土沉香、金毛狗、水蕨、樟树、红椿等14种，国家三级保护植物有粘木、白桂木、巴戟天、油杉4种，省级保护植物有绞股蓝、山橘、毛茶、普洱茶（野茶树）、野龙眼、野荔枝6种。古树名木资源较为丰富，有95种1855株，分属38科70属。

动物种类中，国家一级保护动物有蟒蛇1种，国家二级保护动物有猕猴、草鸮、猫头鹰、松雀鹰、白腹鹞等22种，省重点保护动物有夜鹭、黑水鸡、红嘴鸥、大白鹭、凤头鸊鷉等29种。

水生野生动物主要有：国家一级保护动物中华白海豚，国家二级保护动物绿海龟、玳瑁、花鳗鲡、金钱龟、山瑞、大鲵、珠母贝，省重点保护动物宽额鲈、驼背鲈、中国龙虾、锦绣龙虾、鲥鱼、四眼斑水龟等。（杨锡华 杨泳豪）

【环境质量】 空气环境质量状况 2017年，珠海市城市空气环境质量良好。有效监测天数362天，空气质量达标率为89.0%，比上年减少5.5个百分点。其中，157天空气质量级别为优，占43.4%；

165天空气质量级别为良，占45.6%；33天空气质量级别为轻度污染，占9.1%；7天空气质量级别为中度污染，占1.9%。在环境保护部公布的全国74个重点城市年度空气质量排名中，珠海市位列第十。二氧化硫年日均浓度为7微克/立方米，比上年下降22.2%；二氧化氮年日均浓度为32微克/立方米，与上年持平；可吸入颗粒物年日均浓度为43微克/立方米，增长2.4%；细颗粒物年日均浓度为30微克/立方米，增长15.4%；臭氧日最大8小时平均值第90百分位数浓度均值为160微克/立方米，增长11.1%；一氧化碳日均值第95百分位数浓度均值为1.0毫克/立方米，下降9.1%；城市降水pH值年平均值为5.13，酸雨发生率为47.8%，增加1个百分点。

水环境质量状况　水环境质量处于较好水平。前山河两河汇合口断面、前山码头断面和石角咀水闸断面的监测项目年平均浓度值符合国家《地表水环境质量标准》（GB3838-2002）Ⅳ类水质标准，黄杨河（鸡啼门水道）尖峰大桥断面的监测项目年平均浓度值符合国家《地表水环境质量标准》（GB3838-2002）Ⅲ类水质标准，磨刀门水道布洲断面和珠海大桥断面的监测项目年平均浓度值符合国家《地表水环境质量标准》（GB3838-2002）Ⅱ类水质标准，上述水体水质状况与上年持平。近岸海域11个环境质量监测点位中，9个点位水质超过《海水水质标准》（GB3097-1997）第二类水质标准（其中7个点位水质为劣四类，2个点位水质为四类），主要超标指标为无机氮，其次为悬浮物、pH，一、二类水质比例为18.2%；大镜山水库、竹仙洞水库、杨寮水库、平岗泵站、广昌泵站、黄杨河泵站、乾务水库、竹银水库和竹洲头泵站9个集中式饮用水源地的监测项目年平均浓度值符合国家《地表水环境质量标准》（GB3838-2002）Ⅲ类水质标准，符合《广东省水污染防治行动计划施行计划》要求。

声环境质量状况　功能区噪声、区域环境噪声和道路交通噪声昼间平均等效声级与上年持平。1、2、3、4类功能区环境噪声昼间和夜间平均等效声级均符合《声环境质量标准》要求。市区区域环境噪声昼间平均等效声级52.5分贝，比上年减少0.7分贝，昼间城市区域环境噪声总体等级为二级，评价结果为较好。道路交通噪声昼间平均等效声级66.1分贝，比上年减少0.6分贝，道路交通噪声强度等级为一级，评价结果为“好”。

（余乐富）

【历史文化】 距今6000多年前，珠海这块土地上就有人类活动。先民们在这里劳动、生息、繁衍。距今4000年前，珠海曾有先进的渔业经济，先民们制造适于近海航行的渔船，发明水上停船技术，创造出一种不同于农耕文明与游牧文明的早期人类生存方式——海洋渔业文明。

珠海自古为海上贸易重要通道。汉唐以来珠海成为广州与中东、非洲、欧洲海上贸易必经之路。唐宋以后，中国对外贸易中心由北方的河西走廊逐渐转移到南方和东南沿海，珠海是中国南部城市广州到阿拉伯国家海上商道重要“驿站”。澳门开埠后，珠海海域商船往来更为繁忙。唐宋时期，珠海山场一带盐业经济发达，盛极一时。

珠海与澳门陆地相连，有着不可分割的历史和文化渊源。南宋绍兴二十二年（1152），朝廷设立香山县，珠海、澳门和中山同属其管辖范围。宋末元初，珠海海域发生一场中国古代历史上规模最大的海战，民族英雄文天祥在这里留下“人生自古谁无死，留取丹心照汗青”千古绝唱。

海洋文化是珠海历史文化的总特点，在不同时期有不同表现形式，早期以海洋渔业文化为特点，唐宋以后表现为香山文化，近现代以来表现为买办文化、华侨文化、留学文化、红色文化和特区文化等。

在珠海经济特区设立之前，近代珠海大地上曾有两次尝试对外开放。第一次是1909—1912年的“香洲开埠”，清政府宣布香洲为自由港，开放香洲为无税区，这是珠海地区华侨和商绅实践“实业救国”的尝试。第二次是1929—1934年的中山模范县建设，在唐家湾开辟一个可停靠5000～20000吨轮船的南方巨大良港——“中山港”。在唐绍仪的请求下，南京国民政府于1930年5月中旬明令公布：“指定广东省中山县唐家环开辟为无税口岸，以六十年为期，定名为中山港，由中山县训政实施委员会负责经营办理。”这两次试办“经济特区”虽未成功，但珠海人的开放创新精神矢志不渝。

在中国近现代史上，珠海出现过一大批产生重大影响的著名人物。“中国留学生之父”容闳、中国留学英国第一人黄宽、洋务运动先驱唐廷枢、近代民族工商业杰出代表徐润、民国第一任内阁总理唐绍仪、文坛奇才苏曼殊、中共早期重要领导人苏兆征、中华全国总工会第一任委员长林伟民、人民艺术家古元、中国第一位世界冠军容国团以及著名革命家、教育家、语言文字改革家韦悫等10余位珠海名人被《辞海》收录。清华学校第一任校长唐国安、华南地区最早的马克思主义传播者杨匏安等数以百计的珠海名人被载入史册。这些敢为天下先的珠海人在政治、经济、文化、体育等各个方面发挥作用，并成为中国民主共和进程的重要推动者。

珠海是一块具有革命传统的红土地。1833年，珠海淇澳岛村民自发反抗英国鸦片商人侵扰，成为三元里抗英之前民众自发抗击侵略的先声。珠海民众在反对澳门葡萄牙当局的殖民扩张、抗击日本侵略过程中都表现出英勇顽强的民族精神。

辛亥革命期间，从买办到民族工商业者，从实业救国到社会改良，从西学东渐、维新变法到民主共和思想的浸润与播种，从暴力革命到民主共和的建立与捍卫，都留下珠海人的身影。前山新军起义是辛亥革命武昌首义后革命党人在珠海发动的一次重要起义，为辛亥革命彻底推翻清政府做出贡献。

中华人民共和国成立后，珠海县于1953年成立，珠海人为巩固边防、守护海疆不怕流血流汗。1979年建市，1980年设立珠海经济特区，是中国最早实行对外开放政策的四个经济特区之一，成为全国改革开放的“窗口”与“试验田”。

珠海多次获得最具幸福感城市、全国卫生城市、旅游城市、生态城市等称号。随着横琴自贸区建设、港珠澳大桥建设、广珠城际铁路通车、高栏港建设推进，珠海作为中国经济特区与珠江口西岸核心城市，在“粤港澳大湾区”格局中、在“一带一路”历史机遇中发挥重要作用。

珠海保存有丰富的文化遗产。拥有珠海宝镜湾遗址、陈芳家宅、三灶岛侵华日军罪行遗迹3处全国重点文物保护单位；苏兆征故居、拉塔石炮台、草堂湾遗址、唐家三庙等23处省级文物保护单位和多处市级、区级文物保护单位。唐家湾古镇、斗门镇、斗门古街被公布为国家级历史文化名镇（名街）。斗门水上婚嫁、装泥鱼、三灶鹤舞、一指禅推拿4个项目，被列入国家级非物质文化遗产代表性项目。斗门飘色、沙田民歌、鸡山中秋对歌会等10余个项目被列入广东省非物质文化遗产代表性项目。

（肖一亭）

【侨乡侨情】 珠海是广东省著名侨乡，侨力资源丰富，侨乡历史悠久。至2017年底，有旅居海外华侨华人、港澳同胞40余万人，主要分布在北美、拉美、大洋洲和东南亚50多个国家和地区；有侨眷30余万人，归国留学人员7000余人；有侨资企业2300余家，占全市外资企业70%以上。珠海人杰地灵，名人辈出，有清政府驻夏威夷王国第一任领事陈芳、“中国留学生之父”容闳等一批历史名人。留学文化引领风气之先，1872—1875年间，清政府派遣留美幼童120人，其中有珠海籍22人，包括民国首位内阁总理唐绍仪、清华学校（清华大学前身）首任校长唐国安。

华侨农场　平沙华侨农场、红旗华侨农场是广东省规模最大的两个华侨农场，其中平沙华侨农场面积197平方千米、常住人口约10万人，红旗华侨农场面积123平方千米、常住人口近11万人。1958—1978年期间，两个农场接收印度尼西亚、马来西亚、新加坡、越南等归侨2万余人。至2017年底，有归侨6000余人（以越南归侨为主）。

华侨社团　市侨务局（市侨联）属下有印度尼西亚、越柬老、新马泰、珠海潮人、辛亥革命志士后裔联谊会等民间社团5个，有英国、加拿大、美国、哥斯达黎加、澳大利亚、新西兰、印度尼西亚、日本等珠海海外联谊会和留学生联谊会13个，与50多个国家200多个友好社团建立联系。

（市委统战部）

【民风民俗】 珠海拥有丰富多彩的传统民间习俗。主要有：

斗门水上婚嫁　珠海斗门一带独特的传统民俗文化，是当地疍家人的传统成亲礼仪，形成于清初，成熟于清代同治、光绪年间。水上婚嫁融合广府文化和客家文化元素，婚嫁程序繁复多样，有夹年生、拿茶叶、择日、使日、起厨、坐高堂、上头、嫁仪、花船迎亲、渡水饭、拜堂、闹洞房、回门13项礼仪，以花船迎亲、沙田民歌贯穿婚嫁活动全过程，独具水乡风情。2008年6月，斗门水上婚嫁入选第二批国家级非物质文化遗产名录。

三灶鹤舞　珠海三灶岛海澄村一带独特的传统民俗文化，源于宋代，距今已有700多年历史，是三灶岛人民在长期的生产和生活实践中模仿白鹤动作神态、研究白鹤生活习性而创造出来的民间舞蹈，一般在迎春接福、贺老拜寿等喜庆节日和活动时举行。鹤舞表演分为仙鹤临门、觅食、啄吃、洗嘴、休息、嬉戏、归巢7个环节，表演时伴有鹤歌。“舞者，击鼓以三为节，歌者，击鼓以七为节”。2011年5月，三灶鹤舞被列入第三批国家级非物质文化遗产名录。

龙舟竞渡　俗称“扒龙船”，是珠海人喜爱的传统活动之一。1909年香洲开埠后，由海外侨商、港澳华商和地方乡绅组织，每年端午节期间在香洲埠附近海面举行龙舟竞渡。1911年香洲埠被大火烧毁后，龙舟竞渡停办。中华人民共和国成立后，首届珠海龙舟赛于1955年在金星门举行，此后成为一年一度盛事。1961年，县治迁至香洲，龙舟赛改在香洲野狸岛附近海面举行，从农历五月初三开始至初五结束，时有香港、澳门及香洲、湾仔、桂山、万山、担杆、南水、东澳、庙湾、外伶仃等代表队参加，20世纪80年代因安全问题停办。2009年，珠海国际龙舟节在前山河举办。2010年起，龙舟竞渡在斗门黄杨河举办。

沙田民歌　流传于珠海香洲南屏、斗门一带沙田地区的传统民歌。是在“疍家歌”“渔歌”基础上，由水乡人独创的一种曲目，包括咸水歌、高堂歌、大罾歌、姑妹歌、叹家姐等。咸水歌有长句、短句两种，字数不等，风格各异，抒情悠扬；高堂歌以每段四句，每句七字为规则，一、二、四句押韵，以叙事为主，格式如七律七绝。沙田民歌音乐语言、艺术形式和表现手法简明朴实、平易近人、生动灵活，且题材广泛，演唱形式繁多，除了自己抒情，还可与他人对唱、斗歌，最大特点是触景生情、即兴唱酬。多年前，沙田地区的村民经常聚集在基头、围尾、河岸、艇中对唱和斗歌，以歌自娱，以歌怡情，以歌会友。

乾务飘色　珠海民间艺术，集中在乾务镇乾东、乾西和乾北三村，集文学、戏剧、音乐、造型、雕刻、服饰等于一体，已有近400年历史。乾务飘色中最引人注目的是由7～10岁小孩扮演民间故事或历史典故中的人物，站立在色棒上，飘逸若飞，造型独特，极具欣赏价值。

珠海民间艺术大巡游　近年来珠海重要的民间艺术活动，每年

风景独特的庙湾岛　（阮耀林　摄）

元宵节期间举行。首届珠海民间艺术大巡游于2007年3月5日在吉大九洲城举行，其后分别在圆明新园、市体育中心、斗门等地举行。珠海民间艺术大巡游活动通过飘色、鹤舞、沙田民歌、舞狮、舞龙等轮番表演，将珠海非物质文化遗产原汁原味呈现给市民。（苏玉怀）

【风景名胜】 珠海是花园式滨海旅游城市，1998年获联合国人居中心颁发“国际改善居住环境最佳范例奖”，是国内首个获此殊荣的城市，以整座城市作为景区入选“中国旅游胜地四十佳”。2017年被国家旅游局授予“中国休闲旅游示范城市”称号。至2017年底，有AAAA级景区景点6个（圆明新园、农科奇观、罗西尼工业旅游园区、御温泉度假村、东澳岛、外伶仃岛风景区）。

旅游景点 主要有：香炉湾（情侣路、珠海渔女、海滨泳场）、石景山、海滨公园、野狸岛（珠海大剧院）、港珠澳大桥、圆明新园、梦幻水城、澳门环岛游、古元美术馆、普陀寺、农科奇观、梅溪牌坊（陈芳故居）、苏曼殊故居、容闳故居、长隆国际海洋度假区、横琴芒洲湿地、石博园、黄杨山（金台寺）、御温泉、十里莲江、逸丰生态园、鳄鱼岛、海泉湾度假区、爱飞客俱乐部、金沙滩、飞沙滩、淇澳岛（淇澳红树林湿地生态园、淇澳祖庙、天后宫，白石街、苏兆征故居）、唐家湾镇（共乐园、唐绍仪故居、望慈山房、唐家三庙）、唐国安故居、卢慕贞故居、会同古村（莫氏大宗祠、栖霞仙馆）、罗西尼钟表博物馆。

名胜古迹 主要有：后沙湾遗址、愚园、杨氏大宗祠、前山寨城墙、宝镜湾摩崖石刻画、石溪摩崖石刻群、竹仙洞摩崖石刻群，菉猗堂、接霞庄、东澳铳城、东澳岛海关遗址、三灶镇草堂湾新石器时代遗址、横琴岛赤沙湾沙丘遗址、白莲洞摩崖石刻、灵岩洞摩崖石刻、乌岩山第一石门摩崖石刻、大王宫宫丈摩崖石刻、山场北帝庙、香洲无税商埠遗址、斗门旧街、排山村、网山古村、乾务黄氏大宗祠。

海岛风光 主要有：桂山岛、外伶仃岛、东澳岛、万山岛、淇澳岛、白沥岛、庙湾岛、九洲岛、荷包岛。（李伟华）

【人口情况】 至2017年底，珠海市常住人口176.54万人，比上年增加9.01万人，增长5.38%；出生率12.25‰，死亡率2.81‰，自然增长率9.44‰。城镇人口157.77万人，人口城镇比89.37%。户籍人口118.87万人。（市统计局）

【民 族】 至2017年底，珠海市有少数民族54个，少数民族人口13.05万人（户籍人口2.46万人，暂住人口10.59万人），其中人口较多的有壮族（4.68万人）、土家族（1.83万人）、瑶族（1.25万人）、苗族（1.15万人）、满族（7208人）。有民族团体1个：珠海市民族团结进步促进会。

【宗 教】 至2017年底，珠海市有登记开放的宗教活动场所11处，其中佛教2处、伊斯兰教1处、天主教1处、基督教7处，信教群众约12万人。有宗教团体2个：珠海市佛教协会、珠海市基督教“两会”（珠海市基督教三自爱国会和珠海市基督教协会）。

（市委统战部）

【方 言】 珠海原属香山，古代在香山一带有客民、畲蛮、瑶、疍人和卢亭等“人类”，有几种不同方言。近代以来，有粤、客家和闽等方言，以粤方言为主。1953年后，随着非粤籍人员流入，珠海地区出现北方方音。从20世纪80年代开始，非粤音人口大批流入，珠海方言仍以粤方言为主，分布在香洲、横琴、万山、平沙、红旗、三灶和斗门的大部分乡镇。根据内部差异，粤方言又可分为北部地区粤音、西部地区粤音和水上话音3类。此外，还有淇澳的闽方音和香洲、唐家湾部分村落的客家话音。（陈 义）

【社会组织】 至2017年底，珠海市登记在册社会组织2304家（市级1236家，区级1068家），按常住人口统计每万人拥有社会组织13.75家。

【行政区划】 2017年，珠海市设有香洲区、金湾区、斗门区3个行政区，下辖15个镇、9个街道。有横琴新区、珠海（国家）高新技术产业开发区、珠海经济技术开发区（高栏港经济区）、珠海万山海洋开发试验区、珠海保税区5个经济功能区。（冼佳霖）

2017年珠海市组织机构及负责人

单　位	姓　名	职　务	变动情况
珠海市委	郭元强	市委书记，市人大常委会主任，珠海警备区党委第一书记	
	姚奕生	市委副书记，市政府市长、党组书记	9月任职
	赵建国	市委副书记	
	龚海明	市委常委，市纪委书记	
	曾祥华	市委常委，组织部部长，党校校长	
	张　强	市委常委，政法委书记	
	王庆利	市委常委，市政府常务副市长、党组副书记，珠海对口帮扶阳江指挥部总指挥，挂任阳江市委常委、副市长	
	龙广艳	市委常委、宣传部部长	
	吴　轼	市委常委、秘书长、办公室主任	
	郭才武	市委常委、统战部部长	
	祝青桥	外交部拉丁美洲和加勒比司司长，挂任珠海市委常委，市政府副市长、党组成员	7月挂职
	郑人豪	市委副书记，市政府市长、党组书记	任至3月
	李泽中	市委副书记，市政府市长、党组书记	5月任职，9月涉嫌严重违纪接受组织审查
	景　绚	云南省怒江傈僳族自治州委常委、宣传部部长，挂任珠海市委常委	3—10月挂职
珠海市人大	郭元强	市委书记，市人大常委会主任，珠海警备区党委第一书记	1月任市人大常委会主任
	陈　英	市人大常委会常务副主任、党组书记（正厅级）	1月任职
	关英彦	市人大常委会副主任、党组成员	1月任职
	黄　锐	市人大常委会副主任、党组成员，市总工会主席	
	田忠敏	市人大常委会副主任、党组成员	
	吴青山	市人大常委会副主任、党组成员	1月任职
	王红勤	市人大常委会副主任	1月任职
	王广泉	市人大常委会主任	任至1月
	邓群芳	市人大常委会副主任	任至1月
	张　萍	市人大常委会副主任	任至1月
	尤镇城	市人大常委会副主任	任至1月
	李志和	市人大常委会副主任	任至1月

（续 表）

单 位	姓 名	职 务	变动情况
珠海市政府	姚奕生	市委副书记，市政府市长、党组书记	9月任职
	王庆利	市委常委，市政府常务副市长、党组副书记，珠海对口帮扶阳江指挥部总指挥，挂任阳江市委常委、副市长	1月任常务副市长
	刘嘉文	市政府副市长、党组副书记	
	史明锋	市政府副市长、党组成员，市公安局局长、党委书记、督察长，市委政法委第一副书记	
	芦晓凤	市政府副市长、党组成员	1月任职
	张宜生	市政府副市长、党组成员	1月任职
	阎 武	市政府副市长，农工党珠海市委会主委	1月任副市长
	祝青桥	外交部拉丁美洲和加勒比司司长，挂任珠海市委常委，市政府副市长、党组成员	7月挂职
	李 桑	西藏自治区林芝市副市长，挂任珠海市政府副市长、党组成员	4月挂职
	孙恒义	黑龙江省黑河市委常委、副市长，挂任珠海市副市长、党组成员	9月挂职
	郑人豪	市委副书记，市政府市长、党组书记	任至3月
	李泽中	市委副书记，市政府市长、党组书记	5月任职， 9月被免职
	龙广艳	市政府副市长、党组成员	任至1月
	潘 明	市政府副市长	任至1月
	贺业民	海关总署关务保障司司长，挂任珠海市政府副市长	2月结束挂职
	章熙春	华南理工大学党委常委、副校长，挂任珠海市政府副市长	2月结束挂职
珠海市政协	陈洪辉	市政协主席、党组书记	1月任职
	朱权伟	市政协副主席、党组副书记	
	潘 明	市政协副主席，民革珠海市委会主委	1月任政协副主席
	张 松	市政协副主席、党组成员，市政府党组成员，广东省第三扶贫协作工作组（云南省怒江傈僳族自治州扶贫协作工作组）组长，挂任广东省扶贫开发办公室副主任，云南省怒江州委常委、副州长	
	梁元东	市政协副主席、党组成员	
	陈仁福	市政协副主席、党组成员	1月任职
	黄文忠	市政协副主席，民建珠海市委会主委	1月任政协副主席
	彭 洪	市政协副主席，民盟珠海市委会主委	1月任政协副主席

（续　表）

单　位	姓　名	职　务	变动情况
珠海市政协	金展扬	市政协副主席	任至1月
	吕明智	市政协副主席	任至1月
	熊豪品	市政协副主席	任至1月
	刘青华	市政协副主席	任至1月
横琴新区	牛　敬	市政府党组成员，横琴新区党委书记，珠海保税区党委书记	3月任横琴新区党委书记
	杨　川	横琴新区党委副书记、管委会主任	7月任职
	刘　佳	横琴新区党委书记	任至3月
	牛　敬	横琴新区管委会主任	任至7月
香洲区	颜　洪	香洲区委书记	3月任职
	刘齐英	香洲区委副书记、区长	
	闫昊波	香洲区委书记	任至3月
金湾区	阳化冰	金湾区委书记，市航空产业园党委书记	4月任职
	赵伟媛	金湾区委副书记、区长，市航空产业园党委副书记、管委会主任	8月任职
	吴　轼	金湾区委书记，市航空产业园党委书记	任至4月
	阳化冰	金湾区委副书记、区长，市航空产业园党委副书记、管委会主任	任至6月
斗门区	周海金	斗门区委书记，斗门生态农业园党委书记	
	马洪胜	斗门区委副书记、区长，斗门生态农业园党委副书记、管委会主任	
高新区	闫昊波	珠海高新技术产业开发区党委书记（副厅级）	3月任职
	苏　虎	珠海高新技术产业开发区党委副书记、管委会主任	6月任职
	张宜生	珠海高新技术产业开发区党委书记（副厅级）	任至3月
	杨　川	珠海高新技术产业开发区党委副书记、管委会主任	任至6月
保税区	牛　敬	市政府党组成员，横琴新区党委书记，珠海保税区党委书记	4月任保税区党委书记
	赵　力	横琴新区管委会副主任、党委委员，珠海保税区党委副书记、管委会主任	6月任职
	姜建平	横琴新区管委会副主任、党委委员，珠海保税区党委书记	任至3月
	赵伟媛	珠海保税区党委副书记、管委会主任	任至5月

（续 表）

单 位	姓 名	职 务	变动情况
万山区	叶 真	万山海洋开发试验区党委书记	4月任职
	吕红珍	万山海洋开发试验区党委副书记、管委会主任	
	颜 洪	万山海洋开发试验区党委书记	任至4月
高栏港区	姜建平	珠海经济技术开发区（高栏港经济区）党委书记（副厅级）	3月任职
	赵适剑	珠海经济技术开发区（高栏港经济区）党委副书记、管委会主任	11月任职
	芦晓凤	珠海经济技术开发区(高栏港经济区)党委书记、管委会主任(副厅级)	任至3月
市纪委	龚海明	市委常委，市纪委书记	
市委办公室	吴 轼	市委常委、秘书长、办公室主任	
市委组织部	曾祥华	市委常委、组织部部长、党校校长	
市委老干部局	林康栋	市委老干部局局长，市委组织部副部长	
市委宣传部	龙广艳	市委常委、宣传部部长	
市委统战部	郭才武	市委常委、统战部部长	
市委政法委	张 强	市委常委、政法委书记	
市委政策研究室	崔旭明	市委副秘书长，市委政策研究室主任，市经济社会发展研究中心（珠海中科院广州分院协同创新中心）主任	2月任职
	周俊波	市委政策研究室主任，兼任市经济发展研究中心主任	任至2月
市机构编制委员会办公室	邓 洪	市机构编制委员会办公室主任、市委组织部副部长	
市委体制改革办公室	戈晓宇	市委体制改革办公室主任	
市委党校	曾祥华	市委常委、组织部部长、党校校长	
市委党史研究室	郑安兴	市委党史研究室主任	2月任职
	谢岳伟	市委党史研究室主任	任至1月
市直属机关工作委员会	凤亦凡	市直属机关工作委员会书记、市直人民武装部政委	
市委教育工委	林日团	市教育局局长、市委教育工委书记	3月任局长
市“两新”组织党工委	王学军	市“两新”组织党工委书记	
市委农村工作办公室	陈振毅	市委农村工作办公室主任	

（续　表）

单　位	姓　名	职　务	变动情况
市政府办公室	武　林	市政府秘书长、党组成员，市政府办公室主任、党组书记，市纲要办主任	
市发展和改革局（市粮食局）	于思浩	市发展和改革局（市粮食局）局长、党组书记	
市科技和工业信息化局	贺　军	市科技和工业信息化局局长	7月任职
	钟国胜	市科技和工业信息化局党组书记	6月任职
	苏　虎	市科技和工业信息化局局长、党组书记	任至6月
市教育局	林日团	市教育局局长、市委教育工委书记	3月任局长
市民族宗教事务局	陈　坦	市委统战部副部长，市民族宗教事务局局长	
市公安局	史明锋	市政府副市长、党组成员，市公安局局长、党委书记、督察长，市委政法委第一副书记	
市禁毒办	唐壹怀	市公安局党委委员、市禁毒办主任	
市民政局	罗新安	市民政局局长、党组书记	
市司法局	李秉勇	市司法局局长、党组书记，市强制隔离戒毒所第一政委	
市财政局	周　昌	市财政局局长、党组书记	
市人力资源和社会保障局	练伟光	市人力资源和社会保障局局长、党组书记，市委组织部副部长	5月任局长、党组书记
	李伟辉	市人力资源和社会保障局局长、党组书记，市委组织部副部长	任至5月
市国土资源局	袁学东	市国土资源局局长、党组书记	
市环境保护局	张经纬	市环境保护局局长、党组书记	
市住房和城乡规划建设局	王朝晖	市住房和城乡规划建设局局长、党组书记	
市交通运输局（市港口管理局）	唐成伟	市交通运输局（市港口管理局）局长、党组书记	
市海洋农业和水务局	林粤海	市海洋农业和水务局局长、党组书记	
市市政和林业局	郑潮龙	市市政和林业局局长、党组书记	3月任职
	陈家平	市市政和林业局局长、党组书记	任至2月

（续 表）

单 位	姓 名	职 务	变动情况
市商务局	王小彬	市商务局局长、党组书记	7月任职
	王瑞森	市商务局局长、党组书记	任至6月
市口岸局	方小勇	市口岸局局长、党组书记，市海防与打击走私办公室主任，挂任市政府副秘书长	3月任职
	赵适剑	市口岸局局长、党组书记，市海防与打击走私办公室主任	任至2月
市文化体育旅游局（市版权局）	王玲萍	市文化体育旅游局（市版权局）局长、党组书记	
市卫生和计划生育局	陶海林	市卫生和计划生育局局长、党委书记，市干部保健办公室主任	
市审计局	戴伟辉	市审计局局长、党组书记	
市外事局	张梅生	市外事局局长、党组书记	
市政府国有资产监督管理委员会	周 凯	市政府国有资产监督管理委员会主任、党委书记	2月任职
	吴爱存	市政府国有资产监督管理委员会主任、党委书记	任至2月
市工商行政管理局	陈德敬	市工商行政管理局局长、党组书记	
市质量技术监督局	王 雷	市质量技术监督局局长、党组书记	
市安全生产监督管理局	刘治民	市安全生产监督管理局局长、党组书记	
市食品药品监督管理局	石学斌	市食品药品监督管理局局长、党组书记	
市统计局	周 峰	市统计局局长、党组书记	
市法制局	王智斌	市法制局局长、党组书记	
市金融工作局	穆 竑	市金融工作局局长、党组书记	4月任职
	董洪山	市金融工作局局长、党组书记	任至4月
市城市管理行政执法局	张志伟	市城市管理行政执法局局长、党组书记	
市政务服务管理局（市公共资源交易管理局）	赵彦庆	市政务服务管理局（市公共资源交易管理局）局长、党组书记	
市人民防空办公室	鄢赤军	市人民防空办公室主任、党组书记	

（续 表）

单 位	姓 名	职 务	变动情况
市接待办公室	梁 壮	市委副秘书长，市接待办公室主任、党组书记	
市机关事务管理局	徐 政	市机关事务管理局局长、党组书记	
市政府驻北京办事处	侯广军	市政府驻北京办事处主任、党组书记，挂任市政府副秘书长	11 月任职
	唐顺铁	市政府驻北京办事处主任、党组书记	任至 11 月
市政府驻广州办事处	文 华	市政府驻广州办事处主任、党组书记	11 月任职
	侯广军	市政府驻广州办事处主任、党组书记	任至 11 月
富山工业园	王瑞森	市委副秘书长，富山工业园党委书记，管委会主任	7 月任职
	周海金	富山工业园党委书记	任至 6 月
	马洪胜	富山工业园党委副书记、管委会主任	任至 6 月
市中级人民法院	黄炯猛	市中级人民法院院长、党组书记	1 月任院长
市人民检察院	黄维玉	市人民检察院检察长、党组书记	1 月任检察长
市工商联	董 凡	珠海健帆生物科技股份有限公司董事长、总经理，广东省工商联副主席，珠海市工商联主席	
	曹少英	市委统战部副部长，市工商联党组书记、第一副主席	
市总工会	黄 锐	市人大常委会副主任、党组成员，市总工会主席	1 月任总工会主席
	李奕根	市总工会党组书记、常务副主席	
	尤镇城	市人大常委会副主任、党组成员，市总工会主席	任至 1 月
团市委	闵云童	团市委书记、党组书记	
市妇女联合会	玄 阳	市妇女联合会主席、党组书记	
市科学技术协会	肖润新	市科学技术协会主席、党组书记	
市文学艺术界联合会	马 融	市文学艺术界联合会主席、党组书记	
市社会科学界联合会	蔡新华	市社会科学界联合会主席、党组书记	
市残疾人联合会	李杰秾	市残疾人联合会理事长、党组书记	
市红十字会	阎 武	市政府副市长，农工党珠海市委会主任，兼任市红十字会会长	1 月任红十字会会长
	龙广艳	市政府副市长、党组成员，市红十字会会长	任至 1 月

（续 表）

单 位	姓 名	职 务	变动情况
中国国际贸易促进会珠海市分会	庄海青	中国国际贸易促进会珠海市分会会长，市商务局党组成员	4月任职
市西部城区开发建设局	陈哈理	市委政策研究室调研员，市西部城区开发建设局局长、党组书记，挂任市政府副秘书长	
市气象局（台）	李叶新	市气象局（台）局（台）长	
市住房公积金管理中心	卢仲强	市住房公积金管理中心主任、党组书记	
市供销合作联社	贾石国	市供销合作联社主任、党组书记	
市公路局	顾胜杰	市公路局局长、党组书记，市交通运输局副局长、党组成员	
市港澳流动渔民工作办公室	周 成	市港澳流动渔民工作办公室主任、党组书记	
市档案局（馆）	周晓文	市档案局（馆）局长（馆长）、党组书记	
市财政国库支付中心	何富仔	市财政局党组成员，市财政国库支付中心主任	
市社会保险基金管理中心	郑道池	市社会保险基金管理中心主任	
市不动产登记中心	刘晨光	市不动产登记中心主任	8月任职
	羽海生	市不动产登记中心主任	任至5月
省渔政总队珠海支队	陈伟达	省渔政总队珠海支队支队长	
	龚伟东	省渔政总队珠海支队政委	
珠海特区报社	孙锡炯	珠海特区报社社长、党委书记（管理5级），兼任珠海报业传媒集团管委会主任，珠海报业传媒控股有限公司董事长、党委书记、法定代表人	
珠海电视台	李宏荣	珠海电视台台长、党委书记（管理5级），兼任珠海广播影视传媒集团管委会主任，珠海广播影视传媒控股有限公司董事长、党委书记、法定代表人	
珠海仲裁委员会	高树林	珠海仲裁委员会主任、党组书记	
市会议展览局	周作德	市会议展览局局长，珠海市会展集团有限公司董事长、法定代表人，珠海航展有限公司董事长、法定代表人	

（市委组织部）

经济建设

【概 况】2017年是实施"十三五"规划重要的一年，珠海市统筹推进产业、交通、城市和社会民生重大项目建设，经济社会发展取得显著成效，市九届人大一次会议确定的年度主要目标任务总体完成。全市实现地区生产总值2564.73亿元，比上年增长9.2%；规模以上工业增加值1105.62亿元，增长10.9%；固定资产投资1662.02亿元，增长19.6%；社会消费品零售总额1130.8亿元，增长11.3%；外贸进出口2973.29亿元，增长8%；实际吸收外资金额24.33亿美元，增长6%；一般公共预算收入完成314.35亿元，增长10.4%；居民消费价格指数上涨0.8%；全年城镇登记失业率2.26%。

【经济运行稳中有进】 2017年，珠海市以供给侧结构性改革为主线，注重提升经济发展质量与效益，出台加快发展实体经济等政策措施。经济运行平稳格局逐步巩固，上升态势更加明显。全年完成地区生产总值2564.73亿元，比上年增长9.2%。结构调整持续推进，实体经济发展成效显著。全市工业总产值4653.09亿元，比上年增长12.9%，规模以上工业增加值1105.62亿元，增长10.9%，增速位居全省前列。装备制造业增加值434.17亿元，增长16.6%，先进制造业占规模以上工业增加值比重54.3%。工业和建筑业对经济增长贡献率61%，比上年增加16个百分点。税收及工业利润保持较快增长。全年一般公共预算收入比上年增长10.4%，规模以上工业企业实现利润总额增长24.3%。物价、就业基本保持稳定。全市居民消费价格指数（CPI）上涨0.8%，低于年度控制目标2.2个百分点。全市城镇登记失业率2.26%，低于年度目标0.94个百分点。

【创新能力与新旧动能转换】 2017年，珠海市实施创新驱动发展战略，全年研发经费支出占GDP比重2.9%。每万人口发明专利拥有量48件，居全省第二位。着力培育高新技术企业，至年底，高新技术企业总数突破1400家。加快建设创新平台载体，全市拥有省级新型研发机构12家、省级以上创新平台304家。完善企业孵化育成体系，拥有科技企业孵化器37家，孵化面积154.94万平方米，在孵企业1304家，成功孵化出健帆生物、全志科技、光库科技、炬力科技等代表性高新技术企业。实施知识产权战略，出台建设知识产权强市意见，通过国家知识产权试点城市验收。成立知识产权质押贷款服务联盟，建立重点企业知识产权保护直通车制度。新旧动能转换步伐加快，先进制造业、装备制造业和高技术制造业增加值分别增长16.2%、16.8%和20.3%，高技术制造业增加值占规模以上工业增加值比重27.8%。格力智能装备、泰坦新动力等科技成长型企业产值翻倍增长，纳睿达、四维科技、光驭科技等新兴企业加快成长。战略性新兴产业培育成效初显，生物医药、电子信息产值分别增长20.8%和15.4%。促进军民融合产业发展，大型国产水陆两栖飞机AG600首飞成功。

【消费与对外开放】 2017年，珠海市消费需求稳步回升，完成社会消费品零售总额1130.8亿元，比上年增长11.3%。升级类消费保持较快增长，汽车类零售额增长13.3%。刚需消费用品增速强劲，粮油食品类、服装鞋帽针纺织品类、日用品类分别比上年增长29.4%、26.2%和25.3%。外贸进出口形势好转，全市外贸进出口总额2973.29亿元，增长8%。出口产品结构进一步优化，高新技术产品进出口增长12.4%，高新技术产品出口占总出口比重34.9%，超过省下达的27.4%任务目标。推进"一带一路"倡议支点建设，对"一带一路"市场进出口总额增长15.8%。成功举办中以科技创新投资大会、中拉国际博览会，签约项目87个，中拉经贸合作园开园。以横琴自贸区为主要平台，粤港澳紧密合作示范区加快建设，横琴新区累计注册港澳企业超1800家。招商引资取得积极进展，实际吸收外资金额24.33亿美元，增长6%。引进重点新签约项目127个，计划投资总额993亿元，增长22.3%。

【重点项目与交通建设】 2017年，珠海市重点项目建设提速，完成投资703.87亿元，完成年度计划114.4%。42个列入省重点计划的项目、30个省通报项目分别完成计划148.2%和204.2%。交通建设取得新进展。港珠澳大桥主体和珠海连接线、珠海口岸工程基本完工，洪湾枢纽互通二期工程和白石桥建成通车，香海大桥、洪鹤大桥、鹤港高速一期工程、金琴快线全面开工，兴业路快速通道北段工程动工建设，珠机城轨一期市区至横琴段全线站点主体工程基本完工。交通拥堵治理取得成效。港湾大道、吉大路、迎宾北路、翠微路等沥青罩面加铺工程完工。新开公交线路20条，其中微循环公交线路15条。新建成公交专用道3条。完成道路交叉口挖潜改造16个。更换新能源公交车400辆。

【重点领域改革】 2017年，珠海市供给侧结构性改革顺利推进。去产能取得实效。全市特困企业全部完成出清重组，向粤东西北地区转移落户项目26个。去库存稳步推进。实施“限购、限贷、价格备案、限售”调控措施，平均房价趋于稳定。降成本使企业获益，为企业累计降负超80亿元。软硬件基础设施补短板进展顺利，完成补短板投资251.16亿元，完成计划142.5%。“放管服”改革打造良好营商环境。新增下放市级行政管理事权44项，15个部门56个项目事项实现“一门式一网式”审批。投融资体制改革加快推进，修订完成《珠海经济特区政府投资项目管理条例》《珠海市建设工程招标投标管理办法》。组建珠海发展投资基金，首期推进34只子基金总规模超500亿元投向珠海基础设施和产业项目。信用体系建设成效显著，全市信用信息管理系统初步实现信用信息互通共享，珠海市社会信用体系建设在全省“两建”考核中五年蝉联第一。深化商事制度改革，出台商事主体“一照一码”登记服务全程电子化暂行办法，珠海易注册全面开通上线；出台商事主体名称申报管理办法，在国内率先取消名称预先核准，实行商事主体名称自主申报制度。

【城乡建设推进】 2017年，珠海市推进城市建设。高起点启动横琴自贸区、保税区、洪湾片区一体化发展，国际居住区、高新技术产业区市政基础设施及配套工程全面铺开。富山工业园、智慧产业园、西部生态新区土地清理工作进入收尾阶段，全面铺开基础设施建设。建成斗门西堤路南延段、平沙新城铭恩路等道路20条，建成航空城小学、广东实验中学珠海金湾学校，完成白藤湖中学扩建工程等公共设施。农村发展基础进一步夯实，农村土地承包经营权登记颁证顺利推进。斗门区成为省内唯一全国主要农作物全程机械化示范县，万山海域获批成为第一批20个国家级海洋牧场示范区之一。

【基础设施项目投资】 2017年，珠海市政府投资项目完成投资86.79亿元，完成年度政府投资计划102.8%。其中，建设项目完成投资85.09亿元，完成年度投资计划102.8%。

交通基础设施项目　完成投资59.31亿元，完成投资计划104.1%。洪湾枢纽互通二期工程建成通车，珠海市S365线井岸大桥维修加固工程完工，前山立交改造工程进入收尾阶段，珠海通用机场项目一期进展顺利，港珠澳大桥珠海口岸工程进展顺利，洪鹤大桥、香海大桥、鹤港高速有序推进。

市政基础设施项目　完成投资9.65亿元，完成投资计划105.9%。白石桥工程提前通车，九洲大道、迎宾北路及交叉口优化工程竣工验收，横琴大桥美化工程完成施工建设，吉大路、银桦路、迎宾北路（人民西路以北段）、翠微路路面改造及美化工程加速实施，梅界中路顺利开工。

文教体卫等公益性设施项目　完成投资13.12亿元，完成计划103.2%。市技工学校吉大校区投入使用，金湾区第一中学施工进入尾声，珠海大剧院项目办理结算，市体育中心室外游泳场工程进行施工招标，市妇幼保健院易地建设项目加快实施，市戒毒康复中心顺利开工，南屏水库保障房项目建设稳步推进，食品安全检（监）测能力建设项目按计划完工。

生态环保及环境治理项目　完成投资0.95亿元，完成投资计划75.9%（野狸岛公园建设工程因海域使用许可办理进度及征拆进度缓慢，影响该项目海上观景平台、部分绿化工程建设进展）。人民路、梅华路等下穿隧道绿化美化工程完成预验收，珠海市应对气候变化决策支持系统按计划实施。

农村基础设施项目　市财政按进度足额拨付对各区补助资金2.06亿元，确保各区县道、农村公路、水利项目按计划建设，为加快推进农业农村现代化提供保障。

（刘慧娜）

政治建设

依法治市

【概　况】 2017年，珠海市贯彻落实中央、省关于法治建设决策部署，以建设法治之城为目标，各项工作全面推进。完善党委领导法治建设体制机制，增设法治经济建设专责小组。坚持立法为民，出台《珠海经济特区物业管理条例》，以制度创新破解物业管理难题，保障群众安居乐业。推进行政复议改革，全市公安机关行政复议权收归市政府统一行使，实现部门复议权全面集中行使。提升司法公信力，司法体制改革各项措施深入推进，在国内率先探索涉外、涉港澳台民商事案件集中管辖。创新社会治理工作，成立全省首支公交安全巡查队，搭建公交安全巡查指挥中心，提升处置突发事件能力。香洲区以居民需求为导向的“议治相济”协商案例获2017年全国创新社会治理典型案例优秀奖。营造法治化国际化便利化营商环境，发布国内首部临时仲裁规则，加强“一带一路”和自贸区建设法律服务保障。推动全社会树立法治意识，斗门区在全国第三届“关爱明天、普法先行”活动中被评为“青少年普法教育示范区”。

【法治建设】 *履行第一责任人职责* 2017年4月7日，珠海市委书记、市委全面依法治市工作领导小组组长郭元强主持召开市委全面依法治市工作领导小组第二十二次会议，听取市中级人民法院等单位负责人关于履行法治建设第一责任人职责情况的报告，审议通过《珠海市法治之城建设工作方案》。

创新党委领导法治建设体制机制 在市依法治市工作领导小组原有6个专责小组基础上，增设法治经济建设专责小组，负责组织协调推进法治经济建设工作。市委政法委（市委依法治市办）在全面依法治市工作领导小组直接领导下，加强对法治建设牵头抓总和统筹协调。各区（功能区）依法治区工作机构全部调整到位，专职人员、专业队伍不断补充配强。出台珠海市法治建设第二个五年规划，明确法治建设目标任务。强化督查考核工作，将法治建设考核纳入各区党政领导班子实绩考核指标体系和市直机关事业单位年度绩效考核，确保法治建设各项工作落地见效。

全面推开法治建设“四级同创”活动 成立专项小组，统筹组织创建工作，分级负责、以点带面推进创建活动。将法治建设“四级同创”与创文工作有机融合，全面推进法治惠民实事工程，在创建标准和创建目标安排上体现珠海试点城市优势和特色，提前完成省要求的创建任务，实现法治区、法治镇（街）创建全覆盖，200个村（社区）达到省级创建标准，法治创建工作继续走在全省前列。

【立法工作】 *完善立法工作体制机制* 2017年，珠海市坚持党对立法工作的领导，制订《关于加强党领导立法工作的实施意见》，为党的领导贯彻立法工作全过程提供制度遵循。围绕市委今后五年的工作部署及人民群众普遍关注的问题，科学编制《珠海市第九届人大常委会立法规划》，确定今后五年立法项目28个。

推进重点领域立法 市人大常委会审议通过《珠海经济特区政府投资项目管理条例》《珠海经济特区物业管理条例》，对《珠海经济特区海域海岛保护和利用条例》进行审议修改，对4件规章、8件规范性文件进行备案审查，对涉及生态文明建设和环境保护的12件地方性法规进行专项自查和清理。

坚持依法立法、民主立法、科学立法 对法规主要制度的合法性进行严格审查和论证把关。充分发挥市人大代表作用，所有法规均征求全体人大代表意见。拓宽公众参与立法的渠道，通过多种方式公开征集法规草案修改意见。组织召开全市首次立法协商座谈会，听取政协委员、民主党派代表意见。坚持问题导向，深入开展立法调研，增强法规措施针对性和可行性。

【依法行政】 *加快政府职能转变* 2017年，珠海市在省内率先开展新一轮权责清单动态调整工作，公布市级52个单位9588项、各区（功能区）3.32万项权责事项。深化行政审批标准化工作，市、区两级行政许可事项标准全部编制完成并发布。推行办理期限承诺制，至年底，412项行政许可事项承诺办结时间短于法定办结时间。

推进科学民主依法决策 落实《珠海市重大行政决策程序规定》。将各区、各部门实施重大行政决策听证、合法性审查等情况纳入全市依法行政考评范围。推动各经济功能区和各区、镇（街）全部聘任政府法律顾问，实现聘任政府法律顾问全覆盖。

促进严格规范公正文明执法 推动执法重心下移，完成农业、劳动监察综合行政执法体制改革，理顺市、区执法职责，加强人员配备，提高执法能力和水平。加强“两法衔接”考评监督，将各部门落实“两法衔接”条例的情况纳入年度

依法行政考评。完善行政执法争议协调机制，提高行政执法效率。

加强对行政权力制约和监督　执行向本级人大及其常委会报告工作、接受询问和质询制度，向政协定期通报有关情况。全面推进政务公开，加快互联网财政信息数据服务平台和便民服务平台建设。全市公安机关行政复议权收归市政府统一行使，行政复议案件全面实现“统一受理、统一审理、统一决定”。全年，市政府受理行政复议案件824件。

【公正司法】　推进司法体制机制改革　2017年，珠海市中级人民法院严格落实办案责任终身负责制，探索建立审判监督新机制，取消案件审批制。制订《珠海市中级人民法院分案方案》，院庭领导编入合议庭，参与办理一定比例的疑难复杂案件。市检察院针对不同检察业务特点，分类组建独任检察官、检察官办案组两种办案组织，确立检察官办案主体地位，明晰检察官职责权限，授予检察官239项职责权限，授权比例60.2%。

为经济社会发展提供司法保障　市中级人民法院率先在国内探索涉外、涉港澳台民商事案件集中由横琴新区法院管辖。发挥香洲区法院、高新区法庭及横琴自贸区知识产权巡回法庭作用，推动知识产权刑事、民事和行政案件“三审合一”，服务创新驱动转型升级。市检察院深化职务犯罪预防，与邮政部门开展“预防职务犯罪邮路”活动，形成覆盖城乡预防网络。持续做好重大项目同步预防，为港珠澳大桥连接线、珠峰大道等重大工程提供预防服务，保障政府投资安全。重点打击侵犯知识产权犯罪，市公安局与多部门联合执法，全年立案8件，破案5件，涉案价值431万元。

推进司法公开和信息化建设　市中级人民法院完善司法公开三大平台，升级立案查询系统、执行信息查询系统、法院门户网站，建成微信、微博等自媒体公开平台。市检察院深化“阳光检务”，坚持抓好案件信息公开，为律师提供案件节点信息自动推送、微信预约办理业务等便利服务。市公安局加强与媒体合作，广泛宣传先进典型、重大警务改革等信息。至2017年底，“珠海公安”微博粉丝近300万人，“珠海交警”微信集群关注人数突破80万人，位列全国交警微信第一。

【法治经济】　加强“一带一路”和自贸区建设法律服务保障　2017年，珠海市发布国内首部临时仲裁规则，为临时仲裁在中国自贸试验区境内落地提供必要配套制度。建立“诚信承诺＋免费仲裁＋先行赔付”为特点的小额消费纠纷仲裁机制。推出定制式金融仲裁服务，实现标准化、批量化快速处理金融类纠纷。组建“一带一路”法律服务专家库、“中拉律师法律服务团”，设立“‘一带一路’国际商事调解中心（珠海调解室）”，增强国际商事调解能力。

强化创新驱动发展法治保障　出台《珠海市建立重点企业知识产权保护直通车制度实施方案》，全年推荐8家企业纳入省级知识产权重点保护企业，认定市级知识产权重点保护企业114家。出台《横琴新区国际知识产权保护联盟成立工作方案》，探索建立与澳门知识产权保护合作机制。

优化法治化国际化便利化营商环境　横琴新区发布国内首份失信商事主体联合惩戒清单，率先将清单管理模式引入信用监管领域。加强珠海电子口岸暨国际贸易“单一窗口”建设，报关系统覆盖全市所有货运口岸和现场。

【全民守法】　落实普法责任制　2017年，珠海市印发《珠海市国家机关“谁执法谁普法”普法工作责任清单》等文件，并将普法责任制度和普法责任清单制定情况纳入各区领导班子政绩考核和各区综治（平安建设）考核指标。

推进法治文化建设　启动市级法治文化公园建设，加强金湾区、高新区等区（功能区）法治文化公园、法治文化长廊建设。着力发挥普法微信公众号社会宣传作用，定期推送普法案例及法律法规，阅读量和点击率稳居全省前列。

开展法治宣传活动　在国家级刊物《人民法治》以及省、市主流媒体刊登珠海法治建设系列报道，营造法治建设良好氛围。市普法办与珠海广播电视台合作，录制系列说法节目78期，利用媒体推进以案释法工作。建立“以案释法”典型案例库，印发《案法》普法读本。香洲区狮山街道开设巡回法庭，创新基层普法宣传工作。（王　律）

政务公开

【“五公开”推进】　推进决策公开　2017年，珠海市制定《珠海市重大行政决策程序规定》《珠海市重大行政决策听证办法》《珠海市重大行政决策专家咨询论证办法》等系列政策，完善重大行政决策公众参与平台建设，实现公众参与决策常态化。各部门制定重大行政决策程序实施细则，落实重大决策听证制度。市国土资源局制定发布2017年市国土资源局重大决策听证目录，将修订《珠海市征收（征用）土地青苗及地上附着物补偿办法》作为年度重大决策听证事项，向社会公开。推进政府法律顾问工作，建立健全政府法律顾问制度，加强市、区（功能区）、镇（街）政府法律顾问队伍建设。

加强执行公开　做好重点改革任务、重要决策、重大工程项目执行情况公开工作，主动公开市政府工作报告确定的重大基础设施建设、重大产业项目以及民生实事的具体措施、实施步骤、责任分工和监督方式。加强市政府督办工作系统建设，强化督办工作落实。制订《珠海市市级审计项目审计结果公开实施方案》，有序公开审计结果。

推进管理公开　在省内率先开发运行“珠海市权责清单管理系统”，完成市级权责清单调整并在市政府门户网站公布更新，涉及行政许可、行政处罚等52个部门10个类别9588项；各区、镇（街）、村（居）权责清单动态调整在各区政府门户网站公布。健全权责清单动态调整机制，制订《珠海市权责清单管理办法》。加强行政执法公开。各部门按照要求建立行政执法全过程记录制度，做到立案、检查、调查取证、执法决定等全过程有据可查，并将此项工作纳入依法行政考评。建立健全行政裁量权基准制度，细化并公开裁量范围、种类、条件和幅度。加强事中事后监管，落实“两随机、一公开”（随机抽取检查对象，随机选派执法检查人员，抽查情况及查处结果及时向社会公开）制度，依法公开安全生产、生态环境、卫生防疫、食品药品、保障性住房、质量价格、国土资源、社会信用、交通运输、旅游市场、国有企业营运和公共资源交易等监管信息。

推进服务公开　清理市级公共服务事项，印发《珠海市人民政府关于印发珠海市市级公共服务事项目录（2017年版）》并对外公开。深化行政审批标准化工作。市、区两级行政许可和公共服务事项标准全部编制完成并发布，实现与广东省事项目录管理系统数据同步，市政府门户网站公示的行政许可事项子项与市网上办事大厅的办事指南建立链接，实现标准化数据在“一门一网”的应用。办事指南和业务手册明确各项行政许可和公共服务的名称、依据、对象、时限、申请条件和申请材料等内容，采取统一标准，优化办事流程，提高办事效率。推进“一门式一网式”改革。整合各单位实体办事窗口和各部门审批服务系统，建立“全部事项综合窗口受理、后台审批、统一出件”线下线上受理平台，使群众只需进一个门、登录一个网站即可完成审批。完善实体服务机构，建立“两级机构、四级网络”政务服务机构，即在市、区两级设立政务服务机构，在镇（街）、村设立政务服务大厅，打通服务群众“最后一公里”。加强信息技术保障，建设全市政务服务大数据库。通过运用互联网、云计算、大数据等信息技术，加快政府信息资源有效整合，建立网上办事数据库和公共基础数据库。清理规范行政许可事项，调整市级行政许可事项8项，调整后保留市级行政许可351项（子项777项），精减23项（子项76项）。对市政府部门正在实施的行政审批中介服务事项进行清理规范，梳理出涉及行政审批中介服务事项47项并对外公布。

强化结果公开　印发《2017年市政府工作任务分解表》，对《政府工作报告》提出的任务制订年度计划，倒排工期，明确目标任务、分工等并向社会公开。通过媒体对市重大项目、民生实事进展情况进行公开。推进建议提案议案办理结果公开，市住规建局在官网设置建议提案办理情况公开专栏，公开办理结果。

深化重点领域信息公开　完善市政府网站及各部门重点领域信息公开专栏建设，深化各级财政预决算、专项资金使用、公共资源配置、土地征收补偿、医疗卫生、教育、重大建设项目、社会公益事业、公共安全、环境保护等各领域信息公开。

【政务开放】　推进政府数据开放　2017年，珠海市制订《珠海市政务服务大数据库建设方案》，加快建设政务服务大数据库，实现全市各部门、各层级和各领域数据共享，有效支撑全市行政审批、公共服务应用和智慧城市建设。

强化重要政策解读　在市政府门户网站和《珠海市人民政府公报》开设政策解读专栏，对涉及群众切身利益、社会关注度高的政府规范性文件进行政策解读。市政府主要领导多次接受媒体采访，解释市重大决策部署。市政府分管领导、市直部门主要负责人带头宣讲政策。市人大通过的政策法规，市政府领导均出席相关新闻发布会，解读政策。

加强舆情处置与回应 加强值班制度，抓好涉珠舆情监测、搜集、研判和报送等各项工作。建立健全新闻发言人和舆情联络员制度，完善重大事项舆情风险评估工作机制，提前做好防范和应对工作。3月，网上出现有人贩卖国家一级保护动物中华白海豚，市有关部门及时召开新闻发布会回应，公布有关情况及案件查处情况。

扩大公众参与 市政府门户网站全年举办在线访谈活动17场，邀请各区、各部门领导对重大政策进行解读，回应群众关切的问题。加强“市长信箱”给市长留言办理工作，及时办理及回应群众留言。“12345”市民服务热线为市民提供7×24小时全天候服务，按照部门权责清单和业务目录通过系统在一天内转派部门办理，各部门在规定时间内进行诉求受理和处理，并通过系统反馈至平台统一答复市民。

【政务公开平台建设】 *加强政府网站建设* 2017年，珠海市开展全市政府网站日常监测和绩效考评，通过购买第三方服务，加大对纳入第一次全国政府网站普查范围相关政府网站的日常监测力度，确保网站符合全国政府网站普查标准，在全国、全省组织的政府网站抽查中，珠海市合格率100%。开展政府网站绩效考评，对考评结果进行通报。推进基层政府网站集约化建设，制订《珠海市政府网站集约化建设方案》，集约化建设市政府网站平台33个。

加强网上办事大厅建设 推进政务服务中心标准化建设。按照“五个统一”（统一机构人员、场所标识、流程内容、信息系统、经费保障）要求，通过有效整合现有各类基层公共服务平台资源，将面向基层群众的公共服务事项纳入区、镇（街道）、村（社区）三级综合平台集中办理，逐步实现公共服务事项“一站式”办理、“一条龙”服务。全市22个镇街、318个村居全部开通网上办事大厅镇（街）办事站、村（居）办事点，进驻镇（街）事项1946项、村（居）事项2.12万项，基本实现“一门在基层，服务在网上”。拓展综合受理范围，完成受理标准化梳理，编制业务受理手册，年内有10个部门194个事项纳入大厅综合受理。

【政务公开制度建设】 2017年，珠海市制定完善政务公开制度，完善政府信息公开目录系统，加强政府网站内容保障，每月对信息更新情况进行检查，定期通报更新情况，提升主动公开的规范化水平。督促全市各部门建立完善信息公开制度，健全信息公开属性源头认定机制，将公开要求固化为文件办理过程的必要环节，明确标注公开属性。推进阳光政务，梳理主动公开目录。严格执行保密审查制度，对拟公开的政府信息按照“先审查、后公开”和“一事一审”原则，依法依规做好保密审查。完善规范性文件发布制度。落实《珠海市行政机关规范性文件管理规定》，加强规范性文件合法性把关，统一审查率、统一编号率、统一发布率均达100%。开展政府文件清理工作，清理市政府规范性文件182件，其中保留101件、失效8件、废止56件、适时修订17件。

【政务公开监督保障】 2017年，珠海市委、市政府将政务公开工作纳入重要议事日程，印发《关于我市全面推进政务公开工作实施意见》。市政府成立政务公开领导小组，协调推进全市政务公开工作，明确各级政府及其部门的办公室是政务公开工作的主管部门，负责组织协调、指导推进、监督检查本地区本部门政务公开工作。把政务公开工作列入公务员培训计划，在公务员初任培训、任职培训、军转干部培训等项目中增加政务公开培训内容，并依托“珠海市干部教育培训网”，将政务公开有关内容纳入珠海市干部线上培训必修课程学习。加强考核监督，将政务公开工作纳入政府责任白皮书考核范围，分值权重占5%。市府办加强督促检查，对各区（功能区）、各部门政务公开情况进行督查，确保各项工作任务落到实处。 （林志健）

文化建设

【社会主义核心价值观建设】 2017年，珠海市加强社会主义核心价值观宣传教育。开展户外公益广告优化提升工程，举办“讲文明树新风”公益广告设计大赛，利用全市50%以上巴士站台、70%以上建筑围挡、1000余栋楼宇和全部出租车、公交车刊播公益广告；修订《珠海市爱国主义教育基地评审使用管理暂行办法（试行）》，推荐申报首批广东省红色军事文化遗产和省级国防教育基地，命名市级国防教育基地一批。加强社会主义核心价值观实践活动。开展社会主义核心价值观“六进”活动，在企业、社区、乡村、校园、医院和机关打造示范点一批。加强社会主义核心价值观日常融入。创建白莲洞“廉园”、香山公园和海滨公园省级社会主义核心价值观主题公园3个，打造核心价值观主题雕塑、文化墙、特色建筑和街头小景一批。至年底，全市社会主义核心价值观主题景观超过1200处，累计投入3192万元，惠及市民近100万人。以“我们的节日”为主题，开展经典诵读和优秀童谣展演展播活动，设计制作核心价值观主题日历，开展“送日历下乡”“翰墨进万家”等送春联活动。强化社会主义核心价值观制度保障。把社会主义核心价值观法治化建设纳入珠海市法治之城建设工作方案和全面推开法治建设“四级同创”活动工作方案；开展文明诚信市场创建活动，入选2016—2017年度“广东省文明诚信市场”2个，社会信用体系建设连续五年名列全省第一。

【农村精神文明建设】 2017年，珠海市推进农村文明乡风建设，制定修订村规民约，引导农民依规自我管理、自我教育，自觉维护公共道德和农村社会秩序。发展乡村志愿服务，各村建立志愿服务队伍，设立志愿服务站点。在乡村广泛开展“日行一善”主题实践活动，弘扬中华美德。建设家训家风文化祠堂，以优秀家训家风为载体，抓好优秀家训家风宣传教育。开展“传家规、立家训、扬家风”活动，组织“文明家庭”“书香家庭”评选，宣传典型人物事迹，培育文明家庭观念。推进农村文化新风建设，抢救和保护有价值的乡村非遗文化项目，培育有特色的民俗文化项目。建设乡村综合文化中心、文化小广场和小公园，为群众提供文体娱乐活动场所。开展移风易俗活动，以“倡导绿色生活、反对铺张浪费、告别陈风陋习”为主题，宣传文明婚育、男女平等、厚养薄葬等理念。开展文明村居创建，重点打造斗门区红星村、金湾区海澄村、高栏港区平塘社区、万山区外伶仃村、高新区会同社区5个新农村建设示范村。

【群众性精神文明建设】 2017年，珠海市深化文明城市创建。围绕全国文明城市复核测评工作，完善城市基础设施，开展常态化督导检查，完成206个项目822份全国文明城市复查材料申报。创建文明村镇。开展全国、省级和市级文明村镇推荐及复评，出台全市文明乡风建设活动工作方案，打造示范村5个。创建文明单位。修订完善《珠海市文明单位建设管理办法》，开展第五届全国文明单位推荐以及2016—2017年度广东省文明单位推荐评选工作，对169个市级文明单位、文明村镇和文明社区进行复评。创建文明家庭。以“家和万事兴”为主题，传承良好家训家风，评选出“文明家庭”“最美家庭”“书香家庭”一批，打造家庭文明建设示范点。创建文明校园。开展文明校园评选活动，召开全市文明校园创建工作推进会，对照“六个好”（领导班子建设好、思想道德教育好、活动阵地好、教师队伍好、校园文化好、校园环境好）创建标准，推动文明校园创建在全市大中小学全面铺开，推荐评选示范校园一批。

【文明志愿者】 2017年，珠海市开展文明交通志愿服务。支持和发展志愿服务组织，推广“I·志愿”服务登记系统，全市注册志愿服务组织1114个，注册志愿者30.91万人，发布志愿服务项目9934个。开展“礼让斑马线”集中整治行动。举办“百日无违章挑战赛”主题活动。组织“珠海十大交通人物”评选。开展文明交通志愿者活动369次，参与志愿者12.8万人次。开展文明旅游专项行动。举办旅游行业规范和导游专题培训，设立旅游志愿服务站，开展文明引导、免费讲解等志愿服务活动。加强出入境旅游管理，推动珠澳合作共倡文明旅游。推进文明网络专项行动。培育一批网络文明志愿者，宣传网络文明理念，通过微博、微信平台发布倡导信息、警示案例、辟谣信息1830条。

【文明典型评选】 2017年，珠海市开展先进道德典型选树，评选出市级道德模范14人、“珠海好人”43人、“美德少年”10人；3人获“广东好人”称号，1人获“中国好人”称号，3人获“最美南粤少年”称号。开展文明村镇推荐评选，2个村镇获“第五届全国文明村”称号，4个村镇获“2016—2017年度广东省文明村镇”称号，

5个村镇入选“2016—2017年度珠海市文明村镇”。开展文明单位推荐评选，3个单位入选“第五届全国文明单位”，5个单位入选“2016—2017年度广东省文明单位”；评选出2016—2017年度市级文明单位23个、文明社区7个。开展文明家庭推荐评选，1户获2017全国“最美家庭”称号，4户入选2017年广东百户“最美家庭”，1户入选第一届广东省文明家庭，2户入选第十二届广东省“优秀书香家庭”，入选广东省家庭文明建设示范点5个。开展志愿服务先进典型推荐评选，4人获2017年广东省学雷锋志愿服务先进典型“最美志愿者”称号，2个志愿服务组织获广东省“最佳志愿服务组织”称号，5个志愿服务项目获广东省“最佳志愿服务项目”称号，3个志愿服务社区获广东省“最美志愿服务社区”称号。开展文明校园推荐评选，评选出市级文明校园16所，3所学校获“省级文明校园”称号，1所学校获“全国文明校园”称号。

【公民思想道德建设】 2017年，珠海市常态化做好各级道德模范、身边好人评选活动，选树成效突出、群众认可、具有示范作用的精神文明建设先进典型一批。开展先进典型宣传。举办省、市道德模范与身边好人现场交流与事迹巡展活动，推动先进事迹宣传学习进社区、学校、村镇、企业、部队，发挥道德引领作用；举办明德大舞台及道德模范故事会巡演，根据先进典型事迹编排创作快板、舞蹈、小品、话剧、舞台剧等文艺作品，再现道德模范、身边好人崇高思想和优秀品质；持续举办“明德讲堂”，以公安、教育、企业等不同行业为主题，通过身边人讲身边事弘扬社会正能量；在《珠海特区报》《珠江晚报》等媒体开设《文明周刊》《好人365》等专栏，在珠海电视台制作播出2017年度市级道德模范、美德少年系列专题电视节目，编撰《2017年珠海市美德少年事迹材料汇编》，采用通讯、微博、微信、短视频等形式宣传先进事迹，弘扬先进典型高尚品德和情操。加强礼遇帮扶。修订《珠海市帮扶困难道德模范实施方案》，管好用好珠海市困难道德模范和身边好人基金，对符合条件的帮扶对象，通过纳入低保、提供医疗救助、开展临时救助、给予特困人员供养等方式开展救助。全年帮扶救助困难道德模范12人次，走访慰问道德模范8人，发放慰问金4万元。

2017年4月27日，广东省道德模范与身边好人（珠海）现场交流活动在珠海广播电视台举行 （市文明办 供稿）

【未成年人思想道德建设】 2017年，珠海市推进文明校园创建和评选，评选出市级文明校园16所，3所学校获“省级文明校园”称号，1所学校获“全国文明校园”称号。开展各类主题教育实践活动。组织“我的中国梦”系列主题活动和中华经典诵读暨优秀童谣传唱活动展演；举办“中国梦·我的梦”青少年国防教育演讲比赛；选派优秀选手参加广东省第五届“南粤长城杯”演讲比赛并获一等奖；以“艺术点亮人生”为主题，组织粤剧艺术进校园活动，新增粤剧传承基地3处，1.8万名学生参与粤剧学习传承；开展“中国梦·国防梦”中华武术进校园活动，在全市32所公办学校普及“全校二年级武术课”，4万余名学生参加。加强阵地建设。筹备全市乡村学校少年宫成果展，组织编写《珠海市乡村学校少年宫建设成果汇编》，推动思想教育、文艺、科技等活动常态化开展。

（李颖倩）

【文艺精品创作】 2017年，珠海市文艺工作者坚持以人民为中心的创作导向，坚持思想精深、艺术精湛、制作精良相统一，创作出多部优秀文艺作品。市文学家获省以上奖项15件，其中，散文集《青苍》、中篇小说《制片人》、诗集《世界的右边》获广东省第十届鲁迅文学奖。市文艺家获省以上奖项120余件，其中，粤曲说唱《海魂》获广东省第十届鲁迅艺术奖，小品《领导的盆栽怎么剪》获广东省廉政小品曲艺创作大赛一等奖，粤剧《疍家女》获第十三届广东省艺术节6个奖项，油画《好日子》获第十三届广东省艺术节优秀美术作品展金奖，歌曲《白发如花》《雁儿飞》获广东省第十届鲁迅文艺奖、广东省第十届精神文明建设“五个一工程”奖，歌曲《路在哪里我在哪里》获“一带一路”海洋歌曲全国征集活动一等奖，舞蹈《岭水谣》《花秀印象》《鹤舞》分别获“戴爱莲杯”群星璀璨人人跳全国舞蹈展演“潜力之星”和“风采之星”，电影《青涩日记》获第十届鲁迅艺术奖，工艺品《乾坤吉祥·法界源流图》获第五十二届全国工艺品交易会“金凤凰金奖”，工艺品《五方佛》《念珠观音》分别获第十三届中国工艺美术文化创意奖“特别金奖”。

（陈　菲）

【文化事业】　2017年，珠海市推进公共文化设施建设，完善公共文化服务体系。新建前山、北山、湾仔等市民艺术中心7个，累计建成市民艺术中心22个；编制完成《珠海市公共文化设施“十三五”规划》《珠海市公共图书馆事业发展“十三五”规划》；建成村居文化中心318个、“数字农家书屋”316家，覆盖率100%，市、区、镇（街）、村（居）四级公共文化服务网络基本形成。实施文化惠民工程。培育市民艺术节等群众文化品牌活动，丰富群众精神文化生活，全市各场馆开展群众文化活动约3000场次，惠及市民约100万人次。依托城市标志性文化设施，建立高雅艺术普及普惠基地，珠海大剧院全年演出156场。成功举办广东省第七届群众音乐舞蹈花会，开展赛事和惠民活动11场，全省122支团队、1900余名演员参赛。全面提升精品文艺创作生产水平，新编粤剧《疍家女》被列入“文化部戏曲剧本孵化计划扶持项目”和“珠海市文艺精品”，并获第十三届广东省艺术节剧目一等奖、优秀表演奖、优秀编剧奖、优秀导演奖、优秀原唱音乐奖、优秀舞台美术奖等奖项。加强文物保护利用。完成陈芳家宅、蔡昌故居等重点文物保护单位修缮工程，完善拱北拉塔石炮台陈列布展及配套服务工作；开展文物安全大排查，制作安装三灶岛侵华日军罪行遗迹等6处文物保护单位安全视频监控系统。加快市博物馆新馆建设，加大对民办博物馆扶持力度。实施全市古驿道调查、保护与展示工程，挖掘沿线历史人文资源及自然资源。加强文化遗产保护传承。至2017年底，珠海市有市级以上非遗项目41个，其中省级10个、国家级4个；有市级以上非遗传承人33人，其中省级传承人8人、国家级传承人1人；有市级以上传承基地10个，其中省级1个。

2017年10月11日，“共绘美丽大湾区——粤港澳书画名家庆祝港珠澳大桥建成写生活动”在港珠澳大桥珠海引桥入口举行启动仪式并合影留念

（高爱华　摄）

【文化产业】　2017年，珠海市健全现代文化产业体系和市场体系，重新修订《珠海市文化创意产业发展专项资金暂行管理办法》和《珠海市文化创意产业园区及基地试行细则》，启动编制珠海市文化创意产业发展三年行动计划。创新生产经营机制，投入市文化创意产业发展专项资金2000万元，扶持文化产业园区1个、产业项目72个。创建文化产业示范园区，培育新型文化业态。召开首届珠海文化科技博览会，展示珠海优秀文创项目和高新技术产品。5月，以“心跃珠

海——生态引领，创新科技”为主题，组织珠海市手信企业、文化创意产业园区、特色产业基地、重点科技企业、城市文化服务品牌企业等参加第十三届深圳文博会，珠海展馆获“优秀展示奖”，市文化体育旅游局、市文化产业协会获“优秀组织奖”，珠海展团获“中国工艺美术文化创意奖”金奖1个、“中国工艺美术文化创意奖”银奖1个。

（李伟华）

社会建设

【社会领域制度建设】 2017年，珠海市委政法委（市社工委）落实《中共珠海市委珠海市人民政府关于社会领域制度建设规划（2016—2020年）的意见》，加强重点领域立法工作，推动出台《珠海经济特区物业管理条例》。加强流动人口服务管理，完善出租屋、流动人口等社会治理重点领域制度建设，推动制定《珠海市房屋租赁管理条例（草案）》《珠海经济特区流动人口服务管理条例（草案）》，解决旅业式出租屋、信息申报义务人等瓶颈问题。深化户籍管理制度建设，推动修订《珠海市户口迁移管理办法》，制定《珠海经济特区户口迁移管理规定（草案）》。

【社会治理体制改革】 2017年，珠海市委政法委（市社工委）推动社会治理体制改革，按照市委全面深化改革领导小组有关部署，发挥市社会体制改革专项小组牵头作用，抓好志愿服务组织发展、安全生产领域改革、社会工作专业人才利用、残疾人服务机构管理、社会组织第三方评估等改革任务落实，推动出台《珠海市关于支持和发展志愿服务组织的实施意见》《中共珠海市委珠海市人民政府关于推进安全生产领域改革发展的实施意见》《珠海市残疾人康复定点机构管理办法（试行）》，发挥社会工作专业人才在农村留守人员关爱服务中的作用，建立健全社会组织第三方评估机制。

【社会组织管理】 2017年，珠海市委政法委（市社工委）推动社会组织参与社会治理，特别是加强基层社会组织工作指导，加大扶持和培育社会组织力度，规范社会组织健康发展。推进社会组织去“行政化”，推动制订《珠海市行业协会商会与行政机关脱钩实施方案》《珠海市行业协会商会与行政机关脱钩实施方案重点工作任务分解表》。推进政府购买社会组织服务，推动编制2017年具备承接政府职能转移和购买服务资质的市级社会组织目录。

【社会工作服务】 2017年，珠海市委政法委（市社工委）加强社会工作人才队伍建设，推动城乡社区工作者向社会工作专业化、职业化转变，全市通过国家社会工作者职业水平考试2033人，万人持证率12.47，位居全省前列。开展“专业社工全民义工”专业社会工作服务，在老年人、青少年、企业、学校和禁毒5个专业社会工作服务领域开展试点工作。举办农村社会工作专题培训，提高农村社会工作者专业素质和服务水平。

【共建共治共享社会治理格局】 2017年，珠海市委政法委（市社工委）推动基层社会服务创新平台建设，探索加强社会心理服务体系建设，分别在香洲区、金湾区、斗门区和高新区开展社会心理服务试点工作。完善社区治理体系建设，促进社会力量联动联建，实现共建共治共享社会治理格局。拱北街道“推行360参与式治理”创新经验获评2016年度“广东省社区治理十大创新成果”。发挥党委统筹领导作用，全面推进城乡社区协商工作，增强社区居民议事协调能力。香洲区以居民需求为导向的“议治相济”做法，获评2017年全国“创新社会治理典型案例”；南村社区民主协商案例被中央电视台专题报道。继续推进新农村建设“社会治理建设工程”，培养珠海、阳江、茂名三地农村青年创业致富领头雁。

【社会治理创新平台建设】 2017年，珠海市委政法委（市社工委）与清华大学马克思主义学院签订战略合作框架协议，开展社会治理创新理论研究和实践探索。组织开展重点领域课题研究，初步形成《珠海市社会治理实践探索与思考》《珠海市加强社会心理服务体系建设研究报告》等调研成果。整合社会治理创新平台力量，扩充社会治理创新专家咨询委员会人员构成。抓好第三届民情观察员换届工作，扩大民情信息来源渠道，增设社区和社会组织民情观察点29个。与市南方社会建设研究院、《珠海特区报》合作的《民情微察》栏目获评广东

2017年11月17日，珠海市社会治理创新实践基地授牌仪式在拱北街道联安市民艺术中心举行　（市委政法委 供稿）

新闻名专栏二等奖。加强社会治理创新理论和实务研究，新增社会治理创新实践基地12个。继续探索社会评议委员会活动方式，推动社会评议委员会参与社区民主议事协商和重大社会事务评议。

【社会治理创新优秀案例培育行动】 2017年，珠海市委政法委（市社工委）开展社会治理创新优秀案例培育行动，有效激发政府和社会活力，培育出社会治理创新优秀案例15个、最佳案例15个，实现社会治理社会化、法治化、智能化和专业化。召开行动总结交流会暨社会创新专家咨询委员会年会，加强社会治理创新经验交流，研讨社会治理创新特点和规律，提炼珠海创新社会治理核心理念，提升全市社会治理工作水平。　（丁焕松）

【社会事业与民生保障】 2017年，珠海市深化教育领域改革。学前教育公益性、普惠性不断发展，新认定省一级幼儿园3所、市一级幼儿园7所。新建凤凰中学、梅华中学等中小学12所，中山大学附属中学、中山大学附属小学、礼和小学开始招生。挖掘教育资源潜力，小学、初中公办学校学位分别增长14.3%和4.4%。中山大学“天琴”计划、暨南大学珠海科技创新园等项目建设顺利推进。健康城市建设步伐加快。公立医院改革稳步推进，市妇幼保健院、市慢性病防治中心等项目建设加快，西部医疗中心项目完成立项。基本公共卫生服务经费标准提高至每人每年55元。“全面两孩”政策顺利实施。全面落实就业扶持政策，城镇新增就业人数4.42万人。城乡居民基本养老保险基础养老金提高至380元，低保标准提高至每人每月896元。成功对接国家、省异地就医直接结算平台，推进生育保险和基本医疗保险合并实施试点工作。开工建设棚户区改造住房2863套，基本建成棚户区改造住房和公共租赁住房2260套，超额完成省政府下达的年度保障房建设任务。公共文化体育旅游设施不断完善，新建社区体育公园14处，新建市民艺术中心7个。

（刘慧娜）

生态文明建设

【概　况】 2017年，珠海市调整生态文明建设领导机构，原“珠海市创建全国生态文明示范市领导小组”更名为“珠海市生态文明建设领导小组”，领导小组办公室设在市环境保护局。是年，珠海市获评全国首批国家生态文明建设示范市。香炉湾沙滩修复项目获评中国人居环境范例奖。完成40千米健康步道、80千米林荫道、70千米绿道、733.7公顷森林碳汇造林工程等森林城市项目建设。落实大气污染防治强化措施，淘汰黄标车1454辆，油气回收改造全部完成。加强扬尘治理，在横琴新区率先实行余泥渣土运输全密闭。建立市、区、镇、村四级“河长制”，新建污水管网70千米，集中式饮用水源水质达标率100%。启动土地污染防治前期工作，开展336家重点行业企业土壤信息定性调查、393个农用地点位核实及采样。建成中信环保生物质热电一期工程。开展水源保护区、“小散乱污”企业、固体废物污染防治等专项执法行动，中央环保督察交办的案件全部按期办结，环境执法保持高压态势。国内首个海洋波浪能试验项目在大万山岛启动。

【生态文明建设实施方案出台】 2017年8月23日，《关于加快推进我市生态文明建设的实施方案》开始执行。该方案设定珠海市从现阶段到2020年需要完成的11个主要目标，并确立5项任务：强化主体功能定位，优化国土空间开发格局；推动技术创新和结构调整，提高发展质量和效益；全面促进资源节约循环高效实用，推动利用方式根本转变；加大自然生态系统保护修复和建设力度，切实改善生态环境质量；切实加大环境保护力度，解决环境领域突出问题。任务责任单位有市发展和改革局、市科技和工业信息化局、市国土资源局、市环境保护局、市住房和城乡规划建设局、市交通运输局、市海洋农业和水务局、市市政和林业局及各区政府（管委会）。

【国家生态文明建设示范市】 2017年9月21日，由环境保护部主办的全国生态文明建设现场推进会在浙江安吉举行，珠海市获国家生态文明建设示范市县命名，成为第一批46个国家生态文明建设示范市县之一。

【2017年美丽山水城市】 2017年12月2—3日，中国生态文明论坛年会在惠州市举行。年会由环境保护部指导、中国生态文明研究与促进会主办，是中国生态文明建设领域极具影响力的专业性论坛。珠海市以“美丽珠海美好生活”为主题，以“山水相拥的年轻城市”为特色，展现滨海城市生态文明建设风采，获评“2017美丽山水城市”。

（余乐富）

链 接：

国家生态文明建设示范市创建

国家生态文明建设示范市是国家生态市县的“升级版”，是推进市生态文明建设的有效载体。开展国家生态文明建设示范市县评选，是贯彻落实党中央、国务院决策部署，发挥生态文明建设示范创建平台载体和典型引领作用，加快推进生态文明建设的重要举措。第一批国家生态文明建设示范市县评选，是以国家生态市县建设指标为基础，考虑到发展阶段和地区差异，坚持示范创建的先进性和代表性，按照高标准、高质量要求，在全国评选出46个市（县、区）并命名。

自2012年启动生态文明示范创建工作以来，珠海市通过规划引领、制度建设等措施，推进生态文明示范创建工作。

（一）规划引领。制订《珠海市环境保护和生态建设“十三五”规划》，开展《珠海市生态文明建设规划》修编，为珠海市生态文明建设工作提供指引。探索划定珠海市生态保护红线，着力构建最严格的源头保护制度。统筹推进国民经济和社会发展规划、主体功能区规划及生态文明建设规划等“五规融合”机制建设，实现“一个平台”常态化应用，初步建立协同审批“一套机制”，逐步共享“一张蓝图管到底”工作成果。

（二）打好大气、水、土壤污染防治三大战役，综合施策改善生态环境质量。持续推进大气污染治理。参与珠三角地区大气污染联防联控行动，实施珠海市《大气污染防治行动计划》，推进工业源、移动源、面源等污染源防控治理，实施能源清洁利用，推动绿色经济发展，提高预判能力，落实污染天气应对措施。深入推进水污染治理。全市累计建成污水处理厂15座，建成排水系统雨污管网总长约1121千米，涉水治污能力大幅改善。全面落实河长责任制，推进前山河水质提升和黑臭水体治理，明确市委、市政府主要领导分别担任总河长、副总河长，实现市、区、镇、村四级“河长制”组织体系全覆盖。组织实施土壤污染防治。开展“珠海市土壤污染防治与修复规划项目”和重点行业企业用地土壤污染状况详查，完成全市336家重点行业企业土壤遥感信息、近500个农用地详查点位核实工作和省政府下达的工业场地再开发利用自查任务。建成市级土壤环境质量监测网络，在斗门区、金湾区和高栏港区设置耕地质量监测点10个，实行常年动态监测。

（三）生态文明法制和制度改革。制定《珠海经济特区生态文明建设促进条例》《珠海市环境保护条例》（第二次修订）等生态文明相关地方性法规和政府规章40余部。建立市委领导、市人大和政协督导、市政府实施的生态文明创建机制，探索开展生态环境指数发布、生态文明考核、市级环境信用评价、排污权有偿使用和交易试点等一系列生态文明体制改革，生态文明制度的“四梁八柱”（自然资源资产产权、国土开发保护、空间规划体系、资源总量管理和节约、资源有偿使用和补偿、环境治理体系、市场体系、绩效考核和责任追究）逐步构建。

（四）深化实施生态补偿，转化发展优势。印发实施《珠海市饮用水源保护区扶持激励办法》和《珠海市基本农田保护经济补偿办法》，加强对饮用水源保护区和基本农田保护的专项财政资金扶持。

（五）提升生态意识，拓展宣传教育。弘扬生态文明建设主流价值观，形成多元共建新局面。发挥政府带头作用，设置“生态文明”教育课程，推行电子政务，实现无纸化办公，提升党政干部绿色发展认识。通过健全企业环境信用评价、清洁生产培训、“两法衔接”知识宣讲、排污权有偿使用和交易宣贯等方式，增加企业责任感。开展“百名市民走进生态珠海”“珠中江＋阳江”中学生环保微视频作品征集等系列宣教活动，组织全市开展“无车日”“熄灯一小时”等活动，自觉倡导“低碳出行”绿色生活方式。开展绿色细胞工程建设。

中国人居环境范例奖

中国人居环境范例奖由建设部于2001年设立，是参照联合国人居环境奖而设立的一个政府奖项，旨在鼓励和推动城市高度重视人居环境的改造与建设，在环保、生态、大气、水质、绿化、交通等多方面为居民提供良好的生活和工作环境，以适应中国城市居民由小康向更高层面迈进的客观需要，并借此提升城市乃至国家的现代形象。

【香炉湾沙滩修复项目获中国人居环境范例奖】 2017年10月27日，住房和城乡建设部发布《关于2017年中国人居环境奖获奖名单的通报》，珠海市香炉湾沙滩修复项目获2017年中国人居环境范例奖，是广东省获此奖项的四个项目之一。该项目南起珠海渔女西侧，北至东风路口，岸线长约1.5千米，宽约75米，总面积约9万平方米，外观呈“凹”字形，是珠海市重要“城市双修”（生态修复、城市修补）项目。项目采用“市政管道深埋＋滩面吹填补沙”分层方式，利用港珠澳大桥人工岛项目建设余沙作为沙滩修复沙源。项目景观再造工程主要是在沙滩靠情侣路一侧沿线，设有景观绿化带和棕榈科乔木等耐盐碱、抗海风树种，景观带中包含一条宽约3米的木栈道、一条宽约3.6米的自行车道和一个可以供儿童娱乐玩耍的水景广场，并分段布置总长270米的整石坐凳。

（陈文辉）

党的建设

【党建加强和改进】 2017年，珠海市委贯彻落实新时代党的建设总要求，全面推进党的政治建设、思想建设、组织建设、作风建设、纪律建设，把制度建设贯穿其中，不断提高党的建设质量，各级党组织更加坚强有力。始终把政治建设摆在首位，严明党的政治纪律和政治规矩，引领全市党员增强“四个意识”、坚定“四个自信”，始终在思想上政治上行动上同以习近平同志为核心的党中央保持高度一致。以“两学一做”学习教育常态化制度化为抓手，强化党员干部理论武装。崇尚党章，执行新形势下党内政治生活若干准则，完善和落实民主集中制等各项制度，营造风清气正的良好政治生态。落实党委（党组）意识形态工作责任制，加强意识形态阵地建设和管理，将意识形态工作纳入全市巡察内容，加强对各区、市直单位、高校和重点文化企业督导检查。坚持党对新闻舆论工作的领导，重点加强网络生态治理，全市意识形态领域始终保持正气上扬、正能量强劲、主旋律响亮。

【干部队伍建设】 2017年，珠海市贯彻新时期好干部标准，坚持正确选人用人导向。加强干部精准化培训，实施基层干部培养“双成长”（每年选派100名左右市直机关干部到基层一线挂职锻炼，选派100名左右基层干部到上级专业部门跟班学习）计划、中青年干部“墩苗计划”（分期分批遴选优秀青年干部到对口帮扶的云南怒江州实践锻炼，在艰苦环境中锤炼干部党性、砥砺品质、转变作风、激发干事创业激情），干部队伍素质能力显著提升。从严抓好干部经常性管理监督，推进个人事项报告，推进“三超两乱”（超职数配备干部、超机构规格提拔干部、超审批权限设置机构，擅自提高干部职级待遇、擅自设置职务名称）、裸官等干部管理突出问题整治，对427名领导干部个人有关事项进行核查，干部日常监督管理更加规范有序。推动完善干部监督考核机制，探索建立“能上能下”干部工作机制，激发干事创业活力，干部精神风貌焕然一新。坚持党管人才原则，创新人才发展体制机制和政策措施，人才规模不断扩大，结构质量优化提升。

【基层党组织建设】 2017年，珠海市出台严格履行党建责任制的意见，实施基层党组织建设“书记项目”（在推动“书记抓、抓书记”基层党建工作中，注重发挥基层党委书记的作用，强化书记指导、书记参与、书记负责理念，形成基层党委书记亲抓、亲推、亲促的项目），对管党治党主体责任不力的党组织和党员领导干部给予问责处理，党建主体责任有效落实。出台《关于加强园区党建工作的意见》，促进“两新”组织党组织覆盖面有效扩大，非公有制企业和社会组织党组织覆盖率达88%和90%。完成全市村（社区）“两委”换届选举工作，基层党组织带头人队伍结构不断优化、能力素质显著提升。制定市属国企党建重点任务清单40条，出台加强民办高校党建工作措施10条，制定7个领域基层组织建设标准，建设基层党组织标准化示范点108个，排查整顿软弱涣散村（社区）20个，基层组织创造力凝聚力战斗力不断增强。深化驻点联系群众制度，化解涉农涉土纠纷问题3138个，基层治理有序推进、健康发展。

【党风廉政建设】 2017年，珠海市严格落实中央八项规定精神，抓住节假日等重要节点开展治理，集中排查整治违规公款购买消费高档白酒问题和潜入地下公款吃喝问题，查处违反中央八项规定精神问题22起，给予党纪政纪处分33人，“四风”突出问题得到有效遏制，党风政风明显改善。把纪律和规矩挺在前面，实践监督执纪“四种形态”（经常开展批评和自我批评、约谈函询，让“红红脸、出出汗”成为常态；党纪轻处分、组织调整成为违纪处理的大多数；党纪重处分、重大职务调整的成为少数；严重违纪涉嫌违法立案审查的成为极少数），处理党员干部854人次。保持反腐败高压态势，查处各类违法违纪案件376件376人，给予处分351人。成功劝返全国“百名红通人员”王林娟，追回“天网”行动在逃人员2人，反腐败斗争压倒性态势形成。坚定不移深化政治巡察，高质量完成市委第一轮巡察。坚决落实中央和省的部署，市、区两级监察体制改革试点工作取得阶段性成果。 （市委办）

全面深化改革

【改革谋划推进】 2017年，珠海市全面深化改革领导小组制定《珠海市全面深化改革2017年工作要点》，系统谋划、整体推进改革事项77项，集中抓好重点改革工程15项，提高改革针对性、实效性，推动改革释放新红利。贯彻落实习近平总书记对广东工作的重要批示精神，按照“四个坚持、三个支撑、两个走在前列”要求，出台《干在实处走在前列的出彩改革项目实施方案》，推动在重点改革上出新出彩。落实省重大改革任务。根据省委办印发的《广东省推进实施重大改革任务工作要点》，对照省重大改革任务，做好对账盘点，落实国资国企改革、事中事后监管、信用体系建设、生态文明制度改革、医疗卫生体制改革、司法体制改革等改革任务工作要点。

【改革机制优化】 2017年，珠海市全面深化改革领导小组调整设立经济体制改革、行政管理体制改革、农村综合改革、民主与法治领域改革、文化体制改革、社会治理体制改革、重大民生领域改革、生态文明体制改革、党的建设制度改革、纪律检查体制改革10个专项小组。按照全面深化改革整体性、系统性、协同性要求，印发实施《中共珠海市委全面深化改革工作运作流程》，进一步规范市委全面深化改革工作运作流程，确保改革工作高效运转，提高改革能力水平。配套印发关于规范有关改革文件材料格式的通知，对市委全面深化改革领导小组及市改革专项小组有关改革文件材料格式作出统一规范。

【督察督办机制改革】 2017年，珠海市全面深化改革领导小组强化督察职能，更好发挥督察在打通关节、疏通堵点、提高质量中的作用。完善沟通协调机制。制定专项小组联络员碰头会制度，通过定期召开联络员碰头会，了解各领域重点改革工作推进情况，及时协调和推动解决改革中存在的困难和问题，挖掘改革亮点，强化督查督办，确保改革任务落到实处。建立全方位督查机制。开展自查、专查和政查相结合的多元、立体和全方位督查，各专项小组主抓自我检查督促，市委改革办主抓专业性督查，市委督查室主抓“四个亲自”（各级各部门“一把手”重要改革亲自部署、重大方案亲自把关、关键环节亲自协调、落实情况亲自督察）政治性督查，形成改革督查合力。健全上门服务机制。市委改革办分组分批到改革工作要点及“放管服”改革牵头单位开展上门调研服务，督促落实改革任务，协调解决问题，寓检查于服务中。形成台账亮灯长效机制。将改革工作要点任务纳入执行力电子监察系统，实行“绿、黄、红灯”推进机制、台账对账制度和推进情况等级化管理。

【改革事项评估】 2017年，珠海市委托第三方对横琴金融改革创新、供给侧结构性改革、医疗卫生体制改革3项重点改革事项进行评估，以社会评价、群众意见为标尺检验改革成效。与清华大学政治经济学研究中心合作，对珠海三年来全面深化改革进行全面系统评估，为继续全面深化改革问诊把脉，开具良方，提高改革质量标准。

【横琴自贸试验片区改革】 2017年，珠海市深化“证照分离”改革，印发《中国（广东）自由贸易试验区横琴新区片区“证照分离”改革试点方案》及行政审批事项分类改革目录，上线商事登记“一口受理”系统，并逐步完善应用。加强事中事后监管，印发实施《横琴新区商事主体信用信息管理暂行办法》。加快创新驱动载体建设，出台《横琴新区促进科技创新若干措施（暂行）》等系列政策，对创新创业团队及研发平台建设、高新技术企业入库及认定、知识产权申报等给予精准扶持。加快推动横琴与保税区、十字门北片区、洪湾片区整体谋划一体发展，出台《横琴、保税区、洪湾片区一体化改革发展实施方案》，打造产业聚集高端、生态环境优美、与澳门交相辉映的“大桥经济区”和城市新中心。

【“双自联动”体制机制改革】 2017年，珠海市出台《加快推进国家自主创新示范区和横琴自贸试验片区联动发展（2017—2020年）行动方案》，组织横琴自贸试验片区金融机构与自主创新示范区科技企业对接，推进科技金融融合发展，支持横琴生产性服务机构围绕高科技企业开展服务，培育壮大高新技术产业。探索建设“双自联动”试点园区，制订《关于将横琴高新技术片区及科技研发片区纳入珠海高新区区域范围的方案》。

【科技体制改革】 2017年，珠海市出台《珠海市引进建设重大研发机构扶持资金管理暂行办法》和《珠海市孵化器建设规划》，规范重大平台引进建设程序，指导全市孵化器建设。草拟《珠海市创新创业团队和高层次创业人才项目管理办法》，优化科技创新创业发展环境，加大创新创业团队引进和培育力度。完成国家知识产权试点城市验收，出台《关于建设知识产权强市的意见》，建设国际化知识产权创造运用中心和知识产权保护高地，加大知识产权保护力度，发挥高新区、横琴新区知识产权巡回法庭作用，推动知识产权刑事、民事和行政案件“三审合一”，服务创新驱动转型升级战略。

【“放管服”改革】 2017年，珠海市印发《2017年珠海市简政放权、放管结合、优化服务改革方案》和有关配套文件，在事关经济社会发展的投资建设领域下放事权41项，优化相关机构设置，实现企业“办事不出区”，解决各区发展瓶颈制约，调动各区发展积极性，推动形成发展新格局。印发《珠海市人民政府关于第二批清理规范市政府部门行政审批中介服务事项的决定》，规范中介机构服务和管理。推行“一门式一网式”政务服务，实体政务服务大厅与网上办事大厅深度整合，实现线上线下办事标准化、无差异。

【供给侧结构性改革】 2017年，珠海市出台《珠海市供给侧结构性改革实施方案》，推动供给侧结构性改革。组建珠海发展投资基金，加大对产业和基础设施建设扶持力度，至年底，有33只子基金达成组建意向，总规模超500亿元。推动珠海港集团、海控集团、横琴金投等企业发行企业债券筹集资金，加快基础设施建设。成立珠海市园区建设工作领导小组，出台《珠海市进一步加强产业园区发展建设若干政策措施》，加强园区发展建设，提升产业区域竞争力。印发《富山工业园区管理体制调整方案》，加快城市西拓进程，加快实体经济发展，从市级层面加强统筹谋划，配强发展资源，理顺投入机制，构建支撑实体经济做大做强做优的平台和载体，实现跨越式发展。加快推进农业供给侧结构性改革，农村土地承包经营权登记颁证率达93.77%；打造“互联网+产业带+园区+金融+政府”5.0电子商务园，引进中国云谷、阿里巴巴斗门农村淘宝等涉农电商平台型和服务型企业23家，成为第一批国家“星创天地”和全国农村农业“双创”基地。

【国资国企改革】 2017年，珠海市制订《关于进一步推进国有企业改革发展的意见》以及监管权责清单、优化布局、公司治理、混合所有制改革、投资管理、投资后评价、职业经理人、收入分配、加强党建9个配套制度，国资国企改革稳步有序推进。围绕产业发展方向，制定《珠海市属国有资本布局结构优化实施方案》等文件，明确50%以上新增投资投向实体经济，优化调整国有资本布局和结构。加强国企党建，在国内率先制订促进市属企业党委与董事会、经理层和监事会协调运转、有效制衡的指导意见，落实国有企业党组织在公司法人治理结构中的法定地位。

【交通体制改革】 2017年，珠海市印发《关于印发珠海市交通运输管理体制调整方案的通知》，理顺交通、港口和公路部门管理体制机制，调整优化机构和职能配置，科学划分市、区职责权限，全面提高交通运输发展质量和综合服务水平。

【城市执法体制改革】 2017年，珠海市印发《关于深入推进城市执法体制改革改进城市管理工作的实施方案》，拟订城市管理体制改革部门职责划分和机构设置方案，着力构建权责明晰、服务为先、管理精细、执法规范、安全有序的城市管理体制，推动城市管理走向城市治理，促进城市运行高效有序。

【生态文明体制改革】 2017年，珠海市按照环保部及省环保厅监测监察执法垂直管理制度改革工作部署，开展改革前信息摸底、统计和报送工作，为监测监察垂直管理制度改革做好充分准备。推进落实“河长制”，印发《珠海市全面推行“河长制”工作方案》及配套制度，实现市、区、镇、村四级“河长制”组织体系全覆盖。印发《珠海市控制污染物排放许可制实施计划》，全面推行排污许可制管理。印发《珠海市排污权抵押贷款指导意见》，发展绿色信贷，助力绿色经济发展。

【公立医院改革】 2017年，珠海市印发《珠海市区域健康服务联合体实施意见》，加强医联体建设。印发《珠海市推进家庭医生签约服务实施方案》，建立家庭医生服务团队313个，向签约居民提供个性化服务。在省内率先出台公立医院薪酬制度改革文件，通过“降低药耗比—调整服务价格—提高薪酬”进行联动改革。在省内率先实施耗材“两票制”，全市公立医疗卫生计生机构实行专科医用耗材统一配送，节约资金约1亿元。

【司法体制改革】 2017年，珠海市落实司法责任制改革，加快推进司法辅助人员招录工作，市法院、检察院系统分别完善绩效考核制度。推进以审判为中心的刑事诉讼制度改革，实现惩治犯罪和保障人权相统一，出台《刑事案件速裁程序实施细则》，探索刑事速裁制度，兼顾司法公正与效率。开展公安机关职务序列改革，在省内率先成立辅警专管机构，部署推进警辅管理制度改革。优化警察队伍管理制度，建立“人民警察分类管理智能系统”，获全国公安机关创新大赛决赛铜奖。 （张 韵）

·责任编辑：冯建华·

党政机关

中共珠海市委员会

重要会议

【市委八届二次全会】 2017年2月24日在香洲召开。会议审议通过《关于召开中国共产党珠海市代表会议的决议》，决定2017年3月召开中国共产党珠海市代表会议，选举珠海市出席中国共产党广东省第十二次代表大会代表。全会审议通过《珠海市出席省第十二次党代表大会代表候选人预备人选圈选办法》，圈选确定珠海市出席省第十二次党代表大会代表候选人预备人选。全会号召，全市各级党组织要高度重视珠海市出席中国共产党广东省第十二次代表大会代表选举工作，严格按照省委要求，周密部署，精心组织，认真做好党代表会议的各项筹备工作。在中央和省委的正确领导下，团结带领全市广大党员干部群众，干在实处，走在前列，为率先全面建成小康社会，开创珠海社会主义现代化建设新局面而努力奋斗，以优异成绩迎接党的十九大和中国共产党广东省第十二次代表大会胜利召开。

【中国共产党珠海市代表会议】 2017年3月16日在珠海大会堂召开。会议选举产生珠海市出席省第十二次党代会代表16人。会议号召，全市各级党组织和广大党员，要更加紧密地团结在以习近平同志为核心的党中央周围，在中央和省委的正确领导下，团结带领全市广大党员干部群众，抢抓机遇，担当使命，干在实处，走在前列，奋力开创珠海改革开放和社会主义现代化建设新局面，以优异成绩迎接党的十九大和省第十二次党代会胜利召开。

【市委八届三次全会】 2017年11月28日在香洲召开。会议审议通过《中共珠海市委关于持续深入学习宣传贯彻党的十九大精神　推动习近平新时代中国特色社会主义思想在珠海落地生根结出丰硕成果的决定》和《中国共产党珠海市第八届委员会第三次全体会议决议》。会议强调，要牢牢把握学懂弄通做实的要求，进一步用党的十九大精神统一思想、凝聚力量、引领发展。市委将在全市开展“大学习、深调研、真落实”活动，要以学促干、知行合一，扎实深入把党的十九大精神贯彻落实到珠海各项工作中去，奋力在新时代干出新气象、实现新作为。要以习近平新时代中国特色社会主义思想为指引，围绕新时代的新要求，以辩证的思维看待变与不变，用发展的眼光分析优势和短板，用全面的观点把握整体与局部，认清珠海发展面临的新形势新任务，进一步理清发展思路。要深入开展全市大调研、深调研，聚焦事关全局的重大课题，进一步明确工作举措和努力方向，谋划新时代珠海改革发展，更好推动习近平新时代中国特色社会主义思想在珠海落地生根、结出丰硕成果。要认真贯彻落实新时代党的建设总要求，把各级党组织锻造得更加坚强，为全面贯彻党的十九大精神提供有力政治保证。

重要决策和部署

【传达学习贯彻中央和省重要精神】 2017年3月20日，珠海市委常委会会议听取市委农办关于中央农村工作会议、全国扶贫开发工作会议、全省农村工作暨扶贫开发工作会议主要精神的汇报，强调要深入推进农业供给侧结构性改革，大力发展特色农业，加强农村基层组织建设，扎实做好精准扶贫各项工作。4月6日，市委常委会会议听取市委办公室关于省委保密委全体会议暨全省保密工作会议主要精神的汇报，强调要充分认识保密工作的极端重要性，时刻绷紧保密工作这根弦，切实增强忧患意识、风险意识、责任意识，确保党和国家秘密安全。4月12日，市委常委会会议传达习近平总书记关于广东工作的重要批示精神及《中共广东省委关于认真学习宣传贯彻习近平总书记重要批示精神的通知》精神，强调要把重要批示精神与习近平总书记系列重要讲话精神和治国理政新理念新思想新战略结合起来，统筹推进“五位一体”总体布局和协调推进“四个全面”战略布局，以“四个坚持、三个支撑、两个走在前列”统领工作全局，坚持不懈狠抓落实，努力在新一轮发展中继续走在前列。5月27日，市委常委会会议传达学习中国共产党广东省第十二次代表大会精神，强调全市上下要切实把思想和行动统一到省第十二次党代会确定的目标任务上来，把智慧和力量凝聚到省第十二次党代会作出的部署要求上来，全面推动各项工作取得新进展。6月13日，市委常委会会议听取吴轼关于中共中央《加强新形势下党的督促检查工作的意见》主要精神的汇报，强调全市各级党员领导干部要充分认识加强党的督促检查工作的重要性，增强“一分部署、九分落实”意识，着力提升督促检查工作能力水平，切实提高抓落实的思想境界和责任担当，推动中央和省委的决策部署不折不扣贯彻落实。7月17日，市委常委会会议听取市港澳事务局关于习近平总书记在庆祝香港回归祖国20周年大会暨香港特别行政区第五届政府就职典礼讲话主要精神的汇报，强调要深入学习贯彻习近平总书记重要讲话精神，准确把握港澳工作的新特点和新要求，增强服务港澳建设发展的自觉性、坚定性和主动性。7月17日，市委常委会会议听取《珠海市学习宣传贯彻习近平总书记重要批示精神和省第十二次党代会精神总体方案和系列实施方案》（稿）起草情况和主要内容的汇报，讨论并原则同意《方案》（稿），强调全市上下要深刻学习领会习近平总书记重要批示和省第十二次党代会精神，自觉以“四个坚持、三个支撑、两个走在前列”统领工作全局。7月27日，市委常委会会议听取市海洋农业和水务局关于2017年第十次省委书记专题会议主要精神的汇报，强调要统筹规划珠海市沿海经济带发展，强化海洋环境和自然海岸线保护，在保护中开发，在开发中保护，切实处理好海洋保护与综合开发利用关系。8月1日，市委常委会会议传达学习习近平总书记在省部级主要领导干部“学习习近平总书记重要讲话精神，迎接党的十九大”专题研讨班开班式上的重要讲话精神，强调要把学习贯彻落实习近平总书记重要讲话精神作为重要的政治任务抓紧抓好，把学习习近平总书记重要讲话精神和习近平总书记治国理政新理念新思想新战略特别是对广东工作的重要批示精神结合起来，推动《珠海市学习宣传贯彻习近平总书记重要批示精神和省第十二次党代会精神总体方案和系列实施方案》各项目标任务不折不扣落到实处。8月4日，市委常委会会议传达学习习近平总书记在庆祝中国人民解放军建军90周年大会上的重要讲话精神，强调全市各级各部门要强化国防意识，深入学习贯彻习近平总书记强军思想，确保强军兴军各项决策部署落到实处，努力开创经济建设和国防建设发展新局面。8月15日，市委常委会会议传达学习广东省委书记胡春华珠海调研讲话精神，强调全市各级各部门要按照省第十二次党代会的要求和市第八次党代会的部署，坚定不移实施创新驱动发展战略，加快形成以开放创新为主要引领和支撑的经济体系，努力建设粤港澳大湾区创新高地。10月26日，市委常委会会议传达学习宣传贯彻党的十九大精神，听取吴轼关于《中共珠海市委关于认真学习宣传贯彻党的十九大精神的通知》（稿）、《学习宣传贯彻党的十九大精神总体工作方案》（稿）起草情况和主要内容的汇报，讨论并原则同意《通知》（稿）和《工作方案》（稿），强调要充分认识学习宣传贯彻党的十九大精神的重大意义，坚持以习近平新时代中国特色社会主义思想为指导，在以习近平同志为核心的党中央坚强领导下，全面贯彻落实党的十九大精神。11月1日，市委常委会会议传达学习贯彻全省领导干部会议精神，强调要坚定不移推进全面从严治党，以“三个定位、两个率先”和“四个坚持、三个支撑、两个走在前列”为总揽，努力在决胜全面建成小康社会、加快建设社会主义现代化新征程上走在前列。11月8日，市委常委会会议传达学习习近平总书记在瞻仰上海中共一大会址和浙江嘉兴南湖红船时的重要讲话精神，以及广东省委书记李希带领省委常委班子集体瞻仰中共三大会址和省委常委会会议精神，强调市领导要带头传承红色基因，更加紧密地团结在以习近平同志为核心的党中央周围，以习近平新时代中国特色社会主义思想为指导，学习好领会好习近平总书记重要讲话精神，学懂弄通做实党的十九大精神。11月9日，市委常委会会议听取《党的十九大精神宣传工作方案》（稿）、《党的十九大精神宣讲工作方案》（稿）、《关于在全市党员干部中深入开展党的十九大精神大学习大培训的实施方案》（稿）、《市领导同志赴各区（功能区）调研督导学习贯彻党的十九大精神工作方案》（稿）主要内容和起草情况的汇报，讨论并原则同意以上《方案》（稿），强调全市各级各部门要牢固树立“四个意识”，坚定“四个自信”，全力以赴、持续深入地学习宣传贯彻党的十九大精神，切实用习近平新时代中国特色社会主义思想武装头脑、指导实践、推动工作。11月21日，市委常委会会议传达学习广东省委书记李希调研珠海重要指示要求，强调要认真落实李希书记调研珠海重要指示要求，坚定不移推进全面从严治党，以习近平新时代中国特色社会主义思想为指导，在新时代实现新作为。11月26日，市委常委会会议部署《习近平谈治国理政》（第二卷）学习贯彻工作，强调要认真做好《习近平谈治国理政》（第二卷）的学习宣传贯彻工作，始终在思想上政治上行动上同以习近平同志为核心的党中央保持高度一致。11月27日，市委常委会会议传达学习中国共产党广东省第十二届委员会第二次全体会议精神，强调要坚持以习近平新时代中国特色社会主义思想为指导，全力做好岁末年初各项工作，为2018年实现良好开局打下坚实基础。11月30日，市委常委会会议向马兴瑞省长汇报珠海市学习宣传贯彻党的十九大精神的工作情况，强调要坚定不移把学习宣传贯彻党的十九大精神作为首要政治任务来抓，坚定不移用习近平新时代中国特色社会主义思想总揽工作全局，坚定不移维护习近平总书记核心地位和以习近平同志为核心的党中央集中统一领导。12月8日，市委常委会会议听取龚海明关于施克辉调研珠海有关讲话精神的汇报，强调全市各级各部门要坚持把党员身份摆进去、把职责使命摆进去、把家风家教摆进去、把缺点不足摆进去，持续深入抓好党的十九大精神学习宣传贯彻工作。12月21日，市委常委会会议传达学习习近平总书记署名文章《弘扬“红船精神”走在时代前列》精神，强调要深刻把握“红船精神”的丰富内涵和时代价值，坚定理想信念宗旨，大力学习弘扬践行“红船精神”，在全党开展“不忘初心、牢记使命”主题教育，推动“红船精神”进企业、进农村、进机关、进校园、进社区、进网站；传达学习《中共广东省委关于坚决维护以习近平同志为核心的党中央权威和集中统一领导的规定》精神，强调要坚决维护以习近平同志为核心的党中央权威和集中统一领导，始终在思想上政治上行动上同以习近平同志为核心的党中央保持高度一致，不折不扣贯彻落实以习近平同志为核心的党中央决策部署。

【党的建设推进】 2017年1月9日，珠海市委常委会会议听取市委组织部关于《党委（党组）讨论决定干部任免事项守则》主要精神的汇报，强调全市各级党委（党组）要扎实做好学习教育工作，严格按照《守则》程序讨论决定干部任免事项，确保《守则》各项规定落到实处；听取市委组织部关于《珠海市推荐广东省出席党的十九大代表候选人名单》的说明，讨论并原则同意《名单》。1月24日，市委常委会会议书面听取2016年第四季度全市镇（街道）领导干部驻点普遍直接联系群众工作，强调要深化镇街干部驻点联系群众制度，建立全市组工干部、基层干部驻村工作机制，确保村（社区）“两委”班子换届工作健康有序进行。2月9日，市委常委会会议听取吴轼关于《中国共产党珠海市委员会工作规则》（送审稿）起草情况和主要内容的汇报，讨论并原则同意《工作规则》（稿），强调要抓好贯彻执行，细化各项配套制度，进一步提高市委工作的规范性和运转效率。2月17日，市委常委会会议听取市委政研室关于《省第十二次党代会报告征求意见的建议》（送审稿）起草情况和主要内容的汇报，讨论并原则同意《建议》（稿），强调要充分征求各区（功能区）和全市各单位意见，进一步加强与省委办公厅沟通，争取珠海重点工作纳入省党代会报告；听取市委组织部关于珠海市出席省第十二次党代会代表候选人推荐人选的报告，讨论并同意市委组织部提出的有关人选建议，强调要严格规范执行代表产生程序，严肃政治纪律、组织纪律和选举纪律。2月23日，市委常委会会议听取市委组织部关于召开市委全会和市党代表会议有关事项的汇报，讨论并同意珠海市出席省第十二次党代会代表候选人初步人选和预备人选建议名单，同意2

月 24 日上午召开中国共产党珠海市第八届委员会第二次全体会议，3 月中旬召开中国共产党珠海市代表会议。2 月 27 日，市委常委会会议听取吴轼关于《中共珠海市委常委会 2017 年工作要点》(送审稿)起草情况和主要内容的汇报，讨论并原则同意《工作要点》（稿），强调要突出工作重点，强化责任落实，加强协作配合，全力以赴抓好各项工作任务落实。3 月 15 日，市委常委会会议听取省委组织部刘毅宣读《关于李泽中、郑人豪同志职务任免的通知》和《关于李泽中、郑人豪同志职务调整的通知》，强调全市各级各部门和广大领导干部要进一步增强政治意识、大局意识、核心意识、看齐意识，坚决把思想和行动统一到省委的决定上来，确保珠海各项工作的连续性、稳定性和开拓性，维护好团结和谐、干事创业的良好局面；听取市委组织部关于增补市党代表会议代表的汇报，同意增补李泽中为市党代表会议代表。3 月 20 日，市委常委会会议听取市委组织部关于全国、全省组织部长会议，全省村(社区)“两委”换届选举工作座谈会主要精神的汇报，强调要加强规范党内政治生活，强化对党员干部的监督管理，抓好重难点村（社区）换届工作，激发人才创新创造创业活力；听取市委组织部关于做好 2017 年度领导干部个人有关事项填报工作相关要求精神的汇报，强调要加强学习培训，严肃纪律要求，认真抓好贯彻执行。3 月 28 日，市委常委会会议听取市委组织部通报市（区）委书记抓基层党建述职评议结果，强调要坚持问题导向，进一步加强国有企业、“两新”组织、高等院校等领域的党建工作；听取市委组织部关于《全市村（社区）“两委”换届选举工作方案》（送审稿）起草情况和主要内容的汇报，讨论并原则同意《工作方案》（稿），强调要加强统筹、合力推进，扎实做好村（社区）“两委”换届期间的安全维稳、纪律风气、宣传发动、舆情应对等工作，确保村级换届工作顺利推进；听取吴轼关于《中国共产党工作机关条例（试行）》主要精神的汇报，强调要大力推进机关党的建设，严守党的政治纪律和政治规矩，充分发挥机关党组织战斗堡垒作用和党员先锋模范作用。4 月 19 日，市委常委会会议听取吴轼关于《学习宣传贯彻习近平总书记重要批示精神总体工作方案》（送审稿）起草情况和主要内容的汇报，讨论并原则同意《工作方案》（稿），强调全市各级党组织务必按照省委和市委的工作部署，全面学习宣传贯彻习近平总书记重要批示精神，认真抓好《工作方案》的组织实施，确保重要批示精神落到实处。4 月 26 日，市委常委会会议听取赵建国关于《深入推进全面从严治党的实施意见》（送审稿）起草情况和主要内容的汇报，讨论并原则同意《实施意见》（稿），强调全市各级党组织要全面落实管党治党责任，进一步加强思想政治建设，加强和规范党内政治生活。5 月 19 日，市委常委会会议听取市委组织部传达习近平总书记关于推进“两学一做”学习教育常态化制度化的重要指示精神，中央、省委推进“两学一做”学习教育常态化制度化工作座谈会精神，讨论并原则同意珠海市《2017 年推进“两学一做”学习教育常态化制度化实施方案》，强调要提高政治站位，增强行动自觉，推动“两学一做”学习教育常态化制度化落实落地；听取市委组织部传达全省村（社区）“两委”换届选举工作推进会会议精神，强调要扎实做好珠海市村（社区）“两委”换届工作，全力防范风险，重点防范可能引起群体性的信访事件和重大舆情，切实维护社会安全稳定。5 月 27 日，市委常委会会议书面听取 2017 年第一季度全市镇（街道）领导干部驻点普遍直接联系群众工作汇报。7 月 17 日，市委常委会会议听取市委组织部关于全省村(社区)“两委”换届选举工作座谈会主要精神的汇报，强调各区各有关单位要持续用力做好村级换届的收官和后续工作，分门别类做好突出问题的整改，确保各项整改任务落实到位。7 月 27 日，市委常委会会议听取市国资委党委关于全省国有企业党的建设工作会议主要精神的汇报，强调要坚持党要管党、全面从严治党，坚持党对国有企业的领导不动摇，充分发挥国有企业党组织的领导核心和政治核心作用，为国有企业改革发展、做强做优做大提供坚强有力的思想政治保证和组织保证。9 月 18 日，市委常委会会议听取省委组织部罗冀京宣读《关于姚奕生同志等职务任免的通知》和《关于姚奕生同志等职务调整的通知》，强调全市各级领导班子要坚决把思想和行动统一到省委的决定精神上来，以良好的精神状态和扎实的工作作风，齐心协力把珠海各项事业不断推向前进。9 月 20 日，市委常委会会议书面听取 2017 年第二季度全市镇（街道）领导干部驻点普遍直接联系群众工作汇报。

10月13日，市委常委会会议听取市委组织部关于全国、全省城市基层党建工作经验交流座谈会主要精神的汇报，强调要加强对城市基层党建的组织领导，把城市基层党建纳入整体工作部署和党的建设总体规划，以城市基层党建引领基层治理为抓手，突出问题导向，注重分类施策，全力补齐短板，全面提升珠海市城市基层党建工作水平。11月21日，市委常委会会议听取吴轼关于市委八届三次全会筹备工作情况的汇报，讨论并同意市委八届三次全会于11月底在香洲举行。11月26日，市委常委会会议听取吴轼关于《中共珠海市委关于持续深入学习宣传贯彻党的十九大精神　推动习近平新时代中国特色社会主义思想在珠海落地生根结出丰硕成果的决定》（送审稿）及郭元强就全面深入学习宣传贯彻党的十九大精神所作专题讲话（稿）起草情况和主要内容的汇报，讨论并原则同意《决定》（稿）和讲话稿，强调全市各级党组织要坚持把政治建设摆在首位，严守政治纪律和政治规矩，狠抓领导班子和干部队伍建设，坚定不移推进全面从严治党；书面听取2017年第三季度全市镇（街道）领导干部驻点普遍直接联系群众工作汇报。11月28日，市委常委会会议分别听取市委八届三次全体会议第一至七组召集人关于各组分组讨论情况及对《中共珠海市委关于持续深入学习宣传贯彻党的十九大精神　推动习近平新时代中国特色社会主义思想在珠海落地生根结出丰硕成果的决定》（稿）《中国共产党珠海市第八届委员会第三次全体会议决议（草案）》修改情况的汇报，讨论并原则同意《决定》（稿）《决议（草案）》。12月11日，市委常委会会议听取市委组织部《关于上缴市委的补交党费使用管理方案》（稿）起草情况和主要内容的汇报，讨论并原则同意《方案》（稿），强调要充分认识缴纳党费的重要性，进一步加强党员教育，强化党员意识和党性修养，培养优秀青年党员后备力量。12月26日，市委常委会会议书面听取市委八届四次全会筹备工作情况，讨论并同意市委办关于市委八届四次全会的筹备工作意见。

【经济建设推进】　2017年3月20日，珠海市委常委会会议通报与中央部委联系工作情况，强调各有关部门要加大工作力度，抓紧开展项目跟进，扩大对接成果，确保工作落实。3月28日，市委常委会会议听取市法制局关于《珠海经济特区横琴新区休闲旅游业促进办法（草案）》（送审稿）起草情况和主要内容的汇报，请市法制局根据常委会议所提意见进一步论证修改后报市政府研究。6月13日，珠海市委常委会会议听取市纲要办关于珠海市实施珠三角《规划纲要》和对口帮扶阳江情况的汇报，强调全市各有关单位要根据珠三角《规划纲要》2017年重点工作任务，倒排时间、补齐短板，狠抓指标管理、项目建设和重点任务推进，确保珠三角“九年大跨越”圆满收官。6月19日，市委常委会会议听取当前经济工作情况汇报，强调全市各级各部门要讲政治讲大局，切实增强“四个意识”，自觉提高责任感使命感，坚持稳中求进工作总基调，确保2017年上半年“时间过半任务过半”。6月29日，市委常委会会议听取第三届中以科技创新投资大会有关情况的汇报，强调要总结先进经验和做法，主动争取国家、省及以色列相关单位支持，积极申报大会永久落户珠海。8月4日，市委常委会会议听取市金融工作局关于全国金融工作会议主要精神的汇报，强调要紧紧围绕服务实体经济、防控金融风险、深化金融改革三项任务，扎实做好各项金融工作。9月1日，市委常委会会议听取市金融工作局关于全省金融工作会议主要精神的汇报，强调要切实把服务实体经济作为金融工作的出发点和落脚点，以解决融资难融资贵为抓手，引导更多金融资源投向实体经济，切实降低实体经济发展成本。9月20日，市委常委会会议听取市纲要办关于珠三角改革发展工作现场会主要精神的汇报，强调要深入践行新发展理念，瞄准更高目标定位，努力推动珠海市在加快建设社会主义现代化新征程上走在前列，在珠三角当好“三个支撑”主力中体现特区担当、贡献珠海力量。11月21日，市委常委会会议听取龙广艳关于2018年中央电视台春节联欢晚会珠海分会场筹备工作情况的汇报，强调全市各有关部门要全力做好筹备工作，借助春晚平台展示珠海开放之城、创新之城、生态之城、文明之城、活力之城的城市形象，展示新时代珠海的新气象、新作为、新发展。12月26日，市委常委会会议听取吴轼关于中央经济工作会议主要精神的汇报，强调全市各级各部门要坚持新发展理念，坚持稳中求进工作总基调，认真谋划2018年经济工作。

【精神文明建设推进】 2017年1月24日，珠海市委常委会会议听取龙广艳关于全国、全省宣传部长会议主要精神的汇报，强调要坚定正确政治方向，坚持正确舆论导向，牢牢把握意识形态工作主动权，持续推进社会主义核心价值观建设；听取市文明办关于珠海市全国文明城市复牌迎检工作情况的汇报，强调要坚持问题导向，紧抓薄弱环节，大力营造迎检氛围，确保实现全国文明城市复牌目标。4月19日，市委常委会会议听取市文明办关于全国创建文明城市工作经验交流会主要精神的汇报，强调要着力提升市民文明素质、城市文明程度、城市文化品位、群众生活质量，努力建设崇德向善、文化厚重、和谐宜居的文明城市。4月26日，市委常委会会议听取龙广艳关于中共中央办公厅有关通知及全国、全省宣传部长座谈会精神的汇报，强调要把学习宣传贯彻习近平总书记对广东工作的重要批示精神引向深入，扎实做好迎接党的十九大和省第十二次党代会宣传工作，营造良好思想舆论氛围。6月13日，市委常委会会议听取市委宣传部关于中央、省构建中国特色哲学社会科学工作座谈会主要精神的汇报，强调要牢牢把握哲学社会科学工作的正确方向，引导哲学社会科学工作者在思想上政治上行动上同以习近平同志为核心的党中央保持高度一致。7月27日，市委常委会会议听取市文明办关于全省精神文明建设工作会议主要精神的汇报，强调全市各级党委要切实承担起精神文明建设的主体责任，确保珠海顺利通过全国文明城市复牌测评和综合测评；听取市委教育工委关于全省高校思想政治工作会议主要精神的汇报，强调要牢牢把握高校意识形态工作领导权，坚持党管宣传、党管意识形态，重点提升高校思想政治水平，做好学生思想政治教育工作，提高教师思想政治素质和教书育人能力。9月1日，市委常委会会议听取市委宣传部关于《珠海市党委（党组）理论学习中心组学习制度》（送审稿）起草情况和主要内容的汇报，讨论并原则同意《制度》（稿），强调各级党委（党组）要不断提高中心组学习的制度化、规范化水平。10月13日，市委常委会会议听取龙广艳关于全国、全省精神文明建设“五个一工程”表彰座谈会主要精神的汇报，强调要牢牢把握文艺发展正确方向，牢牢把握意识形态工作领导权、管理权和话语权，坚持唱响主旋律、弘扬正能量；听取市委宣传部关于珠海市意识形态工作的汇报，强调要切实提高政治站位和政治自觉，有力有效提升意识形态工作水平，围绕迎接、宣传、贯彻党的十九大营造良好的思想舆论氛围。11月21日，市委常委会会议传达学习全国精神文明建设表彰大会精神，强调要积极培育和践行社会主义核心价值观，加强党对群众性精神文明创建活动的领导，不断提升精神文明建设工作科学化水平。

【全面深化改革推进】 2017年2月23日，珠海市委常委会会议听取市政府办公室关于《我市全面推进政务公开工作的实施意见》（送审稿）起草情况和主要内容的汇报，讨论并原则同意《实施意见》（稿），强调要坚持“公开是常态，不公开是例外”的原则，切实增强责任感和紧迫感，认真做好政务公开各项工作。4月19日，市委常委会会议听取市人防办关于《深入推进全市人民防空改革发展的实施意见》（送审稿）起草情况和主要内容的汇报，讨论并原则同意《实施意见》（稿），强调要进一步强化政治意识、大局意识、国防意识和责任意识，始终坚持人民防空为人民，加快构建坚不可摧的现代人民防空体系；听取市委组织部关于《实施优秀中青年干部“墩苗计划”的工作方案》（送审稿）起草情况和主要内容的汇报，讨论并原则同意《工作方案》（稿），强调要严格人选资格条件，大力引进各类人才，为珠海加快发展提供人才支撑和智力保障。5月27日，市委常委会会议听取市委政研室关于市决策咨询委员会有关工作的汇报，讨论并原则同意设立珠海市决策咨询委员会，强调要提高政治敏锐性，把好选人关，建立完善专家委员遴选机制，实施动态管理，着力打造一支始终保持正确政治方向、德才兼备的决策咨询队伍。6月29日，市委常委会会议听取市国资委《关于进一步推进国有企业改革发展的意见》（送审稿）起草情况和主要内容的汇报，讨论并原则同意《意见》（稿），强调要全力提升国有企业资源优化和配置能力，促进国有企业经济效益和社会效益有机统一，确保深化国有企业改革取得实效。9月1日，市委常委会会议听取市城市管理行政执法局关于《深入推进城市执法体制改革改进城市管理工作的实施方案》（送审稿）

起草情况和主要内容的汇报，讨论并原则同意《实施方案》（稿），强调要着力改进城市管理工作，以执法体制改革为契机，进一步加强执法队伍建设，规范执法方式，完善监督机制，切实提升城市管理科学化、精细化、法治化水平。9月20日，市委常委会会议分别听取市委改革办关于中央群团改革工作座谈会主要精神的汇报以及市总工会、团市委、市妇联、市科协关于改革工作情况的汇报，强调要以更高要求、更大力度、更实举措推进群团改革，切实保持和增强党的群团工作和群团组织的政治性、先进性、群众性，努力开创珠海市群团工作新局面。10月13日，市委常委会会议听取市委改革办关于《横琴、保税区、洪湾片区一体化改革发展实施方案》（稿）起草情况和主要内容的汇报，讨论并原则同意《实施方案》（稿），强调要坚持科学合理规划布局，促进区域产业一体化协同发展，全面提升横琴、保税区、洪湾片区一体化改革发展水平，加快建设珠海新城市中心和大桥经济区，努力成为珠海经济新增长极。11月21日，市委常委会会议听取市纪委关于全国推开国家监察体制改革试点动员部署工作电视电话会议主要精神的汇报，强调要认真落实中央关于改革试点的决策部署，确保改革始终沿着正确方向前进，推动全面从严治党向纵深发展。12月8日，市委常委会会议听取龚海明关于珠海市深化国家监察体制改革试点工作推进情况以及《珠海市深化国家监察体制改革试点工作实施方案》（稿）起草情况和主要内容的汇报，讨论并原则同意《方案》（稿），强调要牢牢把握改革的正确方向，进一步细化工作举措，明确责任分工，严格按照省委要求高质量抓好改革试点任务全面落实。

【创新驱动发展推进】 2017年2月9日，珠海市委常委会会议听取市科技和工业信息化局关于全省创新发展大会主要精神的汇报，强调要把创新驱动摆在发展全局的核心位置，加快集聚国内外创新资源和高端要素，推动科技成果落地转化形成现实生产力，增强珠海经济发展新动能。9月1日，市委常委会会议听取市科技和工业信息化局关于珠江西岸先进装备制造产业带建设暨全省工业技术改造投资工作会议主要精神的汇报，强调要大力振兴实体经济，坚定不移把制造业作为供给侧结构性改革的主战场，以智能制造为主攻方向培养新兴支柱产业，扎实推进先进装备制造产业发展。10月13日，市委常委会会议听取市科技和工业信息化局关于全省建设国家科技产业创新中心暨企业研发机构工作会议精神的汇报，强调要紧紧围绕省委、省政府建设国家科技产业创新中心的部署要求，大力实施创新驱动发展战略，加快形成以创新为支撑的经济体系和发展模式，努力建设粤港澳大湾区创新高地。

【党风廉政建设推进】 2017年1月24日，珠海市委常委会会议听取龚海明关于十八届中央纪委七次全会和省纪委十一届六次全会精神以及《市纪委八届二次全会工作报告》（送审稿）起草情况和主要内容的汇报，讨论并原则同意《报告》（稿），强调要切实抓好党风廉政建设和反腐败工作，持之以恒抓好作风建设，强化监督执纪问责。3月28日，市委常委会会议听取龚海明关于中央纪委有关通知和决定的通报，强调要坚决拥护中央关于李嘉严重违纪案件的处理决定，切实把思想和行动统一到党中央和中央纪委的决定精神上来，坚定不移与以习近平同志为核心的党中央保持高度一致。4月6日，市委常委会会议听取市纪委关于省纪委“问责为官不为和落实容错机制”工作座谈会主要精神以及《关于深入贯彻〈中国共产党问责条例〉和〈广东省党的问责工作实施办法〉的若干意见》（送审稿）、《关于贯彻落实“建立容错纠错机制”的实施意见（试行）》（送审稿）起草情况和主要内容的汇报，讨论并原则同意《若干意见》和《实施意见》（稿），强调要坚持从严问责，把严的要求贯穿管党治党全过程、落实到党的建设各方面，推动问责工作向广度和深度拓展。4月19日，市委常委会会议听取龚海明关于省委反腐败协调小组反腐败国际追逃追赃工作专题会议主要精神的汇报，强调要切实把反腐败国际追逃追赃作为必须抓好的严肃政治任务，扎实做好珠海市国际追逃追赃工作。4月26日，市委常委会会议听取龚海明传达中共中央有关违纪案件及其教训警示的通报精神，强调全市各级纪检监察机关要坚定政治立场，把牢政治方向，始终在思想上政治上行动上同以习近平同志为核心的党中央保持高度一致。6月29日，市委常委会会议听取市纪委《关于加强市直部门下属单位管理的实施方案》（送审稿）起草情况和主要内容的汇报，讨论并原则同意《实施方案》（稿），强调要进一步加强党的领导和建设，严明党的政治纪律和政治规矩，切实担负起第一责任人责任。7月17日，市委常委会会议听取龚海明关于十二届省委第一轮巡视工作动员部署会议主要精神的汇报，强调要切实把思想和行动统一到中央和省委对巡视工作的要求上来，学习宣传贯彻好《中国共产党巡视工作条例》，准确掌握精神实质，正确把握规定内涵，严格依照条例开展巡察工作。9月1日，市委常委会会议听取龚海明关于全省深入推进全面从严治党暨第十六期领导干部党纪政纪法纪教育专题研讨班会议主要精神的汇报，强调全市各级党员领导干部要旗帜鲜明讲政治，坚决维护习近平总书记核心地位，牢固树立“四个意识”，严明政治纪律和政治规矩，做政治上的明白人，推动珠海全面从严治党向纵深发展。9月30日，市委常委会会议传达学习中央有关决定精神，强调要坚决拥护中央对孙政才严重违纪案的处理决定，旗帜鲜明地坚决维护习近平总书记的核心地位，牢固树立“四个意识”，坚决做到思想上充分信赖核心、感情上深刻认同核心、政治上坚决维护核心、组织上自觉服从核心、行动上始终紧跟核心，坚决同以习近平同志为核心的党中央保持高度一致。11月9日，市委常委会会议听取市委巡察办关于八届市委第一轮巡察工作情况的汇报，强调要全面推进党的政治建设、思想建设、组织建设、作风建设、纪律建设，把制度建设贯穿其中，深入推进反腐败斗争，不断提高党的建设质量。

【法治建设推进】 2017年2月9日，珠海市委常委会会议听取市法制局关于《珠海市法治政府建设实施方案》（送审稿）起草情况和主要内容的汇报，讨论并原则同意《实施方案》（稿），强调要把政府工作全面纳入法治轨道，着力解决法治政府建设中的突出问题，推进公共决策科学化、民主化、法治化。4月6日，市委常委会会议听取吴轼关于全省党内法规工作会议主要精神的汇报，强调要以高质量的党内法规制度，为深入推进全面从严治党、推动珠海经济社会持续健康发展提供制度保障。5月27日，市委常委会会议听取市人大法工委关于《加强党领导立法工作的实施意见》（送审稿）起草情况和主要内容的汇报，讨论并原则同意《实施意见》（稿），强调要围绕全市中心工作统筹谋划立法工作，从立法的角度寻求推动工作、解决问题的路径和办法。6月29日，市委常委会会议听取市法制局《关于珠海经济特区牛羊定点屠宰管理办法》（稿）立法建议的汇报，讨论并原则同意立法建议。8月15日，市委常委会会议听取市法制局《关于珠海经济特区建设工程招标投标管理办法》（稿）立法建议的汇报，讨论并原则同意立法建议，强调要规范建设工程招标投标活动，加强诚信体系建设，建立健全科学、合理、全面的信用评价体系，加快制定守信激励、失信惩戒机制；听取市法制局《关于珠海经济特区户口迁移管理规定》（稿）立法建议的汇报，强调要研究制定促进珠海市人口合理增长、优化珠海市人口结构的户口迁移管理政策。9月20日，市委常委会会议听取吴轼关于《市委法律顾问工作制度》（送审稿）起草情况和主要内容的汇报，讨论并原则同意《工作制度》（稿），强调要牢固树立依法执政理念，坚决维护宪法和法律权威，把党委工作纳入法治化轨道，确保各项决策和文件合法合规；听取吴轼关于《加强党内法规制度建设的实施方案》（送审稿）起草情况和主要内容的汇报，讨论并原则同意《实施方案》（稿），强调要牢牢把握党内法规制度建设的正确方向，切实履行党内法规制度建设主体责任，把党内法规制度建设纳入党的建设总体安排。10月13日，市委常委会会议听取市法制局关于《珠海经济特区绿色建筑管理办法（草案）》（稿）立法建议起草情况和主要内容的汇报，讨论并原则同意立法建议；听取市法制局关于废止《珠海市小型客运船舶管理规定》建议主要内容的汇报，讨论并原则同意废止《管理规定》。11月21日，市委常委会会议听取市人大常委会法工委关于《珠海市人大常委会2017—2021年度立法规划（草案）》（送审稿）编制情况和主要内容的汇报，讨论并原则同意《立法规划（草案）》（稿），强调要坚持党对立法工作的领导，切实发挥立法的引领和推动作用。12月11日，市委常委会会议听取市法制局关于《珠海经济特区公安机关警务辅助人员管理办法（草案）》（稿）立法建议起草情况和主要内容的汇报，讨论并原则同意立法建议，强调要长远谋划全市合同制辅助人员经费保障机制，研究提高工资福利待遇水平，完善有关晋升机制，切实保障职工队伍稳定。12月21日，市委常委会会议传达学习《习近平关于全面依法治国论述摘编》和《习近平关于制度治党、依规治党论述摘编》精神，强调要提高政治站位，全面系统领会习近平总书记关于依法治国与制度治党、依规治党统筹推进、一体建设的重要思想，切实做好珠海市全面从严治党和全面依法治市各项工作。

【作风建设推进】 2017年3月20日，珠海市委常委会会议听取吴轼关于《加强和改进督促检查工作的若干意见》（送审稿）起草情况和主要内容的汇报，讨论并原则同意《若干意见》（稿），强调要统筹力量，加强和改进督促检查工作方式，针对市委重大决策部署落实情况重点开展督促检查，确保工作落实。3月28日，市委常委会会议听取市机关作风办关于《2016年度珠海市机关事业单位年终考评方案》（送审稿）起草情况和主要内容的汇报，讨论并原则同意《方案》（稿），强调要突出重点、强化落实，充分发挥考评的激励和导向作用，调动广大干部职工干事创业的积极性。4月26日，市委常委会会议听取吴轼关于《严格执行重大问题请示报告制度的实施意见》（送审稿）起草情况和主要内容的汇报，讨论并原则同意《实施意见》（稿），强调全市各级党委（党组）、党的工作机关和领导干部要带头严格执行重大问题请示报告制度，按规定向上级党组织请示报告重大问题、重要事项，确保重大问题请示报告制度的各项具体要求落到实处。5月19日，市委常委会会议听取市纪委关于珠海市深入贯彻中央八项规定精神纠正“四风”的情况汇报，强调要坚定不移把推进全面从严治党各项要求落到实处，认真贯彻执行中央八项规定精神，保持整治“四风”的高压态势，坚决防止“四风”问题反弹回潮。6月13日，市委常委会会议听取市机关作风办关于2016年度珠海市机关事业单位年终考评结果及《珠海市机关事业单位年终考评结果运用规程》（修改稿）的汇报，讨论并原则同意考评结果及《运用规程》（稿），强调要强化考核结果运用，加强正面引导，充分用好激励措施，调动广大干部职工干事创业的积极性。11月21日，市委常委会会议传达学习《中共中央印发〈中共中央政治局关于加强和维护党中央集中统一领导的若干规定〉的通知》《中共中央办公厅、国务院办公厅关于印发〈中共中央政治局贯彻落实中央八项规定实施细则〉的通知》精神，强调要深入学习贯彻习近平新时代中国特色社会主义思想，把维护习近平总书记这个核心作为最大的政治，坚决按照中央要求和习近平总书记重要指示批示精神谋划珠海发展，确保珠海各项工作始终在党中央坚强领导下沿着正确方向前进。12月11日，市委常委会会议传达学习习近平总书记关于纠正“四风”不能止步、作风建设永远在路上的重要指示精神，强调全市各级各部门要牢固树立“四个意识”，不断提高政治站位和政治自觉，锲而不舍抓好作风建设。12月21日，市委常委会会议听取吴轼关于《广东省贯彻落实中央八项规定精神实施办法》主要精神及珠海市五年来贯彻落实中央八项规定精神推进作风建设的情况报告，讨论并原则同意情况报告，强调全市各级各部门要牢固树立“四个意识”，严格规范执行中央八项规定精神，持之以恒推进作风建设，坚持不懈转作风改作风，认真总结贯彻中央八项规定精神遇到的新情况新问题，深入查摆“四风”特别是形式主义、官僚主义新表现，坚决反对特权思想和特权现象。

【生态文明建设推进】 2017年6月13日，珠海市委常委会会议听取市环保局关于中央有关情况通报主要精神的汇报，强调要旗帜鲜明讲政治，牢固树立绿色发展理念，以更高的标准和要求推进生态文明建设和环境保护工作，把加强生态环保作为践行“四个意识”、维护党中央权威的具体体现。7月27日，市委常委会会议听取市发展和改革局《关于加快推进我市生态文明建设的实施方案》（送审稿）起草情况和主要内容的汇报，讨论并原则同意《实施方案》（稿），强调全市各级各部门要牢固树立绿色发展理念，按照《实施方案》提出的目标任务和职责分工，密切协调配合，着力补齐短板，进一步巩固和扩大珠海市生态文明优势，合力把珠海打造成为全国生态文明建设标杆城市。

【统一战线工作推进】 2017年1月24日，珠海市委常委会会议听取郭才武关于全国、全省统战部长会议主要精神的汇报，强调要扎实做好广泛凝聚共识、服务经济社会发展、维护社会和谐稳定工作，为实现市第八次党代会的各项目标任务凝心聚力。4月6日，市委常委会会议听取市委台办关于全省对台工作会议主要精神的汇报，强调要深刻领会中央对台工作大政方针和省委的部署要求，从讲政治、顾大局的高度提高对做好对台工作重要性的认识，着力提升做好对台工作的能力和水平。4月19日，市委常委会会议听取市侨联关于召开珠海市第七次归侨侨眷代表大会有关事项的汇报，同意2017年7月召开市第七次归侨侨眷代表大会。4月26日，市委常委会会议听取郭才武关于全国、全省新的社会阶层人士统战工作会议精神的汇报，强调要扎实做好新的社会阶层人士统战工作，为珠海市改革发展凝聚广泛力量支持。7月27日，市委常委会会议听取郭才武关于全省宗教工作协调领导小组第四次全体会议主要精神的汇报，强调要压实宗教工作的主体责任和党委（组）书记第一责任，把宗教工作纳入重要议事日程，着力做好珠海市宗教领域重点工作。

【政法工作推进】 2017年2月9日，珠海市委常委会会议分别听取市委政法委和市信访局关于中央、省委政法工作会议和全国信访局长、全省信访工作会议主要精神的汇报，强调要高度重视维护社会稳定，狠抓各项工作落实，为迎接党的十九大和省第十二次党代会胜利召开营造安全稳定社会环境。5月27日，市委常委会会议听取市委政法委关于全市综治工作情况的汇报，强调各区各单位要高度重视珠海市综治工作，针对当前存在的突出问题，认真查摆原因，采取有效措施补齐短板。6月19日，市委常委会会议听取市信访局、市委维稳办关于珠海市信访维稳工作的汇报，强调全市上下要牢固树立全年都是防护期、稳控期的思想，认真履行信访工作责任制，特别是各区要严格落实信访督查问责主体责任。7月17日，市委常委会会议听取张强关于全省维护稳定工作会议以及市信访局关于省信访工作联席会议《关于进一步落实各级党政领导干部信访工作责任有关问题的通知》主要精神的汇报，强调要进一步落实维护稳定工作责任，坚决完成好特别防护期的攻坚任务。9月1日，市委常委会会议听取市禁毒办关于珠海市禁毒工作情况的汇报，强调要以对人民高度负责的精神，坚持标本兼治、多管齐下，严厉打击各类毒品犯罪活动。9月20日，市委常委会会议听取市信访局关于全国、全省信访工作会议主要精神的汇报，强调要坚持以人民为中心的发展思想，切实提高政治站位，扎实做好信访基层基础工作，使解决信访问题的过程成为践行群众路线、做好群众工作的过程。11月9日，市委常委会会议分别听取市信访局、市委维稳办关于珠海市信访维稳工作情况的汇报，强调各区各有关部门要牢固树立全年都是防护期的思想，认真总结党的十九大期间的好经验好做法，全面梳理排查风险隐患矛盾，加大矛盾纠纷化解力度，从源头上预防和化解社会矛盾。

【食品卫生工作推进】 2017年4月6日，珠海市委常委会会议听取市卫生和计划生育局关于全省卫生与健康大会主要精神的汇报，强调要按照省委、省政府的部署要求和市第八次党代会提出的建设幸福平安之城的目标任务，全面推进健康城市建设，建设医疗卫生高地。12月8日，市委常委会会议听取市食品药品监督管理局关于珠海市2017年以来食品安全工作情况的汇报，强调要切实增强食品安全工作的责任感、紧迫感，大力实施食品安全战略，让人民群众吃得放心。

【安全生产建设推进】 2017年6月29日，珠海市委常委会会议听取市海洋农业和水务局、市安全生产监督管理局关于《中共广东省委办公厅广东省人民政府办公厅关于认真贯彻落实习近平总书记重要批示精神加强汛期灾害防范和安全生产工作的通知》主要精神的汇报，强调全市各级各部门要坚持以人民为中心的发展思想，以对人民极端负责的精神抓好灾害防范和安全生产各项工作，严防各类灾害事故发生，坚决维护和保障人民群众生命财产安全。8月23日，市委常委会会议听取市“三防办”关于强台风“天鸽”救灾复产工作的汇报，强调全市各级各部门要充分认识灾情的严重性，讲政治、顾大局，把人民群众生命财产安全放在首位，把救灾复产作为当前最重要的任务，集中精力，争分夺秒，迅速开展救灾复产，确保各项工作落到实处。8月27日，市委常委会会议听取关于防风救灾情况以及《灾后复产重建工作总体方案》（稿）起草情况和主要内容的汇报，讨论并原则同意《方案》（稿），强调全市广大党员干部要坚持以人民为中心的发展思想，发挥示范带动作用，主动深入一线，积极参与救灾复产重建，确保在9月1日前全面恢复正常生活生产秩序，在半个月内实现全市市容环境干净整洁目标。9月27日，市委常委会会议听取吴轼《关于表扬救灾复产重建先进集体和先进个人的通报》（送审稿）起草情况和主要内容的汇报，讨论并原则同意《通报》（稿）。12月8日，市委常委会会议听取市安全生产监督管理局关于珠海市2017年以来安全生产工作情况及岁末年初工作计划的汇报，强调要牢固树立以人民为中心的发展思想，不断提高安全生产防控能力，努力构建安全生产长效机制，大力推动安全生产工作上水平。12月11日，市委常委会会议听取市公安消防局关于珠海市消防安全工作的汇报，强调要充分认识消防安全工作的极端重要性和长期性，牢固树立安全发展的理念，以对人民群众极端负责的精神抓好消防安全工作，严防消防安全事故发生，确保人民群众生命财产安全。12月26日，市委常委会会议听取市市政和林业局关于凤凰山森林火灾情况的汇报，强调全市各级各部门要深刻吸取教训，把冬季森林防火摆在突出位置，举一反三，全面开展大排查、大整治，坚决杜绝森林火灾再次发生，切实保障人民群众生命财产安全。

【人大、政协工作推进】 2017年1月24日，珠海市委常委会会议分别听取市人大常委会和市政协关于广东省第十二届人大五次会议、广东省政协十一届五次会议精神的汇报，强调要坚持稳中求进工作总基调，坚定不移推进供给侧结构性改革，大力实施创新驱动和开放引领战略，加大固定资产投资力度，扎实做好民生各项工作。3月20日，市委常委会会议分别听取市人大常委会和市政协关于市人大常委会2017年立法工作计划草案和监督工作计划草案（送审稿）、市政协2017年重点协商计划及重点监督议题（送审稿）起草情况和主要内容的汇报，讨论并原则同意以上文稿。8月15日，市委常委会会议听取市人大常委会关于中央、省加强县乡人大工作和建设有关精神的汇报，强调要进一步加强区、镇人大的组织建设和人大干部队伍建设，补齐珠海市区、镇人大在组织建设、队伍建设等方面存在的短板。12月8日，市委常委会会议分别听取市人大常委会和市政协关于珠海市第九届人民代表大会第五次会议和政协珠海市第九届委员会第二次全体会议筹备工作安排的汇报，讨论并同意珠海市第九届人民代表大会第五次会议于2018年1月16—19日在香洲召开，政协珠海市第九届委员会第二次全体会议于2018年1月15—17日在香洲召开。12月21日，市委常委会会议听取陈英关于全省市人大常委会主任座谈会主要精神的汇报，强调要严格落实好中央和省对加强县乡人大工作和建设的各项要求，坚持把党的领导贯穿于人大依法履职全过程和人大工作各个方面。

【东西部协作和对口帮扶工作推进】 2017年5月19日，珠海市委常委会会议听取市委农办关于珠海市对口云南怒江州扶贫协作工作汇报，强调要高度重视珠海市对口云南怒江州扶贫协作工作，不折不扣按照中央、省的要求如期完成扶贫攻坚任务。7月17日，市委常委会会议听取市委农办关于习近平总书记在深度贫困地区脱贫攻坚座谈会讲话主要精神的汇报，强调市各有关单位要牢固树立"四个意识"，按照中央和省委的决策部署，坚持精准扶贫、精准脱贫基本方略，扎实做好扶贫和对口支援工作。8月4日，市委常委会会议听取市委农办关于全省贫困村创建社会主义新农村示范村工作会议主要精神的汇报，强调要高起点高标准高水平推进珠海市社会主义新农村建设，扎实做好对口帮扶阳江、茂名省定贫困村创建新农村示范村工作。9月1日，市委常委会会议听取郭才武关于东西部扶贫协作经验交流会议主要精神的汇报，强调要以建档立卡贫困人口脱贫为核心，推进产业协作帮扶，创新完善协作模式，深化区县对接帮扶，确保扶贫攻坚任务圆满完成；听取珠海对口帮扶阳江指挥部关于粤东西北协调发展暨产业共建工作现场会主要精神的汇报，强调要对照省的考核目标要求，进一步强化工作措施，巩固工作成效，确保如期完成省交给的对口帮扶和产业共建工作。12月26日，市委常委会会议听取姚奕生关于黑龙江、广东对口合作座谈会主要精神的汇报，强调要按照省委、省政府工作部署要求，积极谋划和推进与黑河市的对口合作，全力完成好中央和省委交给珠海的重大政治任务。 （市委办）

组织建设

【学习贯彻党的十九大精神】 2017年，珠海市委组织部将学习贯彻习近平新时代中国特色社会主义思想和党的十九大精神作为首要政治任务和最重要的“纲”，在学懂弄通做实上下功夫。提前谋划，确保学习先行一步。党的十九大开幕前夕，研究审定《市委组织部机关学习宣传贯彻党的十九大精神工作方案》，部署推进学习贯彻措施14项。抓好培训，营造学习氛围。坚持培训全覆盖，统筹制订大学习大培训方案，举办学习贯彻党的十九大精神专题研讨班3期，全覆盖培训全市处级干部及镇（街道）党政正职1200余人，集中专题培训党支部书记6200余人。把党的十九大精神作为市委党校干部教育培训必修课，在“珠海市干部教育培训”“珠海云学习APP”等在线平台设置专题学习板块，组织全市党员参加“学报告学党章”考学活动；编印《“学报告学党章”党员应知应会100问》《“学报告学党章”基层党务工作指引》口袋书，发放到10万余名党员手中。紧贴落实，促进组织工作提升。开展“十九大精神基层行”活动，赴基层党组织开展学习宣讲，组织业务科室进行专题调研，谋划未来组织工作思路、计划和重点任务。

【“两学一做”学习教育】 2017年，珠海市7000余个党组织、10万余名党员按照基础在学、关键在做要求，坚持全覆盖、常态化、重创新、求实效，有序推进“两学一做”学习教育常态化制度化。

坚持以上率下，力求层层压实责任 5月，召开全市推进“两学一做”学习教育常态化制度化工作会议，印发《关于在全市党员中开展“学党章党规、学系列讲话，做合格党员”学习教育实施方案》，对全市学习教育工作提出明确要求和具体安排。先后编发学习教育工作指引8期，建立“三会一课”计划报备和纪实制度，引导党员开展经常性“党性体检”，推进党内组织生活各项制度落地生根。

突出分层分类多措并举，力求全面覆盖 在对象上分层分类。对党员领导干部要求在全面、系统、深入上下功夫，市委书记履行第一责任人职责，带头督学领学，深入各区调研指导，市委常委带头到支部和分管单位讲党课、做示范；全市1000余名处级干部、6000余名党支部书记均以不同形式讲至少1次专题党课；对普通党员要求践行党章，把“四讲四有”落到实处。在内容上分层分类。结合不同领域行业实际，分系统、分类别精心指导，有针对性制订工作方案，提出不同实施方案、目标要求和办法措施。在形式上分层分类。根据党员工作、生活、居住和身体等情况，采取切合实际的方式方法，引导每名党员都学起来、做起来。

加强督促检查，力求指导有力、提质增效 组建市级督导组6个、区（工委）级督导组38个，以现场观摩、查阅资料、听取汇报等方式，每周深入2～3个党支部进行督查指导，全年抽查督导基层党组织300余个，做到督导全覆盖。

深入宣传引导，力求烘托舆论氛围 在市属新闻媒体开设“两学一做”学习教育相关专栏20余个，刊发相关重点稿件1100余篇，推出融媒体报道200余条；市领导带头撰写理论文章和心得体会，全市党员累计刊发理论文章、评论言论、心得体会和先进典型等近400条；中央、省重点媒体在“两学一做”学习教育重点栏目和专题报道中采纳珠海市新闻线索30余条；各网络平台发布、转载“两学一做”学习教育相关文章900余条，点击总量超70万次。

【村（社区）“两委”换届】 2017年，珠海市318个村（社区）选出新一届“两委”班子成员2502名。新一届村（社区）“两委”班子整体素质明显增强，结构显著优化。大专以上文化程度占66.9%；平均年龄42岁，35岁左右的621名，占30%；妇女干部868人，占42%，其中女村委会主任5人；村（社区）书记、主任“一肩挑”占92.7%，“两委”班子成员交叉任职占95.5%。

加强党的领导，层层压实责任 把加强党的领导贯穿换届全过程，发挥各级党组织在换届中的领导核心作用。市委书记郭元强担任全市村级换届工作领导小组组长，亲自到区、镇、村指导；市委组织部主要领导多次带队到各区、镇(街道）专题调研，研判换届重点难点问题；各区党委特别是党委书记履行第一责任人职责，靠前指挥，亲自部署和推动；各镇（街道）党委书记底数清、分析透、研判实，一抓到底。层层传导压力、责任和担当。市委常委每人联系1个区，14名市党政班子成员每人挂钩1个重点难点村（社区），128名区领导挂钩指导24个镇（街道）318个村（社区），409名镇（街道）领导驻点联系318个村（社区）。市、区、镇（街道）第一时间成立领导小组和办公室，统筹协调，督查指导，对换届工作进行全过程领导、全过程把关，保证换届工作方向正确。市、区组织部门牵头抓总，民

政部门协同抓落实，纪委、政法、宣传、公安、信访等部门各司其职、齐抓共管，形成换届工作整体合力。

摸清底数，周密部署安排 市委组织部牵头开展“听民意、促换届”主题调研活动，对全市村（社区）“两委”干部队伍现状和可能影响换届的突出问题全面摸查，摸清村情、民情和选情，综合研判，分类指导。实施“一村一策”，结合“两学一做”学习教育整顿软弱涣散村（社区）党组织，对摸排出的22个换届重点难点村，逐村制订整顿方案。市换届办统筹安排人员到基层一线指导，做好“三本台账”（换届人事安排工作台账、突出矛盾问题台账、换届程序步骤台账），及时把握工作动态。市委组织部、市民政局制订全市换届时间表和路线图，编印换届选举流程图，制作选举办法、选票、承诺书等模板。市、区、镇（街道）分级分批培训换届选举骨干人员6000余人次，让选举工作人员懂程序、会操作、明规矩，做到选举工作关键环节一个不漏，法定程序一步不少。

坚持“五强”标准，选优配强班子 按照“五强”（党性强、管理服务本领强、带富能力强、化解矛盾能力强、廉洁履职能力强）标准，从村里致富带头人、外出务工经商返乡人员、专业合作社负责人、回乡大中专毕业生、复员退伍军人、乡村医生教师等优秀党员中选拔村党组织书记，有致富带头人59人、外出务工经商返乡人员11人、专业合作社负责人7人、回乡大中专毕业生3人、复员退伍军人29人、乡村医生1人当选村（社区）党组织书记，“领头雁”队伍整体能力素质得到提升。开展非户籍常住居民及党员参加社区“两委”选举试点工作，按照“有意愿、有人选、群众认可”原则，以“非户籍常住人口达到户籍人口30%以上”范围确定试点社区71个（其中纯社区47个、村改居社区24个），选举产生的71名非户籍委员全部具有大专以上学历（其中大学本科以上42人），平均年龄27岁，党员36人。

加强巡察督导，确保换届风清气正 制订纪律教育宣传方案，制作案例警示片，宣传换届纪律“九严禁”（严禁拉帮结派、严禁拉票贿选、严禁买官卖官、严禁跑官要官、严禁造假骗官、严禁说情打招呼、严禁违规用人、严禁跑风漏气、严禁干扰换届）。印发《换届选举法律知识读本》1000余本，各镇（街道）组织参选人员签订换届纪律承诺书2500余份，组织观看《镜鉴》等警示教育片6000余人次。市委成立巡察组3个，对换届过程全程监控，巡察党组织68个，受理信访举报29件，全部移交处理。市委巡察组开展个别谈话，与镇（街道）领导班子成员、村（社区）负责人、村民代表、基层党员、落选人员谈心谈话206人次。开展新一届村（社区）“两委”干部全员培训，市级举办村（社区）书记、主任培训示范班，对341名新当选的村（社区）书记、主任进行专题培训；各区对新一届村（社区）“两委”班子成员进行全员培训，市、区两级培训村级干部6156人次。

【干部队伍建设】 2017年，珠海市委组织部落实“好干部”标准，注重把牢固树立“四个意识”和“四个自信”、政治过硬、本领高强的干部选配到各级领导班子。常委会讨论任免市管干部439人次，其中提拔136人，平级交流89人。选派45名优秀年轻干部挂职锻炼，接收外地市12批54名干部挂职锻炼；向云南怒江、广东阳江指挥部选派扶贫干部41人；向4个境外经贸代表处选派干部9人。举办党校主体班8期、各类短期专题研讨班10期，培训各级干部653人次。实施干部培训“远航计划”，组织干部赴美国等地开展专题培训。实施“引才计划”，面向全国引进党政机关和企事业单位紧缺专业人才61人。实施“双成长计划”，选拔8名镇（街）书记到市管副处职领导岗位任职、8名市直机关科级干部到镇（街）任镇长或街道办主任。实施“墩苗计划”，选派20名年轻干部赴云南怒江乡镇历练。建立健全干部考核评价机制，加强考核结果运用。完成市“两会”换届选举有关人事工作和新一届市政府组成部门人员重新任命工作，完成新一届全国和省人大代表、政协委员推荐提名工作。落实干部选任工作全程纪实，实施党委（党组）书记、纪委书记对考察对象廉洁自律情况把关“双签字”制度。加强干部选拔任用全程监督，严格执行防止干部“带病提拔”实施意见，落实“凡提四必”（即讨论决定前，对拟提拔或进一步使用人选的干部档案必审、个人有关事项报告必核、纪检监察机关意见必听、线索具体的信访举报必查）要求，动议后暂缓调整11人次。严格个人有关事项填报及查核工作，组织集中填报1086人次，重点核查427人次。受理各类信访投诉60件，对领导干部开展提醒、函询、诫勉252人次。从严规范市管干部因私出国（境）审批管理，完成市管干部日常审查审核 300 余人次。

【基层党组织和党员队伍建设】 至 2017 年底，珠海市有中国共产党地方委员会 4 个、基层组织 7013 个，其中基层党委 379 个、党总支部 383 个、党支部 6251 个；党员总数 10.45 万人，其中女党员 3.7 万人，35 岁以下党员 3.59 万人，大学专科以上学历党员 7.52 万人。2017 年，珠海市委组织部统筹推进各领域基层党组织建设，指导全市 62 个党组织建立完善《党组织工作规则》，制定 7 个领域基层组织建设标准，建设基层党组织标准化示范点 108 个。起草加强城市基层党建工作意见，对未来三年城市基层党建工作进行全盘谋划和具体部署，推行社区党建网格化工作机制，构建"社区党委—网格党支部—楼栋党小组"组织体系，探索实施社区党委领导下的居民议事制度。召开全市国企党建暨改革发展工作会议，制定市属国企党建重点任务清单 40 条，15 家市属国企将党建工作总体要求纳入公司章程。制定加强民办高校党建 10 条措施，强化民办高校党组织政治保障作用。出台《关于加强园区党建工作的意见》，促进"两新"组织党组织覆盖面有效扩大。精准整顿 20 个软弱涣散村（社区）党组织，深化镇（街）领导干部驻点联系群众工作，帮助群众解决问题 9300 余件。抓好各级党组织书记抓基层党建述职评议考核、村（社区）"两委"干部大专学历教育、基层党员教育管理人员专题培训。推进党代会常任制试点工作和智慧党建平台建设，做好党员组织关系集中排查、党员发展、党代表和党员违法违纪处置等重点工作。推行"一册一单"举措，提高发展党员工作规范化科学化水平。严格执行发展党员计划，全年发展党员 2709 人，其中 35 岁以下 2300 人。贯彻执行中央关于党费工作两个《通知》，在规定时间内完成补交党费核查和上缴任务。开展珠海市党组织和党员基本信息采集工作。开展党的十九大、省十二次党代会精神宣传教育，各级党组织通过远教平台集中观看学习 2306 场次，参加党员 9.83 万人次。加强党员教育管理人员、远程教育站点管理员、课件制作队伍学习培训，分别在华南师范大学、北京大学、广州邮电学院举办培训班 3 期，99 人参加学习。制作典型事迹片 6 部，上传省、市远程教育平台，引导广大党员学习先进典型，做"四讲四有"合格党员。

2017 年 6 月 29 日，珠海市召开国有企业党的建设暨国资国企改革工作会议
（市委组织部 供稿）

【人才队伍建设】 2017 年，珠海市委组织部重点突出统筹谋划，推动人才队伍建设和人才工作提质增效。开展人才发展工作专题调研，编制《珠海市人才发展"十三五"规划》，抢抓粤港澳大湾区发展先机，系统谋划未来五年珠海人才工作新布局。深化各领域人才发展体制机制改革，对标先进地区研究起草珠海人才新政及配套措施，打造更加积极、开放、有效的人才政策体系。实施重点人才工程，引进海内外高层次人才和创新创业团队，产业、卫生、文化、教育等领域人才队伍建设全面发展，全年新引进"千人计划"专家 43 人，入选省"珠江人才计划"领军人才 5 人，两项指标居省内地级市首位；入选省创新创业团队 3 个、"广东特支计划"杰出人才 3 人、科技创新创业领军人才 6 人。强化人才发展优先投入理念，年内市财政安排市人才专项资金 2.11 亿元。加大人才政策和典型事迹宣传力度，在《珠海特区报》开展"人才强市"主题宣传活动。

【组织部门自身建设】 2017 年，

珠海市委组织部以提升组织工作质量为重点，建设模范部门和过硬队伍。通过部机关党委集中学习、支部学习、专家宣讲等形式，带头学习贯彻党的十九大精神。完善部机关各项管理制度，做好涉组涉干舆情监测处置，加强信息化建设。加强组工干部专业化能力建设，与武汉大学等高校合作举办组工干部培训班，建立组工干部直接联系基层、年度课题调研、到重大项目建设一线参观考察等制度，定期举办“组工讲坛”，全方位提升组工干部专业能力和综合素质。推进部机关党组织标准化建设，完成部机关党委和各支部换届，落实“三会一课”、民主评议党员等基本制度。从严从实抓好内部监督和日常管理，配合驻部纪检组开展工作，全年没有发生违纪情况。（刘金党）

老干部工作

【概　况】 至2017年底，珠海市有离退休干部1.55万人。其中，离休干部194人，退休干部1.54万人；离休干部共产党员166人，退休干部共产党员8475人。有离休干部单独成立党支部2个，退休干部单独成立党支部100个，离退休干部联合成立党支部71个，与其他党员合编党支部23个。双向共管党委成立党支部5个，在册流动离退休干部党员147人。

【“两项建设”】 2017年，珠海市加强老干部“两项建设”工作。

离退休干部思想政治建设　全年组织各类报告会、座谈会、培训班、研讨班等16场。3月，组织四套班子老领导参加广东省传达贯彻全国“两会”精神电视电话会议暨珠海市贯彻落实全国“两会”精神会议。5月，组织离退休干部代表参加市委理论学习中心组习近平总书记对广东工作重要批示精神专题学习会，召开全市离退休干部“两学一做”学习教育常态化制度化工作推进会。党的十九大开幕时，组织局机关党委在职及离退休党员150余人集中收看开幕式盛况。11月，在全省地级市中率先举办离退休干部学习贯彻党的十九大精神专题研讨班，市直单位离退休党支部书记等200余人参加。

离退休干部党组织建设　牵头成立珠海市离退休干部工作领导小组和中共珠海市委离退休干部工作委员会，编印下发《离退休干部党建工作指南》，将离退休党建工作纳入全市党建工作考核范围。3月，在全省老干部工作会议上，以《着力构建“四位一体”新模式，开创离退休干部党建工作新局面》为题，介绍珠海市离退休干部党建工作经验。

【“两项待遇”】 2017年，珠海市严格落实老干部“两项待遇”。

政治待遇　组织召开四套班子老领导迎春座谈会和经济社会发展情况通报会，四套班子在职领导与老领导、离退休干部代表齐聚一堂，共商珠海发展大计。4月、9月，先后两次组织四套班子老领导参观考察港珠澳大桥、高栏港铁路等重大项目，为珠海经济社会发展把脉献计。5月，组织市直单位退休干部代表参观考察南屏科技园、珠海保税区，深入了解珠海经济社会发展情况。“七一”前夕，以“送关爱、添光彩”为主题，举办书画展、座谈会、文艺汇演、慰问困难党员等系列活动，庆祝建党96周年。“八一”建军节，组织离休干部、老战士召开建军90周年座谈会，收看阅兵式。

生活待遇　全年走访慰问老干部3700余人次，发放慰问金200余万元，发放离休干部遗属生活困难补助金11万元。协调安排5400余名离退休干部体检，帮扶特殊困难人员66人，落实38名建

2017年4月19日，珠海市委老干部局组织市四套班子老领导参观港珠澳大桥建设项目　（市委老干部局 供稿）

国初期参加工作人员补助发放，为50名老干部提供免费法律咨询服务，协助家属办理16名逝世老干部后事，为135名市直单位和易地安置的80岁以上离休干部举办集体祝寿活动。

【增添正能量系列活动】 2017年，珠海市委老干部局以“畅谈十八大以来的变化、展望十九大胜利召开”“建言十九大”为主题，开展为党和人民事业增添正能量系列活动。全市各单位围绕“畅谈·展望”和“建言”主题，召开座谈会270余场次，组织离退休干部参观考察280余次，举办老干部书画摄影展、诗词楹联创作展等30余场次。各级老干部工作部门、省市媒体访谈珠海离退休干部35人，离退休干部“建言”362条、撰写理论文章116篇，编印文集600余册，发放全市离退休干部党组织。通过设置新媒体平台征集“双100句”（“我最喜爱的习近平总书记的一句话”100句和“畅谈十八大以来变化、展望十九大胜利召开”正能量微语100句），编印“口袋书”3000余册，发放全市离退休干部党组织。香洲区依托社区老年大学开展“梦想的声音”“舞比幸福”等文艺活动，把“畅谈·展望”活动延伸到社区。市老年大学依托文学社、俱乐部等开展原创作品展演和文艺汇演，让“畅谈·展望”活动引领校园文化。珠海特区报社创新活动模式，按照“一个主题+六大活动+三个层面”工作思路推进“畅谈·展望”活动。市公安局依托离退休警察协会举办“喜迎十九大展示新风采”主题系列文艺活动5场次。全市组织喜迎党的十九大演出12场次，下农村进社区到工厂学校赞颂新成就。组织开展“唱响南粤——广东省珠海市离退休干部喜迎党的十九大胜利召开”文艺汇演专场，并选送《伶仃洋上的礼赞》参加全省汇演。配合“康乐年华”栏目组采访离休干部王荻，开展正能量故事汇活动。

【老年教育】 2017年，珠海市老年大学春季学期开设教学班191个，学员6728人次（4032人），聘请老师61人、班主任17人；秋季学期开设教学班193个，学员7069人次（4269人），聘请老师63人、班主任17人。1月16日，中国老年大学协会授予珠海市老年大学“全国示范老年大学”称号。珠海市离退休干部活动中心设有俱乐部18个，现有活动卡持卡人680人，年活动人数8.56万人次，平均每天活动人数400人次。全年按计划开展活动与比赛，根据时段或节日举办大型活动，组队参加全国、省市比赛30次。4月，举办“展示新风采，喜迎十九大”文艺演出活动；10月，与东莞市老干部大学联合举办庆祝建国68周年和喜迎党的十九大老干部书画作品联展；11月，参加2017年“珠江·恺撒堡杯”全国老年大学钢琴比赛获优秀组织奖。

【关心下一代工作】 2017年，珠海市关心下一代工作委员会推进“三失一欠”（失学、失业、失足，身体欠健康）青少年帮扶工作，成立市关心下一代协会，联合协会开展“关工学子”助学活动和儿童节义诊、慰问等活动，筹款191.8万元，帮助家庭贫困大学生300余人，为百余人次欠健康青少年儿童义诊。加强未成年人思想道德建设。牵头筹建杨匏安精神教育基地，组织“五老”讲师团深入基层宣讲党史、国史；做好珠海市第三届青少年普法教育活动总结，珠海市和斗门区分别获全国“青少年普法教育示范区”称号，全市40所学校获全国“零犯罪学校”称号、6个单位获“先进单位”称号、5个单位获“优秀组织奖”、47名青少年普法工作者获评先进个人、68名青少年普法工作者获评优秀辅导员、165名青少年获全国青少年普法教育活动办表彰；与多个单位联合开展“160工程”活动，其中开展夏令营、安全知识讲座、野外拓展、志愿服务、参观教育基地等暑期活动700余场，惠及青少年5.26万人。（范金海）

宣　传

【理论工作】 2017年，珠海市委宣传部加强对党的理论创新成果的学习、宣传和研究，理论武装持续强化。

中心组学习　发挥各级党委（党组）理论学习中心组示范作用，全年举办市委中心组学习17期，集中学习研讨习近平总书记关于广东工作重要批示精神、习近平总书记7·26重要讲话精神、《习近平谈治国理政》（第二卷）等专题6次；制定党委（党组）理论学习中心组学习制度、秘书处工作规程、学习秘书管理办法等制度，实现各级党委（党组）中心组学习管理、考核全覆盖。

基层宣讲　全年开展习近平总书记关于广东工作重要批示精神、习近平总书记意识形态工作系列重要讲话精神、省第十二次党代会精神、习近平总书记 7·26 重要讲话精神、党的十九大精神、《习近平谈治国理政》（第二卷）等专题理论宣讲活动 2000 余场次。珠海市委讲师团获评“全国基层理论宣讲先进集体”,“珠海文化大讲堂”获评“全国终身学习品牌项目”，“社区网络电视”项目入选由中宣部编写的《宣传思想文化工作案例选编（2017）》，香洲区委宣传部获评全省基层理论宣讲先进集体，市委讲师团 2 名成员获评全省基层理论宣讲先进个人。

理论研究　开展课题研究，撰写“学习贯彻习近平新时代中国特色社会主义思想　进一步加强党的思想建设”“坚定文化自信，推动社会主义文化繁荣兴盛”重点课题调研报告，完成专题调研报告 17 个，确立 2017—2018 年度哲学社会科学规划课题 193 项。加强理论研究阵地建设。推动在珠高校牵头成立新时代中国特色社会主义思想研究会，在珠 2 所高校新成立马克思主义学院，建立第三批社科研究基地 15 家，办好《珠海宣传》《珠海潮》杂志，为珠海经济社会发展献计献策。

【文化事业】　2017 年，珠海市委宣传部推动文化事业发展。

文化基础设施建设　加快市博物馆新馆建设，新建市民艺术中心 7 个；推动公共文化服务向西部地区倾斜；推动市图书馆总分馆建设，构建全市公共图书馆服务网络；完成文化部第六届图书馆评估定级工作，金湾区通过广东省第一批图书馆总分馆试点验收。至年底，全市建有区级以上公共图书馆 3 个、文化馆 4 个、镇（街）综合文化站 24 个、村（居）文化中心 312 个，基本实现基层文化设施全覆盖。

城市文化活动　举办建军 90 周年主题活动；举办省第七届群众音乐舞蹈花会、“滨海之声”音乐会、南国书香节珠海分会场、市民文化节、艺术点亮人生等文化品牌活动。

文艺精品创作　纪录片《容闳》、歌曲《雁儿飞》《白发如花》3 部文艺作品获广东省精神文明建设“五个一工程”奖，市委宣传部获全省组织工作先进单位；小说《制片人》、散文集《青苍》、诗集《世界的右边》、电影《青涩日记》、歌曲《白发如花》《苏幕遮》、粤曲说唱《海魂》7 部作品获广东省第十届鲁迅文学艺术奖；重点文艺精品项目《港珠澳大桥》（纪录片）在央视多个频道播出；重点文艺精品项目粤剧《疍家女》成功公演，入选广东省艺术节精品剧目并获一等奖。

文艺人才队伍建设　印发《珠海市文艺人才专项资金管理暂行办法》，开展首批高层次文艺人才评审工作，以项目方式柔性引进高层次文艺人才来珠海开展文化活动和负责文艺项目。全年评选珠海市文艺名家工作室 4 个，柔性引进高层次文艺人才 3 人。

历史文化资源保护利用　完成陈芳家宅、蔡昌故居、会同祠、那洲南闸门、北沙蔡氏大宗祠、上栅梁氏大宗祠、官塘佘氏大宗祠、凤台梁公祠、鸡山二房祠修缮工程；启动第九批广东省文物保护单位、第七批珠海市文物保护单位申报和推荐工作；启动东澳湾沙丘遗址、后沙湾遗址保护规划编制，完善拱北拉塔石炮台陈列布展及配套服务工作；实施古驿道调查、保护与展示工程，以香山古驿道（岐澳古驿道、长南迳古道）示范段建设沿线 100 处不可移动文物为重点，挖掘沿线历史人文资源及自然资源；编辑出版《珠海香山古驿道不可移动文物》宣传册。

【对外宣传】　2017 年，珠海市

2017 年 11 月 29 日，“21 世纪海上丝绸之路”国际传播暨中国（广东）企业走出去论坛开幕式在珠海国际会展中心举行　（市委宣传部 供稿）

委宣传部加强城市外宣工作。

打造对外宣传活动品牌 成功举办“21世纪海上丝绸之路”国际传播暨中国（广东）企业走出去论坛。该论坛是党的十九大召开后全国范围内举办的首个大型国际传播高端论坛，吸引五大洲33个国家和地区1538名中外嘉宾参加，境内外89家媒体133位记者参会，报道范围覆盖美洲、欧洲、非洲和东南亚等地区。

重大主题活动宣传城市形象 围绕横琴自贸片区挂牌两周年、第三届中以科技创新投资大会、中国—拉美国际博览会等重大主题活动，通过召开新闻发布会、组织系列集体采访等活动，广泛邀请中央和省市级媒体（包括港澳地区媒体），以及欧美、拉美地区主流媒体采访报道。

国际主流媒体展示珠海形象 借助G20峰会国际社会高度关注中国的契机，在英国《每日电讯报》策划推出珠海城市形象专题报道；依托新华社、《中国日报》等中央外宣媒体平台，在美国《华尔街日报》、法国《费加罗报》等国际媒体展示珠海形象。

深化与港澳新闻单位交流合作 2月，赴澳门拜访澳门中联办、澳门特区政府新闻局、澳亚卫视、澳广视等单位；8月，会同澳门中联办组织澳门中文媒体珠海采访活动。先后与香港《文汇报》《大公报》《香港商报》和《澳门日报》以及澳门《华侨报》《大众报》等港澳媒体合作，策划推出珠海专题报道一批。

新闻发言人队伍建设 重新核定新闻发言人及工作团队人员信息，组织举办珠海市2017年新闻发言人培训班。

载体平台建设 优化提升珠海英文网外宣平台，“珠海市英文网”先后于3月、12月获评“2016年度中国外文版政府网站领先奖”“2017年度中国外文版政府网站领先奖”；策划制作重大主题活动城市形象宣传片和珠海中英文外宣画册《潮起珠海》。

【新闻宣传】 2017年，珠海市委宣传部强化新闻宣传工作。

2017年9月20日，珠海市2017年新闻发言人培训班开班（市委宣传部 供稿）

珠海新闻奖 市新闻工作者协会组织开展2016年度“珠海新闻奖”评选活动，经过媒体推荐、省市业界权威专家评选以及公示，2月26日，2016年度珠海新闻奖获奖作品产生，63件新闻作品获得不同类别奖项。

珠海传媒大讲堂 举办“珠海传媒大讲堂”系列培训活动，面向一线媒体从业人员及全市基层宣传干部，讲述“新闻舆论工作的现实挑战、战略定位和路径遵循”“突发事件的新闻通稿写作”等内容。

珠海新闻故事会 从5月开始，市新闻工作者协会组织举办“珠海新闻故事会”系列活动，征集新闻故事线索160余条，最终确定30余条入选“珠海新闻故事会”。12月12日，“珠海新闻故事会”成果分享会在珠海电视台演播大厅举行。

记者节 11月7日，珠海市召开庆祝第十八个记者节座谈会，表彰珠海市第三届“十佳”新闻工作者，并开展“百名记者走进港珠澳大桥”大型集体采访活动。

广东省“好记者讲好故事”巡讲活动 12月14日，第四届广东省新闻战线“好记者讲好故事”巡讲活动在珠海举行，来自全省各市的11名一线采编人员讲述他们在采访过程中的精彩故事。

【网络宣传和舆情管理】 2017年，珠海市委宣传部加强网络安全和信息化管理。

网络宣传 突出网络内容建设，落实网络意识形态工作责任制，围绕中心工作做好宣传策划，管好新媒体阵地，用好网评队伍，不断创新形式，发挥网络新媒体传播功能，营造正能量充盈的网络空间。

网络安全管理　完善多方联动工作机制；组织开展“第四届珠海市网络安全宣传周”活动；加强对网络病毒预警预报，严防网络攻击和泄密事件发生；开展全市关键信息基础设施网络安全抽查工作；对全市网络平台进行常态化整治，及时处置网上各类有害信息、不实信息。

舆情传播管理　加强涉珠舆情信息监测、搜集、研判和报送工作，确保各有关部门能够及时掌握社情民意，回应社会关切，促进政府治理现代化建设。在强台风“天鸽”等自然灾害和其他突发事件发生时，及时应对处置各类谣言、虚假信息，维护网络空间清朗。

【文化发展体制改革】　2017年，珠海市深化文化发展和体制改革。

国有文化企业监督管理　印发《珠海市市属文化企业国有资产监督管理暂行办法》等9项国有文化企业相关监管制度，明确由市国有文化资产监督管理办公室代表市政府履行对珠海报业传媒控股有限公司、珠海广播影视传媒控股有限公司的出资人职责，原由市国资委履行的职责改由市文资办履行，原由市国资委党委履行的职责改由市委宣传部直属机关党委履行。

“两个集团”挂牌成立　9月8日，珠海报业传媒集团和珠海广播影视传媒集团挂牌成立，首创国内“协作型联合企业集团”模式。市财政在两年内对珠海报业传媒控股有限公司和珠海广播影视传媒控股有限公司分别增资5000万元和9000万元。

市属文艺院团改革　珠海大会堂完成公司制改造，全部国有股权从市文化体育旅游局无偿划归珠海华发国际会展管理有限公司；珠海市女子室内中乐团有限公司、珠海市电影公司划归新组建的珠海广播影视传媒控股有限公司；珠海市粤剧团有限公司完善企业法人治理结构，加强国有资产监督管理，逐步建立企业年金制度。

市新华书店改革重组　市新华书店完成公司制改造，股权全部划归珠海报业传媒控股有限公司。与省新华发行集团重组工作方案上报市政府。

改革发展谋划　印发《市文化体制改革专项小组工作运作流程》，编制完成《珠海市文化发展改革行动计划（2018—2020年）》，加强文化改革发展的制度规范和规划引领。　（王彩锋）

统一战线

【多党合作】　2017年，珠海市委统战部加强与各民主党派、无党派人士协商沟通，推动出台《关于加强我市政党协商的实施意见》。坚持有事多商量，协助市委拟定《中共珠海市委2017年度政党协商计划》，召开民主协商会、征求意见会、情况通报会等20场次。支持各民主党派加强自身建设，重点解决好人员、经费和办公场所等问题，协助提拔任用民主党派机关干部4人（其中处级1人、科级3人），调入干部3人。是年，各民主党派新设基层委员会8个、总支11个、支部49个。

【民族宗教统战】　2017年，珠海市委统战部以城市民族工作为抓手，加强少数民族流动人口服务和管理。做好民族团结进步教育和创建工作，协助做好内地民族班的服务管理，走访慰问少数民族代表人士和困难家庭、民族班学生2000余人次。协助开展少数民族对口帮扶工作，为少数民族流动人口解决实际困难。开展民族团结进步宣传月活动，推进民族政策“六进”（进企业、进社区、进乡村、进学校、进医院、进机关）工作。举办民族工作干部、少数民族骨干、伊斯兰教骨干培训班。完成市民促会换届工作。

开展“和谐寺观教堂”创建工作。普陀寺获评第三届“全国和谐寺观创建先进集体”，全市11处登记开放的宗教活动场所全部被评为广东省“和谐寺观教堂”达标场所。推进基督教珠海堂建设，投入经费支持宗教团体建设，指导基督教三灶堂、平沙堂顺利完成换届工作。开展宗教政策法规学习月活动，邀请中国宗教杂志社社长刘金光为全市统战系统300余人做《宗教事务条例》辅导讲座。增设市民族宗教事务局法制科，宗教工作“四级网络”（市、区、镇街、村居）不断完善，两级宗教工作责任制有效落实。

【党外知识分子和新的社会阶层人士统战】　2017年，珠海市委统战部召开党外知识分子统战工作座谈会，完成市党外知识分子联谊会换届工作，增设党外知识分子工作科（加挂新的社会阶层人士工作科牌子）。落实全国和全省新的社会阶层人士统战工作会议精神，以创

2017 年 9 月 19 日，珠海市召开党外知识分子联谊会三届一次理事大会
（市委统战部 供稿）

建全省新的社会阶层人士统战工作创新实践基地为抓手，开展全市新的社会阶层人士调研活动，从“楼宇、园区和社区”三个维度探索新的社会阶层人士统战工作，打造乐士文化区、智造大街等一批实践创新基地。率先在省内地级市成立群团性质的珠海留学人员联谊会·珠海欧美同学会，副市长阎武当选第一届会长。

【非公经济领域统战】 2017 年，珠海市委统战部加强非公有制经济人士思想政治工作，在延安举办理想信念教育培训班，召开青年企业家理想信念教育活动座谈会 4 次。提高非公有制经济代表人士政治素质和能力水平，举办民营企业家创新发展高级研修班等 7 批次，培训 500 余人次。开展非公有制企业经营情况、民营企业人才政策落实情况调研活动，推动解决一些重点问题。加强基层工商联组织和直属社团建设，成立高新区工商联，新增直属社团 7 个。

【港澳台海外统战】 2017 年，珠海市委统战部发挥特殊区位优势，引导港澳台海外社团、企业参与珠海发展。

港澳工作　加强与友好社团和港澳乡亲联系。指导香港珠海社团总会做好换届工作并筹集 2700 万港币购买总会永久会址。会长邝美云当选港区全国人大代表。指导澳门珠海社团总会完成会长增补工作。组织港澳台海外代表人士参加中共中央统战部等五部委联合举办的国庆招待会。做好港澳中青年一代培育工作，举办港澳社团领袖和骨干国情培训班，增进国家认同和民族认同。筹备珠海海外联谊会换届工作。

对台工作　联合市委宣传部举办台湾自媒体采访交流活动。举办第三届珠台高校“两岸一家亲”文化交流营活动，组织台籍青年教师和青年企业家赴湖南开展文化交流。以市台商投资企业协会换届为契机，加强台资企业服务工作，强化以商引商引智引技，创建海峡两岸青年创业基地和实习就业示范点，增进利益、情感联结，促进同胞心灵契合。开展在珠高校台籍教师社会融入问题研究，落实便利台湾同胞各项政策措施，维护台胞台商合法权益，全年受理台胞、台商投诉和求助 104 件。

侨务侨联工作　以市第七次归侨侨眷代表大会召开为契机，以强“三性”（政治性、先进性、群众性）、去“四化”（机关化、行政化、贵族化、娱乐化）推进侨联改革。举办“中华青年民族学习交流营”主题活动和海外华裔青少年“中国寻根之旅”夏令营活动，拓展侨务新资源。发挥《珠海乡音》平台作用，讲好家乡故事，促进文化交流。坚持以侨为本、为侨服务，及时化解侨界矛盾，落实“三侨生”加分政策。成立“侨之家”2 个、为侨法律服务工作站 1 个。协调推进平沙、红旗华侨农场改革发展。

【党外代表人士队伍建设】 2017 年，珠海市委统战部突出政治引领，抓好党外代表人士教育培训，举办党外领导干部、党外人士后备干部和骨干培训班，组织 15 批次 770 人次参加培训。加大党外代表人士发现培养使用管理，做好新一届全国、省人大代表和政协委员推荐提名工作。至年底，全市有处级以上党外干部 73 人，其中厅级党外领导干部 8 人、市政府领导班子配备副市长 1 人、市政府组成部门配备党外干部 9 人，安排党外干部 6 人挂职锻炼。建立党外后备干部人才库（254 人）和各民主党派领导班子后备人才库（55 人），建成包括民主党派、工商联、党外知识分子、新的社会阶层人士、民族宗教界人士、港澳台侨知名人士等1000余人的党外代表人士数据库。

（市委统战部）

政策研究

【调查研究】 2017年，珠海市委政策研究室组织调研组前往上海、浙江、福建、四川、湖北等地开展自贸区、人才和实体经济等课题研究。为落实市委关于“大学习、深调研、真落实”决策部署，组织调研组深入全市8个区调研，起草《中共珠海市委关于认真贯彻落实党的十九大精神 坚定不移推进全面从严治党 不断提高党的执政能力和领导水平专题研究工作方案》和《珠海市领导同志调研督导学习贯彻党的十九大精神工作方案》。全年组织专题调研会和基层调研112次。

【文件文稿起草】 2017年，珠海市委政策研究室完成《珠海市灾后复产重建工作总体方案》《中共珠海市委关于编制参与粤港澳大湾区城市群建设实施方案》《中共珠海市委关于持续深入学习宣传贯彻党的十九大精神 推动习近平新时代中国特色社会主义思想在珠海落地生根结出丰硕成果的决定》等重大文件起草工作。全年起草市委八届三次、四次全会等各类重要文件文稿120篇。

【课题合作】 2017年，珠海市委政策研究室与广东省社科院、中山大学、华南理工大学、北京师范大学珠海分校等研究机构合作，研究“深入推进供给侧结构性改革研究”“人口与经济社会资源环境协调发展研究”“构建开放型经济新体制研究”“3+9”系列课题和“港珠澳大桥通车背景下推进粤港澳区域合作研究”“珠海‘一带一路’基础设施连通研究”“珠海参与粤港澳大湾区建设研究”等课题，形成研究成果一批。

【珠海市决策咨询委员会成立】 2017年，珠海市委政策研究室组织筹办珠海市决策咨询委员会成立大会暨第一次全体人员会议，起草《珠海市决策咨询委员会章程》和《珠海市决策咨询委员会工作规则》，聘请国内外知名专家学者72人出任顾问、委员，开展决策咨询和课题研究。

（黄兴航）

2017年12月14日，市委八届四次全会报告起草组到高新区“港湾一号”孵化园区调研

（政策研究室 供稿）

机构编制

【事权改革】 2017年，珠海市深化行政审批制度改革，进一步厘清政府与市场、政府与社会的关系，促进政府科学履职，减少对市场行为的干预，通过行政权力“瘦身”，激发市场和社会活力。

精简经济民生领域审批事项 严格执行国务院、省行政许可制度改革各项措施，编制《珠海市市级行政许可事项目录》（2017年版），梳理出市级行政许可事项主项350项、子项779项。根据国务院、省行政审批中介服务事项目录，结合珠海实际，保留中介服务事项47项，规范行政审批中介服务事项39项（其中取消10项，调整为由审批部门提供13项，不再要求特定机构提供16项），涉及投资、建设、教育、宗教和环保等领域，进一步减轻企业和群众负担。

规范行政审批行为 市、区两级行政许可事项标准编制完成并发布，实现与广东省事项目录管理系统数据同步，市政府门户网站公示的行政许可子项与市网上办事大厅办事指南建立链接，实现标准化数据在“一门一网”的应用。标准化编制形成的办事指南和业务手册，明确各项行政许可和公共服务名称、依据、对象、时限、申请条件、申请材料等内容，审批环节多、时间长、随意性大、公开透明度不够等问题得到有效解决。

高效运行行政权力　构建市、区、镇（街）、村（居）四级权责清单。市级权责清单涉及52个部门行政许可、行政处罚等10个类别9588项。5月，区、镇（街）、村（居）级权责清单审核完毕，并推动系统升级，开发动态调整、统计分析功能，实现权责清单跨层级、跨部门、跨应用系统智能化管理。加快形成边界清晰、分工合理、权责一致、依法保障的政府职能体系。

基层政府更多自主权　在已下放两批310项事权基础上，根据不同区域经济社会情况和功能定位，进一步下放“含金量”更高的国土、规划、建设、市政、商务、消防和防雷等涉及6个部门44项事权。事权下放过程中，注重研究事权下放与编制统筹调整机制，根据下放事权性质、难度、工作量、发展趋势以及“人随事走”原则，优化各区相关机构资源配置。

推进“放管服”改革　按照中央、省关于“简政放权放管结合优化服务”改革有关部署和要求，统筹相关单位，推进投资审批改革、职业资格改革、收费清理改革、商事制度改革，以及文化、体育、卫生、科技、教育等领域“放管服”工作，牵头推进“互联网+政务服务”改革，并协调市委督查室、市委改革办开展“放管服”改革专项督查。

推进“减证便民”专项工作　通过全面梳理市、区政府部门、直属事业单位要求其他单位开具的涉及群众办事创业所需提交的各类证明和盖章环节，最大程度方便群众，为群众提供便捷高效、公平可及的公共服务。

【行政体制改革】　2017年，珠海市根据改革总体要求和部门实际诉求，及时调整部门与部门之间职责，优化部门、直属机构职责与设置，避免职责交叉、推诿扯皮等现象发生。

围绕“产业、交通、城市”建设强化体制保障　创新园区管理体制。对富山工业园管理委员会内设机构、职责及领导职数进行调整优化，推动富山工业园加快建设，推动实体经济健康发展。加快实施创新驱动发展战略。以市政府名义向省申报科技创新体制调整优化方案，并经省批复同意，营造大众创业万众创新良好环境，提升科技创新能力。深化交通管理体制改革。理顺职责交叉，完善交通管理决策层、执行层、监督层、服务层机构设置，明晰市交通运输局与其下属事业单位、市公路局职责分工，明确市交通运输局内设机构职责，构建统一规范、权责清晰、运行高效的交通运输管理体制。推进城市管理体制改革。按照中央、省有关进一步理顺和完善城市执法体制机制文件精神，完成对市城管局等部门职责、机构设置和人员编制摸底调查，主动与相关部门协商，全面分析改革利弊，构建“管罚合一”的城市管理体制。

推进重点领域改革创新　推动设立市委巡察机构。根据省有关巡视工作的文件规定和市委工作部署，推动设立市委巡察机构，进一步加强党内监督，落实全面从严治党要求。调整优化区级统计机构设置。根据有关文件要求，调整区级统计机构设置，进一步加强统计管理工作。横琴新区和各经济功能区通过挂牌形式设立区统计局；香洲区、金湾区和斗门区积极推进统计机构设置调整工作。完成盐业体制改革。贯彻国家和省盐业体制改革决策部署，在与市商务局、市食药监局、省盐业集团珠海有限公司充分论证和研讨基础上，形成珠海市食盐监管体制改革方案，经省编办批准印发实施。推进港珠澳大桥珠海公路口岸管理机构综合设置。根据中央、省关于港珠澳大桥珠海公路口岸批复精神，结合工作实际，与市口岸局等部门对接，拟定港珠澳大桥珠海公路口岸相关机构设置建议方案。

【事业单位改革】　2017年，珠海市在事业单位分类改革基础上，探索推进管理体制创新，推动事业单位回归公益属性，切实履行服务社会、服务群众的职责任务，关注民生福祉，惠及群众生活。

深化法人治理结构试点工作　推动市测绘院等试点单位建立完善事业单位章程，出台法人治理有关运行制度，研究制定珠海市组织人事、财务、编制管理等方面相关支持措施，落实事业单位法人自主权。逐步扩大试点范围，鼓励支持利用国有资产登记设立的事业单位开展法人治理机制探索，支持卫生系统研究探索公立医院联合理事会组建和区镇村医联体理事会管理运行模式，配合推进宣传文化系统开展文化场馆事业单位法人治理结构建设。

保障公益事业发展　在全面摸清“十三五”期间珠海市学校新（扩）建和所需编制情况基础上，破解学校用编难题，专文向省编办申请调配下达教育专项事业编制，提出《关于中小学和幼儿园机构编制问题的处理建议》，进一步规范中小学、幼儿园设立和教职员编制核定工作。优化医疗卫生资源配置，推进市中西医结合医院、精神病和职业病专科医院及镇卫生院建设，构建优质高效健康服务体系。完善水库管理体制，加强全市水库日常运行维护、水资源生态环境保护等工作。深化珠海特区报社管理体制改革，强化新兴媒体发展，促进传统媒体与新兴媒体融合。

【政府绩效考核】　2017年，珠海市以政府部门白皮书考核为基础，量化考核指标，建立考核模型，完善考核体系，与机关事业单位年终考核相衔接，提升政府履职能力。优化完善考评方案，制订《2017年度政府部门责任白皮书考评方案》并组织实施。增加“上级通报奖励加分”项及“信访工作情况”项，提升“行政许可绩效评估”权重；在继续使用执行力电子监察系统基础上，新增加市政府督办工作系统考核数据，增加第三方民主测评分值；修改完善往年考评中存在的不合理条款，提升考评公信力。

【机构编制管理】　2017年，珠海市严格落实“财政供养人员只减不增”总要求，创新管理办法，盘活机构编制资源。

加大控编减编力度　根据中央、省下达的控编减编任务，对各单位用编进行从严审核，制订事业编制超编整改方案，通过核收空编、在部分医院和公益三类事业单位探索不纳入编制管理、用行政执法专项编制置换部分综合行政执法机构事业编制等方式，完成省下达的控编减编任务。

开展违规问题自查　按照中编办、省编办关于加强机构编制问题整改推进审批联动有关文件精神，围绕15类违规问题，对全市各单位机构编制违规问题开展自查核查，重点对“机构违规问题”“人员编制违规问题”进行逐一清理，建立管理台账，明确整改措施，确保机构编制整改工作落实到位。

创新机构编制管理　科学调配编制资源，确保军转安置、人才引进、义务教育、公务员招考等重要领域用编计划。坚持“人随事走”原则，强化基层、民生保障等重要领域人员编制配备。加强政府购买服务，完善社会管理协管员核定、招聘、合同、薪酬和日常管理等办法，探索整合后勤服务人员、合同制职员、社会管理协管员等各类辅助力量，完善“养事不养人”机制。

（林晓聪）

信　访

【概　况】　2017年，珠海市各级信访部门贯彻落实全国、全省信访工作会议决策部署，创新方式方法，完善工作机制，狠抓责任落实，全市信访形势持续向好、信访秩序规范有序。全年，市信访局受理群众来信1052件（含市委书记信箱信访件），比上年下降21.6%；受理群众致市委书记信箱信访件370件，下降19.6%；接待群众来访750批4228人次，批次下降2.8%、人次下降23%。3月，“珠海信访”微信公众号及手机APP上线运行。7月，市委副秘书长、市信访局局长潘伟明获国家信访局“全国信访系统优秀信访局长”荣誉称号。

【信访机制建设】　信访研判制度建设　2017年，珠海市委、市政府按照“发展是第一要务，稳定是第一责任”要求，坚持把源头预防、标本兼治作为信访工作首要任务。全年，市委书记郭元强先后主持召开6次市委常委会议、3次书记专题会议、5次专题研判会议研究部署信访工作。市委副书记、市长姚奕生9月履新珠海后，多次对信访工作作出指示和调研部署，提出要全面梳理、集中攻坚解决一批历史遗留信访积案，从源头上促进全市信访形势和信访秩序平稳向好。市党政领导根据各自职责分工，坚持定期研判分管领域分管系统信访突出问题，定期约访接访群众，带头批阅群众来信，带头包案处理信访案件，形成主要领导亲自抓、分管领导靠前抓、班子成员齐抓共管信访工作格局。

领导包案制度建设　制订印发《2017年市党政领导包案处理信访问题工作方案》。全年，市党政领导包案处理信访案件17件，化解14件。

领导接访制度建设　制订印发《2017年珠海市党政领导干部接待群众来访工作方案》，完善党政领导带头接访工作制度。围绕信访突出问题和群众关心的热点难点问题，组织领导干部开展主动约访、带案下访活动，直接面对群众，听取群众意见，及时协调解决相关问题。全年，市党政领导接访群众81批225人次，调处问题81件；各区党政领导接访群众624批2183人次，调处问题557件。

【公职律师参与信访值班接访】 2017年2月9日，珠海市司法局、市信访局联合印发《关于公职律师参与珠海市人民来访接待大厅值班工作的通知》，分期将全市各岗位公职律师（含实习公职律师）派驻市人民来访接待大厅法律服务室，参与信访值班接访工作，每名公职律师派驻时间为一个月。全年，派驻公职律师10批100余人。

（市信访局）

党　校

【概　况】 中共珠海市委党校是学习、研究和宣传马克思列宁主义、毛泽东思想、邓小平理论、“三个代表”重要思想、科学发展观以及习近平新时代中国特色社会主义思想的重要阵地，是珠海市培训、轮训党政领导干部的主渠道和党员干部党性锻炼的大熔炉。中共珠海市委党校、珠海市行政学院、珠海市社会主义学院实行“一个机构三块牌子”。至2017年底，内设科室10个（办公室、教务部、学员工作部、培训部、综合管理部、科研部、信息网络部、中国特色社会主义理论教研室、市情研究中心、党史党建教研室），编制60人（参公编制40人，专业技术编制20人），在职在编教职员工57人。

2017年，珠海市委党校把握正确办学方向，以习近平新时代中国特色社会主义思想和党的十九大精神为指导，全面贯彻落实全国、全省、全市党校工作会议精神，以“作风建设”为引领，抓思想政治、抓党性修养、抓制度落实，强根固魂激发内生动力，全面履行党校职能，推动教学、科研、行政后勤等各项工作再上新台阶。全年完成各级各类培训67批次7580人次，其中举办各级各类主体班次31个，对外承接本市、省内外各类班次36批次。本校教师开设教学专题93个，开展各类宣讲120余场次。教师科研课题获立项13项，包括省党校（行政学院）系统课题4项、市社科规划课题2项、省党建研究会课题7项，其中重点课题2项。在公开刊物发表论文32篇，入选研讨会论文16篇，获奖成果13项。

是年，珠海市委党校优化调整干部队伍人员比例，将参公编制由45人调整为40人，专业技术编制由15人调整为20人，并完成2名博士选聘工作，充实壮大党校教师队伍，教学行政人员比例结构得到优化；完成1名副处级、1名正科级、5名副科级领导岗位及1名主任科员选拔工作。全年选派教职员工120余人次参加各类业务、党务进修培训，人才队伍业务素质和工作能力得到加强。

【干部培训】 2017年，中共珠海市委党校干部培训工作突出党校主课主业。坚持党校姓党，不断优化教学布局。突出党的理论教育和党性教育主业主课地位，坚持在党校讲台上传播好党的声音、阐释好党的理论、宣传好党的政策。把党章、党规、党纪学习培训作为干部教育的重点内容，把理想信念教育、党史国史教育、革命传统和爱国主义教育贯穿教学培训全过程。党的十九大召开后，及时调整课程布局，优化课程内容，在集中轮训和系统培训中全面推进习近平新时代中国特色社会主义思想进教材、进课程、

2017年4月6日，广东自贸区制度创新专题数据库建设研讨会在珠海市委党校召开

（市委党校 供稿）

进头脑。创新教学方式方法，着力增强教学效果。围绕提高党校教学的吸引力和感染力开展教学创新，根据班次特点打造特色教学，坚持理论联系实际，围绕珠海经济社会发展热点难点问题，引导学员深入开展调查研究。实施导向管理，严把教学质量关。注重新课开发管理，规范新课开发程序，初步探索出新专题课课题开发、备课提高、试讲讨论、课堂评估、末位淘汰等一系列新机制，确保新课开发紧跟党的理论创新步伐，紧扣市委市政府中心工作。

【科研工作】 2017年，中共珠海市委党校着眼党委和政府中心工作，围绕中国特色社会主义重大理论和实践问题，以整合优势资源加强科研合作为重点，以推动智库建设为抓手，实现科研转型发展。服务大局，科研咨政取得新成绩。引导教师聚焦市委市政府关注的突出问题、改革发展中的难点问题、社会关注的热点问题，提高党校科研咨政服务水平。论文《推动合作制度创新，优化港珠澳三地“车辆过桥方案”》（王越撰写）、《粤港澳大湾区视角下跨界水环境保护法治化研究》（周盛盈撰写）分别获广东社会科学学术年会优秀论文一等奖和三等奖；在省党校（行政学院）系统学习《习近平七年知青岁月》读书交流研讨会征文中获一等奖一项、三等奖两项。开展科研交流与合作，加强党校智库建设。联合中共绍兴市委党校主办“地方党校智库合作联盟论坛暨‘创新驱动——传统产业转型升级之路’理论研讨会”，邀请浙江、安徽、广东等11所地方党校30余名代表参会交流，推动开放型智库建设。携手主流媒体，发挥思想引领作用。与《珠海特区报》合作举办学习市第八次党代会精神征文、学习党的十九大精神专题征文活动，与珠海广播电视台合作开办党的十九大精神宣讲主题电视电台专栏节目，与香洲区新媒体文化交流协会合作制作“我在社区讲党课”系列视频节目，借助主流媒体，为全市党员干部群众解读党的十九大报告，宣传党的政策理论。搭建学习平台，提升教学科研能力。以教研人员为主体，先后赴绍兴、中山组织开办“提升党校教师、干部能力培训班”和“现场教学专题培训班”；分期分批选派教师到上级党校、行政学院进修学习；组织观摩教学竞赛及参加各类学术研讨和交流活动。

（谌敏越）

党史研究

【党史工作规划】 2017年，中共珠海市委党史研究室按照中央对党史工作“一突出、两跟进”（进一步突出开创和发展中国特色社会主义时间段历史研究，即时跟进党的十八大以来党中央的决策部署，即时跟进以习近平同志为核心的党中央的理论发展）新任务新要求，把握党史工作大局和“党史姓党”根本原则，出台实施《珠海市2016—2020年党史工作规划》，要求全市党史部门抓住党的十九大胜利召开有利时机，加强资料收集、党史研究、党史编研和党史资政等各项工作，在新时代实现新作为。

【党史资料征集创新】 2017年，珠海市委党史研究室按照“创新工作方式、转换工作思路、简化工作流程、整合党史资源，构建大党史格局”原则，创新党史资料征集方式，省内率先开展党史、地方志、年鉴“三稿”资料合征，通过优化供稿内容、简化工作流程，实现提质增效。成立珠海市史志专家库，吸收相关领域专家、学者加入，首批聘任史志专家35人。

【党史著作编撰】 2017年，珠海市委党史研究室把编好第一部珠海地方党史——《中国共产党珠海历史（1953—1978）》作为全室首要任务，通过征求原珠海县老干部等多方意见、邀请省党史专家审核稿件，严把稿件质量关。9月，省委党史研究室通过审核同意公开出版。完成《中共珠海历史大事记（1921—2011）》（46万字）整理编撰工作。

【党史专题研究】 2017年，珠海市委党史研究室强化党史专题研究，参与《广东省改革开放实录》撰稿工作，多篇专题研究入选。《珠海首创“五个统一”土地管理体制》入选《广东省改革开放实录》（第二辑），《“南方谈话”推动珠海特区建立社会主义市场经济体系》《珠海首开国内科技重奖先河引爆“精神原子弹”》等4篇专题研究入选《广东省改革开放实录》（第三辑），《珠海率先践行科学发展观的探索和实践》《横琴新区勇当探索粤港澳合作新模式“试验田”》入选《广东省改革开放实录》（第四辑）。在中央党史研究室主办的“聚焦1927：中共中央在武汉中央监察委员会成立90周年”学术研讨会上，《从普通教师到中央监察委员会副主席的杨匏安》获评优秀征文奖。《试述“四·二六”武装暴动中共产党员的领导核心作用》和《茂芝会议与饶平的农民运动》分别获省委党史研究室相关学术活动优秀征文奖。

【党史宣传教育】 2017年，珠海市委党史研究室开展党史宣讲“请进来”活动，邀请省、市党史宣讲团成员在香洲、金湾区委中心组学习会上做党史宣讲。以“强化党史党性教育旗帜鲜明反对历史虚无主义”为题，开发“珠海党史”系列课程，宣传党的历史；以党史党性教育基地为平台，开展党史宣传活动，8万余人次接受专题教育；以年内复刊的《珠海史志》理论研究刊物为载体，推广党史宣传和学术研究。

【党史研究成果转化】 2017年，珠海市委党史研究室履行工作职责，发挥党史资政作用。深化珠海“红色三杰”研究，完善“从海员到中国工人运动的杰出领袖——共和国英烈苏兆征纪念展”专题展。协助市纪委对话剧《信仰》史实把关，会同市纪委编撰、审核北山廉政文化公园（杨匏安纪念公园）相关史料文稿。金湾区编辑出版《工人领袖林伟民》，纪念林伟民诞辰130周年，该书被省社会科学界联合会评为“广东省优秀社会科学普及作品”。协助市精神文明办对《2017—2019年保护利用红色军事文化遗产工作规划》文稿审核把关。做好红色革命遗址保护利用重点项目筛选工作，对上报项目史实资料审核把关。配合市委宣传部做好广东省改革开放40周年40处重要纪念地评选工作，对上报的15个重要纪念地申报材料史实审核把关。

2017年11月17日，市委党史研究室主任郑安兴（右三）带领市、区两级党史研究部门负责人对全市红色革命遗址展开调研。图为林伟民陈列馆（孙 艳 摄）

【党史教育基地建设】 2017年，珠海市委党史研究室围绕“不忘初心、牢记使命”主题教育，联合市委组织部开展红色革命遗址调研活动，推进珠海市党史党性教育基地建设，苏兆征故居陈列馆、杨匏安陈列馆、林伟民与中国早期工人运动史迹陈列馆、中共小濠涌支部旧址、珠海市凤凰山革命烈士陵园、“桂山”号英雄登陆点遗址等6个市级党史党性教育基地纳入首批建设，红色革命遗址保护利用基地网络逐步建成。

【改革开放40周年庆祝活动筹备】 2017年，珠海市委党史研究室推进迎接改革开放40周年及珠海撤县建市40周年系列活动筹备工作。举办史料征集活动，征集改革开放时期珠海党史资料1000余条，收集《中国共产党珠海市历次代表大会（全会）文件选编》资料150余份；筹办“大美担杆·风情海岛”摄影大赛，展现海岛建设成就；开展“知党情·明党史·讲好海岛故事”学习讲座活动，讲好珠海党史故事。（孙 艳）

机关党建

【概 况】 2017年，中共珠海市直属机关工作委员会（简称珠海市直机关工委）着眼新时代机关党建工作，学习贯彻党的十九大精神、习近平总书记系列重要讲话精神、习近平总书记关于广东工作重要批示精神以及治国理政新理念新思想新战略，学习省第十二次党代会和市第八次党代会精神，落实全面从严治党决策部署，在政治建设、思想建设、组织建设、作风建设、纪律建设、制度建设等方面不断改进、完善。至2017年底，珠海市直机关工委管辖直属党组织1340个（其中党委74个、党总支95个、党支部1171个），管理党员1.86万人。

学习贯彻落实党的十九大精神 以学习贯彻落实党的十九大精神为重点，牢固树立“四个意识”，坚定“四个自信”，坚决维护以习近平同志为核心的党中央权威和集中统一领导，始终在思想上政治上行动上同以习近平同志为核心的党中央保持高度一致。党的十九大召开前，组织开展“学省党代会精神迎党的十九大召开”党员考学工作，市直机关党员参考率100%。党的十九大召开期间，要求各级党组织及时组织观看党的十九大开幕盛况。党的十九大闭幕后，按照中央、省委和市委部署要求，印发《珠海市直机关学习宣传贯彻党的十九大精神工作方案》，明确“学懂、弄通、做实”总要求，以及抓结合、抓常态、抓重点、抓转化19项具体措施。11月开始，举办市直机关党支部书记和党务干部学习贯彻党的十九大精神和党建业务培训班3期，邀请省委党校教授做专题辅导，参加培训521人。党的十九大召开后，组织开展“学报告学党章”党员网上考学活动，市直机关党员参考率100%。

“两学一做”学习教育常态化制度化推进 以“两学一做”学习教育常态化制度化为抓手，促进党员教育管理形成常态。印发《关于2017年市直机关党组织推进“两学一做”学习教育常态化制度化的实施方案》，明确“学”与“做”常态化基本方法和要求，组织开展“两学一做”学习教育常态化制度化培训班，培训党务干部近300人；引导基层党组织列出党员“不在组织、不像党员、不起作用、不守规矩”等不合格表现负面清单，以组织生活方式组织党员对照负面清单剖析在宗旨意识、进取意识、先锋意识、作用发挥等方面存在的问题，强化先进性意识；引导党员坚持把“两学一做”学习教育作为思想建设头等大事，常设督导小组8个，经常性开展督导，实现对市直机关85个直属党组织学习教育常态化全覆盖督导。

【机关党的建设】 2017年，珠海市直机关工委落实全面从严治党决策部署，紧抓管党治党责任落实，在政治建设、思想建设、组织建设、作风建设、纪律建设、制度建设等方面不断改进和完善。

加强政治建设 学习习近平新时代中国特色社会主义思想。开展“学习贯彻习近平总书记关于广东工作重要批示精神谈心谈话月”活动，各级党组织制订实施计划，部署学习任务，并如实记录落实情况；督促各级党组织学习讨论习近平总书记在省部级主要领导干部专题研讨班发表的重要讲话，引导市直机关党员与以习近平同志为核心的党中央保持高度一致。学习党的十九大精神和新党章。印发《珠海市直机关学习宣传贯彻党的十九大精神工作方案》，明确“学懂、弄通、做实”总要求及19项具体措施。

加强思想建设 持续推进“两学一做”学习教育常态化制度化，印发实施方案并组织专题培训，全年培训市直机关党务干部近300人。建立经常性“党性体检”机制，引导基层党组织列出党员负面清单，以组织生活方式对照清单剖析问题。常设督导小组8个，对市直机关85个直属党组织全覆盖督导。组织开展系列主题活动。开展“喜迎党的十九大——礼赞老党员、再创新辉煌”主题征文活动，征文102篇；组织“学习贯彻习近平总书记党建思想推动广东党建工作走在前列”征文，征文143篇；开展机关党建重点课题研究，《坚持新发展理念、推进机关党建科学发展》在《紫光阁》增刊刊登。组织参加广东省直单位第五届工作技能大赛暨市县机关工作技能邀请赛，10个作品晋级半决赛，其中珠海出入境检验检疫局项目获决赛“党建创新类”第六名。拓展党员教育和党性锻炼平台，依托苏兆征故居等5个市直机关党性教育基地开展党员教育活动，累计100余批次1.5万人次接受党性教育。

加强组织建设 规范党内政治生活。制定市直机关主题党日、“三会一课”纪实报告检查制度，推进机关党员教育管理抓在日常；印制《党支部组织生活纪实记录本》，推动支部组织生活纪实化、档案化；抓实副处以上党员领导干部参加双重组织生活情况通报制度和党组织书记讲党课通报制度；年内对28个基层党组织领导班子民主生活会进行指导、点评和监督，推动党内形成批评与自我批评良好风气。加强党员发展和管理工作。严格“入党志愿书”编号管理，严肃发展对象预审、公示等关键环节；对1315个党组织、1.83万名党员基本信息进行采集，并录入中组部

基本信息平台；督促市直机关基层党组织对2016年排查出的13名失联党员进行复查，按规定处置。着力解决机关基层党建顽疾。对市直机关1338个党组织换届情况进行普查，指导、提醒、督促46个党组织换届改选和缺额增补；开展机关党员教育管理突出问题专项整治，指导基层党组织自查，建立问题清单并逐个销号；要求各党组织召开“机关党建形势分析会”，找问题提措施。压实基层党建工作责任。印发党建工作责任清单，明确基层党组织及班子成员职责；明确基层党组织换届必须进行分工明责，并上报备案；分级落实党组织书记述职评议考核，推行党组织书记述职评议考核全覆盖，安排市发展和改革局机关党委等10个直属党组织书记参加工委层面集中述职评议考核。

加强作风建设　按需施策深化便民利企服务举措。组织开展“为民务实高效”主题机关作风建设活动，督促各区各单位制订改进措施385条，新增“马上就办”事项1156项，取消不必要的申请材料461项、证明113项、盖章环节97项；推动各区各单位编制“办事标准件”3977项并对外公开，行政许可事项可在市级网上办事大厅全流程办理率98.2%，网上办结率83.8%，全市2179项行政许可事项实现“一网办结”，21个单位设立“综合服务窗口”191个，18个单位248项审批事项实现“同城通办”；三个行政区纳入基层公共服务综合平台服务事项中，“一站式”办理比例均在85%以上。志愿服务丰富党员先进性实践载体。全市窗口“党员志愿服务岗”增至386个，累计提供窗口志愿服务31.2万小时，办理事项80余万项；强台风“天鸽”过后组织市直机关1150个党组织1.37万人次走进街道社区，开展清障清淤等救灾复产志愿服务，《南方日报》在8月31日专题报道。加强督导健全效能提速机制。利用珠海广电网络电视门户建立机关作风监测点，邀请企业进行监测评分；委托第三方机构开展软环境测评，与2016年同期数据进行对比；在新闻媒体开设机关作风专栏，宣传报道4篇次；在各行政区召开群众、企业代表座谈会3场，收集意见113条，逐条转相关部门整改；组织“软环境”测评和“万人评政府”活动，准确把握全市机关作风情况。

2017年11月17日，市直机关工委组织全体党员在凤凰山革命遗址开展“学习贯彻党的十九大、参观革命根据地”主题党日活动　（市直机关工委 供稿）

加强纪律建设　提高新形势下履职能力。组织学习执纪审理相关规定，严禁出现以案谋私、以审获利行为，在市直机关纪检组织中挑选执纪审理业务骨干，建立市直机关案件审理人才库，履行审核把关和监督制约职能，严格执行执纪审理“二十四字方针”（事实清楚、证据确凿、定性准确、处理恰当、手续完备、程序合法）。从严开展执纪问责工作，严肃查处市直机关单位党员干部违纪行为。市直机关纪工委立案审查并纪律处分党员1人，诫勉谈话党员3人，责令下属党组织诫勉谈话党员2人；指导市民政局、市司法局机关纪委立案3件，处分3人；向中央、省驻珠单位党组织移交问题线索4批次57件，涉及党员干部57人次；受理案件29件，处理市直机关违纪党员干部34人。强化市直机关纪检监察组织建设。要求市直机关各党组织在换届改选中，凡设立机关党委的必须同步设立机关纪委，各直属党总支部（党支部）必须设立专职纪检委员；参与对换届机关党组织领导班子考察及各当选党组织领导班子任前谈话，并要求各单位对兼职做机关纪检监察工作的年纪较大、责任心不强的同志予以调整。强化党纪党规宣传教育。组织市直机关4000余名党员参加第三届“廉洁火炬杯”党规党纪知识竞赛活动，通过党务干部培训班、支部书记培训班等形式开展宣传教育。

加强制度建设 2017年，珠海市直机关工委对原有《制度汇编》进行修订完善，形成包括党建工作制度、会议制度、公文处理制度、干部人事工作制度、财务管理工作制度、综合管理制度、保密档案工作制度在内的一整套制度体系，以制度建设促进管理规范化、工作标准化，推动各项工作再上新台阶。

【国防后备力量建设】 2017年，珠海市直机关工委扎实抓好民兵军事训练，确保党管武装责任落实。5月上旬，组织市直国企武装干部赴革命老区安徽金寨干部学院学习培训，进行革命传统和历史教育；7月下旬，组织市直民兵观看电影《建军大业》；为各企业武装、民兵组织订阅发放军事理论刊物500余册。按照《民兵军事训练大纲》要求，先后组织珠海交通集团、珠海格力集团、珠海水务集团等单位民兵进行训练考核，及格率91%。对各类预备役人员进行登记，分类管理，按时上报。在珠海市珠光集团公司等有条件单位落实基层武装部“四个基本”（基本教育、基本队伍、基本制度、基本设施）建设，不断提升基层武装工作制度化、规范化、科学化水平。抓好武器装备管理，始终坚持擦拭保养、库房双人双锁、武器弹药出入库登记、执勤武器弹药管理等制度，保证武器装备安全无事故。发挥民兵职能作用，在双台风期间，出动拖轮救援20余艘次，救出遇险人员9人，救助失事船舶7艘次。（邓洋洋）

非公有制经济组织和社会组织党建

【概　况】 至2017年底，中共珠海市非公有制经济组织和社会组织工作委员会（简称珠海市“两新”组织党工委）管辖党组织2484个（其中党委51个、党总支62个、党支部2371个），管理党员1.87万人。

学习党的十九大精神 2017年，珠海市“两新”组织党工委推动党的十九大精神进基层、进支部、进阵地、进岗位、进网站，通过“五进五学”，使党的十九大精神在“两新”领域落地生根。进基层，指导学。市“两新”组织党工委领导干部深入“两新”组织党建工作示范点、联系点和基础薄弱点开展宣讲活动，组织由15名首席党建师组成“两新”组织理论宣讲团深入“两新”组织进行面对面、互动式宣讲教育。全年，党工委领导干部深入派诺、伟创力工业园、市社会组织培育发展中心等基层党组织开展宣讲活动15场次，覆盖党员712人次；首席党建师开展宣讲活动59场次，覆盖党员6020人次。进支部，带头学。按照地域相邻、行业相近、产业相通原则，分领域、分类别施策，分层次、分责任落实，组织全市30个市、区级“两新”组织党建示范点带头学、开放学和系统学，为同地区、同行业、上下游产业链基层党组织树立标杆。进阵地，新兴产业园互相学。利用20个二级以上规模产业园区党群服务中心阵地优势，集中园区“两新”组织党组织，举办辅导讲座、座谈交流会、集中研讨等900场次。党组织和党员对照党的十九大精神，相互学习，谈思路、讲体会；对照先进典型，找出自己践行新党章要求、做合格党员的不足。发挥园区党群服务中心教育基地作用，组织“两新”组织党组织书记、党务工作者进行专题教育培训，加强带头人队伍建设，着力培养既懂党的建设又懂企业经营发展的“双强型”党组织书记。进岗位，带着学。开展“书记带支部、支部带党员、党员带员工”的“一帮一”结对学习。编印“口袋书”，发放至各部门、班组和车间，支部、党员和员工结对联系，相互监督，在学懂弄通做实上下功夫，对党的十九大精神由认知变认同，激发干事创业热情。非公企业党组织围绕科技创新、增产降耗、技术攻关等主题，组织党员开展建言献策、技术比武、党员责任区、党员模范岗、党员奉献日、“一名党员一面旗”等活动，助推企业发展。进网站，铺开学。利用网站、官方微博和微信公众号等新媒体平台，以点带面开展学习宣传，覆盖“两新”党组织2100个、党员1.85万人。珠海保税区“两新”组织党工委开设党的十九大专题，整合各主流媒体资源，推送资讯500余条；远光软件股份有限公司运用“智慧党建云”系统，开展在线党员交流学习、知识竞赛和微党课等网上学习宣传活动。

“两学一做”学习教育推进 推动“两学一做”学习教育融入日常、抓在经常，把全面从严治党落实到“两新”组织基层党支部和党员。抓“关键少数”。抓好基层党组织书记、党员业主、党员高管和业务骨干等“关键少数”，发挥示范带动作用。抓基层支部。把“两学一做”学习教育作为“三会一课”基本内容，定时间、分专题组织党员学习。抓薄弱环节。推动党的组织和工作有形与有效覆盖相统一，加大力度整顿软弱涣散党组织，清理整顿不合格党员；理顺行业协会商会与行政机关脱钩后党组织隶属关系，推进互联网行业协会党建工作，加快园区党群服务中心建设速度。抓典型带动。把开展向廖俊波同志等先进典型学习与推进“两学一做”学习教育常态化制度化紧密结合起来，引导党员见贤思齐。抓学做融合。把学习教育同市委、市政府中心工作结合起来，找准结合点，引导非公有制经济组织和社会组织抢抓机遇、担当使命、干在实处、走在前列。抓制度创新。针对“两新”组织不同领域、不同行业特点，对行之有效的党员教育管理方法，用制度和程序固化下来，逐步形成“两学一做”学习教育制度体系。

【党风廉政建设】 2017年，珠海市“两新”组织党工委坚持把党风廉政建设融入日常工作。

坚持“六个结合”基本原则 把党风廉政建设与巩固提升“两个覆盖”（党的组织覆盖和工作覆盖）结合起来，以党风廉政建设全覆盖推进“两新”组织“两个覆盖”。把党风廉政建设与促进“两新”组织和业主“两个健康成长”（非公有制经济健康发展和非公有制经济人士健康成长）结合起来。把党风廉政建设与构建“亲”“清”新型政商关系结合起来，营造良好政商环境。把党风廉政建设与“两新”组织党务工作者队伍建设结合起来，建设一支思想觉悟高、能力水平强、干净干事的领导干部和党务工作者队伍。把党风廉政建设与改进机关作风结合起来，形成求真务实、服务基层、敢于担当、廉洁高效的机关作风。把党风廉政建设与“两新”组织党建工作结合起来，坚持“两个尊重”（尊重历史、尊重实情）“三个区分”（区分因缺乏经验、先行先试出现的失误与明知故犯违纪的行为，区分国家没有明确规定时的探索性试验与国家明令禁止后我行我素的行为，区分加快发展的无意过失与为谋取私利故意违纪的行为），为“两新”组织党员干部提供纪律保证。

细化分解党风廉政建设任务 学习教育常态化。采取全面学习和专题学习、反复学习和跟进学习、集体研讨与个人自学相结合，加强理论学习；采用互联网+传统学习相结合，创新开展纪律教育学习月活动；开展领导班子成员学习廉政书刊、撰写心得体会或感悟、讲一堂廉政教育课等活动。落实主体责任，做到党风廉政建设与“两新”组织党建“三同步”（同部署、同落实、同检查）。落实领导班子成员党风廉政建设责任制，强化党员干部“一岗双责”意识，把党风廉政建设纳入党的建设总体布局，融入“两新”组织党建工作。实践好“四种形态”（咬耳朵、扯袖子、红红脸、出出汗），落实抓早抓小工作责任。党工委书记负责与班子其他人员、班子其他人员负责与分管科室谈心谈话，将谈话提醒延伸至“两新”组织党组织书记。规范经费使用管理。按照相关文件执行专款专用，定期对经费使用进行监督检查。建立重要工作延误、失误、过错监督制度。对年度重要工作建立工作台账，落实责任人、责任科室和完成时限，加强监督和考核。对存在慢作为不作为、造成重大失

2017年5月15日，中组部、省委组织部领导到南屏科技工业园党群服务中心调研园区党建工作 （市“两新”组织党工委 供稿）

误或过错的，党工委书记及时谈话提醒，督促限时整改，并视情节和后果严肃查处。加强党员领导干部“八小时以外”活动监督管理。落实党工委监管责任，加强对党员领导干部“社交圈”“生活圈”“休闲圈”监督管理。坚持“逢节必教”。每逢重要节日节点，发送廉政短信提醒，实现警示提醒常态化。探索加强“两新”组织党风廉政建设新途径新方法。在“两新”组织领域开展廉洁从商、廉洁从业、依法经营、诚实守信主题活动，塑造“两新”组织党风廉政建设先进典型，实现“两新”组织和从业人员健康成长。落实“两个尊重”“三个区分”，营造干事创业良好氛围。鼓励和保护党员干部敢于担当、勇于创新，宽容党员干部在创造性开展工作中的失误，打造风清气正、赏罚分明的工作环境。运用和发挥珠海市党风廉政建设主体责任评估系统监督作用。各相关责任人严格按照责任分工完成任务要求，对未按时完成任务的追究责任。

【党群服务中心建设】 2017年，珠海市“两新”组织党工委采取每月督导、每月通报、以奖代补经费、召开现场推进会等措施，全面推进三级党群服务中心建设。全年投入党群服务中心建设经费295万元，各单位按照统一命名、统一标识、统一规划标准，建设含有会议室、党员活动室、党员电化教育和远程教育站点、图书阅览室、心理咨询室等多功能的党群服务中心。横琴新区、高栏港区、金湾区三灶科技工业园、高新区南方软件园等建成一级党群服务中心7个，总面积5000平方米。二、三级党群服务中心建设同步推进，功能齐全、体系完善、党建有效的党群服务中心体系初步形成。

【“两新”党组织示范点建设】 2017年，珠海市“两新”组织党工委选取“两新”党组织示范点培育点10个、联系点20个，通过一手抓党建、一手抓发展，涌现出一批党建强、发展强的企业。丽珠集团公司以科研创新驱动发展，连续多年被评为中国最具品牌价值500强企业；东信和平公司创建“劳模创新工作室”，以技术创新推动公司技术进步和转型升级；清华科技园党委成立“党员创业导师团”，帮助园区创业者提高创新创业成功率。是年，香洲区南屏科技工业园党委、醋酸纤维有限公司党委、丽珠集团公司党委、兴业太阳能公司党委、兆邦智能科技公司党委、坚士制锁公司党支部等非公党组织获“广东省非公经济组织先进党组织”称号。

【珠海市“党建引领创新驱动”科技大赛】 2017年8月2日至9月26日，由市委组织部和市“两新”组织党工委联合举办。大赛收到国内外创新创业团队参赛项目364个（其中创新组200个、创业组164个），参与人数3689人，其中党员1051人。经过初赛、复赛和决赛，产生创新组和创业组一等奖各1名、二等奖各3名、三等奖各6名、优秀项目奖40名。珠海市丽珠单抗生物技术有限公司“治疗类风湿疾病的单抗新药”和珠海纳金科技有限公司“纳米银柔性触控”分别获创新组和创业组一等奖。大赛推动党的工作与经济建设和科技创新发展深度融合，将党组织、党员的参与和作用贯穿大赛始终，挖掘出一批党建强、发展强的优秀企业。

（潘　媛）

珠海市人民代表大会

【概　况】 2017年，珠海市有各级人大代表1776人，其中全国人大代表6人、省人大代表20人、市人大代表294人、区人大代表565人、镇级人大代表894人。市九届人大常委会组成人员40人，其中主任1人、副主任6人、秘书长1人、委员32人。市九届人大设有法制、财政经济、内务司法、教育科学文化卫生外事华侨宗教、城市建设与环境资源、农村农业6个委员会，市九届人大常委会下设相应的6个工作委员会及办公室、选举联络人事任免工作委员会、立法研究中心。

【九届人大一次会议】 2017年1月11—14日在香洲召开，与会代表290人。大会依法选举产生珠海市新一届国家机关领导人员：郭元强当选为市人大常委会主任，陈英、关英彦、黄锐、田忠敏、吴青山、王红勤当选为市人大常委会副主任，李力当选为市人大常委会秘书长；郑人豪当选为市人民政府市长，王庆利、刘嘉文、史明锋、芦晓凤、张宜生、阎武当选为市人民政府副市长；黄炯猛当选为市中级人民法院院长；黄维玉当选为市人民检察院检察长（按法律规定，须报

2017年1月11日，珠海市第九届人民代表大会第一次会议在珠海大会堂开幕 （市人大 供稿）

经省人民检察院检察长提请省人大常委会批准）。大会经过表决，通过关于珠海市人民政府工作报告的决议；通过关于珠海市2016年国民经济和社会发展计划执行情况与2017年计划的决议；通过关于珠海市2016年预算执行情况与2017年预算的决议；通过关于珠海市人民代表大会常务委员会工作报告的决议；通过关于珠海市中级人民法院工作报告的决议；通过关于珠海市人民检察院工作报告的决议；通过珠海市第九届人民代表大会各专门委员会主任委员、副主任委员、委员人选名单。

【九届人大二次会议】 2017年5月16日在香洲召开，与会代表264人。会议表决通过珠海市第九届人民代表大会第二次会议选举办法草案；补选李泽中为珠海市人民政府市长。

【九届人大三次会议】 2017年9月29日在香洲召开，与会代表257人。会议表决通过珠海市第九届人民代表大会第三次会议选举办法草案；补选姚奕生为珠海市人民政府市长。

【九届人大四次会议】 2017年12月18—20日在香洲召开，与会代表270人。大会依法选举产生珠海市出席广东省第十三届人民代表大会代表25人，按法律规定，选举结果上报省人大常委会代表资格审查委员会进行代表资格审查。

【市人大常委会会议】 2017年，珠海市第九届人大常委会召开常委会会议10次。

第一次会议　3月23日召开。会议审议《珠海市第九届人民代表大会常务委员会代表资格审查委员会组成人员名单（草案）》；书面审议《关于市九届人大一次会议代表建议、批评和意见交办情况的报告》。会议表决通过：任命李勇刚为珠海市人大常委会副秘书长。决定免去贺业民珠海市人民政府副市长职务；决定免去章熙春珠海市人民政府副市长职务。决定任命李泽中为珠海市人民政府副市长、代理市长；决定任命史明锋为珠海市公安局局长；决定任命武林为珠海市人民政府秘书长；决定任命于思浩

2017年9月29日，珠海市第九届人民代表大会第三次会议在珠海大会堂召开。会议依法补选姚奕生（左）为珠海市人民政府市长 （市人大 供稿）

为珠海市发展和改革局局长；决定任命苏虎为珠海市科技和工业信息化局局长；决定任命林日团为珠海市教育局局长；决定任命陈坦为珠海市民族宗教事务局局长；决定任命林建波为珠海市监察局局长；决定任命罗新安为珠海市民政局局长；决定任命李秉勇为珠海市司法局局长；决定任命周昌为珠海市财政局局长；决定任命李伟辉为珠海市人力资源和社会保障局局长；决定任命张经纬为珠海市环境保护局局长；决定任命王朝晖为珠海市住房和城乡规划建设局局长；决定任命唐成伟为珠海市交通运输局局长；决定任命林粤海为珠海市海洋农业和水务局局长；决定任命郑潮龙为珠海市市政和林业局局长；决定任命王瑞森为珠海市商务局局长；决定任命方小勇为珠海市口岸局局长；决定任命王玲萍为珠海市文化体育旅游局局长；决定任命陶海林为珠海市卫生和计划生育局局长；决定任命戴伟辉为珠海市审计局局长；决定任命张梅生为珠海市外事局局长；决定任命周凯为珠海市政府国有资产监督管理委员会主任；决定任命陈德敬为珠海市工商行政管理局局长；决定任命王雷为珠海市质量技术监督局局长；决定任命刘治民为珠海市安全生产监督管理局局长；决定任命石学斌为珠海市食品药品监督管理局局长；决定任命周峰为珠海市统计局局长；决定任命王智斌为珠海市法制局局长；决定任命董洪山为珠海市金融工作局局长；决定任命张志伟为珠海市城市管理行政执法局局长。免去周萍珠海市中级人民法院立案一庭庭长职务；免去董春杉珠海市中级人民法院立案一庭副庭长职务；免去刘秋萍珠海市中级人民法院立案一庭副庭长职务；免去姚文强珠海市中级人民法院刑事审判第二庭副庭长职务。任命周萍为珠海市中级人民法院立案庭庭长；任命朱学辉为珠海市中级人民法院破产审判庭（执行裁判庭）庭长；任命董春杉为珠海市中级人民法院立案庭副庭长；任命刘秋萍为珠海市中级人民法院立案庭副庭长；任命王丹为珠海市中级人民法院刑事审判第二庭副庭长。免去王粤林珠海市人民检察院检察委员会委员、检察员职务；免去钟洲山珠海市人民检察院检察委员会委员、检察员职务；免去黄容全珠海市人民检察院检察员职务；免去凌强珠海市人民检察院检察员职务；免去覃小丽珠海市人民检察院检察员职务；免去刘俊哲珠海市人民检察院检察员职务；免去刘砚莉珠海市人民检察院检察员职务；免去黎文彪珠海市人民检察院检察员职务。任命孙淑丽为珠海市人民检察院检察员；任命何永福为珠海市人民检察院检察员；任命何盛平为珠海市人民检察院检察员；任命张宇为珠海市人民检察院检察员；任命李振娣为珠海市人民检察院检察员；任命罗成为珠海市人民检察院检察员；任命胡伟锋为珠海市人民检察院检察员；任命简智伟为珠海市人民检察院检察员；任命胡文为珠海横琴新区人民检察院检察员；任命房莹珍为珠海横琴新区人民检察院检察员。

第二次会议　5月10日召开。会议审议并表决通过《珠海市人民代表大会常务委员会关于召开珠海市第九届人民代表大会第二次会议的决定》《珠海市第九届人民代表大会第二次会议主席团、秘书长名单》；听取和审议《珠海市人民代表大会常务委员会代表资格审查委员会关于个别代表资格审查的报告》。会议表决通过：决定任命李桑为珠海市人民政府副市长。

第三次会议　5月12日召开。会议审议并表决通过《珠海市人民代表大会常务委员会关于调整珠海市第九届人民代表大会第二次会议时间的决定》。

第四次会议　5月24—25日召开。会议审议《珠海经济特区物业管理条例（草案修改二稿）》《市人民政府关于提请审议珠海市第九届荣誉市民增补人选的议案》；听取和审议《市人民政府关于2015—2016年度环境状况和环境保护目标完成情况的报告》、关于《广东省实施〈中华人民共和国文物保护法〉办法》实施情况执法检查的报告、《市人民政府关于珠海市社会主义新农村建设工作情况的报告》；书面审议《关于我市知识产权审判工作情况的调研报告》《关于唐家湾历史文化名镇保护管理及利用工作情况的调研报告》。审议并表决通过《珠海市人民代表大会常务委员会关于市人民政府关于2015—2016年度环境状况和环境保护目标完成情况的报告的审议意见》、珠海市人民代表大会常务委员会关于《广东省实施〈中华人民共和国文物保护法〉办法》实施情况执法检查报告的审议意见、《珠海市人民代表大会常务委员会关于授予巴蕉、傅敏等2位人士“珠海市荣誉市民”称号的决定》《珠海市人民代表大会常务委员会关于市人民政府关于珠海市社会主义新农村建设工作情况的报告的审议意见》。会议表决通过：免去叶真珠海市人大常委会横琴新区工作办公室主任职务。决定免去董洪山珠海市金融工作局局长职务。决定任命穆竑为珠海市金融工作局局长。任命聂斌华为珠海横琴新区人民法院审判员。免去卢希起珠海市人民检察院检察员职务；免去蔡俊波珠海市人民检察院检察员职务。

第五次会议　7月25—26日召开。会议审议《珠海经济特区政府投资项目管理条例（修订草案修改三稿）》；听取和审议市人民政府关于珠海市2017年上半年国民经济和社会发展计划、政府投资项目计划、预算执行情况的报告，关于全面推进“河长制”和黑臭水体整治工作进展情况的报告，关于珠海市2016年市本级决算草案的报告、2016年度市本级预算执行和其他财政收支的审计工作报告，审查和批准珠海市2016年市本级决算。听取和审议市人大常委会执法检查组关于《珠海市妇女权益保障条例》实施情况执法检查的报告，关于《广东省水利工程管理条例》实施情况执法检查的报告。听取和审议市人民政府关于进一步加快市慢性病防治中心建设议案办理情况的报告，关于市妇幼保健院易地新建项目进展情况的报告。审议并表决通过《珠海经济特区政府投资项目管理条例》《珠海市人民代表大会常务委员会关于批准珠海市2016年市本级决算的决议》《珠海市人民代表大会常务委员会关于珠海市2017年上半年国民经济和社会发展计划、政府投资项目计划及预算执行情况的报告的审议意见》《珠海市人民代表大会常务委员会关于市人民政府关于全面推进“河长制”和黑臭水体整治工作进展情况的报告的审议意见》《珠海市人民代表大会常务委员会关于市人大常委会执法检查组关于〈珠海市妇女权益保障条例〉实施情况执法检查的报告的审议意见》《珠海市人民代表大会常务委员会关于市人大常委会执法检查组关于〈广东省水利工程管理条例〉实施情况执法检查的报告的审议意见》《珠海市人民代表大会常务委员会关于市人民政府关于进一步加快市慢性病防治中心建设议案办理情况的报告的审议意见》《珠海市人民代表大会常务委员会关于市人民政府关于市妇幼保健院易地新建项目进展情况的报告的审议意见》。表决通过：任命李伟辉为珠海市人大常委会横琴新区工作办公室主任。任命练伟光为珠海市人力资源和社会保障局局长；任命贺军为珠海市科技和工业信息化局局长；任命王小彬为珠海市商务局局长。免去李伟辉珠海市人力资源和社会保障局局长职务；免去苏虎珠海市科技和工业信息化局局长职务；免去王瑞森珠海市商务局局长职务。任命麦永明为珠海市中级人民法院副院长；任命陈永成为珠海市中级人民法院破产审判庭（执行裁判庭）副庭长；任命陈伟为珠海市中级人民法院城市管理法庭副庭长。免去黄智江珠海市中级人民法院审判员职务；免去陈海凤珠海市中级人民法院立案二庭庭长职务；免去麦永明珠海市中级人民法院刑事审判第一庭庭长职务；免去郭志俊珠海市中级人民法院民事审判第一庭庭长职务；免去陈永成珠海市中级人民法院立案二庭副庭长职务。任命向少良为珠海市人民检察院副检察长、检察委员会委员、检察员；任命周利人为珠海横琴新区人民检察院检察长、检察委员会委员、检察员。免去向少良珠海横琴新区人民检察院检察长、检察委员会委员、检察员职务。

第六次会议　8月22日召开。会议表决通过：任命祝青桥为珠海市人民政府副市长（挂职二年）。

第七次会议　9月21—22日召开。会议审议《珠海经济特区物业管理条例（草案修改三稿）》。听取和审议市人大常委会执法检查组关于《珠海经济特区前山河流域管理条例》实施情况执法检查的报告；听取和审议《珠海市人民政府关于农村承包经营权确权登记颁证工作的报告》《关于进一步增强紧迫感和责任感　加快珠海市职业教育发展议案办理情况的报告》；听取和审议市中级人民法院、市人民检察院关于深化司法公开、促进司法公正情况的报告。听取和审议《珠海市人民政府关于市九届人大一次会议代表建议办理情况的报告》《珠海市人民代表大会常务委员会代表资格审查委员会关于个别代表的资格审查报告》；审议并表决通过《珠海市人民代表大会常务委员会关于召开珠海市第九届人民代表大会第三次会议的决定》《珠海市第九届人民代表大会第三次会议主席团、秘书长名单》《珠海市人民代表大会常务委员会关于市人民政府关于农村承包经营权确权登记颁证工作的报告的审议意见》《珠海市人民代表大会常务委员会关于市中级人民法院、市人民检察院关于深化司法公开、促进司法公正情况的报告的审议意见》《珠海市人民代表大会常务委员会关于市人大常委会执法检查组关于〈珠海经济特区前山河流域管理条例〉实施情况执法检查的报告的审议意见》《珠海市人民代表大会常务委员会关于市人民政府〈关于进一步增强紧迫感和责任感　加快珠海市职业教育发展议案办理情况的报告〉的审议意见》。会议表决通过：任命姚奕生为珠海市人民政府副市长、代理市长；任命孙恒义为珠海市人民政府副市长，挂任时间至2018年1月。接受李泽中辞去珠海市人民政府市长职务，报珠海市第九届人民代表大会第三次会议备案。任命周萍为珠海市中级人民法院刑事审判第一庭庭长；任命郑伟民为珠海市中级人民法院民事审判第一庭庭长。免去周萍珠海市中级人民法院立案庭庭长职务；免去郑伟民珠海市中级人民法院民事审判第四庭庭长职务。免去李中原珠海市人民检察院检察委员会委员、检察员职务。批准周利人辞去珠海市金湾区人民检察院检察长职务。

第八次会议　10月26日召开。会议听取和审议市人民政府关于珠海市2017年政府投资项目计划调整方案的报告、关于珠海市2017年市本级预算调整方案的报告。审议并表决通过《珠海市人民代表大会常务委员会关于召开珠海市第九届人民代表大会第四次会议的决定》《珠海市第九届人民代表大会第四次会议主席团、秘书长名单》《珠海市人民代表大会常务委员会关于批准珠海市2017年政府投资项目计划调整方案的决议》《珠海市人民代表大会常务委员会关于批准2017年市本级预算调整方案的决议》。书面审议市人民政府关于珠海市与加拿大哈利法克斯市缔结友好城市关系的议案。会议表决通过：免去徐小苏珠海市人大常委会副秘书长职务。

第九次会议　11月28—30日召开。会议审议《珠海经济特区物业管理条例（草案修改四稿）》《珠海市人民代表大会常务委员会关于废止〈珠海市物业管理条例〉的决定（草案）》。听取和审议珠海市2016年度市本级预算执行和其他财政收支审计查出问题整改情况的报告；听取和审议市人民政府关于完善珠海市养老制度和体系、发展养老事业议案办理情况的报告，关于加快建设东西交通通道和治理中心城区交通拥堵议案办理情况的报告，关于西部生态新城开发建设情况的报告。书面审议关于珠海市城乡生活垃圾处理情况、关于金融和社会资本投向农业农村情况两份调研报告。听取和审议《珠海市人民代表大会常务委员会代表资格审查委员会关于个别代表的资格审查报告》。审议并表决通过《珠海市人民代表大会常务委员会关于调整珠海市第九届人民代表大会第四次会议时间的决定》《珠海经济特区物业管理条例》《珠海市人民代表大会常务委员会关于废止〈珠海市物业管理条例〉的决定》《珠海市人民代表大会常务委员会关于珠海市2016年度市本级预算执行和其他财政收支审计查出问题整改情况报告的审议意见》《珠海市人民代表大会常务委员会关于市人民政府关于完善珠海市养老制度和体系、发展养老事业的议案办理情况的报告的审议意见》《珠海市人民代表大会常务委员会关于市人民政府关于加快建设东西交通通道和治理中心城区交通拥堵议案办理情况的报告的审议意见》《珠海市人民代表大会常务委员会关于市人民政府关于西部生态新城开发建设情况的报告的审议意见》。会议表决通过：免去刘尔林珠海市人大常委会万山海洋开发试验区工作办公室副主任职务；任命黄健雄为市人大常委会万山海洋开发试验区工作办公室副主任。免去贾和平珠海市中级人民法院审判委员会委员、审判员职务；免去刘秋萍珠海市中级人民法院立案庭副庭长职务；免去李晓琦珠海市中级人民法院刑事审判第一庭副庭长职务；免去涂远国珠海市中级人民法院行政审判庭副庭长职务；免去乌云利珠海市中级人民法院审判员职务；任命管文超为珠海市中级人民法院立案庭庭长；任命马艳为珠海市中级人民法院审判员；任命唐育萍为珠海市中级人民法院审判员；任命艾欣欣为珠海市中级人民法院审判员；任命张榕华为珠海市中级人民法院审判员；任命王芳为珠海市中级人民法院审判员。

第十次会议　12月25日召开。会议审议《珠海经济特区海域海岛保护与利用条例（草案）》。审议并表决《珠海市人民代表大会常务委员会关于召开珠海市第九届人民代表大会第五次会议的决定（草案）》《珠海市人民代表大会常务委员会关于列席和邀请列席珠海市第九届人民代表大会第五次会议人员的决定（草案）》《珠海市第九届人民代表大会第五次会议主席团、秘书长名单（草案）》《珠海市人民代表大会常务委员会人事任免工作暂行办法（草案）》。书面审议《珠海市人民代表大会法制委员会关于2017年珠海市人民政府规章备案审查情况的报告》。审议《珠海市人民代表大会常务委员会工作报告（稿）》《珠海市人民代表大会常务委员会代表资格审查委员会关于个别代表的资格审查报告》。会议表决通过：免去文华珠海市人大常委会法制工作委员会主任职务。接受文华提出的辞去市人大常委会委员职务的请求；接受文华辞去市人民代表大会法制委员会主任委员职务的请求，并报珠海市第九届人民代表大会备案。

【地方立法】 2017年，珠海市人大常委会审议法规草案4件，备案审查规章6件、规范性文件8件；组织编制并报请市委批准《珠海市第九届人大常委会立法规划》，明确任期内拟提请审议的法规项目15项、条件成熟时提请审议的法规项目13项；对现行有效的63部地方性法规进行电子报备；开展生态环保法规专项清理和特区立法权运用情况梳理工作，形成翔实报告上报全国人大；开展本市规章和规范性文件备案审查，形成年度备案审查工作报告；办理和回复公民、组织的审查建议，做到件件有研究、有结果、有反馈。将物业管理立法作为重中之重，经5次审议通过《珠海经济特区物业管理条例》，重点创设10项制度，规范物业管理各方权利义务。常委会修改《珠海经济特区政府投资项目管理条例》，加强政府投资管理，规范政府投资行为；初次审议《珠海经济特区海域海岛保护和利用条例》，以立法保障海洋强市建设。

【监督工作】 2017年，珠海市人大常委会听取和审议议案建议办理情况报告7项、专项工作报告9项，开展执法检查4项，完成专题调研4项，组织市人大代表参加各项代表活动766人次，为推动珠海市全面深化改革和经济社会发展发挥积极作用。加强全口径预算全过程监督，参加部门预算联审，加强预算执行及预算调整监督，重点关注重大项目、重点资金的安排使用；督促建立非建制区预算监督制度，将横琴、高新、高栏、万山等非建制区预算统一纳入市级人大监督体系；加强预算联网监督工作，实现省级专项转移支付资金等数据跟踪监督。持续监督养老制度体系完善、养老事业发展议案办理，推动珠海市在完善制度、开展医养结合、加快养老床位建设、推进社区养老设施建设、市级养老机构选址等方面取得阶段性进展。持续监督社会各界关注的职业教育发展，听取和审议关于职业教育发展议案办理情况的报告，推动市技工学校新校址项目加快建设。开展《珠海市妇女权益保障条例》执法检查，切实保障妇女权益。推动市政府及相关部门加大工作力度，实现全市水、空气、土壤等环保指标总体稳中向好。开展《广东省水利工程管理条例》《珠海经济特区前山河流域管理条例》实施情况执法检查，推动全市“河长制”落实、黑臭水体整治和堤防生态建设。持续监督城市开发建设情况，推进城市建设走生态发展之路。专项督办东西重大交通通道建设和中心城区交通拥堵治理议案，推动一批重点难点问题得到解决。开展深化司法公开、促进司法公正专题调研，不断提升司法机关亲和力、公信力和人民群众满意度。开展珠海市知识产权保护审判工作专题调研，加大侵权行为惩处力度，加强司法服务和法治宣传，加强与横琴国家知识产权交易平台交流和对接。

【代表工作】 2017年，珠海市人大常委会立足代表机关的定位，突出代表主体地位，提升代表履职能力，促进代表依法履职，推动代表有效发挥参与决策管理、监督协助、桥梁纽带和示范带头作用。

依法做好大会选举工作 完成市九届人大一次会议换届选举，产生珠海市新一届国家机关领导人员9人、常委会组成人员40人，通过各专门委员会组成人员64人；完成市九届人大二、三次会议关于市长补选的工作任务；完成市九届人大四次会议关于省人大代表选举的工作任务，确保上级党委部署得到全面落实。落实中央深化国家监察体制改革部署，配合做好设立监察委员会的相关工作。

加强代表履职保障 指导代表开展履职活动。指导组建代表小组，印发代表工作计划，建立健全代表活动登记制度，按时划拨代表活动经费，为各代表团和代表小组开展活动提供保障。提高人大代表联络室工作实效。采取一系列措施，推动解决代表联络室工作遇到的人、财、物等方面的问题。全年指导各区人大安排5级人大代表进驻代表联络室开展活动1768名795人次，联系群众4541人次，解决群众提出的问题664件次。不断提升代表履职能力。在做好代表初任培训基础上，组织人大代表和业务骨干两期90余人次到浙江大学集中培训，学习相关法律法规和政策，提高履职能力和水平。

加大代表建议督办力度 市九届人大一次会议期间收到代表建议113件（含议案转建议13件），

闭会期间收到代表建议6件，经审核并通过网上办理系统按时交办。常委会采取组织代表联合督办、加强重点督办、定期检查督促等方法，促进建议办理工作落到实处，代表对办理结果表示满意或基本满意。常委会领导牵头成立督办组，对《关于建立农村水污染治理长效机制提高农村水环境质量的议案（转建议）》《关于加强中小学安全管理的建议》等5个建议进行重点督办，通过现场检查、网上跟踪、电话查询和短信提醒等方式，督促承办单位加大办理工作力度，确保建议办理实效。（张天添）

珠海市人民政府

重要会议

【市政府常务会议】 2017年召开18次。讨论研究以下问题：审议《珠海市环境保护和生态建设“十三五”规划》；审议《珠海市先进装备制造业“十三五”发展规划》；审议《珠海经济特区餐厨垃圾管理办法（草案）》；审议《珠海市法治政府建设实施方案（2016—2020年）》；审议《横琴国际休闲旅游岛建设方案》；审议《珠海市民用航空运输发展专项资金管理暂行办法（修订稿）》；研究收回鹤洲南垦区土地经营权涉及两次台风损坏海堤修复补偿有关问题；研究华发集团有关工作；审议《关于加快推进香洲区旧工业区升级改造的若干意见（建议稿）》；审议2017年珠海市《政府工作报告》及市主要经济指标任务分解方案；审议《珠海市实施创新驱动发展战略“十三五”规划》；审议《“十三五”期间珠海市交通基础设施建设大会战推进工作方案》；审议《珠海市体育发展“十三五”系列规划》；审议《珠海市审计项目审计结果公开实施方案》；审议《珠海市民营经济发展研究院组建方案》；研究新香洲邮政综合楼转让补交地价方式有关问题；审议《珠海市人才发展“十三五”规划（送审稿）》；研究《珠海市轨道交通线网规划（修编）》《珠海市城市轨道交通近期建设规划》、珠海市轨道交通规划建设工作领导小组办公室设置方案；研究干部处分事宜；传达中央环境保护督察最新工作情况、全省环保局局长会议精神，研究珠海市贯彻落实意见；审议《珠海市对口帮扶茂名、阳江两市贫困人群重大疾病医疗补助工作方案》；研究支援西藏那曲地区比如县夏曲镇社会发展项目情况；审议《珠海市委珠海市人民政府关于加快推进我市生态文明建设的实施方案》；审议《珠海市人民政府关于加快发展健身休闲产业的实施意见》；研究人民防空有关工作；审议《珠海市地方性法规立法规划（2017—2021年）（建议草案）》；审议《珠海市新农村建设“十三五”规划》；听取全市一季度经济“开门红”督查情况汇报，研究下一步工作措施；审议《珠海国家自主创新示范区发展规划纲要（2016—2025年）》；审议《珠海市突发事件应急体系建设“十三五”规划》；审议《关于进一步加强产业园区发展建设的若干政策措施（送审稿）》；审议《珠海市中小企业先进技术研究院建设方案》；审议《珠海市智慧交通信号协调控制系统项目服务购买方案》；审议《珠海经济特区促进横琴休闲旅游业发展办法（草案）》；审议《关于建设知识产权强市的意见》；审议《珠海市加强招商引资促进实体经济发展试行办法（送审稿）》；书面传达学习全省经济和信息化工作会议精神；审议《2017年珠海市简政放权、放管结合、优化服务改革方案（送审稿）》；审议《珠海市实施工业企业培育“十百千计划”工作方案》《珠海市实施工业企业培育“十百千计划”若干政策措施》；审议《珠海市全面推行“河长制”工作方案（送审稿）》；审议《加快推进珠海国家自主创新示范区和横琴自贸试验片区联动发展（2017—2020年）的行动方案》；审议《“健康珠海2030”规划纲要》《珠海市卫生与健康“十三五”规划》《珠海市建设健康城市行动计划（2017—2020年）》；审议《珠海市网络预约出租汽车经营管理暂行规定》；审议《珠海市商事主体“一照一码”登记服务全程电子化暂行办法（草案）》；审议《珠海市加快工业和信息化领域生产服务业发展的若干政策（送审稿）》；审议《珠海市城乡规划委员会章程》；审议《珠海市职工生育保险办法》《珠海市生育保险和基本医疗保险合并实施试点工作方案》；审议《珠海市“十三五”消防事业发展规划》；审议《珠海市土壤污染防治行动计划实施方案》；审议《珠海市市长质量奖管理办法（修订稿）》；审议《合作建设珠海市环保生物质热电工程二期框架协议书》；审议《珠海市智慧交通信号协调控制系统项目服务购买方案》；

审议《珠海市国有土地上房屋征收与补偿办法（送审稿）》；审议《珠海市住宅用地中期（2017—2021年）出让计划》；审议《珠海市积极发挥新消费引领作用 加快培育形成新供给新动力的实施方案（送审稿）》；审议《关于进一步推进国有企业改革发展的意见》；研究关于将横琴高新技术片区及科技研发片区纳入珠海高新区区域范围工作；审议《珠海市商事主体名称申报管理办法（送审稿）》；研究全市监察工作；研究全市审计工作；传达省委主要领导关于第三届中以科技创新投资大会批示精神，研究珠海市贯彻落实意见；审议《珠海市城乡居民最低生活保障标准方案》；审议《珠海市教育发展"十三五"规划》；审议《珠海市信息产业发展规划（2017—2021年）》；审议《"十三五"珠海智慧城市行动计划》；审议《珠海市推进建筑产业现代化发展管理办法（试行）》；审议《珠海市西部医疗中心建设项目工作方案》；审议《珠海发展投资基金设立方案》；审议《珠海市供给侧结构性改革实施方案》；审议《珠海市建设"一带一路"倡议支点实施方案》；审议《珠海市深入实施创新驱动发展战略打造粤港澳大湾区创新高地实施方案》；审议《珠海市发展壮大实体经济实施方案》；审议《珠海市实施开放引领发展实施方案》；审议《珠海经济特区牛羊定点屠宰管理办法（草案）》；研究提前偿还珠三角城际轨道项目贷款事项；听取2017年上半年审计工作汇报，研究下一步工作举措；审议《深入推进城市执法体制改革改进城市管理工作的实施方案》；审议《珠海市推动非户籍人口在城市落户实施方案》；审议《珠海市促进加工贸易创新发展实施方案》；审议《珠海智慧产业园建设发展方案》；审议《珠海市人民政府与中山大学进一步加强新型战略合作协议》；审议《首届中国—拉美国际博览会工作方案》及筹办工作领导小组组织架构；传达贯彻省委、省政府关于台风"天鸽"灾后复产重建有关指示和会议精神；研究《关于继续做好救灾工作的实施方案》《珠海市促进灾后恢复生产的若干政策措施》《珠海市工业灾后复产工作方案》《珠海市农业灾后复产工作方案》《珠海市金融支持台风灾后复产重建工作方案》《珠海市台风灾后重建工作方案》及《灾后救灾复产重建资金分配方案》；审议《珠海经济特区海域海岛保护与利用条例（草案）》；审议《珠海经济特区建设工程招标投标管理办法（草案）》；审议《2017年珠海市促进外贸发展政策措施》；审议《珠海市非建制区预算管理办法（试行）》；研究市人民医院放疗中心专项设备经费事宜；审议《珠海市2017年政府投资项目计划调整方案》；审议《关于珠海市2017年市本级预算调整方案的报告》；研究将珠海机场高压进线电缆产权无偿划转给珠海供电局事宜；研究港珠澳大桥珠海公路口岸相关问题；审议《珠海市引进建设重大研发机构扶持资金管理办法》；审议《珠海市加快通用航空产业发展工作方案》（送审稿）；审议《珠海市2017—2019年经营性用地出让计划》；审议《珠海市旅游发展总体规划修编（2016—2030年）》；审议《珠海市海洋功能区划（2015—2020年）》（送审稿）；审议《珠海市消防规划（2015—2020年）》；审议《珠海市鹤洲至高栏港高速公路工程特许经营协议》；审议《珠海市城市环境清理规范优化提升工作方案》；审议《珠海经济特区绿色建筑管理办法》（草案）；审议《珠海市出租小汽车运价调整问题》；审议废止《珠海市小型客运船舶管理规定》；审议《珠海市迎接省2017年度安全生产责任制考核工作方案》《富山工业园安全生产职权移交工作方案》；审议《珠海市海堤防潮洪标准及能力提升建设方案》；审议《珠海经济特区旅游条例》（草案）；审议《珠海市"三旧"改造项目股权转让收益共享方案》；审议《珠海市再生资源回收网点布局规划（2016—2020）》；审议《2016年度珠海市科学技术奖励方案》；审议《珠海市西部医疗中心建设PPP项目实施方案及相关事项》；审议《珠海市富山工业园财政管理体制调整方案》；审议《珠海市公立医院医疗服务价格调整方案》；研究对两家国有文化企业增资事宜；审议《珠海市灾后重建项目计划》；审议《珠海市现代产业体系规划（2017—2025年）》；审议《珠海发展投资基金管理暂行办法》；研究珠海市残疾人就业保障金征缴工作有关问题；传达珠三角国家自主创新示范区科技金融工作推进会会议精神，研究珠海市贯彻落实意见；审议《珠海市与复旦大学合作协议》；审议《珠海城市总体规划（2017—2035年）编制工作方案》；学习贯彻《统计违纪违法责任人处分处理建议办法》；审议《珠海市建设项目交通影响评价管理办法》；研究市城市公共安全消防高风险专项调研评估情况；传达《消防安全责任制实施办法》精神，研究珠海市贯彻落实意见；审议《珠海市高污染燃料禁燃区划》；研究对高栏港区预拨基础设施建设资金事宜；审议《珠海市户口迁移管理实施办法》（送审稿）；审议《珠海市新能源汽车专用号牌推广应用工作方案》；审议《珠海市关于完善审计制度若干重大问题的实施意见》及相关配套文件；审议《珠海市东西部扶贫协作和对口支援工作专项资金管理暂行办法》；书面汇报珠海市全面推进政务公开工作情况。

【市政府工作会议】 2017年召开146次。分别是：珠海大剧院首演筹备工作现场会议；研究长途跨线列车开行及铁路物流中心建设会议；研究港珠澳大桥口岸穿梭巴士招标文件相关事宜工作会议；专题研究城市轨道交通有关工作会议；珠海市市政交通建设及省公安边防总队第五支队边境管控和土地营房建设有关工作会议；研究香海大桥项目建设推进工作会议；2017年第一次全市公共道路建设项目方案设计工作会议；研究广佛江珠城际轨道工程项目推进工作会议；研究广昌社区旧村政府购买棚改服务工作会议；研究市第三看守所、市戒毒康复中心建设项目推进工作会议；研究国家口岸药检所建设问题会议；珠海市水上交通安全联席会议2017年第一次会议；研究情侣路南段主线改造工程项目占用珠海水务集团公司用地有关问题工作会议；2017年市推进港珠澳大桥建设工作领导小组办公室工作例会第三次会议；研究莲溪大桥被撞事故应急处置工作会议；香洲渔港功能调整和洪湾渔港建设专题工作会议；研究前山河“一河两涌”生态绿堤水系工程资金投入相关事宜工作会议；珠海市全面推进“河长制”工作专题会议；研究上冲市政配套路等公共道路建设项目推进工作会议；研究翠湖香山项目大中型施工车辆临时通行工作会议；莲溪大桥抢险处置工作联席会议；专题研究双湖路特大桥建设涉及水上水下施工许可办理相关工作会议；全市2017年第一次消防安全责任人会议；关于前山河大型水浮莲拦污栅重建工程维稳事项工作会议；2017年第一季度全市道路交通安全工作会议；研究“三旧”改造城市更新工作会议；第三届装洽会珠海市筹备工作会议；研究推进第三届中以科技创新投资大会筹办工作会议；莲溪大桥抢险处置工作第二次联席会议；关于市妇幼保健院易地建设和市慢性病防治中心建设项目推进工作会议；研究2017年度市本级土地出让收入有关工作会议；研究广丰跨境电子商务产业园运营工作会议；2017年市推进港珠澳大桥建设工作领导小组办公室工作例会第四次会议；研究协调鸭涌河养护问题会议；研究珠海对口帮扶阳江工作会议；第二季度全市重点项目和政府投资项目建设推进会会议；研究土地规划调整有关工作会议；研究跨翠屏排洪渠临时人行通道实施工作会议；专题研究港珠澳大桥珠海连接线全封闭收费方案工作会议；关于研究《珠海经济特区建设工程招标投标管理办法》修订工作会议；2017年第二次全市公共道路建设项目方案设计工作会议；与广东省交通集团有限公司党委书记、董事长邓小华座谈会议；研究拱北口岸供电安全工作会议；研究拱北口岸改扩建一期工程设计变更结算事宜会议；关于禁养区清理整治和农村土地确权工作会议；专题研究珠海航空有限公司建设有关问题工作会议；2017年市推进港珠澳大桥建设工作领导小组办公室工作例会第五次会议；研究有轨电车1号线试运营工作会议；研究高栏港口岸综合楼及用地移交工作会议；研究鹤港高速征拆工作主体及广佛江珠坭湾村段线位方案会议；专题研究双湖路B1北段（斗门区域）房屋征收补偿工作会议；研究度假村东侧烂尾楼改造等历史遗留问题会议；研究加快推进港珠澳大桥珠海口岸工程建设工作会议；听取“健康珠海”规划汇报及研究全市卫生、教育有关工作会议；研究规划相关工作会议；研究加快推进中信生态环保产业园项目建设工作会议；研究增加港珠澳大桥珠海口岸项目奖励基金工作会议；专题研究市不动产登记存量数据整合工作会议；专题研究“上东谷”住宅项目提高容积率补交地价有关问题会议；研究“一院两馆”项目推进工作会议；2017年市推进港珠澳大桥建设工作领导小组办公室工作例会第八次会议；研究珠机城轨一期工程征拆工作会议；研究珠海市民用航空运输发展专题工作会议；2017年市推进港珠澳大桥建设工作领导小组办公室工作例会第一次会议；珠海城市职业技术学院调研座谈会议；全市动物H7N9流感防控工作会议；关于洪鹤大桥、香海大桥项目建设推进工作会议；考察怒江扶贫工作及开通珠海至怒江航班会议；推进生物医药产业发展工作会议；关于珠海市区至珠海机场城际轨道交通拱北至横琴段项目建设协调工作会议；调研洪湾片区规划建设工作座谈会；研究金湾区西湖城区R7A地块收地补偿纠纷系列案件工作会议；研究商务重点工作会议；研究市党政机关事业单位可经营性国有资产移交工作会议；研究“两个集团”组建过程中有关土地问题会议；研究中富集团调地有关问题会议；第三届中以科技创新投资大会筹备工作会议；研究12345投诉举报平台考核工作会议；首届“中国—拉美国际博览会”筹备工作会议；2017年第四次全市公共道路建设项目协调工作会议；第三届中以科技创新投资大会动员会；专题研究加快推进南屏保障房项目建设工作会议；市住房保障工作督办推进会会议；研究设立珠海发展投资基金工作会议；专题研究引入ATP世界巡回赛和组建珠海华发国际网球俱乐部事宜工作会议；横琴长隆二期项目座谈会议；市重点交通项目建设指挥部办公室第三十五次会议；市党政机关事业单位可经营性国有资产统一监管改革工作联席会议第二次会议；关于珠海中学、市西部医疗中心建设项目推进工作会议；2017年市推进港珠澳大桥建设工作领导小组办公室工作例会第六次会议；研究防御西江洪水工作会议；珠海怒江扶贫协作工作联席会议；专题研究土地管理有关工作会议；研究与中山大学进一步加强新型战略合作工作会议；研究珠海机场和航空产业园综合发展规划编制工作会议；国务院第四次大督查实地督查迎检工作动员部署会议；研究珠海华贸劳务派遣公司涉嫌劳务诈骗信访问题会议；调研民航珠海进近管制中心会议；2017年市推进港珠澳大桥建设工作领导小组办公室工作例会第七次会议；关于珠海市容闳纪念中学建设相关工作会议；专题研究双湖路A段及双湖路跨鸡啼门特大桥施工报建工作会议；研究湾仔轮渡客运口岸和湾仔旅游码头一期项目工作会议；研究珠海市对口怒江州扶贫协作工作会议；2017年第五次全市公共道路建设项目协调工作会议；研究推进广佛江珠城际轨道工程项目工作会议；珠海时代广场房产纠纷问题第二次协调会议；研究主城区“三旧”改造工作会议；关于市妇幼保健院易地建设和市慢性病防治中心建设项目推进工作会议；关于珠海发展投资基金揭牌暨签约仪式工作会议；处理市企业军转干部房改历史遗留问题工作小组第二次会议；研究珠海智慧城市建设相关工作会议；研究推进市规划展览馆、市博物馆建设及2017年下半年主要城市活动有关工作会议；珠海市水上交通安全联席会议2017年第二次会议；市重点交通项目建设指挥部办公室第三十六次会议；研究下半年稳外贸工作专题会议；研究嘉发大厦副楼及金色九洲花园项目部分商业确权办证历史遗留问题会议；研究国家新能源汽车动力电池及电驱动系统质检中心建设工作专题会议；研究金湾区发展有关工作会议；研究供澳危化品临时查验场地协调会议；与中国诚通控股集团负责同志座谈会议；省环境保护督察整改工作领导小组实地督导迎检工作动员会会议；研究香洲渔港功能调整和洪湾渔港建设工作会议；九洲港口岸临时查验通道设置及灾后恢复运作抢险项目联席会议；全市高层建筑消防安全暨电气火灾综合治理工作会议；关于珠海中学项目和金湾一中秋季学期开学有关问题会议；研究港珠澳大桥珠海口岸项目屋面风灾受损问题会议；研究重大交通项目建设推进工作会议；2017年市推进港珠澳大桥建设工作领导小组办公室工作例会第八次会议；研究台风“天鸽”灾后交通和市政抢险应急工程联席会议；专题研究平沙新城三前河水闸建设工作会议；首届中国—拉美国际博览会筹办工作领导小组会议；关于共乐幼儿园与原斗门区三所高中退休工人问题的会议；关于全面推行“河长制”工作有关事项的会议；关于市戒毒康复中心项目建设有关问题会议；研究香洲区“三旧”改造工作会议；2017年第六次全市公共道路建设项目协调工作会议；九洲港口岸复关通航专题会议；关于进一步加强珠海市食品安全管理工作会议；研究香洲渔港改造和洪湾渔港建设工作会议；研究全市节能减排工作会议；台风“天鸽”灾后重建应急抢险工程联席会议；关于2017珠海沙滩音乐节工作协调会议；全市第四季度防范重特大生产安全事故工作会议；2017年市推进港珠澳大桥建设工作领导小组办公室工作例会第九次会议；研究珠海口岸金属屋面灾后修复事宜工作会议；研究处理华融时代广场纠纷工作会议；关于推进珠海市创建食品安全示范城市工作会议；研究珠机城轨湾仔北站项目、湾仔轮渡客运口岸和湾仔旅游码头一期项目受影响单位安置方案工作会议；市重点交通项目建设指挥部办公室第三十七次会议；全市涉旅购物市场专项整治工作会议。

（林志健）

港澳事务

【概　况】 2017年，珠海市接待港澳团组57批2200人次，审核审批因公赴港澳团组6000批9971人次（香港2896批4524人次、澳门4733批8311人次），颁发因公往来港澳通行证2295本，办理因公赴港澳签注1.33万人次，办理通关礼遇（便利）团组159批1710人次。

【珠港澳高层互访】 2017年，珠海市主要领导赴港澳8批次。赴香港出席“携手共建粤港澳大湾区，合力打造世界级城市群”论坛；赴澳门参加珠澳合作会议、澳门特色金融高端对话会、港珠澳大桥专责小组第十次会议等活动，拜会全国政协副主席何厚铧、澳门特别行政区行政长官崔世安以及中央人民政府驻澳门有关机构，就珠澳合作事项进行沟通，达成多项合作共识。接待香港特别行政区行政长官梁振英、香港特别行政区政制及内地事务局局长聂德权、香港特别行政区民政事务局局长刘江华、香港贸发局驻华南首席代表吴文慧、香港驻粤办主任邓家禧、澳门特别行政区行政长官办公室顾问高展鸿等，围绕粤港澳大湾区建设、三地合作发展深入交流，共商合作发展。

【珠澳合作机制完善】 2017年7月26日，珠澳合作会议在澳门召开。珠澳双方围绕携手积极参与“一带一路”和粤港澳大湾区建设、横琴自贸试验区建设、跨境工业区转型升级、城市规划与跨境交通研究、口岸通关合作、环境保护合作、旅游和文化合作等议题进行深入讨论，并签署《珠海市文化体育旅游局与澳门特别行政区政府旅游局旅游合作框架协议》《珠海市文化体育旅游局与澳门特别行政区政府体育局体育合作框架协议》《珠海市文化体育旅游局与澳门特别行政区政府文化局文化合作交流协议》《珠海市统计局与澳门特别行政区政府统计暨普查局合作协议》。

【珠港澳多渠道交流与合作】 2017年，珠海市召开澳区全国人大代表、政协委员座谈会，就进一步加强珠澳合作、推动横琴自贸片区建设等进行深入交流和探讨。接待港澳专业机构、行业协会和社团组织等团组多批，拜访中央人民政府驻澳门联络办、澳门特别行政区政府、澳区全国人大代表和政协委员，协助市相关部门赴港澳学习交流，搭建联系桥梁。做好珠港澳青年交流工作，落实粤港暑期实习计划，做好岗位征集，安排两批45名香港大学生在珠海进行暑期实习工作。

【涉港澳多领域项目建设】 2017年，珠海市协助全国政协副主席梁振英、广东省港澳办主任廖京山等赴横琴粤澳合作中医药科技产业园进行调研，加快推进项目建设。接待中央人民政府驻澳门联络办副主任姚坚率领的澳门金融企业代表团。协助市主要领导出席澳门特色金融高端对话会，探索与澳门加强金融创新合作。加强与澳门民政总署沟通对接。7月开始，试行湾仔花农每天可延长营业时间至下午5：30；12月1日起，实施供澳鲜活产品提早1小时（早上7：00提前至6：00）从拱北口岸出境。

【港澳事务政策研究】 2017年，珠海市完成《关于迎接港珠澳大桥通车的工作建议》《关于促进珠港澳会展业合作发展的建议》《发挥港珠澳大桥作用加快建设粤港澳大湾区桥头堡》《珠港澳机场合作及推动珠海开通国际机场的报告》等专题调研，编制《港澳国际动态》和《港澳信息快报》，为市领导提供决策参考。

【2017港珠合作发展研讨会】 2017年11月11日在香港举办，来自香港、澳门、广州、珠海的政府官员、专家学者和企业代表约180人参加。研讨会选取“共建畅通无阻的营商环境”“当‘港金融’遇上‘珠企业’”“香港是珠海企业涉外法律服务的首选吗”“港珠澳大桥通车后珠港会展业合作发展探讨”4个议题，研究珠港合作面临的机遇与挑战，并对未来合作方向进行深入解读和展望。

【第七届珠澳合作发展论坛】 2017年12月9日在珠海举办，来自澳门、香港、珠海的政府官员、专家学者和企业代表约120人参加。论坛以“粤港澳大湾区背景下的珠澳合作”为主题，围绕“大湾区背景下珠澳产业对接与合作”“珠澳海洋经济发展探讨”“中医药产业合作的探

2017年12月9日，第七届珠澳合作发展论坛在珠海举办　（赵崇幸 摄）

索与实践”“澳门中小企业贸易投资便利化”4个议题，就如何在粤港澳大湾区背景下深化珠澳合作提出诸多建设性意见建议。（曾示男）

台湾事务

【概　况】 2017年，珠海市委台办贯彻落实中央、省委和市委对台工作决策部署，秉持“两岸一家亲”理念，推进珠台各领域交流合作，推动台企转型升级，维护台胞台商合法权益，做好台湾青年和基层民众工作。是年，中共珠海市委与国民党嘉义市党部多次互访交流，内容涉及经贸、农业和妇女等领域。11月24日，横琴台商总部大厦奠基。

【珠台经贸合作】 至2017年底，珠海市累计批准台资企业1102家，合同台资36.36亿美元，到账台资25.02亿美元，有效运营的台资企业610家。是年，珠海市加大对台招商引资力度，搭建以市委、市政府为主导，市委台办和市商务局牵头，相关职能部门和各区配合联动的招商引资平台。全年，新增台资企业47家，增资扩产2家，新增合同台资7149万美元。

【珠台交流交往】 2017年，经珠海口岸出入境台胞93.76万人次，珠海市居民办理各类赴台证件及签注9874人次，台湾居民在珠海办理各类证件及签注650人次。全年，珠海市接待台湾来访团组33批789人次，其中台湾中南部基层民众访问团16批363人次，里长团9批81人次。接待台湾游客79.07万人次，旅行社组织赴台旅游6923人次。审核上报因公赴台交流项目136批579人次，台胞来珠项目12个161人次。是年，珠海籍赴台就读学位学生14人，历年累计108人，在读学生约80人。

【台胞台商服务】 2017年，珠海市委台办受理台胞、台商投诉和求助案件104件，办结101件，办结率97.12%。其中，台商投诉12件，办结10件；台胞投诉和求助92件，办结91件。协助上级台办及有关部门处理台胞李明哲颠覆国家政权案。妥善处理香洲星园市场“珠海帮扶地区农副产品展销暨国际美食节”、南屏BOX创意园美食节部分台胞商户集体上访等事件。

【台湾青年文化之旅】 2017年11月10—12日，珠海市组织在珠

2017年11月24日，横琴台商总部大厦奠基仪式在珠海横琴新区举行，原中央台湾工作办公室主任、原海峡两岸关系协会会长陈云林（左六），原中国国民党副主席、原海峡交流基金会董事长、台湾三三企业交流会会长江丙坤（左七）出席奠基仪式　（市委统战部 供稿）

就业生活的台青会会员、台籍师生40人赴湖南大学、曾国藩故居和毛泽东故居交流学习，首启台湾青年“重温历史，弘扬中华文化”文化之旅，让台湾青年了解中国历史和中国共产党发展壮大的伟大历程，了解湖湘文化的精神实质和代表人物，增进中华文化认同。

【台商协会换届】 2017年11月24日，珠海台商投资企业协会举行成立24周年庆典暨第十二届理监事就职典礼。按照协会章程规定，经过会员代表大会选举，产生第十二届理监事会领导班子成员，叶飞呈连任第十二届会长。国台办原主任陈云林、国民党原副主席江丙坤、全国台企联会长王屏生、全国台企联荣誉会长郭山辉、澳门中联办台务部部长徐莽等出席典礼。

【第三届珠台高校“两岸一家亲”文化交流营活动】 2017年11月27日至12月2日在珠海举办。活动由珠海市珠台经济文化交流协会和北京理工大学珠海学院联合主办，珠台两地7所高校85名师生参加。活动围绕两岸青年关注的创新创业就业和中华文化传承主题展开，其间，两地师生参观港珠澳大桥和格力电器股份有限公司，体验中国“新四大发明”（高铁、支付宝、共享单车和网购），走访横琴新区，感受大陆经济社会发展成果；参访台资企业，分享台湾前辈创业历程。

2017年11月16日，日本前首相、亚洲基础设施投资银行国际咨询会委员鸠山由纪夫及夫人一行到访珠海，就建设珠海友爱国际医疗康养基地项目进行实地考察。图为珠海市委副书记、市长姚奕生会见鸠山由纪夫及夫人一行

（市委统战部 供稿）

侨　务

【侨界民生改善】 2017年，珠海市侨办继续开展“新春送温暖”慰问、“6·30”对口扶贫捐款、“侨心工程”“情暖侨心义诊”等侨界扶贫救助品牌活动，向困难归侨侨眷336户、贫困大学侨生115人发放慰问金（慰问品）60.7万元。办理各类涉侨证明116份，侨务信访案件办结率95%。在平沙镇平塘社区、红旗镇广安社区分别建设为侨公共服务综合平台“侨之家”。联合广东常成律师事务所打造“为侨法律服务工作站”，畅通侨胞诉求表达、利益协调和权益保障渠道。

【以侨引智引资】 2017年，珠海市侨办主动对接省侨办，促成“智汇广东——美国郑励华博士科技团队”“2017华裔新生代珠海行”专家团访问珠海，举办投资环境推介和项目对接会。接待日本珠海联谊会会长吕娟、“海外侨胞故乡行——走进广东”访问团、美国珠海联谊总会故乡行等团组，引导海外侨胞把握历史机遇，参与粤港澳大湾区建设。推荐国家“千人计划”专家崔洪亮博士率领的光纤传感创新团队入选国务院侨办第五批“重点华侨华人创业团队”，帮助侨资企业做大做强。

【海外联谊】 2017年，珠海市侨办加强与海外重点侨团侨领联系合作，全年接待海外来访40余批次1000余人次。9月，市委常委、统战部部长郭才武拜访日本前首相鸠山由纪夫。11月，鸠山由纪夫及夫人应邀回访珠海，推动友爱国际医疗康养基地项目落户金湾区。成立美国珠海留学生联谊会、加拿大珠海留学生联谊会暨留学生服务中心、日本珠海联谊会。4月，哥斯达黎加华人华侨联合总会会长古根和到访，转交该国埃斯帕萨市市长亲笔签名信。利用华人文化同源、语言相通的特点和优势，以中华优秀传统文化为纽带，举办“海外华裔青少年中国寻根之旅”夏令营、中华青年民族学习交流营，协办美国旧金山麦礼谦寻根项目夏令营。

【留学人员服务】 2017年，珠海市侨办成立珠海留学人员联谊会·珠海欧美同学会。该会以归国留学人员和海外的珠海籍留学生为主体，与侨务（侨联）部门实现工作统筹、资源共享，是侨务部门做好留学人员工作的新平台。与团市委等10个部门联合举办珠海第四届留学生节暨2017海外学人回国创业周，开展留学生创新创业大赛、海归创业项目与人才交流会、留学文化博览会等留学人员创新创业主题活动。

【侨务外宣文教】 2017年，珠海市侨办发挥侨务媒介宣传作用，编辑出版《珠海乡音》4期，向海外侨胞宣传家乡建设成就；发挥“珠海侨网”“香洲侨联”“斗门乡音”等微信公众号辐射传播力，打造“互联网+时代”侨务外宣新平台。推进海外华文教育工作，举办海外华文教育工作座谈会，通过向社会各界宣传海外华文教育工作，推动外派教师选拔工作开展。

（市委统战部）

外　事

【概　况】 2017年，珠海市接待外宾团组73批551人次，接待外国媒体7批102人次，接待国际友城、友好交流城市代表团17批103人次，审核审批因公临时出国团组407批961人次，颁发因公护照640本，办理因公出国签证710批1749人次，办理领事认证1929本，审发外国人来华邀请105批167人次，办理APEC商务旅行卡72张；协助处置各类涉外国人案（事）件72件284人次，其中涉外“三非”人员案件51件261人次。

【与南太平洋岛国交流合作】 2017年7月25—31日，珠海市人大常委会党组副书记刘佳率团访问库克和纽埃，与当地政府高层和各相关政府机构负责人会面，落实海洋观测仪器、交通和渔业设备、体育器材等捐赠工作；组织专家工作组访问库克和纽埃，对岛国开展第三期农渔业项目培训；邀请库克政府和文艺团组、纽埃政府代表团访问珠海，举办库克图片展，出席2017广东旅游文化节开幕式，参加文化巡演，并在珠海市旅游推介会上推介当地旅游资源；启动向库克国家会议中心捐赠LED屏幕两个、向纽埃医院捐赠医疗设备一批、向纽埃中学捐赠教学设备一批等项目，推动旅游、文化、医疗和农渔业等领域合作，打造真正惠及库克、纽埃居民生产生活的合作项目，带动更密切人文往来。

【与拉美、东南亚国家交流合作】 2017年，珠海市与乌拉圭卡内洛内斯省阿特兰蒂达市签署《友好交流意向书》。借高层出访契机，重点加强与巴西、智利、秘鲁等国家经贸合作，向有关国家政府部门、主要商协会及企业推介中拉博览会招展工作。借助泰国副总理巴金来访契机，密切高层联系，深化两地在经贸、教育、旅游和文化等领域务实合作，为珠海金山软件等企业“走出去”服务。寻求泰国驻穗总领事馆及印尼驻穗总领馆协助，寻找适合与珠海市开展交流的城市。

【与中东欧国家交流合作】 2017

2017年5月17日，珠海市与波兰格丁尼亚市缔结为国际友好城市。图为珠海市副市长刘嘉文（右）与波兰格丁尼亚市议长乔安娜·杰琳斯卡（左）签署《中华人民共和国珠海市和波兰共和国格丁尼亚市建立友好城市关系协议书》

（市外事局 供稿）

年3月，珠海市与阿尔巴尼亚首都地拉那市建立友好联系，借助阿尔巴尼亚与中国澳门特别行政区友好关系不断深化契机及珠海市毗邻澳门地缘优势，寻求合作契合点。5月，与波兰格丁尼亚市签署友好城市协议书，借助中国—中东欧国家合作机制（“16+1合作”），深化与中东欧国家合作。

【与友城、友好交流城市交流合作】 2017年，珠海市以与澳大利亚友城黄金海岸市结好五周年为契机，邀请黄金海岸市市长汤姆·泰特一行访珠，签署两市关于深化友好城市关系协议书，并在珠海成功举办澳大利亚黄金海岸市城市图片展。协助推动珠海城市职业技术学院与英国友城朴次茅斯市朴次茅斯大学合作。组织珠海市与日本热海市联合组队参加“中日友好交流城市初中生乒乓球友谊比赛大会”。促成德国布伦瑞克市两所中学师生赴珠海开展寄宿交流活动，增进两地青少年间友好情谊。在德国布伦瑞克市、西班牙萨拉戈萨市和英国朴次茅斯市举办“魅力珠海”城市图片展，宣传推介珠海国际形象。与波兰格丁尼亚市缔结为国际友好城市，与美国费城市、乌拉圭阿特兰蒂达市建立友好交流城市关系。至2017年底，珠海市有国际友好城市13个。（曾示男）

应急管理

【应急预案】 2017年，珠海市人民政府印发《珠海市突发事件应急体系建设“十三五”规划》，全面布局“十三五”时期珠海市应急体系建设主要任务、重点项目。香洲区、金湾区以市规划为指引，编制印发符合本区实际的突发事件应急体系建设“十三五”规划。做好中国—拉美国际博览会、2017全国帆船锦标赛、2017珠海国际沙滩音乐节、2017横琴人寿珠海WTA超级精英赛、第四届中国国际马戏节、“21世纪海上丝绸之路”国际传播暨中国（广东）企业走出去论坛、2017广东省旅游文化节、大型灭火/水上救援水陆两栖飞机AG600首飞等大型活动应急预案和应急保障工作，确保各类大型活动成功举办。

【应急宣教】 2017年，珠海市应急办通过“一号一屏一条五群”（“珠海应急”微信公众号，户外电子显示屏，今日头条，“珠海应急”微信机关群、企业群、学校群、家庭群、社区群）等，深入开展应急知识技能宣教活动。依托市公共危机应对预防学会在全市高校开展应急管理“五个一”（一次高校应急之歌征集、一次反恐“双盲”应急演练、一次应急知识宣传文艺汇演、一次应急知识技能宣教、开办一堂安全应急课程）活动，用公众听得懂、看得明的形式普及应急知识。各区、市各有关单位依托“110”主题宣传日、“3·23”世界气象日、“4·22”世界地球日、“5·12”防灾减灾日、“6·5”世界环境日等，推动应急知识技能进机关、进学校、进家庭、进企业、进社区、进农村。

【应急培训演练】 2017年，珠海市人民政府印发《珠海市“第一响应人”应急救护培训工作实施方案》，市应急办、市红十字会、市民安救援中心等单位在全市完成“第一响应人”持证救护员培训近500人，完成救护知识普及培训65期3500余人。香洲区依托珠海传统美德促进会，深入社区举办应急巡回讲座50场；万山区联合交通运输部南海第一救助飞行队，对150名水上从业人员开展海上突发事件自救互救技能培训；市公安局举办“金盾–2017”反恐怖应急处突演练；高栏港区举办2017年生产安全事故应急救援“双盲”（事前不通知参演单位演练时间、地点和演练内容）演练；市环保局参加珠中江突发环境事件联合应急演练，有效提高跨区域突发事件协同处置水平。至2017年底，全市2218家企业开展安全生产应急演练1836场次。

【应急防范与处置】 2017年，珠海市国土资源局建成危险性较大地质灾害隐患专业监测站8个，提升地质灾害防治水平。市卫计局建立H7N9禽流感、埃博拉、诺如病毒等重点传染病监测系统，及时预测预警风险。全市各级各部门积极应对强台风“天鸽”“帕卡”袭击珠海等自然灾害，科学处置珠海华丰纸业有限公司“3·4”较大火灾事故、珠海越亚封装基板技术股份有限公司“10·15”火灾事故、“12·20”香洲凤凰山森林火灾等事故灾难，妥善处置珠海公交巴士公司员工因福利待遇问题集体上访、“6·28”特大网络传销案投资人员串联集访等社会安全事件，最大限度减少突发事件造成的损失。在防御强台风“天鸽”行动中，全市上下全力以赴开展台风防御及救灾复产工作，市应急办、市公安局、市口岸局等协助省政府做好紧

2017年10月13日，珠海市第一届应急救援运动会召开。图为开幕式现场
（市应急办 供稿）

急支援澳门救灾物资工作，受到省政府通报表扬。

【应急队伍建设】 2017年，珠海市人民政府印发《关于进一步加强应急救援队伍建设意见》，坚持专业化与社会化结合，依托现有资源，加强综合性应急救援队伍建设，完善专业应急救援队伍体系。至2017年底，全市成立市级综合性应急救援队伍1支、基层综合应急救援队伍49支、专业应急救援队伍21支，以及市红十字专业应急志愿者服务大队和市应急志愿者大队，确保应急救援能力基本满足本区域和重点领域突发事件应对工作需要。依托以省青少年军校为主体的世界应急联合会专家团队，举办国内首个城市应急救援运动会——珠海市第一届应急救援运动会，8支参赛队伍256名队员参加，有力提升基层应急救援队伍能力水平。市卫计局建立市突发事件卫生应急专家咨询委员会。金湾区成立第一届应急管理专家组，发挥应急管理专家智库作用。万山区成立由民兵、渔民、医生组成的海上搜救志愿服务队，提高海上搜救能力。

【应急联动机制】 2017年，珠海市气象局分别与市国土资源局、市环保局、市住规建局、市交通运输局、珠海海事局等部门建立气象预警预测预报联动机制，为各部门防灾减灾量身定制个性化气象服务。金湾区建立高校应急管理工作联席会议，联合辖区高校共同维护校园及周边公共安全。万山区与交通运输部南海第一救助飞行队、驻岛部队、南航通用航空有限公司等签订合作协议，通过跨部门应急救援联动，确保海岛突发事件得到快速、高效处置。 （赵朝晖）

政务服务

【“一门式”综合服务】 2017年，珠海市政务服务与数字管理中心启动“一门式”政务服务管理制度标准化项目，制定各种标准规范151项，并通过中国质量认证中心ISO9001质量管理体系认证。全年办理业务10.81万项，服务满意率99%。

【网上办事大厅建设】 2017年，珠海市网上办事大厅进驻市级事项1499项、区级事项4234项、镇街事项1496项、村居事项2.12万项，实现行政许可事项标准全程在线应用。完成网上办事大厅办事指南和权责清单页面改版及关联；完成网上办事大厅手机版、企业专属网页和市民个人网页升级改版；“珠海网上办事”进驻支付宝“城市服务”；启动电子证照系统建设及试点应用。全年，网上办事大厅受理业务60.59万件，办结57.21万件，提前办结率97.2%；“珠海办事”APP下载27961人次；“珠海市网上办事大厅”微信公众号访问量4.42万次；支付宝城市服务“珠海网上办事”访问量11.31万人次。是年，“珠海办事”手机APP被评为“中国互联网＋政务”50强、广东省电子政务优秀案例、珠海市社会治理最佳案例。

【公共资源交易】 2017年，珠海市公共资源交易中心全面取消交易服务费，发挥公共资源交易平台在“简政放权、放管结合、优化服务”改革中的重要作用。9月，金湾区成立珠海市公共资源交易中心西部中心。全年，市公共资源交易中心完成公共资源交易项目8260个，交易总额860.03亿元，成交总额860.68亿元，为市财政节支40.25亿元，增收40.89亿元。“珠海市公安局（科信支队）党委会议室设

2017年9月18日，珠海市公共资源交易中心西部中心启动运营
（唐文琪 摄）

备采购项目”“珠海市物业服务、家具协议资格采购项目”获2017年度全国公共资源交易精品项目；“政府采购项目组”获选2017年珠海市巾帼文明岗。

【市民热线服务】 2017年，珠海市“12345”市民服务热线通过创新便民方式、监督考核制度、平台系统功能和政策导向模式，推出“12345”市民服务热线APP应用。全年接听总量100.3万，比上年增长29.6%，接通率97.15%，市民满意率95.94%。是年，“12345”市民服务热线获“先锋奖”“服务之星奖”“骏马奖”“金音奖”4项行业大奖。（黄小艺）

政协珠海市委员会

【概　况】 2017年，珠海市有各级政协组织4个，其中地级市政协1个、区政协3个。各级政协有委员817人，其中在珠全国政协委员2人、在珠省政协委员9人、市政协委员286人、区政协委员520人。市政协设常务委员会，由主席、副主席、秘书长和常务委员组成，有主席1人、副主席7人、秘书长1人、常务委员46人。市政协机关内设办公室和7个专门委员会（提案委员会、经济委员会、科教文卫体委员会、社会与法制委员会、文史资料委员会、港澳台侨与外事委员会、人口资源环境委员会）。

【市政协九届一次会议】 2017年1月10—12日在珠海大会堂召开。会议应出席委员286人，实到委员275人。市政协党组书记陈洪辉，市政协八届委员会副主席金展扬、吕明智、熊豪品、刘青华、邓锐明、朱权伟、张松、梁元东以及秘书长欧阳德红出席会议。市委书记郭元强，市委副书记、市长郑人豪，市人大常委会主任王广泉到会祝贺。市委常委、市政协历届主席，市中级人民法院、市检察院、珠海警备区、拱北海关、珠海出入境边防检查总站、珠海出入境检验检疫局领导以及市各民主党派、工商联负责人参加开幕和闭幕大会。

会议审议通过政协珠海市第九届委员会常务委员会工作报告、政协珠海市第九届委员会常务委员会提案工作报告、中国人民政治协商会议珠海市第九届委员会第一次会议决议。会议听取并讨论市长郑人豪所作的政府工作报告，表彰政协珠海市委员会2016年度优秀提案和提案承办先进单位。会议选举九届市政协主席、副主席、秘书长和常务委员。陈洪辉当选为政协珠海市第九届委员会主席；朱权伟、潘明、张松、梁元东、陈仁福、黄文忠、彭洪当选为政协珠海市第九届委员会副主席；欧阳德红当选为政协珠海市第九届委员会秘书长；丁志威等45名委员当选为政协珠海市第九届委员会常务委员。

会议期间，收到提案350件，确定立案325件，举办小组讨论13场、提案审查会议1场。

【市政协常务委员会议】 2017年，政协珠海市第九届委员会常务委员会召开常务委员会议3次。

第一次会议　3月28日在市政协举行。市政协主席陈洪辉主持会议，市政协领导邓锐明、朱权伟、潘明、张松、梁元东、陈仁福、黄文忠、彭洪、党益群、欧阳德红及市政协常委参加会议，市政协机关有关人员列席会议。会议传达学习全国政协十二届五次会议精神，通报市政协2017年度工作要点、重点协商计划和重点监督议题，审议通过《中国人民政治协商会议珠海市委员会委员履职工作规则（试

2017年3月28日，政协珠海市第九届委员会常务委员会第一次会议召开
（周月波 摄）

行）》，通报市政协主席会议成员、党组成员及专职常委工作分工，审议通过有关人事事宜。

第二次会议　7月31日在市政协举行。市政协主席陈洪辉主持会议，市政协领导邓锐明、朱权伟、潘明、梁元东、陈仁福、黄文忠、彭洪、党益群、欧阳德红及市政协常委参加会议，市政协机关有关人员列席会议。会上，市政府领导通报2017年上半年珠海市经济社会发展情况和下半年重点工作安排，并听取政协常委意见建议。会议传达学习习近平总书记对广东工作重要批示精神、广东省第十二次党代会精神，审议通过有关人事事宜。

第三次会议　11月3日在市政协举行。市政协领导邓锐明、朱权伟、潘明、梁元东、陈仁福、黄文忠、彭洪、党益群、欧阳德红及政协常委参加会议，市政协机关副处以上干部列席会议。会上，市政协主席陈洪辉宣讲党的十九大精神，审议政协2017年开展的有关调研报告和有关人事事宜。

【市政协主席会议】　2017年，政协珠海市第九届委员会召开主席会议5次。

第一次会议　1月24日在市政协举行。市政协主席陈洪辉主持会议，市政协领导邓锐明、朱权伟、潘明、梁元东、陈仁福、黄文忠、彭洪、欧阳德红出席会议，副秘书长陈志忠列席会议。会议学习传达广东省政协十一届五次会议精神。

第二次会议　3月13日在市政协举行。市政协主席陈洪辉主持会议，市政协领导邓锐明、朱权伟、潘明、张松、梁元东、陈仁福、黄文忠、彭洪、党益群、欧阳德红参加会议，市政协专职常委、副秘书长、各专委会正副主任以及办公室、各科室负责人列席会议。会议审议市政协2017年工作要点、市政协2017年度重点协商计划和重点监督议题、《市政协九届一次常委会会议议程》、市政协2017年重点提案预选名单、《政协珠海市委员会委员履职工作规则（试行）》《关于创办“珠海政协”刊物及信息的工作方案》、2017年度“身边好人”建议推荐名单，会议研究对口帮扶阳春市三甲镇山坪村相关工作及有关人事事项。

第三次会议　7月31日在市政协举行。市政协主席陈洪辉主持会议，市政协领导邓锐明、朱权伟、潘明、梁元东、陈仁福、黄文忠、彭洪、党益群、欧阳德红参加会议。会议研究审议市政协九届二次常委会议召开日期及议程等有关事项。

第四次会议　11月3日在市政协举行。市政协主席陈洪辉主持会议，市政协领导邓锐明、朱权伟、潘明、梁元东、陈仁福、黄文忠、彭洪、党益群、欧阳德红参加会议。会议研究审议市政协九届三次常委会议召开日期及议程等有关事项。

第五次会议　11月27日在市政协举行。市政协主席陈洪辉主持会议，市政协领导邓锐明、朱权伟、潘明、梁元东、陈仁福、彭洪、党益群、欧阳德红参加会议。会议传达学习全省政协学习贯彻党的十九大精神座谈会精神，审议市政协提案委提交的《大力发展智能制造，促进珠海产业转型升级》、市政协经济委提交的《加快产业园区建设，促进实体经济发展》、市政协港澳台侨与外事委提交的《粤港澳大湾区背景下珠海市现代物流业发展对策建议》、市政协社法委提交的《关于优化法治化营商环境》等调研报告。

【协商议政新格局】　2017年，珠海市政协制定和实施《2017年度重点协商计划》，选取“推进实体经济发展壮大”“发展智能制造促进产业转型升级”“加快推进粤港澳大湾区创新高地建设”“优化法治化营商环境”“推进珠海旅游业改革发展”“粤港澳大湾区背景下珠海市现代物流业发展”“构建珠海湿地生态保护体系促进绿色生态水网建设”重点协商议题7个，全年组织开展各类协商活动40场。探索协商新方式、新形式，增加协商密度，形成以全体会议为龙头，重大协商议政活动为重点，专题协商、对口协商、界别协商、提案办理协商为常态，港澳委员专题议政、走访协商、立法协商为特色的政协协商工作新格局，全年有130余名政协委员与30个党政部门面对面进行协商。邀请行业代表人士、相关专家参与协商活动，扩大政协协商民主的社会参与渠道。

【政协民主监督】 2017年，珠海市政协贯彻落实党中央和全国政协关于加强民主监督工作的精神，首次将重点监督议题列入年度协商计划，并报市委常委会审议通过后实施。市政协围绕“灾后复产重建推进情况”“促进民营经济发展政策落实情况”“加快推进学校（幼儿园）建设”“政务环境建设”等议题开展监督活动，在了解情况、查找问题、提出对策、促进发展上下功夫，全年组织150余名政协委员开展监督视察活动25场。选派委员担任消防廉政监督员、评审监督员和社会监督员等，参与全市政风行风评议活动，围绕党风廉政建设、专项资金评审等开展专项民主监督。

【参政议政】 2017年，珠海市政协围绕市委、市政府中心工作，选取“推进实体经济发展壮大”“发展智能制造促进产业转型升级”“园林绿化及市政基础设施防台风防灾减灾”“加快推进粤港澳大湾区创新高地建设”“构建珠海湿地生态保护体系促进绿色生态水网建设”等8个专题开展系列调研，为推动珠海经济社会健康发展建言支招，全年召开座谈会50余场，调研单位及企业130余家，形成调研报告8份，为市委、市政府科学决策提供重要参考。市政协委员、各民主党派、工商联、人民团体以及政协各专门委员会通过提案履行职能，至10月底，收到提案425件，经审查立案359件，立案率84.5%。在立案的提案中，委员个人或联名提案213件，各民主党派、人民团体、政协专门委员会集体提案146件。经各相关单位共同努力，至年底，提案答复全部完成，答复率100%，满意率100%。提案所提问题解决或采纳127件，正在组织实施或纳入计划226件，用作参考6件。

2017年12月5日，市政协主席陈洪辉（前排左）到定点联系点香洲区调研（周月波 摄）

【文史宣传交流】 2017年，珠海市政协启动《珠海文史资料精选》编撰工作，9月，由广东人民出版社出版。启动《珠海文史》第26辑征编工作，收稿50余篇，经审议刊用28篇（约20万字）。创办《珠海政协》（季刊）和珠海政协信息，搭建内部工作交流和对外展示新平台。制定和印发关于加强宣传工作的文件，规范政协信息发布机制。在《珠海特区报》开设“市政协重点课题调研成果系列报道”专栏，分8期深度报道政协调研工作。发挥新媒体作用，在中国政协网等国家级媒体刊发珠海政协重要工作新闻30条，扩大政协工作影响力。市政协书画院开展“海峡两岸、香港、澳门书画家作品联展”“嫩水扬波——齐齐哈尔美术家协会赴珠海国画作品展”；与福建省政协文史委、福建省政协书画室共同举办“锦绣青绿——杨东平山水画展”；组织书画家与驻澳部队开展书画交流活动。

【政协海外联谊】 2017年，珠海市政协把加强同港澳台侨同胞大团结大联合作为政协重要工作，发挥独特的地缘人缘亲缘优势，组织港澳委员开展国情市情考察和爱国主义教育活动，广泛凝聚爱国爱港爱澳力量。指导珠港各级政协委员联谊会完成换届工作，筹备珠澳各级政协委员联谊会换届工作。发挥港澳委员的双重作用，为特别行政区行政长官和政府依法施政发声出力，在粤港澳大湾区建设和珠港澳紧密合作中发挥积极作用。邀请海外侨胞代表列席政协全体会议、参加考察，加强与海外侨胞和归侨侨眷、留学生的联系，促进广泛合作交流。5 月，市政协副主席梁元东带队赴金湾台湾农业创业园调研，走访在珠台胞和台商，巩固深化交流机制。9 月，市政协主席陈洪辉带队访问英国、法国和冰岛，推动在英国成立由市政协指导的第五个国际交流协会，在英国、法国举办投资环境推介会。加强对各珠海国际交流协会工作指导，开展招商引资、凝心聚力和促进民意相通工作，深化珠海对外交流与合作。

（周月波）

中共珠海市纪律检查委员会、市监察局、市预防腐败局

【概　况】 1993 年 5 月，中共珠海市纪律检查委员会（简称珠海市纪委）与市监察局合署办公，履行党的纪律检查和政府行政监察职能，对市委全面负责。市监察局属市政府机构序列，受市政府领导。市纪委与市监察局合署办公以后，实行在省纪委、省监察厅和珠海市委、市政府双重领导下开展工作。市监察局加挂市预防腐败局牌子。2017 年，珠海市纪委、市监察局领导班子成员 11 名，机关内设机构 14 个。市纪委、市监察局在市直机关设置派驻（出）机构 20 个，设置香洲、金湾、斗门 3 个行政区纪委，以及横琴新区、珠海高新技术开发区、珠海保税区、万山海洋开发区、珠海经济技术开发区（高栏港经济区）5 个经济功能区纪委和纪工委。

2017 年，珠海市纪检监察机关推进“两学一做”学习教育常态化制度化，教育引导纪检监察干部把自己的党员身份、职责使命、缺点不足、家风家教摆进去，内化于心、外化于行。加强机关党建工作，充分发挥党员先锋模范作用，在抗击强台风“天鸽”期间，把党徽亮出来，把党旗立起来，组织纪检监察干部参加救灾复产重建工作。规范行使监督执纪权，落实监督执纪工作规则，制定工作程序规范指引和工作纪律。开展日常约谈和家访，强化对纪检监察干部“八小时以外”监督。

【中共珠海市纪委八届二次全会】 2017 年 1 月 25 日召开。全会传达学习习近平总书记在十八届中央纪委七次全会上的重要讲话和十八届中央纪委七次全会、省纪委十一届六次全会、市第八次党代会精神，听取并审议通过市委常委、市纪委书记龚海明代表市纪委常委会所作的《推动全面从严治党向纵深发展，为落实市第八次党代会精神提供坚强保障》工作报告。市委书记、市人大常委会主任郭元强出席会议并讲话，市委、市人大常委会、市政府、市政协等相关领导出席会议。

【纪律和作风建设】 2017 年，珠海市纪检监察机关把违反中央八项规定精神问题列为纪律审查重点，全市查处违反中央八项规定精神案件 22 件，给予党纪政纪处分 33 人。坚持挺纪在前、抓早抓小、

2017 年 1 月 25 日，中共珠海市纪委八届二次全会召开　（市纪委 供稿）

防微杜渐，开展全市各级党委（党组）负责人谈话提醒2574人次。履行党内监督职责，运用监督执纪“四种形态”(党内关系要正常化，批评和自我批评要经常开展，让咬耳扯袖、红脸出汗成为常态；党纪轻处分和组织处理要成为大多数；对严重违纪的重处分、作出重大职务调整应当是少数；严重违纪涉嫌违法立案审查的只能是极少数）处理党员干部854人次，第一、第二、第三、第四种形态运用占比分别为58%、29%、7%和6%。深入开展纪律教育。举办全市纪律教育学习月活动和党纪政纪法纪教育专题研讨班；制作警示教育片《欲海生悲》，组织机关干部观看120场，2万余人次接受教育；联合省纪委宣传部、省话剧院创作反映杨匏安忠诚信仰和清廉家风的话剧《信仰》，在省领导干部党纪政纪法纪教育培训班首演并到各地市巡演。

【执纪审查】 2017年，珠海市纪检监察机关接收信访举报904件次，比上年增长6.7%；处置问题线索716件，比上年增长20.1%；立案376件376人，比上年增长2.5%；结案并给予处分351人，比上年增长23.2%。立案处级干部17人，重点查处市不动产登记中心原党委书记、主任羽海生严重违纪违法案件及该中心多名工作人员与房地产中介勾结，违规审批办理或加快办理房产证窝案。围绕脱贫攻坚重大政治任务，开展扶贫领域问题专项治理，派出工作组到对口帮扶地区开展专项检查。整治群众身边的不正之风和腐败问题，查处香洲区江村股份合作公司原董事长江秀文私分集体财产案、斗门区北澳村原“两委”干部非法转让村集体土地和骗取新农村建设资金案。加大追逃追赃工作力度，成功追回全国“百名红通人员”王林娟。落实执纪审查安全责任制，在省内率先出台“走读式”谈话安全工作指南，开展执纪审查安全飞行检查，实现全年“零事故”。

2017年12月22日，中共珠海市纪委开展学习贯彻党的十九大精神主题党日活动 （市纪委 供稿）

【巡察工作】 2017年，珠海市加强市委巡察机构建设,在成立“一办三组”（市委巡察办、第一巡察组、第二巡察组、第三巡察组）基础上，新增巡察组2个。建立健全巡察工作机制，完成八届市委首轮巡察。开展换届风气、扶贫领域专项巡察，发现并移交问题线索31条。建立问题台账，专人跟踪督办，督促被巡察单位做好巡察反馈问题整改工作。指导规范各区巡察工作，各区党委对39个党组织开展巡察，发现问题线索148条，立案29件，结案并处分13人。优化升级党风廉政建设主体责任评估系统，覆盖全市区级单位和行政事业单位党委（党组）96个，推动各级党委（党组）加强对党员干部日常管理监督。制订出台问责工作若干意见，推动管党治党责任落实。全年，对履行全面从严治党责任不力的13个党组织和48名党员领导干部进行问责，通报典型案件7件。推动派驻纪检组持续深化“三转”（转职能、转方式、转作风），全年派驻（出）机构立案94件，比上年增长17.5%。发挥廉政监督志愿者作用，全年，廉政监督志愿者反映问题线索和意见建议275条。

【监察体制改革】 2017年，珠海市成立监察体制改革试点工作小组，制订实施方案、时间表和路线图。市委主要领导履行“施工队长”职责，专题研究部署改革试点工作，统筹谋划，加强领导。市纪委履行改革专责，牵头召开工作小组办公室会议15次，组织协调各有关单位支持配合，推动改革试点任务落实。围绕改革目标任务，聚焦人员转隶环节，突出做好思想政治工作，对转隶人员进行全覆盖谈心谈话，广泛征求意见建议，推动合编、合心和合力。合理设置市纪委、市监委机关内设机构，科学调配、交叉编成各方面人员，做到力量配备向主业主责一线倾斜，直接从事监督执纪主业人员占比74.8%。研究纪法衔接、法法衔接和规范监督执纪监察工作规程等关键问题，制定监司衔接工作制度7项。加强对各行政区指导，市、区两级同步推进。

（戴　暄）

民主党派和工商联

【中国国民党革命委员会珠海市委员会】 1988年6月成立民革珠海市小组，1991年9月成立民革珠海市委员会。主要成员和所联系的对象是同原中国国民党有关系的人士、同本党有历史联系和社会联系的人士、同台湾各界有联系的人士、社会和法制专业人士以及其他人士，着重吸收其中有代表性的中上层人士和中高级知识分子。至2017年底，全市有3个行政区（香洲、金湾、斗门）基层委员会、1个经济区总支部（下辖高新支部、高栏支部、横琴支部和万山支部）、7个行业支部（教育、医卫、法制、科技、经济、城建、社建）和3个综合支部（由退休人员组成），20个支部，398名党员。全年新发展党员20人。

组织建设　2017年，民革中央和民革广东省委会完成换届工作，程萍当选民革第十三届中央委员会常务委员和民革广东省第十三届委员会主委，潘明当选民革第十三届中央委员会委员和民革广东省第十三届委员会副主委，王桂莲等14人当选省委会新一届各专门委员会委员，潘裕娟当选省人大代表。市委会获评“民革全国组织建设工作先进集体”和“民革广东省机关工作先进集体”，教育、科技、城市建设等9个支部获评“民革广东省委会2016年度组织工作先进支部”。完成教育、法制、横琴支部届中调整，完成参政议政工作委员会、社会服务工作委员会、社会和法制工作委员会、祖国统一工作委员会、孙中山研究学会、企业家联谊会6个专委会换届工作，一批思想好、能力强的优秀党员进入支部和专委会领导岗位。严把入党质量关，注重新党员综合素养，强调发展高层次专业技术人才。选派班子成员、人大代表、政协委员等骨干党员参加各级培训班学习，联合佛山、江门民革在省社会主义学院举办第五次三地新党员培训班。

思想建设　先后召开市委会扩大会议7次，学习贯彻习近平总书记重要讲话和中央、省、市重要会议精神。组织骨干党员赴北京、天津、广州等地开展“观故居，走多党合作之路”参观学习活动，赴福建等地开展“不忘合作初心，继续携手前进”专题教育学习活动，赴广东省反腐倡廉教育基地开展廉政教育学习活动。结合团结报社2017年民主党派新媒体建设会议精神，“珠海民革”微信公众号于7月开通，成为民革党员互动学习新平台。开展“民革e家”信息平台推广活动，邀请省委会专家就《“民革e家”信息交流平台功能介绍和使用相关知识》做专题讲座。年内，民革珠海市委会在《团结报》等媒体刊发文章298篇次，参加各类征文9篇，获省委会授予“孙中山思想与民革自身建设研讨会”征文活动优秀奖。

参政议政　全年收集提案120件，其中12件作为市委会集体提案、24件作为政协委员个人提案

2017年5月16日，民革珠海市委员会主委潘明（左三）带队走访民革党员企业珠海卓凡嘉德置业集团有限公司建设工地　（民革珠海市委会 供稿）

提交市政协，年内均得到落实。在市政协九届一次会议上做《深入挖掘香山古驿道历史资源，全力打造“中山先生足迹”主题文化线路》发言，被列为市领导重点督办提案；在暑期座谈会上做《抓住大湾区建设机遇，促进珠港澳人文精神和文化建设》发言。召开市委会参政履职工作座谈会，制定《关于大力开展参政议政课题调研的暂行办法》，完善参政议政调研激励机制。是年，市委会获评“民革全国参政议政工作先进集体”，肖卫红获评“民革全国参政议政工作先进个人”。

社会服务　依托市社会福利中心等7个民革志愿服务基地及香洲区海湾社区等3个法律援助站平台，开展“三联系三服务”（联系困难家庭、服务群众，联系社区村居、服务基层，联系重点项目、服务企业）暨志愿服务活动64次。牵手民革退休老党员、抗战老兵和困难群众，进行社会化居家养老模式试点。关心下一代健康成长，帮扶大学生实习就业。走访企业，帮助解决经营困难。开展台风救灾复产活动，获《团结报》“凝心聚力‘十三五’·团结行”系列采访报道。在《团结报》和“团结网”刊登《台风过后，珠海民革人到底有多拼》《守护那些需要关爱的群体——民革珠海市委会社会服务工作纪实》等文章，宣传珠海民革志愿服务成效。肖卫红获评“民革全国社会服务工作先进个人”。

祖国统一　依托祖国统一工作委员会，加强与市台联会、台盟支部联系，联合举办学习贯彻党的十九大精神专题讲座、迎中秋茶话会等活动。参加深圳第三届两岸青年和平发展论坛；考察厦门“闽台生态文化村”院前社等对台交流经验做法，与民革福州市委会等单位就祖国统一工作进行交流；赴粤北开展祖国统一专题调研，推动两岸友好交流。（李　琳）

【中国民主同盟珠海市委员会】　1985年12月成立民盟珠海市小组，1987年夏成立民盟市委筹委会，1989年5月6日成立民盟珠海市委员会并召开第一次盟员大会。主要成员和所联系的对象是文化教育和科学技术界具有高、中级职称知识分子。至2017年底，民盟珠海市第六届委员会有专门委员会3个、基层委员会1个、总支2个、基层支部23个、盟员647人。全年发展新盟员83人。

组织建设　2017年，民盟珠海市委会强化组织建设。落实“人才强盟”战略。在做好主要界别发展工作同时，注重吸收参政议政和社会服务复合型人才以及新的社会阶层代表人士，盟员专业知识和整体素质全面提升；彭洪主委当选中国民主同盟第十二届中央委员会委员、民盟中央监督委员会委员、民盟广东省委常委；年内，盟员当选珠海市政协常委2人、市人大常委会委员2人、盟省委专委会副主任3人、盟省委各专委会委员14人。加强思想凝聚力建设。盟市委领导班子带领全市民盟组织学习中共十九大和民盟中央十二大精神，召开专题学习会30余次，撰写理论文章和学习体会30余篇。全年，盟市委举办新盟员和骨干盟员培训班、盟史专题培训6场；选送盟务骨干参加各级党校、社会主义学院和各大高校轮训，累计超过500人次；组织盟员参观“党建文化长廊”，观看话剧《信仰》；组织盟务骨干赴重庆、四川南充开展盟史专题教育活动；推荐骨干盟员参观中共一大会址、南湖革命纪念馆、井冈山革命纪念馆等爱国主义教育示范基地，追忆党盟风雨同舟、亲密合作光荣历程。通过学习培训，增强盟员对盟组织的认同感，提高盟员履职能力。加强组织执行力建设。完

2017年3月，民盟珠海市委员会开展“不忘合作初心，继续携手前进”专题教育活动，组织盟员到四川西充张澜故居学习考察　（民盟珠海市委会 供稿）

成全市民盟基层组织换届并进行优化调整，先后成立青年联合工作委员会、参政议政委员会、理论研究委员会，推进各领域活动开展。青年联合工作委员会组织开展环保公益活动，承办“民盟珠海首届读书会”活动，丰富青年盟员组织生活；参政议政委员会、理论研究委员会等围绕各自业务开展工作，增强基层组织建设活力。建设“学习型、智囊型、服务型、效率型”机关，研究制定《民盟珠海市委员会基层组织考核办法》《关于开展参政议政课题调研的暂行办法》等制度。加强宣传影响力建设。创建“民盟珠海市委会”微信公众号，打造盟员线上精神家园，及时宣传盟务工作。加强对外联系。运用对口联系机制，加强与市法制局、市文体旅游局等对口联系单位沟通，多次参加相关政府条例征求意见座谈会；先后与10余个民盟基层组织进行交流座谈，拓宽与上级盟组织、兄弟盟组织之间的沟通联系。

政治协商　参与民主协商和监督取得新成效。参与社会主义协商民主建设，通过参与多渠道、多层次协商，推动珠海市重大决策科学化、民主化进程，先后参与各类民主协商会、情况通报会、征求意见会、专题座谈和调研考察活动20余人次，围绕市政府工作报告、珠海市“十三五”规划等主题，就服务创新驱动发展战略实施、粤港澳大湾区发展、完善社会服务体系、完善农村医疗卫生体制等重要议题建言，多个建议获采纳。政治协商理论成果丰硕。全年完成理论研究文章7篇，其中2篇获民盟中央首届法治论坛优秀论文奖，2篇获广东省政协提案工作优秀论文三等奖，3篇被市政协《实践与探索》文集收录。

参政议政　科学建言献策做出新贡献。全年，盟市委向盟省委提交调研报告5篇、论文9篇，向市政协大会和暑期座谈会提交大会发言稿2篇，向市政协大会提交提案53件，其中3件获优秀提案奖。在2017年暑期座谈会上做《关于构建珠海国际物流产业园的建议》发言。在市政协九届一次会议上做《关于大力发展珠海健康产业的建议》发言。盟市委提交的《关于助推我省建设国家科技产业创新中心》报告被民盟广东省委会采用，作为省政协大会发言材料。在盟省委举办的“粤港澳大湾区发展研讨会”上，3篇论文入选研讨会论文集，其中2位作者代表盟市委做大会发言。盟市委在市统战系统2017年第三季度社情民意综合信息统计中位列第一，社情民意信息工作实现新突破。在2017年省政协大会做《关于我省科技政策惠及中小微企业的调查与建议》书面发言。

社会服务　全力投入强台风“天鸽”灾后复产重建工作。盟市委号召全体盟员围绕灾后需求，开展灾后复产重建工作，组织各专门委员会、各基层组织盟员进学校、进社区，帮助群众清理垃圾，投入人力1000余人次，盟员企业家调配企业车辆义务清运灾后垃圾5000余车次。擦亮教育帮扶公益活动品牌。利用盟市委教育资源优势服务珠海基础教育，打好“家庭教育公益活动”“农村教育烛光行动”两个品牌，开展社区家庭教育讲座80余场、家庭教育示范课进校园活动10余次；继续开展“农村教育烛光行动”，赴斗门区乾务中学、高新区金峰学校开展教育帮扶活动，向高新区所有学校捐赠外教一对一课程3000节。打造慈善公益活动品牌。制度化和常态化开展慈善公益活动，在为张澜故居捐款活动中筹款12万元，位列全省第一；组织基层组织盟员在全市各大敬老院开展“增爱义诊，健康公益”活动，为老人们送去医疗药品和生活用品；联合市慈善总会设立首期慈善基金60万元，成为市慈善总会首个由民主党派冠名的基金。（李　萌）

【中国民主建国会珠海市委员会】　1990年4月成立民建珠海市支部，1994年2月成立民建珠海市委员会。主要成员和所联系的对象是经济界人士以及有关专家学者。市委会内设办公室，下设参政议政工作委员会、企业工作委员会2个专委会。至2017年底，有基层委员会1个，支部15个（直属支部6个、行政区支部5个、功能区支部4个），会员422人。全年新发展会员23人。

组织建设　2017年，民建珠海市委会各基层组织制定《基层组织工作制度》，通过开展“一带一路”读书会、参观爱国主义教育基地、举办专题讲座、开展提案调研以及帮扶弱势群体等活动，组织凝聚力和社会影响力不断提升。7月，在民建广东省第九次代表大会上，香洲二支部、斗门支部被评为民建广东省委先进基层组织。3月和9月，黄文忠主委先后率队走访各区统战部，主动推荐会员优秀人才，为会员政治安排创造条件。至年底，民建珠海市委会有省人大代表1人、市人大代表3人（其中常委1人），市政协委员15人(其中副主席1人、常委2人),区人大代表3人(其中副主任1人、常委1人),区政协委员18人(其中副主席1人、常委4人)。加强干部队伍建设,推荐杨筱赴梅华街道办挂职锻炼。

参政议政　在市政协九届一次会议上,刘伟东提交的《关于进一步优化我市创业创新生态体系的建议》被列为1号重点督办提案,由市委书记牵头督办;在民建广东省委2017年课题招标工作中,周文博提交的《关于抓住历史机遇,建设广东"人工智能+"智能制造核心技术产业集群的建议》被采纳。成立暑期座谈会、政协大会发言课题调研小组,完成"强化陆海一体发展,促进湾区合作创新""抢抓机遇,精心谋划,推动珠海临空经济实现新跨越的建议"调研课题。重视社情民意、统战信息工作。《我市实施陆海一体发展面临的主要困难及相关建议》《进一步谋划和加强珠海轨道交通规划建设》等建议被珠海统战信息采用并转报市委。香洲、金湾、斗门3个行政区基层组织针对各区经济社会发展面临的主要问题提出意见建议。市委会人大代表、政协委员参加各级人大执法检查活动、政协视察活动,对法律法规、方针政策在执行过程中出现的偏差和问题,提出改进建议。担任各级特邀(约)职务的会员,及时反映职能部门工作中存在的问题,发挥民主监督作用。

社会服务　开展定点扶贫工作。推进对口怒江州扶贫协作工作,向怒江泸水一中捐赠教育一体机2台。响应民建中央、民建广东省委号召,黄文忠主委率队赴贵州毕节市黔西县开展精准扶贫工作,向黔西县文化村和广兴村援建太阳能路灯30盏,向文化村捐赠专项扶贫资金3万元。坚持主委走访制度。市委会领导相继走访逸丰生态、方华医院、国佳新材等10余家会员企业,关心会员企业家成长,关注企业经营情况。发挥民建企工委"精英融合、跨界交流、共享发展"平台作用,邀请会内企业家分享成功经验,举办"分享沙龙"活动2期。组织会员企业家赴广州参加民建中央主办的"中国风险投资论坛",聚焦行业发展,助推创新经济,促进企业发展。抗灾救灾工作及时有力。强台风"天鸽""帕卡"过后,市委会发动广大会员参与灾后复产重建工作,各支部及时组织会员参加义务劳动,并组织会内医护人员前往万山区东澳岛慰问海岛灾后复产重建人员,为岛上居民送医送药,开展义诊活动。　　(唐　纯)

2017年12月13日,民建珠海市委会到对口联系单位市公安局交警支队参观考察
(民建珠海市委会 供稿)

【中国民主促进会珠海市委员会】　1985年5月成立小组,1987年1月成立珠海支部,1994年1月17日成立珠海市委员会。会员以从事教育、文化、出版工作的高、中级知识分子为主。市委会内设办公室,下设总支7个(香洲总支、金湾总支、斗门总支、高新总支、万山总支、横琴总支、高栏总支)、支部33个、二级机构5个(开明书院、开明画院、开明棋院、开明艺术团、企联会)。至2017年底,有会员378人。全年新发展会员22人。

组织建设　2017年,民进珠海市委会完善组织结构,形成"七纵五横"("七纵"指七个总支,"五横"指开明书院、开明画院、开明棋院、开明艺术团、企联会)组织管理架构。各总支相继完成换届,增设支部10个;"五横"组织中,除开明书院暂不设秘书长,其余各组织负责人和秘书长全部到

2017年7月11日，民进珠海市委员会走访北京德恒（珠海）律师事务所
（民进珠海市委会 供稿）

位。搭建“七纵五横”网格，形成大节点35个、中节点396个、小节点1089个。是年，茹晴、邹德志、赵海崴、朱少儿、郝晋、沈俊校、朱俊名当选民进广东省第八次代表大会代表；民进珠海市委会被民进中央授予“民进全国坚持和发展中国特色社会主义学习实践活动先进集体”称号；朱俊名获“民进全国机关工作先进个人”称号；邹德志、赵海崴、雷文军、杨毅获“民进广东省委优秀会员”称号。

参政议政　在市政协九届一次会议上，郝晋代表市委会做《巧用全域旅游为统领，全面落实新发展理念》发言。会议期间，提交集体提案37件，其中《关于加强公共文化服务体系建设的十点建议》《关于用新发展理念引领城乡协同发展的六点建议》被评为市政协优秀提案。在市各民主党派、工商联负责人和无党派代表人士暑期座谈会上，茹晴主委代表市委会做《关于加快旅游业发展的建议》发言。是年，市委会向民进广东省委提交调研报告《创新粤港澳大湾区发展机制，以“创新之湾”引领中国第二轮改革开放》，向中共珠海市委提交建议《建议在圆明新园常设“珠海4090非遗集聚区”》，并被市委统战部、民进广东省委采用社情民意信息5条。全年，收到会员提案84件，内容涵盖创新驱动、城市化进程、区域发展、产业结构调整、文化旅游体育产业、教育改革、交通、社会治理、民生等经济社会发展多个领域。

社会服务　开明书院、开明艺术团、开明画院和开明棋院等与市文化馆联合主办“徐正芳说红楼”开明讲坛系列讲座5期，与高新区联合主办“首届4090非遗音乐会”，与市文体旅游局和市教育局联合主办“第二届‘开明杯’珠港澳围棋交流赛”，在古元美术馆主办“2017万紫千红同心画展”，并编排原创操《情侣路上风袅袅》进校园，向社会开放文化创新资源，实现社会服务工作转型升级。（李　扬）

【中国农工民主党珠海市委员会】　1986年3月成立农工党珠海小组，同年12月成立农工党珠海支部。1989年4月成立农工党珠海市委员会。主要成员和所联系的对象是医药卫生、人口资源和生态环境领域高、中级知识分子。至2017年底，有总支1个、支部15个、党员354人。全年新发展党员33人，转入1人。

组织建设　2017年，农工党珠海市委会开展坚持和发展中国特色社会主义学习实践活动，召开专题学习会议4次。完善人才强党战略，优化组织发展结构。1月，市委会高新支部成立，成为省内首个在高新区建立的农工党基层组织，吸引高层次海外引进人才和国内创新创业人才加入组织。7月和11月，先后举办“农工党珠海市委员会2017年骨干党员暨新党员培训班”2期，特邀农工党广东省委会主委马光瑜、副主委秦鉴做专题讲座，约150人次参加培训。是年，在农工党中央“中国农工民主党开展坚持和发展中国特色社会主义学习实践活动”中，市委会获“先进集体”称号，香洲一支部获“参政议政工作先进集体”称号，高新支部主委符锦获“优秀党员”称号，市委会副主委刘芳、党员胡传伟获“先进个人”称号。

参政议政　市“两会”期间，围绕环境保护、旅游、卫生、经济、教育、民生、市政建设等议题，提交集体提案23件、个人提案30余件。在市政协九届一次会议上，副主委刘芳代表市委会做《关于加强珠海市湿地生态保护的建议》发言，该提案获优秀提案集体奖；副主委刘芳的《民主党派民主监督存在问题和建议》、市委委员沈继光的《丰富提升“快乐四点半”，打造建设“书香珠海”》分别获优秀提案个人奖。在2017年各民主党派、工商联负责人和无党派代表人士暑期座谈会上，聚焦医改热点话题，做《关于城市公立医院改革的几点思考和建议》发言。全年，市委会参与各种民主协商会、座谈会和调研活动40余次。

社会服务　拓宽社会服务内容，强化服务工作的系统性和连续性，打造公益活动和社会服务品牌多个。推动广东省同心圆慈善基金会与卓如医疗慈善救助基金会签署战略合作协议，打造融合“精准健康扶贫模式”的“同心圆工程”。向广东省同心圆慈善基金会捐赠100万元，用于贫困患者医疗救助。帮助云南昭通市公立医院与各乡村卫生站形成分级诊疗制度下医联体建设，落实精准健康扶贫工作。打造珠海农工“光明行”义诊活动，由市委会委员、珠海中医院眼科主任祁勇军主导的“光明义诊”活动，在珠海金湾、湖北京山和贵州瓮安等地为近200位贫困患者免费实施白内障超声乳化手术，并赠送进口折叠式人工晶体。金湾支部开展“健康中国与我同行”系列健康公益活动5场，通过义诊、健康咨询和太极拳演练等方式，宣传健康生活方式，助力健康珠海建设，受益群众300余人次。医药科技支部开展珠海乳腺癌患者免费基因检测公益活动，首期投入100万元。副主委刘志龙多次带队开展精准扶贫工作。市委会多名党员、专家赴阳江、怒江等地开展支教和医疗帮扶工作。

（付　恒）

2017年5月20日，广东省中医院珠海医院农工党支部赴湖北京山开展“光明行”义诊活动

（农工党珠海市委会　供稿）

【中国致公党珠海市委员会】　1988年1月成立筹备领导小组，1989年5月成立致公党珠海市委员会。主要成员和所联系的对象是归侨、侨眷的中上层人士和其他有海外关系的代表性人士。至2017年底，有县（区）委员会1个、行政区支部2个、功能区支部3个、市直属支部12个，党员340人。全年新发展党员15人。

组织建设　至2017年底，致公党珠海市委会有市人大代表4人（其中常委1人）、区人大代表4人（其中常委1人）、市政协委员10人（其中常委3人）、区政协委员12人（其中副主席1人、常委3人）。6月，在致公党广东省第十二次代表大会上，主委吕简承当选为常委，副主委黎清成、邹镭副当选为委员；吕简承、黎清成当选为致公党第十五次全国代表大会代表。成立市直十一、十二支部，横琴和高栏港支部完成基层组织换届。是年，市委会获评致公党中央“坚持和发展中国特色社会主义学习实践活动”先进集体，金湾区支部获评基层组织先进集体。

参政议政　成立参政议政工作委员会，制定《致公党珠海市委会参政议政调研课题申报及管理暂行办法》。在市政协九届一次会议上，提交提案48件，其中大会发言《关于深化珠海土地与城市更新供给侧改革，推动珠海产业进一步转型升级的建议》被列为2017年市政协重点督办提案，《关于通过立法加强过期药品统一回收销毁力度的建议》等4件提案获优秀提案奖。《关于加快推进横琴湾一体化建设的建议》《关于尽快出台鼓励立体停车设施建设政策，促进珠海智能停车产业发展的建议》被列为

2017 年 4 月 8 日，致公党珠海市委员会在高新区远大美域驿站公园开展“美丽珠海我在行动——致公林”植树活动（伍文卓 摄）

市委、市政府工作重点，写入市委工作报告和市政府工作报告。全年，报送各类信息 90 余篇，被致公党中央网站采用 43 篇、致公党省委会采用 56 篇，其中《关于多举措降低灾后农渔业损失》被《每日汇报》和《广东统战信息》采用。

社会服务　9 月，市委会获中国致公党“社会服务工作先进集体”称号，“致福以老扶老工程”和“致公山区园丁工程”获中国致公党“社会服务工作优秀成果奖”。“致福以老扶老工程”在永济社区、南香社区、乐百年护老中心挂牌。11 月，开展“致公山区园丁工程”第三期培训班，邀请 2 名云南大理州山区教师来珠海参加培训。12 月，签署“致公·剑川白曲文化保护工程”帮扶协议书。开展“致公爱心送诊进村镇”活动，斗门区委会各医疗机构致公党员深入企业和农村义诊 6 次 120 余人次，开展急救技能培训 12 次。开展“同心 100——教授英语角”社会服务项目，每周定期举办活动，为社区中小学生学习英语提供平台。

海外联谊　4 月，接待古巴洪门民治党总部善飞咕省支部主席唐仲喜一行。5 月和 6 月，主委吕简承先后出席市第七次归侨侨眷代表大会和“中印丝路情四海侨同心”活动。9 月，市委委员、市侨联副主席童超参加致公党中央联络部召开的海外侨胞与“一带一路”建设研讨会。11 月，主委吕简承和副主委邹镭、杨政出席“粤港澳大湾区发展机遇与挑战”论坛暨香港致公协会五周年庆典活动。12 月，主委吕简承出席珠海留学人员联谊会·珠海欧美同学会成立大会并代表市各民主党派和工商联致辞。

（王　娜）

【九三学社珠海市委员会】　1992 年 9 月 18 日，九三学社珠海市委员会成立。主要成员和所联系的对象是科学技术界中、高级知识分子。至 2017 年底，有社员 625 人，其中女社员 284 人。社员平均年龄 47 岁，高级职称 258 人。

组织建设　2017 年，九三学社珠海市委会制定社务工作考核与评价细则，印发《九三学社珠海市委员会规章制度汇编》《九三学社珠海市委员会基层组织工作实务手册》。2 月，高新区支社成立。5 月，举办基层干部培训班，邀请省社会主义学院专家做学习习近平总书记对广东工作重要批示精神辅导报告。指导新任基层干部开展社务工作，召开基层工作会议 2 次。开展社务工作考核，香洲区基层委员会、第四支社、第九支社被评为 2017 年度社务工作先进集体。举办“王选的世界——当代毕昇的心路历程”专题报告会、“九三人的情怀”书画摄影作品展等主题教育与学习实践活动。是年，社市委被九三学社中央评为“坚持和发展中国特色社会主义实践活动全国先进集体”。

参政议政　6 月，全国政协常委、副秘书长，九三学社中央常务副主席邵鸿率调研组到珠海调研高等教育新型合作办学模式及中小科技企业发展情况，并就“湾区经济助力区域产业融合与发展”等话题与社员深入交流。围绕 2017 年度社省委参政议政定向课题“推进国家科技产业创新中心建设”成立课题组，向社省委提交“粤港澳大湾区生活垃圾对水生态的影响”“关于引进和留住高层次人才，助力区域人才高地建设”“完善创新服务体系，助力广东建设国家科技产业创新中心”等课题研究成果。在市政协九届一次会议上，主委贺军做《统筹考虑随迁子女入学，全面推进和谐社会建设》大会发言。市“两会”期间，社市委提交提案建议38件，内容涉及产业发展、文化建设、节能环保、教育医疗、建筑交通等方面，其中集体提案《关于进一步改善珠海市创业环境的建议》《关于设立和启动珠海市大学生创新创业训练计划项目的建议》《关于尽快启动我市生活性再生资源回收工作的建议》被评为优秀提案。陈利浩的《关于制定珠三角资助创新示范区有关机制、政策的建议》被省政协、市政协分别评为优秀提案，《解决科技型中小微企业“营改增”之后赋税问题的建议》得到中央政治局常委，国务院副总理、党组副书记张高丽批示。在2017年珠海市各民主党派、工商联负责人和无党派代表人士暑期座谈会上，主委贺军做《关于珠海建设粤港澳大湾区知识产权高地的建议》大会发言，并对珠海市地下空间综合开发提出可行性建议。是年，社市委被九三学社中央评为“2013—2017年度参政议政工作先进集体”，社员陈利浩、贺军被评为“2013—2017年度参政议政工作先进个人”。

社会服务　“九三专家讲坛”先后走进金山软件股份有限公司、中国移动珠海分公司，邀请社内专家为企业员工举办专题讲座。社会服务工作委员会组织社内医疗专家，赴斗门镇卫生院开展医疗专家基层行活动，以智力扶贫方式开展社会服务。以多种形式开展扶贫济困活动。在“6·30”广东扶贫济困日，筹集捐款1.5万元；与君怡集团联合在阳江市南排小学举行“君怡奖教基金”颁奖大会，表彰优秀教师；第九支社“百分关爱”基金为斗门莲洲三角小学捐赠图书、教学器材和学习用品，为乐百年护老中心和朝晖护老院捐赠轮椅等生活用品；遵义医学院珠海校区支社举办“阳光励志助学活动”，捐助贫困大学生；第二支社在市儿童福利院建立九三社员志愿服务活动基地，并捐建“久馨”读书角；斗门区基层委员会多次慰问斗门区特殊教育学校学生；第四支社为北师大（珠海）附属中学新疆班献爱心送知识；社员陈利浩出资100万元，在四川旺苍县设立“九三学社同心树人助学金”。（杜　晶）

2017年6月2日，全国政协常委、副秘书长，九三学社中央常务副主席邵鸿（左四）到珠海调研高等教育新型合作办学模式及中小科技企业发展情况（杜　晶摄）

【台湾民主自治同盟珠海市支部委员会】　2003年11月5日，台盟珠海市支部委员会成立。2006年增补副主委1人、委员1人。2011年10月，举行第二次全体盟员大会。2016年8月，举行第三次全体盟员大会。主要成员和所联系的对象是居住在祖国大陆的台湾人士。至2017年底，有盟员31人。全年发展新盟员2人，转出1人。

组织建设　2017年，台盟珠海市支部当选台盟广东省第八届委员会委员1人、常委1人，当选台盟广东省委第八届监督委员会委员1人、省盟资格审查委员会委员1人、省盟监督委员会委员及省盟青委会委员1人、省盟妇委会委员1人、省盟两岸文化交流工作委员会理事1人及成员5人。

参政议政　市“两会”期间，提交提案25件，主要有《关于推动我市洗车行业节水减排的建议》《关于尽快出台我市民宿行业管理规定的建议》《关于建设第二课堂式科普教育基地的建议》等，内容涵盖环保、文化旅游、教育等领域。在2017年珠海市各民主党派、工商联负责人和无党派代表人士暑期座谈会上，做《专业化运营产业园区推动西部产业大发展》大会发言。引进台湾智慧教育，助推珠海教育信息化发展。在市政协九届一次会议上做《搭建珠台两地教育交流平台，促进珠海中小学智慧教育发展》发言，被市教育局采纳并试点先行，开展系列推广活动：3月，邀请台湾网奕资讯科技集团在香洲区二十一小召开智慧课堂专题研讨会，举办醍摩豆（TEAM Model）智慧教育专题讲座；4月，组织试点学校代表到杭州观摩2017第二届两岸智慧课堂邀请赛活动；举办“互联网+”教研主题活动月系列活动，邀请台湾知名专家吴权威来珠海做学术报告，组织全市中小学观摩台湾智慧教育TBL团队现场示范课。组织市台商协会、台青会赴东莞考察两岸青年创业情况，助推珠海成立“两岸青年创新创业基地”。完成台盟中央调研课题“深化供给侧结构性改革，促进经济平稳健康发展”调研报告。是年，市支部获台盟中央2017年参政议政市级组织参政议政突出进步奖、台盟九届中央委员会参政议政地市级突出进步奖。

对台工作　接待台湾工党主席郑昭明一行3人；接待台湾高雄成功大学学生20人。加强与在珠台商、台农交流互动。参加市台商协会年终尾牙、春茗晚宴以及各区台商协会成立周年暨换届就职庆典活动，并送去盟员戏曲表演队节目；参加台商举办的尊师重教晚宴；走访慰问台农陈仲信、蔡肇鑫和吴志宪。加强与台湾各界交流交往。三八妇女节期间，邀请台湾插花老师林秋香为女盟员和暨大珠海分校台湾女学生们讲授插花艺术；在“互联网+”教学主题活动月，邀请台湾科技领导与教学科技发展协会荣誉理事长吴权威做《运用教育行为数据，加速教师专业成长》专题报告。

盟务工作　春节期间，组织盟员参观市农业局在台创园举办的种博会。3月，承办台盟中央在珠海召开的2017年定点帮扶工作协调会。中秋、国庆期间，组织盟员、老台胞参观北山杨氏大宗祠、杨匏安陈列馆。11月，与市台胞台属联谊会联合举办学习贯彻党的十九大精神宣讲会。参加台盟广东省委召开的“纪念台湾二·二八起义70周年座谈会”“纪念台盟成立70周年座谈会”。接待台盟大连市委会一行、汕头台盟及致公党联合调研小组。

社会服务　在“6·30”广东省扶贫济困日，组织募捐善款5000元。强台风“天鸽”过后，组织盟员加入市义工团队，开展救灾复产工作。9月，赴茂名市电白树仔镇海丰村开展扶贫助学活动，向海丰小学10名贫困家庭学生发放学习用品和关爱物资，并向该校捐赠体育用具和图书一批。　（邹佳平）

2017年9月16日，台盟珠海市支部到茂名市电白树仔镇海丰村开展扶贫助学活动　（台盟珠海市支部 供稿）

【珠海市工商业联合会】　至2017年底，珠海市工商业联合会（简称珠海市工商联）、市总商会有县级工商联6个（香洲区工商联、金湾区工商联、斗门区工商联、横琴新区工商联、高栏港区工商联、高新区工商联），直属社团65个（其中省级异地商会17个、地市级异地商会17个、县区级异地商会14个、行业协会10个、民办非企业单位5个、跨行业的综合性商会2个），会员1.03万人。

参政议政　2017年，珠海市工商联多次参加民主协商会，对市党代会报告、“十三五”规划、政府工作报告和促进民营经济发展等政策措施提出意见建议。在市政协九届一次全会上，做《关于促进民营经济又好又快发展的建议》发言。9月，在全市各民主党派、工商联负责人和无党派代表人士暑期座谈会上，做《关于大力扶持人才创新创业，推动我市民营经济实现跨越发展》发言。全年，完成调研报告

2017年9月3—9日，珠海市工商联组织青年企业家在延安举办“珠海市青年企业家理想信念教育培训班”（市工商联 供稿）

13篇，向市委、市政府提交提案议案62件。推荐优秀非公经济人士担任各级人大代表和政协委员，至年底，有会员担任省人大代表2人、省政协委员1人、市人大代表12人、市政协委员29人。

非公有制经济管理　践行新发展理念，推动非公经济健康发展。至2017年底，珠海市有民营企业21万家，占全市经济单位93%；民营经济增加值621.44亿元，比上年增长9%；民营经济从业人数约60万人，占全市从业人数58%；全市规模以上工业企业1000余家，民营企业占30%；全市高新企业1400家，民营企业占76%；在上市公司、工程（技术）公司中，民营企业分别占80%和90%。加强直属社团服务，社团组织建设取得新突破。指导直属商会筹建工作，编印指导材料，规范社团组织筹备程序、方法、要求和注意事项等；做好社团换届辅导，主动上门服务，现场解决问题，年内8个下属社团完成换届；督促和指导各直属社团参加年审，发现问题及时纠正，规范社团运作；做好社团脱钩工作，年内6个行业商会、协会与行政机关脱钩。

社会服务　开展扶贫济困捐赠活动。“6·30”广东扶贫济困日，筹集捐款159万元；年内，全市非公有制经济人士社会公益捐款2000余万元。开展“万企扶万村”精准扶贫行动。3月3—10日，市工商联领导率队前往云南省怒江州泸水、兰坪、福贡和贡山等地开展对口帮扶工作，走访慰问当地贫困户，并捐资80万元用于改善当地生产生活条件，达成扶贫项目协议3个；10月9—18日，在怒江州举办IYB（改善你的企业）培训班，对当地民营企业家进行培训；帮助怒江打造绿色农业品牌，让特色产品走进珠海；向怒江州工商联捐赠5万元，帮助当地工商联开展工作。开展救灾复产重建工作。8月，强台风“天鸽”袭击珠海后，广大非公经济人士捐款捐物、出人出力，全市工商联系统捐款总额超1000万元；董凡、求伟芹、李梅、苏枝谋、陈利浩等会员被市委、市政府授予“救灾复产重建先进个人”称号。

教育培训　4月、6月和11月，举办IYB（改善你的企业）专题培训班3期，提高民营企业家管理水平。4月16—22日，在中国人民大学举办“珠海市民营企业家创新发展高级研修班”，参加培训企业家103人。9月3—9日，在延安市和梁家河村举办珠海青年企业家理想信念教育培训班，70余名青年企业家参加培训。11月，在厦门大学举办市工商联民营企业家培训班，参加培训企业家106人。开展非公经济人士理想信念教育实践活动，以“守法诚信、坚定信心”“增强对中国特色社会主义的信念、对党和政府的信任、对企业发展的信心和对社会的信誉”为主题，先后在市青年商会、乐士文化区、香洲区工商联和金湾区工商联召开青年企业家理想信念教育活动座谈会，150余人参加活动。引导非公经济人士进高校、听党课，参观爱国主义教育基地，激发爱国主义情怀。

（于文茂）

·责任编辑：冯建华·

群众团体

珠海市总工会

【概　况】　1956年4月，珠海县地方工会（称县工会联合会）成立。1980年2月，珠海市总工会成立。内设办公室、组织部、宣传教育部、劳动保护部、维护权益部、财务部、经费审查委员会办公室7个工作职能部门和女职工工作委员会（设在维护权益部），下辖珠海市工人文化宫。至2017年底，有基层工会1.03万家，工会会员71.80万人。

【工会组建】　2017年，珠海市总工会以异地务工人员较集中的劳务派遣公司以及建筑、家政、物流（快递）等行业为重点，通过困难帮扶、法律援助、技能培训等活动，推动异地务工人员入会。持续推进企事业单位特别是“两新”组织建会工作，扩大对新领域、新阶层和小微企业工会覆盖率，推动华润万家等一批企业筹备建立工会。全年，新建工会210家，新发展会员2.5万人。根据市委和省总工会要求，推进企业职工董事、职工监事制度，对全市国有企业职工董事、职工监事设置情况进行专题调研，起草《珠海市总工会贯彻落实公司制企业职工董事、职工监事制度的实施意见》。

【职工合法权益维护】　2017年，珠海市总工会参与修订《珠海市职工生育保险办法》等涉及职工权益的法律法规，为职工发声，维护职工合法权益。通过市、区两级职工服务中心平台、维权热线及“工人在线”等渠道解决职工信访问题。全年，接待信访2712人次，涉及职工8988人、金额9962.01万元；提供法律援助65件，涉及职工147人，为职工挽回经济损失326.69万元。完善律师担任企业工会法律顾问制度。聘请律师56名担任112家企业工会法律顾问，为企业工会和职工提供“点对点”法律服务，开展普法讲座和现场法律咨询活动68场，协助企业工会修改规章制度62则；协助企业调处重大劳资纠纷12件，涉及职工1.6万人。12月，与市中级人民法院联合挂牌成立劳动争议诉调对接工作室，建立“法院＋工会”劳动争议诉调对接机制。

【劳动关系协调】　2017年，珠海市总工会加强劳资纠纷研判，关注全市劳动关系动态，发挥劳资纠纷应急处置分队、企业欠薪应急周转金制度和企业劳动争议调解员“三驾马车”作用，全年处理“工人在线”“网络舆情”“工情在线”及“信访系统”舆情案件68件，涉及职工3664人。妥善调处劳资纠纷，引导职工依法维权，全年调处30人以上群体性事件23件，涉及职工3327人。

【劳动竞赛和劳动保护】　2017年，珠海市总工会推进区域性、行业性、企业班组劳动竞赛和群众性经济技术创新活动。全年，1312家企业开展劳动技能竞赛，参与职工15.24万人；举办职工职业技能竞赛20项，涉及15个行业57个工种，新增软件、中药、通信、保险等6个行业，促进技能人才培养。利用微信平台，组织开展劳动保护知识微信竞答活动，参与职工3.2万余人。参加安全生产咨询日活动，发放《安全生产法》《职业病防治法》等宣传资料1.9万册。组织工会法律志愿服务律师团和相关专家到企业开展《安全生产法》等法律法规宣讲活动28场，受惠职工6000余人。组织241家企业7.4万人参加

“安康杯”竞赛活动，被全国“安康杯”竞赛组委会授予“优秀组织单位”称号。强台风“天鸽”过境后，开展“送清凉”慰问活动，先后两次慰问抗风救灾官兵和职工群众。市、区两级工会慰问重点工程和高温作业、露天作业企业373家，投入资金160余万元，受惠职工超16万人。

【劳模评选推荐和管理服务】 2017年，珠海市评选推荐全国五一劳动奖章1人、全国工人先锋号1个、广东省五一劳动奖章5人、广东省五一劳动奖状7个。组织庆祝五一暨劳模代表座谈会，市委主要领导出席座谈会。组织劳模进企业、进校园宣讲报告会6场，弘扬劳模精神。命名劳模创新工作室10个，为广大职工开展创新创造活动提供平台，为企业实施创新驱动发展创造条件。做好劳模津贴发放、体检等服务工作。对全市806名市级劳模进行调查摸底并规范档案管理，组织7批70余名劳模赴外地参加疗休养活动，组织2批78名各级劳模开展“看美丽珠海”参观学习活动，为68名劳模办理“职工住院二次医保”，帮助13名劳模申报困难帮扶。

【困难帮扶】 2017年，珠海市总工会下发《关于对全市困难职工进行全面调查摸底和进一步规范建档立卡工作的通知》，筛查出符合全国、省级精准帮扶对象建档标准困难职工59户，符合送温暖对象建档标准困难职工1213户。开展送温暖慰问、大病救助、临时生活救助、金秋助学等各类帮扶活动，投入资金727.28万元，惠及职工4221人次。开展“情系怒江在珠职工，激发就业创业热情”、关爱怒江州在珠务工人员留守儿童等活动，服务对象616人次。9月，在珠海设立“云南娘家人服务分站”。

2017年4月27日，珠海市委书记、市人大常委会主任郭元强出席珠海市庆祝五一暨劳模代表座谈会，向劳模代表致以节日的问候 （市总工会 供稿）

【服务职工】 2017年，珠海市总工会开展心理健康沙龙、零基础日语班、烘焙、插花等工友生活课堂538场，受惠职工近万人。开展“幸福课堂进工厂”60场，受惠职工近3000人。举办书法、国画、水彩、素描等培训班，培训职工约550人。强化工会志愿服务活动。组织志愿者340余人次，开展工伤探视99场，探视工伤、疑似工伤职工249人；组织志愿者1750人次，开展“工会志愿者温暖回家路”志愿服务活动35场，服务异地返乡职工数万人；组织志愿者180人，开展眼科义诊志愿服务30场，服务职工及家属900余人。做好职工互助保障工作。全年办理互助保障952单，参保职工5万人，参保金额592.75万元；申请互助金理赔481人次，理赔金额86.65万元。

【职工文体活动】 2017年，珠海市总工会举办职工文化节，设立插花、演讲、排舞、声乐、综艺汇演等比赛项目，表演节目400余个，吸引职工5万余人次。举办登山、拔河、扑克牌等赛事7场，吸引全市270家单位2430名职工参赛。合并“情系职工”慰问演出与“工友大家乐”舞台，融合安全、创文、普法、廉政等内容，开展“情系职工”慰问演出30场、“工友大家乐”舞台73场。举办“珠海市首届职工集体婚礼”，来自珠海市各行各业50对新人参加婚礼，近500人现场观礼。开展职工书屋建设，评

2017 年 4 月 23 日，广东工人艺术团走进珠海暨珠海职工文化节在圆明新园中心剧场开幕　　（市总工会 供稿）

选全国职工书屋示范点 4 个、市级职工书屋示范点 19 个、全国职工教育培训示范点 1 个、省职工教育培训示范点 2 个、省书香企业 1 家。

【市劳动争议诉调对接工作室成立】 2017 年 12 月 5 日，珠海市总工会和市中级人民法院联合成立劳动争议诉调对接工作室。市总工会从 60 名法律志愿服务律师团中按照 5∶1 比例，择优聘请 12 名律师担任市劳动争议诉调对接工作室调解员，形成“法院 + 工会”化解劳动争议机制。针对劳动争议案件人数众多、类型复杂、诉求多样和善后不易的特点，诉调对接工作具有化解纠纷效率高、时间短、成本低、社会效益和经济效益好等优势，通过对劳动争议案件进行诉前、诉中调解，以及做好诉后涉案职工法律解释和思想安抚工作，减少社会震荡，妥善化解矛盾纠纷。至年底，香洲区和斗门区分别成立区劳动争议诉调对接工作室。　（许建东）

中国共产主义青年团珠海市委员会

【概　况】 1953 年 5 月 1 日珠海县成立中国新民主主义青年团珠海县工作委员会，1955 年 5 月改称“中国新民主主义青年团珠海县委员会”，1957 年 5 月改称“中国共产主义青年团珠海县委员会”（简称共青团珠海县委员会）。1959 年春，珠海并入中山县，共青团珠海县委员会改称“共青团中山县委珠海工委”，隶属共青团中山县委领导。1961 年春，共青团珠海县委员会恢复。1979 年 3 月，珠海建市，共青团珠海县委员会改称“共青团珠海市委员会”。1980 年 10 月，共青团珠海市第一次代表大会在香洲召开。2017 年，共青团珠海市委员会内设 5 部 1 室，分别是办公室、组织部、宣传部、社会工作部（志愿者工作部）、青少年权益和发展部、学校和少年部，下辖珠海市青少年妇女儿童活动中心。至年底，全市有直属行政区团委 3 个，功能区团委（团工委）5 个，其他直属及垂直管理单位联系团委（团工委）159 个，高校团委（团工委）10 个；团干部 5412 人，其中专职团干部 43 人；团员约 12 万人，少先队员约 14 万人，少先队大队辅导员 180 人。

是年，全市共青团组织获评全国优秀共青团员 1 人、团干部 1 人，省五四红旗团委 9 个、团支部 7 个，省优秀共青团员 25 人、团干部 9 人。共青团珠海市委获评“2017 年度广东共青团工作先进单位”。

【从严治团】 2017 年，共青团珠海市委落实从严治党要求，将全面从严治团引向深入。

加强团的领导机关党的建设　落实全面从严治党各项要求和党建工作责任制。强化团的领导机关领导干部落实党风廉政建设和团内监督主体责任，带头模范执行党内政治生活准则，从严落实“三会一课”、民主生活会和组织生活会、党员领导干部双重组织生活制度。

加强团干部队伍建设　完善党内民主制度建设，建立健全团市委领导班子事务通报制度、重大决策集体讨论制度等，切实履行党组主体责任。立足共青团工作强“三性”（政治性、先进性、群众性）、去“四化”（机关化、行政化、贵族化、娱乐化），常态化组织团市委机关干部开展政治理论学习，增强机关干部“四个意识”，坚定“四个自信”。开展分级分类、线上线下相结合的团干部培训工作，在各

级团组织培训中进一步强化党性教育。强化团干部日常监督管理，严守党的政治纪律和政治规矩，严格履行团员义务。

从严管好团员队伍　严把入口关，严格履行入团程序和入团手续，采取逐级分配发展团员名额的方式，合理控制各级团组织团员发展规模，调节团员队伍结构。制定中学发展和管理团员工作细则。

加强基层服务型团组织建设　在工作内容设计、人力配置、阵地建设等方面进一步向基层倾斜，拓展“两新”组织团建工作，以街道和镇团委为核心，建立各街道青年共建委员会，推进全市区域化团建工作，全市9个街道和三灶等工业镇全部建立青年共建委员会。以暑期高校团学干部基层团建行动为抓手，夯实非公有制企业团建基层，完成140家非公有制企业新建团组织任务，巩固建设千余家“两新”团组织。

【共青团改革】　2017年，共青团珠海市委坚持问题导向，深化共青团改革，在省内率先出台共青团改革实施方案，将重点改革事项细化为89条改革举措。

推进团干部选拔、任职和管理改革　配齐专职干部，加强中层转岗交流，激发队伍活力。打造专职、挂职、兼职相结合的团干部队伍，市级团委班子配备挂职副书记1人，挂职干部6人，兼职干部5人；各区按照改革要求，分别配备挂职、兼职团干，比例均达50%以上。区级团委按常住人口配置专职团干。

改革优化共青团组织格局和运行方式　提高基层一线劳动者和新兴青年群体在各级团组织常委、委员和代表中的比例，完成新一届青联换届工作。建立健全直接联系服务青年工作机制，完善“1+100”团干直接联系青年方案，加强与团员青年日常交流及横向联系。加强青少年社会组织建设，支持青少年社会组织承接政府事务，推动全市青少年社会组织快速发展。

夯实共青团基层基础　加强基层共青团专职人员配备及工作阵地建设，开展常态化下沉基层工作。在各镇（街）建立青少年服务工作阵地40余个，配备青少年社工及志愿者300余人，建成社区少工委10个、红领巾教育基地20个，成功新建非公企业团组织近200家。

强化支持保障力度　落实党建带团建制度，建立稳定规范的共青团工作经费保障制度，与发改部门联合启动志愿者守信联合激励机制，与教育部门联合启动中学共青团改革工作。

【青少年思想政治引领】　2017年，共青团珠海市委聚焦核心主业，青少年思想政治引领呈现新亮点。

加强党的十九大精神宣讲　开展“新时代、新征程、新青年”珠海共青团党的十九大精神宣讲会系列活动，团市委领导班子带头深入基层团组织开展党的十九大精神宣讲，通过网络直播的方式扩大覆盖面，全市各级团组织开展宣讲140场次。

注重分类引导，丰富青年思想引领方式　针对新兴青年群体、异地务工青年、在校学生、高端人才、问题青少年等不同类别青年实施差异化引导，确定不同层次、不同侧重、不同形式的引导内容和引导方法。通过采用线上线下互动结合，以宣讲会、专题研讨、党课培训、主题教育实践等形式引导全市青少年听党的话、跟党走。开展“学习总书记讲话做合格共青团员”“我的中国梦”等主题教育实践活动，覆盖超30万人次。结合评先评优活动，选树先进典型，培育和践行社会主义核心价值观。

注重建设网上阵地　建设“网上共青团”，构筑全媒体宣教矩阵。以“青年之声”为载体，有针对性地帮助青年找活动、找帮助、找咨询，做到与青年“同频共振”，受到团中央通报表扬；“珠海青年”微信、微博品牌影响力长期位居全省前三；深化“青网计划”，推进网络文明志愿者、青年好网民队伍建设，在关键节点敢于发声、引导舆论。

【青年创新创业】　2017年，共青团珠海市委聚焦“留学生节”品牌，举办第四届留学生节暨2017海外学人回国创业周活动，吸引留学生、国家“千人计划”专家、海内外专家等1000余人参加。5个创新创业项目落户珠海，41个项目达成合作意向。打造“菁创荟”青年双创综合服务平台，2016—2017年累计培训创业青年7000余人，协助53个学员项目及创业大赛优秀项目实现投资对接。推进“展翅计划”，全年开发实习、见习岗位2739个，其中党政机关、事业单位、大型国企四类优质岗位2166个，挂靠用人单位372个，简历投递2955份，实现对接1976人。

2017年12月2日，粤港澳大湾区青年总会考察团到珠海格力电器股份有限公司参观调研　（团市委 供稿）

【志愿服务】　2017年，共青团珠海市委依托全市18个亲青家园、22个青春护航站、15座蓝天小屋、阳光之家等团属阵地，建设常态化志愿服务岗485个，注册志愿者人口占比位列全省第一。打造“党员志愿服务”“文明交通”“健康直通车进云南怒江”“邻里计划”“阳光助残”“海归精准扶贫”“社区矫正”“禁毒教育”等拳头服务项目。组织高校志愿者1149名全面参与WTA超级精英赛、中拉国际博览会、中国国际马戏节等大型活动。整合全市志愿服务力量，有9万人次参与强台风“天鸽”灾后复产重建工作。

【社会治理参与】　2017年，共青团珠海市委维护青少年合法权益，履行预防青少年违法犯罪专项组牵头单位职责，围绕重点青少年群体，投入资金500余万元购买社会服务，建设“青春护航”“亲青家园”“阳光行动”“新航计划”等基层服务阵地48家，输送法制教育、个案帮扶、困难救助等服务超8万人次，建立重点青少年档案1400份，结对帮教社区矫正青少年、涉毒青少年、在押青少年等特殊青少年群体183人。筹集善款200余万元，救助困难青少年2000余人次。服务异地务工青年，创新服务模式，引进专业化社会组织，以公共服务和生活服务为主要内容，打造18个实体化阵地服务异地务工青年，全年开展活动千余场，覆盖22万人次，引导异地务工青年融入珠海。

【青少年对外交流合作】　2017年，共青团珠海市委深化青年对外交流合作。以“青年同心圆计划”为统领，举办珠港澳大学生领袖交流营、珠港澳青年步操乐团汇演、中华青年民族学习交流营等活动10场，覆盖青少年约3000人次。联合马来西亚华人公会青年团举办“筑梦‘一带一路’”交流活动，深化珠海与“一带一路”沿线国家青年在文化、体育和旅游等方面的交流合作。

【第四届留学生节暨2017海外学人回国创业周】　2017年12月8—10日在珠海举办。活动由团中央、全国青联、欧美同学会·中国留学人员联谊会、团广东省委、省青联指导，珠海市委组织部、团市委、市人社局等11家单位共同主办，旨在打造统战、招商、纳才、合作

2017年12月8日，第四届留学生节暨2017海外学人回国创业周在珠海国际会展中心开幕　（团市委 供稿）

的综合性平台，对外展示珠海“开放、创新、生态、文明、活力”的城市特质，推动高端人才、优质项目等创新资源集聚，为珠海建设粤港澳大湾区创新高地及“一带一路”倡议支点提供支撑。活动以“追寻留学文化印迹，探索海归创业之路”为目标，先后举办“菁牛汇”创新创业大赛、开幕式暨“我的中国梦”主题演讲、海外学人科技创新主题对话等留学主题活动13场，吸引16个国家和地区1000余人参加，其中留学人员占36.7%。至2017年底，有5个创新创业项目落户珠海，41个项目达成合作意向。

（蔡秋园）

珠海市妇女联合会

【概　况】 珠海市妇女联合会(简称珠海市妇联)成立于1979年4月，是中共珠海市委领导下的全市各界妇女的群众团体组织，基本职能是维护妇女儿童合法权益，提高妇女素质，促进男女平等。内设办公室、宣传发展部、组织联络部、权益部、家庭儿童部、市妇女儿童工作委员会办公室6个部（室）。至2017年底，全市有区级妇联8个（其中行政区3个、功能区5个）、镇(街)妇联24个、社区妇联196个、村妇联122个、村（社区）妇女之家318个。

【妇联改革】 2017年，珠海市推进妇联改革工作，印发《珠海市妇联改革实施方案》《珠海市妇联改革实施任务分解表》，内容包括改进妇联领导机构人员构成、运行机制和机构设置，改革妇联干部选拔任用方式和管理制度，创新动员妇女服务大局的载体和方式，提升服务妇女、维护妇女合法权益水平，完善基层组织体系，构建“网上妇女之家”，加强党的领导7个方面26项任务。

【妇女组织建设】 2017年，珠海市妇联重新划分内设科室职能，新设“四部两室”（权益部、宣传发展部、组织联络部、家庭儿童部，办公室、市妇女儿童工作委员会办公室）。加强基层组织建设，推动村（社区）妇代会改建妇联（简称“会改联”）、灵活建立妇联组织、拓展妇女之家建设等重点改革任务落到实处，全年完成318个村（社区）会改联工作，新设专职副主席97人、兼职副主席384人，新增执委2858人、妇女代表1.04万人。

【妇女创就业服务】 2017年，珠海市妇联围绕供给侧结构性改革、创新驱动发展等中心工作，联合市人社局制订印发巾帼家政服务专项培训工作实施方案。举办农村女致富带头人电商技能培训班，激发巾帼创业创新热情。启动“创享E家·城乡互助体验店”项目，搭建市、区、镇三级农村女电商、女创客培育和扶持发展体系，统筹线上线下营销平台，促进巾帼创业示范基地转型升级。举办“春风送岗位”——三八专场招聘会37场次，提供就业岗位7537个，服务妇女1.11万人次。开展第三期妇女创业小额担保财政贴息贷款项目，将贷款对象由农村妇女扩大至城镇创业女性，全年发放贷款2591万元，助力210名妇女创业发展，到期贷款回收率100%。

【妇女维权服务模式创新】 2017年，珠海市妇联发挥维权与信息服务站主阵地作用，完善人大代表、政协委员接访日制度和“12338”热线服务，通过热线服务、做实维权社区服务点、举办维权培训、开展“家庭驿站——化纠纷·解心结”服务等形式，把妇女权益问题解决在基层，把矛盾化解在萌芽状态。全年，接待来访、来电、来信、网询1354件，维权社区服务点开展服务2431场次，服务群众约21万人次；开展户外宣传1045场，发放宣传品65万份。是年，市维权与信息服务站获珠海市5A级社会组织、第三期省妇联维权与信息服务站项目“优秀团体”、市社会治理创新实践基地、市党的群团类枢纽型社会组织试点单位等荣誉。

【妇女普法宣传载体创新】 2017年，珠海市妇联依托“珠海妇女网”、微信公众号，引入“互联网+”模式，在“三八”妇女维权月、“6·26”禁毒日、“11·25”国际消除家庭暴力日等重要节点，开展主题普法宣传。联合《珠江晚报》开设《案·说——妇女儿童维权故事》专栏，刊发典型维权案例12个。引入“互联网+”思维，打破时间、地域限制，组建专家讲师团，开设“学·知行”妇女儿童维权微课堂，普及妇女儿童法律、健康、教育等知识，开展线上活动10期，线下活动3期，参与群众近千人，被珠海社会工作委员会评为珠海市社会治理创新优秀案例。

【家庭文明建设】 2017年，珠

链 接：

万山区桂山镇罗承志家庭

2017年5月24日，扎根海岛30多年的罗承志家庭被评为全国“最美家庭”。罗承志是万山区桂山镇渔农技术推广中心主任，妻子梁琼芳是桂山镇政府工作人员，两人在海岛相识相爱，是典型的海岛夫妻。1983年，17岁的罗承志从广东廉江到桂山岛当兵，1988年退伍后留守桂山岛，同年，结识来岛工作的梁琼芳，两人相爱成婚。海岛环境封闭，生活单调，但他们敬业乐业，家庭生活充满阳光。罗承志主要负责渔业技术支持和指导，每天在鱼排上帮助渔民搞转产转业、深水网箱养殖，网箱养殖规模从十几户发展到100多户。妻子梁琼芳踏实肯干、热心助人，是同事邻里交口称赞的好女性。

海市妇联继续开展“最美家庭”“书香家庭”挖掘、推荐工作，联合《珠江晚报》开设专栏，连续刊发最美家庭故事26期。5月24日，万山区桂山镇罗承志家庭获2017年全国“最美家庭”称号。持续打造“德行珠海·亲子讲堂”本土品牌，举办讲座36场，刊发报道36篇，受益群众近万人。围绕“家活力、家成长、家文化、家温暖”四大主题开展第三届幸福“家”年华系列活动，举办“淇澳美食之约”亲子茶果大比拼、“和美家庭·爱聚横琴”等20项29场活动，吸引1500余户家庭参加，服务近万人次。开展全市社区（村）儿童阵地摸查，在10个社区（村）建立妇女儿童之家，其中4个社区获“省级儿童友好示范社区”称号。

【困难家庭帮扶】 2017年，珠海市妇联将单亲特困母亲纳入农村低收入群体精准扶贫范围，完成对102户（288人）农村低收入单亲妈妈户帮扶方案，每年定期投入400万元进行针对性帮扶。以巾帼创业小额担保贴息贷款项目为抓手，帮助单亲特困母亲解决创业资金难题，争取资金130万元，在斗门5个镇（街）启动“妇女闯e网”创就业项目。协助容闳书院开展公益助学行动，免费招收贫困优秀生，并与斗门、金湾等5所小学结成爱心助学教育联盟，通过社会实践、慈善活动等方式，将更多优质教育资源惠及困境儿童。

【妇女干部培训】 2017年，珠海市妇联实行干部分级培训，市妇联负责骨干人员培训，各区妇联负责全员轮训。6月和12月，分两期举办“妇女之家”示范点管理人员培训班，规范“妇女之家”建设标准。9月，与广东省教育与实务协会合作举办“珠海市妇女干部综合能力创新与发展”培训班，培训干部150人。

【港澳台妇女交流】 2017年，珠海市妇联加强与香港、澳门、台湾各界沟通往来，全年接待港澳台妇女代表团300余人次。8月18—23日，举办“跨越山海的相会”怒江、珠海、香港、澳门四地儿童心手相牵共筑中国梦夏令营，120人参加活动，中央电视台国际新闻频道、少儿频道，珠海电视台、《珠海特区报》等多家媒体专题报道。

【“珠海交警”微信主编陈骧入选“百个巾帼好网民”】 2017年2月9日，市公安局交警支队“珠海

工作中的陈骧 （市妇联 供稿）

交警”微信主编陈骧入选网络素养教育类“百个巾帼好网民”。“百个巾帼好网民故事”网络推选活动由全国妇联宣传部、中央网信办网络社会工作局主办，于2017年12月启动，历经近3个月征集、点赞推选后，评选出社会正能量类、公益慈善类、产品创作类、网络治理及网络安全类、网络素养教育类五类100个“巾帼好网民故事”。

【“珠海掌上妇联”微信平台试运行】 2017年，珠海市妇联将打造“珠海掌上妇联”作为推进各项工作重要突破口，打通服务妇女群众“最后一公里”。4月，“珠海掌上妇联”试运行，年内发布照片近3万幅、视频近500分钟，综合运用图文信息542条、音视频信息32条、线上活动多场，有粉丝近万人。

【珠海市婚姻家庭纠纷人民调解委员会成立】 2017年12月15日，珠海市妇联联合市综治办、市司法局成立珠海市婚姻家庭纠纷人民调解委员会（简称珠海市婚调委）。珠海市婚调委是贯彻落实全国及省、市有关进一步完善矛盾纠纷多元化解机制而成立的婚姻家庭调解服务平台，化解婚姻家庭领域矛盾纠纷，促进家庭和谐，维护社会稳定。市婚调委拥有法律、心理、社工专业调解员，可为有需要的市民提供婚姻家庭、继承、同居和恋爱关系、夫妻双方或一方享有或承担的债权债务等纠纷调解。（贾传恩）

2017年12月15日，珠海市婚姻家庭纠纷人民调解委员会成立

（市妇联 供稿）

珠海市科学技术协会

【概 况】 珠海市科学技术协会（简称珠海市科协）成立于1978年11月，是中共珠海市委领导下的人民团体。下辖行政区科协3个、功能区科协3个、团体会员（市级学会）42个、企业科协8个、高校科协2个。内设办公室、科普部、学会部3个部（室）。2017年，市科协新吸收市药师协会、市食品安全协会、市工业互联网协会、市技术创新方法研究会为团体会员。是年，市科协被省科协评为2017年度科技工作者状况调查站点先进单位、2017年度信息工作先进单位、2016年度地方科协财务决算优秀单位和2016年度综合统计调查年报优秀单位；王志学被人社部、中国科协评为全国科协系统先进工作者。

【重点人群科学素质行动】 2017年，珠海市科协推进重点人群科普工作。青少年科普方面，组织参加全国和省青少年科技创新大赛；举办第三十三届珠海市青少年科技创新大赛；举办2017年“大手拉小手——科普报告希望行”活动，邀请中科院10位老专家，深入市内49所学校和1个部队基层连队做科普报告61场，受众3万余人次；开展科普大篷车进学校、进社区活动20余次，参加活动青少年2万余人次；举办“关注人与环境，共享鸟语花香——珠海市青少年主题科普活动”“我探索、我快乐、我成长——我是小小科学家”科普研学团活动和“2017缤纷夏日——少儿科普微信竞答活动”。农村科普方面，开展科技下乡活动，举办各类农村实用技术培训20余次。社区科普方面，与香洲区科协共同举办社区科普嘉年华，继续推进“科普示范社区”创建活动。组织市医学会、市预防医学会等4个科技团体分别走进驻珠部队10个基层连队开展科普进军营活动。

【主题科普活动】 2017年，珠海市科协组织区科协、市级学会、科普教育基地、科学教育特色学校开展科技进步月和全国科普日活

2017 年 3 月 5 日，市科协举办珠海"大手拉小手——科普报告希望行"活动启动仪式（市科协 供稿）

动。科技进步月期间，举办趣味科普体验活动，设立"少儿编程大通关，小小工程师创意乐园""我探索，我成长，寻找未来小小科学家""走近自然，认识我们身边的鸟语花香世界""我热爱，我创新，寻找科学小达人""爱生活，爱蓝天，我要当小小飞机师"五大板块，吸引近千名儿童和家长参加。全国科普日期间，以"创新驱动发展，科学破除迷信"为主题，开展"让科学变得更加有趣——神奇科学魔法秀表演进校园"活动，邀请广慧科普园老师走进市内 31 所小学表演科普秀。

【科普能力建设】 2017 年，珠海市科协继续开设科普讲堂，资助 12 个单位举办科普讲座近 120 场次。开展优秀科普作品征集活动，资助《探索科学的奥秘——珠海市青少年科技创新教育十五年》《白海豚的困惑》《放飞智慧，科海探航》3 部优秀科普作品。成立珠海科普讲师团，首批 21 名成员由珠海市相关领域专家、学者和科普志愿者组成，以基层社区、企事业单位、学校、军营和镇村为服务点开展科普服务。是年，爱飞客航空俱乐部有限公司被认定为珠海市科普教育基地，珠海长隆海洋科普馆被省科协命名为"广东省科普教育基地（2017—2021 年）"。

【珠海科技人创想梦主题活动】 2017 年内举办两次。第一次于 5 月 24 日在蓝海金融中心举行，珠海市相关领域科技人员 100 余人参加活动。活动包括主题分享、圆桌论坛和互动交流等环节，邀请中兴通讯、北师大珠海分校等名企名校专家学者共同探讨"互联网 + 时代的信息安全"等问题。第二次于 11 月 23 日在 2000 年大酒店举行，珠海市相关领域科技人员 100 余人参加活动。市科技和工业信息化局有关负责人介绍珠海市智慧城市建设情况，中国信息通信研究院广州分院常务副院长王洪岭、珠海市交通物联网有限公司常务副总裁包湘平、阿里云计算有限公司专家架构师邱经忠、广东东华发思特软件有限公司总裁蒙圣光等就智慧城市顶层设计、新产业、新模式、新探索等议题进行研讨。

【珠海科技工作者创融桥对接会】 2017 年内举办两次。第一次于 9 月 19 日在高新区举行，省内知名创投经理人、市中小微企业和创新创业团队负责人 100 余人参加。对接会设项目路演和现场对接等环节，邀请华南理工大学风险投资研究中心主任、国家大学科技园董事长崔毅教授做《传统与创新》辅导报告，对创新、创业、创投等相关话题进行解读。第二次于 11 月 30 日在 2000 年大酒店举行，市科技企业、创客团队及投资机构代表 100 余人参加。对接会设投融资主题培训、项目路演和现场交流对接三个环节，邀请资深投资专家恒昇基金市场部总监韩超做"如何让股权融资更简单"专题培训，知名投资机构现场点评路演项目。活动现场创新性采取定时轮席形式，各个企业在规定时间里向投资机构介绍项目亮点。活动设置交流对接区，近 30 个项目负责人与投资机构进行交流对接。

【青少年科技创新大赛】 2017 年 3 月 17—19 日，第三十二届广东省青少年科技创新大赛在广州市执信中学举行。珠海市 10 所学校 26 名选手参加本届大赛决赛展评，获一等奖 4 项、二等奖 9 项、三等奖 21 项、专项奖 11 项。创新竞赛项目中，珠海市第一中学李晨天的"通用电源适配协议（UPP）及其实现”，珠海市香华实验学校谢建伟的“珠海市中小学生入门级观鸟点鸟况的初步调查”，珠海市第一中学张庄衢的“铁磁共振测量实验的误差分析和实验设计优化”作品获一等奖。李晨天、谢建伟的获奖作品被推荐参加第三十二届全国青少年科技创新大赛并获奖，其中李晨天获项目一等奖，并获2项专项奖，谢建伟获项目三等奖。

12月16日，第三十三届珠海市青少年科技创新大赛在市九洲中学举行，大赛主题是“体验·创新·成长”，近千名学生参与。大赛收到各类作品474项，其中发明创造类作品139件、科学论文89篇、科技实践活动51项、科学幻想绘画195幅。在活动现场展示发明创造类作品89件、科学论文作品52篇、科学幻想绘画作品142幅。大赛评选出获奖作品312项，其中17项发明创造与科学论文、3项科技实践活动、30幅科幻绘画作品被推选代表珠海市参加第三十三届广东省青少年科技创新大赛。

【创新创业活动周】 2017年9月19日，全国“双创”周——珠海市科技工作者创新创业活动周系列活动启动仪式暨珠海市科技工作者创新创业联盟成立大会在高新区举行，珠海市创新创业科技工作者200余人参加活动。市科协围绕“双创”周主题，推出“1+3+8”系列活动，即1个主会场（活动周系列活动启动仪式＋珠海市科技工作者创新创业联盟成立大会+2017年珠海科技工作者创想梦主题活动）、3个展示区（创新创业成果展示区、创新创业政策咨询区、科技创新产品体验区）、8个分会场（各区、功能区不同形式和主题的活动）。

【第二十四届全国科普理论研讨会】 2017年10月14—15日，由中国科普研究所和广东省科学技术协会共同主办、珠海市科协承办的第二十四届全国科普理论研讨会暨第九届馆校结合科学教育论坛在珠海召开。研讨会主题为“激发科普需求，提升科学素质”。中国科协党组副书记、副主席、书记处书记徐延豪，珠海市委副书记赵建国出席开幕式并致辞。中国科学院院士、全国政协委员、中国科学院国家天文台研究员武向平做《科普，科学家的使命和责任》大会主旨报告。北京师范大学生命科学学院刘恩山教授、中国科学院大学马克思主义学院副院长任定成教授、中国科技大学管理学院科普产业研究所所长周建强研究员、北京自然博物馆馆长孟庆金研究员、中国科普研究所科普理论研究室副主任高宏斌副研究员分别做《从小学科学课程标准看我国科学教育改革》《公民科学素质建设的新阶段》《重大科技创新成果的科普转化研究》《新形势下科普场馆教育资源规划与课程设计》《全民科学素质中长期战略研究》大会学术报告。全国各地科协、高等院校、科研院所、科技场馆等专家、学者及科普工作者近200人参加会议。

2017年12月16日，第三十三届珠海市青少年科技创新大赛在市九洲中学举行。图为获奖者合影
（市科协 供稿）

【珠海科技工作者创新大会】 2017年11月14日，2017珠海科技工作者创新大会暨第十五届珠海市科协学术活动月开幕式在2000年大酒店举行，市科技企业代表、驻珠高校、学会代表250余人参加。大会以“大众创新、万众创业”为主题，邀请市人力资源和社会保障局、市科技和工业信息化局相关负责人解读珠海市最新人才和科技创新创业政策，光驭科技、银隆新能源、鼎芯科技、英搏尔电气等高新技术企业代表及团队分享创新创业经验。学术活动月围绕“创新驱动、引领支撑”主题，在全市设立主会场1个、分会场153个，举办各类专题

学术报告350余场，3万余人次参与。（谢益云）

珠海市社会科学界联合会

【概　况】 珠海市社会科学界联合会（简称珠海市社科联）成立于1993年6月，是市委、市政府领导下的学术性人民团体。时为科级建制，由市委宣传部主管，2002年12月机构改革后升格为市直管单位，同时挂珠海市社会科学研究所牌，副处级建制。2004年6月升格为正处级建制。内设办公室、学会科研部，有市社科规划办、市社科普及办2个办事机构。至2017年底，业务主管社科类社会组织43个、社科研究基地31个。香洲、金湾、斗门3个行政区均设有社科联，北师大珠海校区、北理工珠海学院、吉林大学珠海学院3所高校成立社科联。

【决策咨询】 2017年，珠海市社科联精选优秀社科成果，为市委、市政府提供决策建议29份，其中《关于推动万山群岛湾区规划建设的建议》《关于我市抢抓机遇打造珠海港发展新格局的建议》《我市古村落保护与开发存在问题及建议》《对发展跨境电商促进我市外贸转型升级的建议》《关于完善我市新能源汽车产业财政与税收制度的建议》5份建议被市委办《每日汇报》采纳，并获领导批示，转相关部门研究推进。

【学会管理】 2017年，珠海市社科联梳理规范第一、二批社科研究基地，成立第三批社科研究基地15家。梳理社科类社会组织，新增社科类社会组织5家。制订《珠海市哲学社会科学“十三五”规划》《珠海市社会科学普及活动评估办法》，修订《珠海市哲学社会科学规划项目管理办法》，完善和修订《市社科联内控管理制度》。引入学术不端文献检测系统，对课题成果进行检测，提高课题质量，促进科研诚信和学风建设。

【社科普及】 2017年5月3—30日，珠海市社科联联合市委宣传部举办第十三届社会科学普及月活动。活动以“实施创新开放战略共建粤港澳大湾区”为主题，设7大板块50项活动，包括学术讲座、社科普及系列展览、社科知识现场咨询、社科专家基层行等，惠及群众1.6万人次。活动新增“微社科”和展览展示汇演2个板块，在“珠海社科”网站播放讲座、报告会录像视频，举办“‘一带一路’雅石精品展”“千年·书画装裱暨珠海妈祖庙、晚清国际禁烟文献展”“盛世华章·中华瑰宝——世界非物质文化艺术缂丝展”，1.28万人次参观。11月7—20日，市社科联举办珠海市第二届常态化社科普及活动，以社区居民为主要对象，针对青少年、在校大学生、社区老人和社区家庭，开展心理、记忆、健康等内容讲座28场，3000人次参与。

【社科成果】 2017年9月，珠海市社科联组织编写的《珠海经济社会发展研究报告（2016）》由社会科学文献出版社出版发行。《珠海潮》（季刊）围绕市委、市政府中心工作，根据经济社会发展面临的新情况和新问题，开设《粤港澳大湾区建设的历史机遇》《海绵城市建设与珠海城市发展转型》《粤港澳大湾区视域下的经济建设》《学习宣传贯彻党的十九大精神》等专栏，多角度、深层次解读和阐释党的十九大精神要义，专题研究和分析珠海经济社会发展热点问题，全年刊登理论文章54篇。

【“珠海文化名片”推选活动】 2017

2017年9月27日，“珠海十大文化名片”揭晓仪式在珠海广播电视台演播厅举行（市社科联 供稿）

年7—9月，珠海市社科联与市委宣传部联合举办“珠海文化名片”推选活动。活动经过提名推荐、初评、公众投票、专家复评、终评、省社科专家话珠海文化名片、揭晓仪式7个环节，评选出“珠海文化名片”和“珠海十大文化名片”。此次评选出的“珠海十大文化名片”分别是：邓小平题词——珠海经济特区好、珠海渔女雕像、中国国际航空航天博览会、容闳、情侣路、中国历史文化名镇——唐家湾镇、格力电器、珠海长隆国际海洋度假区、珠海大剧院、珠海国际沙滩音乐节。“珠海文化名片”分别是：拱北口岸、水上婚嫁习俗、万山群岛游、宝镜湾岩画、红色三杰、陈芳家宅、打印耗材之都、古元、创办大学园区、珠海文化大讲堂、三灶鹤舞、港珠澳大桥、容国团、社区公园建设、珠海国际会展中心、北山音乐节、珠海莫扎特国际青少年音乐周、中国国际马戏节、“海陆空＋智能制造装备”制造产业集群、百万元重奖科技人员。

（钱雪琴）

珠海文学艺术界联合会

【概 况】 珠海市文学艺术界联合会（简称珠海市文联）成立于1980年11月，是中共珠海市委领导的，由全市性文艺家协会和各区、功能区、乡镇社区文学艺术界联合会以及各行业产业文学艺术界组成的专业性人民团体。内设秘书科、文艺部和组联部。办有“珠海文艺网”和“珠海文艺”微信公众号。受市委、市政府委托，业务指导5个全市性文艺类社会组织。市文联实行团体会员制和文联系统建制，有市级文艺家协会10个（珠海市作家协会、珠海市戏剧曲艺家协会、珠海市美术家协会、珠海市书法家协会、珠海市摄影家协会、珠海市舞蹈家协会、珠海市音乐家协会、珠海市影视艺术家协会、珠海市民间文艺家协会、珠海市文艺评论家协会），行政区文联3个（香洲区文联、斗门区文联、金湾区文联），行业文联2个（珠海公安、珠海金融）以及珠海市文艺志愿者总队1个。各文艺家协会下属9个二级社团。至2017年底，市文联有会员3870人，年内新增208人。

2017年12月23日，珠海市文联组织属下8个文艺家协会进行集中换届，选举产生各协会新一届领导班子，卢卫平、赖琼霞、刘文伟、朱起明、陈伟录、王虹、李需民、张雪梅分别当选珠海市作家协会、珠海市戏剧曲艺家协会、珠海市美术家协会、珠海市书法家协会、珠海市摄影家协会、珠海市舞蹈家协会、珠海市音乐家协会、珠海市影视艺术家协会主席。

【文艺交流】 2017年3月11日，珠海市作家协会在香洲狮山街道办市民艺术中心举办“春之诗——第三届珠港澳诗会”，来自广州、中山、珠海、香港、澳门的诗人及诗歌爱好者200余人参加活动。12月15日，第二届“深珠港澳粤剧粤曲交流展演”在香港举办，珠海市戏剧曲艺家协会吴东梦演唱的《思凡》、董理演唱的《鸳鸯泪洒莫愁湖》、吴肖玲演唱的《小城春梦》获优秀展演奖，张友、邓穆娜获展演奖。4月18日，“雅韵芳华婀娜隽永——冯倩中国画作品展”在珠海画院美术馆开幕。4月22日，“美丽中国蜀风清韵——何学斌书画展暨《司马词》首发式”开幕式在古元美术馆举行，来自全国各地的嘉宾和书画爱好者200余人出席开幕式。1月18日，“墨舞西岸——珠中江阳四市书法作品联展”开幕。9月20日，“一带一路·翰墨丹青”珠海—酒泉书画作品联展在酒泉市博物馆开幕。

【文艺创作】 2017年，珠海市文学作品获省以上奖项（含权威刊物发表、权威展览入选）15件，文艺作品获省以上奖项（含权威刊物发表、权威展览入选）120余件。（详见P337“文艺创作”）

【学术研讨】 2017年9月，广东省作家协会、珠海市文联、珠海市作家协会联合举办“广东文学创作骨干培训班”，邀请中国作协、人民文学出版社、《中国作家》杂志社专家授课，为培养青年作家骨干型人才和广东文学的未来发展奠定基础。12月8—12日，吉林大学珠海学院举办广东省文艺评论骨干专题研修班，来自广东、云南、山东、广西、四川等省高校20余位专家学者参加研讨活动。

【人才培训】 2017年4月24日，珠海市书法家协会邀请中国书法家协会理事、草书委员会委员王厚祥到珠海市人大书画院讲座，100余名书法家参加学习。7月，市作家协会举办“珠海歌词创作大师班”，邀请著名词作家晓光、宋小明、王晓岭、任卫新主讲。市影视艺术家协会主办“走进微电影世界”创作专题讲座系列活动，提高微电影整体创作水平，培养影视创作新生力量。

【文艺评奖】 2017年，珠海市文联开展系列文艺精品评选活动，推动文艺事业发展。3月，举办第三届苏曼殊文学奖评奖活动；9月，举办第十四届珠澳欢舞“中国心·民族情”大型文化交流活动；11月，举办第三届古元美术奖——珠海（军事题材）美术作品展；12月，举办唐涤生杯戏剧曲艺大赛、鲍俊杯书法大赛和音乐晨星奖评选活动。9月30日，“一带一路”海洋歌曲全国征集活动评选揭晓并在珠海大剧院举行获奖作品演唱会。

【采风活动】 2017年10月11日，广东省国际文化交流中心、珠海市文联共同举办“共绘美丽大湾区——粤港澳书画名家庆祝港珠澳大桥建成写生活动”，省文联主席、中国美协副主席许钦松等40余名画家参加采风；11月，市美术家协会邀请国内知名油画家王胜利、杨尧、包林、薛军赴珠海写生采风；11月25日，举办“论油画的写意精神”主题学术研讨会。年内，市美术家协会组织会员赴藏区、江西婺源、广东阳江等地采风，举办采风画展。

【文艺品牌常态化建设】 2017年，珠海文联“文艺展示月”“艺术点亮人生”文艺名家下基层讲座、“文艺大篷车”惠民演出等文艺品牌，通过开展文艺精品创作成果展示等活动，逐渐成为文艺家创作交流、展现文艺风采和文艺惠民主要平台，为文艺“出精品、出人才”、服务群众，推动文艺事业繁荣发展发挥作用。9月30日—12月7日，举办第五届珠海文联文艺展示月活动，市文联10个文艺家协会、14个团体会员参加活动，近万人次文艺工作者参与创作、演出。各文艺家协会打造以苏曼殊、鲍俊、唐涤生、古元等珠海历史文化名人命名的文艺品牌，重点推出第二届苏曼殊文学奖、唐涤生杯戏曲奖、古元美术奖、鲍俊杯书法大赛、音乐晨星奖评选，以及第十四届珠澳欢舞“中国梦·民族情”舞蹈大赛、珠海市文艺评论作品展等文艺品牌活动。其间，各文艺家协会围绕救灾复产重建、珠海市重大项目建设和珠海文艺精品创作成果展演展示，深入镇村、海岛和社区，在企业、学校和军营开展“文艺大篷车”惠民演出活动46场，开展文艺展览、展演、评奖、创作采风和作品研讨等活动75场，举办文艺讲座和培训100余场，惠及群众15万人次。与《珠海特区报》《珠江晚报》、珠海电视台、珠海电台等媒体合作，开展重点宣传活动30次；在“广东文艺网”首页开辟专栏，发布重点活动信息32条；在“珠海文艺网”开设专题栏目，全程跟踪报道各项活动，文艺品牌建设走向常态化建设阶段。

2017年8月1日，珠海市文联“文艺大篷车”走进“南海前哨钢八连”进行慰问演出。图为参演人员与部队官兵合影留念 （高爱华 摄）

【文艺志愿者服务活动】 2017年，珠海市文联坚持以人民为中心工作导向，通过组织文艺志愿服务队伍进农村、进海岛、进社区、进工厂、进学校、进军营，开展慰问演出、文艺支教、辅导培训、展览展示等文艺志愿服务活动，不断提高文艺为民、文艺育民、文艺乐民能力。5月20日，市文联举办中国文艺志愿者服务日系列活动启动仪式暨“文艺大篷车”下基层慰问演出活动，表彰文艺志愿服务先进集体、优秀文艺志愿者和先进文艺家协会。活动期间，组织文艺志愿服务活动23场、文艺名家下基层讲座100场，开展“文艺大篷车”基层惠民巡演25场。8月1日，市音乐家协会“文艺大篷车”走进“南海前哨钢八连”进行慰问演出。

【“一带一路”海洋歌曲评选揭晓】 2017年5月，由广东省文联、珠海市委宣传部主办，广东省音乐家协会、珠海市文联、珠海市音乐家协会承办的“一带一路”海洋歌曲全国征集活动评选结果揭晓，《这条路》《中国芬芳》《路到哪里我到哪里》获优秀歌曲一等奖，《世界我们来了》等获优秀歌曲创作奖。活动征集歌词783首，评选出优秀歌词作品24首。9月30日，海洋歌曲全国征集活动获奖作品演唱会在珠海大剧院举行。

【“共绘美丽大湾区”写生活动】 2017年10月11日，由广东省国际文化交流中心、珠海市文联共同主办，珠海市美术家协会承办的“共绘美丽大湾区——粤港澳书画名家庆祝港珠澳大桥建成写生活动”在港珠澳大桥珠海引桥入口举行启动仪式，广东省文联主席、中国美协副主席许钦松和珠海市委宣传部副部长王小勤共同为写生团授旗。11—15日，许钦松等40余名画家前往珠澳口岸人工岛、情侣路沿线、淇澳岛等地采风写生。

（陈　菲）

珠海市残疾人联合会

【概　况】 珠海市残疾人联合会（简称珠海市残联）成立于1989年4月，是市委、市政府领导下的集残疾人自身代表组织、社会福利团体和事业管理机构于一体的人民团体，具有“代表、服务、管理”职能（代表残疾人的共同利益，维护残疾人的合法权益；团结教育残疾人，为残疾人服务；履行政府委托的部分行政职能，管理和发展残疾人事业）。承担市政府残疾人工作委员会日常工作。内设办公室（维权科）、教育就业科、康复和组织联络科3个科（室），下辖公益一类事业单位1个：珠海市残疾人综合服务中心。至2017年底，珠海市户籍持有第二代残疾人证残疾人1.73万人。

2017年，市残联向1.7万名残疾人发放生活津贴3888.22万元，向9045名重度残疾人发放护理补贴2106.21万元；机构集中托养重度残疾人91人，发放重度托养补贴133.72万元。实施农村贫困残疾人家庭生活用品配置项目，投入资金100万元，受益家庭140余户；为10户农村住房困难残疾人家庭实施危房改造，投入资金50万元。

【残疾人补贴】 2017年1月起，残疾人生活津贴上限提高至220元/月，重度残疾人护理补贴提高至200元/月。完成残疾人生活津贴和重度残疾人护理补贴发放向民政部门移交工作。市民政局、市公安局、市残联联合转发《关于贯彻落实残疾人两项补贴制度有关政策衔接问题和伤残人民警察享受社会残疾人待遇有关问题的通知》，明确伤残人民警察参照残疾军人有关标准享受残疾人生活津贴和重度残疾人护理补贴。

【残疾人就业服务】 2017年，珠海市残联出台《珠海市残疾人就业创业补贴实施办法》，将职业培训补贴上限提高至5000元，岗位补贴实现上岗残疾人和安置企业双方可领，企业无障碍改造补贴最高10万元；新增多种补贴类型，向138名残疾人发放就业创业补贴57万元。精准把脉企业需求和残疾人就业情况，宣传按比例安排残疾人就业政策，为大企业专设残疾人就

2017年9月30日，“一带一路”海洋歌曲全国征集活动获奖作品演唱会暨第五届珠海市文联文艺展示月开幕式在珠海大剧院举行　（高爱华　摄）

业招聘会、用工供需见面会等。举办2017年残疾人就业专场招聘会，提供岗位363个，录用上岗就业28人；为77家企业提供指导跟踪服务。建立以需求为导向的分类培训体系，按照用人单位工种需求开展定向培训，对农村转移就业和城镇登记失业残疾人开展初级技能培训，对在岗残疾人开展跟踪服务和拓展培训，推行“技能（创业）培训＋项目推介＋就业创业指导＋岗位推介”服务模式，提供职业能力评估55人、就业推荐和职业指导236人次、就业培训289人。是年，珠海市户籍就业残疾人2561人。

【残疾人教育扶助】 2017年，珠海市残联落实《珠海市残疾人教育生活补助实施方案》，全市380名残疾学生和残疾家庭子女领取教育生活补助78.75万元。做好残疾考生高考申报和自学考试报名工作，发动各区残联调查摸底，加强与市招生办、市特校联系对接，协助5名考生上报高考资料，协助2人完成自学考试报名工作，协助5名符合“南粤扶残助学工程”申请条件的考生上报资料。做好未入学适龄残疾儿童少年核实工作，发现未入学残疾儿童少年153人，提供相关资料给市教育局，督促将符合入学条件的残疾学生纳入秋季招生计划。

【残疾人康复服务】 2017年，珠海市出台《珠海市残疾人精准康复服务行动实施方案（2017—2020）》，科学规划未来四年精准康复服务工作，完善各年龄段、各残疾类别康复训练和康复器具补助标准，实现《珠海市残疾人医疗保障及康复救助实施方案（试行）》和《广东省残疾人基本康复服务目录（2016年）》服务项目“双覆盖”，新增精神残疾人社区机构康复和中途服务两项内容。推进严重精神障碍患者救治救助，印发《关于进一步做好精神残疾人社区康复工作的指导意见》，明确各区建设精神残疾人社区康复机构的种类、要求、服务内容和建设时限等，被推荐为2017年珠海市社会治理创新项目，并作为严重精神障碍患者救治救助工作示范标准在全省推广。优化精神障碍患者评残措施，针对出门难、患病重等特殊情况精神障碍患者，采用上门评残、专家会诊和各级残联协调联动等方式，简化流程，对确认并治疗1年以上的精神障碍患者提供便捷的评残服务。开展0～6岁残疾儿童康复救助工作，全年救助0～6岁残疾儿童110人，以137.5%完成率超额完成省政府民生实事救助项目任务。全年，救助残疾人9836人，救助金额433.15万元。其中，为325名精神残疾人发放住院治疗补贴33.09万元，为9192人次精神残疾人发放服药补贴185.20万元，为120名残疾人发放辅助器具补贴33.53万元，为350余名残疾人配置价值13万元的基本型辅助器具。

【残疾人组织联络】 2017年，珠海市残联制订出台《珠海市各级残疾人联合会换届工作的指导意见》，指导各区有序推进换届工作。组织开展残疾人畅游长隆海洋王国、智力残疾人“牵着蜗牛去散步”、肢体残疾人参观日月贝和博物馆、聋哑儿童走进珠海特区报社和珠海市气象台、聋人创业经验分享交流及技能展示大赛等活动12次，参加活动930余人。拓展志愿助残服务内容，“快乐成长计划”送教上门服务内容由功课辅导、心理疏导向文艺活动、户外拓展发展，举办风筝节、苗圃观光游等活动，通过志愿者陪伴参与，让残疾儿童走出家门、亲近自然；开展“水中善行、复健行动”志愿助残服务活动，通

2017年7月26日，珠海市残联康复义诊活动走进金湾康园中心

（劳文启 摄）

过对10名脑瘫、自闭症和智障儿童提供“一对一”专业化水上训练，帮助其更好康复。

【残疾人文体活动】 2017年，珠海市残联打造残疾人精品文艺节目10余个，成功举办“爱耳日”“助残日”广场文化活动6场；征集美术作品40件，参加省第七届残疾人美术作品大赛；组织残疾人文艺骨干与埃及“光明与希望”女子盲人乐团进行音乐交流。健全残疾人文艺人才培养机制。召开残疾人文艺人才座谈会，完善残疾人文艺培训补助标准；继续以购买服务方式委托市蓝晶灵融合教育机构开展自闭症儿童书法、绘画培训。开展残疾人健身运动会系列活动。全年举办残疾人钓鱼赛、象棋赛、扑克牌赛等项目12个，吸引近千名残疾人运动员参加；组建聋人篮球队，开展每周2天定期训练、每月1次与其他机关事业单位交流比赛，扩大残疾人体育运动知名度和影响力；备战2018年省第八届残疾人运动会，在全市范围内选拔残疾人运动员，组织试训，为运动员配置训练装备、购买保险、改善食宿条件，增强残疾人竞技体育后备力量。

【残疾人发展环境建设】 2017年，珠海市残联依托新媒体拓展宣传阵地，聘请专业媒体团队运营门户网站、微博和微信公众号，第一时间发布残疾人工作相关政策和信息。全年，门户网站发布信息312篇，微信公众号平台推送消息480条，累计阅读量5万余次。提高新闻舆论引导力，加强与珠海“两报两台”以及《信息时报》、腾讯大粤网等媒体合作，借助报纸、广播、电视、网络等媒体全方位宣传残疾人工作。全年，在《珠海特区报》等报刊发表文章28篇，在珠海电视台播放新闻46篇，播放、刊登专题专版8个，被网易、凤凰网、大洋网、腾讯大粤网等门户网站转载文章10篇。成功打造先进基层干部成文锋、残疾人文艺骨干李敏等一批人物典型。

【残疾人服务设施和基层基础建设】 2017年，珠海市有康园中心31个，补贴社工岗位20个，服务精神、智力和重度肢体残疾人近600人。市特殊儿童大楼项目完成所有审批手续和工程招标工作。金湾区残疾人综合服务中心开工建设。香洲区残疾人综合服务中心竣工并投入使用。香洲区、金湾区社区精神康复综合服务中心挂牌并投入使用。智慧残联系统一期投入试运行。

【残疾人就业专场招聘会】 2017年1月12日在珠海市人力资源大厦举行。作为“就业援助月”活动之一，招聘会由市残疾人综合服务中心联合市人才资源与就业服务中心共同举办，旨在为广大残疾人提供更广阔的平台，让残疾人士和招聘企业进行有效沟通和了解，帮助残疾人士实现就业。珠海紫翔电子科技有限公司、珠海银隆新能源有限公司、爱普科斯电子元器件有限公司、佳能珠海有限公司、珠海美蓓亚精密马达有限公司、沃尔玛(珠海)商业零售有限公司、珠海保税区丽珠合成制药有限公司、松下马达、艾默生等41家企业参会，提供操作工、客房服务员、营业员、汽车美容学徒、保安、文职、销售助理、前台收银员等岗位363个，现场收到应聘简历324份，达成就业意向103人次、录用意向28人次。招聘会现场安排手语翻译和志愿者17人，并设立就业指导及政策咨询服务专区，为与会者提供帮助。

（陈玉娇）

2017年7月10日，在残疾人就业专场招聘会上，工作人员用手语与残疾人交流

（劳文启 摄）

珠海市归国华侨联合会

【概　况】 珠海市归国华侨联合会（简称珠海市侨联）成立于1979年9月29日。2004年，珠海市侨联与珠海市外事局合署办公，在市外事局内设侨联工作科。2009年，珠海市侨联划入珠海市委统战部，内设侨联工作科。下辖珠海市新马泰侨友会、珠海市印尼归侨侨友会、珠海市越柬老归侨侨眷联谊会、珠海市海外潮人联谊会、珠海市辛亥革命志士后裔联谊会5个社团。至2017年底，全市有区、镇（街）、村（居）、大学基层侨联组织35个。

【侨联改革】 2017年，珠海市侨联根据《中国侨联改革方案》精神，提高市第七次归侨侨眷代表大会基层代表和委员比例至70%，增强归侨侨眷的代表性和广泛性。对标《广东省侨联改革任务分解表》，制订《珠海市侨联改革落实措施任务分解表》，香洲、金湾、斗门3个行政区侨联和高新区侨联分别制订本区侨联改革落实措施任务分解表。制定《珠海市侨联七届常委会委员履职规定》。

【海外联谊】 2017年9月20—29日，珠海市委常委、统战部部长、珠海海外联谊会会长郭才武率团访问加拿大、美国和日本，拜访传统侨社团13个，参加加拿大珠海总商会、加拿大珠海留学生联谊会暨珠海留学生服务中心、美国珠海留学生联谊总会、日本珠海联谊会成立仪式。其间，会见日本前首相鸠山由纪夫，成功引进日本高端医疗项目“友爱国际医疗康养基地”落户金湾区，投资金额60亿元。全年，市侨联接待日本太阳升集团董事长吕娟一行、中国侨联“海外侨胞故乡行——走进广东”、美国珠海联谊会、广东省侨青珠海考察团等32个国家和地区团组16个421人次。4月，在珠海知名乡亲、旅哥斯达黎加中国和平统一促进会常务副会长古根和协助下，推动哥斯达黎加埃斯萨市与珠海缔结国际友好交流城市关系。9月，协助市政协出访英国、法国和冰岛开展民间公共外交活动，指导成立英国珠海国际交流协会。

【侨界文化交流】 2017年5月21日，珠海市侨联与珠海市印尼归侨侨友会、印尼珠海联谊会在珠海共同举办“中印丝路情·四海侨同心”晚会，促进中印友好交流。7月19日，市侨联与澳门青年进步协会共同举办第十一届“中华青年民族学习交流营”活动，市青年学生代表与来自中国香港、中国澳门和中国台湾的120名营员交流联谊。11月20日，市侨联率代表队赴深圳参加第二十六届“深珠港澳穗”五地侨界乒乓球友谊赛，获团体第二名。应邀参加“首届世界侨青论坛——澳门与‘一带一路’青年峰会”“第三届世界客属青年大会”“香港侨友会成立三十五周年会庆活动”“小米智慧城市论坛暨小米澳门发布会”等交流活动。

【侨界扶贫济困】 2017年1月，珠海市侨联在新春来临之际开展“新春送温暖”慰问困难归侨侨眷活动，向全市336户困难归侨侨眷发放慰问金（慰问品）24万元。6月，发动侨界爱心人士参与“6·30”广东扶贫济困日活动，筹集捐款10万元。8月28日，举办“侨心工程”助学暨侨生座谈会，向115名贫困大学侨生发放助学金36.3万元。9月，开展“迎佳节、送温暖、促和谐”中秋慰问困难归侨侨眷活动，为全市669名80岁以上归侨

2017年12月6日，珠海留学人员联谊会·珠海欧美同学会举行成立大会
（市委统战部 供稿）

老人、重大疾病和特困归侨侨眷发放慰问金（慰问品）12 万元。9 月 14 日，联合中山大学珠海第五附属医院、珠海市嘉宝华健康药房连锁股份有限公司、北京同仁堂珠海公司在金湾区红旗镇举办“2017 年‘情暖侨心’义诊暨侨法宣传活动”，现场赠医赠药约 10 万元。

【侨联基层组织建设】 2017 年 12 月，按照广东省侨联关于在全省推进“党建带侨建”工作总体部署，珠海市侨联向各区（功能区）侨联印发《关于在全市全面推进“党建带侨建”工作的通知》，全面启动和推进基层侨联组织建设。12 月，香洲区将军山社区、前山福石社区被省侨联授予“广东侨界人文社区”称号。是年，斗门区侨联“党建带侨建”试点工作取得新成效，斗门镇小濠冲村、乾务镇夏村、白蕉镇大托村和月坑村、井岸镇统建社区和红旗社区、莲洲镇大沙社区侨联成立。

【珠海市第七次归侨侨眷代表大会】 2017 年 6 月 25 日在香洲召开。大会正式代表 238 人，特邀代表 50 人。会议审议通过珠海市侨联第六届委员会主席吴小濠所作的《凝心聚力奋发有为 为促进珠海创新发展建功立业》工作报告，选举产生珠海市侨联第七届委员会委员 108 人，常务委员 26 人。曹风云当选珠海市侨联第七届委员会主席，张英龙当选专职副主席兼秘书长，童超、曾志龙、周昔文、苏枝谋、岑柱华、苏忠志、符锦当选副主席。聘请珠海市侨联新一届港澳及海外名誉主席、顾问 138 人；授予珠海市印尼归侨侨友会等 13 个单位“珠海市侨联系统先进集体”称号，授予孔德梅等 42 人“珠海市侨联系统先进个人”称号，授予王大泽等 46 人“珠海市归侨侨眷先进个人”称号。 （市委统战部）

珠海市青年联合会

【概　况】 珠海市青年联合会（简称珠海市青联）成立于 1981 年 4 月，是中共珠海市委领导下的人民团体，是以共青团为核心力量的各青年团体的联合组织，是珠海各族各界青年广泛的爱国统一战线组织。珠海市青联第十届委员会有委员 246 人，来自科学技术、教育、农业、社会科学、经济、金融商务、法律、文化艺术、新闻出版和新媒体、体育、医药卫生、社会组织和社会中介、宗教、海外学人华侨、技能人才、台胞和港澳特邀人士等 16 个界别，全体委员分 6 个小组开展活动，有共青团珠海市委员会、珠海市学生联合会、珠海市青年志愿者协会、珠海市青年企业家协会、珠海市青年书法家协会、珠海市海归青年交流促进会、珠海市青年发展现代农业促进会等 24 个会员团体。

【青联榜样】 2017 年，珠海市青联紧扣《中长期青年发展规划（2016—2025 年）》和群团改革总体部署，增进青年思想认同，树立牢固政治意识。以中国特色社会主义教育为主要内容，打牢全市各族各界青年团结奋斗的共同思想基础。举办党的十九大精神宣讲会和青联委员培训班，开展“青联委员互访日”“青年企业家创新创业沙龙”“与信仰对话”“奋斗的青春最美丽”等主题教育实践活动、报告会和青年论坛 50 余场，线上线下覆盖青年近百万人次，引导广大青年践行社会主义核心价值观。面向基层选树“向上向善好青年”“青年岗位能手”等先进典型，弘扬“最美青年科技工作者”张云飞、“都市菜农”邹子龙、“叉车大王”曹祥云等时代青年先进事迹，保持和增强组织的政治性、先进性和群众性，做到凝聚力量、融入青年、从严治会、创新方式。

【青联扶贫】 2017 年，珠海市青联整合青年优势资源，推进对口支援帮扶。帮扶云南怒江。开展“青春江海·圆梦行动”，组织青联委员前往怒江调研考察 3 次，整合两地青年资源，在希望助学、青年劳动力转移就业、青年企业家助力产业发展等方面推进帮扶工作；重点开展“六个一”爱心助学计划，面向青联委员和社会各界筹集善款 100 万元，为怒江 13 所学校 4827 名学生每人捐赠“爱心大礼包”1 份（包括 1 床棉被、1 套校服、1 个书包、1 套文具、1 双鞋子、1 双袜子）；组织青联委员和爱心人士“一对一”结对帮扶怒江贫困学生 170 人；组建怒江在珠务工青年服务联盟，为怒江在珠务工人员提供心理疏导、法律咨询、困难帮扶等服务；筹集 20 万元专项资金开展“健康直通车”项目，组织医疗卫生青年志愿者深入怒江村镇送药送诊。帮扶茂名化州。整合青联委

2017 年 12 月 21 日，珠海市青联到茂名化州市新安镇曲径村开展“青春江海·圆梦行动”精准扶贫调研活动（市青联 供稿）

员、社会各界爱心善款近 50 万元，帮扶对口扶贫点——茂名化州市新安镇曲径村，援建“爱心厨房”“青春护航站”等项目，支持村民参与发财树种植产业项目。参与援藏工作。主动帮助西藏自治区村民达吉在珠海完成腮腺瘤摘除手术，发动青联委员谭嘉伟、周树毅捐赠手术所需款项 12 万元。

【青联服务】 2017 年，珠海市青联动员青年服务大局，助力党政中心工作。开展“青春情暖”关爱青少年系列活动 600 场，覆盖 20 万人次。强台风“天鸽”袭击珠海后，市青联发出“重建美丽珠海·看我青年力量”倡议，青联委员投身救灾复产志愿服务，参与服务约 800 人次，链接社会爱心人士 4000 余人次。开展新生代产业工人“圆梦计划”，帮助 350 名异地务工青年圆大学梦。服务青年创新创业。开展“领航 100”亿元级青年领军企业实力提升计划，推荐 3 家高成长性千万级青年领军企业参加省级培训班，扶持青年领军企业发展壮大；开展“展翅计划”大学生就业创业能力提升行动，提供优质实习岗位 6000 个；开展“大咖公开课·企业直通车”活动 3 场，帮助大学生提升就业创业意识和能力。

【青联统战】 2017 年，珠海市青联以“青年同心圆计划”粤港澳台青少年交流合作发展项目为统领，围绕“亲情”“友情”“商情”主题，邀请多个港澳台青年社团参与寻根问祖、主题夏令营、实习体验、创业实践等活动，帮助珠港澳台青少年打通交心交友“最后一公里”。

广交青年朋友 与香港青年联会、珠港青年交流促进会、香港菁英会、香港北区青年商会、香港青贤智汇、粤港澳大湾区青年总会、澳门青年联合会、澳门菁英会、澳门青年企业家协会、澳门中华学生联合总会等 20 余个港澳地区有影响力的青年社团保持稳定联系和常态化合作。

以活动聚人心 以“青年同心圆计划”为统领，开展珠港澳青年步操乐团汇演、珠港澳大学生领袖交流营、珠澳青年慰问港珠澳大桥建设者、珠澳大学生书画摄影作品

2017 年 11 月 25 日，“青春心连心·筑梦大湾区”——珠澳两地青年代表慰问港珠澳大桥建设者（市青联 供稿）

展、珠港青少年文化体育交流探索、中华青年民族学习交流营等活动，与港澳青年社团来往互动50余次，覆盖珠港澳青年约3500人次。

强化机制建设　以香港回归祖国20周年为契机，市青联与珠港青年交流促进会签订合作协议，助推双方交流合作发展制度化、常态化；推荐横琴·澳门青年创业谷申报省首批“创青春”粤港澳青年创新创业示范基地。市青联加入粤港澳大湾区青年行动联盟，推进深化粤港澳青少年交流、搭建青少年成长平台、鼓励青年创新创业、凝聚培养青年人才、带动青年参与社会建设等工作。

举办留学生节　围绕建设粤港澳大湾区战略，联合香港青联、澳门青联等青年社团，举办第四届留学生节暨2017海外学人回国创业周活动，吸引留学生、海内外专家、中国港澳地区及外国嘉宾等1000余人齐聚珠海。举办“海菁汇”——人才交流与项目合作会，84个优质企业进行现场展示，提供优质岗位3000余个，现场接受简历3582份，达成就业意向347人次。举办2017海外专家“南粤行”暨留学人员珠海创新创业洽谈会，初步达成合作及落户意向项目8个，单个项目最高可获100万元创业补助。举办“菁牛汇”创新创业大赛暨粤港澳大湾区创新论坛，成功落户项目5个，有意向落户项目10余个。

【青联外事】　2017年，珠海市青联联合马来西亚华人公会青年团，围绕“筑梦‘一带一路’”主题，开展交流往来活动3次，以青年交流为纽带，助推珠海与“一带一路”沿线国家在经贸、文化、体育、旅游和教育等领域交流合作。

【珠港澳青年步操乐团汇演及国防教育暨庆祝香港回归20周年活动】　2017年7月8日在珠海华发商都举办。活动由珠海市青年联合会、香港珠海社团总会青委会、珠港青年交流促进会、香港珠海商会青委会共同主办，香港少青步操管乐团、葵涌苏浙公学步操乐团、青松侯宝垣中学步操乐团、博爱医院邓佩琼纪念中学步操乐团、澳门童军总会乐团、珠海市第七中学爬山虎管乐团、珠海青年萨克斯重奏团等8家乐团参加汇演。除分别表演外，参演团队的乐手们还为市民呈现《欢乐颂》管弦乐快闪演出和《狮子山下》大合奏，并用队形拼凑出“HK”和“20”字样，寓意庆祝香港回归20周年。来自珠海、香港和澳门的300余位青年参加活动，现场观众近千人。（刘慧赟）

珠海市红十字会

【概　况】　珠海市红十字会的前身是珠海县红十字会，1988年1月13日，经珠海市政府批准，改称“珠海市红十字会”。成立之初由原市卫生局管理，2005年改由市政府直接管理。市红十字会是从事人道主义工作的社会救助团体，核心业务是应急救援、应急救护、人道救助（简称“三救”），宣传推动无偿献血、造血干细胞捐献、器官遗体捐献（简称“三献”），以及红十字志愿服务等。2013年6月，市红十字会加挂“珠海市道路交通事故社会救助基金管理办公室”牌子。2017年，市红十字会本级募集和接收社会赈灾、扶贫、救助捐赠款物5524.62万元，拨付使用4615.18万元。

【应急救护培训】　2017年，珠海市红十字会开展应急救护知识“五进”（进乡村、进社区、进企业、进学校、进家庭）工作，市本级普及培训159场2.84万人次，培训救护员200场3860人。举办“原妙杯·第二届珠海高校红十字应急救护大赛”，9所高校参加比赛。组队参加全省社区应急救护选拔赛，获一等奖。代表广东省参加第四届全国红十字应急救护大赛，获得优秀组织奖。组织北师大珠海校区等4所高校参加2017年广东省高校应急救护大赛，吉林大学珠海校区代表队获三等奖，市红十字会获优秀组织奖。在农科中心、圆明新园两个AAAA级景区建立“红十字救护站”。

【人道救助】　2017年，珠海市红十字会开展“博爱送万家”“光明行动”、孤儿救助等救助活动，救助慰问困难群众2788人次（不含孤儿救助），发放款物92.41万元；开展市内道路交通事故社会救助49起，垫付及支付抢救费等387.65万元。为茂名、阳江等市募集扶贫款物62万余元；携手澳门籍的珠海各级政协委员联谊会为15名贫困大学生捐赠36万元；为云南怒江州募集助学款50万元，帮扶贫困学子100人，并为239名

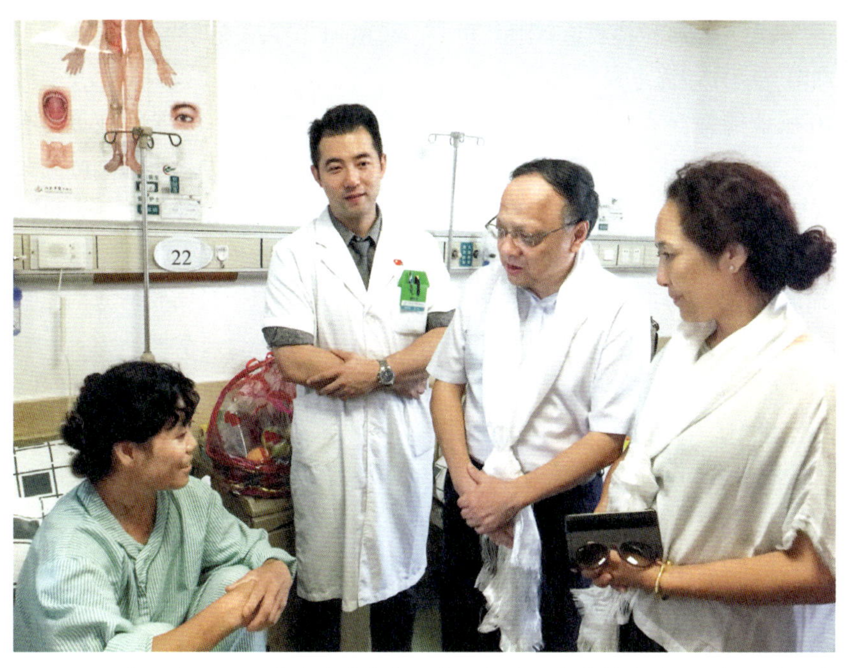

2017年9月18日，珠海市副市长、市红十字会会长阎武（右二），副市长李桑（右一）前往广东省中医院珠海医院探望进行“救心行动”手术的西藏米林农场职工黄淑琴（陈 勇 摄）

贫困学生募集过冬棉衣。联合广东省中医院珠海医院、蓝海之略眼科医院和珠海强联投资发展有限公司，组织专家赴西藏米林县开展心脏病、白内障筛查活动，筛查心脏病患者220人，并将1名患者接到省中医院珠海医院，成功进行心脏瓣膜手术；对1350名眼病患者进行检查治疗，为符合手术条件的75名藏族同胞进行白内障复明手术，其中18人为双眼手术，所需经费均由市红十字会动员爱心企业捐助。

【“三献”工作】 2017年，珠海市红十字会采取多种形式开展无偿献血、造血干细胞宣传采集活动，全年2.8万人次参加无偿献血。珠海市献血工作连续第九次被国家卫计委、中国红十字会评为无偿献血先进城市。462名志愿者加入中华骨髓库，成功捐献造血干细胞4人，累计捐献造血干细胞23人。市红十字会连续第十年获省红十字会“造血干细胞先进工作站”称号。捐献人体器官10例，捐献人体遗体7例，挽救多名患者生命。

【志愿服务】 2017年，珠海市红十字会新吸收红十字志愿者1300余人，1万余人次志愿者参与服务，志愿服务总时间3万余小时，近70万群众受到服务和帮助。新组建红十字企业志愿服务大队1支，与市卫生监督所联合组建卫生监督巡查志愿服务大队。建立市红十字会潜水培训基地。是年，市红十字会“四个陪伴计划”志愿服务项目获“全国推选学雷锋志愿服务项目四个100最佳志愿服务项目”奖、“广东省最佳志愿服务项目”、珠海市综合治理最佳案例奖；“水中善行·复健行动”志愿服务项目被广东省评为2017年“益苗计划”资助重点培育项目。

【红十字宣传】 2017年，珠海市红十字会通过媒体宣传报道志愿服务活动100余次，在“博爱珠海”公众平台推送信息快报14期125篇，向红十字总会、省红十字会报送新闻稿件16篇，在市红会网站以及市委网版块更新信息358条，编写红会工作简报4期。

【强台风“天鸽”灾后应急救援】 2017年8月23日，强台风“天鸽”袭击珠海后，珠海市红十字会第一时间组织红十字专业应急救援志愿服务大队开展救援行动，协调水救队员和潜水俱乐部潜水队员，连续实施营救12小时，先后在香洲金海湾小区、迈豪酒店地下层成功救出被海水倒灌围困的市民3人。紧急调拨和招募应急救助物资，先后向万山、金湾、斗门区发放救灾家庭包600个、纯净水130桶；向港珠澳大桥等建设项目避险员工、道路抢通环卫工人发放面包3000份、蛋卷400盒、快餐2900份。8月25日，市红十字会野外救援队在板樟山找到一名失踪老人遗体，运送下山交给家属。全体机关工作人员组织带领志愿者300余名，连续7天开展市政道路抢通和垃圾清理工作。是年，市红十字专业应急救援志愿服务大队被市委、市政府评为“珠海市救灾复产重建先进集体”，8名志愿者被评为先进个人，7名水救志愿者被评为见义勇为先进个人。（徐 琳）

中国国际贸易促进委员会珠海市分会

【概　况】 中国国际贸易促进委员会珠海市分会（简称珠海市贸促会）成立于1986年，是中国国际贸易促进委员会在珠海设立的贸易促进机构，受中国贸促会及珠海市人民政府领导。1994年，经批准同时使用"中国国际商会珠海商会"名称。2014年8月，被列入群团序列，11月，调整为市商务局管理。2016年2月，重新核定市贸促会机构编制事项，内设办公室。2017年12月15日，中国国际贸易促进委员会（广东）自由贸易试验区珠海服务中心在横琴揭牌。

【国际展览组织与管理】 2017年，珠海市贸促会加强国际经贸展览组织管理。3月30日至4月1日，组织铨高科技（珠海）股份有限公司、珠海美光原科技股份有限公司、珠海光合作用光电设计有限公司等10家节能降耗和绿色低碳企业赴澳门参加"2017年澳门国际环保合作发展论坛及展览"（MIECF），珠海展区设计搭建获"环保展台嘉许奖"。4月11—14日，组织珠海相关电子企业17家参加2017年环球资源香港春季电子展。4月23—24日，与珠海再生时代文化传播有限公司共同在埃及开罗举办"2017年欧非中东打印耗材行业峰会暨展览会"，13个国家和地区70家企业参展，23个国家1895名观众观展，艾派克、宝利通、华人、拓佳、名图等21家珠海企业展现打印耗材产业集群优势。6月22—23日，与珠海再生时代文化传播有限公司在墨西哥坎昆国际会展中心共同主办"美洲打印耗材行业峰会暨展览会"，参展企业86家，艾派克、名图、宝利通、傲威等38家珠海企业参展。10月11—14日，组织珠海相关电子企业15家参加"环球资源香港秋季电子展"。10月19—21日，联合上海浦东贸促会、澳门星艺会议展览有限公司在澳门举办"上海国际高级HI-FI演示会（SIAV）"，为全球厂商和亚洲代理商创造新机遇，珠海丽磁音响有限公司和珠海斯巴克电子设备有限公司参展。

2017年11月9-11日，"中国—拉美国际博览会"在珠海国际会展中心举办
（赵崇幸　摄）

【涉外经贸服务】 2017年，珠海市贸促会履行签发原产地证明和代办国际商事证明法定职责，签发中华人民共和国出口货物原产地证明书1.16万份，代办国际商事证明书1423份、领事认证668份，在官方网站发布预警信息482条、贸易摩擦应对信息109条、国别报告199条、市场资讯270条、国际市场商机94条。

【中国—拉美国际博览会筹办】 2017年，珠海市贸促会启动"中国—拉美国际博览会"策划报批和前期筹办工作，协助中国国际商会面向拉丁美洲和加勒比地区33个国家招商招展，统筹指导国内招展招商工作，发挥对接中国贸促会、中国国际商会及全国贸促系统资源优势，加大招商招展力度，扩大博览会影响。11月9—11日，"中国—拉美国际博览会"在珠海国际会展中心举办，展出面积3万平方米，有61个国家和地区523家企业（机构）、2423名嘉宾参加，签约项目73个，签约金额32.5亿元，入场观众4.9万人次，配套文体活动入场观众约4万人次。（张凯辉）

·责任编辑：冯建华·

法　治

地方立法

【立法规划】　2017年，珠海市人大常委会对立法工作进行科学布局和统筹安排，组织编制并报请市委批准《珠海市第九届人大常委会立法规划》，围绕市委决策部署和人民群众普遍关注的问题，重点加强经济领域立法，明确任期内拟提请审议的法规项目15个、条件成熟时提请审议的法规项目13个。

【立法调研和审议】　2017年，珠海市人大常委会以符合实际、有效管用、市民关注、百姓关切为标准，将物业管理立法作为重中之重，经5次审议，通过《珠海经济特区物业管理条例》，重点创设10项制度，规范物业管理各方权利义务，为珠海市物业管理和谐健康发展奠定制度基础。条例以物业管理存在的突出问题为导向，由市人大常委会领导带队深入基层开展调研，召开各类座谈会70场，实地考察各类物业小区20个，通过各种形式听取100余名市人大代表意见建议，并通过报纸、网站征求全社会意见；召开立法协商座谈会、表决前评估座谈会，委托专业机构开展入户调查，委托第三方机构开展专题研究，邀请国内知名民法、行政法专家论证，确保法规有效平衡各方利益，提升人民群众的认可度。修改《珠海经济特区政府投资项目管理条例》，加强政府投资管理，规范政府投资行为。初次审议《珠海经济特区海域海岛保护和利用条例》，以立法保障海洋强市建设。

【维护法制统一】　2017年，珠海市人大常委会贯彻落实全国人大、省人大关于切实维护社会主义法制统一、加强备案审查制度建设的要求，完成启用规范性文件备案审查信息平台任务，对现行有效的63部地方性法规进行电子报备。开展生态环保法规专项清理和特区立法权运用情况梳理工作，形成报告上报全国人大。开展珠海市规章和规范性文件备案审查，形成年度备案审查工作报告。办理和回复公民、组织的审查建议，做到件件有研究、有结果、有反馈。（张天添）

政法委和社会治安综合治理

政法委工作概述

【党的十九大维稳安保】　2017年，珠海市两级政法委、各级维稳部门以党的十九大维稳安保工作为主线，坚持问题导向和“全市一盘棋”，按照“最高规格、最强部署、最严措施”要求，健全完善专班统一工作机制，推进风险隐患预测预警预防“三预”工程建设，防范化解管控各类不稳定因素，完成省第十二次党代会、香港回归20周年、建军90周年、“一带一路”国际合作论坛、金砖国家领导人厦门峰会、党的十九大等重大活动期间维稳任务。

【矛盾纠纷化解】　2017年，珠海市委政法委、市委维稳办围绕预防化解重点领域、重点群体矛盾纠纷开展系列专项行动，推进“预测预警预防”工程，依法妥善处置各类矛盾纠纷和群体性事件。是年，全市各级人民调解组织受理各类矛盾纠纷 1.06 万件，成功调解 1.05 万件，调解成功率 99.1%，将矛盾纠纷及时妥善化解在基层。香洲区前山街道人民调解委员会获“全国模范人民调解委员会”称号，2 名人民调解员获评“全国模范人民调解员”。

【平安珠海建设】 2017 年，珠海市委政法委、市综治办落实综治领导责任制，制定综治工作权责清单，出台《珠海市社会治安综合治理重点治理镇（街）实施办法》，对重点地区和治安突出问题实施挂牌整治。落实“八应八尽”（做好分类收治，实现应治尽治；加强排查监测，实现应知尽知；落实全程康复，实现应训尽训；完善监护机制，实现应护尽护；提升医疗保障，实现应保尽保；健全救助机制，实现应助尽助；加大财政投入，实现应支尽支；夯实基层基础，实现应建尽建）任务，强化严重精神障碍患者救治救助工作，珠海市首个市级公立精神卫生专科医院——珠海市第三人民医院住院部挂牌运作。全市刑事发案数比上年下降 9.8%，其中故意杀人、故意伤害、抢劫、抢夺和盗窃等五类严重影响群众安全感的案件分别下降 52.9%、10%、29.6%、41.2% 和 18.5%；违法犯罪警情数下降 3.67%，实现“三连降”。“飓风 2017”专项行动位列全省综合排名优秀等次。斗门区命案问题挂牌整治成效显著，命案数量大幅度下降，实现“摘帽”。推进全民禁毒工程，珠海市社区戒毒康复执行率全省第一、全民禁毒工程成效排名全省第四。全市道路交通安全形势保持平稳，没有发生死亡 3 人以上的较大交通事故。从源头消除各类火灾隐患，没有发生因火灾导致的人员死亡事故。优化升级“平安指数”运行机制，更好发挥社会治安“体检表”与“晴雨表”作用，该做法获评中国社科院“社会治理典型案例”和“全国第三届社会治理年会优秀案例”。全面推进“中心 + 网格化 + 信息化”建设，推动综治信息系统、“雪亮工程”、综治视联网“三网”融合，在省内率先将视联网系统 100% 连通到各村（社区），“雪亮工程”建设年度完成率 105.7%。

【社会治理】 2017 年，珠海市委政法委、市社工委贯彻落实《中共珠海市委珠海市人民政府关于社会领域制度建设规划（2016—2020 年）的意见》，推进制度建设任务 47 项，社会治理领域各项事务更加规范化、程序化和制度化。推动社会治理重心向基层下移，进一步完善基层治理服务体系。推广社区居（村）民议事协商试点工作，探索建立社区、业委会、物业管理公司、社区组织、社区居民等多元化共治机制，香洲区以居民需求为导向的“议治相济”举措获评 2017 年全国“创新社会治理典型案例”。开展枢纽型社会组织培育、评定工作，完善政府购买服务机制，激发社会组织创新活力。实施 2017 年社会治理创新项目优秀案例培育行动，扶持培育本地社会治理创新项目品牌。加强对重点社会组织的复查和跟踪监管，加大对非法社会组织查处力度，确保社会组织健康发展。在原有社会治理创新“三大平台”（社会治理创新专家咨询委员会、民情观察员队伍、社会治理创新研究基地）和社会评议委员会基础上，增建社会治理创新实践基地 12 个，推动基层社会治理创新实践。整合民情观察员队伍，拓宽民情信息收集渠道，依托《珠海特区报》开辟的《民情微察》栏目获广东新闻名专栏二等奖。是年，珠海市获评“2017 年全国社会治理创新优秀城市”。

2017 年 11 月 7 日，珠海市“平安校园”2017 平安（禁毒）天使选拔赛在珠海广播电视台举行
（马海生 摄）

【依法治市】 2017年，珠海市委主要负责人履行法治建设第一责任人职责，在省委全面依法治省工作领导小组会议上做履职情况汇报。健全体制机制，增设法治经济建设专责小组。科学编制全面依法治市第二个五年规划，统筹推进法治之城建设和法治建设“四级同创”活动，实现法治区、法治镇（街）创建全覆盖。发挥法治考核作用，将法治考核纳入各区党政领导班子实绩考核指标体系和市直各单位年度绩效考核方案，推动法治建设各项工作落实。坚持科学民主立法，编制五年立法规划，制定《珠海经济特区物业管理条例》等地方性法规。加快法治政府建设，制定政府规章6部，在全省率先实现政府法律顾问聘任全覆盖，行政复议案件实现市政府“统一受理、统一审理、统一决定”。全面实施“七五”普法规划，加强法治文化建设，基层法治宣传栏在全市318个村（居）实现全覆盖。是年，珠海市被评为全国“青少年普法教育示范区”。

【执法司法工作】 2017年，珠海市法院受理案件6.1万件，办结5.2万件，比上年分别增长9.48%和12.1%；全市法院法定（正常）审限内结案率99.55%，呈现法定（正常）审限内结案率、结收案比、调解率、撤诉率、执行标的到位率、实际执行率上升，生效案件改判发回重审率、再审启动率、信访投诉率下降的“六升三降”良好态势；省交办的29件党政机关为被执行人案件全部清理完毕；完善“两法衔接”机制，推动法律监督向区级延伸，各区完成“两法衔接”工作机制建设。公安机关坚持执法监督与执法服务相结合，推进执法规范化建设，执法能力和水平稳步提升。围绕司法责任制、司法人员分类管理、人财物省级统管、司法人员职业保障等4项司法体制改革任务，统筹推进全市司法体制改革工作，落实司法责任制，完成员额制改革和合同制司法辅助人员招录工作。推进公安改革，人民警察职务序列分类管理改革步入实质性推进阶段，警务辅助人员管理制度改革有序推进。统筹推进司法行政改革，横琴公证处合作制公证改革有序推进。成立维护律师执业权利中心，建立律师惩戒工作机制，确保律师行业健康发展。持续推动户籍制度、居住证制度、居民身份证异地受理制度、机动车辆分类检验管理制度等惠民新政策落地见效，人民群众改革获得感明显增强。创新律师参与涉法涉诉信访案件调处机制，引导群众理性表达诉求。加强和改进司法救助工作，让司法救助传递法治温暖，彰显党和政府民生关怀。推进法律顾问进村（居）工作，国内率先探索重点村（居）精准式、订单式法律顾问服务新举措，有效服务和保障村（居）“两委”换届选举工作。珠海律师参与化解社会矛盾纠纷的经验做法被中央政法委简报刊发。省内率先成立“双拥”服务团，在部队设立法律援助工作站，在全市各级法院派驻值班律师，全年，法律援助便民服务窗口办理法律援助案件2458件，受援群众2840人。创新设立“一带一路”国际商事调解中心珠海调解室，组建“一带一路”法律服务专家库及中拉律师法律服务团，深化珠港澳法律合作。优化涉港澳台、涉外公证服务，全市公证机构办理涉港澳台公证事项4892件、涉外公证事项9856件，更好满足国际化、多元化法律服务需求。

【政法队伍建设】 2017年，珠海市委政法委加强政法队伍建设，在全市政法系统组织开展“大学习、大讨论”和“大学习、深调研、真落实”等系列专题活动。全市政法机关涌现“全国法院先进集体”、全国检察机关“文明接待示范窗口”和“全国优秀公安局”“全国法律援助工作先进集体”等先进集体一批，以及“全国法院办案标兵”“全国检察机关优秀预防局（处）长”“全面特级优秀人民警察”“全国青少年普法教育活动先进个人”等先进个人一批。

社会治安综合治理

【概 况】 2017年，珠海市以维护社会稳定为首要任务，以落实综治领导责任制为主要抓手，全面加强社会治安防控体系和平安珠海建设，提升对各种矛盾问题预测预警预防能力。

综治体制机制建设 落实综治领导责任制，制定综治平安工作权责清单，出台《珠海市社会治安综合治理重点治理镇（街）实施办法》（试行），明确需要挂牌整治的标准、流程、考核指标、责任追究等事项。结合治安情况，对前山街道、白蕉镇和拱北口岸地区实施挂牌整治；对南屏镇进行警示通报。精简考评项目、优化考评指标，突出考评重点，不断完善创建综治工作（平安建设）考评体系，将各级党政领导抓综治工作（平安创建）的实绩纳入政绩考核内容，与晋级晋职、评先受奖等直接挂钩。

社会治安防控体系建设 贯彻《社会治安综合治理基础数据规范》等国家标准，健全各类基础技术规范标准，推进数据信息整合共享，打造“信息资源一体化、打防管控一体化、网上网下一体化”的立体化、信息化社会治安防控体系。探索搭建全市综治大数据应用平台，打通上下信息数据通道。推进各级政法综治维稳部门数据流、业务流、管理流有机融合，把数据信息联通到基层一线，发挥科技信息实战效用。

综治基层基础建设 召开全市综治中心建设与管理规范工作推进会和“中心 + 网格化 + 信息化”建设工作现场推进会，成立市、区两级工作领导小组，制订翔实工作方案，细化任务措施，加大经费投入，运用政策工具等，形成“上下一条线、全市一盘棋”布局，全面建成标准化、规范化综治中心。

综治信息化建设 印发《广东省公共安全视频监控系统建设“十三五”规划珠海实施方案》和《关于做好镇（街）、村（居）综治视联网建设有关工作的通知》，明确公共安全视频建设的技术指标、系统平台建设的行业标准和各单位建设的数量要求及时间进度等，深入开展全市公共安全视频监控系统建设与应用工作。是年，综治视联网系统在22个镇（街）、311个村（社区）完成安装并进行调试，实现全市覆盖，成为全省首个将综治视联网系统延伸至村（社区）的地市。

平安珠海创建 3月15日，《珠海经济特区物业管理条例》经市人大审议通过，成为国内首个对党建引领作出规定的物业管理法规，通过加强社区党组织、居民委员会对业主委员会和物业服务企业的指导和监督，建立健全社区党组织、居民委员会、业主委员会和物业服务企业议事协调机制。制订印发《珠海市2017年“平安细胞”创建工作方案》和《珠海市“平安细胞”创建考核验收工作方案》，推进全市平安细胞建设。“平安指数”运行机制被评为第三届全国社会治安综合治理典范案例，并被中国社科院作为基层社会治理优秀案例予以推介。

打击刑事犯罪 纵深推进“飓风2017”等各大专项打击行动，全面依法打击和惩治黄赌毒黑拐骗等违法犯罪活动，加强命案防控工作，成果显著。是年，全市刑事发案数比上年下降9.8%，其中故意杀人、故意伤害、抢劫、抢夺和盗窃等五类严重影响群众安全感的案件分别下降52.9%、10%、29.6%、41.2%和18.5%；违法犯罪警情数下降3.67%，实现“三连降”。

【重点地区整治】 2017年，珠海市推进斗门区命案问题挂牌整治工作。斗门区命案发5件，破5件，破案率100%，命案发案数比上年下降44.4%，通过省检查验收，成功摘帽。开展对前山街道、白蕉镇和拱北口岸地区挂牌整治工作，治安情况好转。

【综治专项治理】 **特殊人群服务管理** 2017年，珠海市构建“以三级网络为依托，以党组织书记、社区民警、网格员为主体，以服务管理为内容，各级政府统一领导，禁毒部门组织协调，相关部门密切配合，社会力量全面参与”的吸毒人员网格化服务管理工作体系。严格落实刑满释放、社区矫正等人员帮教衔接机制，做好服刑人员信息核查、刑满释放人员衔接和重点帮教对象“必接必送”工作，加大刑满释放人员安置帮教基地建设，落实刑满释放人员安置帮教政策。

严重精神障碍患者救治救助工作 制订《珠海市严重精神障碍患者救治救助工作项目进展一览表》和《关于进一步落实严重精神障碍患者救治救助工作专题会议任务分解表》，细化分解各项任务。10月10日，珠海市第三人民医院住院部挂牌运营，临时住院部投入使用。市公立精神专科医院项目持续推进，市精神疾病司法鉴定中心获省司法厅等部门批准。市公安局加强强制医疗场所建设，推动建立严重精神障碍患者强制医疗制度。落实“以奖代补”政策，推进严重精神障碍患者监护人责任险制度，全市大部分地区为严重精神障碍患者监护人购买责任险。

预防青少年违法犯罪工作 围绕闲散青少年、有不良行为青少年、流浪乞讨青少年、服刑在教人员未成年子女、农村留守儿童等重点青少年群体，团市委牵头与21家成员单位共同开发“12355”“青春护航”“亲青家园”等品牌社会服务项目，构建以项目输送服务、以项目聚集资源、以项目促进管理的预防青少年违法犯罪工作体系。

开展易制爆危险化学品和寄递物流专项整治行动 严格落实危爆物品、危险化学品生产经营领域的生产经营许可、实名登记、流向

2017年1月23日，公安武警在珠海站执行春运安保武装巡逻任务

（马海生 摄）

备案等安全管理制度。严格落实寄递物流物品开箱验视、实名登记、X光机安检“三个100%”制度，建立全程信息化管理机制。印发珠海市集中开展易制爆危险化学品和寄递物流专项整治行动工作方案。

铁路护路联防工作　采取“动中备勤”“一分钟快速处置圈”等举措，健全综治、铁路和相关部门联络机制，完善高铁反恐治安联防联控、实战指挥和火车站地区联勤联动等机制，有效保障列车运行安全有序畅顺。香洲区投入超亿元财政资金，强化高铁沿线整治及美化绿化，创新多警种联勤联动机制，以珠海站为管控重心，突出“安、畅、恒、美”四字，构建“安全圈、护路网、防控体、风景线”四体系，效果显著。

“雪亮工程”建设　完成联网工作一类点建设2411个，完成率105.7%，提前超额完成省下达的任务。完成二类点位置采集2.5万个，向市财政局追加相关建设经费150余万元。做好“雪亮工程”建设项目立项工作，确保“雪亮工程”每期建设经费和后续网络传输、监管维护、队伍保障等工作得到强有力保障。推动综治信息系统、综治视联网和“雪亮工程”融合，组织研发综治一体机，在省内率先实现“三网”同一平台使用，有效解决基层综治部门信息技术力量薄弱问题。

流动人口与出租屋服务管理信息化建设　推进流动人口、出租屋管理机构建设和制度建设，全面加强流动人口服务管理工作。推进自主申报云平台二维码扫描采集、居住证“一证通”制度等工作。加强信息综合应用开发，探索建立流动人口与出租屋管理信息化应用平台，完善以出租屋管理为重点的流动人口管理。全面铺开“视频＋门禁”系统建设，全市“智能门禁＋视频”系统累计安装4631套，采集数据36.3万人，其中年内采集10.24万人。

【矛盾纠纷多元化解机制】　2017年，珠海市各级各部门坚持维权与维稳相统一，健全利益协调和保护机制，加强源头性服务管理工作，把矛盾最大限度化解在基层。推进人民调解与行政调解、司法调解协调联动，深化诉前联调工作，促进调解、仲裁、行政裁决、行政复议和诉讼等有机衔接。创新完善新形势下预防和化解矛盾纠纷方法，深化重点领域社会矛盾专项治理，推进律师参与化解社会矛盾，工作经验被中央政法委简报刊发。落实《关于完善矛盾纠纷多元化解机制的意见》，统筹推进全市矛盾纠纷多元化解工作。是年，香洲区前山街道人民调解委员会获“全国模范人民调解委员会”称号；金湾区红旗镇赖敬忠、横琴新区吴银喜获“全国模范人民调解员”称号。

【综治队伍建设】　2017年，珠海市进一步整合群防群治力量，配齐配强村（社区）治保主任，注重加强村（社区）警官、村（居）法律顾问、驻村“两委”干部和村（社区）治保主任间的信息共享和协调联动，建立“四位一体”联防联动工作模式和机制。采取以会代训、参观学习、专题讲座、集中授课、短期培训等形式，加强全市综治干部特别是基层综治队伍教育培训。组织各区和各综治成员单位业务负责人到山东大学、西安交通大学等高校开展为期一周的社会治安综合治理创新能力培训。是年，金湾区综治办被授予2016—2017年度全省社会治安综合治理先进集体，金湾区习恩民、高新区邱德保被授予“2016—2017年度全省社会治安综合治理先进工作者”称号。

（张华东）

法治政府建设

【概　况】 2017年，珠海市加强党对法治政府建设的组织领导。发挥党委领导核心作用，坚持把党的领导贯彻到法治政府建设各个方面；坚持在市委领导下谋划落实法治政府建设工作，定期向市委报告法治政府建设中的重大问题。2月，市委、市政府联合审议通过《珠海市法治政府建设实施方案》。健全法治政府建设考核工作机制。完善政绩考核办法，将法治政府建设绩效纳入各区领导班子年度实绩考核指标体系，专门针对法治政府建设中的重点、难点和短板设置指标，权重占3%；建立法治建设述职报告制度，组织6个单位在依法治市工作领导小组会议上做述法报告。健全领导干部学法用法制度，对领导干部任职前实行法律知识考试制度。完善行政工作人员学法制度，在干部教育培训网开展全市领导干部和公务员普法考试。采取多种形式加强普法和法制宣传，增强全社会尊重法律、遵守法律的观念和意识。

【立法制度建设】 2017年，珠海市法制局提请人大审议地方性法规草案2件。推动制定海域海岛保护与促进条例，健全海域海岛保护制度；推动制定旅游条例，为珠海旅游产业发展及旅游行业规范管理等提供制度保障。加强重点领域政府立法，市政府审议通过政府规章6件。出台餐厨垃圾管理办法，为餐厨垃圾管理和无害化处置提供制度保障；出台横琴休闲旅游业发展办法，推动横琴休闲旅游产业发展；出台牛羊定点屠宰管理办法，保障食品安全；出台建设工程招投标管理办法，规范建设工程招投标活动；出台绿色建筑管理办法，助推绿色建筑发展；废止小型客运船舶管理规定，促进小型船舶科学、规范管理。健全政府立法工作机制。健全政府立法论证机制，与西南政法大学签订合作协议；完善全市政府立法人才库建设，组织开展立法人才培训；健全固定联络机制，委托中国政法大学和北师大珠海分校就政府规章开展清理工作；推动开展立法听证工作，及时指导并推动各相关部门就重点项目召开立法听证会；推进立法民主协商，及时就相关立法项目征求意见。

【行政复议应诉】 2017年，珠海市行政复议改革持续深入。3月28日，全省行政复议应诉工作座谈会在珠海召开，珠海作为经验交流城市做汇报交流；8月1日，全市公安行政复议权收归市政府统一行使，实现部门复议权全面集中行使；12月22日，市法制局“推进行政复议开庭审理新模式”获“2017年珠海市社会治理创新优秀案例”奖。完成第二届珠海市行政复议委员会委员选聘工作，进一步优化委员结构。利用“互联网+”模式完善工作机制，完成行政复议应诉综合管理系统研发工作。落实“每万人口行政诉讼发案率”攻坚任务，组织召开全市重点部门“每万人口行政诉讼发案率”攻坚任务分解会议，制订并印发《珠海市“每万人口行政诉讼发案率”指标攻坚行动方案》，落实部门责任。推行行政机关负责人出庭应诉备案制度，保证行政机关负责人出庭应诉率。全年，收到行政复议案件648件，比上年增长58.4%，大量行政争议通过行政复议得到化解。在审结的627件案件中，直接和间接纠正行政机关决定（含确认违法、撤销、变更、责令履行、经原行政机关改变具体行政行为后和解）172

2017年1月19日，珠海市举行第二届行政复议委员会委员聘任仪式

（市法制局 供稿）

件，综合纠错率27.4%，申请人撤回行政复议申请案件和调解结案案件199件，和解率31.7%；以市政府为被告的行政诉讼应诉案件112件，其中共同被告57件，单独被告55件。

【政府法律事务】 2017年，珠海市法制局坚持以服务政府中心工作为重点，做好重大行政决策的合法性审查，严格政府合同管理，完善政府顾问工作机制，提升处理政府法律事务的能力和水平。严格把好法律关，为市政府决策提供有力的法律支撑。完善政府法律顾问工作制度。3月，编制印发政府法律顾问聘任合同示范文本；8月，起草并提请市政府出台新的《珠海市人民政府法律顾问工作规则》。深化政府法律制度全覆盖工作，市、区政府工作部门法律顾问全覆盖工作取得新进展，横琴新区和各经济功能区全部设立政府法律顾问室。加强政府法律顾问培训和交流，举办2017年度政府立法人才和政府法律顾问业务培训班。是年，办理政府法律事务638件，参加涉法事务工作会议约200场次，组织市政府法律顾问开展专题法律事务论证87件次。

【规范性文件管理】 2017年，珠海市法制局强化对规范性文件审查与备案监督，从源头上预防和减少违法行政行为发生。制订《珠海市人民政府文件及部门规范性文件清理工作实施方案》，对市政府文件及部门规范性文件的全面清理工作进行部署，明确清理范围、清理标准、清理步骤和工作要求，统筹协调推进各项清理工作。是年，经审查颁布的政府规范性文件11件、部门规范性文件37件，统一审查、编号、发布率均达100%；备案监督各区政府规范性文件34件。清理市政府规范性文件182件，其中保留101件、失效8件、废止56件、适时修订17件；清理28个市直部门规范性文件651件，其中保留397件、废止195件、失效18件、适时修订41件。

【行政执法监督】 2017年，珠海市法制局加大执法监督和依法行政考评工作力度。全面开展依法行政考评工作。根据省政府2016年度考评指标修改依法行政考评指标体系，针对2015年考评工作中凸显出来的“短板”进行重点考评，完成对全市各行政区、市直部门依法行政考评工作，经省政府依法行政考评组实地考评，获优秀等次；组织对全市20多个行政执法主体2016年制作的90余件执法案卷进行评查，逐一通报，促进执法人员依法行政。开展执法人员培训及网上考试工作。组织开展市直行政执法部门及香洲区行政执法人员综合法律知识培训5期，培训行政执法人员700余人；办理和发放执法人员“行政执法证”500余个；核查行政执法人员3129人，清理出不合资格行政执法人员76人；组织全市行政执法人员在珠海电视大学开展综合法律知识网上考试4批次。完善行政执法争议协调机制。在市法制局网站设置“我要咨询”和“我要投诉”栏目，方便群众进行网上投诉及定期跟踪处理。是年，协调市药监局、市工商局、市市政林业局和市住规建局等行政执法争议11起，处理投诉20余件。

（王　凯）

公　安

【党的十九大安全保卫】 2017年，珠海市公安局将党的十九大安保作为全年公安工作核心任务，坚持“最高标准、最强部署、最严措施”，推进“迎接十九大忠诚保平安”主题活动和“四个不发生”（不发生危害国家安全和社会稳定的重大政治事件、不发生严重暴力恐怖和个人极端事件、不发生重大群体性事件、不发生重大公共安全事件）创建工作。安保决战期间，全局启动一级勤务，完成省公安厅交办的三批12大类121项任务，实现公安部“三个不发生”（不发生暴恐案事件、不发生在全国有重大影响的大规模群体性事件、不发生重大公共安全案事件）和省委“四个不发生”工作目标，获省公安厅“突出贡献奖”。

【国家安全和社会稳定维护】 2017年，珠海市公安局将维护国家安全尤其是政权安全、制度安全放在首位，严防各类渗透颠覆破坏活动，成功侦破重大危害政治安全专案一批。严密反恐防范，全市未发生一起暴恐案事件。坚持主动预测预警，强化源头治理，接报和处置群体性事件比上年下降31.7%。完成香港回归20周年庆祝活动、第三届中以创新投资大会等系列重大活动安保任务，全市社会政治大局稳定。

2017 年 9 月 30 日，珠海市公安局在雨中举行升旗仪式暨党的十九大安保维稳决战宣誓活动（市公安局 供稿）

【违法犯罪打击】 2017 年，珠海市公安局创新构建“双融（力量融合、机制融合）”合成作战机制，成立市局、分局两级合成作战中心，制定《珠海市公安局打击犯罪合成作战工作规范（试行）》，推进“飓风 2017”等各类专项整治行动，成功侦破“4·18”特大跨国网络赌博案、“1·05”特大虚开增值税专用发票案、“2017-108”走私毒品案、“6·28”组织领导传销活动案等一批具有全国影响力的特大案件。

【立体化治安防控体系建设】 2017 年，珠海市公安局制定出台《珠海市公安局“110”指挥调度工作规范（试行）》，重构市局、分局、派出所三级指挥架构，明确七大类 76 种警情处置的主体、要求、任务、流程，启动实施“社巡合一、基础优先”基层勤务模式和“快速反应、快速处置”巡逻防控机制，依托指挥调度、手机报警定位、勤务报备、对讲机定位等系统，实现一键式、扁平化、可视化指挥调度。是年，全市巡逻接处警平均到场时间比上年提速 14%，可防性“两抢”警情下降 21.8%，盗窃警情下降 17.8%，“110”接处警回访满意率 99%。快速成功处置何某峰在商场持刀伤人等重大突发警情。全市公安机关快速反应能力明显提升。首创公交安全巡查队。全市接报公交客运站点和公交客运工具上违法犯罪警情下降 26.1%。珠海市立体化治安防控体系建设考核排名全省第二。

【社会综合治理】 2017 年，珠海市公安局推动出台《珠海市全民禁毒工程实施方案（2017—2019 年）》，推广香洲区网格化服务管理试点经验，推行“入所培训、出所就业”戒毒康复模式，社区戒毒康复执行率和禁毒宣传工作均居全省第一，吸毒人员肇事肇祸案连续两年减少，在省禁毒办全民禁毒工程成效评价中位列全省第四。推进网络安全社会治理，打击网络谣言等违法行为，警示违法网民 1.23 万人次，处罚网民 6 人，“安网 4 号”专案的成功侦破得到胡春华、李春生批示肯定。推行《珠海经济特区见义勇为人员奖励和保障条例》，表彰奖励见义勇为人员 724 人，进一步激发社会正能量。培育扶持“志愿警察”等社会组织，全市各类群防群治组织 1222 支 1.52 万人。完成娱乐服务场所治安管理信息系统建设，制定出台《寄递物流行业治安管理工作指引》，推进平安医院、平安校园等“平安细胞”工程建设，“平安珠海”建设成效初显。

【公共安全监管】 2017 年，珠海市公安局严格危爆物品安全管理，打掉近年来最大非法经营烟花爆竹窝点 1 个。高标准完成省、市、区三级火灾隐患重点地区挂牌整治，全年检查单位 3.07 万家，督促整改火灾隐患 2.73 万处，火灾事故、受伤人数比上年分别下降 28.98% 和 90%。成功处置“10·15”斗门方正科技厂房火灾、凤凰山森林火灾等重大火灾事故，未发生一起亡人火灾。加快智慧交通建设，克服机动车大幅增长、路网建设增速缓慢等诸多困难，强化交通安全隐患专项整治和中心城区交通治堵工作，主城区路网运行效率比上年提升 3.56%。全市一般以上道路交通事故及生产经营性交通事故分别下降 0.99% 和 7.78%，未发生一起死亡 3 人以上较大交通事故。

【和谐警民关系构建】 2017 年，珠海市公安局依托警察公共关系创新工作站，发挥央级媒体直通车和公安微博、公安微信、公安微视、公安新闻客户端作用，珠海公安微博“粉丝”、公安微信关注人数分别比上年增长3.4%和87.2%，“珠海交警”微信周阅读量位列全国政务微信前五、全国交警第一。搭建警民“零距离”沟通平台，“珠海公安”新媒体平台收到网民有效咨询、举报、建议等信息1.3万条，办理各级人大建议、政协提案82件，答复率、沟通率和满意率均为100%。创建“跨境随警作战”宣传模式，赴菲律宾跟拍“4·18”专案收网行动，把握舆论工作主动权。讲好警察故事、展现警队风采，集中推送先进集体23个、先进典型38人，刊播重点宣传稿件1600余篇，民警谭家光冒雨蹚水敲锣转移群众等感人事迹被全国各大媒体和新闻网络广泛刊载。组织开展警察开放日和“110”宣传活动，创新策划“珠海蓝 制服蓝”等主题宣传。是年，市公安局拍摄的微电影《用青春编织“天网”：徐飞》和《生命速递》分别获人民网“在路上 在心中”媒体活动人物类三等奖和微电影类三等奖，《月满情侣路》获第五届中国国际微电影展“金桂花奖”十佳公益微电影。

【公安改革深化】 2017年，珠海市公安局作为全国深化公安改革四个综合试点城市之一，稳步推进人民警察职务序列改革和警辅人员管理改革，在全国公安机关改革创新大赛中取得1金2铜成绩。加快改革成果转化，“放管服”改革、户籍制度、居住证制度、居民身份证异地受理制度、机动车辆分类检验管理制度等一大批惠民新政落地见效。主动对接“珠海市网上办事大厅”，升级改造珠海公安政务网站，推动公安服务从“网上办”向“手上办、随时办”升级，新增在线审批事项30项，总数达77项，其中49个行政许可事项做到“零跑动”，54个服务事项可在网上办事APP“珠海办事”办理，公安机关服务效率持续提升。是年，市公安局在全市机关事业单位年度考评中获“优秀单位”称号，户政便民智能服务“一证通”系统获行政服务创新成果一等奖。

【法治公安建设】 2017年，珠海市公安局依托设区的市地方立法权，不断完善局内执法制度体系。以执法闭环管理为目标，推动执法规范化、全链条建设，全面规范接处警工作流程，打造覆盖执法全环节的标准流程体系，梳理和公开执法权责清单1281项，确保权力在阳光下运行。强化执法监督效能，开展不间断、全方位督察。改革执法考评模式，推行执法巡查，发现整改各类执法问题100余个，受理举报投诉案件715件，总体办结率98.2%。是年，市公安局被省厅评为党的十九大安保法律保障服务工作突出贡献单位；在全市行政机关依法行政考评中位列第二；拱北口岸、香洲、斗门分局被省厅评为“执法质量考评优秀分局”；试点推进的“派出所执法智能管家系统”获全国公安基层技术革新奖三等奖。

【公安队伍建设】 2017年，珠海市公安局把学习党的十九大精神作为首要政治任务，深入推进“两学一做”学习教育常态化制度化，把党建工作融入业务工作和队伍建设中，由市公安局研发的珠海公安“党组织在线”手机APP在全省公安机关推广应用。全市公安机关涌现出一大批先进集体和个人：出入境管理支队受理大队被全国妇联授予“全国三八红旗集体”称号，高新公安分局获“全国优秀公安局”称号，交警支队车管所获“全国优秀基层单位”称号，徐飞当选为党的十九大代表并作为全省公安系统唯一代表赴京参会，殷银获“全国特级优秀人民警察”称号，李辉、罗海华获“全国优秀人民警察”称号，牛岩军获“全国公安百佳刑警”称号。

【大案要案】 2017年，珠海市公安局推进专项整治行动，成功破获一批具有全国影响力的特大案件。

“1·05”特大虚开增值税专用发票案 1月，市公安局联合市国税局稽查局开展专项行动，侦破“1·05”虚开增值税专用发票案，抓获犯罪嫌疑人21人。该案涉案金额超60亿元，涉税额超10亿元，涉案企业逾2000家，遍布全国27个省市，是珠海建市以来涉案金额最大、影响范围最广的虚开增值税专用发票案。该案件侦办过程创新确立“三同”作战机制（提前介入同调查、集中行动同收网、统一行动同取证），在公安机关查明犯罪事实后，迅速将涉嫌犯罪事实形成定性函发给涉案企业属地公安和税务部门，在全国范围搭建专案协作平台，形成专案侦办合力，有效推动案件快速侦办。

“4·18”特大跨国网络赌博案 4月18日，市公安局在公安部、省公安厅领导和支持下，境内境外同步行动，在菲律宾和中国广东、广西、云南、内蒙古、福建等地对

2017 年 4 月 18 日，珠海市公安局成功侦破“4·18”特大跨国网络赌博案，并于 25 日将 55 名犯罪嫌疑人从菲律宾押解回国　　（市公安局 供稿）

“4·18”特大跨国网络赌博案展开收网行动，抓获犯罪嫌疑人 117 人（其中在国内抓获 61 人，在菲律宾抓获 56 人），查获涉案财物总价值 1.45 亿元。

“2017-108”走私毒品案　4 月 27 日，市公安局根据公安部、省公安厅统一部署，对“2017-108”跨境走私毒品案展开收网行动，在周边地市公安机关协助下，先后在阳江、珠海、广州等地抓获犯罪嫌疑人 7 人，缴获毒品冰毒 401 千克，查扣作案渔船 2 艘、汽车 2 辆；通过市公安局输出情报，广州、深圳和东莞三市联手在广深高速公路上抓获犯罪嫌疑人 4 人，缴获冰毒 110 千克，查扣汽车 3 辆。此次联合行动，成功切断一条由中国广东至菲律宾、澳大利亚的走私贩毒通道。

“一川公司”组织领导传销活动案　2016 年 6 月，市公安局经侦部门发现位于拱北百合街的“一川公司”涉嫌以投资虚拟币为诱饵进行非法集资，组织、领导传销活动，市公安局迅速成立专案组开展调查，并于同年 10 月立案侦查。2017 年 7 月 7 日，市公安局按照公安部、省公安厅指令，对“一川公司”涉嫌组织领导传销活动案（代号“6·28”专案）展开收网行动，抓获违法犯罪嫌疑人 159 人，查扣、冻结涉案资金超 13 亿元，成为珠海市破获的涉案人员最多、涉及地域最广、查扣资金最多的涉众型经济犯罪案件。该案被省厅经侦局评为“2017 年十大精品案例”之一。

（胡　瑜）

检　察

【概　况】　至 2017 年底，珠海市有市级检察院 1 个，下辖香洲区、金湾区、斗门区 3 个基层检察院以及珠海横琴新区人民检察院、高新区知识产权检察室、高栏港经济区检察室 3 个派出机构；设政治处、反贪污贿赂局、反渎职侵权局和 22 个内设机构、2 个派驻机构、1 个直属机构、1 个事业单位。是年，珠海市检察机关涌现出一批先进集体和个人，分别获全国巾帼文明岗、全国检察机关“文明接待示范窗口”、全国普法先进个人、全国检察机关优秀预防局（处）长、全省检察机关集体二等功、优秀反渎局长、刑事申诉检察业务能手等荣誉。

2017 年，珠海市检察机关自觉接受人大监督和政协民主监督。向市人大、市政协报告、通报检察工作，专题向市人大常委会报告深化司法公开、促进司法公正工作情况；办理 2016 年市“两会”期间代表、委员提出的意见建议 41 件，确保件件有落实、事事有反馈；加强与人大代表、政协委员经常性联系，邀请代表和委员观摩公诉出庭、参加公开听证等活动 150 余人次。加强机关党建工作，始终把思想政治工作摆在首要位置抓紧抓实，深入开展“两学一做”学习教育，学习宣传贯彻党的十九大精神，引导广大检察人员牢固树立“四个意识”，确保党对检察工作的绝对领导；落实全面从严治党主体责任和监督责任，严肃党内政治生活，落实“三会一课”、双重组织生活、民主评议党员、谈心谈话等组织生活制度。强化队伍监督管理，严格规范司法行为，对执法办案活动等重点事项开展检务督察 88 件次，集中评查案件 370 件，对违法违纪人员进行问责，筑牢拒腐防变内部防线。加强检察文化建设，推进“一院一品”“一科一品”工程，举办专题文化讲座，组织开展志愿服务、扶贫慰问和文体竞赛等活动，营造争先创优良好氛围，增强队伍凝聚力。组织检察人员参加领导素能、专项业务、岗位技能等各项培训，提高队伍专业化水平。深化“阳光检务”，抓好案件信息公开，公开法律文书2384份、案件程序性信息6545条、重大案件信息147条，为律师提供案件节点信息告知、微信预约办理业务等便利，为诉讼参与人提供案件查询服务5000余次，以公开促规范、促公正。配合推进人民监督员制度改革，组织人民监督员评议拟不起诉案件6件，安排人民监督员、特约检察员参与接访124人次。加强公共关系建设，发挥微信、微博等新媒体平台作用，发布工作动态1000余篇，广泛普及法律知识，与社会各界良性互动。举办“防治校园欺凌、护航未成年人成长”主题检察开放日活动，邀请全市中学师生代表900余人到检察机关参观交流，增进对检察工作的了解。

【审查批捕和审查起诉】 2017年，珠海市检察机关受理审查逮捕犯罪嫌疑人4904人、审查起诉5260人，经审查，批准和决定逮捕4055人，提起公诉4395人。打击危害公共安全犯罪，批准逮捕犯罪嫌疑人90人，提起公诉525人；打击严重暴力犯罪、毒品犯罪、黑恶势力犯罪以及“两抢一盗”多发性侵财犯罪，批准逮捕犯罪嫌疑人2542人，提起公诉2326人；打击电信网络诈骗、网络赌博犯罪。全年，办理公安部督办的“2·26”特大网络贩枪案，叶某青等7人走私、运输400千克毒品案，拉脱维亚特大跨国电信诈骗案，“4·18”特大网络赌博系列案等重大案件一批。

【侦查活动监督】 2017年，珠海市检察机关推动完善“两法衔接”工作机制，审查行政处罚案件8249件，监督行政执法机关移送涉嫌犯罪案件10件，将拱北海关等15个行政执法机关纳入珠海市“两法衔接”联席会议成员单位，基本实现行政执法监督全覆盖。加强立案监督，监督侦查机关立案4件、撤案7件。加强侦查活动监督，依托侦查活动监督平台，每季度向侦查机关通报存在的违法问题，发出检察建议及纠正违法通知书25份、侦查监督通知书83份，督促及时整改。

【民事行政诉讼监督】 2017年，珠海市检察机关受理民事行政监督案件130件，对法院裁判正确的案件，做好当事人服判息诉工作，维护审判权威；对认为确有错误的裁判，提出抗诉3件，提请抗诉14件，维护司法公正。开展“基层民事行政检察工作推进年”活动，对群众反映强烈的虚假诉讼、违法执行等重点问题开展监督。针对金湾区红旗镇群众集体反映房地产开发商逃避民事判决执行的情况，督促法院对开发商的行为依法进行制裁。

【民事行政公益诉讼】 2017年，珠海市检察机关根据新修订的《中华人民共和国行政诉讼法》和《中华人民共和国民事诉讼法》，开展提起公益诉讼工作。在生态环境和资源保护、食品药品安全等重点领域，全面开展公益诉讼线索排查，立案12件，提出行政公益诉讼诉前检察建议2份。针对不法分子在珠海市陆地和海域非法倾倒垃圾污染环境的情况，迅速调查核实，及时固定证据，督促环保部门严格执法，清运垃圾5万余吨，同时支持海洋环境主管部门对行为人提起民事公益诉讼。

【刑事审判和刑事执行监督】 2017年，珠海市检察机关加强刑事审判监督，对认为确有错误的刑事裁判提出、提请抗诉15件。加强刑事执行监督，受理在押人员申诉及控告案件157件，对超期使用械具等情况及时予以纠正，维护在押人员合法权益；开展羁押必要性审查128件次，督促办案机关对27名在押人员变更强制措施。加强对刑罚交付执行的监督，防止出现不及时交付执行、违法留所服刑等问题；继续开展集中清理判处实刑罪犯未执行刑罚专项活动，督促公安、法院收监罪犯7人。

【职务犯罪查处】 2017年，珠海市检察机关立案侦查贪污贿赂、渎职侵权案件81件84人，立案人数比上年增长23.5%，继续保持反腐败高压态势。着力查处发生在群众身边、损害群众切身利益的职务犯罪，在国土、税务、海关等系统查办一批有影响的窝案串案。针对不动产登记中心原主任羽海生等工作人员收受贿赂，与房产中介相互勾结帮助不具备资格的人员购买房产，影响珠海市限购政策实施的情况，立案查处贿赂系列案8件8人；针对海关工作人员收受贿赂放纵走私的情况，立案查处渎职、贿赂系列案7件7人；针对地税工作人员在纳税申报审核过程中徇私舞弊，致使国家少征巨额税款的情况，立

2017 年 4 月 14 日，浙江省人民政府原党组成员、宁波市委原副书记、宁波市原市长卢子跃受贿案开庭审理，珠海市检察院公诉组出庭支持公诉

（关夏莲 摄）

案查处渎职贿赂系列案 7 件 7 人，挽回经济损失 1890 万元。加大对行贿犯罪打击力度，立案查处珠海卡都海俊房产开发有限公司法人代表郑某等人在前山村旧村改造过程中向国家工作人员行贿系列案件。开展追逃追赃和专案办理工作，与纪委和公安机关协作，加大追逃追赃工作力度，成功劝返涉嫌挪用公款的“百名红通人员”王林娟从加拿大归案，抓获潜逃 15 年的贪污犯罪嫌疑人陈丹平归案，有力震慑犯罪。参与专案办理工作，有 17 人次被上级抽调参与办理部分省管干部职务犯罪案件，完成上级检察机关交办的宁波市原市长卢子跃受贿案、广州市原政法委书记吴沙受贿案、广东中旅集团系列贪污贿赂案等一批重大职务犯罪案件公诉工作。

【职务犯罪预防】 2017 年，珠海市检察机关开展预防宣传和警示教育 289 场次，受教育人数 1.9 万人。服务村（社区）“两委”换届选举，派员深入镇、街、村 650 余人次，发放宣传资料 2.1 万份，开展选举咨询、投票监督 240 余场次，为换届选举顺利进行保驾护航。与邮政部门共同开展“预防职务犯罪邮路”活动，形成覆盖城乡的预防网络。结合办理安全生产等重点领域职务犯罪案件，督促行政主管部门完善管理、堵塞漏洞。继续做好重大项目同步预防，为港珠澳大桥珠海连接线、珠峰大道等重大工程项目提供预防服务，保障政府投资安全。做好行贿犯罪档案查询工作，提供查询服务 1.65 万次，对 10 家有行贿犯罪记录的企业建议取消市场准入资格，促进社会信用体系建设。

【控告申诉检察】 2017 年，珠海市检察机关贯彻宽严相济的刑事政策，针对社会危害性小的犯罪以及犯罪情节轻微、达成刑事和解的案件，依法决定不批准逮捕 223 人，不起诉 188 人。加大控告申诉检察力度，受理举报控告申诉案件 1162 件，接待群众来访 3296 批 4503 人次，其中两级院检察长接访 389 批 756 人次。做好重点涉法涉诉信访案件风险评估、排查化解工作，及时解决群众合理诉求。开展司法救助工作，为陷入生活困境的刑事被害人或近亲属申请救助金。是年，市检察院办理的喻某某司法救助案被评为全省检察机关国家司法救助十大精品案件。

【社会治理创新】 2017 年，珠海市检察机关加强未成年人司法保护，构建“四位一体”（保护性办案、修复性救助、社会化帮教、多元化普法）未成年人检察工作体系，与社会组织、企业和学校合作建立未成年人观护帮教基地，教育、感化和挽救涉罪未成年人，全年不批准逮捕未成年犯罪嫌疑人 30 人，不起诉 11 人，附条件不起诉 6 人。“四位一体”未成年人检察工作体系被评为“2017 年珠海市社会治理创新优秀案例”。加强社区矫正检察工作，对社区矫正人员交付执行、日常管理、终止执行等执法环节进行全程监督，防止脱管、漏管现象发生。落实“七五”普法规划任务，针对幼儿权利保护等社会热点问题以及海岛、农村等重点区域开展普法宣传，增强群众法治意识。

【经济社会发展服务】 营造法治化营商环境 2017 年，珠海市检察机关严厉打击破坏市场经济秩序犯罪，批准逮捕走私、虚开增值税专用发票等犯罪嫌疑人 129 人，提起公诉 176 人，办理“亿元钻石走私案”、博元公司违规不披露重要信息案等案件。参与互联网金融领域专项整治，办理“一川公司”等互联网涉众型经济犯罪案件，批准逮捕集资诈骗、非法吸收公众存款犯罪嫌疑人11人，提起公诉56人，有效防范金融风险。持续加强对创新主体核心权益司法保护，严厉打击侵犯知识产权刑事犯罪，保障创新驱动发展战略实施。

服务非公有制经济健康发展　打击侵犯非公有制企业合法权益刑事犯罪，办理严路敲诈勒索案、黄秋菊职务侵占案等案件一批，为受害企业挽回经济损失近700万元。开展“送法进企业”活动，为60余名高新技术企业家代表举办专题培训，主动提供法律咨询服务，帮助强化法治意识和风险防范意识。在办案中注重改进方式方法，审慎采取强制措施，降低对涉案企业的影响，为坚定企业发展信心提供法治保障。

强化生态环境资源司法保护　树立“绿水青山就是金山银山”理念，批准逮捕污染环境、非法采矿等犯罪嫌疑人25人，提起公诉23人。查处危害生态环境职务犯罪，查办出入境检验检疫工作人员受贿渎职导致2.7万吨走私废物严重污染环境案件7件7人。强化对环保领域行政执法行为监督，针对在办案中发现的非法破坏农用地情况，监督国土部门及时将涉嫌犯罪案件移送公安机关立案侦查，使13名犯罪分子受到法律制裁。

【司法体制改革】 2017年，珠海市检察机关全面落实司法责任制，组建独任检察官、检察官办案组两种办案组织，确立检察官办案主体地位。梳理检察官职责权限397项，将其中239项授予检察官独立行使，授权比例60.2%。建立领导直接办案机制，两级检察院院领导直接办案357件。建立案件承办确定机制、检察官联席会议制度、检察委员会讨论案件先行审查过滤机制，做到放权与监督并重。建立检察业绩考评体系，将考评结果作为检察官晋职晋级、绩效奖励、员额退出重要依据。持续推进以审判为中心的刑事诉讼制度改革。全面贯彻证据裁判规则，对不构成犯罪或证据不足的，决定不批准逮捕579人，不起诉94人，防止案件“带病”进入起诉、审判程序。加强对侦查活动的引导和监督，与拱北海关缉私局建立重大疑难案件听取检察机关意见机制，该局办案质量明显提升，案件不捕率比上年减少32.8个百分点。探索开展诉讼式审查逮捕、公诉部门自行补充侦查等改革试点工作，在排除非法证据、完善证据体系、纠正违法行为等方面发挥重要作用。（关夏莲）

2017年5月，珠海市检察院首次运用诉讼式审查模式成功办结一起审查逮捕案件。图为市检察院侦查监督科听取侦查部门意见　（关夏莲 摄）

法　院

【概　况】 珠海市法院系统包括市中级人民法院（简称珠海中院）和基层人民法院。至2017年底，珠海中院内设机构24个、直属机构1个，分别是监察室、政治处、办公室、宣传科、司法行政装备科、法官管理科、教育培训科、研究室、审判管理办公室、知识产权法庭、立案庭、刑事审判第一庭、刑事审判第二庭、民事审判第一庭、民事审判第二庭、民事审判第三庭、民事审判第四庭、行政审判庭、国家赔偿委员会办公室、审判监督庭、执行局、执行一科、执行二科、破产审判庭（执行裁判庭）和司法警察支队；下辖基层法院4个，分别是横琴新区法院、香洲区法院、斗门区法院和金湾区法院。全市基层法院设派出人民法庭6个，分别是香洲区法院南湾法庭、高新法庭，斗门区法院五山法庭、横山法庭，金湾区法院平沙法庭、三灶法庭。

2017年，全市法院受理案件6.1万件，办结5.2万件，比上年分别增长9.48%和12.1%，其中珠海中院受理案件7102件，办结6481件。全市法院法定（正常）审限内结案率99.55%，员额法官年人均结案220余件，呈现“六升三降”（结案率、结收案比、调解率、撤诉率、执行标的到位率、实际执行率上升，生效案件改判发回重审率、再审启动率、信访投诉率下降）良好态势。

【刑事审判】 2017年，珠海全市法院审结刑事案件3577件，判处罪犯3753人。其中，审结故意伤害、故意杀人、绑架等暴力犯罪案件897件，判处罪犯1055人；审结抢劫、抢夺、盗窃等多发性侵财犯罪案件1121件，判处罪犯1515人；审结罗九引等14人运输220千克冰毒案等毒品犯罪案件386件，判处罪犯407人；审结刘明霞等51人跨国电信诈骗案等诈骗犯罪案件171件；审结涉121名被害人的杨纯非法吸收公众存款案等经济犯罪案件260件；审结宁波市原市长卢子跃受贿案、“百名红通人员”常征贪污挪用公款案、广州市原市委常委吴沙受贿案等贪污贿赂犯罪案件57件，判处罪犯58人。贯彻宽严相济刑事政策，对826名犯罪情节较轻的初犯、偶犯、未成年犯、老年犯，依法判处非监禁刑。推进以审判为中心的刑事诉讼制度改革，执行罪刑法定、证据裁判、非法证据排除、疑罪从无等原则，推进证人出庭工作，落实庭前会议制度，保障律师辩护权利，发挥庭审决定性作用。

【民事审判】 2017年，珠海全市法院审结民商事案件2.43万件，结案诉讼标的212.3亿元。其中，审结婚姻家庭和继承案件1521件；审结劳动争议案件1665件；成功调解涉111人的珠海金威公司劳动争议纠纷；审结交通事故、医疗、工伤等人身损害赔偿案件1178件；审结物权确认、土地承包、相邻关系等权属案件750件；审结买卖、借贷、担保等合同案件1.8万件；审结公司、证券、保险、票据等案件287件；推进破产审判与执转破工作，审结破产清算类案件46件；发挥知识产权保护作用，审结“U雅”商标侵权案等侵犯知识产权案件494件；集中管辖涉外、涉港澳台案件，审结涉外、涉港澳台案件765件。

【行政审判】 2017年，珠海全市法院审结行政诉讼案件600件。省内率先实施行政案件由金湾法院全面集中管辖，服务珠江西岸核心城市建设。妥善办理涉及土地整合的行政案件，保障以港珠澳大桥为龙头的交通大格局推进。注重行政机关负责人出庭应诉，行政机关负责人出庭应诉率30%。发挥司法建议能动作用，发出司法建议52件，推动法治政府建设。发挥典型案例指导作用，怀玉山科技诉财政局行政处罚一案入选中国审判案例要览。依法审查非诉行政案件517件，促进依法行政。

【执行工作】 2017年，珠海全市法院执结案件2.14万件，执结标的122.2亿元，执结率83.98%，执行标的到位率84.41%。成立珠海市基本解决执行难领导小组，破解执行难。国内率先开通房地产“点对点”查封、过户系统，实现网络秒封；被执行人房产、土地查控网络与全国联网，省内率先实现“点对总”查询。深度应用执行单兵系统，提升执行效率。加大执行威慑力度，全年曝光失信被执行人7750人，限制出境226人，拘留228人，罚款15人，移送公

2017年5月15日，珠海中院审理叶清顺等23人涉台电信诈骗案庭审现场（苏 华 摄）

安机关追究刑事责任27人，构建“一处失信，处处受限”大格局。实现司法网拍常态化，全年网拍率100%，成交金额15.88亿元。网拍德豪润达部分个人限售股，以总价7.41亿元成交，创珠海单宗拍卖最高纪录；与银行合作搭建网络拍卖按揭贷款平台；依法执行涉民生案件，成功解决688名工人工资系列执行案等一批社会影响大的重大疑难案件。妥善办理相关部门执行历史积案29件。

【司法改革】 2017年，珠海全市法院以落实司法责任制为核心推进“四项改革”（司法责任制、人员分类管理、健全职业保障制度、省以下地方法院人财物统一管理），全面推进法院人员分类管理。完成第二批员额法官推荐工作，建立健全法官、司法辅助人员、司法行政人员分类管理制度，全市法院有员额法官236人，其中珠海中院61人。搭建审判团队，实行新型审判权运行模式，全市法院组建以员额法官为中心的审判团队109个，所有入额法官均在审判一线办案。探索审判监督新机制，落实权力清单。强化院庭长办案责任、领导责任和主体责任，院庭长编入合议庭，带头办理重大疑难案件，全年办结案件6791件。建立专业法官会议，制定《法官会议工作规则》。落实违法审判责任追究，执行《审判责任清单》和《违法责任追究暂行办法》，实行法官对案件质量终身负责。完善改革配套措施，建立适应财物统管的财务工作机制。落实三级高级以下法官选任晋升工作，实现法官单独职务序列管理。健全法官履行法定职责保护机制，确保审判权依法独立公正行使。深化横琴新区法院综合改革，发挥全国司法专家咨询组作用，为深化综合改革提供智力支持。探索从律师、法学学者中遴选法官，吸收澳门大学生担任法官助理、志愿者，建立常态化实习审判辅助人员机制，充实审判力量。试行港澳籍法律人士担任调解员制度，满足境内外当事人多元化司法需求。以中、英、葡三种文字发布涉澳民商事审判白皮书，总结涉澳审判经验，提升审判质效。升级横琴新区法院门户网站，以中、英、葡三种文字公开裁判文书和法院信息，拓展司法公开渠道。探索审判执行工作新机制，成立破产审判庭（执行裁判庭），健全执转破机制，推进执行裁判权与执行权分离。深化家事与少年审判改革，香洲法院成立家事少年审判庭，建立家事调查员制度，省内首创离婚证明书制度。构建珠澳司法合作新机制，建立中华司法研究会涉澳研究基地，举行珠澳法官座谈会，促进内地与澳门司法交流。推进案件繁简分流，香洲法院设立调解与速裁工作室，斗门法院成立速裁法庭，促进案件分流和纠纷多元化解决。发挥香洲法院高新人民法庭及横琴自贸区知识产权巡回法庭作用，推动知识产权刑事、民事、行政案件“三审合一”，加大对核心技术、战略性新兴产业和驰名商标保护力度，提高知识产权审判信息化应用水平，网上审理异地当事人案件。（李凌岩）

2017年12月4日，珠海中院全体法官由中院党组书记、院长黄炯猛领誓向宪法宣誓 （苏 华 摄）

司法行政

【概 况】 至2017年底，珠海市司法机关（含直属单位）干部职工207人。社会律师事务所87家，其中个人所21家、合伙所64家、联营所2家，公职律师事务所4家，法律援助处4家。执业律师1279人，其中社会律师1122人、公职律师153人、公司律师4人，为82个政府部门5801家企事业单位和社会团体担任法律顾问。司法鉴定机构9所，司法鉴定人60人。公证机构5家，公证员42人。人民调解委员会394个，其中行业性专业性调委会52个。人民调解员2534人，其中专职人民调解员241人。

【基层基础建设】 2017年，珠海市司法行政机关聚焦村（居）重点问题，开展“重点村（居）精准式法律顾问服务”试点工作。优化法律服务，建立实地走访督导检查机制，引导居民在法治框架下解决问题。全年，各重点村（居）法律顾问团队提供法律服务607件，服务村（居）委会245次，服务重点村（居）群众1361人次。各重点村（居）“两委”换届选举顺利进行，没有发生群体性纠纷，大部分矛盾纠纷、历史遗留问题得到有效解决或缓解。是年，“重点村（居）精准式法律顾问服务”项目获评“2017年珠海市社会治理创新优秀案例培育行动最佳案例”。聚焦矛盾隐患源头防范，完善村（居）法律顾问审核把关机制和工作联系机制。各区出台村（居）重大决策事项法律风险防范制度实施细则，从源头上、机制上预防和解决涉及农村土地承（发）包等基层矛盾纠纷问题，通过召开村（居）法律顾问与村（居）警官工作联系会议，完善村（居）法律顾问与村（居）警官联系机制，做好联合走访工作。推进公共法律服务体系建设。整合公共法律服务资源，推进公共法律服务向网络化、标准化、规范化和便民化发展，斗门区5个试点村司法行政工作室全部建设完成并投入使用。完善矛盾纠纷多元化解机制。成立珠海市婚姻家庭纠纷人民调解委员会，协调处理各类疑难婚姻家庭纠纷；市医调委加强与相关单位联动联调机制建设，主动建立纠纷排查与预防机制，维护双方当事人合法权益；推动各区加快建立区域性劳动争议人民调解组织；完善市交通事故纠纷人民调解委员会组织建设。是年，全市各级人民调解组织受理各类矛盾纠纷1.06万件，调解成功1.05万件，调解成功率99.1%。香洲区前山街道人民调解委员会获评全国模范人民调解委员会，金湾区红旗镇调解员赖敬忠、横琴新区调解员吴银喜获评“全国模范人民调解员”。

2017年11月23日，司法部基层司司长罗厚如（左三）到金湾区三灶司法所调研 （市司法局 供稿）

【社区矫正】 至2017年底，珠海市累计接收社区服刑人员4931人，解除矫正4210人，在册721人。年内，撤销缓刑6人，警告62人，居住地变更12人，无脱管、漏管现象。

完成“两个中心”和远程会见帮教系统建设 市司法局和香洲区、斗门区、金湾区各局分别完成指挥中心、社矫中心场所及监控系统软硬件建设并投入使用，全市各区均完成远程视频会见系统建设，斗门区被列为省试点单位。

引导社会力量参与社区矫正工作 在专职工作人员和社矫专干队伍基础上，通过与共青团组织共同帮教、购买社会组织服务、加强志愿者队伍建设等形式，鼓励、引导社会力量参与社区服刑和刑释人员教育帮扶工作，在困难帮扶、推荐就业、技能培训、复学就读、心理辅导等方面发挥社会力量优势。

做好特别防护期维稳工作，确保“四个不发生” 落实部、省关于特别防护期维稳工作部署，抓好排查、跟踪、督导和检查，确保不发生危害国家安全和社会稳定的重大政治事件、不发生严重暴力恐怖和个人极端事件、不发生重大群体性事件、不发生重大公共安全事件。落实社区服刑人员请销假、值班及日报告制度，对查出的问题责令整改，对排查出的重点人员实行全程定位监控，确保在管服刑人员无异常。

抓好日常管理和队伍建设 按照社区矫正规定，执行各项日常监管制度，确保接收、登记、教育、社区服务、汇报、走访、考核、解矫等环节规范合法，随时掌握动向，避免脱管、漏管等现象发生。强化队伍建设，安排部分人员走出去考察学习，借鉴各地经验，各区组织社矫工作人员进行业务培训。主动加强与公检法等部门沟通协调，建立情况通报、信息交流、协调联动等长效工作机制。

2017 年 10 月 13 日，市司法局基层科参加全市工作技能大赛接受珠海电台采访（市司法局 供稿）

【安置帮教】 至 2017 年底，珠海市在册刑满释放人员 3319 人，落实安置 3247 人，安置率 97.8%；落实帮教 3316 人，帮教率 99.9%。开展服刑人员信息核查和监狱对接工作，及时核查信息，实现重点对象“必接必送”，一般对象有效衔接 85% 以上。刑释人员安置基地建设有新突破。金湾区和三灶司法所争取当地党委、政府支持，提供专门场地建设集住宿、培训和劳动等功能于一体的社区矫正和安置帮教基地；香洲区、斗门区、金湾区和高新区等通过依托企业、与社会组织签订服务协议等方式，建立过渡性安置基地，为有需要的刑满释放人员提供就业技能培训和就业岗位推荐。继续与人社局等部门合作，录入列管在册安置帮教人员信息，及时向刑释人员发送就业和技能培训等信息，拓宽就业和培训渠道。

【法制宣传】 2017 年，珠海市全面推行“谁执法谁普法”责任制，明确各相关单位普法主体责任，建立《珠海市国家机关“谁执法谁普法”普法工作责任清单》，构建分工负责、各司其职、齐抓共管法治宣传教育工作格局。建立以案释法制度，完善市、区两级典型案例库，拓展普法宣传平台。年内，市普法办编发《珠海普法动态》47 期、《以案释法》读本 4 册、《案·法》（试刊）2 期。加强媒体公益普法工作。市普法办与珠海广播电视台、《珠海特区报》《珠江晚报》以及村（社区）信息通知平台等媒体合作，开办《法律在线》《说法》《律法演说家》《法援律师话你知》《法治香洲》《与法同行》等系列普法专题栏目，并在“珠海邻新闻”“听见珠海”“创建全国法治城市”“香山网·法治珠海”等微信公众号和普法网站同步推送。深化传统普法路径和方式，新建村（社区）固定法治宣传栏 380 个。结合“法律六进”（进机关、进乡村、进社区、进学校、进企业、进单位）活动，开展各项专题普法宣传 2596 场次。推进各项法治创建工作。市、区整体联动，分层压实责任，制订法治创建考评验收工作方案和考核迎检工作指引，开展细化标准、一线指导和现场抽查等工作，确保重点考评工作逐项抓实、全面落实，全市有 200 个村（社区）和 14 家企业达到省级创建标准。推动法治宣传教育实体平台建设。依托市农科中心建设珠海市青少年法治宣传教育实践基地，启动市级法治文化主题公园建设，全面推进各区（功能区）完成区一级法治文化主题公园、法治文化长廊建设。丰富法治文化产品设计制作。组织全市各级各部门设计制作法治动漫、海报、手抄报、摄影、微电影等法治文化产品，通过政务网站、微博、微信、新闻媒体等发布推广；结合青少年热点问题，印发《画说法律》系列青少年普法读本 13 种 3.25 万册。

【法律服务】 律师管理 2017 年，珠海市律师办理诉讼案件 1.2 万件、非诉讼案件 4040 件，办理法律援助案件 2831 件，援助困难群众 3605 人。

公证服务 全市公证机构办理各类公证事项 4.78 万件，其中国内公证 3.3 万件、涉外公证 9856 件、涉港澳台公证 4892 件，收费

1800余万元。开展“为70周岁以上老年人免费办理遗嘱公证”公益活动，办理免费遗嘱公证620件，减免公证费22.4万元。8月17日，市司法局与市公安局联合建立公证与公安“珠海公证助手”网络查询平台，减少公民办理“无犯罪记录”公证证明环节，实现“让数据多跑网路，让群众少跑马路”便民举措。

司法鉴定　全年司法鉴定2516件，没有收到司法鉴定业务投诉。申请设立司法鉴定机构2家（广东信用司法鉴定所、珠海市慢性病防治中心精神病司法鉴定所）。

公职律师建设　落实中央、省、市关于推行法律顾问制度和公职律师制度的意见和要求，推进全市党政机关设立公职律师工作。完成《珠海市公职律师建设调研报告》，指导、协助全市各党政机关、人民团体符合条件的公职人员申报公职律师，建立全市公职律师数据库。至年底，全市有公职律师153人，41个党政机关设立公职律师。委派公职律师常驻市人民来访接待大厅，参加接访，提供咨询，参与信访案件论证，为全市信访复核案件提供法律意见、出具法律意见书30件。是年，市公职律师事务所专职公职律师为市人大、各党政机关各类法规、规章、规范性文件出具书面法律意见49件，为司法行政机关各类合同、投诉、工作制度等提供法律意见、审核意见22件，办理依法行政工作事务及其他事务100余件次，承办市司法局作为被申请人或被告的行政复议、行政诉讼案件9件。

司法考试　全市有2409人报名参加2017年度国家司法考试，创历年之最。完成2017年度国家司法考试工作。

【强戒管理】　2017年，珠海市戒毒所强制隔离戒毒人员在册750人，在所695人。市戒毒所完善安防长效机制，坚持以场所安全管理为重点，强化执法规范，严格落实各项安全制度，加大隐患排查整治力度，实现全年安全“六无”（无毒品流入、无戒毒人员脱逃、无非正常死亡、无所内案件、无生产安全事故、无重大疫情）目标。开展戒毒人员教育戒治工作，全面实施“三三六”（将戒毒全进程根据戒毒人员身心特点和戒治需求，划分为戒治适应期、康复训练期、回归体验期三个阶段，根据戒毒人员日常管理和戒治工作需要采取分别管理、分类戒治、分级处遇等措施。综合运用医学戒治、知行矫正、心理矫治、生理康复、回归培训、延伸帮戒等方法进行戒治)戒毒模式。强化戒毒心理矫治，有420人次参加团体心理咨询、200人次接受个体心理咨询、18人次接受个案心理危机干预。加强戒毒人员职业技能培训，举办创业培训班（GYB）6期，参加培训467人次；举办创业指导班（SYB）3期，参加培训68人次；举办面包烘焙师培训班2期，参加培训120人次；举办汽车故障诊断与检测培训班2期，参加培训100人次。提高戒毒人员生活保障水平，建成戒毒人员饭堂冰鲜食品冷库。开展“安全生产标准化”创建工作，通过省局组织的安全生产标准化二级企业评审验收。

（陈荣辉）

仲　裁

【概　况】　2017年，珠海仲裁委员会受理案件353件，其中涉外案件23件，受理案件标的总额11.26亿元；办结案件200件，其中调解撤诉案件56件，快审快结案件49件，全年无被法院裁定撤销和不予执行案件。受理建设工程合同纠纷43件，金融合同纠纷107件，房地产合同纠纷26件，买卖合同纠纷41件，租赁合同纠纷25件，股权转让合同纠纷3件，保险合同纠纷4件，物业合同纠纷39件，其他合同纠纷65件。

【临时仲裁规则实施】　2017年，珠海仲裁委员会根据最高人民法院《关于为自由贸易试验区建设提供司法保障的意见》中对临时仲裁在自贸区一定条件下具有合法性的文件精神，开展临时仲裁研究，探索临时仲裁机制，组织仲裁委业务骨干起草临时仲裁规则，经过征求意见、专家研讨等程序，形成《横琴自由贸易试验区临时仲裁规则》，3月18日，经第五届珠海仲裁委员会第二次会议审议通过。3月23日，国内首部临时仲裁规则——《横琴自由贸易试验区临时仲裁规则》发布。临时仲裁规则的实施，标志着临时仲裁在中国境内真正落地，也是横琴自贸片区营造国际化法治化营商环境的重要创新成果。

【知识产权仲裁调解机制创新】　2017年，珠海仲裁委员会联合横琴新区工商局和知识产权交易中

2017 年 12 月 13 日，珠海仲裁委员会主任高树林（二排右二）、副主任吴学艇（二排左四）和参加“关于促进中国和葡语国家间经贸合作的澳门法律国际研讨会”的与会代表合影留念（珠海仲裁委 供稿）

心，创新知识产权仲裁调解机制。3 月，联合横琴新区工商局建立横琴商标纠纷快速调解与仲裁机制，建立专门的商标纠纷仲裁队伍与规则，为商标纠纷处理提供“绿色通道”。建立商标权质押纠纷快速仲裁机制，完善商标权质押登记配套制度，进一步提升横琴商标权质押登记运作体系整体优势；建立商标侵权纠纷调解机制，在商标侵权纠纷中引入知识产权商事调解，实现商标侵权纠纷行政处理程序与民事索赔对接，降低当事人维权成本。“4・26”世界知识产权日，珠海仲裁委与横琴国际知识产权交易中心签署战略合作协议，形成知识产权运营和保护良性互动。

【仲裁学术交流】 2017 年，珠海仲裁委员会广泛开展交流互访活动，先后前往香港、澳门、北京、哈尔滨、广州等地考察交流。出席香港仲裁司主办的“地区性仲裁机构论坛”、联合国贸法会与澳门大学共同举办的“国家商法现代化及国际商事活动中法律协调的作用”论坛、澳门法务局主办的“关于促进中国和葡语国家间经贸合作的澳门法律国际研讨会”、中国政法大学举办的“自贸区纠纷解决与临时仲裁”专题研讨会，以及第七届大中华仲裁论坛、东北亚区域国际商事纠纷多元化解决机制论坛等研究会议，并发表主题演讲；接待中国社会科学院国际法研究所国际公法研究室、香港“国际博士后协会”代表团、香港仲裁公会（香港博信法律专业调解中心）、澳门青联联合会、成都仲裁委员会、郑州仲裁委员会、南通市委政法委等机构来珠海考察。

【仲裁服务企业行活动】 2017 年，珠海仲裁委员会创新服务企业模式，通过购买社会服务，以免费形式推广仲裁服务。开展仲裁进工业园专题讲座、百名仲裁员服务百家企业、模拟仲裁庭等服务企业行活动，为企业提供法律咨询服务，提高企业运用仲裁化解商业风险的能力。全年，走进南屏科技园、清华科技园等 4 个园区，举办“熟用仲裁助力企业防范法律风险”“企业知识产权管理与运营”等活动 4 场，参与企业近千家。百名仲裁员与百家企业签订一对一服务协议。

【仲裁宣传】 2017 年，珠海仲裁委员会创新仲裁宣传工作。开展走访活动，宣传普及仲裁法律知识，走访金融机构 10 余个、重点企业 60 余家、律师事务所 20 余家；联合相关部门举办法律培训班、学术研讨会；联合人民银行广州分行、省自贸办等单位共同举办“金融纠纷多元化解决机制研讨会”，以及“中拉企业法律服务中心建设探讨暨涉澳民商事争议解决需求交流”“建设工程仲裁案件焦点问题分析”等专题沙龙，参与群众近千人；开展线上微信沙龙，定期邀请高等院校法学教授和业界专家，在高新仲裁专家官方群就知识产权竞合、商业秘密保护、公司股权等主题分享知识，传授经验，全年举办微信沙龙 6 期，参与群众 200 余人；协办“法律风险防范专题研修班”，74 名企业中高级管理人员获华南师范大学法律风险防范专题研修班结业证书。开展“仲裁进高校”活动，向北京师范大学珠海分校法学院学生讲授仲裁法律制度。编纂示范案例读本，解析案件特征和法律关系，做到以案释法。（梁淑廉）

・责任编辑：冯建华・

军　事

珠海警备区

【思想政治建设】 2017年，珠海警备区以迎接、学习、贯彻党的十九大精神为主线，抓好党的创新理论武装。完成4个专题党委中心组理论学习，编印《2017年政治理论常识》2期，组织机关干部和团级单位主官参加市党校关于国家周边安全形势的讲座，观看《浴火强军》等多部教育片。6月，接受军委国防动员部“两学一做”学习教育常态化制度化督导组检查。抓好党的十九大精神学习贯彻，组织官兵职工学习习主席所做报告，利用交班会，常委带领机关干部学习《人民日报》《解放军报》等相关评论员文章。编印党的十九大精神知识要点，邀请地方宣讲团成员到警备区授课辅导。着眼国防动员转型要求，总结提炼新形势下警备区精神特质，梳理珠海地区军事历史文化资源，完成《珠海人民武装史》编纂工作。

【部队改革调整】 2017年，珠海警备区贯彻上级决策指示，采取一系列措施抓好单位调整改革和人员定岗落编。成立调整改革实施领导小组，召开专题会议5次，分析形势、部署任务。改革期间，组织人员深入基层调研8次，组织开展“坚决服从大局，忠实履行使命”专题教育，开展大谈心活动，摸清官兵思想底数，引导官兵做出理性选择。坚持公平公正，按原则政策、按规矩程序做好班子调整配备、干部落编定位、分流转业、接收安置等工作，确保留任干部优中选优，交流转业干部心平气顺。开展“适应新体制、谋求新作为”大讨论，转换脑筋、细化职能、理顺关系、健全机制、整肃作风，确保新体制起步良好、运转顺畅、开局开新。

【战备动员建设】 2017年，珠海警备区聚焦新职能新使命新任务，持续抓好战备动员建设。及时转变观念，把工作重心从抓海防部（分）队建设转型到专司主营抓国防动员、人武部建设。召开武装工作会议，分析珠海国防动员建设新形势，研究警备区加强国防动员工作的方法路子。召开人武部兵器室建设任务部署会，进一步规范战备、训练、工作、生活“四个秩序”。按照区建连、镇街建排的原则调整应急队伍，编实建强基干民兵队伍，组织开展全市人民武装专职干部、民兵心理战大队、民兵应急分队和后勤综合保障群队等各类骨干集训3期268人次。开展反恐维稳、防汛防风和森林防火等课目训练，指导各区人武部按照连标准配备各类民兵应急装备器材，提升后备力量遂行任务能力。在抗击强台风“天鸽”“帕卡”过程中，充分发挥牵头协调作用，指挥所属官兵和民兵应急分队参加抢险救灾，协调全市驻军警部队参与地方及时恢复“通电、通水、通路、通信”等任务。持续抓好兵员征集，严格按照“五率”考评标准要求，实施廉洁阳光征兵，未收到群众举报违规违纪线索和发现违反廉洁征兵问题。

【双拥共建】 2017年，珠海警备区坚持把双拥共建作为巩固军政军民鱼水情谊重要抓手。完善和落实党管武装各项制度，年初召开警备区党委全体扩大会议，组织各区人武部党委第一书记述职。与珠海企事业、学校、社会团体和爱国主义教育点等单位建立联络机制，定期组织“军事日”、军民联谊等活动，畅通军地联络沟通渠道。开展全民国防教育，抽调近20余名骨干担任各中、小学的国防教育校外辅导员，完成学生军训任务，全年参训学生近5000人。开展《兵役法》《国防法》和《征兵工作条例》等国防法规宣讲，举行征兵启动、欢送新兵等仪式活动，增强征兵工作的影响力和应征青年的自豪感，珠海青年参军热情高，新兵征集工作连续三十六年被广东省评为“征兵工作全优单位”。

【正风肃纪】 2017年，珠海警备区坚持把纪律规矩挺在前面，保持正风反腐高压态势，营造政治上的绿水青山。推进停止有偿服务工作，组织召开驻珠部队“停偿”军地协调领导小组会议，妥善处理各种矛盾问题。强化纪律监督，开展行业风气清理整治和执纪情况监督检查等活动，组织约谈人武部、干休所主官，节假日对高档酒店、娱乐场所、旅游景点等场所开展常态化明察暗访，警备区纪委组织党风廉洁专项检查3次，强化广大官兵遵规守纪、廉洁自律意识。

【军人子女入学入托】 2017年，警备区与市、区两级教育部门共同做好年度军人子女入学入托审核、录取工作，172名军人子女入读市、区公办中小学和幼儿园，23名军人子女享受中考政策性加分优待，为驻军部队官兵解决后顾之忧。

（李 兴）

广东省边防总队第五支队

【概 况】 2017年，广东省边防总队第五支队（简称广东边防五支队）坚持以打赢系列重大安保攻坚战为总目标，深入学习贯彻党的十九大精神和习近平新时代强军思想，坚决落实中央军委和公安部、边防管理局、广东边防总队（简称总队）党委决策部署，中心任务完成出色，党建工作创新发展，抢险救援彰显作为，基础建设稳步推进，遗留问题清仓归零，有力维护粤澳边界地区的安全稳定，为驻地经济社会发展贡献力量，得到上级机关和驻地党委政府及人民群众的高度认可。是年，2个基层单位和6名官兵分别获公安部和边防管理局通报表彰；支队被总队评为“网络和信息安全管理先进单位”，3个基层单位被总队评为“基层建设先进单位”，1个基层单位被总队记“集体嘉奖”，1个党支部被总队评为“先进党支部”，2个团支部被总队评为“先进团支部”，17名官兵及家属分获总队通报表彰，14名官兵被总队记“个人三等功”，33名官兵被总队记“个人嘉奖”，4名官兵荣立专项“个人三等功”。

【维稳处突】 2017年，广东边防五支队完成全国“两会”、中央领导视察澳门活动、香港回归20周年庆祝活动、金砖国家领导人会晤“环闽”护城河广东段及党的十九大等系列重大边防安保任务。开展“南粤边雷”系列、“固边3号”“雷霆17”、防暴恐“断流”等专项行动。抓好敏感节点管控工作，每天出动16人次机动警力配合公安机关执行“武装巡逻、动中备勤”任务，严厉打击边防管区及社会面突出违法犯罪活动。全年查获偷渡案件108件，查获组织运送者38名、偷渡人员498名，打掉组织偷渡团伙4个；破获毒品案件1件，查获冰毒5.13千克，抓获涉案嫌疑人2名；查获网上追逃人员6名，协助抓获嫌疑人（含3名涉恐人员）7名，查获非制式手枪等大量爆炸危险物品，有力维护粤澳边界一线稳定。选派35名官

2017年7月27日，广东边防五支队组织官兵训练 （孟航宇 摄）

兵赴疆轮勤轮训，完成特战技能、行动战术战法、安全防护等6个方面40余项内容的学习训练，协助兄弟单位官兵参与喀什市地区委员会、行政公署等3个重点单位、8个警务站的驻点警卫，以及重要节点和“古尔邦节”安保、金砖六国会议边防安保等执勤维稳任务，受到公安部和边防管理局、总队及新疆总队领导高度评价，展示支队官兵良好形象。出动近1100人次警力完成强台风“天鸽”和凤凰山大火抢险救援行动，最大限度地减少国家及人民群众生命和财产损失，受到各级媒体高度关注。

抗击强台风“天鸽” 8月23日，强台风“天鸽”肆虐珠海。支队出动警力1000余人次，清理道路100余千米、垃圾100余吨，救助遇险群众30余人。支队获珠海市“抗风救灾先进集体”称号。

侦破偷渡案件 11月24日，在省厅、总队协调指挥，广西边防总队和珠海出入境管理部门协助下，联合总队侦查队以及中山、江门、揭阳、东莞、惠州、广州边防支队，在珠海、中山、江门、揭阳、东莞、惠州和广西防城港、钦州等两省（区）八地市同时开展收网行动，成功侦破特大组织他人偷越国（边）境案，抓获涉案人员162人，其中组织运送者17人（越南籍9名、中国籍8人），越南籍偷渡人员145人。

【智慧边防】 2017年，广东边防五支队推动总队立体化边境管控体系建设和“智慧边防”三年规划落实，整合优势资源条件，综合运用多种手段措施，逐步建成以信息化智能化全网覆盖为支撑，界、关、海、陆“四道防线”严防严控的边境管控格局，实现边境管控能力和管控体系现代化，形成具有广东特色的“4+1”模式边境管控体系，维护广东省沿海边境地区安全稳定。

“立体化防控”试点现场会 4月28日，总队在珠海召开边境管控体系建设部署现场会。会议明确边境管控体系建设目标任务，全面部署加快推进广东特色的立体化边境管控体系建设，对《立体化边境管控体系建设三年规划》《粤港粤澳边界“智慧边防”建设三年规划》《粤港粤澳边界基础设施和执勤装备规范》等文件进行研讨，支队就加强边境管控体系建设经验做法做交流发言。试点建设得到总队领导肯定，经验做法面向全省乃至全国边防部队推广应用。

物防设施建设 加大与市大桥办、港珠澳大桥珠海连接线管理中心等单位沟通协调，跟进港珠澳大桥珠海口岸人工岛和珠海连接线人工堤岸永久边防执勤基础设施建设，建成港珠澳大桥澳门口岸临时执勤工作室。加强与市政府商讨边防管区征拆补偿和迁建事宜，解决征用土地、被拆迁营房、附属物及设备等补偿问题。

技防系统建设 引入“陆、海、空”三维防控理念，实施全天候、全方位警戒和管控，以视频监控系统为基础，建设视频分级报警、红外对射报警、广播劝阻、二维仿真追踪等多个防入侵系统。在管区沿线布设充电电缆，以电动平衡车和电瓶巡逻车为载具，派遣官兵对管控区域进行高速不定时机动巡逻。在管区制高点安装高空鹰眼摄像机，利用无人机实施定向巡航，形成管区监控的空中优势。在海岸沿线建设高清云台监控系统和夜间探照设备，对海面船只进行全天候观察。建设数字集群基站，完善无线指挥调度体系，实现粤澳边界陆地一线数字集群无线信号无盲区、全覆盖。全面启动粤澳边界一线高清无线图传系统、雷达和光电跟踪联动系统、港珠澳大桥珠海连接线人工堤岸及横琴十字门中央商务区堤岸安监工程等重点建设项目，初步建成“大数据”支撑下的复合型边境违法活动风险预警和管控体系。

勤务模式改革 着力解决好警力快速机动存在的制约性问题，加大资金投入，完善基础设施建设和硬件配置，切实把最优勤务组织形式和一线实际情况有机地结合起来，把“偷渡案发率”作为勤务部署的首要参数，大胆探索新型勤务模式运行框架，推动支队工作室执勤机制改革。开展勤务模式改革试点建设工作，重点推广应用视频管控、巡逻监管、应急处突“三位一体”陆地勤务模式，最大限度整合警力资源，优化勤务部署，不断推进前沿科技运用，充分发挥技防设施功能作用。

【警营文化】 2017年，广东边防五支队以“维护核心、听从指挥”为主题教育，聚焦红色基因传承，持续深化“红连讲堂”和“木棉花开”两大精品课堂，创新推出“周教育日”模式。推进仪式文化、战斗文化、荣誉文化和特色文化建设。建立拉塔石古炮台边海防教育基地。举办“军旗映濠江”庆祝建军90周年军事汇报表演。拍摄《大风歌》宣传片，原创歌曲MV《战士荣耀》获公安边防部队首届“十大金曲”奖。开展党员、骨干、警嫂各层面先进典型评选活动，获评总队首届“强警标兵”2名，“最美警嫂”受到省委书记李希接见。举办“知兵爱兵模范”“好警嫂”颁奖典礼暨文艺汇演。年内获总队颁发“新闻宣传先进单位”称号和“最快进步奖”，4条新闻获公安部边防管理局“十佳好新闻”。

【从优待警】 2017年，广东边防五支队党委从解决官兵最关心、最直接、最现实的问题出发，解决队伍中存在的突出困难和“瓶颈”问题，打造系列“暖心励警工程”，投入1014万元为基层办理十件实事，包括设置党员活动室、购置文体器材和移动音响、提高伙食补助、申领发放应急援助和困难补助等；地方政府解决支队经适房办理房改产权手续；推进官兵绩效纳入珠海市综治考核体系；解决16名干部子女入学入托问题；支队主官率领班子成员以上率下开展“暖心进家庭”主题家访活动，与官兵及家属面对面、心连心沟通互动。

【双拥工作】 2017年，广东边防五支队联合珠海市爱国拥军促进会、第二人民医院、汉胜集团、珠海电视台、市图书馆、市供销合作社等单位开展党建交流活动。“红色前哨连”与港珠澳大桥8家建设单位开展“送晚会进工地”“送法律进工地”“警民共度佳节”“互换角色凝聚共识”等活动。参加珠海市“双拥杯”篮球比赛；横琴片部队参加横琴新区“琴篮杯”篮球赛。教师节期间，到珠海市教育局、香洲区教育局、拱北中学、拱北小学、紫荆中学、边检幼儿园、北师大珠海分校等17个驻地教育机构和学校开展走访慰问活动。协调珠海市相关职能部门协助安置支队18名转业干部及随军家属，安排25名干部子女择校入学。邀请珠海市第二人民医院专家团队为茂盛围片部队进行义诊，举办“训练伤预防及康复训练”健康宣讲。选送30余名官兵参加水电工、汽修、炊事、急救员技能培训，获得资格证书。与珠海市心理学会、北师大珠海分校建立长期合作关系，定期组织专家到基层单位开展心理拓展、心理沙龙等活动，缓解官兵心理压力。配合珠海市文体旅游局做好拱北拉塔石古炮台申报文物保护、修缮维护和景点推介工作。

（熊明国）

2017年8月23日，广东边防五支队官兵在强台风“天鸽”即将登陆时安全转移湾仔豪通码头受困群众 （杨 帆 摄）

武警珠海市支队

【概 况】 2017年，武警珠海市支队聚焦“政治之年”凝心神、固根本，打牢官兵思想根基。坚持把学习贯彻习近平新时代中国特色社会主义思想作为全年政治任务摆在首位，组织官兵学习《习近平谈治国理政》《习近平论强军兴军》读本，党委成员和基层正副书记每周安排一个章节领学释学，蹲点检查学习情况，每月政工例会批阅学习笔记。开展改革强军主题教育，采取领导带头授课、股长轮流讲课、每月精品一课和集中辅导强化、小课串讲细化、班排讨论消化、个人领悟内化、岗位践行转化的教育模式，抓好主题教育授课；借助苏兆征故居等红色资源盘活教育，通过讲身边强军故事增强教育，观看红色影视和《榜样》等专题片，引导官兵高擎“精神火炬”，始终听党话、跟党走；以“赞颂辉煌成就、喜迎历史盛会”专题教育为牵引，深入宣讲党的十九大以来理论创新丰硕成果、宣讲党和国家事业崭新风貌、军队重塑向前历史性变化，引导官兵正确看待调整改革、前途进步和利益得失，用“进步上不攀比、工作上不折腾、敏感事务上不插手”实际行动自觉拥护支持服从改革；组织开展党员承诺践诺、“七一”表彰、主题党日、民主生活会等活动，增强党员干部党员意识和党性观念。打造强军文化弘扬主旋律，改造支队史馆、完善机关基层政治环境建设、升级机关广播系统；组织演讲、歌咏比赛，制作手抄班报和编写《巡逻前线》快报、《强军故事会》《新视野》等，强军文化熏陶教育引领成效明显；搞好新闻骨干培训，占领宣传舆论高地，13条电视新闻和100余篇稿件分别被中央电视台“新闻联播”和军事频道、《解放军报》《武警报》《中国青年报》等省级以上媒体刊载。

【执勤训练】 2017年，武警珠海市支队围绕“多能一体，有效维稳”战略要求，着眼“稳定属地，执勤处突”全力干好维稳大事。开展“学规范、查隐患、找问题、补漏洞”活动3次，解决执勤隐患多处。3月2日，支队高栏港1号闸口巡逻组成功处置一起地方人员误入仓储区事件。做好练兵备战工作，组织“魔鬼周”极限训练和大练兵活动，被总队评为“新训干部骨干集训先进单位”，1人被总队表彰为“优秀教练员”，1人获特战比武狙击专业第五名；借力珠海市道路交通平台、珠海市预警信息平台，时时监控掌控社会动向和各类灾害动态，备战能力不断提升，完成重大节日和重要敏感时期战备任务。在抗击强台风“天鸽”“帕卡”抢险救援任务中，支队和二支队官兵连续奋战5个昼夜，清理街区20个，抢通疏清道路60多条，出色完成任务，受到武警总部总队首长、地方政府和驻地人民群众的一致好评。

【部队建设】 2017年，武警珠海市支队坚持聚力抓基层、持续打基础，组织学习培训，开展岗位“大练基本功”和群众性练兵比武活动，严格落实大（中）队主官写工作日记制度，切实培养按纲建队明白人。落实月督察检查、季度考评、半年双向讲评等制度，强化问题导向，对发现的问题收集汇总、挂账销号、及时解决，形成抓建基层的闭合回路。研究制定支队《按纲指导基层建设计划》和《精准帮建实施方案》，实行“领导挂钩、股室包队、一队一策”精准帮建，帮助基层解决实际困难20余个。开展“百日安全”活动、预防车辆事故、用电用气和手机使用管理专项整顿，实现连续十四年安全无事故。组织已婚官兵“家庭日”活动2次，评选表彰“最美军嫂”10名。看望生病住院官兵及家属，协调市双拥促进会为女儿患白血病的干部筹集款项10万元。解决12名干部子女入学入园难题，救济慰问困难干部和战士党员，做好稳人心、得人心、暖人心工作。

2017年8月23日，武警珠海市支队官兵参加抗击台风现场 （盛楷文 摄）

【后勤保障】 2017年，武警珠海市支队坚持“保任务、保基层、保建设、保改革”方向，持续提高后勤综合服务保障能力。与信誉好、实力强的地方保障机构签订保障协议，分组分批开展以野战给养单元、自行式炊事车为主的专项训练，每季度组织实战化保障训练演练，对后勤兵单兵基础课目和专业技能进行综合考评，支队在总队网上抽考中多次受到表扬。以开展“伙食精细管理年”活动为牵引，抓好自助餐制度落实，定期讲评、轮换配送公司，组织炊事员轮岗和糕点制作培训，保障伙食质量。投入经费修复强台风“天鸽”损坏的营房设施设备、营区绿化；搞好官兵生活保障，改善官兵工作生活环境。规范卫生队、卫生室日周月工作和卫勤人员进修轮训制度，每月派出医疗小组开展巡诊送药，与驻地多家三级以上医院签订协议建立应急协作机制，投入36万元组织官兵及家属健康体检、购置完善医疗设备，卫勤服务保障进一步提升。

（张洪金）

珠海市公安边防支队

【概　况】 2017年，珠海市公安边防支队党委班子从迅速磨合到深度融合，部队建设展现新面貌；坚持全面深化从严治党，讲党性、讲政治、讲纪律形成常态；面对边防工作日益繁重复杂的巨大挑战，围绕能打仗、打胜仗的要求，紧贴一线战位，推进实战能力建设。分别在桂山边防工作站、马骝洲边防工作站建设前进指挥所，凡有重大勤务，均开进运作，加强涉港澳方向防控，直接进行一线督战，及时调整勤务部署，确保指挥调度扁平化、勤务响应及时性。以边境立体化防控体系为统领，探索建设沿海管、岛链防、二线控、联合战、依法打、粤港澳警务深度合作的防控体系。建立海上特勤力量，与机动大队形成互补，提升海陆联合反恐、应急处突能力。完善船艇大队、马骝洲边防工作站、大三洲边防派出所与澳门海关的“点对点”联勤机制。建立反走私反偷渡“两反”工作和办理船舶案件考评考核制度，明确基层各单位年度指标任务，实行年终“算大账”纳入基层考核、量化考评范畴。建立视频点调会制度，逢重大部署、重大勤务、紧急任务等时机，由支队对下直接指挥调度。与公安特警、巡警部门以及渔政、海事部门分别建成联合作战机制，联合相关部门和港澳警方开展海上行动45次。坚持政治工作保证中心、服务大局，区分平时、临战、实战、决战、总结5个阶段，制定并落实遂行重大任务期间政治审查、政工干部到战位、火线立功授奖、战地党日活动、拍摄战地微视频、设立党员模范岗、心理辅导等政治工作25项措施。结合部队中心工作开展策划宣传，防止自我循环。抓好日常备战经费投向投量，保障中心工作投入占年度预算81.89%。建立车船战时抢修、油料快速保障、医疗保障等机制，狠抓装备日常养护，确保始终处于最佳运行状态。

2017年8月1日，珠海市公安边防支队在珠海国际货柜码头举办摩托艇入列仪式，8艘新建的BF1500型边防摩托艇正式服役　（丁亚军 摄）

是年，支队党委被省边防总队评为先进党委，支队2名主官被评为优秀主官，2个党支部、8名党员获评总队先进党支部、优秀共产党员（党务工作者），支队及2名个人获市委市政府表彰。支队第三次党代会成功召开，党内政治生活有力促进。

【思想政治建设】 2017年，珠海市公安边防支队以保证党的十九大胜利召开为主题，以从严治党强化引领、夯实基础着力规范为主线，以强化提升队伍战斗力、执行力为重点，推进支队全面建设，为基层办好7件实事，建立“有担当、讲规矩、懂方法”的形象。开展“我是党员我带头”、重温入党誓词、纪念建党96周年等系列活动，联合驻地高校和艺术家协会开展经典诵读、“书画艺术进警营”等活动，多形式、多渠道、多维度教育引导广大党员官兵高举旗帜铸忠诚。探索试行支队党委常委列席基层党组织会议机制，出台负面清单管理机制，针对基层党组织在领导部队建设中的100个常见问题，作为常态化督察工作重点，整改“负面”、转向“正面”。试行党委委员提案制度，探索加强基层党务工作者队伍建设办法，细化党务工作者党内具体职责，对其履职情况进行综合评定，为支队党委选用党务工作者提供依据，激发工作动力。深入开展警示教育和集中排查整改工作，结合支队实际，增加3方面15项具体问题进行全面整治，在干部选用、士官选取、财务开支、信息化和基建工程、集中采购、执法执勤等权力运行重点部位、关键环节排查整改重点问题8项。建立健全组织建设、作风建设、纪律建设等方面规章制度9项，推动纪律、作风进一步转变。走访市纪委学习工作经验，组织60名敏感岗位官兵参观省厅反腐倡廉教育基地，组织全体党员官兵观看《警钟》《信仰》，党委成员亲手撰写心得体会，切实把党员思想统一到服从集中统一领导上来。

【边防中心工作】 2017年，珠海市公安边防支队带领全体党员官兵连续遂行党的十九大、中央领导视察港澳、香港特首选举、香港回归20周年庆典、澳门立法会选举等重大边防安保任务以及珠海市军警联合武装巡逻、沙滩音乐节、全国帆船锦标赛、抗击强台风“天鸽”“帕卡”等重大勤务；查破毒品案件11件，缴获各类毒品570余千克；查破偷渡案件178件627人，破案数量居全省边防系统第一；查获涉嫌走私案件131件，案值约8000万元，案值居全省边防系统第二；查缴“三无”船只111艘，审查澳门遣返人员251批910人，查获网上在逃人员15人。大三洲边防派出所作为粤港澳边界立体化防控体系建设试点，便捷化通关、智能化报港、合成化作战的经验获总队推广，与马骝洲边防工作站一并以自助通关的便民举措，纳入全省公安机关服务大湾区建设首批措施。着眼横琴开发、港珠澳大桥建成对港澳重点方向、重点人员防控，增设警务室6个，加强巡查设防。沿海船舶管理形成海上检查常态化机制，检查各类船只1651艘，以珠海市名义召开反偷渡反走私暨“三无”船舶销毁现场会，集中销毁188艘“三无”船只。

【依法从严治警】 2017年，珠海市公安边防支队加强从严治警教育整顿和安全工作大检查，集中排查整治11个方面163项问题隐患，部队内部保持稳中向上向好整体态势。在党内生活、党内监督、干部选用、执法办案、军事训练、正规化管理等方面制定出台规章制度9项，建全以制度管人管事法治体系。全年，部队无事故、无案件。

【警营政治生态】 2017年，珠海市公安边防支队形成良好公平公正选人用人机制，任用干部34名，调整交流干部78名，选取晋升士官65人，官兵信服、基层认可。开展“深知兵、真爱兵”活动，完善住房、医疗、保险、入学入托等保障，连续四年协调官兵子女入学率100%，战士考学、干部转业培训率100%。在各级媒体发稿753篇，其中，中央级媒体256篇。官兵立功受奖34人次，受各级表彰197人次。

【后勤保障】 2017年，珠海市公安边防支队争取地方划拨，新增高栏边防派出所建设用地3500平方米，地方经费支持4271万元。投入390万元，改造鸡啼门站营区、马骝洲站营房、大三洲所执勤现场、三灶所赤渔头警务区、机关饭堂、招待所，打造桂山、马骝洲站海上前进指挥所。新建8艘摩托艇于“八一”节入列，基层船艇更换一新，履行管海职能得到充分保障。完成高清图传项目建设。横琴大队洪湾边防派出所营房由地方代建交付使用。二期经济适用房获市委市政府批准建设。 （张 坤）

人民防空

【概 况】 2017年，珠海市人民防空办公室（简称珠海市人防办）积极拓展和深化军事斗争人防准备，提升基于信息系统体系防护能力，统筹人防建设与经济社会融合发展，推进人民防空发展改革。组织党员干部开展思想政治专题学习活动21场次。制定完善依法行政工作制度及办法17项。举办全市人防系统行政执法培训班1期。通过市数字城管系统处理人防工程案件88件，案件办结率100%。完成珠海市人防工程规划到2020年的修订和《珠海市地下空间开发利用规划与设计技术标准与准则》报批工作。编制《珠海市近期重点地区地下空间开发利用概念规划》《珠海市地下空间近期建设规划》。横琴新区开展《横琴新区人防工程专项规划》编制工作。全面下放人防工程维护管理行政检查职权，香洲区、金湾区、斗门区、高栏港区、高新区均建立人防工程属地化管理模式。全年安全生产形势平稳无事故，在全省人防建设年度目标管理考核中获“达标先进单位”。

【人防市场化改革】 2017年，珠海市人防办与市委办公室、市政府办公室、警备区司令部联合推进全市人民防空改革发展。出台《珠海市人民防空工程设计从业企业信息登记指引》《珠海市人防工程监理从业企业信息登记指引》，在人防系统率先引入单项信息登记制度，对建设部和国家人防办认定的相关资质均予以承认，推进人防市场逐渐开放和健康发展；制定《珠海市人防工程防护（防化）设备企业从业行为事中事后监管评价暂行办法》，发挥市场配置资源的决定作用，强化事中事后监管和诚信评价。出台《人防工程建设管理廉政风险防控措施》和《珠海市人防工程行政许可集体审批例会制度》，明确核办分离、审验分开程序要求以及集体决策，规范行使行政审批自由裁量权的规定。12月，落实市政府关于将部分党政机关事业单位可经营性资产和经营管理权划转给市管企业的工作部署，香洲区紫荆路南坑地下人防工程资产经营管理权移交给珠海市城市建设集团有限公司，吉大景山路地下人防工程资产经营管理权移交给珠海华发集团有限公司；全市人防系统扩大“马上就办”事项和申报材料允许补正范围，协调市、区行政服务中心实现人防报建部分业务“一窗通办”“同城通办”，人防工作更加贴近企业和群众。

【人防指挥场所建设】 2017年，珠海市人防办开展街道（镇）和重要经济目标单位人防指挥部编成设置试点工作，落实镇（街）人防工作部门，推进人防组织指挥链条延伸，香洲区、金湾区通过区编办明确镇（街）综治办（武装部）承担人防工作职能。金湾区完善人防基本指挥所和地面应急指挥中心设备设施，成为珠海市第一个设施最全、功能最完备的基层人防指挥所；斗门区完成人防基本指挥所选址、土地划拨等前期工作；香洲区人防基本指挥所在市101工程内的分区域建设完成施工和设备安装，投入使用；高新区、高栏港区完成区人防指挥室设备设施采购任务。市人防办研究制定街道（镇）人防指挥室指挥通信设备设施配套建设技术方案，完成与市应急办联合在前山街道建立应急（人防）指挥室的试点工作，指挥通信系统人防卫星地面站的升级改造工作，人防指挥信息系统有关防空袭预案、防空警报、防护工程、群众防空组织、疏散基地等数据资源的整合工作。制订《珠海市人防工程设施设备防洪涝指引》和《珠海市人防防汛抢险队伍组建方案》，建立抗洪抢险救援队伍4支，储备抗洪救灾物资一批。

2017年12月15日，珠海市成立信息防护、心理防护和伪装设障三支新型人防专业队，并在市人防办营区举行授旗仪式 （甘绍波 摄）

【人防训练与演练】 2017年，珠海市人防办组织全市人防机关训练、人防指挥信息保障中心训练、区域人防协同训练、人防工程技术保障单位训练、人防工程维护管理单位训练、群众防空组织训练和重要经济目标单位训练，各项参训率指标均达到《人民防空训练规定》和《人民防空训练与考核大纲》要求。其中，分3批组织参与珠、中、江三市人防指挥通信协同训练演练；“9·18”组织全市防空警报试鸣活动，香洲区、金湾区、斗门区、高新区分别组织部分居民、在校学生、企业员工等举行防空袭紧急疏散和消除空袭后果演练，参加演练人员2万名。

【人防信息体系建设】 2017年，珠海市人防办按照国家人防办警报

链　接：

如何识别防空警报信号

防空警报是城市防空体系的重要组成部分，平时用于抗灾救灾和突发重大事故情况下的灾情预报、紧急报告，战时用于人民防空，是各级人民政府实施人防指挥、组织民众疏散的基本手段。

防空警报信号的种类：预先警报、空袭警报或灾情警报、解除警报。其中，灾情警报的形式由各地区自行规定。

1. 预先警报：鸣 36 秒、停 24 秒，反复循环 3 遍为一个周期，总时长为 3 分钟，其特点是“长间隔”。

2. 空袭警报：鸣 6 秒、停 6 秒，反复循环 15 遍为一个周期，总时长为 3 分钟，其特点是“短间隔”。

3. 解除警报：连续鸣响 3 分钟，其特点是“无间隔”。

通信建设新规范和重新规划的警报控制频率，全市人防系统完成警报控制系统和警报终端升级改造。在“9·18”防空警报试鸣中，全市防空警报鸣响率达 97.2%，城区防空警报音响覆盖率超过 98%。组织开展重要经济目标空袭演练，示范指挥所开设伪装设障、引偏诱爆、抢险抢修、医疗救护等科目，指导重要经济目标单位编制应急防护措施和抢险抢修方案，组织其伪装设障专业队、抢险抢修专业队进行训练。完善市农科中心、十里莲江和台创园 3 个疏散基地建设。金湾区人防办结合新农村建设，组织对红旗镇八一社区人防疏散基地建设的可行性研究，委托设计单位对八一社区平战结合建设人口疏散基地进行规划设计。

【人防工程建设】　2017 年，珠海市人防办完成高新区金鼎文化广场公共人防工程主体结构施工；斗门区侨立中医院公共人防工程方案调整后进入设计和概算编制阶段；金湾区红旗文化广场公共人防工程完成初步设计和可研，进入项目报批阶段。重点建设项目地下轨道交通兼顾人防要求、港珠澳大桥人工岛联检楼人防工程以及珠海大数据中心、恩捷锂电池隔离膜生产基地和苏宁南方配送中心等大型重点项目的人防工程建设进展顺利。加强人防从业能力建设，举办人防工程及地下空间规划编制与实施培训、人防监理专业培训。强化人防工程质量日常监管，加强《人防地下室施工技术要点与常见问题防治》宣传，落实人防工程设计、施工技术交底和隐蔽验收工作。分别为中山大学珠海校区人防工程规划和应急避险工程兼顾人防需要、香洲区第二十五小学等 6 个教育项目，市妇幼保健院新址建设、斗门侨立中医院等 4 个医疗项目，恩捷锂电池隔离膜生产基地、云洲无人船等 5 家工业企业以及和港珠澳大桥人工岛联检大楼、横琴口岸联检楼、苏宁南方配送中心等大型重点项目提供事前咨询、现场服务和建设指导。定期开展质量安全检查，对全市在建人防工程项目进行现场大检查，检查在建人防工程、防护单元等，发出整改通知书 32 份，全部督促完成整改并进行复检。

【人防宣传教育】　2017 年，珠海市人防办推动人防公共安全教育馆项目建设以及促进人防主题公园建设。金湾区、斗门区、香洲区、高新区完成人防主题公园的选址及概念设计工作。完成科技创新海岸园区、白藤社区人防主题公园建设。制作人防宣传短片，在主要影院进行影前播放，超过 72 万人次接受教育；落实公交车站、道路标识牌人防宣传工作；在珠海“两台两报”、羊城晚报、大粤网等媒体宣传人防知识和人防法治教育。在各类媒体发布消息 100 多条（篇），其中国家级媒体 2 条（篇）；编辑出版《珠海人防》，参与《珠海公众应急手册》编制工作；拓展人防宣传教育“进机关、进学校、进企业、进社区、进媒体”工作。做好学生和机关团体人防知识教育普及工作，全年培训中小学生 4 万人次，培训中小学兼职人防教师 200 人；分别在北师大珠海分校、北理工珠海学院、吉林大学珠海分校、遵义医学院珠海分校招募具有通信、工程、户外救援、宣传策划等相关专业的大学生人防志愿者 130 名。各区（功能区）人防办通过社区人防工作站，组建社区人防志愿者队伍 57 支，总人数超 500 人；开展党校处级班、中青班学员体验人防 101 工程活动；将人防知识教育片作为培训课件纳入“珠海市干部教育培训网”，参与学习培训 1.5 万多人。（汪　宁）

·责任编辑：曹　琨·

经济监督管理

经济体制改革

【“双自联动”体制机制创新】 2017年，珠海市落实“双自联动”方案，出台《加快推进珠海国家自主创新示范区和横琴自贸试验片区联动发展（2017—2020年）的行动方案》。发挥横琴自贸试验区功能平台作用，出台《关于充分利用横琴自贸试验区功能平台促进全市招商引资工作方案》和《关于将横琴高新技术片区及科技研发片区纳入珠海高新区区域范围的方案》，横琴自贸片区制度创新红利和各项优惠政策惠及全市。横琴自贸片区定期举办融资对接活动，区内金融机构与来自高新区等区域科技企业进行对接，引导横琴私募基金投资新兴产业和高新技术产业。至年底，在横琴注册经中国证券投资基金备案的私募基金管理人394家，私募基金662只，实际对外投资规模超过1500亿元。

【供给侧结构性改革】 2017年，珠海市创新投融资模式，完成《珠海发展投资基金管理办法》。基金管理公司内部完成董事会和总办会议事规则、投资决策制度、财务管理制度以及风险控制制度等核心制度；组建子基金，至年底，达成组建意向子基金33只，总规模超过500亿元，其中提交基金管理公司投决会审议子基金11只，涉及基金规模236亿元，包括基础设施类4只，规模141亿元。推动企业发行企业债券工作，珠海港集团、横琴金投列入《关于印发2017年全省重点发债项目及储蓄项目名单的通知》项目名单。推进政府和社会资本合作项目工作，起草《珠海市传统基础设施领域政府和社会资本合作项目实施指引（试行）》，制定《政府和社会资本合作项目财政管理暂行办法》。降低企业制度性交易成本，编制《珠海市政府定价的涉企经营服务性收费目录清单》《珠海市政府定价的经营服务性收费目录清单》，实行动态管理，根据法律法规规章和权力清单以及收费政策变化，及时调整和完善清单内容，实时更新公布。理顺园区管理体制和运行机制，5月，成立珠海市园区建设工作领导小组；理顺富山工业园区管理体制和运行机制，对富山工业园管委会及所管理的事业单位进行调整优化，印发富山工业园管委会机构编制事项调整文件。

推进PPP项目落地实施　推动园区和交通基础设施项目利用PPP模式，全年市区按照PPP模式推进项目19个，总投资473.95亿元，其中市级项目12个，总投资319.19亿元，包括鹤洲至高栏港高速公路、金海公路大桥、兴业路、中信环保产业园、淇澳红树林湿地公园、洪湾渔港建设、香洲渔港综合整治项目；区级项目7个，总投资154.76亿元，包括海绵城市建设（横琴、斗门和金湾）、高栏港区平沙医院、黄茅海15万吨级航道扩建疏浚项目、斗门富山工业园区基础设施建设、综合管廊建设（金湾、斗门）和香洲区学校、医院项目等。制定兴业路（北段）PPP实施方案并开展招标工作；批准前山河“一河两涌”生态绿堤水系工程改用PPP投资模式推进。珠海市申请纳入省PPP项目库管理项目6个，其中，珠海市高栏港平沙医院、斗门区黑臭河涌水生态修复、高栏港区平沙新城生态公园3个PPP项目经省财政厅审核通过并入库；金海公路大桥工程、香洲区人民医院改扩建、高栏港区5万吨黄茅海航道一期工程及主航道维护3个PPP项目上报省财政厅申请入库，审核中。

推进农业供给侧结构性改革 提前完成农村土地承包经营权登记颁证目标任务，至年底，全市实测承包地面积1.67万公顷，实测率255.11%。全市颁证率由年初的0.03%提高到年末的95.44%，提高95.41个百分点。实施农业名牌带动战略，加强“三品一标”认证，加大对名牌产品的资金政策支持力度。全年高栏港区和斗门区先后出台相关政策推动农产品迈向品牌化道路，获得认证的绿色食品、无公害食品、名牌农产品和获国家、省、市荣誉称号企业最高一次性奖励50万元。创建国家级农业标准化示范区1个，省级农业标准化示范区1个；培育无公害农产品9个，广东省名牌产品（农业类）7个，广东省名特优新农产品和经营专用名牌4个，“十大名牌”系列农产品2个，“白蕉海鲈”入选中国百强农产品区域公用品牌，“乡意浓”有机米获第十五届中国国际农产品交易会农产品金奖，取得认证农产品品牌数量是上年的7倍，成功孵化一批“珠字号”农业金字招牌，打响珠海优质农产品名牌。第一、二、三产业融合成效凸显，斗门农村电子商务园开园运营，打造“互联网+产业带园区+金融+政府”5.0电子商务园。农业向标准化、产业化、品牌化转变，引进中国云谷、阿里巴巴斗门农村淘宝等涉农电商平台型和服务型企业23家，获科技部批复为第一批国家“星创天地”、农业部批复为“全国农村农业双创基地”。

【国资国企改革】 2017年，珠海市印发《关于进一步推进国有企业改革发展的意见》，制定监管权责清单、优化布局、公司治理、混合所有制改革、投资管理、投资后评价、职业经理人、收入分配、加强党建等9个配套制度，搭建珠海“1+N”国资国企改革基本框架。配齐配强董事会和专职监管队伍，制定《关于加强珠海市市管企业公司治理建设的若干指导意见》，建立企业人才库。起草《珠海市国资委监管企业职业经理人管理办法》和《关于进一步完善市属企业收入分配制度健全激励约束机制的指导意见》，推进市场化选聘。市国资委指导华发集团、水务集团、公交集团、航空城集团、九洲控股等企业以增资扩股等多种途径引进战略投资者，推动混合所有制改革，激发体制机制活力，促进一批项目资源协同、企业战略合作。培育上市公司集群，支持上市企业整合其他经营性资源，推动华发集团、九洲集团等企业加快资本运作，推进华金证券、英飞尼迪、香港庄臣等上市工作，推动华发景龙、华发中建、华冠电容器等进入资本市场。混合所有制改革取得进展，广铁物流和华冠科技在新三板挂牌。航空城集团、珠海港集团、金控集团参与全省机场整合、港口资源整合、统一产权交易平台整合及城际轨道投资建设前期谋划工作。推进公交集团、九洲控股、海投公司与省交通集团通过股权合作共同运营港珠澳大桥连接穿梭巴士和人工岛客运、站场业务。2017年，国有控股上市公司总市值3050.51亿元，归属国有权益191.17亿元，国有资本效应放大15.96倍。指导九洲控股集团和金控集团下属公司上报员工持股第二批试点企业。出台《关于促进市管企业党组织与董事会经理层监事会协调运转、有效制衡的指导意见》，明确党组织与各治理主体权责、相互关系和党委参与重大问题决策的决策机制，指导企业构建现代企业制度。全国率先制定促进市属企业党委与董事会、经理层、监事会协调运转、有效制衡的指导意见，落实国有企业党组织在公司法人治理结构中法定地位。落实市属企业公司章程和党委议事规则修订工作，发挥党组织在国有企业领导核心和政治核心作用。为13个工作示范点基层党支部下拨专项经费55万元，强化基层党支部建设。指导市属国企制定“十三五”发展规划，将规划目标分解落实到年度经营计划中，制定保障措施推进实现规划目标。完成16家市属国企“十三五”发展规划评审。

【国家信用体系建设示范市创建】 2017年，珠海市落实创建国家信用示范市各项任务，制定《珠海市创建国家社会信用体系建设示范城市工作方案》，明确责任单位和任务完成期限；市信用办联合人行珠海中心支行转发《社会信用体系建设示范城市评审指标（2017年版）》，明确创建国家信用示范市验收标准。珠海市社会信用体系建设工作连续五年在全省“两建”考核中并列第一。升级完善市公共信用信息管理系统，加强公共信用信息归集共享力度，系统全年涉及部门69个、信用信息共享目录3936个、信息1593万条。健全信用法规和标准体系，建立部门和行业间联动奖惩机制，以社会诚信提升城市文明。市发改局（市信用办）联合税务等部门制定对“格力系”“华发系”与“横琴系”A级信用纳税人激励措施，签订诚信纳税信用体系建设框架协议，推动多方联动、税企共治新型联合激励发展模式。出台商事主体信用约束和风险监管措施，市商改办委托北师大珠海分校国际商学部研究商事主体信用约束和风险监管措施，起草《珠海市商事主体信用信息管理办法》。落实国家关于推进失信被执行人信用监督、警示和惩戒机制建设意见及省实施意见。

珠海法院以“四个基本”（被执行人规避执行、抗拒执行和外界干预执行现象得到基本遏制；人民法院消极执行、选择性执行、乱执行的情形基本消除；无财产可供执行案件终结、本次执行程序标准和实质标准把握不严、恢复执行等相关配套机制应用不畅的问题得到基本解决；有财产可供执行案件在法定期限内基本执行完毕，人民群众对执行工作的满意度显著提升，人民法院执行权威有效树立，司法公信力进一步增强）作为基本解决执行难的总体目标。出台《珠海市中级人民法院关于落实用两到三年时间基本解决执行难问题的工作方案》和《珠海两级法院开展“攻坚2017”专项执行活动实施方案》，构建综合治理执行难新格局。推进失信被执行人黑名单制度运用，全年全市法院纳入失信被执行人名单7286人，各级法院通过报纸、电视、网络等方式公布失信被执行人信息，促其履行义务。全年法院限制出入境226人，对未申报或未如实申报财产、规避执行、拒不履行的被执行人，视情节罚款15次，罚款金额236.5万元、拘留228人，拒执罪移送25人。

【财政金融改革】 2017年，珠海市财政局完成全市财政部门全面开展政府综合财务报告试编工作，理顺政府部门不同账套之间对应关系，清查政府资产负债；制定国家和省关于发展绿色金融意见的落实措施，以排污权抵押贷款作为发展绿色金融突破口，出台《关于印发〈珠海市排污权抵押贷款指导意见〉的通知》，推动排污权抵押贷款业务发展，探索建立绿色信贷机制。

发展规划管理

【发展规划编制】 2017年，珠海市统筹编制《珠海市2017年国民经济和社会发展计划》《珠海市2017年政府投资项目计划》《珠海市2017年重点建设项目计划》。加强对各区稳增长工作督促考核指导；协调经济工作部门，及时出台工业、消费、外贸稳增长政策措施；科学研判经济形势，形成针对性、操作性较强的政策建议，为市委、市政府精准施策提供重要参考。

【改革计划制定】 2017年，珠海市制定改革工作方案及行动计划，推进供给侧结构性改革。去产能取得实效，完成全市特困企业出清重组，向粤东西北地区转移落户项目26个。推进去库存，实施“限购、限贷、价格备案、限售”调控措施，平均房价趋于稳定。降成本使企业获益，全年为企业累计降负超过80亿元。全年完成补短板投资251.16亿元，完成计划142.5%。“放管服”改革打造良好营商环境，新增下放市级行政管理事权44项，15个部门56个项目事项实现“一门式一网式”审批。推进投融资体制改革，修订《珠海经济特区政府投资项目管理条例》《珠海市建设工程招标投标管理办法》。组建珠海发展投资基金，首期推进总规模超过500亿元的34只子基金投向珠海基础设施和产业项目。信用体系建设成效显著，全市信用信息管理系统初步实现信用信息互通共享，社会信用体系建设工作在全省“两建”考核中连续五年蝉联第一。深化商事制度改革，出台商事主体“一照一码”登记服务全程电子化暂行办法，珠海易注册全面开通上线；出台商事主体名称申报管理办法，在全国率先取消名称预先核准，实行商事主体名称自主申报制度。

【投资计划管理】 2017年，珠海市发改局编制市政府投资项目投资计划，加强政府投资项目投资计划管理、市区两级发改投资监控联动机制，督促各区完成分解任务。建立珠海市固定资产投资运行监测指标体系。组织市直有关部门梳理全市促进民间投资政策并形成政策汇编。编制《珠海市政府投资灾后重建项目计划》，安排41个重建项目，总投资31.9亿元。

【重点项目建设计划】 2017年，珠海市安排重点建设项目计划304个，总投资5721亿元，年度计划投资615亿元。其中，计划新开工项目102个，计划投产项目64个。建立现代基础设施支撑保障体系，加快建设高速公路、铁路、机场和港航等现代综合交通运输工程，完善市政道路建设，优化提升能源保障水平，加大水利基础设施建设力度，加强环保设施建设，加快“三旧”改造和城市建设提升工程，安排基础设施重点项目131个，年度计划投资376亿元。构建现代产业新体系，实施创新驱动发展战略，启动一批创新发展孵化项目，安排产业重点项目137个，年度计划投资212亿元。保障和改善民生，推进国民教育、医疗卫生、文化体育、居住保障等社会事业载体建设，安排民生保障重点项目36个，年度计划投资26亿元。全年全市重点建设项目完成投资703.87亿元，完成年度计划114.4%，42个省重点项目完成计划148.2%。全年新开工项目95个，完工项目60个，基础设施工程、产业工程、民生保障工程分别完成投资413.89亿元、259.72亿元、30.26亿元。推动总投资31.9亿元的41个项目开展灾后重建。

【物价监管体系】 2017年，珠海市价格监督检查与反垄断所推广价格监管随机抽查，制定《价格监督检查“双随机一公开”工作制度》和《珠海市价格监督检查随机抽查事项清单》。建立全市价格行政执法人员名录库，入库49人；建立价格监管经营者名录库，收录金融、药品、医疗等十个行业经营者4951家。通过“双随机”方式开展14项检查，随机抽取检查对象82家，公开处罚信息5条。为执法人员配备移动执法终端，逐步推行执法全过程记录。做好执法档案整理，全年没有行政复议和行政诉讼案件。通过局网站、微信平台推送价格执法有关政策法规，派发宣传资料，召开政策宣讲会2次。

【房地产调控方案】 2017年，珠海市办理楼盘价格备案104宗。成立商品房备案审查组，对企业申报价有异议的价格备案问题集体讨论决定。委托房地产中介机构开展全市商品房成本构成研究，作为价格指导。每月开展商品房销售价格和房地产中介机构收费检查，向房地产调控协调会议报告。（刘慧娜）

国有资产监督管理

【概　况】 2017年，珠海市国有资产监督管理委员会（简称珠海市国资委）监管的16户市属国企资产总额6018.75亿元，比上年增长13.96%；归属于国有权益总额996.41亿元，增长10.45%。实现营业总收入2152.08亿元，增长32.68%；利润总额336.70亿元，增长40.93%；净利润269.44亿元，增长41.37%，其中，归属国有净利润65.04亿元，增长29.46%。全年市管企业上交税费199.07亿元，实现就业岗位12.19万人，承担市政府重大投资建设项目86项，涉及总投资额1512亿元。上缴国资收益14.30亿元。

【市属国企改革】 2017年，珠海市国资委制定《珠海市属国有资本布局结构优化实施方案》《珠海市市属国有企业董事会投资决策工作指引》，起草《珠海市市属国有企业投资监督管理办法》，明确50%以上新增投资投向实体经济，优化调整国有资本布局和结构。完善公司治理，加大对企业董事会投资决策授权，推动产业转型升级，聚焦主业、盘活存量、做优增量，引导、推动国有资本向支柱产业、优势企业、核心主业集中，形成“十三五”时期珠海国资国企新发展动力源和增长极。

推进混合所有制改革　以优化资源配置为前提推进混合所有制改革，促进国有企业转换经营机制，放大国有资本功能，提高国有资本配置和运行效率。推进公交集团、九洲控股、海投公司与省交通集团通过股权合作共同运营港珠澳大桥连接穿梭巴士和人工岛客运、站场业务。完成公交集团的通达卡运营公司、交通集团的南化加油加气站、保安集团的横琴保安服务公司等项目引入民间资本和增资扩股工作。

推动产业集聚发展　引导国企参与城市运营和发展战略性新兴产业，以华发集团开发建设富山产业工业园、珠海智慧产业园为契机，加快培育和提升产业导入、运营、扶持和服务综合能力，探索可复制推广全链条片区开发建设模式。城建集团加快大数据中心项目和光伏发电项目建设，助力珠海打造智慧城市产业集群。航空城集团推进珠海航空产业园开发建设，园区基础设施配套逐步完善。珠光集团与横琴新区合作共建“澳门特色金融产业园”，推动琴澳特色金融发展。水控集团参与中信环保产业园生物质热电、污泥处置、医疗废物处置等环保项目。

开放水平提升　华发集团承办第三届中以科技创新投资大会、首届中国—拉美国际博览会和“21世纪海上丝绸之路”国际传播暨中国（广东）企业走出去论坛。珠海港集团推进“川贵广—南亚国际物流大通道”建设，大通道西南地区重要支点贵州昌明国际陆港申报项目获国家多式联运示范工程。农控集团“俄罗斯与黑河特色商品体验馆”开业运营，开创珠海黑河两市合作先河。会展集团举办第四届珠海国际汽车展览会、2017VEX机器人展览会暨中国区选拔赛等国内外多项活动。免税集团中标天津滨海国际机场进境免税店5年经营权，实现免税业务在地域和经营种类上的历史性突破。珠光集团搭建“珠澳经贸合作平台”及“珠澳人力资源和职业培训基地”，服务珠澳经贸发展和人才集聚。珠海保安集团有限公司成为首家内地向澳门酒店输送保安劳务的试点企业。

【市属国企发展】　2017年，珠海市市属国企所承担的经济保障领域产销平稳增长，水控集团供水3.83亿立方米，比上年增长3.63%；农控集团农产品供应量增长19.48%；珠海机场新增航线53条，客流量达921万人次，增加54.5%。珠海港集团完成货物吞吐量1.2亿吨，增长33%，完成集装箱吞吐量226万标箱，增长45%。公交集团新增投放新能源公交车100辆。

自主创新工作　格力电器以“技术创新，自主研发”作为企业长远发展战略，建成专业空调研发中心，拥有国家级技术研究中心2个、国家级工业设计中心1个，成立基础性研究院7个，建成实验室727个，全年申请专利突破7000项，专业研发队伍9000多人，人均研发经费超过50万元。保安集团开发全国首家互联网随身护卫业务平台“无事APP”，亮相2017年中国国际安保博览会。

促进实体经济建设　华发集团、格力集团牵头组建珠海基金，基金规模首期500亿元，二期规模1000亿元，在全国地级市中处于领先水平。成立产业投资类子基金22只，基础设施类子基金11只，全力引导资金“脱虚向实”，推动珠海实体经济发展。农控集团与省农业供给侧结构性改革基金合作，设立珠海子基金，推动珠海农业现代化进程。

完善公司治理　修订《关于加强珠海市管企业公司治理建设的若干指导意见》，制定《国有独资公司章程（范本）》和《董事会议事规则》，指导企业进一步规范公司治理。出台《关于促进市管企业党组织与董事会经理层监事会协调运转、有效制衡的指导意见》，明确党组织与各治理主体的权责、相互关系和党委参与重大问题决策机制，指导企业构建现代企业制度。

【国有资产监管】　2017年，珠海市国资委印发《中共珠海市委珠海市人民政府关于进一步推进国有企业改革发展的意见》。制定监管权责清单、优化布局、公司治理、混合所有制改革、投资管理、投资后评价、收入分配、加强党建等配套制度，搭建珠海“1+N”国资国企改革基本框架。制定并分解下达国资国企5年发展目标任务，为企业发展确立目标和方向。

授权放权释放企业活力　梳理国资权责清单，减少出资人审批核准事项，拟下放权力7项、授权权力1项，占现有权责清单32项的四分之一，重点在投资管理、薪酬管理、市场化选聘、产权转让、增资扩股、无偿划转等方面进行授权、放权。

推进经营性国有资产统一监管　完成党政机关事业单位可经营性国有资产统一监管改革任务，将行政机关、事业单位及社会团体的经营性国有资产进行统一国有产权登记，完成市属粮食企业、国有酒店、珠海大会堂资源整合和移交工作，完成物业资产接收388宗。

加强审计和后评价工作　修订企业投资后评价工作指引，追究决策过错责任以及提案人、项目负责人经济责任。开展出资人审计工

链　接：

多式联运是依托两种及以上运输方式有效衔接，提供全程一体化组织的货物运输服务，具有产业链条长、资源利用率高、综合效益好等特点，对推动物流业降本增效和交通运输绿色低碳发展，完善现代综合交通运输体系具有积极意义。

作，重点加强内部控制审计、财务收支审计和投资项目后评价审计。完善审计、纪检、人事、企业内部审计机构审计联动机制与整改责任机制，发挥监督资源合力效应。严把市属企业财务信息审计质量关和重大资金支出关，签收各项审计报告 647 份，专职监管人员联签金额 300 多亿元。

【市管企业供给侧结构性改革】 2017 年，珠海市市管企业通过增资扩股、定向增发、财政注资、降低带息负债、调整债务结构等方式，优化资本结构，降低资金成本和财务杠杆风险。资产负债率有效降低，比年初下降 2.16 个百分点。10 家市管企业资产负债率低于 65%。利息支出减少 6.22 亿元，降幅 9.08%。完成国有“僵尸企业”出清重组任务 133 家，实现脱困特困企业 31 家。格力地产与格力集团 42.96 亿元债权债务问题得到妥善解决。

【国企重大项目建设】 至 2017 年底，珠海市属国企累计承担全市重大投资建设项目 91 项，占全市 30%，总投资额 1528.24 亿元，其中完工项目 37 项，在建项目 46 项，拟建项目 8 项，投放资金 665.20 亿元。海投公司承建的港珠澳大桥珠海口岸项目，实现年底具备通车条件目标。交通集团承建的香海大桥、洪鹤大桥项目克服风灾不利影响，如期完成年度建设计划。航空城集团通用机场项目完成年度投资计划 110.87%。格力集团牵头、城建集团参与的单体投资额最大的市政道路兴业路快速通道（北段）、九洲控股集团承建国内首个以“公益 + 旅游”模式开发的三角岛项目开工建设。推进水控集团投资建设的第四条对澳门供水管道工程、平岗至广昌原水供应保障工程、西部中心城区海绵城市 PPP（第二批国家试点）项目。 （胡钰婍）

审 计

【概 况】 2017 年，珠海市审计机关完成审计（调查）项目 137 个，查出主要问题金额 110.18 亿元，其中违规金额 2.05 亿元、损失浪费金额 0.07 亿元，管理不规范金额 108.06 亿元；损益（收支）不实 12.98 亿元；审计处理处罚金额 4.96 亿元，其中应上缴财政 1.36 亿元，应减少财政拨款或补贴 0.61 亿元，应归还原渠道资金 0.68 亿元，应调账处理金额 2.30 亿元；审计发现非金额计量问题 966 个；审计期间整改金额 1.63 亿元；审计促进整改落实有关问题资金 1.11 亿元，其中上缴财政 0.69 亿元，减少财政拨款或补贴 0.19 亿元；审计后挽回（避免）损失 0.61 亿元，核减投资额 0.65 亿元。移送纪检监察机关和有关部门处理事项 11 件，涉及金额 5.27 亿元；出具审计报告和专项审计调查报告 190 篇，被批示、采用 21 篇；提出审计建议 459 条，被采纳 147 条；提交审计专题、综合性报告和信息简报 76 篇，被批示、采用 5 篇。

是年，珠海市审计机关联合属地区委、市委组织部实行“共同酝酿，区委考察，组织任免”，制定《行政区审计局领导班子成员选拔任用工作流程》《珠海市区级审计机关领导班子成员选拔任用管理制度》，编制《“十三五”珠海市审计工作发展规划》等规范性文件 10 个。

【“人财物事”体制改革】 2017 年，珠海市审计机关深化“人财物事”体制管理改革，由珠海市审计局选派 3 名优秀干部到金湾区、香洲区、斗门区审计局担任“一把手”，实现对区级审计机关正职委派全覆盖；审计机关人财物归省统管后，工作经费、资产和工资与地方脱钩，在省财政厅尚未明确经费是否可纳入地方财政予以保障的情况下，制定《珠海市关于完善审计制度若干重大问题的实施方案》，以制度形式固定下来；优化职能配置，调整优化内设机构 6 个，实施审计计划、执行、审理、整改“四分离”运行机制；推行市区审计计划编制、重点项目开展、审计报告审理、大数据审计实施、教育培训组织“五统一”；建立审计人员终身负责制，倡行“四项检验”（是否树立保护新生事物的强烈意识，是否具备认识发现创新的战略眼光，是否保持包容创新试错的良好心态，是否严格做到“三个区分”）；出台审计结果公开制度，建立干预审计登记报告制度，制定打造“三种审计”（阳光审计、微笑审计、服务审计）实施方案。

【大数据审计】 2017 年，珠海审计机关创新审计方式方法，以“大数据审计”统领全覆盖，开展大数据审计分析“关联审”。将大数据技术应用到预算执行、财政收支、社保基金、经济责任等审计中，实现“全面分析、分散核查、精准打击”。在全省地级市审计机关率先成立数据分析科，组建近20人的大数据分析团队。实施审计数据分析、资源统筹管理、虚拟云终端应用三大系统建设，整合财政部门实时在线查询、监察部门廉情预警系统。利用“资源统筹、综合分析、业务留痕、实时预警、安全共享”等核心功能，推动大数据审计与传统审计业务深度融合。

【财政预（决）算审计】 2017年，珠海市审计机关开展财政预（决）算“同步审”，市级审计机关统一组织及编制方案，市、区两级审计机关同步开展区财政预（决）算审计。完善实时在线监督系统，以审计监督与资金使用同步为目标，建立财政资金使用预警机制，实现财政资金常态化监督。全年查出问题金额91.82亿元。

【政府投资审计】 2017年，珠海市审计机关开展政府投资项目“统一审”，统筹各区投资审计力量，统一开展政府投资项目审计。完善“全程跟踪、分步实施、分段报告、控制风险”跟踪审计模式，解决事后“碎片式”审计时效性不强、效率不高等问题。政府投资审计实现范围从造价审核向全过程跟踪转变。全年完成政府投资审计项目40个，项目投资额749.65亿元，核减投资额0.65亿元，查出主要问题金额2.33亿元。

【经济责任审计】 2017年，珠海市审计机关完成对50名领导干部离任或任中经济责任审计，实行经济责任对象“分类审”。按领导干部所在单位（企业）掌握资金、权力的程度，设计审计频率，加大任中审计比重，完善“权力清单”“责任清单”评价体系，采取授权和交叉审计组织模式，对被审计对象实施分类审计，审计报告和结果报告报送市有关部门，强化审计结果运用。实现从资金规范向权力运行转变。全年查出主要问题金额19.82亿元，其中违规金额0.94亿元，损失浪费金额0.15亿元，管理不规范金额18.73亿元。

【企业审计】 2017年，珠海市审计机关对国有企业审计实行“同责审”，推行国企董事长、总经理同步审计，全面评价国企中非法定代表人实际履行企业经营管理重要职责情况，实现国企主要领导干部经济责任审计无“盲区”，从单一合规性向合法效益性转变。全年完成国有企业及国有资本审计项目3个，查出问题金额11.89亿元。

【政策落实跟踪审计】 2017年，珠海市审计机关政策跟踪审计实现从临时性督促向常态化跟踪转变，涵盖供给侧结构性改革、简政放权和“放管服”改革、创新驱动发展战略、投资管理体制、金融改革创新等重点领域改革，加强揭示、纠正政策执行不力和政策偏差等问题43个，完成整改问题24个，正在整改问题11个，属省级移交省审计厅督促跟踪结果问题8个。

【民生（专项）资金审计】 2017年，珠海市审计机关民生资金审计实现重心从虚套冒领向增强绩效转变。加大民生资金规范性和绩效性，谨防形成资产风险性。全年完成审计项目9个，涉及资金总额58.01亿元，查出主要问题金额4.14亿元。

【资源环境审计】 2017年，珠海市审计机关资源环境审计实现从无到有、从可审到必审转变。推动建立资源环境基础数据库、率先开展对大气污染防治专项审计、探索常规经济责任审计与自然资源资产离任审计相结合、建立健全环境审计标准体系、强化应用地理信息系统等大数据技术应用。全年完成审计（调查）项目6个，查出主要问题金额3766万元，审计期间促进被审计单位上缴财政237万元。

【内部审计】 2017年，珠海市内部审计4411个项目，审计总金额1893亿元，建议给予行政处分4人，实际给予行政处分4人，向司法机关移送案件1件，向司法机关移送1人，提出建议意见被采纳2590条。（黄健梅）

市场价格监管

【价格监督】 2017年，珠海市价格监督检查与反垄断所开展客运票价、景区门票价格、停车场收费、食盐价格、殡葬服务价格、电力价格、房地产销售价格、房地产中介收费、建材市场价格、旅游购物商场价格、银行收费、电子政务平台收费等14项专项检查，查处价格违法行为6宗，没收违法所得55.72万元，罚款11.35万元，罚没入库67.07万元。受理价格投诉举报2099宗，办结率100%，满意率93%。推进公平竞争审查制度，建立珠海市公平竞争审查工作部门间联席会议制度。

【价格调控】 2017年，珠海市价格监督检查与反垄断所对农副产品价格调控项目库成员单位实施农副产品价格调控，全市28家成员单位让利16.4万元。落实低收入群体临时价格补贴和保障标准与价格上涨联运机制，向城乡低保对象和特困人员等发放价格临时补贴73.55万元。全年办理商品房销售价格备案117宗。

【价格监测】 2017年，珠海市价格监督检查与反垄断所做好日常、节假日、重要防护期商品和服务价格监测与分析预测，开展鲈鱼和罗非鱼出塘价格监测，每周在局网站公布。向有关部门报送价格监测数据760次、价格监测分析报告49篇。

【成本监审】 2017年，珠海市价格监督检查与反垄断所开展管道天然气价格、港珠澳大桥珠海连接线车辆通行费、垃圾处理收费的定价成本监审，为制定和调整价格提供依据。

【价格认定】 2017年，珠海市价格监督检查与反垄断所（加挂珠海市价格认定中心），受理司法与行政执法机关委托的价格认定1249宗5034万元。启动新的价格认定系统，提出机关可至少减少1次窗口现场办理，实行流程化控制，确保结论书程序合法、结论客观公正。组建珠海市价格认定专家库，收录汽车维修、装饰建材、钟表、船舶和玉石等10个行业14名专业人士和单位为首批价格认定专家库成员。提高价格认定工作质量和水平，印发《关于成立价监所价格认定案卷评查小组的通知》，开展自查以及区级评查。 （刘慧娜）

统 计

【统计服务】 2017年，珠海市统计部门在对各项主要经济指标及关联指标进行测算的基础上，强化统计服务，围绕各阶段经济发展目标任务开展统计监测，加强统计分析报告报送力度，针对经济运行中存在问题提出预警意见和工作建议，全年完成各类统计分析78篇。编印《主要经济指标统计方法实操手册》。

【统计指导】 2017年，珠海市统计局建立局领导挂点联系各区（功能区）工作机制，督促指导各区统计工作。加强与各行业主管部门联系，发挥各主管部门的行业引导作用，分别对市商务局、市财政局、市住规建局等行业主管部门提出针对性地抓好短板指标的可行意见。部署“优化统计结构、挖掘经济发展潜力”工作，组织召开全市统计局局长工作会议，采取措施落实相关工作。

【法治统计】 2017年，珠海市统计局推动各区加挂统计局牌子，确保在机构设置上符合统计法及中央文件要求，为各级统计部门依法独立行使职权奠定良好基础。首次在全市范围内组织开展“区域间交叉执法”检查、严格规范开展两轮“双随机”执法检查。全年执法检查“四上”企业（规模以上工业企业、资质等级建筑业企业、限额以上批零住餐企业、限额以上服务业企业等四类规模以上企业）134家，其中“双随机”检查50家，专项检查20家，“交叉检查”64家。

【统计改革】 2017年，珠海市统计局推进统计信息化建设，实现统计微观数据库系统上线运行，提升数据处理效率。按照国家统计局等部门有关要求，探索推进自然资源资产负债表试点工作，参照试点城市做法，将编制工作所涉及的内容进行职责分工，召开试点工作联席会议，加强组织领导。

【第三次全国农业普查】 2017年，珠海市完成普查小区828个、农业普查表登记对象59088户、规模农业经营户登记对象6179户、农业普查经营单位442家、行政村普查表191个、乡镇普查表19个的普查登记工作。参与普查工作的指导员191名、普查员828名。

【人口变动情况抽样调查】 2017年，珠海市落实经费保障、做好宣传发动和人员培训，推进2017年人口变动情况抽样调查工作。覆盖全市326个社区，对抽中的24个社区8000余名普查对象进行上门登记。

【阳光统计】 2017年，珠海市统计局主要负责人分别于4月、9月参与网上访谈和电台直播节目，解答群众关心的统计问题。主动做好调查数据公开工作，每季度召开全市统计调查数据新闻通报会；每月25日前在珠海统计信息网和政府网发布上月度全市重要指标数据和相关指标数据解读，全年公布各类统计数据信息150余条，为社会各界全面认识全市经济形势提供统计信息保障。（曹玉华）

工商行政管理

【概　况】 2017年，珠海市工商局以“转型、创新、服务”为工作主线，深化“放管服”改革，完成工商体制改革、商事制度改革和市场监管执法等任务，促进营商环境改善。

商事制度改革　落实《珠海经济特区商事制度条例》，降低市场准入门槛，通过将注册资本实缴制改为认缴制、简化住所登记手续、实行住所申报和经营范围申报制度、实施“一址多照”“一照多址”等改革，降低兴办企业的资金、场地门槛；推行“多证合一、一照一码”改革，减少企业办事环节；实行全程电子化商事登记等便利化改革，优化设立登记审批模式，实行“记载+公示”，推行“珠海易注册”APP，提供全天候、高效便捷登记服务。印发《珠海市商事主体“一照一码”登记服务全程电子化暂行办法》和《珠海市商事主体名称申报管理办法》两个部门规范性文件，商事制度改革法律法规体系得到进一步完善。3月1日起在全市实施企业简易注销登记改革，全年简易注销企业173家；7月14日起实行商事主体名称自主申报制，珠海商事主体名称不再由商事登记机关核准，除法律法规、规章禁止使用的名称以外，申请人可以自主选择商事主体名称，开办企业必需的程序、环节和时间进一步压减，办理营业执照时间仅为0.5天。根据省工商局、省社科院《2017年度广东各市开办企业便利度评估报告》，珠海开办企业便利度位居全省第五。全年全市市场主体持续增长，新登记商事主体5.29万户，至年底，全市商事主体29.04万户，比上年增长14.2%。

助推各类市场主体发展　引导企业通过股权出质、商标质押、动产抵押等方式，争取银行贷款，解决资金不足困难；引导企业采用抵押登记方式，对购销合同履行进行担保，化解合同风险，办理企业动产抵押登记100宗，抵押登记金额68.05亿元。开展广东省“守合同重信用”企业公示活动，1189家企业被公示为2016年度“广东省守合同重信用企业”，公示数量比2015年度增长34.4%。扶持小微企业发展，以党建带动非公经济组织健康发展，稳步推进“小个专”（小微企业、个体工商户、专业市场）党建工作，全年全市有“小个专”党组织845个。

打击侵犯知识产权和制售假冒伪劣商品　市工商局向各区工商局、市场监督管理局印发《关于提醒我市玩具生产和出口企业注意智利商标抢注案件的通知》，有外籍商人将120多个中国玩具企业的厂名及商标以个人的名义在智利工业产权局申请注册，该抢注行为一旦成功，可能阻碍珠海市相关厂商的产品进入智利及南美周边国家市场，直接影响相关企业利益；提醒各企业如发现被抢注，要及时积极通过当地法律和行政程序依法主张自身权利。组织开展打击商标侵权“溯源”专项行动，有效保护格力电器、丽珠、元朗、爱婴岛等重点企业商标专用权。6月，市工商局与市知识产权局共同开展专利商标代理机构、知识产权交易场所随机检查。是年，查处“双打”（打击侵犯知识产权和制售假冒伪劣商品违法行为）案件128件。

【商标品牌培育】 2017年，珠海市工商局推进产业和区域商标品牌建设，挖掘特色优质产品资源，确定斗门区的“鸭扎包”“白蕉海鲈”作为地理标志商标培育发展对象。推进打印耗材等行业创建国际区域品牌（公共品牌），市打印耗材协会两件商标（商标注册号第17823094号、第17938419号）分别注册成功。推动手信行业集体商标注册，市工商局多次与市文化体育旅游局、珠海手信协会赴国家工商总局商标局申请注册“珠海手信”集体商标。调动全市企业商标国际注册的积极性，推动团体、协会或其他组织申请注册集体商标、证明商标，助推企业转型升级，印发《珠海市商标注册财政资助及奖励实施方案》。全年全市注册商标1.42万件，国内注册商标4.53万件，省著名商标89件，集体商标7件。

【广告管理】 2017年，珠海市工商局组织大众传播媒介和部分广告企业广告审查员培训1次，培训200多人，引导广告经营单位提高守法意识，增强广告审查业务水平；编印《珠海市大众传播媒介广告审查工作常用法规汇编》；组织全市广播、电视、报纸、期刊媒介单位培训1次，培训30人，指导大众传播媒介申请办理广告发布登记；强化广告行政指导，加强与大众传播媒介单位的沟通联系，及时传达广告监管方面的法规政策，对媒介单位在广告发布中的法律问题进行释疑，促进媒介单位依法发布广告。组织开展广告行业统计工作，全市广告行业统计填报率99%，2016年度（企事业单位）广告经营额12.45亿元，增长6.2%。

广告监测 2017年，珠海市工商局依托工商总局广告数据中心提供的大数据，实时掌握了解本地传统大众传播媒介广告发布情况，及时派发监测发现的违法广告线索，督促有关执法单位依法处理，有效规范大众传播媒介广告发布行为。全年监测大众传播媒介10个，监测广告8.76万条次，广告时长320.88万秒，未发现涉嫌严重违法广告。

广告专项整治 2017年，珠海市工商局落实新《广告法》，加大广告导向监管力度，以保健食品、房地产、互联网金融、医疗服务、涉赌等广告为整治重点，严厉查处违法广告。全年组织开展虚假违法广告专项整治行动18次，查处虚假违法广告案件44件。开展互联网金融广告专项整治，重点整治大型门户类网站、财经金融类网站、房地产类网站以及P2P网络交易平台、网络基金销售平台、网络消费金融平台、网络借贷平台、股权众筹融资平台、网络金融产品销售平台等金融、类金融企业自设网站发布的各类金融广告，依法查处利用传统媒体和形式设计、制作、发布虚假违法金融（类金融）广告。开展房地产广告专项整治，重点查处升值或投资回报承诺、以项目到达某一具体参照物的所需时间表示项目位置、违反国家有关价格管理规定的、有悖社会良好风尚内容的、宣传地王和楼王、虚构交易量和制造房源紧张气氛等违法房地产广告，全年查处房地产广告案件8件，罚没34.67万元。开展食品、保健食品、药品、医疗服务、医疗器械广告专项整治，重点整治违法发布处方药广告和未经审批发布医疗、药品、医疗器械、保健食品广告的行为，对商品的性能、功效作夸大、引人误解的虚假宣传行为，对商品所获荣誉、代言人等进行虚假宣传的行为，全年查处此类广告案件8件，罚没款14.6万元。开展户外广告整治，组织各区工商和市场监管部门集中力量加强对车站、码头、机场、公交站场、地铁站厅、体育场馆、广场、高速公路沿线等重点路段、重点场所户外广告的检查，尤其是彻底排查全市范围内的电子广告屏，即时监控、检查户外广告813条次。

【“互联网+信用”监管模式】 2017年，珠海市工商局推动市场监管重心由传统的事前审批向事中事后监管转变，把规范市场秩序、维护公平竞争作为市场监管的着力点，实行“互联网+信用”监管新模式。依托珠海市商事主体登记许可及信用信息公示平台，通过实行“年度报告”“自主信息公示”“经营异常名录”“剔除名称”等信用公示约束机制，开展商事主体的“双随机一公开”抽查、涉企信息统一归集公示等工作，不断提高商事主体诚信意识。印发《珠海市政府部门涉企信息统一归集公示工作实施方案》，于5月10日执行。全年实现工商部门行政处罚信息公示率和记于企业名下的信息归集率100%。制定“一单、两库、一细则”（即随机抽查事项清单，检查对象名录库和执法检查人员名录库，以及市工商局实施《珠海市商事主体公示信息抽查办法》工作规范），自行研发“珠海市商事登记业务系统”和“抽查管理系统”。是年，实行“双随机”方式抽查，并将抽查计划、抽查名单和抽查结果在珠海市商事主体登记许可及信用信息公示平台、珠海工商红盾网进行公示。完成工商总局确定的企业年度报告试点，商事主体提交年度报告12.38万份，企业年报率82.39%；抽查商事主体12006户。完成广东省工商局两个100%目标要求（即抽查检查的企业达到年度抽查工作计划100%和抽查结果在公示平台公示率达100%）。

【农贸市场和商品交易市场监管】 2017年，珠海市工商局全面整治农贸市场经营秩序，全力以赴做好禽流感防控工作，推进落实家禽“集中屠宰、冷链配送、生鲜上市”工作，加强农贸市场食品安全监管，全市有“健康市场”28个。

2017 年 5 月 2 日，市工商局领导带队检查为农市场消费者投诉处理情况
（张述桐 摄）

开展创建“文明经营示范街”“创建放心消费商场”“珠海市文明诚信市场”活动，在商场超市、商业街区实行公益广告全覆盖，增强企业诚信经营意识，营造文明诚信经营环境。推进商品交易市场信用体系建设，加强和完善商品交易市场规范管理工作，全年有 92 个市场完成信息采集并认定，占全市 121 个商品交易市场的 99%。

【公平竞争执法】 2017 年，珠海市工商局针对影响市场公平竞争的突出问题，加大执法力度，规范竞争秩序，提高震慑力，推进反垄断和反不正当竞争执法，重点查处虚假宣传、虚假表示、仿冒假冒等不正当竞争行为和误导消费、消费欺诈等违法行为，开展“老人免费体验店”违法行为和公用企业垄断限制竞争行为专项整治。加大流通领域反走私综合治理力度，组织打击传销、规范直销，开展防范和处置非法集资、扫黄打非、禁毒等工作。“伪造商品产地案”和“违法发布广告案”入选《2017 年度广东省工商与市场监管部门典型案例》。全年全市工商和市场监管系统查办违法案件 561 件，罚没 381.27 万元。

【网络市场监管】 2017 年，珠海市工商局按照“依法管网、以网管网、信用管网、协同管网”要求，完善网络监管平台数据库，推进红盾电子标识发放工作，牵头建立珠海市网络市场监管联席会议制度并发挥作用，各行政区和功能区相应建立网监协同机制，形成线上线下一体化、协调统一、齐抓共管的网络市场监管工作格局。针对“双十一”时间节点，强化定向监测，主动与大型电商企业交流，指导经营者依法开展网络促销活动。开展网监专项行动，全年检查网站、网店 872 个次，责令整改网站 27 个，查处网络违法案件 43 件。

【旅游购物商店监管】 2017 年，珠海市工商局规范旅游购物商店经营行为，在全市旅游购物商店实行“一店一照”、消费信誉卡制、安全生产隐患抄告制等制度。各区工商和市场监管部门采取有效措施加强辖区旅游购物商店整治工作，高新区关停辖区全部旅游购物商店，香洲区和斗门区监管工作效果良好。

【打击传销和规范直销】 2017 年，珠海市工商局组织协调全市打击传销工作，协调公安部门、当地政府加大打传工作力度。全年接办传销相关投诉举报 12 宗。突出重点区域（城乡接合部等）、重点部位（工业区、校园周边、人才劳务市场、居民社区等）和重点场所（酒店会议场所、出租屋、以往传销人员聚集窝点等），保持高压态势，组织开展打击网络传销、打击整治以“招聘、介绍工作”为名的传销活动。强化打击传销宣传教育，构建“横向到边、纵向到底”的立体宣传格局，通过在珠海电视台播放专题宣传片，开展打击传销专题宣传等活动，营造舆论声势，使广大群众提高辨别力、增强免疫力，自觉防范和抵制传销。加强对直销市场的监管，规范直销企业经营活动。全年对直销企业培训活动进行现场监管 43 场次，及时发现并制止违规行为。通过实地走访、现场抽查、核对资料、约谈等方式，对在本市注册的直销企业总部和直销企业分支机构进行退换货制度落实情况专项

2017年5月31日，市工商局与建行珠海市分行签署推广易注册战略合作框架备忘录 （张述桐 摄）

检查。

【消费领域执法】 2017年，珠海市工商局开展流通领域商品质量抽检。对洗衣机、服装、儿童座椅等43批次商品进行抽检，及时向社会公布抽检结果，对不合格商品进行处理。全市各辖区工商质监所和市场监管所及时向经营者通报不合格商品信息，督促其履行商品质量安全法定义务，落实不合格商品下架退市等后续处理措施。开展重点商品专项整治行动，组织开展服装、装饰装修材料、交通工具及配件、家用电器、儿童用品、燃气具等六类重点商品专项整治；强化缺陷商品处置，检查经营主体2368户次，召回商品1918件，退市商品价值19.20万元。严厉打击制售假冒伪行为，以拱北口岸及周边地区、城乡接合部以及商业广场、批发市场、电脑城、专业街等为打假重点区域，开展流通领域打假工作，加强案件协办和执法联动。清查无厂名、厂址等来源不明违法商品206件，案值6.63万元；对流通领域25家电线电缆经营户进行专项检查，抽样检测30个批次；开展农资联合打假专项行动3次，检查经营场所63家，查扣违法违规经营农资446包（瓶）、假农药92包（瓶）。

【消费维权共治机制构建】 2017年，珠海市工商局强化经营者主体责任，推进经营者自律，落实消费环节经营者首问责任制度、赔偿先付制度、不合格商品后续处理制度等，引导1847户经营者签订商品质量安全承诺书。完善消费维权工作体系，对接全国12315互联网平台，推进12315“五进”和“一会两站”站点规范化建设，进一步织密全市各级消费维权网络，畅通消费者诉求渠道。加强跨区域消费维权工作，健全珠中江三市消委会合作机制、珠港澳消费维权合作机制，及时处理消费纠纷。强化部门协作，协调构建政府部门、社会组织、行业协会、新闻媒体、司法机关等多元共治的消费维权体系。

【消费矛盾化解】 2017年，珠海市工商局加强受理投诉规范化建设，提高消费纠纷解决效率；开展网络消费教育、老年消费教育，以及消费热点领域商品比较试验等，引导科学理性消费；鼓励通过诉调对接、人民调解等方式解决消费纠纷。全年受理消费者投诉1.5万宗，为消费者挽回损失477.68万元。市消委会获2016—2017年度“全国消协组织先进集体”称号。

（张述桐）

质量技术监督

【概　况】 2017年，珠海市质量技术监督局开展产品质量宏观管理和诚信体系建设工作，实施国家质量发展纲要，推进质量强市和名牌发展战略、技术标准战略，做好产品质量安全监督工作、计量工作、食品相关产品生产加工质量安全监督管理工作、认证工作，以及特种设备安全监察、监督工作，并指导全市质量技术监督系统技术机构建设，其中“质量第一”“质量强市”被写入珠海市第八次党代会内容。制定印发《珠海市实施质量强市战略2017年工作目标》及重点工作，牵头组织全市37个质量强市成员单位细化落实质量强市战略。丰富群众质量文化生活，珠海汤臣倍健股份有限公司、珠海市质计所被评为“广东省中小学质量教育社会实践基地”，珠海市政府被推荐作为广东省唯一城市申报城市政府类中国质量奖，并入选候选名单（全国19个城市参选，5个城市入选）。

【标准化建设】 2017年，珠海市质量技术监督局获国家质检总局批准开展“标准国际化创新型城市”示范创建，结合珠海特色起草三年行动方案，将标准产业化、标准国际化和标准化管理机制体制创新作为三大主攻方向；市政府首次作为国家标准主要起草单位参与《城市可持续发展——城市服务和生活品质的指标》制定，横琴新区创新经验首次写入国际标准。绿色低碳发展标准化国际交流会、ISO/TC268城市可持续发展标准化技术委员会全会等活动在横琴举行。以实施标准化战略专项资金为抓手，推动珠海企业参与国际标准制定，投入500万元资助48家单位224个标准项目建设，全年组织发动企事业单位主导参与国际、国家、行业和省地方标准制修订74项，获批国家级标准化试点3个、省级标准化试点2个，成立采购服务、3D打印2个省级专业标准化技术委员会，并以打印耗材生产企业为试点推动全市191家企业自我声明公开标准793项。支持企业转化和应用创新成果，发布新标准化法后首个团体标准《科技型孵化企业质量要素导入指南》，培育6家企业转化专利及科技成果为先进标准13项。以标准化引领社会管理和公共服务，审查发布市级行政许可事项标准884项、区级公务服务事项标准2364项；建成城市客运与交通信息服务国家级标准化试点，出台机构养老、居家养老、社区养老等系列等级评定规范。

【“珠海品牌”创建】 2017年，珠海市质量技术监督局实施品牌发展战略，组织“质量大讲堂”“标杆企业观摩”“质量管理小组”等各类质量培训活动；开展质量比对，以珠海市优势产品鼓粉盒（俗称：硒鼓）为研究对象，与国际一流同类产品进行质量比对，比对国际和国内标准10项，提出意见和建议，为珠海打印耗材企业转型升级、提升产品质量提供依据和方向。深入挖掘“珠海品牌”，树立行业标杆、地区代表。重点围绕战略性新兴产业、高端制造业、高新技术产业和现代服务业，推荐71个产品（工业类54个，服务类17个）争创2017年广东省名牌产品称号；高栏港区完成创建全国深海海洋工程装备产业知名品牌示范区任务，并向质检总局提交验收申请；香洲区稳步推进创建全国打印耗材知名品牌示范区。组织优秀企业参加更高层级政府质量奖评选活动，格力电器获第三届中国质量奖。

【计量服务】 2017年，珠海市质量技术监督局进一步增强计量服务能力，落实监管职能惠及民生，完成全市201家基层医疗卫生单位2939台计量器具免费强制检定工作；对102家企业318批次商品开展定量包装商品净含量（含过度包装）监督抽查，净含量合格率93%，过度包装合格率96.7%。创新服务为提升产业发展档次提供基础支撑。开展计量标准量值比对活动，新建社会公用计量标准51项。建立计量保证体系，在全省率先印发计量保证体系奖励资金管理办法，对通过一级计量保障体系企业奖励10万元、二级5万元，全年通过二级、三级计量保证体系确认企业分别为12家、24家；发挥能

2017年1月4日，市领导与质监局相关人员到珠海市钢瓶检验有限公司开展安全生产检查 （李 苑 摄）

源计量作用，对全市20家省级和市级重点用能单位能源计量数据实时检测、定期审查（全部合格）。搭建计量检测服务平台，结合产业需求申报广东省海洋工程装备产业计量测试中心并完成现场答辩；成立工程、物流仓储和医疗器具3个计量服务小分队服务生产第一线，全年累计开展计量测试和计量标准化服务44500台件，作为工程计量领域先进代表在“2017粤港澳大湾区测量控制与讲技术学术会议”上做专题报告。

【检验检测公共技术服务平台建设】 2017年，珠海市质量技术监督局建设检验检测公共技术服务平台取得新进展，国家新能源汽车动力电池及电驱动系统质检中心、海洋工程装备（振动及噪声）省站获批筹建，油气产品省站完成资质认定评审，打印设备省站获批成立。依托现有的2个国家级质检中心、5个省级授权质检站，通过政产学研合作，推动检测资源开放共享，为珠海产业发展发挥技术把关、技术引领、技术服务与人才集聚作用。全年开放实验室8次，开展质量分析等技术交流会、专题培训18期，3000多人次参加，为中小微企业开展优惠检测5200多批次。开展技术攻关，新增科技项目研究3项，申请专利4项、授权实用新型专利1项，其中主导研究的《打印耗材国家级公共检测服务平台建设及服务产业创新驱动发展研究》获珠海市科学技术进步二等奖。

【特种设备安全监管】 2017年，珠海市质量技术监督局强化特种设备安全监管，开展岁末年初、安全生产特别防护期特种设备专项整治及党的十九大前的特种设备安全大检查等行动，推动各区局落实安全生产检查责任，监督企业落实特种设备管理主体责任。全市质监系统累计出动监察、巡查及检验人员检查单位4975家次，发出特种设备安全监察指令书（含现场检验意见书）1285份；排查隐患1316项，完成整改1285项，整改率达97.64%；对343台（套）存在严重安全隐患的特种设备责令停止使用（或报废拆除）。正确引导、妥善处置特种设备事故2宗；建立电梯安全信息交流平台，畅通居民与物业、电梯维保公司三方沟通渠道，减少电梯投诉，化解可能引发群体性纠纷事件7宗。

【质量监管体系构建】 2017年，珠海市加快构建现代质量监管体系，在广东省地级市率先推行并完成液化石油气钢瓶信息化监管改革工作，全市110多万只液化石油气瓶打上专属“身份证”，实现生产、运输、经营全链条监管。电梯安全监管工作不断加强，建立电梯安全信息交流平台，全市电梯保险覆盖率、确权率等各项指标继续位居全省前列。对全市服装、建筑装饰装修材料、交通工具配件、家用电器、儿童用品、手机、燃气具产品等七大类日用品和危险化学品及其包装物290家企业普查并建档，开展电线电缆、危险化学品及其包装物、食品相关产品等专项整治及风险隐患排查治理行动。创新监管方式，通过专家诊断的方式对企业生产过程开展风险监测及技术性审查，从生产源头上帮助企业防控生产风险、提升产品质量。针对市场风险点、群众关注热点，开展食品相关产品、童装、儿童用品、校服、电饭锅、电热水壶、电玩具、

2017年12月28日，由国家工商总局、国家卫计委、海关总署等部门组成的2017年度全国打击侵权假冒工作绩效现场考核第三组在珠海市进行“双打”工作检查考核 （李 苑 摄）

电商产品等 19 大类 381 批次产品风险监测抽查，不符合标准要求产品 98 批次，不符合标准要求发现率 25.7%。全年全市工业产品省级监督抽查不合格发现率为 4.3%，比上年下降 1.6%，低于全省平均水平；市级监督抽查不合格发现率为 3.4%，下降 2.4%；开展危化品质量监督抽查，抽样检验 70 批次，其中不合格产品 2 批次；后处理到位率 100%。质量监管体系建设工作在省“两建”办组织的考核中获得满分。出台《依法行政风险排查“八查八找”与专项整治行动方案》，开展行政执法监督检查，依法行政行为进一步规范；加强各区质监工作人员法律和业务知识能力培训。

【“互联网+”质监政务服务】 2017 年，珠海市质量技术监督局深化“放管服”改革，实现全部行政许可事项上网办理。承接省局工业产品审批权限下放，实行先证后核、简化程序，在全省率先发出第一张生产许可证。加大打假执法力度，重点围绕特种设备、重要工业产品等开展“质检利剑”行动，针对珠海产业特色首次开展以打印耗材、服装、家用电器为重点的电子商务领域执法行动，全年立案查处违法违规案件 43 件，涉案货值 25.14 万元，规范市场经济秩序。优化职业举报和群众投诉联合处理机制，妥善处理、及时回复举报投诉 686 宗。市打假办组织开展打击制售假冒伪劣商品违法行为，联合执法 4 次，查处制假售假案件 452 件，其中大案要案 4 件、涉刑案件 8 件，涉案金额 860 万元；查处窝点 58 个，销毁假冒伪劣产品货值 168.7 万元，维护市场经济秩序，保障经营者和消费者的合法权益。

（李　苑）

食品药品监督管理

【概　况】 2017 年，珠海市食品药品监督管理部门对食品（含保健食品、餐饮）、药品、化妆品、医疗器械监督性抽检 12157 批次，对食用农产品快检 19 万余批。全年处理群众投诉举报 2563 件，查处办结行政违法案件 574 件，比上年增长 35.5%。移送公安机关涉刑案件 12 件，违法线索 27 条，吊销经营许可证 5 张，抓获犯法嫌疑人 12 人，捣毁食品生产加工窝点 1 个和经营窝点 9 个。全年未发生重大食品药品安全事件。

【食品药品检测】 2017 年，珠海市食品药品监督管理部门严格控制食用农产品源头质量，加强食品快速检测能力建设，在全省食品安全标准知识和食用农产品快速检测技能竞赛中分别获团体第一名和第三名；推进小作坊集中加工区建设，熟食源头治理取得进展；集中牛羊家禽定点屠宰，提升肉类安全保障；推进食品和药品检验检测能力建设，提升食品药品安全技术支撑水平。加大监管频次，强化食品药品安全保障；创新监管方式，丰富科技监管手段；强化示范创建，发挥典型带动效应。签订责任承诺书，压实企业主体责任；建立监管信息群，强化企业风险意识；加大办案力度，惩处失信企业及时公布检验结果和违法信息，增加失信企业声誉成本；开展企业培训，规范带动作用。

【食品药品安全宣传】 2017 年，珠海市食品药品监督管理部门组织开展各项食品药品法制宣传、专家科普讲座、进校区宣传等活动。

结合主题活动开展宣传 利

2017 年 3 月 15 日，“3·15”食品药品安全宣传活动在香洲区星园市场广场举行，市民踊跃参加食品药品安全知识有奖竞答　（刘宾山　摄）

用“3·15 国际消费者权益日”“食品安全宣传周”“12·4 国际宪法日”等节点，开展食品安全宣传活动，设置服务咨询台 244 个、食品安全宣传板 480 块；组织专家讲科普、科普知识（展板）进社区、进学校等活动 70 场次；组织企业参与向社会公开的食品安全知识竞赛 2 场；组织 1000 名市民参观食品安全示范街“明厨亮灶”和汤臣倍健“透明工厂”，发放资料 30 余万份。

结合“创城”“创文”开展宣传　结合“食品安全示范城市”创建工作，制作公益广告在“两报两台”及户外设施播出和投放；开展创建“食品安全示范城市”标志征集活动，收到标志设计作品 237 件；结合“全国文明城市”复牌迎检工作，对餐饮企业挨家挨户开展“文明餐桌”“光盘行动”“文明厕所”等宣传活动，发放海报、倡议书、宣传折页、台卡等宣传资料 19.5 万份，发放水牌、公示栏等 50 万块。

在传统媒体和新媒体开展宣传　借力《行风热线》《局长面对面》等节目，在电视台、电台开设食品安全宣传专栏等，开展食品监管工作和安全知识宣传。举办“2017 食品药品安全网络有奖知识竞赛”活动，开展网络食品安全问卷调查，利用政府门户网站和微信公众号“食安珠海”“食安香洲”等广泛开展食品药品安全宣传。10—12 月，今日头条“食安香洲”在全国食药监政务头条号“端正指数”连续蝉联全国第一。

利用社会力量开展宣传　借助行业协会和食品药品志愿者队伍力量，开展法律法规和科普知识进社区、进学校、进企业、进农村等宣传活动 100 余场次。深入全市 30 个镇（街）社区开展宣传活动，举办现场活动 34 场，发放资料 8 万余份。在主城区的学校、社区、农贸市场制作食品、保健食品安全宣传栏 700 余块；设置食药安全宣传点 1100 个并配备资料架，放置宣传资料 30 万份供市民免费取阅。

（刘宾山）

安全生产监督管理

【概　况】　2017 年，珠海市发生各类生产安全事故 115 宗，比上年下降 10.2%；死亡 73 人，下降 8.8%；受伤 80 人，下降 9.1%；直接经济损失 4928.34 万元，增长 85.8%（主要受“3·4”较大事故和“4·1”货船碰撞莲溪大桥事故影响）。四项指标实现“三降一升”，其中事故宗数、死亡人数实现双下降，未发生重特大生产安全事故，安全生产形势总体稳定向好。

【安全生产检查】　2017 年，珠海市安全生产监督管理局印发《珠海市安全生产特别防护期安全生产检查工作方案》《珠海市安全生产大检查工作实施方案》《珠海市关于实施遏制重特大事故工作指南　全面加强安全生产源头管控和安全准入工作方案》《全市灾后复产重建安全生产工作总体方案》，对全市安全生产大检查进行全面部署。召开市安委办成员会议、全市安监局局长会议、事故警示会，对全国“两会”、省第十二次党代会、汛期、国庆、党的十九大特别防护期关键时期和灾后重建安全生产工作进行动员部署和推动落实。牵头组织各级各部门检查组深入一线、深入基层、深入生产经营单位开展检查，严查严治事故隐患，堵塞监管漏洞和薄弱环节。大检查期间，全市派出安全生产检查组 4.94 万

2017 年 6 月 16 日，市安委会在免税广场举行珠海市“6·16”安全生产宣传咨询日活动

（赵　婧　摄）

个，检查生产经营单位 11.15 万家（次），发出责令整改通知书 2.03 万份，责令停产停业 674 家，发现和整治各类隐患和问题 5.02 万处，罚款 3333.27 万元。

【危险化学品安全综合治理】 2017 年，珠海市安全生产监督管理局印发《珠海市人民政府办公室关于印发珠海市危险化学品安全综合治理实施方案的通知》《关于立即组织开展防范涉危险化学品企业事故废水外泄引发次生环境污染专项排查整治和进一步推进危险化学品安全综合治理的通知》，部署深入开展危险化学品安全综合治理工作。建立危险化学品生产经营单位风险评估分级信息库，排查风险点、危险源 269 家，初步完成主要危险化学品企业电子图绘制工作。加强危险化学品专项检查，全年检查企业 3146 家（次），排查整治隐患 4279 处。

【工贸行业和职业卫生专项整治】 2017 年，珠海市安全生产监督管理局推进涉可燃爆粉尘、液氨使用和有限空间作业安全专项治理，检查粉尘涉爆企业 787 家（次），整改隐患 1390 处；检查涉氨制冷企业 61 家次，整改隐患 114 处；检查有限空间作业企业 511 家（次），查处隐患 516 处。开展制鞋和箱包制造企业、汽车修造和蓄电池企业、船舶修造企业及陶瓷和耐火材料行业职业卫生专项整治，检查用人单位职业健康管理情况 1.13 万家（次），查处问题 1.28 万项，比上年增长 18%。教育、督促用人单位组织开展职业健康体检，参加职业健康体检 11.28 万人，增长 32.7%。与市人社、卫计等部门推动对用人单位职业健康体检补贴工作，补贴 375 万元。

【重点行业领域重点地区安全生产攻坚治理】 2017 年，珠海市安全生产监督管理局印发《珠海市 2017 年省、市两级重点行业领域重点地区安全生产攻坚治理工作方案》，将省下达的 3 项攻坚任务（全市道路交通、横琴新区建筑施工、尖峰大桥危桥改造）和 2 项市级整治攻坚项目（海洋渔业、职业卫生）全部列入，督促市公安、住规建、交通运输等部门和负有攻坚任务的区（功能区）制定方案、加大力度、完成任务。发挥市安委办组织协调与督促推动作用，推进行业（领域）监管部门开展有关专项整治。重点开展道路交通、消防、建筑施工、油气输送管道、特种设备、水上交通、渔业船舶、城市管理、旅游、国土、邮政、电力、环保应急等方面安全生产专项整治，排查整治事故隐患一批。

【安全生产责任制分析与考核】 2017 年，珠海市安全生产监督管理局修订并印发《珠海市安全生产监督管理局安全生产形势分析制度》，每月定期对全市安全生产事故情况进行统计、分析和通报。针对强台风“天鸽”造成的安全隐患和问题，立即分析、通报警示，及时遏制事故多发苗头。全年印发安全生产形势分析 12 期、事故预警通知书 8 份。创新安全生产责任制考核方案，发挥好考核“指挥棒”作用。高栏港经济区开展厘清安全监管职责试点工作，探索建立区域网格化安全监管机制。

【安全生产监督检查机制创新】 2017 年，珠海市安全生产监督管

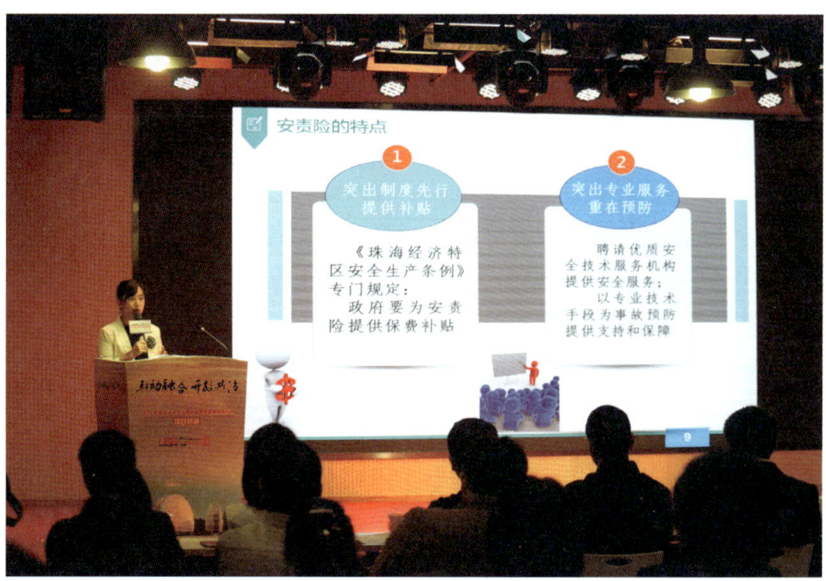

2017 年 12 月 22 日，市安监局案例《多元共治，为安全生产上“保险”》被评为“2017 年珠海市社会治理创新优秀案例培育行动”优秀案例。图为工作人员在培育行动路演中讲解案例 （南方日报社 供稿）

理局督促各区（功能区）和行业部门21个单位制定完善安全生产督查检查办法，制定并印发《珠海市安全生产监督管理局安全生产督查工作实施办法（试行）》，规范检查台账和统计口径、路径，建立常态化安全生产督查检查工作机制。采取“干部+专家+记者”形式，对发现的问题“整改+执法+曝光”，通过“通报+考核+追责”手段，强化暗查暗访，以发现问题、漏洞为重点，抽查各单位落实安全生产工作情况。全年组织督查组9个，开展综合督查出动1104人次，开展飞行突查以及安全生产大检查、台风灾后复产重建等督查9次，检查企业（单位）390家，排查整治事故隐患565处。对督查发现的问题及时向全市通报，督促责任单位跟踪落实整改，警示其他单位对照检查、改进工作。

【安全生产宣传教育】 2017年，珠海市安全生产监督管理局印发《关于进一步加强安全生产宣传工作的通知》《关于进一步加强安全生产宣传教育“七进”工作的通知》，督促各级各部门全面加强全市安全生产宣传的统筹、组织和策划，突出公益宣传、隐患曝光、案例警示、事故教训、法制宣传，推动主流媒体加大安全生产宣传力度。召开系列会议，宣传《珠海经济特区安全生产条例》，就其贯彻实施进行部署和解读。聘请专业人员打造“珠海安监”微信公众号，在“珠海安监”及政务微博发布信息2342条。发挥“安全生产月”和“职业病防治法宣传周”品牌效应，组织24个单位在珠海免税广场举行安全生产宣传咨询日活动，组织专家宣讲团开展安全生产知识宣讲11场。全年在珠海电视台和珠海电台播出公益广告1548次，在《珠海特区报》开设安全生产宣传专栏，每周登载安全生产工作动态，刊登安全生产专版28期。通过主流媒体、微信公众号等曝光事故案例18个，曝光存在事故隐患企业62家。

【安全培训管理】 2017年，珠海市安全生产监督管理局加强对安全培训机构监督管理，严格落实“教考分离”制度，指导培训机构按照新修订的规范和程序开展安全生产培训，完成考试点的改造建设。组织特种作业人员、危险化学品（烟花爆竹）等生产经营单位主要负责人和安全生产管理人员考核2.14万人次，比上年增长32.7%。特种作业操作证考核合格发证8078人，增长27.8%。邀请专家举办应急管理、粉尘防爆、涉氨制冷、液氨使用、有限空间作业、职业卫生等专题安全培训，培训相关企业负责人和管理人员1.91万人次、从业人员8.18万人次。借助专业技术服务机构，对7类重点行业202家企业开展职业卫生检测和评估。

【《珠海经济特区安全生产条例》实施】 自2017年2月1日起实施。该《条例》共7章47条，包括总则、安全生产的监督管理、生产经营单位安全生产管理、化工园区安全生产管理、应急救援、法律责任和附则。其中，具有创新性和珠海特色的主要内容包括：进一步理顺安全生产监管体制和原则；补充细化生产经营单位主体责任；专章规定化工园区的安全生产管理；完善应急救援体系；补充规定相关违法行为的法律责任；建立尽职免责制度，在追究责任时做到客观公正。

【“双重预防”体系建设】 2017年，珠海市安全生产监督管理局将8636家企业纳入隐患排查治理信息系统（“一体系三平台”）进行信息化监管，涵盖重点行业部门8个和行业部门监管企业（单位）16个。全年排查上报隐患48万处，有效提高隐患排查治理效率。按照国家安监总局关于开展风险分级管控和隐患排查治理体系（简称“双重预防”体系）试点工作要求，开发“双重预防”体系管理后台和双重预防“e安监”企业端。构建以“六个一”（一企一户籍、一源一风险档案、一企一排查标准、一岗一责任清单、一企一执法卷宗、一企一应急预案）为核心的企业安全生产监管系统。聘请专家指导、协助示范点企业梳理风险隐患管控措施和排查标准、检查频次、责任人员。全市有304家示范企业登记风险点1129处，登记岗位数1714个，配置岗位任务清单9667条，风险点管控任务清单2019条，提炼出一整套可借鉴、可推广的较为实用的企业安全生产风险管控和隐患排查治理标准。（李振奎　苑振辉）

·责任编辑：曹　琨·

财政·税务

财　政

【概　况】　2017年，珠海市一般公共预算收入完成314.38亿元，首次突破300亿元大关，比上年增长10.4%（按可比口径，下同），税收收入占比76%，全市政府性基金预算收入完成389.08亿元，增长16.8%。全市一般公共预算支出完成493.89亿元，增长18.4%，其中9项民生支出完成354.29亿元，增长24.7%，占一般公共预算支出71.7%。是年，城乡居民医疗保险财政补助标准从每人每年480元提高至510元，市财政投入1.2亿元。提高基本养老金财政补助标准从每人每月360元提高至380元，市财政投入6800万元。市财政就业创业专项资金支出4797万元（含中央、省补助资金），扩大失业保险基金支出4054万元，执行从失业保险基金对企业发放稳岗补贴政策，发放稳岗补贴9665万元。市财政牵头全市降成本行动计划，推进正税清费，清理规范中介服务项目和收费，全年降低实体经济企业成本超过80亿元。

【财政资金政策】　2017年，珠海市财政拨付政府投资项目资金59.4亿元，其中拨付港珠澳大桥珠海口岸工程、白石桥工程、香海大桥工程、洪鹤大桥工程、市妇幼保健院易地新建等市本级重点建设项目建设资金36.46亿元。落实生态保护经济补偿政策，拨付莲洲镇生态保护财政补偿资金4816.2万元，拨付斗门区饮用水源保护区扶持资金8486万元。支出垃圾及其衍生物处理费5000万元，污水处理费2.47亿元。新农村建设市级补助资金1亿元。全年拨付扶贫专项资金3.97亿元。金融发展专项资金5264.39万元，其中金融机构落户奖励资金1320万元，奖励横琴人寿保险有限公司、大西洋银行横琴分行等三家金融机构落户珠海；上市奖励资金3944.39万元，对符合补贴条件企业进行分阶段奖励；外贸发展方面专项资金2.54亿元，其中下放各区外贸发展类专项资金1.7亿元，专项用于各区做好外贸稳增长扩规模工作和兑现区级出台外贸新业态方面扶持政策。

【财政改革】　2017年，珠海市财政完善市、区两级收入划分体制，制定《关于调整香洲区新引进企业国地税收入分成比例的通知》《关于调整高栏港区一般公共预算收入分库方式的通知》《珠海市“三旧”改造项目股权转让收益共享方案》《珠海市富山工业园财政管理体制调整方案》；推进市、区支出责任划分体制改革，制定《珠海市财政事权和支出责任划分改革实施方案》，减少市、区事权交叉，推进各级政府事权规范化、法律化。推进市、区体制合理划分，印发《关于划分高栏港区公用航道建设及维护事权与支出责任的通知》，对高栏港区公用航道建设及维护事权与支出责任划分进行明确界定。规范项目支出管理，修订《珠海市市级部门预算项目支出管理办法》。压减一般性支出、非刚性和非重点项目支出，加强财政资金优化整合，印发《关于树立过紧日子思想的贯彻落实意见》。拓展财政融资渠道，组织上报高栏港区平沙新城生态公园、斗门区黑臭河涌水生态修复、金海公路大桥工程、香洲区人民医院改扩建、高栏港区5万吨黄茅海航道一期工程及主航道维护、珠海市兴业路快速通道工程（北段）等6个PPP项目全部通过省财政厅审批入库，纳入财政部PPP项目综合信息平台管理，投资总额219.58亿元。

【财政管理】 2017年，珠海市财政推进和规范预决算信息公开工作，全市、市直、4个非建制区4本预算收支、转移支付、债务限额、债务余额情况全部予以公开，市直248个预算单位在市政府门户网站、市财政门户网站和本单位门户网站上公开本单位部门预算信息和“三公”经费信息，公开率100%。清华大学公共管理学院公共经济、金融与治理研究中心发布《2017年中国市级政府财政透明度研究报告》显示，珠海市政府财政透明度在全国295家地级与地级以上市政府中排名第八，连续四年在广东省内排名第二。是年，加强政府债务管理，市财政全年还本付息实际支出46.69亿元，政府债务总水平处于安全可控区域。全年市财政国库支付中心办理国库集中支付业务14.82万笔，增加9.04%，办理支付总金额465.14亿元，减少8.77%。市财政投资审核中心全年审核财政投资预算、结算及竣工财务决算项目303个，财政专项资金项目40个，二类费用345笔，送审金额122.54亿元，核减金额7.59亿元，核减率6.19%，应上缴国库308.57万元。

（吴利锋）

国家税务

【概　况】 2017年，珠海市国税系统税收收入实现550.56亿元，比上年增长21.3%，增收96.72亿元。其中，国内税收（不含海关代征进口税收）收入453.73亿元，增长22.3%，增收82.83亿元；海关代征收入96.84亿元，增长16.7%，增收13.89亿元；年内办理各项减免税71.72亿元，增长32.8%，其中办理小微企业税收减免4.18亿元，高新技术企业税收减免20.58亿元；办理出口退税97.33亿元，增长23.2%，增退18.33亿元；中央级收入（不含海关代征）246.12亿元，增长11.8%，增收25.94亿元；省级收入105.26亿元，增长62.1%，增收40.33亿元；市县级收入102.35亿元，增长19.3%，增收16.56亿元。国税部门征收四大主体税种（国内增值税、企业所得税、国内消费税、车辆购置税）均实现增长。其中，企业所得税105.64亿元，增长28.3%，增收23.32亿元；国内增值税332.46亿元，增长20.7%，增收56.96亿元；车辆购置税10.91亿元，增长25.1%，增收2.19亿元；国内消费税4.18亿元，增长1.7%，增收688万元。第二产业实现税收232.61亿元，增长18.3%，增收36.04亿元，占全市国内税收比重51.3%。第三产业实现税收220.98亿元，增长26.9%，增收46.80亿元，税收增收贡献率56.5%，拉动全市国内税收增长12.6个百分点。

是年，市国税局推进税收征管、纳税服务、人力资源管理、廉政惩防、行政管理、国税文化六大体系建设，提升税收收入质量、税收征管质效、纳税服务水平。在全省国税系统年度绩效考核中蝉联第二。通过“全国文明单位”复评，市珠澳跨境工业区国税局获评珠海市文明单位。

【税收征管】 2017年，珠海市国税局实名认证比例97.52%，电子税务局办税率达99.22%，居全省前列；全年清理欠税9248万元；强化税收风险管理，全年完成风险应对9816家次，入库税款总额22.89亿元；自主研发防范虚开发票分析系统并在全省推广，上线3个月实时精准捕捉到1000多家虚开发票企业，挽回国家税款损失9亿元；查办“1・05”特大虚开发票案，抓获犯罪嫌疑人22人，涉案金额超过100亿元，全国涉案企业超过2000家；非正常户大量减少，全市一般纳税人非正常户数下降37%；创造性推进涉税反洗钱合作，与中国人民银行珠海市中心支行签署《中国人民银行珠海市中心支行珠海市国家税务局涉税反洗钱合作备忘录》，全年完成13家企业对公账户和28个有关个人账户协助查询工作。

【依法治税】 2017年，珠海市国税局加强与市纪委、法院、检察院和地税等外部联动，推进法治税收，统一国税地税执行税务行政处罚裁量基准，建立与市两级人民法院互助合作机制，与市纪委、检察院建立定期沟通、党建合作、信息交换、跟班学习、线索移交工作机制；启动“内部风险防控中心”建设，整合内审、监察、督查等内部监督资源，推进内部风险扎口管理和分类应对；构建“市国税局党组纪检组统筹、基层单位联动、派驻专职纪检监察员与纪检监察联络员协同落实”监督体系，增强内部监督合力；与9家企业和多个政府部门、行业协会开展廉洁共建活动，形成“1+1+1>3”强大合力，实现风险防范端口前移。

【便民办税】 2017年，珠海市国税局优化珠海营商环境，推广实名办税，成功上线电子税务局，打造国税、地税联合智能办税服务厅，实现实体办税向虚拟办税转移；成立直属、香洲两个发票O2O中心，日均免费邮递发票次数超700户次，减少60%～70%门前发票发放量；网上预约办税服务全面推行，全年全市办税厅纳税人平均等候时长7.91分钟，比上年下降40.08%，单笔业务平均办理时长1.92分钟，下降30.43%。全市办税服务厅月均人流量从上年7.26万人次，减少到6.56万人次，下降9.67%。市国税局联合地税推出10条措施助推产业园区经济转型升级，举办“走出去”企业政策宣讲活动14场，惠及纳税人超30万人次；编印《台风灾后促进企业恢复生产税收政策解读》，梳理政策问答16条，指导企业进行资产损失税前扣除等，实地走访受灾严重企业368家，开展次灾后税收政策辅导会13场，惠及纳税人2600余户，助力强台风“天鸽”受灾企业重建复产；联合27个部门开展纳税信用体系建设，打造“格力电器系”“华发系”“横琴系”三大品牌；推动“银税合作”“税保行动”，为全市纳税人解决融资难题，全年发放无抵押贷款1440户189亿元。

【税收宣传】 2017年，珠海市国税局开展“主动发声、回应关切、聚焦热点、释疑解惑”内外宣传活动。在相关媒体发表文章448篇次，策划宣传活动40多场。省、市、区三级联动宣传，建立营改增大辅导基站，开展“送政策送服务进民营企业”专题活动，走访营改增行业民营企业132家次，开展助力企业走出去活动9次，发放《走出去》企业税收指南1000多册；邀请明星教授单建荣为160家大企业涉税风险“把脉问诊”；挖掘31户知名企业减税真情实例，开展“数说”营改增报道。

【增值税全链条智慧防控】 2017年，珠海市国税局创新研发应用失控发票智慧管理系统和防范虚开增值税专用发票风险管理系统PLUS，该系统实现全方位查询，可一窗式查询到失控发票数据，快速比对购销双方的进销项情况和关键信息及近3年失控发票情况；实现全过程管理，通过电子台账实时录入通知、回收、进项转出等各个环节工作进程，精准监控失控发票工作质量；实现全自动发函，对发函所需信息自动查询、归集，自动生成批量发函文件，批量发函，原需6人的工作压缩至1人完成；实现全智能预警，对失控发票的上游企业是否高风险企业、失控发票货物是否特殊货物、物品与企业经营关联程度等多项风险指标监控预警；实现全系统打通，失控发票信息实时更新，试点单位查漏补缺因系统原因造成漏管失控发票359张，进项税额转出286.19万元，确保失控发票都得到应转尽转。试用期间非正常一般纳税人户数下降36%，录入失控发票数下降27%。

【国税地税联合智能办税厅成立】 2017年12月22日，珠海市国税地税联合智能办税厅揭牌成立。智能办税厅将最新信息化发展成果运用到纳税服务中，建设全覆盖智能基础设施、一体化智能终端机、新升级智能机器人、互动式智能学习、随身行智能导览、多渠道智能通信6大智能系统，配置27台自助办税机和32台自助办税电脑，可办理7大类48项业务，通过创新技术手段、展现形式和交互方式，改变“取号—填表—等候—办理”传统业务模式，打造“三零”（零资料、零等待、零接解）办税新模式。智能办税机器人“税小能”代表全国税务系统科技成果参加中宣部、国家发改委等部门联合举办的“砥砺奋进的五年”大型成就展。

（梁晓芳）

地方税务

【概　况】 2017年，珠海市地税局全年税费总收入首破500亿元大关，减免税收超过100亿元，再创历史新高。组织各项税费收入507.44亿元，可比（剔除营改增影响，下同）增长13.9%。其中，税收收入330.25亿元，增长16.5%，（含中央级收入133.78亿元，增长31.9%；省级收入59.92亿元，增长7.6%；市区级收入136.54亿元，增长8.1%）；社保费收入153.17亿元，增长11.7%；其他非税收入（含教育费附加、工会经费、残疾人基金等）24.02亿元。全市一般公共预算收入152.25亿元，占全市比重50%，增长7.4%。其中，组织市本级一般公共预算收入58.24亿元，增长2.8%。企业所得税、个人所得税分别增长28.7%、38.9%。制造业税收增长19.5%，其中，先进制造业、装备制造业、高技术制造业分别增长25.1%、23.5%、20.7%。房地产业下降0.9%。

纳税百万元以上大户2103户，贡献税收289.3亿元，增长28.1%，占总税收比重87.6%，拉动总税收增长22.4个百分点。其中，纳税亿元以上企业48家，贡献税收137.5亿元，增长40.1%。纳税百强贡献税收172.5亿元，增长37.0%，拉动总税收增长16.4个百分点。

香洲区主体地位明显，税收143.10亿元，占全市总税收收入超过四成（43.3%），但增幅（2.6%）偏低。其他各区税收收入均实现两位数以上较快增长，其中金湾（30.95亿元）、横琴（75.20亿元）、高新（29.82亿元）、斗门（30.17亿元）分别增长48.7%、35.5%、28.7%、22.2%；万山（4.44亿元）、高栏（16.56亿元）分别增长17.8%、10.3%。

全年减免税104.52亿元，增长28.8%。其中，支持金融市场减免36.14亿元，鼓励高新技术减免税34.34亿元，改善民生减免税24.24亿元，促进小微企业发展减免税0.51亿元。

经过近1年研发测试，市地税局于2月在全国率先成功上线“两个责任”评估系统，被省局复制在全省地税系统推广使用，年内推送任务586项、发出提醒短信1386条、提交任务397项、抽查审核任务86项、发出预警16次、黄牌警告2次。2月10日，全省首个国税地税联合纳税服务中心在珠海高新区挂牌成立，为全市国税、地税合作推行纳税服务全融合探索试点经验。珠海市地税局被广东省文明办授予“2016—2017年广东省文明单位”称号；被省总工会授予“2016年广东省模范职工之家”称号；金湾区局被国家税务总局确定为第一批“全国税务系统法治基地”，成为广东省地税系统唯一入选单位。全年完成调研课题40多个，其中“地方税费体系研究”“自然人税收管理”“珠海产业园区发展”“非居民个人税收研究”等课题在《税务研究》《广东地税调研报告》等刊载。

2017年珠海市地方税务局组织收入情况

单位：万元

项　目	税收收入（万元）
一、税费收入合计	5074389
二、税收收入	3302460
1. 营业税	18244
2. 企业所得税	1384566
3. 个人所得税	802478
4. 土地使用税	36029
5. 城市维护建设税	233876
6. 印花税	60219
7. 土地增值税	305691
8. 房产税	138394
9. 车船税	22126
10. 契　税	267466
11. 资源税	51
12. 耕地占用税	9919
13. 代征增值税	23401
三、规费收入	1771929
1. 教育费附加收入	99442
2. 文化事业建设费收入	1
3. 社会保险基金收入	1531744
4. 地方教育附加	66207
5. 税务部门其他罚没收入	72
6. 堤围费	24
7. 残疾人基金	16543
8. 工会经费	57896

2017年珠海市地方税务局分税种情况分析

单位：万元

项　目	年度累计				
	本年收入	去年同期	入库增减额	入库增减 %	可比增减 %
总　计	5074389	4990944	83445	1.7	13.9
一、国内税收收入	3302460	3371717	-69257	-2.1	16.5
其中：①中央级收入	1337849	1009498	328351	32.5	31.9
②省级收入	599188	876799	-277611	-31.7	7.6
③市县级收入	1365423	1485420	-119997	-8.1	8.1
1. 营业税	18244	552621	-534377	-96.7	
2. 企业所得税	1384566	1076103	308463	28.7	
其中：内资企业所得税	1056704	826846	229858	27.8	
外资企业所得税	327862	249257	78605	31.5	
3. 个人所得税	802478	577721	224757	38.9	
4. 土地使用税	36029	37859	-1830	-4.8	
5. 城市维护建设税	233876	230907	2969	1.3	
6. 印花税	60219	51517	8702	16.9	
7. 土地增值税	305691	430930	-125239	-29.1	
8. 房产税	138394	97963	40431	41.3	
9. 车船税	22126	19247	2879	15.0	
10. 契　税	267466	243846	23620	9.7	
11. 资源税	51	30	21	70.0	
12. 耕地占用税	9919	26247	-16328	-62.2	
13. 代征增值税	23401	26726	-3325	-12.4	
二、其他收入合计	1771929	1619227	152702	9.4	
1. 教育费附加收入	99442	98519	923	0.9	
2. 文化事业建设费收入	1	256	-255	-99.6	
3. 社会保险基金收入	1531744	1371102	160642	11.7	
4. 地方教育附加	66207	65660	547	0.8	
5. 税务部门其他罚没收入	72	90	-18	-20.0	
6. 堤围费	24	15693	-15669	-99.8	
7. 残疾人基金	16543	16888	-345	-2.0	
8. 工会经费	57896	51019	6877	13.5	

备注：可比增减%为剔除营改增影响后的增减幅

2017 年珠海市地方税务局分行业税收收入情况分析

单位：万元

项 目	年度累计				
	本年收入	去年同期	入库增减额	入库增减 %	可比增减 %
税收收入合计	3302460	3371717	-69257	-2.1	16.5
一、第一产业	1295	1375	-80	-5.8	5.6
二、第二产业	1082277	1033732	48545	4.7	19.0
（一）采矿业	607	290	317	109.3	124.0
（二）制造业	899136	751764	147372	19.6	19.5
（三）电力、热力、燃气及水的生产和供应业	53572	47908	5664	11.8	13.1
（四）建筑业	128962	233770	-104808	-44.8	18.2
三、第三产业	2218888	2336610	-117722	-5.0	15.7
（一）批发和零售业	256357	177749	78608	44.2	52.5
（二）交通运输、仓储及邮政业	36673	40982	-4309	-10.5	-8.9
1. 交通运输业	29404	30186	-782	-2.6	
2. 仓储业	5333	9604	-4271	-44.5	
3. 邮政业	1936	1192	744	62.4	
（三）住宿和餐饮业	10123	21696	-11573	-53.3	2.0
1. 住宿业	6838	12318	-5480	-44.5	
2. 餐饮业	3285	9378	-6093	-65.0	
（四）信息传输、软件和信息技术服务业	39508	27599	11909	43.2	43.1
（五）金融业	256840	312386	-55546	-17.8	17.4
1. 货币金融服务	41676	90017	-48341	-53.7	
2. 资本市场服务	131073	135827	-4754	-3.5	
3. 保险业	40259	35954	4305	12.0	
4. 其他金融	43832	50588	-6756	-13.4	
（六）房地产业	989284	1222620	-233336	-19.1	-0.9
（七）租赁和商务服务业	375123	297290	77833	26.2	45.6
（八）科学研究和技术服务业	34662	24542	10120	41.2	47.3
（九）居民服务、修理和其他服务业	172664	150083	22581	15.0	37.1
（十）教　育	11846	10806	1040	9.6	
（十一）卫生和社会工作	7301	5518	1783	32.3	
（十二）文化、体育和娱乐业	8221	9988	-1767	-17.7	
（十三）公共管理、社会保障和社会组织	18838	32451	-13613	-41.9	
（十四）其他行业	1448	2900	-1452	-50.1	

备注：可比增减 % 为剔除营改增影响后的增减幅

【依法治税】 2017年，珠海市地税局开展“三项制度”试点，获税务总局发文通报表扬，是全省地税系统唯一获该荣誉的单位。7月，高新区分局被省局确定为第二批“广东省地税系统法治税务示范基地”。市地税局全年税务稽查受理各类涉税举报案件41件，检查和督导自查204户，其中立案检查125户，查补总额4.86亿元，查补收入1.29亿元，比上年增加230%。发挥部门护税协税和“黑名单”、联合惩戒机制效用，全年清理历史积案13件。国税地税稽查合作不断深入，联合查补1.99亿元，联合督导自查查补7亿元。市稽查局联合香洲区稽查局5小时内查获“两套账”偷税案件，开启税务信息稽查工作全新模式，该案例获年内全省稽查信息化优秀案例第四名。

【税种管理】 2017年，珠海市地税局开展企业所得税汇算清缴工作，汇缴企业1.95万家，汇算清缴入库税款44.99亿元，实现数据零差错；完成个人所得税各项工作，应补税额151.63万元，推进个人所得税全员全额扣缴明细申报工作，实现申报率和申报准确率“双百”；创新应用土地增值税智能预缴清算系统，全年实现土地增值税收入30.57亿元；开展财产行为税申报征收、减免退税、风险管理等工作，全年组织契税26.75亿元，比上年增长9.7%，房产税13.84亿元，增长41.3%，城镇土地使用税3.6亿元，印花税6亿元，车船税2.21亿元，耕地占用税9919万元，资源税51万元。

【纳税服务“双提升”】 2017年，珠海市地税局创新办税厅形象与服务水平“双提升”模式，推进“两规范一指南”（《全国税收征管规范》《全国税务机关纳税服务规范》《广东省地方税务局办税指南》）在市办税厅落地，引入第三方在全市办税厅开展驻点辅导，有效提升综合服务水平；出台《珠海地税办税厅工作人员“五好”服务日常规范标准》；实现办税服务厅平均等候时间及办理时间“双降”，对全市7个办税服务厅开展“双一百”检查，对14个办税服务厅开展分类管理，办税厅业务平均办理时间1.8分钟，平均等候时间7.9分钟，满意率99.8%，实现历史新高；对33807户企业纳税人开展2016年度纳税信用评价，评出A级纳税人3281户，增长146%。加强国税、地税、市银监、保险协会四方合作，加大银税信息交流力度，强化数据共享，为纳税信用良好的企业推出更多融资便利，在银税合作框架下，向698户纳税人提供贷款98亿元。实现全市国税地税联合办税厅试点地税业务“一厅通办”，在斗门乾务国税地税联合办税厅试点“一厅一窗一人一机一号”新机制，有效解决纳税人两头跑、重复跑和来回找等问题。

【全国首创“房地产交易智能办税系统”】 2017年，珠海地税局在全国率先实现个人存量房交易中不动产权证、房地产买卖合同、购房发票、契税税票、按揭合同5项资料通过数据共享方式获取，办税时间提速6倍，由小时缩短至10分钟以内；打造全流程“不见面”办税服务模式，实现增量房契税网上办理、网上支付，足不出户便捷缴纳，减轻纳税人负担。

【“以地控税以税节地”管理平台】 2017年，珠海市创新开发“以地控税以税节地”土地综合税源管理平台，依托部门间信息共享，运用GIS技术创新构建基于地理位置信息新型税源管理业务模式，实现“比对智能化、管理精准化、流程规范化、核查多样化、税源立体化、分析全面化”六大应用特色，有效堵塞税收征管漏洞，提高珠海市土地税收征管质效，促进土地节约集约利用。全年通过国土、不动产登记等部门获取有效涉税信息，核查入库税款、滞纳金近1亿元。

【全省首个导税机器人“贝贝”上岗】 2017年9月，珠海市地税局在香洲区局办税服务厅推出全省首个智能导税机器人“贝贝”。机器人“贝贝”集人脸识别、引导咨询、政策宣传、业务推广、自主学习于一体，能为纳税人提供智能化、人性化的业务咨询导引和大厅讲解等服务，开创珠海市“智能+人工”新型导税模式。 （张申际）

·责任编辑：曹 琨·

工　业

综　述

【概　况】 2017年，珠海市拥有规模以上工业企业1057家，实现规模以上工业总产值4653.09亿元，比上年增长12.9%；规模以上工业增加值1105.62亿元，增长10.6%；工业增加值占GDP比重44.2%，对GDP增长贡献率50.4%，是国民经济重要支柱。

【产业结构优化】 2017年，珠海市工业结构呈现高端化趋势，现代产业比重进一步提高。先进制造业累计完成增加值631.66亿元，增长15.2%，占规模以上工业增加值比重为57.1%，比上年提高5.8个百分点。高技术制造业增加值306.87亿元，增长17.8%，占规模以上工业增加值比重为27.8%，提高1.4个百分点。装备制造业实现增加值434.17亿元，增长13.4%，占全市规模以上工业增加值比重为39.3%。

【主导产业发展迅速】 2017年，珠海市六大主导产业实现规模以上工业增加值781.66亿元，占全市规模以上工业增加值比重70.7%。电子信息、家电电气、石油化工、生物医药和精密机械制造等产业快速增长，成为全市工业经济增长主要推动力。家电电气实现增加值269.20亿元，增长9.9%；电子信息实现增加值176.84亿元，增长11.9%；石油化工实现增加值96.82亿元，增长6.5%；精密机械制造实现增加值82.09亿元，增长27.5%；生物医药实现增加值68.12亿元，增长19.4%。其中精密机械制造增长最快，家电电气拉动最大。电力能源受发电指标、电价调整等因素影响，全年实现增加值88.59亿元，下降0.5%。

【大中型企业增长较快】 2017年，珠海市大型企业完成工业增加值546.49亿元，占规模以上工业增加值比重49.4%，增长8.8%；中型企业完成增加值335.76亿元，占规模以上工业增加值比重30.4%，增长19.9%；小微企业完成工业增加值223.37亿元，占规模以上工业增加值比重20.2%，增长2.9%。大中型企业增速高于小微企业。

【工业各项投资增速提升】 2017年，珠海市完成工业投资336.78亿元，增长17.2%。其中，制造业投资295.29亿元，占工业投资比重87.7%，增长22.4%；技改投资194.84亿元，占工业投资比重57.9%，增长32.1%；装备制造业投资188.85亿元，占工业投资比重56.1%，增长15.6%。（冯影雪）

石油化工产业

【概　况】 2017年，珠海市石化产业实现规模以上工业总产值588.26亿元，比上年增长8.4%；增加值96.82亿元，增长6.5%。其中，化学原料及化学制品制造业增加值44.83亿元，增长8.3%；橡胶和塑料制品业实现增加值17.38亿元，增长11.9%；化学纤维制造业实现增加值10.77亿元，增长10%。

【石化产业发展】 2017年，珠

海市在初步形成的PTA（精对苯二甲酸）上下游，以及合成树脂、氨纶、润滑油及添加剂等为主的化工产业链条基础上，进一步拓展烯烃和芳烃产业链条，大力发展电子化学品、新材料等高端精细化工产业，力争将高栏石化基地打造成为广东省石化产业调结构促转型增效益示范园区。是年，珠海市主办2017中国新材料资本技术秋季峰会。引进台湾见龙集团60万吨聚苯乙烯项目，总投资10亿元，产值50亿元；引进与美国杜邦公司结成战略联盟的台湾著名电子材料企业大东树脂光阻干膜项目，投资3亿元，产值5亿元。引进以中科院院士、中山大学学术委员会主任陈新滋为团队核心的理文化工新材料项目，设立院士工作站。珠海醋酸纤维有限公司的醋酸纤维绿色关键工艺系统集成项目入选国家工信部2017年绿色制造系统集成项目。

是年，万华化学珠海工业园投产，主要用于生产新型环保材料，年度产能主要包括10万吨水性表面材料树脂、4万吨改性MDI（二苯基甲烷二异氰酸酯），供应华南地区市场。（曾素菲）

电力能源产业

【概　况】 2017年，珠海市全社会用电量累计162.27亿千瓦时，比上年增长6.4%，其中工业用电量97.12亿千瓦时，增长7.3%。第一产业累计用电量为7.40亿千瓦时，占全社会用电量4.8%，减少8.7%；第二产业累计用电量为101.66亿千瓦时，占全社会用电量66.5%，增长6.9%；第三产业累计用电量为30.91亿千瓦时，占全社会用电量20.2%，增长6.7%；居民生活累计用电量为22.70亿千瓦时，占全社会用电量14.8%，增长3.2%。

【网电、地方电供购】 2017年，珠海市供购电量154.27亿千瓦时，比上年增长0.9%。其中，省网电供电量142.45亿千瓦时，增长2.6%，购地方电量7.70亿千瓦时，增长15%。全市有珠海发电厂、珠海金湾发电厂、珠海深能洪湾电厂、珠海横琴风电厂、珠海高栏风电厂、西坑尾沼气发电厂、珠海垃圾发电厂、中电投望洋电厂、中海油依海电厂、珠海环保电厂、碧辟化工余热余压发电厂、威士茂光伏发电12家电厂，及部分小型光伏发电厂，累计发电量196.09亿千瓦时，减少2%，发电设备年平均利用8011.65小时，减少1%。

【电网建设】 2017年，珠海市电网工程累计完成投资13.81亿元，完成年初计划投资的148.2%。完成年中调整计划投资的106.5%。建成投产220千伏金鹤输变电工程、220千伏吉大输变电工程、110千伏小林输变电工程、110千伏人工岛站输变电工程、雨塘站扩建110千伏新兆丰站间隔工程、临港站和港北站扩建110千伏华城用户站间隔工程等110千伏及以上项目；建成投产110千伏及以上线路114千米；建成投产110千伏及以上变电容量68.6万千伏安；建成投产20千伏及以下配网项目和配网线路、配变容量一批，超额完成年度投资任务。（王元芳）

生物医药产业

【概　况】 2017年，珠海市生物医药产业规模以上工业企业总产值为210.90亿元，比上年增长22.7%；规模以上工业增加值为68.12亿元，增长19.4%。生物医药工业增加值占全市工业增加值比重6%。生物医药产业年内增加41家国家高新技术企业，总量达123家，占全市高企总数8.2%；拥有丽珠医药、联邦制药、亿胜生物、健帆生物、汤臣倍健、宝莱特、和佳医疗、溢多利、润都制药、塞隆药业10家上市企业，占全市上市企业26.32%。

【生物医药产业发展】 至2017年底，珠海市生物医药企业有各类创新研发机构77个。其中，国家级工程技术研究开发中心1个，国家级企业技术中心1个，省级工程研究开发中心25个，省级企业技术中心14个，市级工程研究开发中心12个，市级重点企业技术中心24个，国家博士后科研工作站3个，省级博士后科研工作站2个（部分机构同时拥有多个称号）。

是年，各生物医药重点企业坚持实施创新驱动战略，稳步发展。粤澳合作中医药科技产业园完成公共服务平台楼体建设，推动孵化区成片开发以及配套设施建设，启动大健康产业板块重点项目规划和建设，推动中医药产品和文化国际贸易和推广；丽珠医药集团股份有限公司成功组建“丽珠试剂＋丽珠单抗＋丽珠圣美＋丽珠基因”精准医疗产业链，转型升级迈出坚实一步；丽珠圣美医疗诊断技术有限公司引进唐东江博士为带头人的“精准医疗领域重大恶性肿瘤的液态活检技术开发及产业化团队”，建立国内唯一实现循环肿瘤细胞（CTC）进行直接测序分析液态活检技术平台，获得“自动化细胞富集分离系统”产品注册证；珠海和佳医疗设备股份有限公司获批设立博士后科研工作站分站；广东宝莱特医用科技股份有限公司不断深化智能制造布局，在德国设立全资子公司，与国家质检总局实验室合作检测，通过实验室各类检测手段，完成科技及创新成果转化。

【生物医药产业成果】 2017年，珠海联邦制药股份有限公司获“2017中国化学制药行业工业企业综合实力百强”“2017中国化学制药行业原料药出口型优秀企业品牌”“2017中国化学制药行业生物生化制品优秀产品品牌”“2017中国化学制药行业抗感染类优秀产品品牌”称号，重组人胰岛素项目获珠海市科技进步一等奖；珠海润都制药股份有限公司研发的“一种阿奇霉素肠溶胶囊”获中国专利优秀奖；珠海金鸿药业股份有限公司首次完成2.4类新药申报，有8个品种口服固体制剂进入一致性评价，5个完成药学研究，2个可进行临床生物等效性试验；珠海亿邦制药股份有限公司1.1类新药获2项国家发明专利授权，主打产品注射用克林霉素磷酸酯获国家专利优秀奖，注射用伏立康唑销售量全国居前；珠海维尔康生物科技有限公司自主研发世界首台人工智能型高频电外科设备，获“创客中国·创新创业大赛”二等奖、第十九届中国国际高新技术成果交易会优秀产品奖，取得相关专利；珠海健帆生物科技股份有限公司创立人董事长董凡入选“广东特支计划”科技创业领军人才、“科技部万人计划科技创新创业人才”。（郑　敏）

电子信息产业

【概　况】 2017年，珠海市电子信息制造业产业实现产值950亿元，比上年增长17.7%，占全市工业总产值22.5%；增加值177亿元，增长11.9%。规模以上电子信息制造企业205家，其中产值超百亿元的企业2家，分别是魅族科技、伟创力制造。拥有国家级工程中心1家（国家仿真控制系统工程技术研究中心），国家级技术中心1家（东信和平科技股份有限公司技术中心）。

【电子信息产业布局】 2017年，珠海市新一代信息产业布局基本成形。高新区是软件和信息技术服务业主要集聚区，软件开发与服务、集成电路设计特色显著，战略性新兴产业快速成长，获批建设国家自主创新示范区，拥有国家软件产业基地、广东省集成电路设计与生产基地以及魅族科技、金山软件、全志科技等龙头企业。香洲区依托赛纳科技、天威等企业发展打印复印耗材产业，兼具以东信和平、金邦达、杰理科技、优特科技为代表的软件和信息技术服务业。斗门区是电子信息制造业主要集聚区，富山工业园依托方正科技、紫翔电子等打造信息通信产品制造产业链，新青科技工业园依托伟创力、光宇电池等形成电子终端产品、电子线路板、电池类产品主产业集群。金湾区依托航空航天、新能源汽车、生物医药等产业，探索发展应用电子产业，推进智慧工厂建设。高栏港经济区依托烽火科技珠海项目等，发展光缆、中继器等新一代信息技术制造产业。

【电子信息重点企业】 2017年，珠海市产值在5亿元以上电子信息制造企业33家，其中百亿元以上企业2家，10亿元至100亿元企业19家。依托魅族科技、艾派克科技、伟创力科技等企业发展通信设备、计算机外设及印刷线路板制造业。方正PCB高密度互联混合集成印制电路板关键技术及产业化项目获国家科学技术进步二等奖，赛纳科技推出国内首台工业级全彩3D打印机，艾派克通过海外收购提升打印耗材芯片产品竞争力。

（崔玉霞）

家电电气产业

【概　况】 2017年，珠海市家

电电气产业规模以上企业实现工业总产值1045.52亿元，比上年增长12%；工业增加值269.2亿元，增长9.9%。全年生产房间空气调节器1674.27万台、家用电热烘烤器具1466.39万个、通信及电子网络用电缆32.87万对千米。

【家电电气产业发展】 2017年，珠海格力电器股份有限公司自主研发“分布式送风技术在热泵空调上的研究及应用”通过中国制冷学会组织的科学技术成果鉴定，经中国科学院院士何雅玲、中国家用电器研究院院长刘挺、清华大学教授李先庭等9位业内专家一致认定为“项目成果属国际首创，技术达到国际领先水平”。9月，“基于大小容积切换压缩机技术的高效家用多联机”和“面向多联机的CAN+通讯技术研究及应用”通过中国制冷学会组织的科学技术成果鉴定，经13名权威专家评估一致认定为国际首创、达到国际领先水平。“空调机（分体立式柜机13-39）”和“一种双级增焓旋转式压缩机及空调器、热泵热水器”分别获第十九届中国外观设计优秀奖和中国专利优秀奖。是年，珠海优特电力科技股份有限公司获评“广东省政府质量奖”“变电运检作业安全管控系统”和“车辆段检修作业安全连锁管理系统”2项产品通过中国电力企业联合会组织的产品鉴定，均系国内外首创，总体性能达到国际领先水平。优特电力科技股份有限公司连续获“高新技术企业”“重点软件企业”“广东省守合同重信用企业”“广东省制造业五百强”等称号，有5项产品获广东省“高新技术产品”称号，主营产品获“广东省名牌产品”称号。

珠海许继电气有限公司连续四次通过高新技术企业认定，通过广东省战略性新兴产业骨干企业复审，被认定为“翼企飞翔”香洲区中小企业成长工程培育企业。授权发明专利16项，获软件著作权1项。自主研发“配电网馈线级故障就地处理关键技术研究、设备研制和应用”获珠海市科技突出贡献奖、中国电工技术学会科学技术奖三等奖，“基于参数识别的配电网单相接地故障区段定位方法及应用”获中国电力科学技术奖三等奖。“WPZD-135台区智能终端”被认定为广东省“高新技术产品”。

（洪豪良）

装备制造产业

【概　况】 2017年，珠海市实现装备制造业工业总产值1976.91亿元，比上年增长16.6%；装备制造业增加值434.17亿元，增长13.4%，占全市规模以上工业增加值比重39%；工作母机类制造业增加值91.29亿元，增长33.1%，增速居珠江西岸先进装备制造产业带“八市一区”第二；装备制造业固定资产投资188.85亿元，增长15.6%，占全市工业投资56%。装备制造业成为珠海市实体经济发展重要支撑。

【交通运输设备制造业】 2017年，珠海市交通运输设备制造业实现规模以上工业增加值28.69亿元。其中，汽车制造业实现工业增加值25亿元，比上年增长15.6%；铁路、船舶、航空航天和其他运输设备制造业实现工业增加值3.69亿元，增长-12.3%。

是年，珠海市充分发挥龙头企业产业整合和带动能力，促进产业链向上下游延伸，打造产业集群，在新能源汽车产业领域形成龙头企业、中小配套企业协同发展态势。拥有省级新能源汽车战略性新兴产业基地，是省级新能源汽车集约集聚区，聚集相关企业77家，其中，大型企业10家、中型企业32家、小型企业35家。

是年，珠海银隆新能源公司新增总投资200亿元，打造全产业链新能源产业园；中兴智能汽车基地建设提速；恩捷锂动力电池隔膜华南基地项目建成投产。以整车制造企业为龙头，带动电池、电机、电控等关键零部件以及充电设备等相关配套产业发展，形成以锂电池材料供应、锂电池研发、生产、销售为核心，延伸到电动汽车动力总成、整车及智能电网调峰调频系统的研发、生产、销售、技术为一体的新能源闭合式循环产业链。产业联动不断增强，珠海银隆新能源公司通过应用格力智能装备的无人自动化生产线，将每条生产线产能从2400块/天提升至3000块/天，生产效率提高11%，节约人力成本55%。珠海泰坦新动力电子有限公司是拥有自主知识产权并且能够提供电池生产自动化生产线一站式服务的新能源汽车企业，随着新能源汽车的大面积推广，泰坦新动力的电池生产线需求大增，全年工业总产值达15亿元。7月14日，国家质检总局批准国家新能源汽车动力电池及电驱动系统质检中心（广东）在珠海市筹建，9月动工建设。12月6日，上海海事展期间，珠海市政府、中国船级社（CCS）、武汉理工大学与珠海云洲智能科技有限公司共同启动全球首艘小型无人货船项目。

【游艇工业】 2017年，珠海市游艇产业工业总产值18.83亿元。全市有游艇企业57家，其中游艇生产企业34家，游艇生产配套企业及商贸公司23家，年内，平沙镇被评为“广东省（游艇）技术创新专业镇”，成功申报广东省转型升级专业型示范基地。是年，珠海加快游艇产业重大项目建设，太阳鸟连湾3D模块化项目和铝合金高速船艇生产基地项目建成投产；江龙船艇与澳大利亚澳斯达船舶在珠海合资成立铝合金船艇制造企业，高速船舶制造项目动工建设；横琴新区法拉帝游艇（亚太）中心项目持续建设，以法拉帝游艇亚太销售与服务中心、船东俱乐部、展示中心、航海学校、高端住宅为核心，打造办公与休闲配套设施并存的大型滨水商业综合体。编制《珠海市游艇港口岸线规划方案》，规划游艇港口岸线43.45千米，可容纳游艇泊位总数16810个。（曾素菲）

军民融合产业

【国家军民融合创新示范区创建】 2017年，珠海市编制《珠海市国家军民融合创新示范区建设总体方案》。启动《珠海市军民融合创新发展规划（2017—2021年）》编制工作。以航空航天装备、智能制造装备、海洋工程装备、交通运输装备和智能制造为主攻方向，发展先进装备制造和军民融合产业，打造“海陆空＋智能制造”齐头并进的产业发展新格局，涌现出中航通飞、欧比特、纳睿达、云洲智能等一批军民通用高新技术企业。

【首届中国（广东）军民两用技术创新论坛】 2017年12月8日，首届中国（广东）军民两用技术创新论坛在珠海举行，吸引军民融合领域的军、政、商、学界相关单位、机构近20位权威专家及近400名企业代表参与。该论坛聚焦军民两用技术创新，并举办“民参军论坛”“军民融合投资发展论坛”“第十二届中国航展展商交流会”“军民融合文化大讲堂”等系列活动，旨在搭建“军转民”“民参军”创新平台，推动军民融合深度发展。通过活动加深广东省业界对当前军民融合发展现状的了解，为广东省军民两用技术企业打造一个发掘发展机遇的优质产业平台。

【“珠海一号”卫星发射成功】 2017年6月15日12点11分，“珠海一号”遥感微纳卫星星座首发星（OVS-1A/1B）在酒泉卫星发射中心成功发射。“珠海一号”卫星星座隶属于珠海欧比特公司规划的“卫星空间信息平台”项目，是国家发改委专项基金支持的军民融合项目，项目投资总额9.12亿元，计划由12颗视频微纳卫星、4颗高光谱微纳卫星及2颗SAR微纳卫星组成，在未来两至三年内部署完成。此次发射的两颗视频微纳卫星（OVS-1A/1B）由航天东方红卫星有限公司历时一年研制完成，单颗卫星质量55千克，具有凝视视频和条带成像两种工作模式。

（刘慧娜）

珠海航空产业园

【概　况】 2017年，珠海航空产业园推进《珠海市生物医药及新能源产业园环境报告书》编制工作，开展《白龙河尾滨水区景观工程概念方案设计国际招标》和《机场东路美化绿化提升工程概念方案设计国际招标》规划编制，启动《三灶北产业带和航空产业园核心区控规修编》招标工作，完善园区电力设施相关专项规划。明确园区空间布局及产业发展方向，为产业园打造国际一流通用航空制造和服务基地提供科学规划指引。珠海成功入选国家发改委认定的首批26个通航示范区，珠海市航空产业园管委会编制综合示范区的实施方案，并获国家发改委同意实施批复。

链 接：

国产自行车变速器

中国是全球自行车生产第一大国，年产量约8600万辆，占全球自行车总产量超过80%。其中约有40%的中高端山地车、公路赛车需要配备变速器。自行车变速器是精密复杂的机械系统，精度堪比钟表。长期以来，中国大多使用日本品牌禧玛诺（Shimano，占国内市场85%）以及美国品牌速联（SRAM，占国内市场15%）两家跨国企业的产品，每年中国自行车企业需要花费约210亿元购买变速器产品。

珠海蓝图控制器科技有限公司所生产的自行车变速器性能达跨国公司产品的95%，价格同比低30%左右。其产品得到永久、凤凰、飞鸽、捷安特、大行等众多国内外自行车品牌的认可，打破两家跨国公司长期的垄断地位，市场前景良好，预计2020年产量有望达到250万套左右，可占国内市场10%。

【航空产业园区基础设施建设】 2017年，珠海航空产业园航空、生物医药、新能源三大战略性新兴产业集聚壮大，珠海市依托产业园成功入选首批国家通用航空产业综合示范区。至年底，园区完成基础设施投产项目3项，实现新开工项目9项，完成投资产值16.89亿元。

【航空产业园招商引资】 2017年，珠海航空产业园数次赴境内外开展精准招商。围绕引进高端商业及创新孵化项目、推进银隆建设等方面开展工作，推动项目落户发展。举办深圳推介会，吸引50多家企业、机构参与。参加深圳国际半导体产业研讨会、中以合作交流大会、航展展商交流大会等活动，全面展示园区投资环境，吸引大批企业前来考察。全年引进项目12个，投资额达20亿元。

【国产自行车变速器替代进口研讨会举行】 2017年4月10日，由珠海市航空产业园管委会主办，珠海蓝图控制器科技有限公司承办的“国产自行车变速器替代进口研讨会”在珠海举行，工信部消费品工业司、中国自行车协会、省经信委及30余家自行车企业代表50人参加，各企业代表围绕如何进一步推动中国自行车及相关配套产业发展、国产自行车变速器未来的发展方向、如何增强国产自行车及配套行业的自主研发与创新三个方面进行讨论。

【水陆两栖飞机AG600在珠海实现陆上首飞】 详见P380【水陆两栖飞机AG600金湾首飞】。

（李翠琴）

富山工业园

【概　况】 2017年7月1日，珠海市委、市政府立足于全市经济社会发展大局对富山工业园管理体制进行调整部署，由市政府直接管理，行使市一级的经济管理权限，并与华发集团按照“政府引导、企业化运作、双轮驱动”的全新运作机制，从修订规划编制、优化产业结构、整合土地资源、提升配套建设、创新管理机制、加强党风廉政等方面，快速推进园区发展。至年底，该工业园管委会有在编在职干部27人（其中行政编18人，事业编9人），内设机构有办公室、经济发展局（财政局）、开发建设局（环境保护局、安全生产监督管理局）、规划国土局（市国土资源局富山分局、市住房和城乡规划建设局富山规划分局）、征拆一办、征拆二办，下属事业单位有投资促进中心（行政服务中心）、财政投资评审中心、土地储备发展中心。

富山工业园位于珠江三角洲西南端，地处珠海、江门交汇处，规划总面积152.53平方千米。作为珠海实体经济发展的重大平台，全力打造服务高效、审批便捷、土地集约、环境优美、管理科学的现代化产业生态新城，集聚方正科技、杰赛科技、格力电器、青岛啤酒、华润热电、太平洋海洋工程、中国中车等知名企业，新引进深联电路、广东骏亚、明阳电路、中京电子等国家级高新技术企业，形成新一代电子信息、高端电气、高端装备制造等产业集群。全年实现工

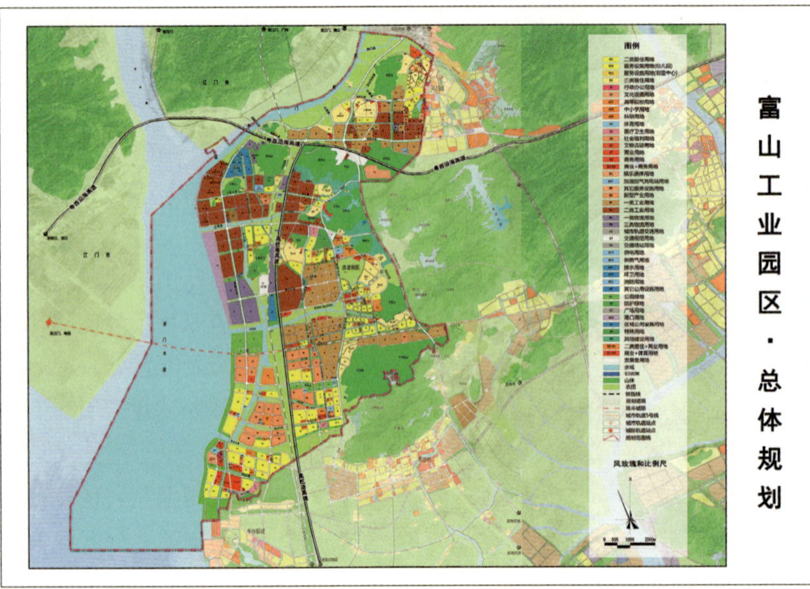

富山工业园区总体规划图　　　　（富山工业园 供稿）

业总产值312.17亿元，比上年增长14.21%；工业企业投资35.32亿元，增长56.71%；外贸进出口总额55.27亿元，增长27.92%。

【富山工业园园区建设】 2017年8月3日，富山工业园制定发布《珠海市富山工业园建设发展三年行动计划》（2017—2020年），从修订规划编制、提升配套建设等方面，推进园区发展。其中，完成起步区、雷蛛北、中央绿洲片、江湾山4个片区26.85平方千米的控规修编工作，制定完成《富山工业园企业服务和整合提升策略研究》《富山起步区城市设计》等。启动投资200亿元的基础设施项目建设，开工在建项目12个，总投资约50亿元，动工建设科创中心、孵化器、起步区南片区、小学、幼儿园、邻里中心、公交首末站、文化活动中心等一批公建配套设施。

【富山工业园土地资源整合】 2017年9月29日，富山工业园印发《关于清理处置富山工业园闲置和低效工业用地的通告》，明确规定工业用地严禁改变土地用途，企业转让土地使用权和房屋所有权（含公司股权转让涉及的土地使用权转让）的，须先通过土地出让合同和项目投资协议履约情况核定并经管委会审查同意等。委派编制单位对园区内企业用地现状摸查，听取企业诉求，形成《珠海市富山工业园192块工业用地情况》，全面清理园区内工业用地，完成192宗工业用地清查处理工作。重新复工6平方千米二围吹填项目建设，三围、四围制定收回计划。完成起步区南片区0.53平方千米征收清场工作，推进起步区北片区1.87平方千米征拆工作。

【富山工业园产业发展】 2017年，富山工业园区增资扩产和技术改造项目44个，预计增加投资总额44亿元，预计达产后年增产值70亿元。园区抢抓全球新一代电子信息产业重新布局的有利时机，加大招商引资力度，引进新一代电子信息、智能制造等高端产业项目，投资总额超过100亿元。园区委托中国国际咨询公司、德勤律师事务所为园区发展方向把脉问诊，完成产业规划编订工作。针对新引进项目严格执行“双百”政策（即投资强度和产出强度之和不低于200亿元/平方千米），从规模、质量、投入产出强度、科技含量等方面，提高新引进项目投资产出标准；针对原有一些环保、产值等不符合园区产业规划的项目，制定退出机制，用两至三年逐步退出园区。

【富山工业园创新驱动】 2017年，富山工业园新增技术研发中心5家，累计24家，增长26%；新增企业工程中心3家，累计12家，增长33%；新增高新技术企业17家，累计51家，增长50%，占全区规模以上企业数70%；培育入库企业13家。格力新元、紫翔电子、双赢柔软、永兴盛环保等40多家企业进行技术改造备案，投入资金12.13亿元，完成年初目标任务110.3%。园区拥有格力电器、坚士制锁等驰名、著名商标13个，广东省名牌产品8个，工业类名牌产品15个。全年园区发明专利申请量123件，有效发明专利拥有量182件。华南理工大学珠海现代产业创新研究院获批国家级众创空间、省众创空间试点单位、省新型研发机构、省生物医学传热工程技术研究中心4个国家和省级平台。是年，园区获“广东省绿色升级示范工业园区”“广东省循环化改造试点园区”称号。 （吴　佳）

·责任编辑：曹　琨·

商贸服务业

综　述

【概　况】 2017年，珠海市社会消费品零售总额1128.18亿元，比上年增长11.0%。其中，批发业零售额232.59亿元，增长3.1%；零售业零售额765.34亿元，增长13.3%；住宿餐饮业零售额130.25亿元，增长13.3%。粮油食品饮料烟酒类、服装鞋帽针纺织品类、日用品类等刚需消费用品保持平稳增长，分别增长18.5%、25.0%和24.9%；与文化娱乐以及居住相关的消费保持快速增长，书报杂志类、家用电器和音像器材类、文化办公用品类和建筑及装潢材料类零售额分别增长18.3%、25.5%、20.7%和29.1%；汽车类和石油及制品类等大宗商品需求热度有所减弱，零售额分别增长9.5%和17.1%。

【商贸服务体制改革】 2017年，珠海市开展内贸流通体制改革，以制度创新为核心，在流通创新发展促进机制、市场规制体制等方面进行探索。在建立创新驱动流通发展机制方面，推进实体商业转型升级，出台《珠海市推动实体零售创新转型实施方案》，稳定传统消费，推动实体零售创新转型。在建设法治化营商环境方面，推动商务诚信建设，出台《珠海市商务诚信建设工作方案》，珠海购物节与“诚信兴商宣传月”“信用消费进万家”主题日活动相结合，打造商务诚信文化环境。市商务诚信体系建设工作获省商务厅“优秀”评价。在建立统一高效流通管理体制方面，发挥商贸流通行业协会商会作用，委托相关商业协会承办“2017珠海购物节”以及商贸流通业人员培训等工作。

商品流通

【肉菜流通追溯体系建设】 2017年，珠海市铭海蔬菜批发市场、金湾区西部食品公司肉类联合加工厂、金湾区广安便民农贸市场、红旗中心农贸市场、金海岸农贸市场、家乐福超市、珠海市得一超市（柠溪店、兰埔店、翠怡店、山场店、斗门店、三灶店）、珠海市市场经营集团星园市场、为农市场、凤凰农贸市场等15个重要流通节点投资建设肉菜流通追溯系统，为市民提供“来源可查、去向可追、责任可究”农产品追溯体系，更好保障消费安全和公共安全。市商务局全年发放省级肉菜流通追溯专项补贴资金176万元。

【批发市场】 2017年，珠海市主要批发市场11家，包括农产品综合批发市场4家，肉禽类批发市场3家，水产品、茶叶、花卉、钢材批发市场各1家。经销商约2500户，从业人员约7000人，冷库库容6500吨。批发市场年成交总额268.8亿元，其中，肉禽类22亿元、蛋类2.5亿元、水产品41.77亿元、水果类73亿元、蔬菜类58亿元、茶叶类2.5亿元、花卉类3.5亿元，其他农产品15.5亿元，钢材类50亿元。（冼超文）

商贸流通行业管理

【二手车市场】 2017年，珠海市经省商务厅备案和市工商部门注册登记的二手车交易市场12家，注册资金7033万元。定点报废汽车回收拆解企业1家。全市二手车交易市场交易量2.94万辆，比上年增长47%，成交金额20.63亿元，增长47.3%。（郭沐阳）

【商业网点建设】 2017年，珠海市城建海韵城和家和城广场购物中心开业，商业体量合计9.4万平方米。城建海韵城商业建筑面积6.4万平方米，以“城市会客厅”为定位，包含国际影城、时尚酒吧、全球美食、儿童乐园、文创艺术和精品零售六大业态。家和城广场位于珠海斗门，以打造多元全新体验的西区商业标杆为定位，商业建筑面积3万平方米，由生活超市、儿童天地、餐饮百货、星级影院、屋顶泳池等业态组成，能够满足区域内居民休闲、生活、娱乐、购物等基本需求。是年，在建商业网点有香洲区格力海岸Coast Park、华发水岸·华发新天地、奥园广场、横琴中央汇、梧桐树·时代广场、励骏庞都广场、斗门大信新都汇、保税区利是达星际广场等多个项目，在建商业面积总计80万平方米。（冼超文）

现代物流业

【概　况】 2017年，珠海市交通运输、仓储和邮政业生产总值49.50亿元，比上年增长7.1%。全市货物运输总量1.21亿吨，增长6.3%。其中，公路运输9599万吨，增长3.8%；水路运输1871万吨，增长15.2%；航空运输1万吨，下降5.4%；铁路运输638万吨，增长21.5%。全市货物运输周转量167.48亿吨千米，增长5.2%。其中，公路52.57亿吨千米，增长3.5%；水路103亿吨千米，增长4.5%；航空0.25亿吨千米，下降1.1%；铁路11.66亿吨千米，增长22.7%。

【物流业投资建设】 2017年，珠海市交通运输、仓储和邮政业固定资产投资266.41亿元，比上年增长116.2%。年末公路通车里程1455.41千米，减少0.4%。其中，高速公路通车里程136.29千米，与上年持平；新设企业21家，增长133.3%；吸收合同外资2419万美元，增长58%；实际吸收外资金额2345万美元，增长551.4%。（罗祖娟）

【港口物流】 2017年，珠海市完成《川贵广—南亚国际物流大通道深化研究》《川贵广—南亚国际物流大通道海外市场研究》编制，推动物流大通道项目纳入国家战略。签署并落实《中国—巴西跨境电子商务与服务贸易一体化项目合作备忘录》，珠海港—巴西维多利亚港直航航线开通。新开通“营口—高栏—衡阳”北粮南运海铁大通道，珠海港货源腹地首次延伸至北方地区。至年底，珠海全港开通集装箱班轮航线74条，其中国际航线24条（内支线9条）、沿海干线25条、西江驳船支线25条。珠海高栏欧港物流分拨中心一期项目奠基，填补华南地区缺乏专业纸浆物流集散中心空白。广铁物流园重点项目建设协调推进。（黄　翔）

【珠海组团参加第七届亚洲物流及航运会议】 2017年11月23—24日，在第七届亚洲物流及航运会议上，珠海设立展区，并举办“粤港澳大湾区建设背景下——珠港澳现代物流业发展新路径”大型专题论坛，获香港贸发局和粤港澳物流业界支持。会议汇集20多个国家和地区物流业界代表800余名。（罗祖娟）

拍卖·典当业

【拍卖业】 2017年，珠海市有拍卖企业38家，累计注册资本4.83亿元，从业人员301人。全年举行拍卖会193场次，累计拍卖成交总额7.71亿元，其中，房地产6.77亿元、土地使用权6150万元、机动车246.69万元、债权和股权1613.7万元、文化艺术品865万元，其他463.37万元。

【典当业】 2017年，珠海市有典当企业22家，累计注册资本4.25亿元，从业人员134人。全年累计典当总额5.57亿元，其中，动产1.15亿元、房地产3.89亿元、财产权利5320万元。（张　平）

供销合作社

【概　况】 2017年，珠海市供销合作社有市级社1个，区级社2个，基层社13个，所属法人企业26家。全市供销合作社系统领办、参办农民专业合作社22家，农民专业合作社联合社1家；经营网点201个，从业人员693人。实现销售总额6.23亿元，比上年增长11.3%；费用总额5600万元，增长15.9%；利润总额900万元，增长13.7%。是年，受强台风“天鸽”影响，灾后抢修重建网点43个，确保全市农业复产所需物资供应，保障农资价格稳定，440件应急救灾物资分别送到香洲区16个紧急避险点；社员资金互助中心在灾后及时采取措施帮助社员解决灾后重建资金问题，调整收取利息周期，提前发放贷款贴息，加强联系沟通，为社员灾后重建争取政府扶持资金提供信息和操作流程帮助，对个别受灾严重客户适当增加资金调剂额度。

【农村互助金融服务】 2017年，珠海市供销社社员资金互助中心加快农村互助金融服务平台建设，拓展农村普惠金融服务，经营覆盖资金互助、农业小贷、涉农保险代理等。发展社员373户，为涉农企业和农户累计发放调剂资金69笔，金额1.20亿元，增长10.7%，解决部分社员和农民融资难、融资贵、融资慢问题。

【农资营销及培训】 2017年，珠海市供销合作社系统农业生产资料销售1.97亿元，比上年增长26.4%。农资经营网络有斗门农资配送中心1家、直营店3家、农资综合超市2家、连锁加盟店43家；全市系统农资商品销售1.97亿元，增长26.36%。全年开展农业农资安全生产培训112人次；技术培训7期，培训种植农户和加盟店负责人280人次，其中，联合水稻种植教授作科学种植水稻技术推广3期，联合供应商厂家业务人员作科学利用化肥农药培训2期，农资配送中心组织培训高毒农药的禁销禁用宣传讲座2期。

2017年12月5日，珠海市供销合作联社与包头市供销合作社联合社缔结“友好社”暨包头市供销集团与珠海市新供销田源农产品有限公司“南北农副产品电商及线下营销合作”签约仪式在德翰大酒店举行 （许 乐 摄）

【农副产品营销】 2017年，珠海市供销合作社系统农产品销售额2.08亿元。其中，市社直属系统农产品销售额8100万元，香洲区社农产品销售额4300万元，斗门区社农产品销售额8400万元。市新供销田源农产品展销中心发展成集农副产品收购、批发、销售、电子商务、展示为一体的农副产品流通体系，香洲总店以经营全国各地农副产品、土特产为主，与广西、四川、新疆、山东、湖南等地商户以及省内潮州、韶关、茂名、阳江、九连山等地农户联营，经营各地农副产品、土特产、生活用品、零食饮料等各类商品达2600多种。南屏分店于12月17日对外营业，主要经营各地农副产品、土特产、干货100多种。

【日用消费品营销】 2017年，珠海市百分百商业有限公司实现商品销售总额1.2亿元。百分百超市有总店1家、配送中心1个，连锁经营网点30家，其中，货仓连锁超市直营分店22家，新增特许加盟店8家。

【再生资源营销】 2017年，珠海市再生资源行业协会回收业经营者备案98家。物资回收公司全年销售6400万元，比上年增长118%。加大开展废铁、退铜电缆项目等业务，销售废钢材6000吨，销售金额1200万元，回收废旧电缆476.81吨，销售金额1700万元。迅达再生资源公司参与企业、机关的废旧物资处理投标，全年销售1600万元。 （钟洁丹）

2017 年珠海市供销合作社系统经营情况

单位：亿元

项　目	实　绩	比上年增长（%）
全系统销售额（统计数）	6.20	11.29
其中：直属企业	2.95	11.27
县级及基层社企业	3.57	6.10
全系统购进（统计数）	6.10	11.97
全系统利润总额	0.09	0.09

烟草专卖

【概　况】 2017 年，珠海市烟草专卖局、广东烟草珠海市有限公司实行“两块牌子一套人马”，员工 222 人，辖区内卷烟零售户 8722 户。全年实现卷烟销量 8.85 万箱，比上年下降 1.6%，实现税利 7.88 亿元，增长 3.7%，与全省增幅持平。累计单箱销售收入 33252 元，增长 4.7%。重点品牌销量占总销量比重 93.9%，高于全省平均水平 2.45 个百分点。年底库存结构优于上年同期，卷烟市场销量稳定、结构提升、市场价格回暖、卷烟零售能力恢复。

【烟草专卖规范经营】 2017 年，珠海市烟草专卖局落实天价烟和大户治理，推动大户比例和大户销量比重持续回落，达到中国烟草总公司广东省公司控制比例。严控真烟外流，全年外流量 49 万支，在全省较低位置，比上年下降 11.5%。落实规范经营要求，全年内管部门发现通报问题 34 项，提出改进意见 80 条。

【卷烟打假打私】 2017 年，珠海市烟草专卖局完善联合执法机制和跨区协作机制，强化落实责任，推动形成监管合力，全市查处各类案件 1525 件，其中 5 万元以上案件 33 件。查获违法卷烟 1897 万支，比上年增长 11.9%，总货值 1006 万元，增长 39.6%。成功破获国标案 1 件、省标案 3 件，市场净化率达 96%。

【烟草专卖依法行政】 2017 年，珠海市烟草专卖局推进“放管服”改革，建立烟草专卖零售许可负面清单管理制度，提高涉烟行政许可的办理效率和服务水平。开展“七五”普法宣传教育、合法合规监督审查等工作，推动法治烟草在珠海落地，全年合法性审查行政处罚案卷 1199 宗、重大执法行为 18 个、合同 51 份、招标文件 20 份，开展案件评查 4 次。（林俊清）

食盐专营

【概　况】 广东省盐业集团珠海有限公司（广东省珠海市盐务局）负责全市盐业行政管理、盐政执法和食盐专营等工作，担负辖区内盐产品供应和消除碘缺乏病责任。2017 年，企业在册职工 53 人，完成储备食盐 1500 吨任务；实现盐产品总销量 1.74 万吨，其中食用

2017 年 10 月 29 日，珠海盐业公司在得一超市设置“食盐安全专柜”，宣传销售加碘盐、无碘盐、孕妇盐等特殊盐种　（陈　劼 摄）

盐总销量1.65万吨，实现销售总收入3000多万元，完成上级下达的各项经营任务。参与和配合卫生等部门开展消除碘缺乏病宣传和监测活动，全市碘盐覆盖率和合格碘盐食用率分别达98.6%和97.4%，达到国家碘缺乏病消除标准要求。全年出动执法人员2224人次，检查市场和各种单位5445家，查获各类涉盐违法案件13件，查获涉案盐产品79.69吨，保障良好市场秩序和食盐安全。

【盐务市场监管】 2017年，珠海市盐务局通过与政府有关部门联合检查行动等执法策略和手段，将违规违法食盐挡在百姓厨房之外。查扣河南省平顶山神鹰盐业有限责任公司在珠海销售“宇鹰”牌“臭脚盐”300千克等案件，并通过媒体曝光。

【盐政宣传】 2017年，珠海市盐务局参加市消委会举办的“3·15”国际消费者权益日大型宣传教育活动，派发《“盐”守健康给你安心的味道》公众教育手册500余册。5月15日，联合市卫生局、市疾控中心和新闻媒体等在南屏容闳广场开展“每天一点碘，健康多一点”防治碘缺乏病日宣传活动，普及碘盐知识，宣传碘缺乏病的危害。10月25日，在珠海市香洲区前山社会福利中心（颐老院）开展“关爱老人，温暖社会”重阳节爱心公益活动，给福利院老人送去生态海盐、老盐牙膏及热敷盐包。

2017年国庆斗门美食节（曾　遥　摄）

【食盐直达配送终端业务】 2017年6月23日，珠海盐业实现首宗食盐直达配送终端业务，全面实施“品牌、品质、品种”三品战略，通过“粤盐”专柜进店模式拓展食盐销售终端、使用终端的客户，发展终端直达配送客户151家，“粤盐”专柜进店80家，为盐改转型打下基础。（甘　云）

餐饮业

【概　况】 2017年，珠海市餐饮业零售额103.9亿元，比上年增长10.1%。其中，限额以上餐饮业企业零售额44.2亿元，增长12.5%；限额以下餐饮业企业和个体户零售额59.7亿元，增长8.4%。珠海餐饮业发展契合移民城市特征，形成以粤菜为基础，湘菜、川菜、东北菜、西北菜、上海菜、贵州菜等各地菜系兼容并蓄的融合格局。在区域布局上，遍布城市各居住区、居民点的大小餐饮店为市民和游客餐饮消费提供方便，形成湾仔海鲜街、青蓝山庄美食街、水湾路酒吧街、凤凰北海鲜街、怡华街美食一条街、888街美食街、斗门啤酒街等多个餐饮业集聚地。随着城市综合体的发展，各种特色餐饮店成为华发商都、富华里、扬名广场、海天城等综合体的重要部分。（符中南）

【斗门美食节】 2017年10月1—5日，由珠海市斗门区人民政府和珠海特区报社联合主办的斗门美食节在斗门体育馆广场举行。美食节以“美食·文化”为主题，设展位150个，有大赤坎叉烧烧排骨、莲溪月饼、横山赵氏鸭脚包等本地美食，以及顺德均安蒸猪、云南福贡花谷手抓饭等外地美食，参加美食节市民约5万人。（郭沐阳）

·责任编辑：曹　琨·

金融

综　述

【概　况】　至2017年末，珠海市本外币各项存款余额6928.74亿元，比年初增长13.1%，增量在全省排名第四，余额位居全省第五；本外币各项贷款余额4806.88亿元，比年初增长17.3%，增量在全省排名第三，余额位居全省第五。全年全市证券经营机构股票、基金、债券成交总额13629.22亿元，同比增长7.04%；保险业实现保费收入116.44亿元，增长36.67%；赔给付支出38.68亿元，增长28.72%。跨境人民币结算业务总量1869.08亿元，下降14.3%。金融业实现增加值191.57亿元，增长11.9%，占珠海GDP比例7.47%，与上年同期持平。

【货币信贷】　2017年11月30日，中国人民银行珠海市中心支行（简称人民银行珠海中支）承办在珠海举行的金融支持珠海市制造业推进会，中国人民银行广州分行与珠海市政府签署《金融支持珠海制造业创新驱动发展战略合作协议》，签约金融支持制造业项目11个，签约金额148亿元，达成金融支持制造业实际融资意向项目79个，涉及金额221亿元；下发《关于做好抗击台风灾后重建有关金融服务工作的通知》，联合珠海市金融工作局、珠海市科技和工业信息化局、银监珠海分局等部门部署金融支持全市复产重建工作；推动14家银行机构参加第三届粤港澳国际创业节暨智慧城市建设创新峰会；联合市政府相关部门及中国银行珠海分行举办“中银科创企业投贷联动直通车—珠海站”高新技术企业投融资洽谈会4期；完善知识产权质押贷款珠海模式，推出“知识产权质押贷款珠海模式2.0版”，建立“知识产权价值分析报告”机制；联合市科工信局完善珠海市“四位一体”融资平台相关制度，修改贴息方式，增设“技改贷”融资产品；出台《珠海市排污权质押贷款指导意见》。珠海大横琴投资有限公司发行广东自贸试验区首笔城投企业中期票据。珠海农商银行发行省内首笔小微企业贷款专项金融债券，发行金额5亿元，参与认购机构超过12家，认购金额9亿元。珠海农商银行发行省内首笔“三农”贷款专项金融债券，首期发行1亿元，债券期限为3年，发行利率5.3%。

【跨境人民币结算】　2017年，珠海市跨境人民币结算业务总量1869.08亿元，比上年下降14.3%；全年开展跨境人民币交易国家或地区56个，办理结算企业1200家；办理跨境人民币贷款备案金额189.2亿元；为跨国企业集团办理跨境双向人民币资金池业务25家。

【银行卡业务管理】　至2017年末，珠海市发卡及联网机构30个，银行ATM机2757台，布放POS机具7.82万台，借记卡发卡量1853.6万张，信用卡347.2万张。人民银行珠海中支监督珠海华润银行、招商银行、民生银行、平安银行、浦发银行珠海分行等单位完成银行卡受理终端升级改造和系统建设改造工作，加强刷卡终端管理力度，营造安全用卡环境，防止泄露个人信息；协调农业银行珠海分行、银联珠海分公司等单位，推进金融IC卡和移动支付在公共服务领域推广应用工作；联合各单位推动金融IC卡闪付功能应用于有轨电车

1号线以及路内咪表停车扩容300个服务终端，在横琴园区推动各服务领域金融IC卡应用工作，推动珠海银联和珠海建行建设金融IC卡闪付功能在自动售卖机上应用。

【货币发行及反假货币】 2017年，人民银行珠海中支试点建立硬币兑换主办银行、主办网点制度，建立硬币清分质量管理模式，改善硬币流通环境；探索建立农村地区反假货币义务宣传员制度，以农村金融服务站为依托，建立反假货币义务宣传员队伍，推动农村反假货币宣传常态化；推进珠澳反假货币跨境合作，定期开展反假培训合作，推动建立反假货币信息共享机制，完善跨境假币监测，推进反假货币工作重心前移。

【支付清算】 2017年，人民银行珠海中支推动中国农业银行珠海分行与城建集团签订业务合作受理协议，实现有轨电车乘车付费系统向银联芯片卡开放；召开港珠澳大桥通车收费项目座谈会，推动港珠澳大桥通车收费方案初步达成一致意见；探索推进电子证照银行卡项目应用；推进移动支付“乡银保”项目推广工作；协助人民银行广州分行完成支付机构客户备付金首次集中交存。

【征信管理】 2017年，人民银行珠海中支使用“互联网+征信课堂”手段，通过新生军训期间及学校指定时间播放“征信课堂”视频，向学生传授征信知识；联合市信用办、市金融工作局等单位举办“3·15金融知识伴我行”大型户外宣传活动，通过诚信签名墙、骑行共享单车、环岛快乐奔走等贴近群众的形式宣传个人征信及相关金融知识。至年末，中征应收账款融资服务平台成交融资704笔，融资金额430.31亿元。中国人民银行广州分行主办的广东省中小企业融资发展推进会首站会议在珠海举办，来自珠海辖区40多个金融机构（含银行、财务公司、小贷公司、融资担保公司、保理公司、融资租赁公司等）代表和中小微企业代表330人参会培训。人民银行珠海中支上线广东（珠海）中小微企业信用信息与融资对接平台，为珠海辖区银行查阅中小微企业非银行信用信息以及政府部门实施守信联合激励和失信联合惩戒提供帮助，至年末，该平台上挂金融产品112种，融资金额162亿元；加强征信信息安全管理，对农业银行珠海分行、中信银行珠海分行、民生银行珠海分行、浦发银行珠海分行、南粤银行珠海分行以及格力财务公司6家机构开展征信执法现场检查，建立接入机构征信合规工作例会制度。在全省率先运用“征信查询监管系统”，高筑征信查询“防火墙”；牵头开发企业征信量化考评系统并完成测试验收，在全省推广使用，提高全省征信数据量化考核效率；参与“个人信用报告查询前置系统”“征信查询监管系统”“征信综合报表系统”“企业征信量化考评系统”“征信查询管控平台”等系统上线运行工作。

【国库业务】 2017年，国家金库珠海市中心支库办理各类国库业务258万笔；收纳各级预算收入1716.3亿元，比上年下降4.5%。其中，中央预算收入318.5亿元，增长16.3%，省级预算收入174.1亿元，增长9.5%，地方预算收入1223.7亿元，下降10.32%；办理地方公共财政支出1231.9亿元；办理出口产品退税172.1亿元。

【反洗钱监管】 2017年，人民银行珠海中支推进“三反”机制建设，与珠海市国税局签订反洗钱合作协议，开展涉税反洗钱工作；加强特定非金融机构洗钱风险监测，开展公证行业反洗钱试点工作，印发《关于推动珠海市公证机构开展反洗钱和反恐怖融资工作的通知》；联合珠海公安经侦部门破获多个地下钱庄案及“6·20”特大地下钱庄案，协助珠海市追逃办劝返“百名红通人员”王某回国投案，抓获犯罪嫌疑人23人，冻结资金325万元，查明涉案金额123.72亿元。

【金融消费权益保护】 2017年，人民银行珠海中支开展金融知识进学校、进社区等系列宣传活动，加大金融知识普及教育工作；做好12363金融纠纷热线电话接听和金融纠纷处置，建立诉调对接工作机制，不断完善金融纠纷多元化解工作机制，受理金融纠纷68宗，处理率100%，其中，通过人民调解方式成功解决25宗。

【国际收支】 2017年，珠海市金融机构外汇各项存款年末余额64.71亿美元，比年初增加2.0亿美元，增幅3.2%。外汇各项贷款余额16.23亿美元，减少10.08亿美元，减幅38.3%。珠海市跨境资金流动总额552.2亿美元，增长4.0%，其中流入320亿美元，增长15.3%，流出232.2亿美元，下降8.4%，顺差87.8亿美元，是上年同期的3.6倍。

【货物贸易外汇收支】 2017年，珠海市货物贸易名录登记企业6292家，外贸进出口总额448.26亿美元，比上年增长12.34%，其中出口280.87亿美元，增长10.12%；进口167.39亿美元，增长16.29%。货物贸易外汇收支总额285.78亿美元，下降7.42%，其中跨境收入175.04亿美元，下降6.69%；跨境支出110.74亿美元，下降8.53%。

【外商投资企业业务】 2017年，珠海市办理外商投资企业存量权益登记3154家，企业参检率76.53%。办理直接投资项下外汇新登记342笔，变更及注销登记224笔，外商直接投资（FDI）入账登记632笔，境外投资（ODI）登记30笔；新登记外商投资企业投资总额34.09亿美元，注册资本57.03亿美元，其中外方注册资本48.27亿美元。境内投资主体新登记境外直接投资总额29.91亿美元。外债新签约登记76笔，登记变更187笔，注销登记71笔，至年末，珠海辖区外债余额41.84亿美元。办理全口径项下跨境融资业务71笔，金额18.43亿美元，累计为企业节省融资成本1500万美元；单笔最高意愿外债结汇金额7360.01万美元；企业对外担保13笔，担保责任余额7.07亿美元。珠海跨国公司全年外汇资金集中收付汇162.63亿美元，比上年下降13.48%，其中集中收汇81.34亿美元，下降13.46%，集中付汇81.29亿美元，下降13.50%。（黎玮茵）

银行业

【概　况】 至2017年末，珠海市有银行业金融机构12类60家，营业网点534个，从业人员11352人。其中，横琴自贸区营业网点30个，从业人员611人。辖内银行业金融机构资产总额8298.28亿元，比年初增加1139.73亿元，增长15.9%；各项存款余额6928.74亿元，比年初增加804.48亿元，增长13.14%，增幅居广东省首位，高出全省平均水平4.46个百分点；各项贷款余额4806.88亿元，比年初增加708.79亿元，增长17.30%，增幅居广东省第四位，高出全省平均增幅3.56个百分点；存贷比69.38%，比年初上升2.46个百分点，居全省第四位；不良贷款余额69.80亿元，比年初减少8.39亿元；不良贷款率1.46%，比年初下降0.46个百分点，低于全省平均水平0.22个百分点，实现“双降”（不良贷款余额和比例均下降）。全年辖内银行业金融机构实现税后利润98.22亿元，比上年增长11.26%。

是年，珠海银监分局与珠海市金融工作局配合，阶段性完成P2P网络借贷清理整顿工作。在珠海注册P2P网络借贷企业12家中，清理整顿停止相关业务6家。

【实体经济金融服务】 2017年，珠海银行业支持重点工程项目建设，加大投入支持港珠澳大桥、珠海国际货柜码头等国家、省重点工程建设。至年末，辖内基础设施建设重点项目贷款余额209.23亿元，较年初增长15.67%。支持本地制造业发展。珠海市纳入广东省先进制造业“十三五”规划重点项目的先进装备制造业企业15家，获得辖内银行机构信贷支持9家，辖内制造业贷款余额408.6亿元，较年初增长6.32%。

【横琴银行业发展】 2017年，珠海银监分局推动横琴银行机构入驻与升格，引导符合条件的各类金融机构在横琴新区发展。1月18日，大西洋银行广东自贸试验区横琴分行开业，成为首家进入内地的澳资银行。珠海农商银行横琴支行升格分行，顺德农商银行、东莞农商银行、兴业银行横琴分行和民生银行横琴支行开业。至年末，横琴银行机构达30家，银行机构存款余额650.14亿元，同比增长9.49%；贷款余额558.58亿元，增长54.29%。引导银行立足服务实体经济开展跨境业务创新，至年末，横琴新区内企业跨境人民币结算金额1360.69亿元，跨境人民币贷款备案金额159.70亿元，跨境人民币实际发放金额26.52亿元。

【小微企业金融服务】 2017年，珠海银行业金融机构参与“银税互动”，主动服务小微企业，缓解融资难、融资贵问题。全年全辖开发出税易贷、税融通、税务代等“银税互动”贷款产品11个，累计发放贷款95.04亿元，惠及小微企业 698 家。至年末，全辖小微企业贷款金额 1109.96 亿元，贷款增速 17.40%，高于各项贷款增速 6.15 个百分点；贷款户数 3.60 万户，同比增加 7544 户；申贷获得率 96.48%，同比上升 0.28 个百分点，全面完成“三个不低于”（小微企业贷款增速不低于各项贷款平均增速，小微企业贷款户数不低于上年同期户数，小微企业申贷获得率不低于上年同期水平）目标。

【普惠金融服务】 2017 年，珠海银监分局对农村中小金融机构坚持“服务三农”定位，推进普惠金融工作，确保基础金融服务全面覆盖珠海市（包括离岸海岛在内的 15 个乡镇及 122 个行政村）。至年末，辖内农村中小金融机构涉农贷款余额 13.03 亿元，比年初增长 9.3%。

【银行业收费治理】 2017 年，珠海银监分局结合现场检查、“一揽子”暗访等，监督银行机构落实银监会“七不准”（不得以贷转存、不得存贷挂钩、不得以贷收费、不得浮利分费、不得借贷搭售、不得一浮到顶、不得转嫁成本）、“四公开”（收费项目公开、服务质价公开、效用功能公开和优惠政策公开）、“两禁两限”（严禁收取承诺费、资金管理费，严格限制收取财务顾问费、咨询费）要求，明确服务收费项目及标准，严格清理不规范收费，为实体减负让利。全年全辖银行业取消收费项目 318 项，精简收费项目 44 项，降低收费标准项目 154 项，累计减少服务收费 4208 万元。

【债权人委员会组建】 2017 年，珠海银监分局推进债权人委员会（简称债委会）组建，指导银行业协会召开债委会会议 8 次，完成辖内 6 家债委会的组建工作。各债权银行通过债委会，共同推进债权转让处置工作，化解企业债务危机，防范金融风险。至年末，辖内重大授信风险客户贷款余额 0.59 亿元，较年初大幅减少 91.9%。

【打击非法集资】 2017 年，珠海银监分局构建辖内银行涉嫌非法集资可疑资金和账户监测预警报送机制，提升主动发现和截堵能力，辖内银行业金融机构累计排查客户 20.91 万户，排查账户金额 128965.32 亿元，发现资金流向异常涉嫌非法集资线索 31 条，涉及账户 31 个，交易 8.29 万笔 26.37 亿元。将有关信息及时与珠海市处置非法集资领导小组办公室共享，指导银行重点监控可疑账户，对办理汇款客户进行风险提示。

【金融违法违规行政处罚】 2017 年，珠海银监分局实施广东银监局辖内首起信息科技“功能监管”行政处罚，对“三违反”（违反金融法律、违反监管规则、违反内部规章）、“三套利”（监管套利、空转套利、关联套利）、“四不当”（不当创新、不当交易、不当激励、不当收费）等检查发现的严重违法违规问题依法实施行政处罚，做到“三铁三见”（现场检查铁面无私、调查取证铁板钉钉、行政处罚铁案不翻和见钱、见人、见整改），落实“双罚”（对违法违规机构及直接责任人员进行处罚），全年行政处罚 4 次，罚没金额 198 万元，处罚高管人员 3 人，责成机构内部问责 36 人，经济处罚 12.8 万元。

【工商银行珠海分行】 2017 年末，中国工商银行珠海分行在珠海辖内有网点 51 家，员工 1190 人。资产总额 797.58 亿元，比年初减少 17.60 亿元；负债总额 776.44 亿元，比年初减少 21.33 亿元。各项贷款余额 655.28 亿元，比年初增加 48.07 亿元；各项存款余额 758.28 亿元，比年初减少 13.91 亿元。全年实现净利润 17.09 亿元。

【农业银行珠海分行】 2017 年末，中国农业银行珠海分行在珠海辖内有网点 49 家，员工 1015 人。资产总额 623.57 亿元，比年初增加 31.19 亿元；负债总额 614.99 亿元，比年初增加 32.03 亿元。各项贷款余额 526.89 亿元，比年初增加 54.55 亿元；各项存款余额 593.24 亿元，比年初增加 34.94 亿元。全年实现净利润 8.58 亿元。

【中国银行珠海分行】 2017 年末，中国银行珠海分行在珠海辖内有营业网点 44 家（含横琴分行），员工 1063 人。资产总额 870.59 亿元，比年初增加 363.34 亿元；负债总额 855.31 亿元，比年初增加 362.89 亿元。各项贷款余额 391.53 亿元，比年初增加 52.03 亿元；各项存款余额 518.34 亿元，比年初增加 36.30 亿元。全年实现净利润 7.28 亿元。

【建设银行珠海分行】 2017年末，中国建设银行珠海分行在珠海辖内有营业网点50家，从业人员1087人。资产总额715.35亿元，比年初增加23.74亿元；负债总额719.67亿元，比年初增加19.89亿元。各项贷款余额563.87亿元，比年初增加29.32亿元；各项存款余额661.64亿元，比年初减少9.74亿元。全年实现净利润16.04亿元。

【交通银行珠海分行】 2017年末，交通银行珠海分行在珠海辖内有营业网点26家，从业人员599人。资产总额515.54亿元，比年初增加47.81亿元；负债总额506.56亿元，比年初增加45.73亿元。各项贷款余额366.74亿元，比年初增加29.63亿元；各项存款余额475.88亿元，比年初增加32.81亿元。全年实现净利润8.98亿元。

【珠海华润银行】 2017年末，珠海华润银行有营业网点99家（其中异地分支机构53家），员工2629人（其中异地分支机构员工1050人）。资产总额1518.85亿元，比年初增加147.09亿元；负债总额1412.13亿元，比年初增加135.98亿元。各项贷款余额722.22亿元，比年初增加96.53亿元；各项存款余额913.15亿元，比年初增加56.66亿元。全年实现净利润11.79亿元。年内设立传统异地支行1家、异地社区支行2家、异地小微支行4家。

【珠海农商银行】 2017年末，珠海农商银行在珠海辖内有营业网点108家，其中分布在农村地区68家，设置在离岸海岛3家，员工1389人。资产总额565.06亿元，比年初增加57.32亿元；负债总额517.36亿元，比年初增加54.23亿元。各项贷款余额246.05亿元，比年初增加25.18亿元；各项存款余额393.49亿元，比年初增加46.81亿元。全年实现净利润5.56亿元。是年，珠海农村商业银行将信贷资源向“三农”倾斜，加大对家庭农场、专业大户、农民合作社和农业产业化龙头企业等新型农业经营主体及现代农业金融支持，加强本地化、特色化融资产品创新，开发应用针对农户、农村小微企业等目标客户的小额信贷产品。至年末，涉农贷款余额11.92亿元，比年初增加0.73亿元，实现涉农贷款投放稳增长。（黄淑茵）

证券期货业

【概　况】 至2017年末，珠海市有证券营业部57家，比上年增加11家，增幅23.9%；证券公司分公司4家；期货公司3家，下辖期货营业部3个。证券、期货从业人员总数942人，增加126人，增幅15.63%。全年全市证券经营机构股票、基金、债券成交总额1.36万亿元，增加895.44亿元，增幅7.04%。其中，股票成交总额8201.87亿元，减少1355.06亿元，减幅14.18%。证券业资产总额58.19亿元，减少11亿元，减幅15.90%。

【证券期货业协会会员组织管理】 2017年，珠海证券期货业协会发展新会员单位7个，完成年度会员会费收缴、年度审计工作；组织会员单位参加第八届（2017年度）珠海证券期货业理财精英榜评选活动；启动协会收费清理规范自查工作和与行政机关脱钩工作；组织会员单位参加珠海市金融业支持先进制造业项目对接会，参加现场投融资项目对接活动会员单位10个，其中广发证券珠海分公司与拟上市新三板企业签订合作协议书。

【反洗钱宣传】 2017年3月15日，珠海证券期货业协会在柠溪文化广场开展以“证券期货市场诚信为本”为主题的“3·15证券期货投资者权益保护宣传活动”，参加活动员工90人。开展反洗钱宣传和“远离非法证券活动，传递正能量”打非宣传活动，发放打击非法证券宣传手册1000册、反洗钱宣传手册1000册、投资者投诉建议宣传手册800册。8月26日，协会举办第五期业务培训，参加培训70多人。11月4日，在吉大免税商场举办反洗钱宣传活动月启动仪式，参加活动会员单位10个。

保险业

【概　况】 2017年，珠海市有保险机构58家，其中产险机构25家，比上年增加2家，寿险机构33家，增加5家，法人机构2家。保险从业人员2.03万人（不含保险代理公司），增加2629人。至年末，保险总资产290.32亿元，比上年增长9.15%；全年保费收入116.44亿元，增长36.67%，其中产险保费收入31.51亿元，增长20.36%；寿险保费收入84.93亿元，增长43.90%。产寿险赔（给）付金额38.68亿元，增加28.72%，其中产险机构赔款21.55亿元，增长76.78%，寿险机构赔（给）付金额17.12亿元，减少4.14%。

至年底，受强台风“天鸽”影响，珠海保险业接到灾害报案4.95万件，报损金额21.82亿元，其中，车险报案4.62万件，报损金额5.98亿元；非车险报案0.33万件，报损金额15.83亿元；完成赔付4.55万件，赔付金额9.85亿元。

【保险产品】 2017年，珠海市保险业推出精神障碍患者监护人责任险，有金湾区、高新区、横琴新区、万山区、高栏港区5个区投保；开展环境污染责任保险，承保企业11家，提供风险保障金2600万元；横琴新区推出知识产权质押贷款保证保险业务，承保企业4家，提供风险保障金1410.72万元，涉及赔付金额200万元；推动安全生产责任保险，承保企业28家，其中加油站3个、交通运输企业1家，其余为化学品企业，每家投保企业获得不少于800万元人身伤亡风险保障，提供针对员工及企业外来人员保险金额每人不少于30万元；推广优生优育保险，全年提供保障金额2.5亿元，督促育龄妇女做好孕前检查，运用保险干预机制，降低新生儿人口出生缺陷率。

【“政银保”支农融资模式】2017年，珠海市保险业支持涉农银行信贷，保险公司与政府、银行合作，推出以政府投入扶持基金为引导、保险公司出具保单承保为保障、银行见保单即放贷的“政银保”农业小额贷款保证保险项目。中国人民财产保险股份有限公司珠海市分公司（简称珠海人保）和银行、政府合作推出“政银保”支农融资模式，支持农业融资12笔，总额240万元。珠海人保发展普惠金融，通过“政融保”模式，引导珠海市农业企业、农村合作社、农户等主体，利用人保在行业内独家经营的险资直投业务，获得人保资金融资支持，降低融资门槛和融资成本，提高农村金融服务水平。强台风“天鸽”“帕卡”后，珠海人保与市海洋农业和水务局、市财政局、市金融工作局共同合作，由市农业局推荐企业，市财政局拨款扶持，珠海人保直接放款，符合条件的受灾企业可以按照相对低成本融资进行灾后重建和发展，无须抵押和担保，收到企业融资申请33家，总金额2.19亿元。

【商业保险】 2017年，珠海市保险业推进大病保险，中国人寿累计支付大病补充医疗保险5521万元，完成珠海市基本医疗调查209件，其中省内128件、省外81件；发展计划生育保险，计生家庭、独生子女等特定社会群体居民购买计生保险计划7.7万人次，全年赔付738人次，赔付636.4万元；推动银龄安康保险，承保老年人10.7万，占全市老年人口78.6%，覆盖70周岁以上老人及60周岁以上贫困老人，其中金湾区、万山区完成60周岁以上老年人全覆盖，全年累计赔付2251人次，赔付538万元；举办“名医进社区，医保惠万家”系列活动，宣传商业保险政策，普及提高健康保健、疾病预防知识。

【保险便民措施】 2017年，珠海市保险业推广“广东事故e处理”移动互联网在线服务平台处理轻微交通事故，实现交通事故线上、线下两种处理模式，协助交警线上定责、公估定损，保险公司核损，适时进行信息互换，全年交通事故报案量10.32万件，快处快赔中心处理案件1.84万件，占总案件量18%；配合车管所开展“一证通”信息互通系统工作，使车主更便捷、更有效地办理机动车年检、上牌等业务，减少保单、车主信息泄露及车险脱保率；发挥协会保险纠纷调解委员会作用，完善保险业务承保、理赔服务措施，制订服务流程，全年处理信访投诉案件16件，涉及金额40万元，接待来访人员80人次。10月23日，珠海市法律援助处保险消费者法律援助工作站在珠海保险业协会挂牌成立。

【全省首个交通事故人伤综合服务中心运营】 2017年3月28日，珠海市保险业协会联合市交警支队、法院、人民调解及24家保险主体共同建立的全省首个交通事故人伤综合服务中心揭牌运营，实现公安、法院、保险公司对交通事故人伤案件“一站式”处理与调解，涵盖从定责到理赔全过程。全年报案995宗，调解829宗，调解率82.3%，诉讼率13%；司法确认函1份，涉案金额281.26万元。

（黎玮茵）

·责任编辑：曹 琨·

农业·海洋产业

综　述

【概　况】 2017年，珠海市完成农林牧渔业总产值87.50亿元，比上年增长3.9%。其中，农业产值11.97亿元，增长2.6%；林业产值0.04亿元，与上年持平；牧业产值12.41亿元，增长5.5%；渔业产值54.14亿元，增长5.0%；农林牧渔服务业产值8.93亿元，增长2.6%。第一产业增加值45.53亿元，增长4.1%，对GDP增长贡献率为0.8%；三次产业比例为1.8∶50.2∶48.0。农村常住居民人均可支配收入23496.4元，增长2.7%，扣除价格因素实际增长1.9%。人口城镇比89.4%。

【农业产业化经营】 2017年，珠海市创建国家级农业标准化示范区1个，省级农业标准化示范区1个；培育无公害农产品9个，广东省名牌产品（农业类）7个，广东省名特优新农产品和经营专用名牌4个，第二届名特优新农产品2个，"十大名牌"系列农产品2个，取得认证农产品品牌数量是上年7倍。新孵化乡意浓寰宝米、顺明鲜鸡蛋、清泉火龙果、新农人稻米、仙泉湖鲜泉鲩、斗乡味道鸭扎包等"珠字号"农业金字招牌一批。

广东省珠海市斗门区白蕉海鲈中国特色农产品优势区上榜农业部第一批中国特色农产品优势区名单，是全省唯一上榜优势区。白蕉海鲈入选2017年中国百强农产品区域公用品牌。

农村电子商务　珠海市斗门农村电子商务园开园运营，引进中国云谷、阿里巴巴斗门农村淘宝等涉农电商平台型和服务型企业23家，获科技部批复为第一批国家"星创天地"，获农业部批复为全国农村农业双创基地。打造"互联网+产业带+园区+金融+政府"5.0电子商务园，培育孵化一批以海鲈干、鸭下巴、台湾芭乐等为地方特色的电商品牌。珠海十亿人社区农业科技有限公司被认定为"2017年度全国农业农村信息化示范基地"，是广东省唯一入选企业。培育斗门村淘村级服务站20家，村淘工作位于全省前列。

观光休闲农业　珠海市建成新马墩村现代农业休闲观光示范基地示范点，举办广东省第十六届种博会珠海分会场展览，展出农艺作物新品种670个，参观人数6万人次，直接带动经济效益500多万元。珠海逸丰公司获省级农业公园资金450万元，岭南大地田园综合体试点项目获中央补助2500万元。斗门区通过"全国休闲农业和乡村旅游示范区"评审，培育十亿人农庄、十里莲江、逸丰生态园等一批"叫得响、传得开、留得住"休闲农业知名品牌。发展"冬种+旅游"，免费发放紫云英、格桑花、油菜花等绿肥种子3250千克，全年全市利用冬休田种植花海133.3公顷。

农产品加工业物流　农产品加工业物流发展迅速，成功孵化强竞农业公司、国洋食品公司等一批规模大、带动力强的农产品加工企业，带动养殖农户1万户以上；建成年加工稻米5万吨粮食加工示范项目1个、7000多吨水产品加工示范项目1个、提升农业资源价值和农产品附加值。

农村综合改革　农村土地承包经营权登记颁证提前完成年度任务，颁发证书4万本，颁证率94.1%。"三资"（农村集体资金、农村集体资产和农村集体资源）管理服务上新台阶，全市通过平台交

易3121宗，比上年增加82%；成交总金额7.53亿元，增加119%。市财政统筹解决资金1.37亿元，用于农业受灾复产支农融资贷款，有20多家农业企业申报，申请总金额近2亿元。开展水稻、农村住房等14个政策性涉农保险项目，为农业产业发展提供风险保障累计18.34亿元。其中，农房保险5.2万户，投保覆盖率100%；免费投保水稻种植面积4026.7公顷（6.04万亩），涉及1.9万户，投保覆盖率100%。斗门区开展“政银保”试点，加大“政银企”项目力度，通过农控公司发放贷款1030万元，贴息21.3万元，保费补贴13.5万元。开展水产养殖保险试点，承保水产价格指数和风灾指数保险保费合计532万元。

【农业现代化建设】 2017年，珠海市国家农业科技园通过科技部国家农业科技园区验收，引进水产品加工物流企业5家，配套建设项目44个，建设道路2470米，供电供水项目27个。

台湾农民创业园园区建设 完善园区基础设施建设，投资5000万元的热带兰花（国际）种业研发中心二期、三期工程基本完工。引进台湾蝴蝶兰等台湾新品种80多个，新技术50多项，销售苗种100多万株，推广面积866.7公顷（1.3万亩），带动农户1000多户，户均增收近2万元，在全国台创园区评比中排名第七。

农产品安全监管 全市实行农产品质量飞行巡查制度，开展质量随机抽样检测、生产技术普及和法律法规宣传。全市监督抽查农产品2314份，其中种植产品1127份，合格率96.1%，畜禽产品684份，合格率99.6%，水产品抽样503份，合格率100%；风险监测抽检农产品5.58万份，其中种植产品2678份，合格率97.4%，畜禽产品5.31万份，合格率99.99%。

农产品安全执法 全市开展农产品质量安全执法队伍执法检查785次，其中市级执法巡查120次；立案查处44件，通过“两法衔接”移交公安机关案件6宗。查扣销毁私宰生猪35头、3818.6千克，查扣问题农药538包（瓶）、兽药64袋（瓶），违规经营兽药120千克，捣毁查封无证、非法经营、屠宰窝点13个，罚金3万元。公安、农业、工商、质监等部门联合开展春、秋季农资打假行动和台风灾后复产农资检查，出动执法人员201人次、执法车辆32车次，检查农资经营店63家次。

2017年，珠海台创园致力于以科技创新驱动，以“园艺作物种业”为产业引领，实施“园区带动”战略，促进现代农业产业健康快速发展

（市现代农业发展中心 供稿）

【农业机械化】 2017年，珠海市拥有农业机械17万台（套），农机总动力28.51万千瓦。实现水稻综合机械化水平92.8%，水稻田机耕率99.99%以上、机收率99.5%、机插率72%，水产养殖使用机械率95%以上。全市使用中央、市、区农机购置补贴资金472.88万元，补贴746户农民购买9756台（套）农业机械及机具；水稻机械化插秧作业面积3140公顷（4.71万亩），补贴资金282.6万元（市财政按60元/亩补贴）；农用无人机植保作业面积2866.7公顷（4.3万亩次），补贴资金86万元（市财政按20元/亩补贴）。

农机安全监理 全市拖拉机保有量1482台，其中大中型拖拉机59台，小型拖拉机1423台，联合收割机92台。拖拉机注册登记1461台，占拖拉机总量98.5%；年度检验792台，年检率54.2%。全市农机驾驶操作持证人员1164人，占农机驾驶人员总数81.6%。

绿色防控 珠海市制定《珠海市农用无人机统防植保作业工作方案》，对水稻和莲藕实施无人机“统防统治”植保作业补贴标准为20元/亩，作业面积2866.7公顷（4.3万亩次），其中水稻1706.7公顷（2.56万亩次）、莲藕1160公顷（1.74万亩次）。农用无人机统防统治植保作业实现“三个监管一个回收”（用药监管、面积监管、安全监管、空药瓶同步回收），解决一家一户“打药难”“乱打药”等问题，减少农业面源污染问题，保障农业生态环境安全和促进农业生态环境可持续发展，提升水稻、莲藕病虫灾害防控能力和水平，减少农药施用量，无人机统防统治植保技术方面走在全国前列。

【农业科技】 2017年，珠海市推进农业供给侧改革，完善农业技术推广网络，构建农业技术推广节点，创新推广方式，推广先进实用技术，全年研发引进推广新品种133个、新技术36项。培育巨星大南瓜、紫风车菊、橙樱菊3个品种，通过省农业厅审定，被认定为新品种。“重要入侵害虫红棕象甲绿色防控技术的研究与推广应用”获广东省农业技术推广二等奖。

种业工程 依托台创园，加快推进热带兰花种业研发中心、种业中心综合楼等4大重点项目，热带兰花（国际）种业研发中心二期、三期工程基本完工。广东（珠海）现代种业发展中心展览检测试验综合楼软处理工程完工，一期工程开工建设。扶持水产品育苗场改造扩产资金120万元，打造长丰水产、一洋水产等一批现代种业龙头企业，重点支持建设热带兰花研发示范基地、有机米生产示范基地等十大种业研发基地和十大生产示范基地。

种植业

【概　况】 2017年，珠海市农作物播种面积1.8万公顷（26.99万亩），比上年减少646.7公顷（0.97万亩）。其中，粮食作物播种面积6060公顷（9.09万亩），减少980公顷（1.47万亩）；甘蔗种植面积33.3公顷（0.05万亩），调减26.7公顷（400亩）；油料种植面积260公顷（0.39万亩），减少23.7公顷（349亩）；蔬菜种植面积8186.7公顷（12.28万亩），增加253.3公顷（0.38万亩）。水产养殖面积26213.3公顷（39.32万亩），减少860公顷（1.29万亩）。全年，粮食总产量3.29万吨，减产23.3%；甘蔗产量0.27万吨，减产37.0%；油料产量729吨，减产2.5%；蔬菜产量15.54万吨，增产7.0%；水果产量6.55万吨，减产1.4%。

【强农惠农政策】 2017年，珠海市加大财政补贴力度，安排市级现代农业发展专项资金3500万元，发放各种补贴3553万元，争取中央和省市级农业项目资金3078万元。广东省下达2016年渔船油补资金3503万元，发放资金2859.7万元。全市提高休禁渔补助标准，符合休禁渔补助申请条件船员3287人，发放补助资金877.94万元。

【农作物绿色防控】 2017年，珠海市实施农药化肥零增长行动，率先在全省制定绿色防控工作规划和实施农用无人机统防统治植保作业，作业面积2866.7公顷（4.3万亩次），水稻减少农药用量30%以上，莲藕减少农药用量50%以上，药物利用率提高到40%以上，农药施用总量减少10%以上，提前完成农业部提出的在2020年实现农药使用量减少目标。创建国家级农业标准化示范区1个，省级农业标准化示范区1个；培育无公害农产品11个，有机农产品12个。

【“互联网+三农”信息平台建设】 2017年，珠海市海洋农业和水务局推进“三农”信息服务平台建设，全年发送信息逾196万条，服务农户达2.4万户。“三农”信息服务平台通过“互联网+”信息渠道，为全市种养殖户、涉农企业、农业中介组织、农业合作社、家庭农场等提供具有针对性的生产技术，以及灾前预防、灾后复产、产品销售价格等信息，全年全市农产品畅销，未发生大规模价贱伤农、产品滞销现象。强台风“天鸽”前后，通过“三农”信息服务平台发送台风预警信息及灾后复产技术指导信息47万条，减少风灾损失。

（杨泳豪）

林　业

【概　况】 2017年，珠海市结合新一轮绿化广东大行动，实施森林碳汇、生态景观林带、森林进城围城、乡村绿化美化四大重点林业生态工程建设，全市林业用地面积45942.7公顷，有林地面积29980.5公顷，森林覆盖率32.2%，林木绿化率33.4%，活立木蓄积量229.06万立方米；完成营造碳汇林1146

公顷，新增（提升）森林公园3个、湿地公园2个，打造乡村绿化美化点31个，中幼林抚育2960公顷，义务植树193.96万株。

【植被和生物资源】 2017年，珠海市有野生维管植物202科723属1462种，包括广东省分布新纪录种2个。其中，蕨类植物103种，隶属于36科59属；裸子植物2科3属6种；被子植物163种660属1353种。现有珍稀濒危保护植物25种，隶属18科。从植物类群分，蕨类植物5种，裸子植物2种，被子植物18种。从保护等级及濒危等级分，Ⅰ级保护植物1种（水松）；Ⅱ保护植物14种，Ⅲ级保护植物4种，省级保护植物6种；其中濒危种5种，渐危种15种，稀有种5种。全市古树名木资源较为丰富，有古树名木1855株，组成种类95种，分属38个科，70个属。

全市动物种类多样，陆生脊椎野生动物279种，其中两栖纲1目5科19种；爬行纲3目10科50种；鸟纲16目50科174种；哺乳纲8目17科36种。国家重点保护物种23种，其中国家Ⅰ级重点保护物种1种（蟒蛇），国家Ⅱ级重点保护物种22种；广东省重点保护动物29种。

【林业有害生物防治】 2017年，珠海市林业有害生物防治目标管理以松材线虫病、薇甘菊为防控重点，交通沿线、重要区位、生态林区为作业重点，落实林业有害生物防治任务，科学制定松材线虫病和薇甘菊防控方案及总体规划，全市实施林业有害生物防治作业面积575公顷。推行林业有害生物监测网格化管理，及时发布监测预警信息及虫情动态。加强产地检疫、调运检疫和复检工作，在日常检疫检查中，注重宣教结合，印发和张贴宣传资料，提高各界人士防范意识，全年发放宣传册1000余份。全年全市林业有害生物无公害防治率、监测预报准确率90%以上，产地检疫率95%以上，成害率控制在4‰以下，完成省下达的任务。

2017年12月4日，由广东省林业厅、澳门特别行政区民政总署、珠海市人民政府联合主办的“粤港澳湿地生态保育座谈会”在珠海召开。围绕建设粤港澳大湾区水鸟生态廊道、构建粤港澳湿地研究中心、开展红树植物种子交流计划、探索共建粤港澳大湾区湿地生态圈4个主题，探讨大湾区湿地生态保育发展

（潘淑芳 摄）

【使用林地审核】 2017年，珠海市市政和林业局从征占用林地项目用途、施工进度、安全生产、占用林地范围等开展全程监察，督促属地林业部门加大监察力度、定期巡查项目现场，市级林业主管部门定期抽查项目现场，对征占用林地全过程进行监管，跟踪检查用地情况，杜绝少批多占等违法行为发生。全市审核上报征占用林地31宗（含临时占用林地），林地审核合格率100%，没有发生越权审批、未批先占等违规使用林地项目行为。

【野生动植物保护管理】 2017年，珠海市市政和林业局完成全市野生动植物资源普查，建立国家重点保护和“三有”（国家保护的有重要生态、科学、社会价值的陆生野生动物）野生动植物本底资源数据库；开展野生动植物保护宣传教育，在“世界湿地日”“鸟节”“爱鸟周”“野生动物宣传月”等开展大型主题宣传活动5次，发放宣传手册3000余份，参加活动4000余人次。全年立涉野生动物刑事案件2宗，破案2宗，破案率100%。全年立涉野生动物行政案件1件，查处1件，查处率100%；查获国家二级保护动物制品穿山甲鳞片14包、大壁虎死体122只，国家一级保护动物制品象牙雕刻制品43件、重2.365千克，“三有”野生动物果子狸2只、竹鼠1只。

【山林纠纷调处】 2017年，珠海市市政和林业局根据《广东省林木林地权属争议调解处理条例》，对本地林地承包经营类纠纷、砍伐毁林征占用林地类纠纷、生态公益林补偿纠纷、林木林地权属纠纷、其他诉求投诉类纠纷，以及省市转办、督办至今仍未解决的信访事项等，进行拉网式滚动排查，完善山林纠纷调处协调机制，依法依规调处林权争议纠纷。全年全市无新增林地纠纷案件，无群体性上访事件。

【林业执法】 2017年，珠海市市政和林业局落实"两法衔接"工作机制，将林业执法监督纳入市检察院监督平台，与中山市、江门市森林公安建立联防联动协作工作机制和情报信息互通机制；开展"2017利剑行动"等多个专项行动，打击各类破坏森林资源违法犯罪活动，全年立林业刑事案件7件，破案6件，破案率85.71%，追究刑事责任8人，确保林区治安稳定。

（杨锡华）

畜牧业

【概　况】 2017年，珠海市肉类总产量4.70万吨，比上年增长2.3%。其中，猪肉产量3.84万吨，增长2.8%；禽肉产量8577吨，增长0.6%。生猪饲养量80.33万头，下降2.5%。其中，生猪存栏32.12万头，下降11.2%；生猪出栏48.21万头，增长4.3%。饲料和饲料添加剂生产企业22家，产品总量40.72万吨，降低5.3%。

【牛羊定点屠宰】 2017年，珠海市把"建设一批牛羊定点屠宰车间"纳入十件民生实事项目，获颁牛羊定点屠宰资格证书与标志车间8个。7月13日，在省内率先出台《珠海经济特区牛羊定点屠宰管理办法》，成为省内第一个规范制定牛羊定点屠宰设置规划、第一个出台牛羊定点屠宰管理办法的地市。全年全市屠宰牛1.73万头，羊9.39万只。

【健康养殖】 2017年，珠海市争取扶持资金50万元，完成建设畜禽标准化健康养殖项目1个。通过推广畜禽标准化健康养殖，建成生猪标准化示范单位2个和蛋鸡标准化示范单位1个。对养殖场进行科学调整和完善栏舍改扩建，完善设施设备，改善生产设施条件，推广环境控制技术和粪污无害化处理等，使规模化畜禽养殖场生产达到畜禽良种化、养殖设施化、生产规范化、防疫制度化、粪污无害化。

【动物疫病防控】 2017年，珠海市落实动物疫病防控工作，确保免疫密度100%，免疫抗体水平合格率超出上级规定70%以上合格标准。9月，开始H7+H5双价苗强制免疫试点，做好消毒灭源工作，重视规模鸡场消毒灭源工作，有效控制疫病产生和传播。

渔　业

【概　况】 2017年，珠海市水产品产量30.96万吨，比上年增长3.5%。其中，海洋捕捞2.12万吨，增长97.6%；海水养殖8.33万吨，增长2.9%；淡水捕捞0.18万吨，与上年持平；淡水养殖20.34万吨，下降1.1%。

【现代渔业发展】 2017年，珠海市实施减船转产和渔船更新改造，减船174艘的4378.82千瓦，更新改造50艘，完成省下达的任务。发展水产健康及深水网箱养殖，新平茂公司组织申报中央财政深水抗风浪养殖网箱项目，并完成周长60米的新型抗风浪深水网箱建设30个，全市建成深水网箱累计338个。珠海强竞农业有限公司等3家水产养殖企业申报创建全国水产健康养殖示范场，通过省海洋与渔业厅专家评审验收。推动休闲渔业产业发展，印发《关于加强休闲渔业管理工作的意见》，在全省各地市中率先成立市休闲渔业协会，创建省级休闲渔业示范基地2个。

【政策性渔业保险】 2017年，珠海市组织相关单位开展水产养殖保险试点工作，全市承保水产价格指数和风灾指数保险保费531.99万元。向企业提供灾后复产资金保障，协助中国人保珠海分公司启动快速理赔工作，向广东大麟洋海洋生物有限公司支付风灾指数保险赔付款106.92万元。

【渔政执法】 2017年，珠海市渔政部门出动执法船艇1715艘次、车辆684辆次、执法人员9142人次，检查渔船1.07万艘次。查获渔业违法违规案件458件，罚款232.59万元，其中查获电鱼行为25起，没收"三无"船舶36艘，移送公安机关案件10件；排查一般性安

2017年2月21日，珠海渔政支队在九洲岛东南1.3海里处救助遇险船舶，寻获并救起3名落水人员　（珠海渔政支队 供稿）

全隐患915起，整改率100%。全年全市渔船没有发生渔业安全生产事故。

【西非毛里塔尼亚远洋捕捞】 2017年，珠海市扶持东港兴远洋渔业公司加快建造远洋渔船8艘，其中完成建造并下水试航2艘，单艘船长达51米，总吨位526吨，捕捞最大深度约200米，配置国内外先进设备，作业方式为围网。12月18日，新建成的2艘远洋渔船启航西非毛里塔尼亚进行远洋捕捞，珠海市海洋捕捞业时隔22年再次走向深海。远洋渔船大部分渔获直接在西非毛里塔尼亚基地进行加工、打包、冷藏，销往欧洲，一部分渔获通过集装箱运回国内，进入国内市场销售。

水　利

【水利补短板项目建设】 2017年，珠海市补齐水利工程“重建轻管”短板，出台水利工程验收管理办法，规范简化验收程序，加快完成水利工程竣工验收，解决水利工程建设历史遗留问题。制定《珠海市堤防水闸运行管理及维护养护经费标准》。开展质量监督、水利稽查和水利建设质量评价工作，加强水利建设市场主体信用信息管理，完善水利建设市场主体信用管理办法。

【民生水利项目建设】 2017年，珠海市民生水利工程完成项目投资2.8亿元，续建乾务海堤、乾赤涝区、平沙涝区等8宗主要工程，开工建设白藤大闸、白蕉联围排涝整治2宗重大水利工程，开展白龙河防洪排涝治理工程等前期工作。推进第四条对澳供水管道工程、平岗至广昌原水供应保障工程和广南梅供水管工程建设。实施《珠海市海堤防洪潮标准及能力提升建设方案》。

【水利工程安全生产】 2017年，珠海市加强质量与安全行业培训、指导和督导工作，举办全市范围安全生产培训2次、档案培训1次，开展挂牌督办、专项治理和督导等检查11次，出动300人次。全年实现水利安全生产零事故。

【水政监察执法】 2017年，珠海市水政部门加强水资源、水土保持、河道管理和水工程等方面执法，严格落实执法巡查制度，加强执法协作，严厉打击各类水事违法行为。全年全市现场处理和立案查处各类水事违法行为361起，采取强制措施33宗，做出行政处罚决定7宗，取缔2宗，完成整改237宗（次），督促搬迁1宗，拆除18宗，拆除违法建设3000平方米，清理违法用地1万平方米。

【三防工作】 2017年，珠海市落实防汛责任制，层层签订防汛责任书，防汛责任人名单在报纸、网站等媒体公示。全市有各级三防责任人6745人。加强风险防控管理，重点开展临险人员排查入库工作，排查出临险人员7223户31006人，制定转移避险方案，落实防汛责任“网格化、全覆盖”。提高三防保障能力。提前做好防汛抢险队伍和物资准备，实现防汛物资向镇（街）下沉，配发55台卫星电话和60台集群应急通信终端，构建应急通信平台；开展各级防汛责任人和抢险队伍培训8期，举行防汛防风综合演练，培训演练1500人次。有效防御强降雨、台风“苗柏”“天鸽”“帕卡”“玛娃”“卡努”及西江洪水（3次）等气象灾害8场，保障人民生命安全。

【水生态文明城市建设】 2017年，

珠海市推进生态堤防建设、海岛水资源开发利用、前山水质净化厂、农村污水处理工程、金湾区大门口水道引水工程、前山河流域环境综合提升、香洲美丽海湾建设、淇澳红树林湿地公园、竹洲水乡国家级水利风景区9大示范项目54项工作任务，打造“一山三河百村落，两带三园百海岛”水生态文明建设总体布局。至年底，试点建设项目累计完成投资64.55亿元，约占总投资计划的88%，完工项目20个，在建项目30个，开展前期工作4个。

【“河长制”工作】 2017年，珠海市出台《珠海市全面推行“河长制”工作方案》《珠海市全面推行“河长制”三年行动计划（2018—2020年）》。梳理河湖名录，建立市、区、镇（街）、村（居）四级双总河长组织体系，明确流域、河段及片区1197个河长；编制“一河（库）一策”，开展河涌现状调查和河道水下地形测量。开展“河长制”工作专项检查7次，指导区、镇逐级开展“河长制”工作监督检查。

2017年，珠海市推进鸭涌河整治工作，污染问题得以改善　（侯卫东 摄）

【水资源管理】 2017年，珠海市编制《珠海市蓝线规划》《珠海市河湖水系低影响开发专项规划》《珠海市水权确权方案、交易潜力及交易试点研究》及《珠海市水资源配置及水资源开发利用专题研究》，对全市2808户非居民用水户下达用水计划，并依法对30多户超计划用水户征收超计划加价水费。在全省水资源管理制度考核中，名列全省第二。

【对澳门供水】 2017年，珠海市推进第四条对澳门供水管道工程、平岗至广昌原水供应保障工程以及广南梅供水管工程建设。完成第四条对澳供水管工程量90%；平岗至广昌原水供应保障工程第二标段全面开工，其他标段正在稳步推进；广南梅供水管由施工面全部交付。推动粤澳双方新一轮对澳供水水价达成一致意见，确定水价为2.42元每立方米。

【获“国家节水型城市”命名】 2017年3月9日，珠海市获住房城乡建设部和国家发改委联合颁布的“国家节水型城市”命名，成为继深圳市之后广东省第二个获得此称号的城市。珠海从2014年开始建立规章制度，创建节水型载体，整改推广使用节水器具，宣传节水工作，推广非常规水利用，从加大财政投入力度等多途径多手段入手，全面开展创建国家节水型城市活动。2016年底，通过住建部和发改委现场考核。

海洋产业

【概　况】 2017年，珠海市主要海洋产业总产值达1244.26亿元，比上年增长14.57%。其中，海洋渔业20.82亿元，海洋水产品加工业24.09亿元，海洋油气业124.82亿元，海洋船舶工业17.47亿元，海洋化工业241.77亿元，海洋生物医药业53.07亿元，海洋工程建筑业62.87亿元，海洋可再生能源利用业1.12亿元，海水利用业100.38亿元，海洋交通运输业29.09亿元，滨海旅游业367.7亿元，海洋工程装备制造业143.01亿元，海洋技术服务业5.17亿元，海洋信息服务26.66亿元，海洋科研26.22亿元。

【国家海洋督察迎检】 2017年，珠海市做好国家海洋督察迎检工作，全面开展对疑似未确权历史遗留填海项目核查、违法用海项目查处、海洋保护区核查等自查工作。按照“即知即改、立行立改”要求，完成15批20件群众举报办理。

【第一次全国海洋经济调查】 2017年，珠海市完成第一阶段涉海清查单位6959家，推进产业调查和专题调查，完成接触和表格发放产业调查单位1427家。开展海洋科技创新、涉海企业投融资、横琴自贸区涉海企业、海洋工程项目、海洋围填海规模、海洋防灾减灾、海洋节能减排、临海开发区、海岛海洋经济9个专题调查，组织全市首批纳入国家系统直报的10家涉海企业数据报送工作。

【海岛开发利用】 2017年，珠海市协调九洲控股蓝色海洋旅游开发有限公司以市场化方式取得三角岛64.4公顷用地，推进三角岛公益性用岛和保护性适度旅游开发用岛工作；批复《珠海市横沥岛保护和利用规划》，协调交通集团编制横沥岛金海特大桥建设项目论证报告和具体方案，报省海洋与渔业厅评审。

【《珠海市海洋功能区划》编制】 2017年，珠海市完成《珠海市海洋功能区划（2015—2020年）》编制工作。从珠海海域自然条件、开发现状和社会经济发展需求实际出发，以海洋经济科学发展、建设海洋强市为目标，对海岸基本功能区和近海基本功能区进行科学定位和划分。

【第六届中国海洋可再生能源发展年会暨论坛】 2017年5月25—26日，由国家海洋技术中心主办的第六届中国海洋可再生能源发展年会暨论坛在珠海举办，来自国家海洋局、中国海洋工程咨询协会、中国科学院、中国长江三峡集团以及清华大学等单位的代表200余人参加会议。论坛以“创新与超越、中国海洋能发展新机遇”为主题，对中国的海洋能政策规划、海洋可再生能源与“一带一路”倡议规划、技术研发、示范应用、行业管理、国际合作及公共服务建设等方面的热点问题开展交流和讨论。

【海洋生态文明建设】 2017年，珠海市实施蓝色海湾整治行动，推进以香洲港、九洲港改造为依托的湾区整体提升工程。开展情侣路沿线清淤整治研究，初步确定以香洲渔港和拱北湾为试点开展清淤。推进横琴新区海岸带综合整治修复，完成投资1400万元。建设庙湾大型人工鱼礁示范区，基本完成人工鱼礁示范区建设一期工程，建设礁体3519个。启动万山国家级海洋牧场示范区建设，实施方案通过专家评审。建立海洋生态补偿机制，制定《珠海市海洋与渔业资源环境损失赔偿款收缴使用管理办法》，落实海洋工程生态补偿项目7个，缴交补偿款563万元。开展入海排污口摸排、整治。全市有编号入海排污口19个，其中非法入海排污口2个，设置不合理入海排污口4个，至年底，6个非法、不合理设置入海排污口全部清理整治完毕。开展对入海排污口及邻近海域常规监督监测。

【海监执法】 2017年，珠海市海监部门落实“碧海”“靖海”“海盾”“护桥”“未确权历史遗留填海项目核查”以及国家海洋督查自查等工作任务，派出执法人员4468人次，出动执法船艇915艘次、航程30973海里，执法车辆207车次、行程8174千米。查处各类海监案件43件，包括海洋环保相关采砂27件、倾废3件，海域使用12件，海岛开发利用1件。

【海洋环境监测】 2017年，珠海海域水质状况总体良好，全年清洁或较清洁海域占全市所辖近岸海域面积比例为55.0%，受陆源污染影响较大的近岸及江河入海口等局部海域水质较差，主要污染要素为无机氮和活性磷酸盐。在近岸海域布设沉积物监测站位12个，沉积物质量状况监测结果总体一般。全年监测5个入海排污口4次，排放达标率（达标排放的监测次数占全年监测总次数的比例）为70%，比上年略有下降，主要超标因子为化学需氧量、总磷和氨氮。

【渔业资源增殖放流】 2017年，珠海市海洋农业和水务局分别在万山区东澳岛人工鱼礁区、斗门区磨刀门附近海域、高栏港海域放流鱼苗195万尾，斑节对虾2470万尾，总值100万元，确保生态到位，促进水生生物多样性。 （杨泳豪）

港澳流动渔民

【概　况】 2017年，珠海市有港澳流动渔船1172艘，总马力44.6万千瓦，港澳流动渔民9823人。在内地销售水产品4.9万吨。与港澳社团开展交流活动32场次1400多人次。接待港澳社团和港澳流动渔民委员代表到访18批次1200多人次。全年办理港澳流动渔民渔工入户手续2763人次、港澳流动渔民证件3000多本、各类保险金额688万元，协助各类理赔金额218万元，发放港澳流动渔船2015年和2016年油价补贴1.19亿元。

【港澳流动渔民宣传教育】 2017年，珠海市港澳流动渔民工作办公室（简称珠海市港澳流渔办）强化对港澳流动渔民爱国主义教育，开展多种形式的教育培训，推进港澳统战工作，在全市统战工作会议上介绍经验。广泛交流联谊，通过例会、委员会、座谈会、会庆活动等形式“走出请进”2000多人次。联合中国海洋大学水产学院、遵义干部学院、新丰江管理区委员会开展形式多样的教育培训。组织港澳流动渔民80多人到中国海洋大学进行业务培训、到遵义干部学院进行爱国主义教育。与香港渔民互助社联合在香港长洲、香港仔举办休渔期珠港澳流动渔民安全生产业务暨海关、边防法律法规培训班，参加培训的港澳流动渔民委员、代表、连心工程联络员130多名。与河源新丰江万绿湖风景区管理委员会签订合作协议，共建港澳流动渔民国情教育基地，组织100多名港澳流动渔民到东江、西江进行“饮水思源，感恩祖国”国情教育。召开全市港澳流动渔民党的十九大精神宣讲会，参加会议的港澳流动渔民130多名。通过多种渠道进行安全生产宣传教育，组织干部职工到渔港、码船进行面对面交流宣传，派发安全生产宣传手册4000份，组织流动渔民参加南沙涉外教育培训班。加强反走私、反偷渡宣传，处理涉嫌走私渔船4艘，其中开除会籍1艘，警告处分3艘。

【港澳流动渔民服务管理】 2017年，珠海市港澳流渔办推进“渔民连心工程”，扩充联络员队伍至176名，表彰优秀联系员25名。坚持“情系珠港澳，服务无边界”服务理念，实行标准化服务，缩短办事流程，实行“代办制”和预约服务。协调解决港澳流动渔船渔业捕捞许可证换证、休渔期免休渔船申请、辅助船办证、渔船雇主责任险保额等关系到渔民切身利益的问题30个。落实国家惠渔政策，牵头组织发放港澳流动渔船油价补贴，给881艘港澳流动渔船发放2015年油价补贴资金6574.5万元，给855艘港澳流动渔船发放2016年油价补贴资金5278.6万元。慰问补助受灾、困难渔民，发放港澳流动渔民子女考上大学助学金、渔船安装北斗补贴累计60多万元。完善防御强台风应急预案，配合渔政检查安全生产流动渔船375艘。落实休渔期各项工作，组织港澳流动渔船685艘进港休渔，协助办理免休渔申请辅助船52艘。

【港澳流动渔民会务交流活动】 2017年1月9日，市港澳流渔协会召开七届六次全体会议，总结部署年度流渔工作，调整协会第七届委员会委员。2月13日，召开全市统战工作会议，市港澳流渔办做《发挥流渔优势，打造统战铁军》经验介绍。7月1日，香港渔民团体联会和香港各界庆典委员会组织渔船100艘在香港维多利亚湾巡游，庆祝香港回归祖国20周年。7月6日，市港澳流渔办召开港澳流动渔民连心工程总结表彰大会，表彰基层办事处5个、优秀联系员25名。7月22日，举办首届港澳流动渔民行业党建研讨会，邀请中国社科院、中山大学等专家及有关人员出席。 （甘松华）

·责任编辑：曹　琨·

交通·邮政

公　路

【概　况】 至2017年底，珠海市公路通车里程1455.4千米（含高速公路），全市公路密度平均84千米/百平方千米。按行政等级划分：国道96.7千米，省道308.4千米，县道319千米，乡道498.6千米，专用公路1.8千米，村道230.9千米。按路面类型划分：水泥混凝土路926.5千米，沥青混凝土路377.3千米，简易铺装路23.7千米，未铺装路面127.9千米。按技术等级划分：高速公路136.3千米，一级公路332.2千米，二级公路149.9千米，三级公路465.8千米，四级公路345.4千米，等外公路25.7千米。全市有公路桥梁476座12.26万延米（包括18座1.47万延米互通式立交），其中特大桥24座6.45万延米，大桥107座4.62万延米，中桥158座8593延米，小桥187座3208延米。全市有公路隧道14道1.93万延米，其中特长隧道2道7289延米，长隧道4道8568延米，中隧道2道1325延米，短隧道6道2119延米。

【公共道路建设】 2017年，珠海市完成公共道路建设投资17.67亿元，协调各区推进8个县道改造项目及乡村道路硬底化建设。全年完工通车项目17个，包括新建桥梁1座、市政道路10条、桥梁维修加固6座、县道改造4条、公交专用道3条及人行天桥5座。

干线路网建设　兴业快线北段先行段、金琴快线、前山大桥至明达路段拓宽工程等城市快速路动工建设，情侣路南段主线改造工程按计划完成年度投资任务，推进兴业快线南段、古元大道、香海大桥西延线前期建设。

国省道公路建设　完成省道S272线尖峰大桥东桥头至湖心路口段沥青罩面及人行立体过街设施工程；港湾大道改造项目计划投资9471万元，进入实施阶段。开展国道G228井岸二桥至南门大桥灾毁恢复前期工程。

市政道路建设　安排市政道路项目54个，白石桥、金唐东路等7个（含道路或桥梁10条）市政道路项目完工通车，梅界中路、港三路等5个市政道路项目完成施工招标进入施工阶段；板樟山新增隧道、主城区道路路面改造等26个项目前期工作推进中，梅界中路等26个市政道路项目按计划施工。

交通设施建设　建成九洲大道、湖心路、翠微路3条公交专用道和西部地区5座人行天桥，完成海滨北路交景山路等一批道路交叉口挖潜改造项目；完成43项小额交通设施建设任务与强台风“天鸽”中受损的情侣路（梅华路至拱北下穿地道口）交通护栏及标志标牌修复工程。情侣路南段10处人行过街设施和三台石路2座人行天桥在施工中。

农村公路建设　安排县道升级改造8条，其中X589月矿线红旗段、X582南新大道等4条完工通车；安排西部及海岛40条乡村道路建设，包括万山区3条5.6千米乡村道路建设与斗门区33条路4座桥23.7千米乡村道路建设，进入施工阶段。

交通设施建设　推进道路挖潜项目21个，完成三台石路交翠微路路口道路挖潜改造等4个项目，九洲大道交建业三路交叉口交通信号灯、新建金鸡路交荣泰路交叉口交通信号灯等7个项目基本完工，优化粤海路交迎宾南路交叉口、凤凰路交沿河路交叉口工程等10

个项目进入施工阶段。完成护栏、标志标线、标牌、减速带、临时信号灯等40项总投资500万元小额交通设施建设任务。九洲大道公交专用道及交叉口优化工程进入收尾阶段。

【路政管理】 2017年，珠海市公路局办理行政许可33宗，公路索赔案件18件，依法收取路产赔（补）偿费9.2万元；全年出动路政巡查人员3793人次，巡查里程达13.6万千米，发现违法案件318件，自行处理269件，移交告知交通综合执法局49件，完成年度各项路政任务。

公路路域环境整治 配合创建全国文明城市及“城市环境清理规范优化提升”行动，联合多部门，对辖区范围内的珠海大道、湖心路、机场路、黄杨大道、白蕉路、机场高速、高栏港高速等主要干线公路两侧影响公路路容路貌“抛洒滴漏”、违法设置广告牌等现象进行综合整治清理，整治污染路面案件21件，拆除广告牌141块。

桥下空间治理 排查桥梁、隧道及高速公路，先后对前山立交、尖峰大桥、井岸大桥等18座大桥桥下空间进行清拆整治，整治面积7000多平方米，清拆违建砖瓦房、工棚、货柜箱、居住点、围墙、小型仓库等30余处，清理油料桶、柴火、床铺、建筑材料、生活物品等20余车，消除历史遗留的桥梁安全隐患。

路政管理信息化建设 完成金湾立交、井岸二桥等7座桥隧可视化建设项目，推进辖区大型桥隧视频监控系统，实现可视可控全覆盖。完善升级“一路一档”采集系统、“路政巡查系统”等路政管理信息化系统，加强对系统的使用和维护，充分发挥电子信息化系统作用，提升路政管理水平和效率。

【养护管理】 2017年，珠海市公路局统筹全市公路养护工作，对各区公路养护进行培训、考核、检查。年末，全市国省道优良路率98.6%，优等路里程355.9千米；农村公路优良路率88.6%，优等路里程850.8千米。

公路与桥梁养护 完成市属高速公路及108座大型桥隧日常养护工作，对13座大桥进行水下结构检查或定期检查，复测11座大桥永久性观测点，全面掌握全市大型桥梁状况。开展全市通航大型及公路桥梁风险评估、防撞设施建设规划，完成全市公路生命安全防护工程1187千米。

桥梁维修加固 安排桥梁维修加固项目13个，完成莲溪大桥、斗门大桥修复；完成井岸大桥、莲溪大桥、莲花大桥、尖峰大桥等6座桥梁抢险、应急或维修加固工程，推进黄镜门大桥、上横大桥改建等7座桥梁维修加固或改建项目前期工作。

【公路安全生产整治】 2017年，珠海市公路局组织安全生产检查131次，查出隐患240处；打击非法违法、治理纠正违规违章行为246宗。对在建公共道路建设项目发出事故隐患整改通知书85份，排查安全隐患323处，确保在建项目不发生影响较大的生产安全事故。组织多次桥梁安全应急演练和高速公路安全应急演练。（马沛臻）

2017年6月19日，九洲大道启用公交专用道早晚高峰管理模式
（珠海市公路局 供稿）

2017 年珠海市公路局市政道路项目完工情况

项目名称	项目位置	总投资（万元）	建设内容	代建单位	开工时间	完工时间
九洲大道公交专用道及交叉口优化工程	起点接前山桥，终点为情侣南路段，道路总体呈东西走向	35660	全长 6.55 千米。主要建设内容包括：沿线 4 个交叉口（九洲大道—桂花路、九洲大道—迎宾南路、九洲大道—白莲路、九洲大道—景山路）渠化拓宽，通过对交叉口车道数扩容方式设置交叉口公交专用道，在增加公交专用道同时不影响社会车辆通行；路段最外侧车道及下穿隧道铺筑彩色沥青砼路面、白莲洞公园巴士站设置港湾式停靠站、管线修复、景观绿化修复、交通工程、安监工程等	珠海城建集团	2016 年 11 月	2017 年 4 月
珠海大道北侧、珠海大桥东侧一期用地市政配套路	南湾城区西北部，珠海大道北侧，珠海大桥东侧	7624	水岸一路和二路两条道路。水岸一路起点交拱北海关营房配套路西侧市政路，终点接现状堤岸路，全长 960 米，道路宽度 24 米。水岸二路垂直于珠海大道辅道，起点接水岸一路，终点接珠海大道辅道，全长 311 米，道路宽度 18 米	珠海城建集团	2015 年 11 月	2017 年 9 月
金唐东路市政道路工程	唐家湾镇金鼎片区，东起珠海赛车场路，西止金凤路	11946	全长 1.84 千米，路幅宽 50 米，双向 6 车道的城市 Ⅰ 级主干道，C40 水泥砼面层。建设内容包括：道路、桥涵、管线、照明、绿化、交通设施、安监工程等	珠海城建集团	2015 年 3 月	2017 年 10 月
金唐西路市政道路工程	高新区唐家湾镇金鼎片区，东起金凤路，西至珠海特区二线与中山市城市干道相接	26881	全长 6631 米，规划宽度 54 米，规划等级为城市市政主干道，双向 6 车道。建设内容包括：道路工程、给水工程、雨水工程、污水工程、预留沟工程、通信管沟工程、电缆沟工程、照明工程、交通安监设施	珠海城建集团	2008 年 10 月	2017 年 11 月
白石桥工程	工程起点设在与河西侧屏湾一路与东桥路交叉口附近，跨越前河西路，过前山河后跨越前河东路，终点设在与河东侧港三路与港昌路交叉口	35660	工程设计范围包含主桥、引道及两侧连接道路，工程桥梁连接前山河两侧港三路与屏湾一路。主要建设内容包括：桥梁工程、引道工程、连接道路工程、管线工程、照明工程、绿化景观工程、交通设施、安监设施等	珠海城建集团	2015 年 8 月	2017 年 12 月

2017 年珠海市公路局干线公路建设项目完工情况

项目名称	项目位置	总投资（万元）	建设内容	建设单位 / 代建单位	开工时间	完工时间
井岸大桥维修加固工程	原省道 S365 斗门区井岸镇内，中心桩号 K18+639，黄杨河水道上	2697	桥长 553 米（桥梁中心桩号 K18+133），采取加固维修措施使桥梁恢复原设计承载能力标准，工程建设内容主要包括：主桥钢架拱增设拱片及原拱片维修加固、引桥双曲拱及全桥下部墩台病害维修加固、桥面系等附属构件拆除重建	珠海交通集团	2016 年 4 月	2017 年 1 月
莲溪大桥抢险修复工程	省道 S272 斗门莲州镇段内，中心桩号 K157+237，赤粉水道上	1937	莲溪大桥位于 S272 肇珠线，全长 414 米，原加固工程内容主要为重建桥面铺装，修复梁板、墩台、防撞栏、水下墩桩基等部位裂缝、混凝土破损病害，更换支座及伸缩缝等。4 月 1 日，莲溪大桥遭受过往船只撞击，造成通航孔主跨梁体及桩基础严重受损，进行抢险修复工程，原维修加固工程纳入抢险修复工程一并实施	西部地区公路管理处	2017 年 4 月	2017 年 9 月
省道 S272 线尖峰大桥东桥头至湖心路口段沥青罩面及人行立体过街设施工程	起点自尖峰大桥桥东，终点位于省道 S272 与省道 S366 线相交处（湖心路口）	5837.5	路线全长 5.48 千米（起点桩号为 K182+760，终点桩号为 K188+240）。工程内容：部分桥头路段和沉降不均匀路段的调坡；全线水泥砼路面病害处理；全线水泥砼路面白加黑罩面；全线现状雨水设施加高处理；全线路面标线重新划设，增加少量标志牌；现状绿化带拆除并恢复；新建 2 座人行天桥以及对现状硬路肩巴士站进行港湾式改造	珠海交通集团	2017 年 2 月	2017 年 12 月

港　口

【珠海港】　2017 年，珠海港新增液体化工品泊位 4 个，至年末，有生产性泊位 156 个、非生产性泊位 6 个，其中万吨级以上生产性泊位 28 个，设计年通过能力 1.60 亿吨，集装箱吞吐能力 198 万标箱。高栏港区有生产性泊位 71 个，万吨级以上生产性泊位 27 个，设计年通过能力 1.44 亿吨，占全港通过能力 90%。全港有干散货泊位 24 个，年吞吐能力 8107 万吨；油、气、化工品液体散货泊位 44 个，年吞吐能力 4901 万吨；多用途泊位 26 个，年吞吐能力货物 917 万吨、集装箱 112 万标箱；集装箱专用泊位 4 个，年吞吐能力 86 万标箱；件杂货泊位 19 个，年吞吐能力 455 万吨；客运及陆岛交通泊位 39 个，年吞吐能力旅客 946 万人、货物 2 万吨。储罐数量 305 个，容量 352.247 万立方米。

【港口生产】 2017 年，珠海港完成货物吞吐量 1.36 亿吨，比上年增长 15.3%，其中外贸 2981 万吨，增长 18.1%。完成港口集装箱 227 万标箱，增长 37.3%。旅客吞吐量 736 万人次，增长 2.3%。完成煤、油、矿、箱等重点货类 1.28 亿吨，占全港吞吐量 94.5%。其中，煤炭 5375 万吨，占货物吞吐量 39.6%；油气化工 1555 万吨，占 11.4%；矿石 1866 万吨，占 13.7%；集装箱 4043 万吨（227 万标箱），占 29.8%。西江流域驳船支线完成吞吐量 4009 万吨，增长 41.9%。港口铁路专用线累计发送货物 636 万吨，增长 32.8%。

【港口建设】 2017 年，珠海市港口建设项目 10 个，完成投资 4.75 亿元。开工建设珠海港万山港区桂山岛十三湾陆岛交通客货运码头防波堤工程、珠海高栏港区南水作业区鑫和 3000DWT 件杂货码头、高栏国码 6～7 号仓库、欧港物流分拨中心（一期）等工程。高栏港区集装箱码头二期工程（2～7 号泊位）、万江物流码头工程和珠海格力海岸游艇会工程、珠海港万山港区东澳岛客运码头等工程建设进展顺利。珠海港高栏港区宝塔 5 万吨级公用液体化工品码头工程、神华煤炭储运中心一期工程竣工验收。

【港口物流】 2017 年，珠海市完成《川贵广—南亚国际物流大通道深化研究》《川贵广—南亚国际物流大通道海外市场研究》编制，推动物流大通道项目纳入国家战略。贵州昌明国际陆港一期工程进展顺利。签署并落实《中国—巴西跨境电子商务与服务贸易一体化项目合作备忘录》，珠海港—巴西维多利亚港直航航线开通。新开通“营口—高栏—衡阳”北粮南运海铁大通道，珠海港货源腹地首次延伸至北方地区。全年珠海港停航外贸航线 4 条、沿海干线 2 条，新增外贸航线 3 条、沿海干线 12 条、西江驳船支线 5 条。开通集装箱班轮航线 74 条，其中，国际航线 24 条（内支线 9 条），分别通往日本、泰国、越南、巴布亚新几内亚、所罗门群岛、新喀里多尼亚、斐济等国家和中国香港、澳门、台湾；沿海干线 25 条，分别通往海口、日照、厦门、大连、连云港、青岛、烟台、太仓、宁波、泉州、上海、营口、天津、钦州、京唐等全国沿海主要港口；西江驳船支线 25 条，分别通往贵港、梧州、新会、黄埔、南沙、高明、佛山、小榄、中山、广州、虎门、云浮、肇庆、阳江等西江沿线主要港口。珠海高栏欧港物流分拨中心一期项目奠基，填补华南地区缺乏专业纸浆物流集散中心空白。广铁物流园重点项目建设协调推进。

【港口安全】 2017 年，珠海港组织对所有港口企业、港口在建工程项目包括委托第三方专业机构检查在内的综合、专项、日常等安全检查 237 家次，排查整治大小安全隐患 627 项；组织开展港口危险货物生产安全事故暨港口设施安保综合应急演练，检验和提升港口突发事件多部门应急联动和现场处置水平；开展港口危险货物专项整治及港口安全生产事故警示教育培训活动，持续强化全港工作人员安全生产意识和工作技能；落实港口风险点、危险源排查治理工作，委托繁安公司对港口企业进行外包作业与危险货物特殊作业的资质审查与现场检查，强化企业外包和特殊作业安全管理。

【港口船舶节能减排】 2017 年，珠海港结合实际，按照《珠海市大气污染防治 2017 年度实施方案》《珠海市 2017 年水污染防治工作方案》，完成全港干散货码头和煤炭码头防尘整治工作，印发《珠海市港口和船舶污染物接收转运及处置设施建设方案》，发布《珠海市港口管理局珠海市科技和工业信息化局珠海市环境保护局中华人民共和国珠海海事局关于加强船舶排放控制的通告》《防治船舶及其有关作业活动污染水域环境应急能力建设规划》《珠海市船舶污染物接收、转运、处置联合监管制度》《珠海市船舶污染物接收、转运、处置联单制度》，落实珠海港靠港船舶使用低硫油等要求。推进全市港口靠港船舶使用岸电技术改造，完成市政府公务码头公务船、工作船靠港岸电使用及神华粤电珠海港煤炭码头高压岸电项目改造并投入使用。

（黄　翔）

2017 年珠海港分货类吞吐情况

分货类货物		单　位	吞吐量
集装箱吞吐量		万标箱	227
旅客吞吐量		万人次	736
货物吞吐量总计		万吨	13586
其　中	1. 煤炭及制品	万吨	5375
	2. 石油天然气及制品	万吨	1178
	3. 金属矿石	万吨	1259
	4. 其他主要货种（化工原料）	万吨	377

2017 年珠海港泊位情况

泊位长度（米）	泊位个数（个）	泊位年通过能力				
		集装箱吞吐量（万标箱）	旅客吞吐量（万人次）	煤炭及制品（万吨）	石油天然气及制品（万吨）	金属矿石（万标箱）
19194	156	198	965	6364	4901	1700

【珠海港集团】　2017 年，珠海港集团旗下港口（含珠海港股份有限公司及参股码头）完成货物吞吐量 1.23 亿吨，比上年增长 36.22%，完成集装箱吞吐量 230.2 万标箱，增长 47.56%，集团港口货物吞吐量首次突破 1 亿吨、集装箱吞吐量首次突破 200 万标箱。集团业务覆盖集装箱码头、干散货码头、油气化学品仓储物流、船代、理货、报关、水上运输、专业运输、航道疏浚、供应链管理、软件开发与维护、工程建设与管理、管道燃气供应、电力能源投资、物流地产开发等行业。至年底，集团开通集装箱班轮航线 67 条，其中，国际航线 17 条（内支线 5 条），分别通往日本、越南、南太平洋等国家和中国台湾、香港、澳门；沿海干线 28 条，分别通往海口、日照、厦门、大连、连云港、青岛、烟台、太仓、宁波、泉州、上海、营口、天津、钦州、京唐等全国沿海主要港口；西江驳船快线 22 条，分别通往贵港、梧州、新会、黄埔、南沙、高明、佛山、小榄、中山、虎门、云浮、肇庆等西江沿线主要港口。港兴公司获广东省“五一劳动奖状”。

物流通道双向拓展　珠海港集团海陆双向拓展物流通道，开通高栏—南太平洋、越南、台湾、巴西、营口、泉州、钦州、厦门、京唐等 17 条航线，集团航线增至 67 条；开通高栏—郴州、邵阳、衡阳、梧州、贵港、青龙寺等 12 条海铁联运通道，集团海铁联运物流通道增至 15 条，在云浮、梧州、贵港、清远、韶关、衡阳 6 个关键节点设立办事处，全年完成海铁联运集装箱经营量 1.11 万标箱，比上年增长 122%，港口货源腹地、辐射力、影响力进一步扩大。

贵州陆港建设　珠海港集团加大贵州（昌明）国际陆港建设，与成都铁路局、贵州省黔南州签订战略合作框架协议，实现陆港无缝衔接铁路资源，陆港核心竞争力得到有效增强。陆港一期一阶段工程建成，完成首批煤炭供应链业务、首单氯化钾肥多式联运业务。陆港组织申报项目成功获评国家多式联运示范工程。

纸浆业务 珠海港集团与全球纸浆物流服务巨头欧洲港口企业集团合作落地，华南纸浆物流分拨中心初步成形。珠海高栏欧港物流分拨中心一期项目奠基，欧港高栏纸浆仓库主体结构建成，推动高栏港纸浆吞吐量高速增长，全年欧洲港口企业集团为珠海港带来纸浆吞吐量66.2万吨，比上年增长183%。

财务运作 珠海港集团通过股权融资、增资扩股方式，引入广东丝路基金5.99亿元、珠三角优化基金7.5亿元，将大突堤项目贷款由基准利率上浮5%下调至基准利率下浮3%。注册25亿元超短期融资券、6亿元短期融资券，发行首期8亿元永续中票。国内权威信用评级机构全面上调集团主体评级及债项评级至AA+级，排名市属国企前列。

物流服务 高栏国码进境水果口岸获批开通，高栏港集装箱码头二期工程2、3号泊位完成交工验收，4号泊位码头工程全部完成，高栏港务码头获准减载靠泊3万吨级船舶，远洋公司内河第一艘LNG双燃料动力示范船投入使用。集团获“国家5A级综合服务型物流企业”“中国物流品牌价值百强企业”称号。

管道燃气覆盖 珠海港集团管道燃气板块业务快速拓展。城市管道燃气公司销气量保持增长，实现天然气销售5342万立方米。新开发工商业用户49家，新增规模居民用户1.45万户。完成市政燃气管道敷设、接驳9.35千米，澳门市政管道建设6千米。完成6个瓶装气供应站建成使用。港兴横琴天然气综合门站开工建设，金湾、横琴老旧小区加建工作启动。珠海港兴管道天然气有限公司全年完成供气量2724万立方米，新建市政燃气管道52千米，新增工商业用户27家，新增居民小区16个；入网工商业用户82家、小区53个，管道天然气规模户数约6万户。

风电业务 珠海港昇新能源股份有限公司跻身新三板创新层，成为全市首家进入新三板创新层的国有控股企业，资本市场关注度和股权价值得到提高。珠海港明能源发展有限公司列入广东省售电公司目录并获得交易资格。完成浙江玉环大麦屿风电场工程竣工验收。

机构改革 珠海港集团设立珠海港航经营有限公司，统筹集团港航经营业务，改革集团本部组织架构。珠海港股份公司实行事业部制改革，成立港口航运、物流供应链、能源环保、港城建设和航运金融等5大事业部，统筹推进重点工作。（谭海兵）

2017年4月5日，珠海港集团与欧洲港口集团合资建设的高栏欧港物流分拨中心（一期）工程奠基仪式在珠海国际货柜码头（高栏）有限公司举行（梁恒源 摄）

航道管理

【概 况】 2017年，珠海航道局完成省重点建设项目3个，投资1.66亿元。航道维护水深保证率、航标维护正常率、船舶联检优秀率、船舶完好率、船闸通航年保证率均达100%。严格执行安全生产相关规定，做好防洪防风准备，灾后组织人员开展复产重建工作，全年未发生安全生产责任事故。

【航道建设】 2017年，珠海航道局完成磨刀门水道及出海航道整治工程、坭湾门—鸡啼门水道航道整治工程、联石湾船闸工程3个省重点建设项目年度任务。推动区域内河航运发展，完善珠江三角洲高等级航道网，改善区域水运条件。

磨刀门水道及出海航道整治工程全长69.8千米其中，磨刀门水道从百顷头至珠海大桥航道48.4千米（中山辖区）、洪湾水道从珠海大桥至澳门灯桩14.2千米（珠海辖区），按内河Ⅲ级航道，通航1000吨级港澳航线船舶标准建设；磨刀门水道出海航道从石栏洲至口外7.2千米（珠海辖区），按照5.0米×49米（水深×底宽）的断面尺度进行试挖槽。主要建设内容为疏浚及配套航标、码头、航标保养基地、站房、船舶等支持保障系统工程。年内完成所有合同段交工验收。

坭湾门—鸡啼门水道航道整治工程项目全长51千米，整治范围包括坭湾门水道（竹洲头至尖峰大桥）25千米、鸡啼门水道（尖峰大桥至小木乃）19千米、赤粉水道（横坑东口至曾船水闸）7千米。坭湾门—鸡啼门水道（竹洲头至小木乃）按内河Ⅲ级航道，通航1000吨级港澳船舶标准建设；赤粉水道按限制性内河Ⅲ级航道，通航1000吨级内河船舶标准建设。工程主要包括疏浚工程、清礁工程、桥梁防撞处理和航标工程。年内完成主体工程交工验收。

联石湾船闸工程因船闸部分运行指标达不到设计标准，存在较为严重的安全问题，按通航500吨级船舶标准拆除重建。工程于2016年9月8日开工，2017年度完成投资计划率100%。

【航道养护管理】 2017年，珠海航道局通过工程措施将洪湾水道通航能力由通航1000吨级内河船标准，提升至通航1000吨级港澳线标准。沿海航道以加大维护里程为目标，开展白藤河出海航道、鸡啼门出海航道养护前期调研工作。由市政府牵头，在全市组织开展内河航道专用通航标志整改工作。全年，61千米区界航道维护水深保证率、代澳门保养的105座航标维护正常率均达100%。通过粤澳区界航道协调会议，与澳门就统一粤澳区界航道航标遥测遥控标准化问题达成共识。

【船闸管理】 2017年，珠海航道局组织协调船闸管理工作，严格遵守船闸维护管理相关制度，完成石角咀船闸操作室修复，船闸钢便桥和水下系缆桩油漆保养。8月，受强台风“天鸽”“帕卡”影响，联石湾旧船闸受损严重，为确保船舶通航、旧船闸及项目施工等各方面安全，在船闸应急修复并疏散前山水道内避风船舶后，对船闸进行全面停航处置。

【航道行政管理】 2017年，珠海航道局融入市政府推行的“一门式、一网式”政务服务改革，编制行政许可事项标准化办事指南，上门宣传通航建筑物运行方案审批办法，在航道局网站公开政务信息。全年，网上行政审批全流程办理率及全流程办结率均达100%，行政审批有效投诉案件为零。

【航道安全生产监管】 2017年，珠海航道局严格执行安全生产相关规定，落实安全生产责任制，编制安全生产责任清单；定期召开安全生产工作例会，加强安全生产宣传教育和培训工作；开展“全面落实企业安全生产主体责任”为主题的安全生产月活动；做好防风、防洪和季节性危险天气的防范工作；强化现场监督监管，深化隐患排查治理；按要求开展安全生产大检查和安全隐患排查、治理工作，基本完成对Ⅶ级以上航道未设置桥涵标桥梁的整治、辖区跨越Ⅰ—Ⅶ级航道上的桥梁通航安全隐患排查工作。全年未发生安全责任事故，实现年

2017年6月14日，珠海航道局沿海航标工作船“粤道监1066”投入使用（朱芮青 摄）

初定下的安全生产目标。

【航道应急抢通】 2017年，珠海航道局辖区先后发生莲溪大桥、西部沿海高速公路磨刀门大桥被撞等影响较大的船舶碰撞桥梁事件，航道局积极参与相关抢险救助工作。强台风“天鸽”在珠海登陆时，严格落实相关制度，及时启动预案，做好防御准备，未发生人员伤亡。灾后及时调整航标、航道，其间设置灯艇2座、航标10座，出船96航次、巡标1350座次，被珠海市委市政府评为“救灾复产重建先进集体”。 （熊 伟）

城市客运交通

【概 况】 2017年，珠海市拥有公共汽车2081辆，比上年增长4.6%，其中清洁能源车1693辆，占比81.4%；出租汽车3687辆，与上年持平，其中主城区3487辆、西区200辆。全年公交总客运量3.21亿人次，日均客运量88万人次，增长-7.9%。公路客运量2760.4万人次、货运量9599.33万吨，分别增长-8.56%、3.84%；水路客运量632.70万人次、货运量1871.25万吨，分别增长-8.24%、15.18%；铁路旅客吞吐量1792.87万人次、货运量637.67万吨，分别增长32%、21.53%。珠海港生产性泊位156个，完成货物吞吐量1.36亿吨，增长15.3%，其中高栏港货物吞吐量1.22亿吨，首次突破亿吨；集装箱吞吐量227万标箱，增长37.3%。珠海机场航线通达航点63个，运输起降6.97万架次、货邮吞吐量3.74万吨、旅客吞吐量921.7万人次，分别增长40.2%、18.6%、50.3%。

【交通规划】 2017年，珠海市编制完成《港珠澳大桥珠海口岸近期对外交通组织方案与接驳交通研究》《港珠澳大桥珠海连接线设置收费站征拆及补偿方案与交通影响评估研究》，加快推进港珠澳大桥珠海连接线不收费模式和珠海口岸交通组织工作。《珠海市围绕粤港澳大湾区建设的综合交通发展战略研究》《珠海市机场总体规划修编》《珠海市干线路网规划》等规划编制有序开展。协调推进中山东部外环高速公路二期等对接深中通道的线位方案研究，完成《珠海市对接深中通道交通规划》《珠中江跨西江通道研究》编制。聚焦全省高铁网络布局调整，完成《珠海市高铁线路布局研究》，为深珠江肇高速铁路和广珠澳高速铁路的规划布局谋篇。举办第十二届跨界旅运信息合作研究港深澳珠技术交流会，为大湾区跨界交通互联互通和资源共享创造便利条件。制定《珠海市建设项目交通影响评价管理办法》，完成交通影响评价审查40份。

【交通枢纽建设】 2017年，珠海市重点交通项目19个，年度投资计划106.16亿元，全年完成年度投资131.42亿元，完成年度投资计划123.80%。港珠澳大桥主体工程全线贯通、珠海连接线全面完工、珠海口岸工程基本完成，具备通车条件，珠海成为唯一与港澳陆桥相连的城市。白石桥、洪湾枢纽互通二期工程建成通车。香海大桥、洪鹤大桥建设全面铺开，鹤港高速公路一期、金琴快线、兴业快线北段动工建设。珠海机场升级改造项目开工建设，候机楼东指廊完成改造并启用，珠海机场综合交通枢纽项目开展项目方案研究。通用机场、空港国际物流园建设和九洲直升机场搬迁工作稳步推进。

港珠澳大桥珠海连接线 港珠澳大桥珠海连接线工程是港珠澳大桥的重要组成部分，项目起自珠澳口岸人工岛，接港珠澳大桥主体工程，止于南屏镇洪湾，通过广东省西部沿海高速公路接入国家高速公路网。项目全长13.4千米，采用双向6车道技术标准，设计速度80千米/小时，批复概算为91.53亿元。项目分两期三段通车，其中，横琴北互通至洪湾互通段、南湾互通至横琴北互通段分别于2016年1月28日及2016年9月9日通车试运营。连接线二期工程（起点至南湾互通段）于2017年12月26日通过交工验收，具备通车试运营条件。

香海大桥 位于珠海大道北侧东西向交通要道，项目总投资41.78亿元。大桥连接线段路线长2890米，采用双向6车道一级公路标准，设计行车速度80千米/小时。先行段于2015年12月30日动工建设，2016年9月10日项目全面开工。2017年完成投资6.71亿元，年度投资计划完成率为100.19%。

洪鹤大桥 位于珠海大道南侧东西向交通要道，项目总投资39.75亿元。路线全长9654米，按双向6车道独立大桥标准建设，设计时速为100千米/小时，项目先行段于2015年12月30日动工建设，2016年8月25日项目全面开工。

2017年完成投资5.62亿元，年度投资计划完成率为117.12%。

鹤洲至高栏港高速公路　是洪鹤大桥西延段，起点对接洪鹤大桥终点鹤洲南互通，终点接高栏港高速，路线全长34.6千米。其中鹤洲南互通—金湾西互通路段采用双向6车道高速公路标准建设，设计车速100千米/小时；其余路段采用双向4车道高速公路标准建设，设计车速80千米/小时，总投资82.08亿元。项目分两期实施，一期工程由项目起点至鹤洲南互通（江珠延长线）和鹤洲南互通至机场高速公路两路段组成，路线全长18.46千米，概算金额51.4亿元。一期工程于2017年6月动工建设，完成年度投资4.5亿元；二期工程进入初步设计阶段。

金海公路大桥　位于珠海市区西南部，起自太澳高速公路与港珠澳大桥连接线洪湾互通，终至珠海机场与机场高速公路相接，全长27.235千米，由已通车的横琴二桥工程和金海大桥工程、机场东路段高架工程组成。全线采用高速公路标准建设，设计速度100千米/小时，除机场东路段高架工程采用双向4车道外其余均为双向6车道，投资估算总金额92.7亿元。至年底，工程可行性研究报告通过专家评审会评审并修编，公铁合建并行段施工招标挂网。

洪湾枢纽互通二期　是连接港珠澳大桥珠海连接线、西部沿海高速公路月环至南屏支线延长线、横琴二桥、洪鹤大桥等项目的枢纽互通工程。主要工程内容包括互通交叉点西侧（洪鹤大桥一侧）主线0.33千米，互通交叉点南侧（横琴二桥一侧）主线0.96千米，C、D、G、H匝道，港珠澳连接线主线330米和E匝道，投资7.28亿元。该项目于2014年开工建设，2017年9月28日实现全线通车。

金琴快线　起于港湾大道金凤路口，经凤凰山隧道，于梅华西路立交接香海高速至造贝立交，再经新南屏大桥，沿南湾大道至终点接港珠澳大桥连接线。项目建设路段全长13.8千米。金琴快线工程分为港湾大道至梅华立交段、造贝路口至珠海大道段、珠海大道至北三路口段等三个项目，单独立项、同步推进，2017年实现全线动工建设。

兴业快线（北段）　兴业快线（北段）工程呈“Y”字形南北走向，东线起于唐乐路，沿线下穿中山大学、鸡山村；西线起于哈工大路，沿线上跨金唐东路。东线、西线以隧道形式穿过凤凰山，合并后经过大镜山社区公园下穿梅华路接兴业路，道路总长18.8千米，道路等级为城市快速路。工程采用PPP模式推进建设，2017年12月28日先行段开工，标志着工程进入实质性施工阶段。

东西部公交快速化工程　项目包括前山立交改造、前山大桥至明达路段拓宽、前山枢纽（临时）和湖心路口枢纽站建设，前山立交改造工程主桥拼宽和前山枢纽（临时）、湖心路口枢纽站建设工程于2016年航展前投入使用。前山大桥至明达路段拓宽工程全线长1.58千米，主要建设内容包括前山大桥两侧各拓宽一座桥梁至双向12车道、前河西路—明达路段（华发新城段）拓宽至双向12车道等，于2017年开工建设。

白石桥　起点设在前山河西侧屏湾一路与东桥路的交叉口附近，终点设在前山河东侧港三路与港昌路交叉口，总长度1387.2米，其中桥梁长805米。主桥采用自锚式悬索桥桥型，主塔采用“H”型框架混凝土结构，桥面以上塔高约44米。道路等级为城市主干道、双向4车道，设计行车速度为40千米/小时。于2015年9月20日开工建设，2017年7月30日建成通车。

【主城区交通综合治理】 2017年，珠海市落实东西通道建设、发展公交、持续完善路网、提升慢行品质、精细交通管理、强化科技治堵、加强治理研究、宣传绿色出行8方面66项综合治理措施，在机动车拥有量比上年增长近14.1%情况下，确保中心城区交通情况总体平稳。其中，完成道路交叉口挖潜改造42个，打通断头支线道路11条，提升路口交通通行能力；人行立体过街设施建设有序推进；珠中跨界道路建设步伐加快；板樟山隧道扩容工程方案完成设计；慢行品质不断提升，摩拜、ofo、优拜等共享单车品牌进驻珠海。

【公共交通发展】 2017年，珠海市更新投放纯电动公交车213辆，纯电动公交车总数达694辆，占公交车总数33%；新建公交候车亭100座，新开公交线路20条（其中微循环公交线路15条），优化调整公交线路130余条次，“快干支微”公交网络体系基本建立，公交线网覆盖率更高，群众出行更便捷，完成珠海市年度十件民生实事之一的“改善公共出行条件”任务。完成《珠海市公共汽车特许经营协议》和《珠海市公交购买服务财政补贴协议》签约工作，激发企业作为市场主体的经营活力，实现可持续发展。开展公交专用道规划研究和《珠海市综合交通枢纽布局规划及重点枢纽交通详细规划》，新建成九洲大道、翠微路等公交专用道，推进公交专用道执法管理工作，确保公交路权优先。

【大数据智慧交通】 2017年，珠海市智慧交通信号协调控制系统中央控制平台建成，完成主要路口土建改造和设备安装83个，交通通行效率有效提升。智慧交通运行管理平台项目一期、二期工程建成，实现客流、物流和车流数据以及交通设施和交通状况综合监测。运用交通大数据开展人流出行特征分析和城区道路治堵成效评估，整合通行能力、平均速度、排队长度、交通延误等信息资源，为制定城市交通规划和交通改善措施提供科学依据。应用珠海交通信息数据库实现海、陆、空、慢行多种交通方式便捷查询。所有类型的交通出行方式均实现线上购票。乘坐公交、路内停车等交通服务实现可移动支付。

【法治交通建设】 2017年，珠海市交通运输局牵头制定规范性文件《珠海市交通信息资源管理办法》《珠海市建设项目交通影响评价管理办法》，出台《珠海市交通运输局重大行政决策合法性审查制度》《珠海市交通运输局公平竞争审查工作程序》等。巡游出租车运价调整工作完成。出台《珠海市网络预约出租汽车经营服务管理暂行规定》，规范网约车经营服务行为。完成《珠海市民用航空运输发展专项资金绩效考核办法》修订工作，研究制定引进基地航空公司扶持政策。开展“打非治违”行动，加大交通运输违法违章行为查处力度，全年出动执法人员逾3万人次，检查运输车辆4万多台次、船舶1000多艘次，立案查处交通运输违法违章行为7660宗，有力维护行业秩序和稳定。高速公路收费站非现场治超执法新模式在全省推广应用。

【平安交通建设】 2017年，珠海市交通运输行业完善“党政同责、一岗双责、齐抓共管、失职追责”安全生产责任体系。信息化、科技化的交通、港口安全生产和应急体系基本建立，安全生产“一体系三平台”系统应用推广，闭环式综合监管形成。以建设“平安交通”“平安港口”为目标，落实特别防护期安全生产大检查、“打非治违”、行业反恐维稳等专项工作，实现道路、水路客运购票实名制。开展港口作业、道路客运、危化品运输、外包作业和危险作业整治等专项行动，排除、整治安全生产隐患。举办交通运输行业应急运力保障综合性大型演练，提高应急保障能力。妥善处置莲溪大桥被撞事故，加快莲溪大桥修建并如期恢复通车。做好强台风“天鸽”“帕卡”防抗工作，努力降低强台风对珠海交通运输行业影响；组织灾后全市公共交通服务、高速公路通行和受损在建项目复产工作。

【交通行政管理体制改革】 2017年，珠海市交通运输局推进交通运输大部门体制改革，整合交通和港口两个机关、两套人马，深度融合部门职责，规范管理制度，理顺港口、公路管理体制机制。成立市交通运输安全事务中心，平稳实现市

链 接：

治超非现场执法在全省推广

2017年3月30日，广东省高速公路收费站治超非现场执法示范推广会在珠海召开。会议表示，从4月20日起，在广州、佛山、珠海、肇庆、惠州、江门、茂名7个城市试行高速公路收费站治超非现场执法，年内在全省铺开。治超非现场执法是指在高速公路出口等重要卡口利用科技手段设“法眼”，高速公路管理部门利用高速公路出口称重、监控系统、高清车牌识别系统等设施设备，收集涉嫌超限超载车辆的原始数据及信息。对在高速公路入口被检测到涉嫌超限超载的货车，将由高速公路路政部门实施劝返。对未能劝返的车辆，交通执法部门将在高速出口处发放违法告知书，并根据违法超限证据，对违法当事人进行处罚。珠海作为全省试点单位，从2015年起率先利用高速公路监控图像及计重收费数据开展高速公路收费站非现场治超，形成案件发现、告知、处理的规范化、标准化执法模式，取得显著成效，至2017年3月，立案查处高速公路非现场治超案件2692件，为全省推广非现场治超工作积累经验。

路桥管理处职能转变。设立珠海市空港与轨道交通管理中心，承担空港与轨道交通建设协调推进和行业管理的事务性工作。增设港珠澳大桥珠海公路口岸执法中队，负责该口岸地区道路运政、公路路政的执法工作。印发《珠海市道路客运改革工作方案》，推动行业供给侧结构性改革。完成交通运输行政许可及服务事项标准化建设，通过“一门式”政务服务综合受理改革简化审批环节，全年受理行政许可申请212项和服务事项901项，全部按期办结。加强业务指导和监督检查，确保2016年向横琴新区下放的31项市级港口行业管理事权放得下、接得住、管得好。行政许可和行政处罚“双公示”深入推进，在第三方评估中获得满分。以“应评尽评”为原则完成2016年度道路运输企业、水运企业、维修企业诚信评价工作。交通、港口行业社会组织改革全面推进，有效促进交通运输行业协会商会与行政机关脱钩。

【交通行业文明建设】 2017年，珠海市交通运输行业便民便企服务再出新举措，“马上就办”事项范围扩大至37项，“一窗通办”“同城通办”“一门式一网式”等创新服务不断优化。全年受理交通运输服务行业咨询、投诉15043宗，办结率100%，工单处理满意率达91%。出租车失物招领平台为乘客找回失物7473件，价值672万元。开展创建全国文明城市活动和志愿服务活动，设置党员志愿服务窗口，开展“情满旅途畅享交通”品牌志愿服务活动，组织台风灾后志愿清障行动950多人次。

【珠江西岸交通枢纽城市建设】 2017年，珠海市围绕国家“一带一路”倡议和粤港澳大湾区发展战略，以市第八次党代会提出的“以港珠澳大桥建成通车为契机，完善辐射区域的大通道建设，成为区域综合交通枢纽”为目标，抢抓机遇，进入新一轮交通建设大会战。年内完成投资131.42亿元，加快“海陆空铁”交通基础设施建设，打造沟通港澳、辐射粤西、联通全国的珠江西岸交通枢纽城市。港珠澳大桥及珠海连接线具备通车条件，使珠海成为唯一一个与港澳陆路相连的城市；对接深中通道的金琴快线、兴业快线等工程动工建设；东西通道洪鹤大桥、金海大桥、香海大桥等工程和机场、港口、市区至珠海机场城际轨道工程加快推进；配合推进联通粤西黄茅海通道项目前期工作。

【珠海市城市客运与交通信息服务标准化试点项目通过国家验收】 2017年7月26日，珠海市交通运输局牵头建设的国家标准化试点项目——珠海市城市客运与交通信息服务标准化试点项目以94分通过验收，是国内首批社会管理和公共服务综合标准化项目之一，是全国首个由交通行政部门承担的社会管理和公共服务综合标准化试点项目。自2014年4月项目获批，市交通运输局围绕“标准伴你行，交通服务优”总目标，制定珠海市城市客运与交通信息服务综合体总标准562项，其中自行制定珠海标准342项，涉及公共汽车、有轨电车、出租汽车、交通信息综合服务、交通运输服务投诉处理五大领域。通过标准化建设，进一步提升珠海交通管理水平、促进信息公开、构建诚信体系、解决行业管理难题，为市民提供更便捷、更优质、更广泛的交通运输服务，开辟出一条适用于珠海的“标准化”道路。

【巡游出租车运价调整】 2017年12月1日，珠海市出租小汽车新的运价方案实施，一类车（超豪

2017年7月26日，珠海市城市客运与交通信息服务标准化试点项目评估验收会议在珠海召开（陈 胜 摄）

华车）和二类车（豪华车）在起步运价、基准运价、分段计费模式上均有调整。与执行中的1996年运价方案相比，起步价公里数发生变化：由原3千米调整为2.5千米；基准运价变化：一类车由2.8元/千米调整到3元/千米，二类车2.4元/千米调为2.6元/千米；夜间收费时段变化：一、二类车由“0：00—06：00加价30%”调为“23：00—06：00加价30%”；分段收费变化：一、二类车由超过20千米加价30%调为超过12千米加价30%。等候运价则维持现行36元/小时不变。此外，跳表规则调整为时间与运距同时计算，满1元跳 次。运价调整在一定程度缓解经营成本上涨、出租车驾驶员收入下降、人员流失等问题，促进珠海出租车行业有序发展。

【车辆通行费年票制退出历史舞台】 2017年1月1日，珠海市根据《广东省交通运输厅广东省发展改革委广东省财政厅关于珠海市取消车辆通行费年票制有关问题的复函》，取消车辆通行费年票制，不再收取年票制年票或委托高速公路代收普通公路次票，试行22年的车辆通行费年票制退出历史舞台。

【珠海市交通运输安全事务中心挂牌成立】 2017年2月18日，珠海市交通运输安全事务中心在原市路桥处挂牌，为全国首个地级市交通运输行业安全事务中心，主要任务是协助市交通运输主管部门对所属单位交通运输安全监管职责、交通运输行业安全生产责任制的落实情况进行监督检查。全年该中心出动安全督查员265人次，对港口、道路运输、城市轨道等38家企业进行安全生产检查，现场督促整改147项，完成安全检查报告13份，约谈企业2家，督促企业严格落实安全生产主体责任。

【港珠澳大桥主体工程全线贯通】 2017年7月7日，港珠澳大桥全长6.7千米的海底隧道全线贯通，标志着港珠澳大桥主体工程实现全线贯通。港珠澳大桥于2009年12月15日开工建设，总长55千米，是连接香港、珠海和澳门的超大型跨海通道，包括海中桥隧主体工程，以及香港、珠海、澳门三地口岸和连接线。大桥主体工程集桥、岛、隧于一体，由6.7千米的海底沉管隧道和22.9千米的桥梁工程组成，隧道两端建有东、西两个人工岛。其中，大桥海底隧道是国内第一条外海沉管隧道、世界最长的公路沉管隧道和唯一的深埋沉管隧道，堪称港珠澳大桥“最难啃的骨头”。

链 接：

车辆通行费年票制

1994年7月，珠海市根据国家“贷款修路、收费还贷”政策，在全国率先实行机动车辆一年一次性统缴路桥隧道费（俗称年票），全市仅保留上冲、金鼎、那洲、珠海大桥、斗门大桥、南门大桥、莲溪大桥7个关口收费站，对进入珠海的外地车辆单向收取车辆通行费（俗称次票），有效解决收费站点过多过密问题，提高道路的通行效率。至2016年12月，累计征收约60亿元。收费收入扣除管理成本外，统筹用于偿还公路桥梁及隧道建设工程集资贷款本息。2016年，中央作出推进供给侧结构性改革工作部署，广东省将取消年票制工作列入降成本工作计划，要求各地市政府制定取消年票制实施方案报省政府审批。珠海市取消年票制后，社会物流成本降低，群众出行负担减轻，普通公路通行环境和通行效率进一步提升。

2017年7月7日，港珠澳大桥主体工程实现全线贯通

（珠海市港珠澳大桥协调办公室 供稿）

2017 年珠海市交通运输生产运行情况

指标名称	2017 年	2016 年	同比增长（%）
货运量（万吨）			
铁　路	637.67	524.69	21.53
公　路	9599.33	9244.30	3.84
水　运	1871.25	1624.62	15.18
货物周转量（万吨千米）			
铁　路	116577	95048	22.65
公　路	525747.35	508176.89	3.46
水　运	1029968.93	985587.88	4.50
客运量（万人）			
铁　路	1792.87	1357.37	32.08
公　路	2760.40	3018.93	-8.56
水　运	632.70	689.51	-8.24
旅客周转量（万人千米）			
公　路	511798.30	581957.68	-12.06
水　运	25945.89	27438.83	-5.44
航　空			
机场货邮吞吐量（吨）	37379	31511.60	18.62
机场旅客吞吐量（人）	9216808	6130384	50.35
运输飞行起降架次（架次）	69720	49731.00	40.19
航线通达航点（个）	63	44.00	43.18
平均每周运输航班（班）	1335	954.00	39.94

注：由于国内拥有两个运输机场的城市越来越多，从 2017 年起，“航线通达城市”改为“航线通达航点”。例如：上海浦东和上海虹桥，通达城市 1 个改为通达航点 2 个。

轨道交通

【概　况】 2017 年，珠海市区至珠海机场城际轨道交通工程（简称珠机城轨）一期完成年度投资 10 亿元，完成年度投资计划 100%；二期工程在全省新一轮铁路网布局调整中得以保留。广佛江珠城际轨道调整为珠江肇高速铁路，并由省发展和改革委员会开展项目前期工作。现代有轨电车 1 号线于 6 月 13 日试运营，至 12 月 31 日运行 24584 列次，发车准点率 99.6%，乘车客流 103.75 万人次。《珠海市城市轨道交通线网规划修编》获市政府批复，报省住房和城乡建设

2017 年 6 月 13 日，珠海现代有轨电车 1 号线开通试运营
（珠海城建现代交通有限公司 供稿）

厅备案，开展相关研究工作。年内增开直达上海、长沙、贵阳、郑州（经停武汉）、昆明、南宁、潮汕等地长途跨线列车。

【珠海市区至珠海机场城际轨道交通工程】 珠海市珠机城轨一期工程（拱北至横琴段）起于广珠城际珠海站，沿昌盛大道向西跨前山水道，沿南湾南路地下敷设线路，横琴大桥下游 500 米下穿马骝洲水道至横琴岛，沿环岛东路至珠海长隆海洋公园。线路全长 16.86 千米，沿线设车站 7 座，分别为珠海站、湾仔北、湾仔、十字门、金融岛、横琴、横琴长隆站，除珠海站为高架站外其他为地下站。初步设计批复投资总额 69.86 亿元，总工期 4.5 年。项目于 2014 年 1 月 20 日开工建设，至 2017 年底全线站点主体工程基本完工，前山水道特大桥连续梁全部完成，横琴隧道明挖段累计完成 266 双线米，矿山法区间累计开挖 6840 单线米，盾构工区累计掘进 10853 单线米。二期工程（横琴至珠海机场段）起于横琴长隆站，终于珠海机场。线路全长 21.99 千米，沿线设车站 4 座，分别为井湾、鹤洲南、三灶东、珠海机场站。工程投资估算 90.65 亿元。二期工程在新一轮全省铁路网布局调整中得以保留，初步设计和施工图设计获批复，监理招标已挂网。

【珠海增加 7 条长途跨线高铁列车】 2017 年 1 月 5 日，珠海增开直达长沙、贵阳长途跨线列车；1 月 6 日，珠海直达上海长途跨线列车开行；4 月 16 日，珠海至郑州（经停武汉）、昆明、南宁和潮汕跨线列车开行。加上珠海直达北京、桂林的长途跨省高铁列车，从珠海乘坐高铁直达的城市基本覆盖华东、华中、华北、西南和粤东等区域重要城市。 （陈清模）

民用航空

【民航运输】 2017 年，珠海机场全年完成旅客吞吐量 921.7 万人次，货邮吞吐量 3.74 万吨，运输起降 6.97 万架次，分别比上年增长 50.35%、18.62% 和 40.19%。年度旅客吞吐量先后突破 700 万人次、800 万人次和 900 万人次三道百万大关。运输架次、旅客吞吐量和货邮吞吐量 3 项指标均创历史新高，其中旅客及货邮吞吐量增速均为中南地区主要机场首位。全年新开航线 53 条，累计有 32 家航空公司执行 120 条国内航线，通达航点 63 个，平均每周进出航班 1335 架次，比上年增加 381 架次。航线航班覆盖全国 97% 以上的省会及重点城市。全年没有发生事故和事故征候，被民航中南地区管理局评为 2017 年度航空安全责任考核达标单位。

【机场管理】 2017 年，珠海机场集团公司成立由集团总经理担任总指挥的机场建设指挥部，统筹推进珠海机场升级改造、总规修编和改扩建、空港国际物流园和综合交通枢纽等重点项目建设。11 月 28 日，珠海机场东指廊完成维修改造及验收任务，开始试运行，解决客流增长问题。12 月 11 日，为提升珠海机场航班放行正常率，完成 CDM 系统建设，系统试运行当天航班放行正常率达 89.8%。是年，机场业主单位珠海航空城（机场）集团保持平稳快速发展态势，企业营收、利润及净利润均实现大幅增长，净利润增幅超过七成；机场运营单位珠港机场管理有限公司增长迅速，净利润 1.17 亿元。

【通用航空】 2017 年，珠海通用机场加速建设，全年完成投资额

2.66亿元，累计完成投资4.25亿元。航站楼、机库等部分单体建筑实现封顶。编制完成《通航前准备工作总体计划》《珠海通用机场使用手册》《珠海通用机场试飞工作计划》《珠海通用机场应急救援手册》《珠海通用机场航空安全保卫手册》《珠海通用机场服务标准》及机场各项设施设备操作规程和日常维护保养制度。11月，珠海航空城（机场）集团旗下阳江合山机场改扩建一期工程建成投入使用，机场运行和服务保障能力得到提升，获民航中南地区管理局颁发A1类通用机场使用许可证，成为省内第三家获对公众开放最高级别许可证的通用机场。是年，珠海通航飞行服务站受理飞行计划259架次，本场21架次，转场47架次，固定空域（含空域、点连线）191架次，飞行339小时26分。结合“珠海—阳江—罗定”低空航线空域资源，完成阳江分站建设工作，服务站向粤西地区延伸。12月24日，中国自主研发的大型灭火/水上救援水陆两栖飞机鲲龙AG600在珠海机场成功首飞，作为军民航空管体系的有效补充，服务站在AG600试飞期间做好军民航与通航企业间的沟通协调，完成飞行计划申请、动态监控及飞行数据统计，提供有效保障服务。

【航空基础设施建设】 2017年，珠海航空城（机场）集团加速推进航空产业园基础设施项目开发，启动产业园建设项目36个，完成投资16.89亿元，超额完成年度投资任务。配合金湾区大开发战略实施，保障土地供需平衡，减少土地开发成本，协助金湾区委区政府推进项目土地出让工作。11月8日，滨海商务区内的珠国土储2017-46、47两宗相邻地块成功出让，成交价13.15亿元。（陆先念　桂子叶）

2017年12月29日，珠海机场举行年旅客吞吐量突破900万人次庆典仪式，从北京飞抵珠海的中国国际航空公司CA1479航班乘客，成为见证者和亲历者
（陆绍龙　摄）

邮　政

【概　况】 2017年，珠海市邮政企业和规模以上快递企业完成业务总量19.11亿元，比上年增长21.63%；业务收入（不含邮政储蓄银行直营业务收入）15.34亿元，增长14.19%。全市有快递营业网点506个，其中法人企业80家、备案分支机构216个、末端备案网点210个。快递从业人员7000人。全市快递企业收派件业务量累计1.89亿件，增长23.21%。其中，收件量累计7271.52万件，增长20.54%；派件量累计11619.68万件，增长24.94%。快递业务收入11.12亿元，增长11.66%，在全省各市中排名第十。全市有智能快件箱726组，邮政快递新能源汽车50辆。有邮政标识车辆326辆，其中摩托车146辆，汽车280辆。

【邮政服务】 2017年，中国邮政集团公司珠海市分公司完成函件业务5387.02万件，包裹业务6.54万件，报纸杂志订销量2027.92万件。函件、包裹、报刊等业务收入3.57亿元。

邮政营业场所　全市有邮政营业场所69个，其中城市自办13个、委代办营业场所10个，农村自办19个、委代办营业场所27个。

邮政终端服务设施　全市有邮政信报箱（群）850个，报刊亭67个，信筒70个，智能包裹箱78组。

邮政服务网络　全市设有邮路39条。按属性划分：邮区内自办邮路36条，委代办（海岛水路）3条。

按区域划分：市内转趟邮路28条，单程路线长度457千米；农村邮路11条，单程路线长度791千米。全市邮路单程总长度1248千米，其中陆路汽车1039千米、水路委代办船运输209千米。

投递路线　全市设有投递线路187条，单程投递线路总长度4916.3千米。其中，城市投递线路114条（汽车投递14条、摩托车投递39条、电动自行车投递61条），单程投递线路长度2140千米；农村投递线路73条（汽车投递7条、摩托车投递49条、电动自行车投递15条、步班2条），单程投递线路长度2776.3千米。

投递服务　城市主城区每周营业时间为6天及以上，乡镇人民政府所在地每周营业时间为5天及以上，乡镇其他地区及交通不便边远地区每周营业时间为5天及以上。城市主城区、乡镇人民政府所在地、乡镇其他地区及交通不便边远地区每天营业时间均为6小时及以上。市区、城区范围日投递频次2次以上，乡镇人民政府所在地及其他地区每周5次以上。

【邮政普遍服务监督】　2017年，珠海市邮政管理局继续加强邮政普遍服务监督。

行政审批和备案　受理珠海市分公司备案申请20个。其中，网点暂停营业1个，网点暂停办理汇兑业务申请12个，网点地址、营业时间等变更申请7个。

执法检查　全年开展邮政普遍服务执法检查161次，其中，邮政普遍服务网点77次、机要通信网点8次、报刊发行局4次、邮政报刊亭72次。出动执法检查人员187人次，包括提供普遍服务合标检查、安全生产检查以及服务质量检查。

社会监督　年内新增邮政特邀监督员1名，全市有邮政特邀监督员2名。开展社会监督活动96次，监督查看邮政普遍服务网点48个，走访消费者145人，试寄邮件24次。

【快递市场监管】　2017年，珠海市邮政管理局依法开展快递企业经营许可年审、换证、许可变更、分支机构备案等工作，全年完成企业年审53家、续更换新证企业5家、核查注销企业13家、受理许可变更申请31件，完成分支机构变更70件、快递经营许可证协查8件末端网点备案159家。全年出动检查人员872人次，检查快递网点406处，发出整改通知书76份，约谈企业8家，行政处罚13起，罚款金额3.2万元，严厉查处无证经营、三项制度落实不到位、存在安全隐患企业。

【邮政业消费者申诉受理】　2017年，珠海市邮政管理局邮政业消费者申诉受理中心受理申诉案件6556件，比上年增长57.7%。其中，有效申诉（确定企业责任的）799件，无效申诉5757件。涉及邮政服务问题376件，占总申诉量5.27%；涉及快递业务问题6180件，占总申诉量94.27%。申诉反映问题集中在投递服务、延误以及丢失短少三类，分别占有效申诉案件量44.5%、27.3%和13.6%。至年底，申诉案件全部妥善处理，为消费者挽回经济损失19.1万元，消费者对邮政管理部门申诉处理工作满意率为97.5%，对企业申诉处理工作满意率为95.3%。

【农村电商服务】　2017年，中国邮政集团公司珠海市分公司累计建设农村电商“邮乐购”便民服务站点145个，对站点进行优胜劣汰考核，提高便民效率。全年“一市一品”项目农产品返城11.4吨，完成交易额13.8万元，带动电商包裹4600个。通过与斗门、金湾等优质农产品商户合作，拓宽商家销售渠道。

【“互联网＋邮政＋政务服务”平台建设】　2017年，中国邮政集团公司珠海市分公司与公安机关交通管理部门协同开展交通管理便民服务，通过搭载“互联网＋邮政＋政务服务”平台，利用邮政的网点优势，代办6年内免检机动车申领检验标志、机动车抵押/解除抵押登记、补/换领机动车驾驶证等交通管理业务。全市开通交通管理代办业务营业网点11个，办理业务1200笔。

【快递“职工之家”建设】　2017年，珠海市快递行业工会联合会获市总工会20万元支持，建成占地面积455平方米的“职工之家”。提供体检服务100人次，组织各类会议、培训300人次，提供健身服务50人次，为行业精神文明建设提供重要阵地。（沈小婷　李馨博）

·责任编辑：曹　琨·

口 岸

口岸管理与服务

【概　况】 2017年，珠海市有国家一类口岸8个（拱北口岸、横琴口岸、九洲港口岸、高栏港口岸、湾仔轮渡客运口岸、万山港口岸、斗门港口岸、珠澳跨境工业区专用口岸），二类口岸7个。全年口岸出入境人员1.41亿人次，比上年增长3.3%；交通运输工具405万辆（艘、架）次，增长0.5%；货运量1.69亿吨，增长27.8%；进出口总值339亿美元，增长1.8%；进境关税环节税104.96亿元，增长11.3%。旅客出入境通道438条，车辆通道35条，涉外码头泊位64个。查获各类走私案件1.28万件，案值24.65亿元，涉税3.72亿元，其中超千万元以上案件29件，打掉较大走私犯罪团伙36个。

【口岸建设】 2017年，珠海市口岸局配合市大桥办推进港珠澳大桥珠海口岸建设，土建工程基本完工。港珠澳大桥珠海口岸安全防范系统、车辆通关一站式系统、人工岛应急指挥中心、综合管理系统顺利推进。配合横琴新区推进横琴口岸及综合交通枢纽开发工程。推进粤澳新通道项目，该项目方案由珠海规划设计，经珠澳双方协商一致通过。协助珠海保税区管委会推进珠港澳物流合作园进出境货运车辆检查场建设，协调查验单位配合工程设计方案研究等工作。做好湾仔口岸迁建工作，按照国家口岸办“同意在拟迁建的湾仔旅游码头恢复湾仔轮渡客运口岸功能”批复精神开展前期工作。开展珠澳跨境工业区专用口岸增加供澳鲜活产品通道项目前期工作，组织相关部门研究项目重启相关工作。推进拱北口岸旧建筑物安全隐患整改及通关大厅等配套设施改造项目，完成项目建议书报批等工作。协调处理港珠澳大桥珠海连接线拱北隧道施工引起拱北口岸安全隐患问题，协调推进受损建筑物及地基的修复和还建工作。

【中国（珠海）国际贸易“单一窗口”建设】 2017年，中国（珠海）国际贸易“单一窗口”新增上线4个项目：货物进出口报关项目、加工贸易“工单式”核销项目、跨境商品溯源项目、珠海电子口岸数据交换中心。7月28日，国际贸易“单一窗口”国家标准版在珠海上线运行，采取Saas版（中国国际贸易单一窗口标准版应用）和服务集成版两种模式同步推进。7月，货物报关Saas版上线运行。9月，货物报检业务采用服务集成模式成功对接“单一窗口”国家标准版，是广东省第一家采用服务集成模式对接国家标准版的“单一窗口”报检项目。截至12月31日，标准版上线项目3个，分别为货物报关系统（Saas）、货物报检系统（服务集成模式）、水运电子舱单系统（服务集成模式），提前实现全市口岸覆盖和30%业务量覆盖工作目标。至年底，全市“单一窗口”注册企业419家，申报总量达247166票（含报关、报检、船舶、舱单、单牌车）。其中，“单一窗口”国家标准版注册企业242家，报关单标准版申报业务量达3.96万票，单日最高业务覆盖率达72.75%；报检单标准版申报业务量达1.63万票，单日最高业务覆盖率达124.89%；水运电子舱单标准版申报业务量达2.13万票，单日最高业务覆盖率为51.42%。

【口岸对外开放】 2017年，珠海市口岸局与驻珠各口岸查验单位、南海舰队、省口岸办多次协商，划定珠海市水域扩大开放范围，按程序报国家审批。推进粤港澳游艇自由行工作，九洲港口岸和万山港口岸被指定为游艇进出境口岸，横琴法拉帝游艇码头、横琴长隆游艇码头和桂山十三湾码头指定为游艇停泊码头。珠海机场公务机临时口岸第三次续期获国家口岸管理办公室同意。珠海巨涛海洋石油服务有限公司码头1#泊位通过综合验收对外开放。

【反走私综合治理】 2017年，珠海市口岸局开展“国门利剑2017”联合专项行动，严厉打击“洋垃圾”走私、烟草走私、毒品走私、象牙等野生动植物及其制品走私、成品油走私等违法犯罪活动，查获走私成品油5.8万吨、走私烟350万支、走私雪茄烟5万支、走私烟丝7.5千克等，公开销毁边防和渔政部门查扣的“三无”船只261艘，销毁冻品3582吨。检察机关批捕80人，起诉80件122人；法院受理走私案件110件，审结97件。在香港举办两场“2017年珠港澳流动渔民海关、边防法律法规培训班”，110多名港澳流动渔民参加培训。通过设立户外大型宣传广告牌，制作各种反走私宣传品等形式开展宣传和教育活动。通过加大科技打私投入，抓好7个区级反走私电子监控及应急指挥中心升级改造工作，提升科技打私水平。建立健全多元共治打私长效机制，确保反走私各项任务部署落实到位。在2017年度反走私综合治理工作考评中获全省第一。

【海防工作】 2017年，珠海市口岸局通过《珠海市海防建设与军民融合发展战略研究》课题评审。完成“十二五”期间海防基础设施建设任务，开工建设东澳岛直升机停机坪。东澳岛直升机停机坪总投资550万元，全年投资337万元，完成山地平整、地板水泥浇注等工作。

【通关模式改革创新】 2017年，粤澳双方多次协商，就澳方委托珠海方开展相关查验设施招标工作达成共识。10月13日，在港珠澳大桥粤澳口岸开放专责工作小组第四次会议期间，珠海市口岸局作为三方代表之一与澳门保安部队事务局、珠海格力港珠澳大桥珠海口岸建设管理有限公司共同签署“合作查验、一次放行”边检查验设备项目委托代理招标协议。市口岸局牵头与澳方就珠澳合作查验设备采购安装等工作进行定期研究和协商，加快推进相关工作。珠澳合作边检查验设备完成招标工作。港珠澳大桥珠海公路口岸珠澳通道将施行“合作查验，一次放行”查验新模式：对同时符合内地、澳门自助通关条件的内地及澳门居民实行“合作查验、一次放行”自助查验模式，实现旅客在珠澳双方的边检只排一次队，刷一次证件，采集一次生物特征信息即可过关；对人工验放的内地及澳门居民实行合作人工查验模式，旅客只需排一次队，便可在同一条人工通道上先后完成珠澳双方的出入境查验。成立横琴口岸查验机制创新工作领导小组，统筹协调横琴口岸查验机制创新工作。

（黄启初）

拱北海关

【概　况】 2017年，拱北海关关区范围包括珠海、中山两个地级市，关区注册备案的进出口企业1.64万家。设有派出机构11个（风险防控中心、驻香洲办事处、驻珠海保税区办事处、中山海关、闸口海关、九洲海关、斗门海关、高栏海关、湾仔海关、横琴海关、万山海关）全关员工约3000人，是业务门类齐全的综合性海关。

是年，拱北海关服务“一带一路”建设，支持珠海高栏港开通至巴西等国际班轮航线8条，协助地方打造珠江西岸先进装备制造产业带，高栏港综合保税区申建取得重大进展；推广国际贸易“单一窗口”标准版，实现试点口岸和业务覆盖率“双达标”。主动融入粤港澳大湾区建设，加强港珠澳大桥、青茂口岸海关机构筹建工作，落实港珠澳大桥建设82项重点工作，完成65项；落实中央19项惠澳措施，全面支持澳门“一中心一平台”建设，牵头完成《深化粤澳海关合作支持澳门融入国家发展战略》署级课题研究，探索构建珠港澳海关新型合作机制。支持地方区域经济发展，主动服务珠海市“创新驱动、开放引领”、中山市“一中心、四组团”发展战略，推出支持珠海、中山外贸回稳向好16项重点工作。提出推进珠海开放型经济发展“4+2”重点课题，申报设立国家跨境电子商务综合试验区、机场保税物流中心等建议被珠海市政府工作报告采纳。支持横琴自贸片区制度创新，推进8个方面重点工作和10项重点创新项目，打造AEO（经认证经营者）国际互认合作升级版，支持关区跨境电子商务等新兴业态发展。全年，8篇统计分析获中央领导批示，12360热线答复满意度超过99%，完成关级课题研究25项，是连续三年获全国海关学会征文一等奖的两个直属海关之一。

【“三互”大通关改革】 2017年，拱北海关推进粤港澳三地海关合作机制等合作项目12个，珠澳“一站式”通关系统全面升级，车辆通行更加高效。深化关检“一机一台”“海关·海事”数据共享等合作，拓展原产地封识验核结果、部分查验/检验检疫结果2项互认合作及指定货物共同取样、国际航行船舶联合登临检查等4项执法合作。全年，关检联合查验一次放行329次，与海事部门交换数据9300万条。落实关区“去繁就简”措施50项，完善中山、高栏综合信息平台2个，压缩通关时间1/3，在全国海关率先实施“单一窗口”工单式核销。

【口岸突发应急处置】 2017年，拱北海关修订关区“1+8”应急预案体系，做好香港回归20周年、党的十九大期间安保工作，连续六年保持信访零事故。抗击强台风“天鸽”“帕卡”，确保人员、财产安全和海关监管不间断，参与地方灾后重建服务1000多人次，搭建“生命通道”为赴澳救援提供快速通关。

【查验监管】 2017年，拱北海关开展“强化实际监管”专项整治，出台并推进90项措施，机检查验率从15%提高至20%，报关单查验指令实现集中细化，查获率和风险防控能力提升。全年，监管进出口货物1.8亿吨、进出口总值4164.1亿元，分别比上年增长27.0%、5.9%；监管进出境旅客1.4亿人次、进出境运输工具406万辆（艘）次，分别增长3.3%、0.7%。推进快件专项整治，规范危化品监管，加快卡口系统建设，关区水路口岸全部实现卡口放行无纸化，完成关港联网二期建设。办结稽查作业268起，稽查作业有效率达72.76%；办结保税常规核查687起，保税常规检查有效率达34.93%。加大海关企业信用管理体系建设，办结认证企业152家，调整信用等级269家。

【综合治税】 2017年，拱北海关深入企业、基层调研30家次，解决问题152项，出台税收征管措施7项。推进减免税、汇总征税核批等6项无纸化作业改革，在全国率先建立关区验估工作机制，推广“自报自缴”“汇总征税”等制度。应税“价外费用”备案管理成效显著，补征税款1763.4万元，比上年增长52.1%。全年税收入库141.39亿元，增长12.85%。

【智慧缉私】 2017年，拱北海关推进“全员打私”，优化“两简”案件办理、缉私执法监控体系等制度机制。全年，查获各类走私违法案件1.2万件，案值26.4亿元，打私绩效考评位列17个沿海海关第二，行政处罚案件指标考评位列全国海关第一。查获总署挂牌督办案件13件，位居全国海关第二。查办案件数、千万元大案数、打掉较大走私团伙数量等多项指标破历史纪录，2宗案件入选全国海关十大典型案例。刑事、行政执法质量年度考评保持“优秀”等级。破获“洋垃圾”、象牙及其制品等走私大案，查获走私进口废塑料约5万吨、粤澳直通车走私进境象牙129.7千克。查获货币类案件案值3.4亿元，破获涉嫌洗钱大案7.9亿元。出台“水客”综合治理措施34项，查办“水客”案件数量增长12.2%。（黄孝永）

出入境检验检疫

【概　况】 2017年，珠海出入境检验检疫局检验检疫出入境货物8.69万批，货值72.98亿美元，比上年分别下降20.6%和25.5%；出入境人员检疫查验1.41亿人次，增长2.2%；出入境交通工具检疫查验400.96万辆（艘）次，增长1.5%；出入境集装箱检疫37.99万标箱，增长5.7%。加强公共技术服务平台建设，平台被质检总局授予“国家质检科技成果转化推广基地”，被工信部认定为“国家中小企业公共服务示范平台”。

【质量提升行动】 2017年，珠海出入境检验检疫局出台涵盖5个方面25项措施的质量提升行动实施意见及落实计划。开展出口商品质量提升暨打假维权和质量强省、强市行动，配合广东省开展质量工作考核，协助珠海市获得全省A级考核等级。面向企业、政府和社会各界开展“中国品牌日”“3·15”“质量月”等质量宣传活动。加强公共技术服务平台建设，聚焦中小企业开展实验室“体检”、产学研协同创新、技术研发补贴等公益性技术服务，全年发布技术信息1273条，支持研发项目1273项，服务企业2112家，帮助企业节省成本540.9万元，新增营业收入1.5亿元。推动国家级现代打印设备及其耗材产品出口质量安全示范区创建，帮助示范区企业查找产品退运原因和完善质量管理体系60家次。协同筹建中国WTO/TBT-SPS国家通报咨询中心制冷设备技术贸易措施研究评议基地和办公设备及耗材技术性贸易措施研究评议基地。

【口岸疫情防控】 2017年，珠海出入境检验检疫局确诊传染病1372例，比上年增长36.1%。横琴、万山口岸以“优秀”成绩通过质检总局口岸核心能力复核。加强实验室建设，全国首家国家新发传染病检测重点实验室通过验收。做好口岸疫情防控，有效防控巴西黄热病、马达加斯加鼠疫等传染病疫情传入国内，珠海口岸首次截获输入性病媒生物海滨库蚊、中华海花蝇、灰地种蝇和拟德国小蠊。

【国门生物安全维护】 2017年，珠海出入境检验检疫局全面加强口岸动植检规范化建设，拱北口岸成为全国首个通过动植物检疫规范化建设双验收的口岸。是年，珠海禁止进境物品截获率、旅邮检有害生物检出率分别比上年增长42.2%和69.7%。国内首次从旅客携带物中检出猪圆环病毒Ⅱ型；珠海口岸首次截获石榴螟、橘大实蝇、散大蜗牛，首次监测到重要林木有害生物齿小蠹。加强国门生物安全宣传教育，国门生物安全宣传教育示范学校和基地增至5个。

【进出口产品安全监管】 2017年，珠海出入境检验检疫局检出不合格进出口食品货值650.5万美元，比上年增长39.4%，首次检出不合格干牛肝菌和提拉米苏预拌粉。动态发布、调整食品农产品监测项目及比例，抽检率从上年的100%降至5%~30%。检出不合格进出口工业品2085批11.96亿美元，分别增长17.3%和192.4%，检出危化品及包装不合格140批。在进出口工业品目录外监督抽查领域率先实施“双随机、一公开”。加强大宗资源性商品检验监管，高栏化矿检测中心揭牌运行。

【检验检疫服务地方】 2017年，珠海出入境检验检疫局做好港珠澳大桥、青茂口岸等新开口岸“一站式”信息化系统等基础配套设施建设。保障珠江西岸至巴西首条海运航线开通。出台支持现代物流业发展意见，推出简化检验检疫报检手续、进一步压缩放行等7项措施，规范物流集中地检验检疫查验场及设施配套建设。搭建“源头可溯、去向可查、责任可究”的跨境电商溯源平台系统，实现数据交换与互联互通，国内快递当天即可通关送

2017年10月11日，国家质检总局标法中心、珠海市人民政府、珠海检验检疫局、珠海格力电器股份有限公司、珠海市耗材行业协会在珠海共同签署中国WTO/TBT—SPS国家通报咨询中心技术性贸易措施研究评议基地共建协议，标志着全国首批制冷设备、办公设备及耗材技术性贸易措施研究评议基地正式落户广东珠海。图为签约仪式现场　（珠海出入境检验检疫局 供稿）

达澳门。全年进出口直购货物和货值分别比上年增长182%和178%。

【检验检疫服务外贸】 2017年，珠海出入境检验检疫局助推地方优势产品出口，推动珠海人工繁殖大鲵首次实现国际贸易，帮扶海鲈鱼深加工产品扩大海外高端消费市场，水产品总体出口量和出口额分别比上年增长70%和84%。服务进口促进战略，建成珠江口西岸首个进境食用水生动物指定口岸。推行“原产地助力优进优出千企帮扶计划”，为企业减免关税约5700万美元。落实停征行政事业性收费政策，为企业免除检验检疫费约1700万元。开展“口岸天平行动”，挽回经济损失约774万美元。开发应用“进境野生动物检验检疫管理系统”，支持长隆项目引进珍稀动植物资源。

【检验检疫服务港澳】 2017年，珠海出入境检验检疫局严密监管，保障供港澳食品农产品质量安全和稳定供应。保障供澳鲜活产品提前1小时从拱北口岸通关，妥善应对禽流感疫情及强台风灾情，满足澳门食品农产品市场需求。是年，经珠海口岸供港澳食用活畜禽和水生动物1.9万吨、货值5592万美元；供澳蔬果、冻禽和水产品14.6万吨、货值2.6亿美元。促进澳门经济多元化发展，支持澳门含蛋月饼首次（2017年10月，内地首次引进澳门月饼）输往内地。与葡萄牙经济和食品安全局签署合作框架协议，率先对经澳门输入内地食品实施“进口食品检验前置”监管新模式。加强检验检疫交流合作，与澳门民政总署合作开展供澳食用水生动物安全性研究、活食用动物应用电子卫生证书、花卉苗木电子植物检疫证书应用等项目研究。

【通关时长缩短】 2017年，珠海出入境检验检疫局全面应用无纸化报检系统，推进“信息互换、监管互认、执法互助”大通关建设，推广应用国际贸易“单一窗口”国家标准版货物报检、舱单申报等项目，实现报检覆盖率100%，推动e-CIQ主干系统上线应用，压缩通关时长，出境货物检验检疫全流程时长位列全国第一，入境时长位列第二。

【“一检通”平台】 2017年，珠海出入境检验检疫局开发运行“一检通”平台风险分级处置管理系统，利用“单一窗口”监测进出口商品全数据，实现风险信息的采集、分级、统计、预警自动化。4月，在洪湾港试运行科学监管体系，试点货物放行时长压缩47%，部分商品查验率比上年下降50%，检出率较前三年平均水平提高近15倍。

【检验检疫监管新模式】 2017年3月，珠海出入境检验检疫局协助质检总局与澳门签订《关于港珠澳大桥口岸珠澳通道卫生检疫合作查验方案的备忘录》，在港珠澳大桥珠澳通道实施跨境合作查验、一次放行的检疫查验监管新模式。固化和规范旅检通道“入境查验、出境监控”模式，在旅检口岸全面推行“检疫官—X光机—检疫犬—红外线测温仪”四位一体查验模式。6月，珠海出入境检验检疫局推动珠海市获批粤港澳游艇“自由行”试点口岸，确定“定点停靠、就近联检”检验检疫监督管理模式。推出对出境旅客携带物实行巡查查验模式、支持特色食品澳门展销、对种苗花卉便利监管、对长隆进境水生动物隔离检疫场检疫许可实行便利申办、支持企业市场采购干晒植物产品输往澳门5项创新措施。

（范满昌　李晓童）

海　事

【概　况】 2017年，珠海辖区船舶进出港33.27万艘次，比上年增加13.5%；货物吞吐量2.11亿吨，增加28.8%；水路旅客流量1179.80万人次，增加36.2%。全年，辖区发生一般等级以上事故5宗、死亡2人、沉船2艘、经济损失约1080万元，水上交通事故4项指标（事故宗数、死亡失踪人数、沉船数、经济损失）与上年相比3升1降。

【水上安全监管】 2017年，珠海海事局加强重要时段监管，加强磨刀门、坭湾门等西江主要出海航段和港珠澳大桥水域巡航执法，推进辖区水域定点值守，保障良好通航秩序。实施高速客船、危险品等重点船舶监督检查，开展航运公司分类分级管理，对涉客类船舶船员开展100%履职检查，强化源头管控。配合开展船舶污染物接收转运和处置管理，持续打击违规运输垃圾行为，保障水域清洁。推进船舶排放控制区监管，开展船舶燃油取样检查工作，超额完成取样艘次大于到港单船数2%的任务目标。开展各类专项行动，部署辖区季节性灾害天气防抗，筑牢防护网，辖区总体形势稳定。

【海事服务】 2017年，珠海海事局贯彻交通运输部部署，停征船舶登记费、中国籍非入籍船舶法定检验费，为企业减负。全面实施船舶电子报告制度，试点港建费远程申报及缴费，便利船舶进出港。推行“单一窗口”和“电子口岸”，开展国际航行船舶联合登临检查，提高口岸通关效率。支持粤港澳游艇自由行。全方位保障珠海大交通建设。护航大型LNG船舶、国家海洋战略大型装备运输船进出，守护2017年全国帆船(帆板)锦标赛。组织开展珠海市内河航区划分，消除江海联运航区制约。研究扩大“即来即办、立等可取”事项审批，优化窗口办事指南和业务清单，培育市级“五星”党员志愿服务岗8个。

【水上安全隐患治理】 2017年，珠海海事局推动隐患治理。根据《广东海事局水上交通安全风险管理工作规定》修订情况，完善珠海海事局风险管理和隐患治理工作机制，进一步明确治理职责。对相关高速客轮、危险品运输等企业启动险情事故和重大安全隐患安全管理约谈，督促落实安全生产主体责任。推进万山区海岛民生危险货物运输隐患整改、南屏坦洲撤渡建桥攻坚

链　接：

“新晨光20”轮碰撞莲溪大桥

2017年4月1日10时，一艘芜湖籍空载散货船“新晨光20”轮与莲溪大桥发生触碰，事故造成莲溪大桥桥面移位，自来水管破裂，事故船舶前桅杆折断、驾驶台局部结构受损，无人员伤亡。接报险情后，珠海海事局开展24小时封航警戒任务，对事故航段实施现场交通管控，并组织相单位进场抢修。该桥于2017年9月28日恢复通车。

“7·27”珠海大桥货柜车坠海

2017年7月27日16时30分，一辆装载集装箱货柜车撞破珠海大桥护栏掉入水中，货柜车随即沉没，对珠海大桥过往船舶安全航行构成巨大威胁。事故发生后，珠海海事局立即启动应急预案，开展水上应急处置工作，组织打捞，禁止船舶驶进事故水域，做好珠海大桥上下游船舶交通管控工作。管控期间组织128艘船舶抛锚待航，协调出动拖轮寻找漂浮集装箱。28日，珠海大桥全面恢复通航。

2017年4月1日，货船“新晨光20”轮触碰莲溪大桥后，海事部门封闭相关水域，执行巡航警戒任务　（马万志　摄）

行动；推动安监、交通、渔政、文体、边防、海事及各区政府分别牵头开展非法载客联合整治，水上非法载客形势有所好转；推进蚝排碍航专项整治，取得阶段性成果。

【应急处置】 2017年，珠海海事局扶持万山区成立海上搜救志愿者队伍，联合万山区、金湾区政府举办应急知识培训班2期，200余人参加培训，海上救助能力增强。举办多场应急、搜救、防污等桌面、实战演练，区域应急处置能力得到提高。起草《珠海市海上搜救奖励管理暂行办法》，推进溢油应急纳入突发事件应急体系建设“十三五”规划。科学处置“南海盛开”号浮式储油船原油应急过驳、“新晨光20”碰撞莲溪大桥、“7·27”珠海大桥货柜车坠海等事件。全年，全市海上搜救中心组织协调水上救助64次，涉及遇险446人，获救436人，人命搜救成功率达97.8%。

【海事“三大战役”推进】 2017年，珠海海事局完成“安全大巡察”突破战，内部巡察、自查发现问题198项，广东海事局巡察反馈问题69项，开出整改建议40条，除持续整改问题外，均整改完毕。打好“共建平安西江”持久战，修订辖区水域示意图，在西江要道设置鳖鱼沙“海趸1556”监管点，开展平安西江专项治理行动，以最严标准、最细措施、最高要求建设平安西江。打好“防治船碰桥”攻坚战，督促航运公司和桥梁管理单位落实主体责任，对辖区23座跨海或内河五级以上航道桥梁开展风险评估和隐患排查治理，推动珠海大桥、尖峰大桥、莲溪大桥等防撞设施建设取得突破性进展，推动辖区管养的41座通航桥梁启动防撞设施规划设计。

【智慧海事建设】 2017年，珠海海事局完善管理制度，修订智慧海事操作指南、运行指南、值班制度、联动执法、考核办法等6项制度。深化智慧海事应用，试行现场综合执法机制，各海事处安排专职人员负责智慧监控中心值班，筛选适检船舶和重点监管对象，执行电子巡航点名，强化船员VHF（甚高频）守听意识。规范台账记录，改版《电子巡航值班记录表》，指引值班人员“照单干活”，提高工作效率和精准度。在智慧监管驱动下全年检查船舶2.32万艘次，比上年减少2.8%；查处违章船舶1022艘次，增加26%；查处比例4.4%，提高29%。

【强台风“天鸽”防抗】 2017年8月23日，14级强台风“天鸽”在珠海金湾区登陆，珠海海事局科学部署，落实防台风各项措施，于23日1时启动I级响应，有效协调组织辖区近2100艘船舶及时避风。加强应急处置工作，接报险情33宗，协调出动船舶3艘次、飞机3架次，成功救助166人，“天鸽”过境期间水上零人员死亡失踪。保障台风后通航秩序恢复、民生物资运输、客运航线复通等工作。

【港珠澳大桥工程水上安全监管】 2017年，珠海海事局为港珠澳大桥工程提供大型构件运输吊装期间水上交通组织和通航保障，航道转换期间船舶的通航安全维护、施工船准入、船舶防台等海事监管服务，实现港珠澳大桥工程建设水上交通安全保障零事故、零污染、零伤害目标。（谢　芳）

出入境边防检查

【概　况】 2017年，珠海出入境边防检查总站（简称珠海边检总站），下辖拱北、九洲、横琴、湾仔、高栏、万山、斗门、茂盛围8个边检站，主要担负珠海地区所有对外开放口岸出入境人员、车辆、船舶、飞机的边防检查、监护工作任务。全年，查验出入境人员1.41亿人次，比上年增长3.2%；查验出入境交通运输工具405万辆（艘/架）次，增长0.4%。年内，未发生口岸严重拥堵事件、负面涉警舆情和有效投诉，有1名民警荣立一等功、4个集体和2名民警荣立二等功、28个集体和117名民警荣立三等功。

【港珠澳大桥口岸筹建】 2017年，珠海边检总站把港珠澳大桥口岸筹建作为必须完成的政治任务，明确“一个核心、两个站位、三条底线、四个标杆”（一个核心指以解决人员需求为核心。两个站位指为边检机关查验模式创新提供实践依据，为边检机关探索集约用警提供样本支撑。三条底线指进度的底线：筹建工作绝不能对口岸开通构成实质性影响；规矩的底线：既要坚决完成调配任务，也要确保人员抽调后不出任何问题；纪律的底线：确保总站参与筹建的人员远离职务性违法违纪的“高压线”。四个标杆指查验模式创新的新标杆、科技成果应用的新标杆、集约化用警的新标杆、大规模辅警管理使用的新标杆）整体工作框架；固化“照表落实、带表参会、按表销账”的督办问责机制；完成“合作查验、一次放行”自助通道技术规格确认；启动辅警使用改革试点并完成首批辅警招录。为内地与澳门间查验模式改革、边检机关大规模使用辅警执勤等创新举措提供范例。

2017年12月12日，珠海边检总站与澳门治安警察局在珠海举行港珠澳大桥口岸珠澳边检执法合作协议签署仪式（赵志岗 摄）

【口岸管控】 2017年，珠海边检总站坚决守好反恐国门关，严格落实反恐相关工作措施，发现涉嫌变换身份人员300余名，协助相关单位查获变换身份在控在逃人员数十名，其中包括漂白身份潜逃16年的“红通”人员、变换外国身份涉嫌危害国家安全在逃人员、公安部督办重大涉爆案件在逃人员。做好重大活动安保工作，两级党委分别与各单位签订责任状，开展安保督导检查、警情模拟测试和隐患排查整改，为党的十九大、“一带一路”高峰论坛、中央领导视察澳门、香港回归20周年、金砖峰会等重大活动营造安全稳定出入境环境。维护口岸安全稳定，以打造“平安口岸”为目标，健全口岸联勤联动、安检筛查和联合武装巡逻3项机制，与广东省公安厅、珠海市公安局签订反恐工作协议，将口岸反恐明确纳入地方反恐工作体系。

2017年1月30日，珠海边检总站拱北口岸单日客流量达41.27万人次，创历史新高（张子恒 摄）

【边检信息化建设】 2017年，珠海边检总站加强网络安全防护，确保边检技术系统绝对安全稳定。发挥总站技术研发中心的作用，推进重点项目研发，协助深圳等口岸开展采集试点工作。自主研发一批查验辅助软件，消除长期困扰一线的执勤安全隐患。建设完善高清视频会议系统、码头智能卡口管理系统、警用数字集群通信系统，不断提高边检工作智能化水平，为总站勤务组织、口岸管控等工作提供有力支撑。（程 淳）

·责任编辑：曹 琨·

精准扶贫·区域合作

精准扶贫

概　述

【概　况】 2017年，珠海市落实党的十九大报告实施乡村振兴战略、打赢脱贫攻坚战的新部署，取得新成绩。省内对口帮扶阳江、茂名，落实帮扶资金5.96亿元，实施到村到户项目127815个；扶持发展特色产业项目307个，其中初具规模的特色产业基地127个；辐射带动211个贫困村，帮助贫困人口22681人脱贫，实现脱贫的有劳动力贫困户人均可支配收入9638.72元，比帮扶前增长一倍。《南方日报》5次集中报道珠海精准扶贫工作。对口云南省怒江傈僳族自治州（下称怒江）东西部扶贫协作工作扎实推进，落实帮扶资金3.12亿元，实施项目30个，取得阶段性成效。4月18日，国务院扶贫开发领导小组办公室、省扶贫开发领导小组办公室相关媒体分别刊发珠海市对口怒江产业扶贫做法、人才支援做法。

【农村低收入群体帮扶】 2017年，珠海市出台《珠海市农村低收入群体精准综合帮扶工作实施方案》，整合资源，构建各部门及社会团体的动态沟通机制，对全市农村低收入群体实施精准综合帮扶。结合信息手段，对4131户7402名农村低收入群体实行动态管理。启动572户农村低收入群体住房改善工作。

【对口支援藏区库区】 2017年，珠海市对口支援四川省甘孜藏族自治州理塘、稻城，对口支援西藏自治区林芝市米林县、米林农场，对口支援重庆巫山县各项工作稳步开展，落实对口支援资金4605万元，重点帮扶危房改造、学校、卫生院及饮水工程等基本民生工程，开展教育医疗卫生帮扶，圆满完成年度支援任务。

省内精准扶贫

【产业扶贫】 2017年，珠海市省内对口帮扶阳江、茂名，引入贫困村发展特色产业的社会资金达2.30亿元。引导92家企业参与产业扶贫，建成或在建扶贫产业项目307个，其中建成初具规模扶贫产业基地127个，辐射带动贫困户13391户、39307人参与产业扶贫，带动就业9871人。

【劳动力转移就业】 2017年，珠海市出台劳动力培训转移就业帮扶政策，安排资金1000万元，组织开展劳动力转移就业培训。通过社保补贴引导珠海企业招用贫困村劳动力，采取工作经费补贴引导技工院校和民村委员会发动贫困村学生、贫困村劳动力到珠海就业。至年底，累计通过各种渠道转移劳动力就业12570人。

【低保扶助】 2017年，珠海市落实教育、医疗、社保、危房改造等扶贫政策，做到应保尽保。帮助3322户贫困户纳入阳江、茂名当地危房改造对象，符合低保条件的贫困户100%纳入最低生活保障；落实9404名贫困户子女就读小学、高中、中职（含技校）、大专的生活补助。

【新农村示范村建设】 2017年，珠海市将新农村示范村建设规划纳入精准扶贫总体帮扶方案，配合当地，以人居环境综合整治为切入点，开展“三清三拆三整治”（清路障、淤泥、垃圾，拆危旧建筑、违章建筑、旱厕，整治生活垃圾、生活污水、水体污染）专项行动，确保示范村创建工作有序推进。建设村道硬底化325千米、农田水渠374千米、卫生室89所。

东西部扶贫协作

【产业帮扶】 2017年，珠海市举办云南省怒江特色农副产品展销展示会和“江海情·携手行”怒江旅游文化宣传和招商推介活动，双方企业签约金额达7250万元，完成投资4969万元。华发集团、九洲集团、免税集团、珠海水控集团、珠海港集团各投入500万元，农控集团出资2000万元，设立产业帮扶基金，并在怒江州成立投资公司。针对怒江独特的地理环境，探索分散种植、规模经营的产业帮扶模式，作为实验性质的羊肚菌种植在4个乡镇6个村。

【劳务协作】 2017年，珠海市针对东西部扶贫协作，出台系列奖补政策，激发内生动力和多方合力；鼓励校企合作，实施“双百工程”，在珠海开设职业技术教育“怒江班”；建立珠海企业培训生产线，开展订单培训和定向输送；在珠海、怒江两地互设劳务服务工作站，建设“怒江员工之家”。通过多部门联动，多方关爱，促进精准对接和稳定就业。至年底，从怒江转移到珠海就业1549人，其中建档立卡贫困劳动力514人。

【易地扶贫搬迁】 2017年，珠海市克服易地搬迁政策调整、贫困人口动态识别困难的影响，在珠海建安集团进驻怒江后，所负责的3个示范点、1个农村危房改造点全面动工。其中，兰坪县易门箐示范点完成51户，泸水市维拉坝示范点基础建设进展顺利（含格力小学、幼儿园建设），福贡县达普洛危房改造完成72户，贡山腊咱示范点加紧筹备。

【社会扶贫】 2017年，珠海市工商联、慈善总会、团市委、青年联合会和各结对区积极发动企业赴怒江扶贫，动员社会力量为怒江捐款捐物。全市社会帮扶捐款（含捐物折款）8225万元。

【携手奔小康行动】 2017年，珠海市启动“携手奔小康”行动，全市8个区（3个行政区、5个功能区）全覆盖结对怒江4个县，形成“二对一”帮扶格局。各结对区派出驻县干部，部分帮扶项目陆续启动并初见成效。开展镇、村结对帮扶，组织16个镇（街）、村、企业与怒江4县16个镇、9个村结对，开展多层次全方位结对帮扶。各区累计拨付帮扶资金3618.5万元。 （陈培榔）

2017年1月15日，云南省怒江州特色农产品展示展销暨星园扶贫市场年货购物节在珠海市扶贫专业市场——星园市场开幕 （陈仲甫 摄）

大湾区经贸合作·珠台经贸合作

【概　况】 2017年，珠海与香港贸易总额293.97亿元，其中，对香港销售284.57亿元，比上年下降13.5%；自香港购入9.4亿元，增长21.71%。珠海与澳门贸易总额89.52亿元，占全市比重2.99%；其中，对澳门销售88.83亿元，增长44.39%；自澳门购入0.69亿元，增长21.46%。珠海与台湾贸易总额105.9亿元，其中，对台湾销售23.01亿元，增长37.72%；自台湾购入82.89亿元，增长0.43%。 （赵　静）

【港澳投资】 2017年，珠海市新设港澳投资企业1409家，合同金额86.96亿美元，占全市总量的

81.1%；实际吸收港澳资本15.02亿美元，占全市总量的61.7%。至年底，全市实有港澳投资企业4817家，注册资本合计333.21亿美元，实际吸收资金109.33亿美元，占全市实有外商和港澳台商投资企业总量的68.5%。其中，港资企业2337家，注册资本合计226.03亿美元，实际吸收投资合计84.11亿美元；澳资企业2480家，注册资本合计107.18亿美元，实际吸收投资合计25.22亿美元。（刘少仰）

【港澳投资推介活动】 2017年8月，珠海市领导率队赴香港拜访华润集团、中国旅游集团公司、香港总商会、香港中华总商会等机构和企业，举办珠海投资环境暨首届中国—拉美国际博览会推介会。10月，参加第二十二届澳门国际贸易投资展览会（MIF），13家代表性企业进驻珠海馆（面积405平方米），涉及国际贸易、文化创意、酒店管理及电子科技等领域。在澳门MIF活动期间，举办“粤港澳大湾区建设下珠海旅游会展业发展交流会”，推介珠海旅游及会展业。珠海、澳门150多名嘉宾参与交流活动。

（王　婕）

【珠台经贸合作】 2017年，珠海市新增台资企业47家，增资扩产2家，新增投资总额7149万美元，比上年增长171.7%。珠台购销交易额105.9亿元，增长6.7%。珠海历年批准台商投资企业1102家，投资总额36.36亿美元。全年正常运作的台商投资企业610家。台商在珠海投资领域涉及电子、机械制造、医疗设备、化工、软件、制衣、制鞋、五金加工、工艺饰品、食品加工、农业、旅游、酒店、餐饮、娱乐、房地产、生物科技、仓储物流、咨询服务等20多个行业。6月20日，珠海港至台湾高雄集装箱班轮航线开通，为珠海以及西江流域与台湾的经贸往来提供新的便捷物流通道。地球胶粘科技二期工程、高栏港宏昌电子级环氧树脂项目、斗门宏昌电器等一批台资项目稳步推进。对台经贸合作规模持续扩大，投资10亿元的横琴台商总部大厦开工建设。（市委统战部）

区域协调发展

【概　况】 2017年，珠海市与中山、江门、阳江开展重点合作项目26个，新签订区域合作协议2个:《珠中江横琴消费维权合作协议》《主动融入粤港澳大湾区促进互联互通共建共享战略合作备忘录》，累计签订协议73项。12月27日，珠（海）中（山）江（门）阳（江）区域紧密合作第十二次党政联席会议暨“大湾区大交通”论坛在中山市召开。

【交通建设协调】 2017年，港珠澳大桥主体桥梁全面贯通，海上工程全面完工；珠海连接线、珠海口岸工程具备通车条件。深中通道两侧连接线动工，西人工岛大圆筒打设完毕，东人工岛及主线堰筑段工程动工建设。跨区域高速公路加快贯通。广（州）中（山）江（门）高速公路二期工程、中（山）开（平）高速公路、开（平）（阳）春高速公路、香海大桥、洪鹤大桥加快建设，中（山）江（门）高速延长线—南（沙）中（山）高速公路、中山东部外环高速公路、广东滨海旅游公路珠（海）中（山）江（门）阳（江）段等项目前期工作加快推进。珠（海）中（山）江（门）跨界道路加快升级和连通。华威路滴水湖段、汇财街、宝珠南路东段30米道路工程建成，翠微西路扩建工程、诗僧路与南坦路衔接工程、珠海大道新增下穿车行通道、造贝路、环洲北路、德溪路等项目动工。轨道网络进一步完善。珠海市区至珠海机场城际轨道交通拱北至横琴段、深茂铁路茂名至江门段建设顺利，江门至深圳段前期工作加快推进。港口机场合作深化。西江港口联盟规模进一步扩大，成员单位增至33家，遍及广州、珠海、中山等15个沿江、沿海城市；新拓展桂平、石龙两条驳船快线，开通高栏港至阳江港集装箱驳船班轮航线。阳江合山机场改扩建一期工程完工，启动改扩建二期工程。珠海通用机场建设顺利。黄茅海与崖门出海航道连接工程前期工作顺利。开通珠海横琴和珠海机场至阳江海陵大巴专线。

【区域产业共建】 2017年8月28—30日，第三届珠江西岸先进装备制造业投资贸易洽谈会（简称珠洽会）在佛山举办。珠洽会以珠江西岸先进装备制造产业带三年建设成果展为主题，以佛山（顺德）、珠海、中山、江门、阳江、肇庆、云浮、韶关8市为单位设置分展区，以产品实物为主，集中展示2014年以来珠江西岸“八市一区”

2017 年 8 月 28—30 日，第三届珠江西岸先进装备制造业投资贸易洽谈会在佛山举办 （市纲要办 供稿）

先进装备制造产业带项目建设推进成果、龙头骨干企业培育成果和产业集约集聚发展成果。是届珠洽会签约项目 288 个，计划投资总额 3368.5 亿元，其中，珠海签约项目 45 个，总投资 638.6 亿元。加强产业和招商协作。在江门市联合举办第八届珠中江进出口商品展销会；举办 2017 年阳江市产业共建暨重点项目招商推介会，现场签约 32 个项目，投资总额 511.15 亿元；启动珠中江阳旅游专题研究，四市旅游部门参加在珠海举办的 2017 广东旅游文化节，联合组织近 100 位旅游业界代表赴重庆、四川宜宾举办“最美珠江西岸游”旅游推介会，打造珠海至阳江生态游精品线路和海岛生态游线路。积极推进现代农业合作，建设供港澳蔬菜基地 4 个，充分发挥珠海农产品市场供销优势和阳江农业生产资源优势。

【区域环境共治】 2017 年，珠中江阳四市共同推进生态建设。珠江阳三市新建和更新碳汇林 2494.58 公顷（3.74 万亩）；珠中江阳四市完成乡村绿化美化工程 270 个，新增湿地公园 6 个、森林公园 29 个，11 个镇获“广东省森林小镇”称号。共同开展跨界水治理。珠中江三市每月对跨市河流水质进行监测，并互通监测数据；珠海市与中山市共同印发《2017 年珠海—中山前山河流域跨界污染联合执法行动工作方案》，制定《前山河流域污染源监管工作方案》和 46 家重点废水污染源企业清单；前山河流域珠海段“涉水治污”管网项目第一批管网工程基本建成投运，流域内生活垃圾无害化处理率达 100%。积极实施大气污染综合治理，珠海市印发《珠海市轻度与中度污染天气应对方案》，采用联防联控的方式落实应对措施；推动黄标车及老旧车淘汰，完成任务进度 107.6%，绿色公交超过 90%；对珠海和金湾电厂 4 台机组进行超低排放改造。联合开展“珠中江 + 阳江”中学生环保创意美术大赛及环保科技创意大赛、青少年征文绘画大赛等活动。珠中江三市环保部门在中山市港口镇共同开展环保应急演练 1 次。

【基本公共服务对接】 2017 年，珠中江阳四市 80 家医疗机构完成上线广东省异地就医联网结算平台；联合举办创业赛事活动和大型公益性人才招聘会，召开网络招聘大会筹备座谈会。珠中江三市在中山市举办卫生应急演练，加强协同应对突发事件的医疗救援合作机制；三市食药监局建立食品药品安全工作有效交流渠道，深入探讨应对食品药品举报投诉等工作；珠海、中山、江门、佛山四地公安机关联合开展“飓风 12 号”集群战役，打掉各类盗抢团伙 20 个，抓获盗抢犯罪嫌疑人 180 人。珠中江总计开通互通公交线路 21 条，线路总里程超过 400 千米。珠海、阳江实施百家学校结对、百名校长培养、百名名师培养、百名教研员培养“四百工程”，开展“技能脱贫千校行动”，开办珠海名师巡讲课堂，共建教学评价体系。11 月 12 日，在珠海市和中山市举办群英故里香山古道骑行活动。（张焕聪）

【项目引进】 2017 年，TCL 系列项目、荣海生物科技酶制剂项目、深圳华强 PCB 项目、惠州中京电子科技公司等落户珠海。新引进内资项目 112 个，投资总额 957.41 亿元，包括珠海银隆新能源产业园、丽新星艺文创天地二期工程、横琴国际生命科学中心、IDG 南方总部基地、恩捷电池隔膜、长隆山顶乐园等项目。 （母丹峰）

·责任编辑：曾维浩·

信息业

信息化建设

【智慧城市】 2017年，珠海市明确打造“智能、高效、融合、安全、惠民、宜居”的全国新型智慧城市示范市的建设目标，出台“十三五”智慧城市行动计划，构建珠海市智慧城市“四梁八柱”框架体系。创新智慧城市建设运营体制机制，依托市属智慧城市建设运营公司，引进中兴通讯、烽火科技、华为、腾讯、阿里巴巴等龙头企业加强合作，推进智慧交通、电子口岸、数字城管等领域智慧城市应用项目建设。政务信息资源共享平台省、市两级的数据共享和交换，建有2391个主题，汇集全市75个部门的业务数据达1.2亿条。基础数据库建设取得进展，法人库、社会组织库建档率达到100%，人口库建档率达到75%。印发《珠海市政务信息系统整合共享工作方案》，22个部门的37个系统进驻智慧珠海云计算中心。9月，中国城市与小城镇改革发展中心首次发布《中国城市治理智慧化水平评估报告》，对全国293个地级以上市的智慧化发展进行评估，珠海市排名全国第六位。

【信息基础设施建设】 2017年，珠海市宽带建设发展综合排全省第一位；家庭固定宽带接入普及率达124.9%，居全省第二位；光纤接入用户达81.2万户，光纤入户率达145.92%，居全省第一位；光纤接入用户占比达75.7%，100M以上宽带接入用户占比达46.5%。光纤宽带网络全面进入家庭。4G高速移动网络覆盖全城。窄带物联网（NB-IoT）启动示范应用。政府免费Wi-Fi基本覆盖公共场所。市民可随时、随地享受高速、高质量的信息网络便利。

【两化融合】 2017年，珠海市两化（信息化和工业化）融合总体水平为53.4，高于全国水平1.6分，其中企业综合集成、协同与创新水平也均高于全国水平。企业实现产供销集成比例23.7%，重点行业骨干企业“双创”平台普及率65.0%，分别高出全国水平3.7%和5%。至年底，全市63家企业获省级两化融合贯标试点，15家企业获国家级两化融合贯标试点企业，其中国家级和省级双试点企业13家。其中优特科技、方正高密和东信和平等22家企业通过国家两化融合贯标评定，占比33.8%（全省为20.4%）；27家企业处于贯标启动及后续阶段，占比41.6%（全省为35.3%）。市南方两化融合创新中心被认定为省级贯标推荐机构，被国家两化融合服务联盟评为合格服务机构。全市28家企业获省级两化融合贯标扶持资金1000万元、市区级扶持资金180万元。格力电器等4家企业获省制造业与互联网融合发展试点示范项目支持资金920万元。至年底，全市有610家企业完成两化融合诊断评估和对标工作。提升关键供给能力，培育以工业互联网平台为核心的产业生态，推动企业“上云用云”。

（崔玉霞）

无线电管理

【概　况】 2017年，珠海市修编发布《无线电管理事项目录》《无线电频率指配审批（新申请）》《无线电台（站）的设置使用和呼号指配审批（新申请）》业务手册和办事指南。全年网上办理无线电审批事项65项，指配频点43个，发放电台执照233份。协调解决粤电集团珠海发电厂、珠海醋酸纤维、碧辟化工（珠海）公司、中海油深圳公司、华发喜来登酒店等重点行业企业（单位）业务用频需求。完成年度无线电频谱监测评估任务。在全省评估工作量化评价中，珠海市量化考评分排第三位。协调推进广东省公众移动通信基站审批备案管理工作，健全和完善珠海市公众移动通信基站数据库。完成年度珠澳边界公众移动通信网络信号越界覆盖测试活动。配合做好内地与澳门业务频率协调会谈会议组织工作，保障会议顺利进行并取得成效。落实《推进珠中江区域紧密合作框架协议》。11 月 30 日，在江门召开的珠中江无线电管理联席会议上，三地无线电管理机构签署《推进珠中江区域无线电管理紧密合作备记录》。

【无线电监督检查】 2017 年，珠海市组织出动 210 人次，排查民航、铁路，以及公众移动通信等各类干扰 19 起。保持对打击治理“伪基站”“黑广播”高压态势，组织出动监测车 80 台次，人员 250 人次，测向定位“伪基站”88 个（信号源位于澳门区域内，及时向公安部门和澳门方面通报情况）、“黑广播”5 个，联合市公安部门捣毁“黑广播”窝点 3 个，收缴非法广播设备 4 台套。防范和打击考试期间利用无线电设备进行作弊行为，组织出动监测车 110 辆次、人员 190 人次，加强对公务员招考、普通高考、各类型专业技术（会计师、经济师、建造师、消防师、医师、执业教师等）资格考试等各项公开考试无线电监测。在执业药师资格考试无线电监测中，协助考试组织单位查处利用公众移动通信网络进行作弊考生 4 人，查获涉案设备 4 台（套）。

【无线电应急保障】 2017 年，珠海市编制《珠海市无线电管理处置突发公共事件应急预案》，完成春运、“两会”、党的十九大等重大活动和防御强台风“天鸽”“帕卡”等自然灾害的无线电安全保障。消除澳门“伪基站”信号对广珠城际列车专用频率有害干扰，保障春运期间列车业务安全运行。做好党的十九大无线电安全保障，组织出动外勤监测检查人员 62 人次，安排 24 小时在岗值班人员 18 人次，出动监测车 18 车次，运行监测网监测 216 小时，使用监测车监测 120 小时，监测车行程 500 千米。落实“三防”工作职责，在强台风“天鸽”“帕卡”登陆珠海期间，保障重要无线电安全，组织电信运营商做好应急通信保障、灾后迅速恢复通信服务，推动完成台风灾后 2737 个损毁通信基站灾后修复重建工作。（何锡权）

2017 年 8 月 26 日，珠海电信员工抢修被强台风“天鸽”破坏的通信设施（珠海电信 供稿）

软件业

【概　况】 2017年，珠海市实现软件业务收入439.12亿元，比上年增长12.77%，占全市电子信息产业比重约33%。软件产业出口额12.34亿美元，增长6.9%，占全市出口额比重4.2%。软件业从业人员6.43万人，增长6.67%。全年实现利税合计110.38亿元，增长121.03%。

【重点软件企业】 2017年，珠海市软件业主营业务收入超亿元企业有65家，新增8家。超10亿元企业12家，其中，超百亿元企业3家，新增2家。软件人员1000人以上的企业16家，其中5000人以上1家，4000～5000人1家，2000～4000人5家。亿元企业合计主营收入714.08亿元，占全行业收入94.49%。至年底，全市有36家上市软件企业，其中主板、中小板、创业板公司15家，占全市相应板块上市企业的1/3，新三板21家。新增创业板和新三板企业各2家。金山软件被列入“2017年中国软件业务收入百强企业”。东信和平、远光软件等8家企业入选国家规划布局内重点软件企业，全志科技、艾派克是国家规划布局内重点集成电路企业。

【软件业科技研发】 2017年，珠海市软件业年度研发经费总支出53.75亿元，比上年增长28.31%，研发投入占主营业务收入6.90%。全市软件和信息服务业企业有省级以上工程中心31个，技术中心24个，国家重点实验室珠海机构1个，博士后工作站及分站11个。全市在移动互联网（新一代通讯和互联网增值服务）、电力和新能源行业应用、集成电路设计、智慧城市应用、金融服务等领域发展较为稳健。在大数据、云服务、人工智能等领域呈较快速的发展。

【软件产业园区】 2017年，珠海市软件和信息服务业中，高新区唐家主园区实现主营业务收入比上年增长21.85%，增速高于全市平均水平0.48个百分点，主营业务收入占全市行业比74.10%，增长0.31个百分点，产业聚集效应明显。香洲区（含南屏科技园）实现主营业务收入增速1.01%。横琴新区由于产业和生活配套设施日趋完善，对软件企业吸引力增强，全年实现主营业务收入增长149.76%，连续三年高速发展。 （崔玉霞）

电信业

【珠海电信】 2017年，中国电信股份有限公司珠海分公司（简称珠海电信）主要经营固定电话、移动通信、互联网接入及应用等综合信息服务。至年底，珠海电信宽带、移动、固定电话用户突破144.4万，是珠海最大的固话、宽带运营商。建成光端口总量逾88万个，光纤覆盖用户能力超160万户，光宽覆盖率接近99%，实现从城市到行政村全光覆盖。响应国家提速降费号召，推动光宽提速惠民，光宽平均速率到达77M，年内提升29.3M，用户平均带宽提升接近80%，百兆及以上占比超60%。光网建设对标中国电信“全光城市”“宽带中国”示范城市标准全部达标。城域网出口带宽由400G提升至1520G，能有效支撑智慧城市发展需求。建成4G基站9700个，全市4G覆盖率逾98%，在珠三角居先进行列。

2017年8月27日，珠海电信员工在抢修乡村通信设施 （珠海电信 供稿）

推进政府公共 Wi-Fi 建设项目，完成 731 个热点 9663 个 AP 的交付，实现 iZhuhai 热点数量增加 37%，完成各大交通枢纽、医院等公共服务区域的公共区域全覆盖，提升市民上网便利性。专项支撑珠海国际会展中心完成中以科技创新投资大会、中拉国际博览会。实现服务标准系统化，推出《政企客户服务标准》《天翼高清服务标准》《营业厅服务评价标准》。天翼高清装维满意率 97.86%、宽带装维满意率、实体渠道满意率、投诉处理综合满意率居全省前列。建成全市第一张 NB-IoT 窄带物联网，容量支持 NB-IoT 连接数超过 3000 万个。

重要通信保障　珠海电信完成党的十九大、全国帆船锦标赛、WTA 超级锦标赛、中以科技创新投资大会等重要活动或赛事的通信保障。在强台风“天鸽”“帕卡”来袭之际，投入抢修人员 450 人、车辆 65 台、油机 180 台、卫星电话 12 部，对全市三大核心机楼、部分重要机楼安排动力保障人员 24 小时值守，保障台风期间核心网络正常运行，特别是党政军、“三防”等重要网络的安全稳定运行。台风过后，全力抢修，短时间内全面恢复通信畅通。珠海电信获“珠海市救灾复产重建先进集体”“万山区救灾复产重建爱心企业”“金湾区救灾复产重建先进集体”等荣誉。

参与智慧城市建设　珠海电信助力珠海市政府推进“一网、一页、一门、一号”运营工作，完成广东省目录系统对接，推动完成行政许可事项标准化，整合公积金、社保查询等公共服务内容，打造全市统一的基层服务支撑平台。全年业务申请 60.83 万件，受理 60.59 万件，受理率 99.6%，办结 57.21 万件，办结率 94.1%。“珠海网上办事大厅 APP”入选“2017 年中国互联网 + 政务”50 强、“广东省电子政务优秀案例”“珠海市社会治理最佳案例”。市民热线综合业务平台于年底验收，完成全市统一的投诉和咨询受理平台、市民服务热线多渠道政民互动信息平台、统一规范的全市热线政务知识库、市民服务热线质量效能监察平台建设。珠海市民热线获“中国最佳客户联络中心奖”、全国 12345 政府服务热线峰会“先锋奖、骏马奖、服务之星奖”等。协助市信息办进一步加大移动办公应用的普及，新增 32 家移动办公使用单位。发挥电信国企信息化资源优势，在云计算、物联网、智慧校园上与多家本地企业合作。（潘嘉曦）

【珠海移动】　2017 年，中国移动通信集团广东有限公司珠海分公司（简称珠海移动）新建 4G 宏站、室分、微小站 1430 个。基础通信类万投比为 43.17，质量居全省第二位。攻克淇澳桥头、横琴、造贝、南屏科技园等历史机房选址难点，投产机房 52 个。开展抗强台风“天鸽”“帕卡”灾后抢修工作，重建受损站点 310 个。完成重大活动通信保障 32 次、网络割接 184 次，服务客户超过 50 万人，实现零故障、零投诉。4G 客户份额 78.7%，与上年持平；新增客户份额 54.5%，比上年增 9.8PP。4G 客户平均每户每月上网流量全省排第二位。全网统一套餐客户渗透率 81.7%，排全省第七位。家庭宽带客户达 27.4 万户；宽带电视达 7.5 万户，电视渗透率达到 29.3%；新增覆盖 24.2 万户，覆盖到达 83.1 万户，整体覆盖率为 95.3%。运营广东移动大数据应用创新中心，支撑全省和 21 个地市的大数据项目，提升广东移动大数据社会影响力。大数据收入规模稳步增长，签约大数据项目 54 个。获集团公司授牌“珠海智慧城市创新示范基地”。获评中国通信企业协会用户满意企业、3 项电信大数据“司马奖”、2 项中国移动广东公司创新成果一等奖、1 个国优 QC 小组。打造多层次全方位的城市人口体系。实现“全省—21 地市—行政区—街道办—重点区域”5 大类城市人口研究标准化产品，全省应用推广。公司关于《构建智慧城市应用的运营商大数据核心能力》等 3 项成果获 2017 年度广东移动成果一等奖 2 项，二等奖 1 项。

互联网渠道 IT 能力建设　珠海移动提升互联网电子渠道平台性能。将商户通日吞吐量从 20 万笔 / 日提升至 72 万笔 / 日。微信营业厅用户交互性能提升 1 倍，工程节点从 8 个缩减至 4 个，客群信息查询入库性能提升 10 倍以上。大转盘、流量套餐办理实现千人千面个性化营销功能。支撑基于大数据的互联网渠道营销能力变现项目 105 个，涉及合作商家 53 家。

提升 4G 覆盖　珠海移动开展 1454 个小区的功率挖潜；创新基于 ANR 完成 7039 对质差邻区清理和 12696 对漏定邻区的补定；基于覆盖质量完成 3593 组 CIO 弱覆盖业务分流优化。“线上”围绕感知、场景、效益，开展“优质网络，有你有我”黑点整治、“五高一地两美”特殊场景、“激活沉默站点”整治等3大专项。完成133个黑点、138个特殊场景弱覆盖小区的优化，整改140个长期故障站点的入网。完成3346个台风故障站点的修复（不含工程重建和工程修缮）。省公司重点督办的557个弱覆盖小区，解决555个，解决率达99.64%。“宏微结合”387个深度覆盖专项站点的建设交维，深度覆盖建设任务完成率100%。至年底，MR覆盖率（A+B网格）达99.22%，全省排名从上年的第十一名提升至第四名；4G占网时长达98.87%，全省排名从上年第三名提升至第一名。项目实施过程中的创新手段“基于VR的基站远程勘查方法及系统”获广东省公司网管自主研发大赛银奖，被评为“2017广东通信青年论坛”优秀论文。

启动NB-IoT窄带物联网试点 珠海移动作为广东省首批试点单位，率先在横琴启动搭建窄带物联网（NB-IoT）。1月建成NB-IoT站点57个（横琴44个，高新13个），均为900M，实现横琴、高新创新海岸区域全覆盖。3月，在珠海全球通大厦室外停车场完成“NB智能停车”端到端应用调测，实现全市第一个NB-IoT智能应用。11月，在珠海高新港湾一号、横琴实现智能井盖、智能电表、智能光交箱、智能门锁、天线姿态管控5项基于NB-IoT内部应用端到端调通。“基于NB-IoT标准的智能网络设备监管项目”入选全省重点创新项目。天线姿态应用成果论文《基于物联网传感器的基站天线姿态监测系统与应用》获“2017广东通信青年论坛”一等奖。

（陈惠琴）

【珠海联通】 2017年，中国联合网络通信有限公司珠海分公司（简称珠海联通）自有营业厅48间，合作厅70间，卡类代理点305间，异业便民合作网点279间，O2O王卡驿站355间。4G基站数超2900个，主城区、乡镇、行政村、交通干线等区域网络实现4G连续覆盖，整体室外覆盖超越3G。4G网络广度覆盖、深度覆盖大幅提升；核心城区峰值速率达到370兆位/秒，平均下载速率超过150兆位/秒，处于业内领先水平。市区光纤全覆盖；农村区域，光纤覆盖全市128个行政村中的103个村，覆盖比例达80.5%，其中光纤接入占完成宽带覆盖总数的95%。

参与智慧城市建设 珠海联通承接的智慧社区项目平台，汇集人口、住房、服务机构、物业、服务设施等信息，融合政务服务、公共服务、物业服务、商业服务等数据资源，完善和优化珠海社区现有的信息化基础设施建设。提供三级主干通信网络建设及运维服务，建设“平安城市”，全面参与社会治安立体化防控体系建设；适配安全部署和安全应用，支持公安干警包括交巡警、社区民警等各警种通过平板和三防手机实现随时随地的移动办公、数据查询和警情处理；为政法系统提供支持三网和港澳台的短信验证通道；为企业提供用工岗位适配安全甄别。全市统筹的50所学校统一完成“班班通”部署。翠前小学、北师大附中、十中等学校陆续展开联通“班班通”合作。引入全国中小学优质教育资源平台，可以为珠海市教师与学生提供全国34个学科、149个版本、1000万题库、2600种教育期刊。全市超过5000名教师享受到全国优秀教育资源。“智慧教育”项目的投入进一步提升珠海市中小学教育信息化水平。为格力电器总部及龙山工业区提供完善的通信网络保障和信息覆盖；助力伟创力各机构网络互联及本地智慧园区建设；港湾一号园区成功合作全省首个千兆光纤到企业桌面项目；助力珠海信息港打造“拎包入驻”的云网一体化解决方案。完成横琴泛旅游大数据分析。4月，与珠海市食品药品监督管理局签署战略合作框架协议，在全市普及“互联网+明厨亮灶”。中标并实施完成珠海市综治办、斗门区、高栏港区综治工作人员信息系统配套移动通信服务，实现通过统一的调度平台进行人员调度，实现综治人员的在线化、实时化、数字化管理。

大数据应用与智能制造 珠海联通结合Wi-Fi数据唯一提供国际沙滩音乐节大数据分析报告和中以科技创新投资大会、中国制造2025与人工智能大会以及珠海人口大数据分析报告。中标珠海市妇幼保健院信息系统云托管项目和香洲区卫计局中医药推广平台项目。为珠海格力定制打造的智能空调方案利用智能空调云以及JASPER物联网管理平台，为格力提供80万台设备联网服务，使空调运行状态监控更准确、数据掌握更及时。承接格力园区综合网络改造建设，为其园区提供全光网络接入。中国联通“下一代互联网宽带业务应用国家工程实验室”横琴研究院落户珠海横琴，研发领域涵盖新一代网络（5G、SDN/NFV、IPv6）、宽带视频、家庭互联网、产业互联网、大数据、物联网、车联网、网络与信息安全、人工智能等。（罗 菁）

·责任编辑：曾维浩·

城乡建设

综　述

【概　况】 2017年，珠海市城乡建设稳步推进。新区新城建设有序铺开。横琴新区完成基础设施投资94.95亿元，马骝洲隧道、长湾隧道顺利贯通，横琴国贸大厦、洲际航运中心、励骏庞都广场等项目竣工。西部生态新城起步区完成基础设施投资53.72亿元，各片区土地清理进入收尾阶段，主干路网全面开工建设，建成20条市政道路，25个公共服务项目和9个产城融合项目加快推进。高新区完成基础设施投资10.5亿元，一批市政设施、生态公园加快建设，高新区人民医院二期工程竣工验收。城市更新进展顺利，推动了凯威东大、天大药业、金鼎第一工业区等涉及"工改产"项目前期工作，洪湾、银坑、广昌等旧村改造项目及丽珠医药集团桂花北厂区等一批旧工厂改造项目动工建设，乐士文化区、金湾智造大街等"工改产"项目全面启用。9月21日，环保部公布全国第一批46个国家生态文明建设示范市，珠海在列。香炉湾沙滩修复项目获住房和城乡建设部评出的"2017年中国人居环境范例奖"。完成40千米健康步道、80千米林荫道、70千米绿道、733.37公顷森林碳汇造林工程等森林城市项目建设。建立市区镇村四级"河长制"，新建污水管网70千米，集中式饮用水源水质达标率100%。建成中信环保生物质热电一期工程。国内首个海洋波浪能试验项目在大万山岛启动。公共服务设施建设有新进展。中大附中、中大附小、礼和小学、斗门区实验二小建成使用，珠海中学开工建设，市技师学院新校址项目顺利实施，中山大学海洋科学学院楼、多学科交叉平台楼等基建项目启动。医疗卫生事业均衡发展，市妇幼保健院易地重建、市慢性病防治中心等项目有序推进，精神卫生专科住院部建成使用，金湾中心医院运营，翠香、湾仔等社区养老服务中心投入使用。文体事业繁荣发展，建成7个市民艺术中心、12个社区体育公园、316家"数字农家书屋"。保障性安居工程推进顺利，超额完成省政府下达的年度住房保障工作目标责任任务，新开工棚户区改造住房2863套，基本建成棚户区改造住房和公共租赁住

2017年12月3日，位于野狸岛的海韵城开业。海韵城为珠海大剧院配套的文化旅游商业综合体，总建筑面积6.4万平方米　（市城建集团 供稿）

房2260套。新农村建设有新成效。实施农村人居环境综合整治，完成一批路灯照明、污水处理、农田水利、厕所改造等设施建设，启动572户住房改善工作。

【重点工程建设】 2017年，珠海市政府投资建设工程管理中心承担市重点工程10项，分别为市技工学校新校址工程、珠海市特殊教育学校扩建职业康复楼工程、市第二中学学生宿舍楼工程、市妇幼保健院易址建设项目、南屏保障房建设项目、第三看守所建设项目、珠海市城建档案馆新馆建设项目、市卫生学校校安工程改扩建及体育馆项目、珠海市第二人民医院北区分院（珠海市戒毒康复中心）建设项目、市慢性病防治中心建设项目，其中市妇幼保健院易址建设项目、南屏保障房建设项目等2项工程为省重点工程，总投资约32.34亿元，建筑面积约61.83万平方米。至年底，完成施工的项目有市技工学校新校址工程（吉大校区第一标段）、珠海市特殊教育学校扩建职业康复楼工程、市第二中学学生宿舍楼工程等3项，总投资约5.7亿元，竣工建筑面积约10.5万平方米。

（陈文辉）

【西部城区建设】 2017年，珠海市西部城区开发建设局编制完成西部中心城区总体规划、综合交通策略规划、慢行交通人行过街设施等专项规划，推动完成金湾区B片区、斗门区A片区控制性详细规划修编以及示范新镇概念性详细规划。新城起步区121个基础设施项目建设超额完成年度投资计划。起步区62个市政基础设施项目全年完成投资32.98亿元，完成年度投资计划的128.23%，建成20条市政道路。其中，金湾C片区主干路网基本建成，技工学校金湾校区周边道路及市政配套工程等人大代表、市民关注的热点市政项目提前开工建设，金湾B片区23条道路按计划开工建设。教育、医疗卫生、文化体育等25个提升新城公共服务水平的重点项目相继开工，全年完成投资11.18亿元，完成年度计划的118.18%。其中金湾片区省实验中学珠海金湾学校竣工验收，航空城小学交付使用。起步区9个产城融合项目全年完成投资4.13亿元，完成年度计划的127.08%。全年起步区海绵城市建设项目完成投资3.2亿元，完成年度计划的136.2%。

（吴　亮）

【城乡建设特点及存在问题】 2017年，珠海城市建设继续贯彻执行“东接、西拓、南进、北联”的城市空间发展战略，逐步拉开城市建设发展格局。但工作推进中仍存在以下问题：新一轮总规编制和多规融合工作推进时间紧、任务重。部分市政工程的规划条件核实工作存在客观困难。各层级规划存在互不协调、错漏或者难以实施的情况，缺少规划审批协调平台。建设工程质量安全各方主体责任落实不够，存在“政府热、企业冷”状况；“三旧”（旧城镇、旧厂房、旧村庄）改造配套政策和细则仍不完善，缺乏有效的项目实施跟踪监管机制。城中旧村、旧工业等拆建类更新项目推进缓慢。缺乏专职的房地产研究机构。

（陈文辉）

国土资源管理

【土地利用总体规划】 2017年，《广东省土地利用总体规划（2006—2020年）调整方案》下达珠海市土地利用总体规划主要指标：至2020年，全市规划建设用地面积58240公顷，其中规划城乡建设用地规模51235公顷；耕地保有量不少于22753.33公顷（34.13万亩），其中香洲区（中心城区）47公顷、金湾区3024公顷、斗门区15418公顷、高栏港区4265公顷；基本农田保护任务19366.66公顷（29.05万亩），其中香洲区（中心城区）47公顷，金湾区2239公顷、斗门区13994公顷、高栏港区3087公顷。

【基本农田保护】 2017年，珠海市按照国家、省有关“落地块、明责任、设标志、建表册、入图库”要求，全域划定永久基本农田19500公顷（29.25万亩），比上级下达的调整后基本农田保护任务多划133.33公顷（0.2万亩），签订各级保护责任书137份，设立标志牌68块。组织开展2015年度高标准基本农田建设工作，完成2015年度1380公顷（2.07万亩）建设任务，投入资金4850万元（省补助3105万元，市级补助1745万元），完成市级验收工作。开展全市2016年度耕地保护责任目标履行情况考核工作。通过2016年度省对市的耕地保护目标责任履行情况考核，获2016年度全省耕地保护考核三等奖。斗门区2015年度高标准基本农田建设任务完成情况较好，获6.67公顷（100亩）新增建设用地奖励指标。

【建设用地管理】 2017年，珠海市严格按照国家、省土地利用年度计划管理规定，管理历年新增建设用地指标，历年新增建设用地指标使用数均未超出省下达指标额度（2014年到2017年，省分别下达珠海市年度新增建设用地指标725公顷、816公顷、790公顷、587公顷；珠海市实际使用指标数分别为606公顷、741公顷、514公顷、560公顷）。

【土地储备开发】 截至2017年12月31日，珠海市土地储备中心名下录入省土地储备监管监测系统的储备用地53宗，总面积159.59公顷；全年新收储用地4宗，总面积21.44公顷；全年供应储备土地9宗，总面积37.73公顷，全部通过公开挂牌进行出让。

【土地市场】 2017年，珠海市采用“限地价、竞配建”方式挂牌出让商品住房用地，落实新商品住房开发项目配建人才住房和公共租赁住房政策，配建面积不得低于住宅建筑面积的10%，产权无偿归政府所有。强化对土地购置资金的监管，提高竞买土地保证金的比例，企业和个人竞买土地保证金不得低于出让底价的50%。企业和个人参与商品住房用地“招拍挂”前，承诺土地购置资金来源不属于开发贷款、资本市场融资、资管计划配资等，违反承诺的取消中标资格并没收竞地保证金。在每宗住宅用地出让前，由市国土资源局牵头，会同市住规建局、市公共资源交易中心及用地辖区政府（管委会）共同对用地出让起始价（底价）及最高限价进行研究，确定后报市政府审定。当住宅用地竞买价格达到设定的最高限价时，转为竞保障住房面积。加强舆论引导，在《珠海特区报》《珠江晚报》开辟整版房地产专栏，对珠海市房地产市场回归理性，调控政策已见成效进行正面宣传。

是年，根据《珠海市人民政府办公室关于进一步做好珠海市房地产市场调控工作的通知》要求，挂牌出让经营性用地78宗（含横琴新区15宗），出让总面积282.36公顷，出让总价406.28亿元。其中，12宗商品住宅用地（不含横琴新区），面积29.86公顷，出让总价70.30亿元。房地产市场调控仍然为主基调，市场整体平稳。

【闲置土地管理】 2017年，珠海市以土地市场动态监测与监管系统为依托，统筹组织对全市土地批后开发利用开展全程监管，统筹全市的闲置土地管理，建立相关检查、建档和统计台账制度。统筹完成2017年土地例行督察，核实疑似闲置土地151宗，面积485.30公顷。全市清理闲置土地9宗，面积14.83公顷；完成处置5宗，面积8.73公顷。

【地籍管理】 2017年，珠海市办理各类不动产登记21.27万宗。按照省国土资源厅的工作部署，完成2157个下发图斑的变更工作，通过省厅、国土资源部内外业的检查；根据《关于开展土地变更调查非常规地类变更工作的通知》的工作要求，结合海洋部门用海批文、海域使用权证等相关文件，完成零米线调整工作，该成果于9月1日启用。

【测绘管理】 2017年，珠海市推动数字城市建设与应用工作。拓展“天地图·珠海”地理信息公共平台应用。一是通过升级空间平台数据管理、资源目录、应用服务和运维安全等技术体系，全面提高平台易用性和实用性，提升应用服务和支撑能力。二是加大对大型重点应用工程的支持服务力度，全面深化空间平台的应用深度和广度，进一步提高平台空间信息资源的应用服务作用。三是在服务全市政府部门应用的基础上，升级改版“天地图·珠海”的便民功能，增置最新高清影像底图和市域挂图等服务，提升平台公共服务水平。四是加强平台用户交流，新增用户7家（含离线应用），总数38家。推进数字县（区）地理空间框架建设。开展横琴新区、香洲、金湾、斗门4区的数字县（区）建设工作，建设主体为各区政府，实施主体为各区国土分局。数字横琴完成建设工作，香洲、金湾、斗门区基本完成主体建设工作，待组织项目验收。“一村一镇一地图”工程是数字县（区）建设主要内容之一，由市国土资源局统一实施。该项工作已完成并纳入各区数字县（区）建设成果中。推广北斗地基增强系统（珠海北斗CORS）应用服务工作。开展现代测绘基准——珠海北斗CORS站网的维护工作，有效推广卫星导航实时高精度定位服务，保障城市基础建设、管理等相关工作的开展。珠海北斗 CORS 系统注册用户单位 24 家，注册用户账户 194 个，应用单位包括数字城管、工程勘察、地理信息、水文勘测、海洋监测、城乡规划、国土勘测、人防建设、不动产登记等。

【土地执法监察】 2017 年，珠海市在线巡查平均上线率 96.04%，上报土地事件 561 件，面积 96.23 公顷（1440.36 亩），其中耕地 11.01 公顷（165.21 亩），办结 514 件，办结率 91.62%；上报矿产事件 2 件，已办结。立案查处违法案件 50 件，其中土地案件 44 件，涉及土地面积 5.45 公顷（81.76 亩），其中 1 件涉及非法转让集体土地使用权达到追究刑事责任标准，依法移送公安机关处理；矿产案件 6 件，罚款 15.5 万元。

【矿产资源管理】 2017 年，《珠海市矿产资源总体规划（2016—2020 年）》于 10 月 16 日获省国土资源厅批准实施。根据矿业权设置区划，全市除保留现有的 2 家地下热水、5 家矿泉水矿山外，拟新设建筑用花岗岩矿区 4 家、回填用砂石粘土矿区 8 家。全市 7 家矿山企业（地下热水 2 家，矿泉水 5 家）均能合理开发资源，履行矿山地质环境保护义务，及时缴纳相关费用。按照矿业权人勘查开采信息公示相关要求，及时、准确公开采矿权人开采有关信息，主动接受社会监督。

【城市地质调查】 2017 年，珠海市加强监测，全面提升地质灾害预警预报能力。以地质灾害气象风险预警预报信息系统为平台，推进市、区两级地质灾害专业监测站建设，推动地质灾害气象风险预警预报信息系统优化升级，全面实现地质灾害监测数据实时传输、险情评估研判、预警分析会商、信息及时发布，全面推进地质灾害预警体系和信息化建设。香洲区、斗门区和横琴新区建设 8 处地质灾害专业监测点。市级地质灾害专业监测示范站于年底建成运行。按照全市年度消减 20% 地质灾害隐患点的治理任务目标，层层分解任务，逐级压实属地政府地质灾害治理责任，全面推进地质灾害搬迁治理工作，确保人民群众生命财产安全得到保障。至年底，全市治理完成地质灾害隐患点 26 处，在册地质灾害隐患点 138 处。（龚亚军）

城乡规划

【概 况】 2017 年，珠海市围绕粤港澳大湾区重要城市、“一带一路”倡议支点、广东省域副中心城市、珠江西岸核心城市、城乡共美的幸福之城目标，开展 106 项城乡规划编制项目，其中市住房和城乡规划建设局（简称市住规建局）开展 81 项。在广东省城市规划协会组织的“2017 年度广东省优秀城乡规划设计奖”评选活动中，《基于项目生命周期管理的珠海市城乡统筹规划建设一体化平台》项目获 2017 年度广东省优秀城乡规划设计奖一等奖，《珠海市城市中心体系和 TOD 新镇建设规划指引》《前山片区所在新镇组团城市设计及控制性详细规划修编》等 8 个项目获 2017 年度广东省优秀城乡规划设计奖二等奖，《珠海市斗门区战略性总体规划（2015—2030）》《拱北口岸地区绿色交通规划》等 5 个项目获得 2017 年度广东省优秀城乡规划设计奖三等奖。

【规划编制】 2017 年，根据国家、省有关城市总体规划编制工作总体部署，珠海市启动新一轮城市总体规划编制工作，组织开展并完成《珠海市第五轮总体规划实施评估报告》《珠海市第六轮总体规划修编顶层设计研究》《总规专题研究（珠海市陆海统筹发展策略研究）》等 6 个城市总体规划研究专题。《珠海市近期建设规划（2016—2020 年）》获市人民政府批复。组织开展《珠海市应急避难场所规划》《珠海市机场净空保护规划》《珠海市旧城镇更新专项规划》《珠海市南粤古驿道保护利用规划》等一系列专项规划编制，其中 11 项专项规划获得市人民政府批复。组织编制《横琴新区控制性详细规划维护（2017 年）》《珠海市拱北口岸地区控制性详细规划修改》《珠海市九洲港地区控制性详细规划修改》《珠海市高新区 A304a 编制单元（科创海岸南围）控制性详细规划》《珠海市香洲区南屏片区 A203e02、A203e03 管理单元控制性详细规划修改》等重点地区的控制性详细规划，基本实现控制性详细规划全覆盖。组织开展《珠海市城市总体设计及城市 CI 设计》《珠海市夜景景观规划》《情侣路夜景灯光详细规划设计》《珠海市前山河城市空间和夜景灯光规划》等一系列规划编制，有效指导城市风貌的营造。组织开展《珠海市城市设计编制指引》《南湾城区街道设计导则》《珠海市城市规划技术标准与准则（2015 版）整体修订》《珠海市编制城市更新单元规划技术指引》《珠海市海绵城市规划设计标准与导则》等规范性文件的编写工作。推进全市层面城乡规划课题研究，组织开展《珠海市规划编制行业资质管理研究》《珠海市近期建设规划实施办法研究》《珠海市城市公共设施体系研究》《珠海市体育设施标准深化研究》《港珠澳大桥西延线黄茅海通道线位比选研究》等系列课题研究的编制工作。召开市城乡规划委员会及其专业委员会会议 20 次，审议 106 个议题。调整城乡规划委员会委员组成，发挥委员专业特长，增强市规委会的协调力度。加强对上会议题的会前、会后协调和全过程跟踪服务，保证议题质量。

【总规修编】 2017 年，珠海市住规建局开展《珠海市城市总体规划（2017—2035 年）》编制工作，着力打造一套全面系统、珠海特色、可操作性强的规划政策体系，使总体规划编制成果切实成为珠海城市规划、建设、管理的法定依据，科学有序地控制和引导珠海未来 15 年的城市空间发展，谋划远景发展战略，确保“一张蓝图干到底”。开展法定规划“一张图”工作，整合已批复控规，解决控规间的衔接矛盾问题，形成法定规划“一张图”；在此基础上协调专项规划与控规间存在的问题，成为全国“多规合一”的先行城市，为新一轮总体规划编制提供支持。编制覆盖全市域范围的《珠海总体城市设计及城市 CI 设计》和《珠海市夜景景观规划》，形成“白天与夜晚全天候”的多维度城市设计管理框架，切实推进全国城市设计试点工作，提升城市宜居宜业水平。

【城市规划交流】 2017 年 6 月，珠海市低碳生态综合试点城市项目管理办公室（简称中欧办）举办以“城市紧凑发展绿色建筑绿色交通”为主题的中欧生态城市交流营。住建部建筑节能与科技司司长苏蕴山、欧盟代表团国际合作处处长葛澜森、珠海市政府副秘书长何庆明出席会议并致辞。7 月 6—10 日，中欧办组织相关单位人员赴英国布莱顿参加 2017 欧洲能源和环境可持续发展会议。7 月 7—8 日，珠

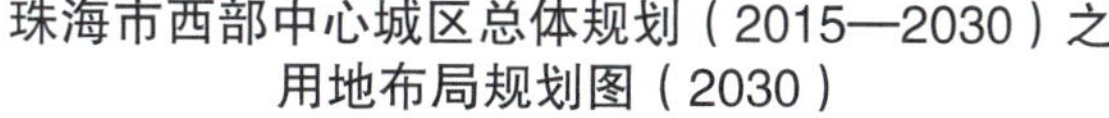
珠海市西部中心城区总体规划（2015—2030）之
用地布局规划图（2030）

《珠海市西部中心城区总体规划（2015—2030）》由珠海市西部城区开发建设局与珠海市规划设计研究院完成，2017 年 1 月 23 日获珠海市人民政府批准实施

（珠海市规划设计研究院 供稿）

海市住规建局组织召开2017区域空间规划（多规合一）新技术专题研讨会（珠海），来自全国超190个规划局、信息中心、规划院、测绘院的负责人和国内知名高校专家近700名代表参加。珠海市住房和城乡规划建设局作《珠海市多规合一探索与实践》报告分享。9月4—8日，市中欧办组织相关单位人员赴意大利罗马参加第二十三届城市交通与环境规划国际会议。9月7日，珠海市中欧办组织参加第三届珠三角城市群绿色低碳发展论坛（深圳）。副市长祝青桥就珠海中欧低碳合作试点城市建设情况在大会发言。9月19—21日，中欧办组织相关单位人员赴安徽合肥市参加2017年第三次中欧主题城市交流营活动。10月2—8日，中欧办组织相关单位人员赴美国新墨西哥州圣菲市参加第五十四届世界宜居大会。

【规划管理】 2017年，珠海市出具建设项目选址意见150份，核发乡村建设规划许可证3211宗，建设用地规划许可证635宗，建筑类建设工程规划许可证658宗，市政类建设工程规划许可证165宗，建设工程规划条件核实合格证322宗。

【规划执法监察】 2017年，珠海市开展规划检验1661宗，发现与规划许可不相符的有263宗，对136个建设项目进行规划检查，发现69项问题，所有问题均得到及时处理。立案查处违法建设案件8件，行政处罚涉及违法面积2.3万平方米，罚没款项共计3761.8万元。规划批后管理工作步入常态化。违法建设行为基本得到遏制。珠海市住建局作为全市违法建设治理行业指导组的牵头单位，联合多部门，成立市违法建设专项治理工作行业指导工作组，拟定《珠海市违法建筑分类处置办法》；开展斗门国有小地块规划建设情况和对策课题研究；制定和印发《珠海市国有小地块规划建设管理暂行办法》，堵塞“国有小地块”管理漏洞。制定《处理不影响规划实施情形工作指引》，并纳入《珠海市城市规划技术标准与准则》（2017版）修订内容。

（陈文辉）

【中欧生态城市交流营】 2017年6月21-23日，中欧生态城市交流营活动在珠海举行。洛阳、合肥、济南、桂林、株洲、榆林、潍坊、日照、张家口、怀来等中国城市和巴塞罗那、瓦伦西亚、利物浦、布里斯托、苏格兰城市联盟、德国汉堡等欧盟城市的150位代表齐聚珠海，就紧凑城市发展、绿色建筑、绿色交通等三个领域的议题集中开展讨论，以促进中欧生态城市建设的共同发展。活动由中欧低碳生态和城市合作项目(简称“中欧项目”)主办，珠海市中欧办、住规建局和城乡规划编审与信息中心承办。该活动旨在促进中欧城市间知识共享与技术交流，通过建立工作组促进各方在政策、技术和企业三个层面对话合作。中欧低碳生态城市合作项目，由欧盟出资与中国住房和城乡建设部合作。项目管理办公室设在中国城市科学研究会，由德国国际合作机构提供技术支持。2015年3月，珠海入选中欧低碳生态城市合作项目综合试点城市，成为全国仅有的两个试点城市之一。

（朱　见）

市政建设和管理

【园林绿化建设】 2017年，珠海市推进“公园之城、千里绿廊、彩色飘带”建设，完成社会主义核心价值观主题公园（香山公园、白莲洞公园）建设。全市新建90个公园，其中社区公园70个。提升公园的服务半径覆盖水平。完成40千米健康步道、80千米林荫道、70千米绿道建设，完善千里绿廊网络体系。完成40处繁花节点营造和提升、30条城市主干道绿化景观提升、30处立面绿化的建设和提升。通过城市环境清理规范优化提升行动，完成110处市政园林绿化提升，丰富城市景观。

【绿道网建设】 2017年，珠海市建成横琴新区滨海次干路景观工程、长堤公园绿道、金山大道绿道、香洲区社区公园绿道等特色绿道，全市绿道网总里程达到1038千米。打造绿道网公共目的地，建设横琴天沐河样板段公园、金湾航空城中心河堤岸及滨水景观公园、航空城湿地公园等一批特色绿道公共目的地11个，为市民绿色出行提供更加舒适、便利的休闲游憩空间。

【路灯建设】 2017年，珠海市路灯总数1.61万盏，其中珠海市路灯管理处直属路灯所1.99万盏，横琴新区2.72万盏，香洲区5.30

万盏，金湾区1.34万盏，高新区1.02万盏，斗门区2.82万盏，高栏港区0.95万盏。受强台风“天鸽”破坏，灾后修复重建约47台路灯变压器、2950基路灯灯杆、1.17万套灯具和1300个支架。

【道桥设施管养】 2017年，珠海市纳入市政管养的城市道路长度约978千米，城市道路面积约25.6平方千米；纳入市政管养的城市桥梁227座，其中，人行天桥9座，人行地下通道74座，车行地下通道18座。

【地下综合管廊建设】 2017年，珠海市横琴新区2.8千米第二通道地下综合管廊项目按期完成。高新区科教城地下综合管廊一期项目2.2千米，完成年内建设计划；二期项目1千米，于12月15日开工建设。高栏港平沙新城地下综合管廊项目4千米，进展顺利。（杨锡华）

【珠海城市建设集团有限公司】 2017年，公司总资产125亿元，净资产111亿元。控股或参股公司29家，其中下属全资子公司16家。全年实现营业收入总额4.55亿元，完成年度预算76%，比上年增长55%。属下珠海城建投资开发有限公司承建珠海大剧院，定位为“高雅的文化艺术殿堂、闻名的文化旅游胜地”，9月27日入选“珠海十大文化名片”。属下珠海城建海韵资产经营管理有限公司营运的海韵城于12月3日试营业。海韵城位于珠海市香洲区野狸岛渔湾路29号，是珠海大剧院配套的商业体项目，总建筑面积6.4万平方米，整体以传统渔文化“渔舟唱晚”为概念设计，以独栋船型建筑为主，呈现街区型商业形态，每部分之间由平台回廊相连接，成为多业态、多功能、一站式的海上休闲娱乐旅游体验中心。全资子公司珠海城建现代交通有限公司（简称现代交通公司）主要负责珠海现代有轨电车的运营和维护工作。6月13日，珠海现代有轨电车开通载客试运营。10月15日正式运营。

城市基础设施项目建设　项目总数85个。其中在建项目35个，前期项目50个。项目投资总额约390亿元，其中在建项目约80亿元，前期项目约310亿元。其中，有市级政府投资计划的项目总数45个，开展前期工作项目22个，在建工程项目23个。市级政府投资在建项目总投资28.81亿元，年度投资产值计划6.96亿元，至年底，完成产值6.58亿元，完成计划的94.56%。区级政府投资在建项目年度投资产值计划5.92亿元，至年底，完成产值3.87亿元，完成计划的65.44%。政府投资前期项目的年度计划投资为1.52亿元，全年完成投资1.15亿元，占年度投资计划的75.48%。重点企业自建项目有海韵城和大数据中心一期工程。

公共停车项目　至年底，属下城资公司经营9个路外公共停车场合计1259个路外公共停车位；全市43条路段实施咪表停车管理合计3322个路内停车泊位。自路内停车项目实施后，路内停车秩序更为规范，提高车辆停放周转率，缓解了游客和市民停车难问题。

工程监理业务　属下的工程监理公司完成招标代理项目141项，招标代理费收入约379万元。新签监理合同44份，新签监理合同累计监理费8900万元。年内获得2016—2017年度国家优质工程奖、2017年广东省建设工程优质结构奖、2017年度广东省建设工程金匠奖等37个奖项。（鲍艳霞）

村镇建设

【村居规划】 2017年，珠海市贯彻落实党的十九大报告和中央农村工作会议精神，实施乡村振兴战略，编制完成《珠海市传统村落名录专题研究》。加强传统村落保护和活化利用，结合珠海市国家级传统村落（南门村、排山村），省级传统村落（会同村、淇澳村、接霞庄、北山村、虎山村、荔山村和南屏村），建立起市级传统村落名录制度，甄选市级传统村落39个。编制完成《珠海市“十三五”农村危房改造规划》。制定农村危房改造计划，提升新农村建设品质。组织编制完成《珠海市新农村建房标准图集2》。改善农村建房风貌。斗门区和金湾区完成乾务、白蕉、斗门、三灶、红旗镇等建制镇镇级总体规划的编制工作。镇总体规划与全市概念规划、总体规划、各层次村居规划统筹协调。启动《珠海市特色小（城）镇总体规划》项目编制工作。明确各小镇在区域中的角色和作用，以多规融合的思想统筹各个特色小镇的空间布局和设施配置，有序引导全市特色小镇协调发展，明确规划建设、管理等标准指引。启动《珠海市特色小（城）镇综合研究》项目编制工作。研究与特色小（城）

镇规划建设相适应的支持政策和实施细则，提出土地、财政、运营机制等保障要素，为制定具体政策措施奠定基础。

【村居建设】 2017年，珠海市组织第一批农村建筑工匠培训。全市超过100名农村工匠参加培训。通过考核，86人取得《广东省农村建筑工匠合格证》。此举提高了农村建筑工匠队伍知识水平和建造技术，为各区镇开展新一轮农村建设培养与储备人才。完成珠海市第二批全国特色小镇申报工作。斗门镇成功入选国家级特色小镇。编制完成《珠海市新农村连片和整村改造规划建设研究》。完成全市村镇建设统计和中心镇统计工作。根据省住建厅的任务安排，组织开展全市村镇建设统计和中心镇统计专题培训，完成数据录入和上报工作。统筹乡村规划许可管理工作。完成农村人居环境调查及录入工作。为改善农村生产生活条件，全市组织开展122个行政村的人居环境调查信息录入和上报工作，完成2017年度人居环境信息录入任务。

城市更新

【概　况】 2017年，珠海市完善“三旧”改造政策措施，理顺改造审批环节，让老城区焕发新活力。统筹兼顾公共利益和土地权利人、投资主体的利益，重点推进安全隐患突出、公共配套缺乏、功能用途不符合城市发展规划的区域改造。加强规划管控，保护城市肌理，采用连片改造、小拆小建和修旧如旧等模式，分类推进改造项目。6月，珠海市获2016年度省“三旧”改造单项考核二等奖。获省奖励50公顷新增建设用地指标。至年底，珠海市实现城市更新项目总投资额40.43亿元，完成“三旧”改造项目24个、用地面积184.14万平方米，新增实施改造项目41个、用地面积285.91万平方米，推动往年批准的47个“三旧”改造项目加快建设。

是年，珠海市推进落实“放管服”，基本完成市级政府城市更新审批审查事项向区级政府委托下放工作。按照简政放权、放管结合、优化服务的原则，优化项目申报审批流程，明确办理时限，规范申报审批材料要求，完善项目审批效能监管。研发城市更新业务系统和城市更新单元开发规模测算模型，规范项目申报审批程序。开展城市更新业务培训两期。

【城中旧村更新】 2017年，珠海市城中旧村改造工作注重更新和保护的协调发展，分批实施规划先行指导，完成广昌、上冲、东桥、湾仔银坑、洪湾、广生村回迁区S2地块等旧村规划条件研究工作，以切实指导城中旧村更新工作。推进北山、翠微等旧村项目前期工作，强调历史建筑的活化利用，传承并弘扬历史文化传统和地方特色文化。为加快推进城中旧村改造工作，香洲区研究出台《关于加快推进香洲区城中旧村更新工作的通知》，具体措施为先行确定项目规划指标条件，简化实施主体核定程序，完善旧村更新司法裁决途径，严格规定项目节点时限。

【旧厂房更新】 2017年，珠海市旧厂房更新改造大力推进“工改工”“工改产”，为新型产业发展提供空间载体。强调“三变（功能和内涵变化、就业人群变化、产值

2017年底，珠海市首批南粤古驿道立体信息柱启用。图为坐落在拱北莲花亭旁边宣传古驿道实时信息的立体信息柱 （市住规建局 供稿）

和效益变化）”“三不变（总量不变、风貌不变、肌理不变）”的更新策略，推动中心城区旧工业转型升级，鼓励“工改工”“工改产”。严格限制“工改居”，严格控制“工改商”。重点推动丽珠医药集团桂花北厂区等一批项目开工，推动唐家第二工业区“工改产”、乐士文化创意园、金湾智造大街等“工改产”项目实施建设，推动凯威东大、天大药业、金鼎第一工业区等涉及“工改产”项目的前期工作。

【旧城镇更新】 2017年，珠海市根据住建部提出的老旧小区改造新模式，探索政府统筹组织、多方共同筹措资金、长期管理机制等方面要求，完成《珠海市旧城镇更新专项规划》。老旧小区更新以实施综合整治为主，以完善城市功能、提升空间品质、延续历史文脉为主要目标。

【城市更新政策研究】 2017年，珠海市出台《关于加快珠海市烂尾楼整治处理的实施意见》《珠海市城市更新工作信用信息管理办法（试行）》明确界定“烂尾楼”适用范围，并在审批权限内的土地、规划政策、契税方面给予适当扶持，妥善处理全市历史遗留的“烂尾楼”问题。（陈文辉）

城市管理

【概　况】 2017年，珠海市城市管理行政执法局（简称市城管执法局）和各区城管执法部门，组织市容环境执法整治行动10319次，出动执法人员96240人次，立案查处占道经营案件1537件、流动商贩1444件，市容类罚款6237件，罚款203.5万元；清理整治及拆除各类户外广告设施、横幅灯箱22997件，立案查处各类违法广告行为472件，罚款1.9万元。拆除各类违法建设1692件、18万平方米；查处（拆除、控停）新增违法建设1086件、8.3万平方米；引导村民按房屋政策进行报建2626件，面积109万平方米。市城管执法局受理信访事项129件，各区城管执法局受理信访事项1805件，信访案件转办率100%，处理率100%。“数字城管”系统平台受理各类案件24.37万件，结案23.36万件，结案率为95.55%。

【灾后复产重建】 2017年8月下旬，珠海市受“天鸽”“帕卡”双台风影响，各类城市部件受损严重。全市有4.49万棵树木、3136个交通标志牌、1988块广告招牌、1420个路灯、556个景观灯、406个公交站亭和336块路名牌等城市部件受到不同程度损坏。抗击台风及复产重建期间，全市城管执法部门出动执法人员1.42万人次，出动车辆2375车次，疏散转移人员1.13万人次，清拆破损广告1460块，共计1.46万平方米。清除高空悬挂存在安全隐患的物品642处，清拆存在安全隐患违法建筑3729平方米，加固堤防115处，1360米。清理路面树枝等障碍物1413件，378车次，为灾后复产重建工作有序推进提供有力保障。

【城管体制改革】 2017年，珠海市成立城管体制改革工作领导小组，抽调人员成立2个专题工作小组，并提请市政府建立由市政府主要领导任总召集人，分管领导为召集人，市城管执法局等27个相关单位部门为成员的珠海市城市管理工作联席会议制度。按要求完成城管执法重心下移和市、区数字化城市管理平台整合，新式制服和标志标识招标制作等工作。制定并印发《关于深入推进城市执法体制改革改进城市管理工作的实施方案》。

【市容和环境卫生整治】 2017年，珠海市城管执法局统筹协调城管执法力量，加大对各类市容违法行为的整治处罚力度，重点保障主次干道、校园周边、窗口地区的执勤力度，狠抓背街小巷、城乡接合部的环境秩序，及时查处和震慑“七乱一占”等违法违规行为。根据市政府城市环境整治规范优化提升工作的总体部署，制定并印发《2017年珠海市户外立柱广告设施整治方案》，将无证、过期、存在安全隐患和影响市容的立柱广告设施列为重点拆除对象，将主城区、主要路段和市容严管区域列为重点整治区域。建立工作联系制度，组建工作微信群，强化成员单位信息沟通。拆除户外立柱广告194宗。对前山河流域“小散乱污”企业开展地毯式排查，建立工作台账，制定整治方案，加大情况通报和媒体曝光力度，统筹协调19个部门单位各司其职、各尽其责，对照既定工作要求和时间节点共同推进整治工作，为实现前山河流域“一河三涌”水系岸堤“水清、岸绿、景美”目标提供坚强保障。

【违法建设专项治理】 2017年，珠海市按照中共中央提出的“用5年左右时间，全面清理并处理建成区违法建设，坚决遏制新增违法建设”的工作目标，在总结工作经验的基础上，出台《珠海市建成区违法建设专项治理5年行动实施方案（2016—2020年）》，组织召开全市违法建设专项治理工作动员会，对违法建设专项治理五年行动进行动员部署。各区政府（管委会）结合实际制定实施方案，做到层层落实，统一行动。对照前期制定的3年整治违法建设工作目标和住建部、省住建厅5年治理违法建设行动计划的要求，强化统筹协调，压实辖区镇街、村居的责任体系，指导各区强化部门沟通协作，整合辖区力量，发挥村居巡查员、城管执法队员和物业管理单位作用，坚持网格化巡查、每日“零报告”、快速处置和事后监控等四项制度，构建横向到边、纵向到底的监管体系，严格落实对新增违法建设“早发现、早处理、早拆除”工作要求。加强整治违法建设信息报送。全市拆除各类违法建设1692宗，面积18万平方米。查处（拆除、控停）新增违法建设1086宗，面积8.3万平方米。引导村民按房屋政策报建2626宗，面积109万平方米。

【部门协作共管共治】 2017年，珠海市政府召开专题会议，明确违法建设经城管执法部门确认后，供水供电部门实施停供施工用水用电等强制措施；明确物业管理单位发现和报告违法建设的责任，对未及时履行巡查和报告职责的，交由建设主管部门约谈和处理；在公安机关保障城管执法联动机制的基础上，研究深化公安保障城管执法的体制机制，进一步提高公安保障城管执法的工作力度；推动市规划部门结合城市更新、城市修补、创文创卫、“三旧”改造等工作，制定《珠海市存量违法建筑分类处置办法（送审稿）》。

【重大案件督察督办】 2017年，珠海市依托市城管指挥（应急）中心、市城管执法局督察支队、机动支队等力量，对群众举报、上级交办的各类违法建筑和重大案件进行重点督察督办，以个案倒逼推动专项整治。通过对镇街整治工作情况进行检查督导、明查暗访及时发现问题，向属地镇街发出《督办函》，明确提出处理要求和办理时限。落实局负责人挂点制度，深入责任区督办重大案件。重点督办帝澜思酒店、屏西路、幸福西路、银海新村等重大违建案件。组织开展上一年度的整治违建考核。充分征求各区意见，对考核细则进行修订和优化，将工作量化和整治工作亮点等纳入考核细则，完成案件核查、现场评查、亮点创新等项目的考核工作。

【数字城管】 2017年，珠海市“数字城管”系统平台受理各类案件24.37万件，结案案件23.36万件，结案率95.55%。其中，案件巡查员上报案件7.34万件，占全部受理案件的30.12%；案件巡查员自查自纠案件13.09万件，占全部受理案件的53.71%；城市管家接报案件1.49万件，占全部受理案件的6.12%；12345市民服务热线转办案件2.42万件，占全部受理案件的9.94%；其他来源投诉案件287件，仅占全部受理案件的0.12%。

数字城管农村全覆盖　数字城管业务终端延伸至斗门、金湾、高栏港3个区157个村，基本完成全市农村终端全覆盖，实现村村都有终端负责人，事事都能找到责任方。大幅提升行政效能，缩小城乡差异，让村民享受到市民待遇，提升农民的生活幸福指数。万山区数字城管项目建设开启，各项工作有序推进。万山区桂山岛、大万山岛、外伶仃岛及东澳岛完成3.24平方千米地上城市部件普查，同时对地下管线情况进行摸底。万山区指挥中心大屏显示系统设计方案明确，硬件采购招标及机构组建工作均进入全面落实阶段。

升级地下管线信息管理系统　全市6个区（含经济功能区）开展地下管线信息普查工作，普查长度超过4647千米，基本摸清全市地下管线“家底”。普查数据信息无偿提供给建设、规划、市政园林、城管、国土、测绘、档案等相关单位使用，实现互联互通、资源共享，有效避免施工单位挖断地下管线而导致停电停水及延误工期的情况发生。

推进数字城管指挥中心全面接入公安视频监控系统　5月中旬，市城管指挥中心与市公安部门视频监控系统成功实现对接，共享视频监控系统。各区数字城管按计划逐步接入。高新区、高栏港区、香洲区、斗门区率先完成系统共享，实现区内全天候在线巡查，有效拓展数字城管巡查方式，避免重复建设。

【安全隐患排查整改】 2017年，珠海市城管执法局成立安全生产工作领导小组、安全工作宣传小组，明确“党政同责、一岗双责、履职尽职、失职追责”的安全责任体系，制定安全生产工作措施，重点整治燃气瓶直销点存在证照不全、超量存放、夜间存放等安全隐患问题。市、区城管执法局派出1885个检查组，9777人次，检查单位场所6107个，发现安全隐患465处，当场整改419处，下发整改通知书28份，燃气管理立案处罚21件，罚款16.8万元。

【城市管理宣传教育】 2017年，珠海市利用传统媒体、电台直播节目、门户网站、政务微博、微信等平台，全面展示城管执法队伍良好形象，正确引导社会舆论，消除社会偏见，让社会各界理解并支持城管执法工作。《南方日报》《南方都市报》《珠海特区报》等省市媒体刊登珠海市城管执法相关新闻368篇。市城管执法局新浪政务微博发布消息3928条，腾讯微博发布3629条。处理网络投诉96件。微信平台、政务网站平均两天1条信息，向社会公众推送执法信息及工作动态。在“共治、善治”的现代城市理念下，动员社会力量参与城市治理工作，建立政府主导，企业（社团）、社区、市民（摊贩）等共同参与，多位一体的城市共同治理模式。探索志愿服务与城管执法相结合的工作模式，通过搭建城管志愿者平台，吸引更多市民及党员志愿者加入城管志愿者队伍，加强前端服务和劝解疏导，改变以往单纯依靠末端处罚解决问题的简单治理模式，促进城市治理水平有效提升。 （曾　丹）

建筑业

【概　况】 2017年，珠海市新开工建设房屋建筑和市政工程576项，建筑面积1563.67万平方米，总造价645.23亿元，比上年分别增长22.29%、31.06%、44.02%。11月横琴综合管廊项目获国家最高工程质量奖“鲁班奖”（中国建筑业协会颁发）。3项工程获得国家优质工程奖。32项工程获评省优质工程。47项工程获评市优质工程。全市3个在建房屋市政项目获“国家AAA级安全文明标准化工地”称号，55个项目获“省房屋市政工程安全生产文明施工示范工地”称号，60个项目获“市房屋市政工程安全生产文明施工示范工地”称号。8月，强台风“天鸽”正面袭击珠海后，市住建局负责组织协调市内外建筑企业、调配专家人员和机械设备参与抗风救灾。

【建筑市场监管】 2017年，珠海市住房和城乡规划建设局核发新建项目施工许可21项，施工许可变更核准106项，超限高层建筑工程抗震设防审批26项，核准建筑业企业资质（资质换证及新申请资质）166项，上报审批的工程勘察设计丙级资质1项，各类企业诚信评价4837项，各类企业信息登记1227项、变更4624项。完善建筑业信用评价体系建设，建立工程款纠纷处理机制，实行工资保证金和工资支付专户制度，开展清理规范工程建设领域保证金工作，推行数字化审图，加强施工许可下放后的

斗门片区双湖路跨鸡啼门特大桥施工现场 （游　涛　摄）

监督管理，严厉打击建筑市场违法违规行为。全年对184个项目进行联动检查，对存在项目经理长期不到位等不良市场行为的48家企业进行诚信扣分，对存在无证施工等违法行为的单位和个人作出行政处罚13宗，罚款35.8万元。实名制管理与工人工资保证金和工资支付专户制度实施至年底，全市有962个项目近11万建筑工人进行信息登记和工资卡办理。逐步实现通过银行系统将工资直接发送到工人工资卡。保证工人工资正常发放，保障工人的合法权益。

【建筑安全监管】 2017年，珠海市制定《珠海市房屋市政工程质量安全提升行动实施方案》《珠海市安全生产特别防护期建筑施工安全生产检查工作方案》，采取“双随机，一公开”（随机抽取检查对象，随机选派执行检查人员，抽查情况及查处结果及时向社会公开）的方式，开展工程质量安全提升行动，重点加强“两会”“党的十九大”期间安全生产检查。全年开展安全生产专项检查13次，下发暂停施工通知书232份，动态扣分通知书2380份，实施行政处罚43宗，罚款约226万元。积极部署抗击强台风“天鸽”，将全市6.89万名建筑作业人员100%转移至安全场所，实现全市建筑业人员“零伤亡”。台风过后，迅速开展应急救援，制定印发《全市房屋市政工程灾后复产重建安全生产工作方案》《珠海市台风灾后既有房屋应急安全排查实施方案》。全市所有房屋市政项目在1个月内恢复正常施工，未引发生产安全事故。

【建筑质量监管】 2017年，珠海市全面落实质量样板引路，从设计源头和施工早期抓工程质量。先做实物样板，以样板引路，按规定程序进行验收。全面实施住宅工程质量分户验收制度，对未进行分户验收或分户验收存在质量问题未整改的工程，不得竣工验收。全年建立质量信用档案460项。460项新办理质量监督手续工程100%签订质量终身责任承诺书，308项新办理竣工验收备案工程100%设立永久性标牌。新竣工交付使用的房屋市政工程质量一次验收合格率均达到100%。完成与各区建设行政主管部门“放管服”交接工作，并举办两次“放管服”业务培训。制定加强工地文明施工管理工作方案，列出13项具体整治措施，开展建设工程文明施工综合整治提升行动。制定《2017年珠海市房屋建筑和市政基础设施工程施工扬尘控制工作方案》，印发城市建设施工围挡图集，统一提升设置标准，细化各项施工扬尘控制措施，重点督促在建项目按照文明施工要求落实扬尘控制措施。

【建筑节能建设】 2017年，珠海市新增节能建筑面积1286.61万平方米，全市城乡既有建筑总量16646.27万平方米，累计执行50%节能标准的建筑面积5889.07万平方米。完成绿色建筑标识评审项目11个，约46.14万平方米。申报绿色建筑运营项目1个，建筑面积19.39万平方米。全市累计获得标识项目71个，建筑面积817.91万平方米。全年新建民用建筑100%实行绿色建筑标准，50%达到二星级以上标准。培育市级建筑节能和绿色建筑（可再生能源应用）示范工程项目11个，计112.33万平方米，获得省级节能减排专项资金补助项目2个，超额完成省住建厅下达的指标任务。出台《珠海经济特区绿色建筑管理办法》《珠海市既有建筑改造工程施工图设计文件编制与审查要点》《珠海市绿色建筑施工图设计文件编制与审查要点（2017版）》《珠海市2017年建筑节能与绿色建筑目标责任实施方案》，修订《珠海市绿色建筑技术导则（2017版）》，开展《珠海市被动式低能耗房屋建筑技术研究》《珠海市工业厂区太阳能光伏系统建设研究》《珠海市既有建筑绿色化改造技术指引》等课题研究，发布实施《珠海市绿色建筑竣工验收导则》《珠海市既有建筑绿色化改造技术指引》《珠海市绿色建筑设计导则》。

【建筑节能监管】 2017年，珠海市全年开展5次施工图审查机构审查质量和施工现场绿色建筑标准落实情况专项检查，覆盖全市检查建筑节能和绿色建筑项目212个，全部设计图纸能够按建筑节能标准进行设计，未发现违反“节能强条”情况。绿色建材推广方面，全年巡检预拌混凝土、新墙材生产企业80余次，工程建设项目70余个，组织联合专项检查5次。投诉案件数量比上年明显减少。处理预拌混凝土生产企业投诉案件3起，散装水泥、预拌混凝土工程应用投诉案件2件；新墙材应用投诉案件22件，发出责令限期整改通知书6份，信用扣分通知书3份，项目现场复查整改率 100%。

【建筑节能能耗监测平台】 2017年，珠海市建筑节能能耗监测平台（建设目标为覆盖全市重点能耗公共建筑管理）第一期工程建设完毕。平台分为：能耗在线监测系统、节能信息管理系统、建筑全生命周期能耗信息管理系统、建筑能耗数据开放应用系统；具有一级功能29项，二级功能80项，三级功能124项。全年完成25栋公共建筑的能耗在线采集数据接入市平台，完成监测建筑面积110.24万平方米，完成建筑能耗统计的建筑110栋、能源审计15栋。

【建筑产业现代化发展】 2017年，珠海市建立建筑产业现代化发展联席会议制度。出台《珠海市推进建筑产业现代化发展管理办法（试行）》。制定《珠海市2017年建筑产业现代化实施计划》《珠海市2017年度规划阶段发展装配式建筑相关要求》，将年度装配式建筑指标要求纳入用地规划条件，强化供地源头控制。印发《珠海市装配式建筑项目设计阶段技术认定工作的通知》。编制《珠海市建筑易建性评价导则》。制定《珠海市建筑易建性评价实施细则》，引导全市装配式建造向简单、易建、绿色方式转变。印发《珠海市装配式建筑单体预制率和装配率计算细则（试行）》，引导全市装配式建造与信息化、工业化、绿色化深度融合。与华东建筑研究院有限公司联合开展《珠海市装配式建筑规划设计与技术指引研究》。至年底，全市在建PC生产基地3家。其中，中建新科技珠海有限公司于10月投产，中易建科技有限公司启动建设程序，广东海龙建筑科技有限公司完成方案设计。另有1家PS生产基地在建。召开“2017年珠海市绿色建筑暨装配式建筑示范工程现场会”，培育装配式建筑示范工程项目2个、省级产业化生产示范基地1个。全年组织各类培训8次，内容涵盖绿色建材、建筑节能和绿色建筑、装配式建筑，培训人员1600人次。

房地产业

【概　况】 2017年，珠海市房地产市场继续总体保持稳定态势。1—12月，全市完成房地产开发投资666.12亿元，比上年增加3.90%；房地产项目规划报建面积495.22万平方米，减少26.10%；施工报建719.37万平方米，增加18.45%；竣工面积652.31万平方米，减少5.41%；预售许可面积336.15万平方米，减少32.37%；新建商品房屋（住宅）交易登记面积182.97万平方米，减少72.14%；金额333.93亿元，减少69.46%。是年，核发房地产开发资质证48宗（其中三级5宗、四级20宗、暂定级23宗），估价机构资质核准1宗；核发预售许可证（主城区）37宗，累计约100万平方米。在核拨预售监管资金方面，正常拨付143宗，95.95亿元；解除资金监管195宗，109.5亿元。

【房地产市场监管调控】 2017年，珠海市围绕中央提出的“房子是用来住的，不是用来炒的”总体定位，积极防范并化解房地产市场风险，推进珠海市供给侧改革去库存工作。4月8日，出台《关于进一步做好珠海市房地产市场调控工作的通知》，在加大“限购，限贷，价格备案”调控力度的基础上，推出“限售”措施，全面升级调控力度。经过连续两轮调控，市场渐归理性，房地产市场调控政策取得阶段性的预期效果。出台《珠海市供给侧结构性改革去库存行动计划2017年工作方案》。5月5日，印发《珠海市供给侧结构性改革非住宅类商品房去库存工作方案》，加大商业地产库存的化解力度。根据房地产市场的运行情况和市场的经营秩序情况，召开联席会议11次，对市场调控过程中发现的重大问题和重要事项，及时协调解决。运用信息化手段加强对房地产市场的监管。通过建立房地产开发企业诚信档案，加强对房地产企业及项目的动态监管。完成全市楼盘信息数据（一期）摸查。启动房地产交易监管平台建设。市房地产市场管理部门联合市工商、金融、不动产登记中心、税务、公安等部门，制定《珠海市整顿和规范房地产市场秩序联合督查工作方案》，联合各相关部门在全市范围内开展针对在售楼盘和中介机构的专项整治行动，检查59个在售楼盘，排查400多家中介机构，发出《责令整改通知书》7份，清理200多家没备案中介机构，对违规的1家房地产开发企业进行诚信扣分，处理2家中介机构。

【物业管理】 2017年1月，珠海市出台《珠海市物业服务企业信用信息管理办法》。“物业服务企业诚信平台”于7月上线，至年底，录入企业信息150条。推进立法工作，《珠海经济特区物业管理条例》于2017年11月22日经市九届人大常委会第九次会议表决通过。继续完善物业专项维修资金制度，促进珠海市住宅小区物业维修工作的进展。至年底，全市筹集新建小区物业维修资金约15亿元。珠海市住规建局出台《关于印发珠海市2017年物业管理专项整治工作方案的通知》，理顺物业纠纷的调处工作，组织开展针对物业服务企业的违规违法行为的专项检查，检查物业项目385个，查处案件28件，发出整改通知书7份，曝光案件4件。（陈文辉）

不动产登记

【概　况】 2017年，珠海市不动产登记中心办理各类不动产登记21.27万宗，登记面积8886.83万平方米，登记金额5324.55亿元。办理信息和档案查询逾18.88万宗。日均接待办事群众3000余人次。办理各类产权登记类业务3.55万宗。其中，商品房现房转移登记1.81万宗，建筑面积95.67万平方米，成交金额165.57亿元；二手房转移登记1.74万宗，建筑面积210.42万平方米，成交金额132.48亿元。办理抵押按揭类业务10.34万宗，涉及面积（含土地、建筑物）6744.48万平方米，抵押金额4359.48亿元。办理商品房预告登记业务1.45万宗，涉及面积137.5万平方米，交易金额282.94亿元。办理商品房预告转现房登记业务2.96万宗，涉及面积304.90万平方米，交易金额384.09亿元。办理其他房地产登记业务约2.97万宗，涉及面积1393.86万平方米。执收登记费、交易费等2800余万元。

【存量数据整合】 2017年，不动产存量数据整合是落实国务院关于不动产统一登记的重要工作，珠海市严格贯彻落实国家政策，有步骤有计划地推进数据整合工作。项目自7月3日启动至12月31日，完成有效宗地数据整理约4万宗，存量房屋数据整理约80万套，占全市总任务量的95%；剩余5%暂无法落宗的房屋，按要求通过预编不动产单元编码方式完成编码。任务完成情况居全省前列。

【海域登记移交】 2017年，珠海市海域使用权登记顺利交接，11月1日，珠海市不动产登记中心对外受理全市海域使用权登记，标志着珠海市海洋使用权登记纳入不动产统一登记，是国土、海洋和不动产登记部门落实党的十八大重大改革任务的重要成果，也是贯彻党的十九大关于加强自然资源资产管理和自然生态监管的举措。第一本海域登记不动产权证于年底核发。

【权籍调查启动】 2017年，珠海市先行先试，在省内率先实施增量不动产权籍调查。出台《珠海市增量不动产权籍调查工作方案（试行）》，明确权籍调查的范围、对象和调查办法。（朱颖欣）

公用事业

城市供水

【概　况】 珠海供水系统以西江磨刀门为界，分主城区和西区两部分，实行全市供水一体化。至2017年底，珠海水务环境控股集团有限公司（原珠海水务集团有限公司，2017年9月5日更名，简称珠海水控集团）拥有原水取水泵站7座，总取水能力470万立方米/日；使用供水水库20座（其中海岛3座），隶属管理水库11座，总库容1.18亿立方米；直径75毫米以上管道长2800千米；供水覆盖珠海城乡和海岛，拥有拱北、唐家、西城、龙井、乾务、南区等12座水厂，总供水能力112万立方米/日。日均供澳门原水量接近27万立方米，约占澳门原水供应总量的99%。出厂水质符合国家《生活饮用水卫生标准》。全年总供水量5.08亿立方米，比上年增加4.01%；其中净化水量为3.83亿立方米，增长3.63%；原水量为1.25亿立方米，增长5.17%，对澳门供水量为9767万立方米，增长0.66%。全市建卡水表71万个，增长5.13%。水质综合合格率为99.8%。

【水质监测】 2017年，珠海市建立以珠海水控集团负责水质内控监测、市水质监测中心监测、卫生部门负责水质卫生监测的水质监测体系。该集团投入数千万元购置各类水质检测仪器设备，建立以国家城市供水水质监测网珠海监测站为中心的三级水质监测及管理架构。

2017年6月9日，对澳门第四条水源管顶管施工现场　（珠海水控集团 供稿）

除人工检测外，还采用在线仪表、生物法等多种方式，对原水地、水厂、管网水质进行24小时实时监控，确保供水水质符合国家生活饮用水卫生标准。珠海监测站配有移动式水质监测车，利用与清华大学、暨南大学合作的“863课题”研究成果构建饮用水水质应急监测三级联动系统，与西江流域广东段各城市水质监测站建立西江水质预警平台，及时有效监测和处理各类突发性水质事件，保障珠澳两地供水安全。

【供水基础设施建设】 2017年，珠海水控集团全力推进平岗至广昌原水供应保障工程、第四条对澳供水管道工程、广南梅供水管工程等三大原水供应保障工程建设；推进唐家水厂改造工程、西区水厂和乾务水厂扩建配套管线工程、西区水厂扩建工程等供水厂网建设，如期推进南区水厂扩建工程、南区水厂第二条进出厂管道工程、梅溪水厂前期设计工作。

平岗—广昌原水供应保障工程　该项目全面开工建设，是珠澳安全供水保障性工程，建设目的一是提高枯水期珠澳两地供水的安全性，二是提高抢淡的输水能力。工程为新建泵站（130万立方米/日）1座，输水隧道（直径3.3米）1.8千米，管道（管径2.4米）约21千米。输水管道从斗门区平岗泵站开始，主要沿白蕉海堤内侧敷设，至珠海大桥附近采用顶管法穿越磨刀门水道到达广昌新泵站。新增输水能力约100万立方米。工程总投资8.56亿元，由粤澳双方共同出资。是年全面开工建设。

对澳第四条水源管工程　为解决路氹地区用水问题，同时提高澳门原水系统的抗风险能力，另建1条原水通道从横琴方向进入澳门路氹，并直接作为石排湾水厂的原水来源，设计供水能力为20万立方米/日，总投资约5.2亿元。工程形象进度完成90%。

广南梅供水管工程　该工程是平岗—广昌原水供应保障工程的下游配套工程，其原水管既可以增加广昌泵站下游管道的输水能力，其净水管又可解决前山上冲片区存在的水量水压不足问题。原水管分别为广南段及南梅段输水管道，建设原水管道总长约14千米，新建净水管道总长约2.6千米，改造南沙湾泵站。项目总投资约3.8亿元，7月开工建设。

水厂扩建工程　为进一步提供供水保障率，珠海水控集团投资1.4亿元在南区水厂一期预留地新建15万立方米/日净水系统，以及投资约1.4亿元在西区水厂新建1条16万立方米/日净水系统。该两项目均进入施工阶段。

唐家水厂改造工程　针对该厂原水水质常年低浊高藻的特点，珠海水控集团投资1.5亿元对唐家水厂净水处理工艺进行改造，采用臭氧接触、生物活性炭过滤、气浮处理三大重要工艺，提高出厂水水质及口感。7月开工改造。

水厂扩建配套管线工程　配合西区水厂、乾务水厂扩建，珠海水控集团通过合理整合区域供水系统和配套供水管道，改造取水泵站、新增原水管及出厂管、扩大两厂供水服务范围等，缓解西部城区用水压力，提高区域供水服务水平。珠海水控集团投资约2.9亿元建设该项目，12月完工。　（方　胜）

城市供电

【概　况】 珠海供电局是广东电网有限责任公司直属企业，主营电网经营管理，担负珠海市电能的送、变、配、营业务及向澳门供电业务，2017年，下辖9个二级机构和香洲、斗门、金湾3个区局。有110千伏及以上变电站70座（500千伏2座，220千伏16座，110千伏

52 座）；主变容量 1588.7 万千伏安，110 千伏及以上输电线路 1916.4 千米；供电可靠率、线损率等多项重要指标均处于全省先进水平。全年完成供电量 197.23 亿千瓦时，比上年增长 3.14%，售电量 192.33 亿千瓦时，增长 1.76%；电费回收率 99.99%；客户年平均停电时间（低压）1.37 小时（剔除重大事件日），同比下降 24.73%。持续提升工程质量安全管理水平，前山公交巴士充电基础设施业扩配套工程获南方电网优质工程奖，220 千伏吉大输变电工程获广东省建设工程优质奖。

【供电保障】 2017 年，珠海供电安全生产局面总体平稳，全年未发生四级及以上事件，获南方电网公司安全生产先进单位。在抗击强台风“天鸽”“帕卡”过程中，珠海供电局投入 1 万余人次开展抢修复电工作，用时 51 分钟恢复对澳门供电，并连夜抢通对澳供电关键通道——国珠甲乙线。用时 4 天全面恢复珠海供电，比省政府 7 天全面复电的要求提前 3 天。在抢修复电期间未发生一起保护误动、拒动、误操作、人身安全事件，为珠澳地区生产生活秩序恢复奠定重要基础。有效控制山火隐患，完成党的十九大等国家及地方重要政治经济活动保障供电任务。供电可靠性继续保持领先，列全省第一位。

【供电服务】 2017 年，珠海供电局强化客户诉求管控，建立客户问题解决机制，实现投诉电话 12398、95598 投诉总数全省最少，其中 12398 有效投诉为 0，全年未发生错峰限电，实现第三方客户满意度 90 分、连续第二年列全省第一位，连续第九年获得珠海市政府公共服务公众满意度第一。构建“统一服务”新模式，成立配调服务指挥中心。推进《横琴自贸区供用电规则》落地，完善 13 类配套实施文件及“6+1”系统流程。推动广东电网第一批唯一金湾东增量配网项目，实施方案获省发改委批复，为全省探索增量配网管理机制和竞争策略奠定基础。推动高栏港港口岸电项目成为南网首个获得国家补贴的电能替代项目。获得全市所有公交充电设施项目建设权，全年充电设施充电量 485 万千瓦时，占广东电网总充电量 70.6%，居全省第一位。高标准打造港珠澳大桥人工岛充电示范项目，建设粤港澳车辆通用的一体化充电体系。

2017 年 7 月 24 日 16 时 24 分，珠海横琴自贸区配电网在国内首次启用“双链网格化闭环运行”。此项技术为国内首创，可将供电可靠率提升至 99.999%

（珠海供电局 供稿）

【电网规划与建设】 2017 年，珠海推动“四极两翼”蝶形电网远景目标网架落地，完成 500 千伏浪白站、会同站站址和线路走廊预控。结合强台风“天鸽”影响，完成保底网架规划优化修编及 20 项重点项目实施计划方案，提升珠海电网防风抗灾能力和对澳供电保障能力。在横琴投产全国首组 20 千伏双链环网格化闭环运行线路，初步建成分层分区、自治自愈的主动式高可靠性配电网。以此为基础，启动城市—园区双级“互联网 + 智慧能源”项目，探索企业从智能电网升级到智慧能源。深化政企合作机制，建成投产 220 千伏金鹤、110 千伏港珠澳大桥人工岛等重点工程，优化珠海电网结构。（童　铸）

城市供气

【概　况】 2017 年，珠海市液化石油气年供应量 10.6 万吨，天然气供气总量约 15135 万标方。全市有 14 家城镇燃气经营企业，其中，瓶装液化石油气经营企业 9 家，液化石油气库 9 座，瓶装液化石油气用户约 43 万户。管道燃气经营

2017 年 2 月 24 日，珠海高新区城管局唐家中队检查辖区内燃气充装销售点，督促安全生产 （市城管局 供稿）

企业 3 家，实行特许经营，管道燃气用户约 26 万户。汽车加气站经营企业 2 家，建成加气站 12 座。

【市政燃气管道建设】 2017 年，珠海市新建市政燃气管道约 52 千米，全市供气管道达 710 千米（东部 515 千米、西部 195 千米）。天然气利用工程之“两站一线”（南屏门站、前山储配站及相连高压管道）工程完成竣工验收，投入使用。

【旧小区加建燃气管道工程】 2017 年，珠海市香洲区结合城市更新改造任务，同步开展凤凰南路 1001 小区、莲花山小区和为农社区燃气管道加建工作。高新区落实第一批 600 户加建小区名单。横琴新区、金湾区未配套管道燃气设施小区加建工程代建协议签订。金湾区首批未配套管道燃气设施的 12 个小区 9711 户，于 12 月中旬启动燃气管道加建工程，全面进入施工阶段。

【瓶装气供应站建设】 2017 年，珠海市签订 26 块瓶装气供应站用地合同，2 个瓶装气供应站施工建设，建成体育西站、高新一号站、平沙中转站、南水站、红旗一号、红旗二号、三灶站、横琴站等 8 个供应站并投产使用。

【供气应急抢险演练】 2017 年，珠海市举办 4 次市一级燃气突发事故应急抢险演练。各区、各企业、各有关单位开展城镇燃气多主题、多场景演练 557 次。通过不同场景的事故演练，进一步提高燃气行业应对燃气突发事故的反应速度和处置救援能力，保障全市燃气供应安全平稳。

垃圾处理

【概 况】 2017 年，珠海市生活垃圾产生量 93.14 万吨（2551.73 吨 / 日），全部运至东、西部生态园终端处理设施集中处理。城乡生活垃圾无害化处理率为 100%。全市累计投入和运行生活垃圾处理设施 3 座，包括东部生态园的西坑尾垃圾填埋场、市垃圾焚烧发电厂和西部生态园的环保生物质热电一期工程。农村生活垃圾收运体系全覆盖，全部村庄的生活垃圾得到无害化处理。完成农村垃圾治理“区自评”“市复核”工作，通过省级验收。

【环境卫生】 2017 年，珠海市环卫清扫保洁面积约 5130 万平方米，运行垃圾压缩站 157 座、环保垃圾屋 1022 座，配备各类环卫作业车辆 626 台。全市拥有各类公厕 1300 多座，其中市政类公厕共 309 座。《珠海市公共厕所专项规划》经市政府批准实施。

【生活垃圾处理设施建设】 2017 年 9 月，珠海市中信环保生物质热

2017 年珠海市管道天然气居民用户阶梯价格情况

档 次	年用气量	价 格
第一档	0 ～ 300（含 300）立方米 / 年	3.90 元 / 立方米
第二档	300 ～ 480（含 480）立方米 / 年	4.68 元 / 立方米
第三档	480 立方米 / 年以上	5.85 元 / 立方米

电一期工程商业运行，主要处理金湾、斗门、高栏、横琴、高新等区的生活垃圾和香洲区部分生活垃圾。中信环保生物质热电二期工程（拟建规模1800吨/日），完成可研编制及专家评审。西坑尾垃圾填埋C区工程建设，完成施工招标，于12月25日施工。沥溪垃圾填埋场一期污泥坑原位固化工程、西坑尾垃圾填埋场AB区封场工程，完成项目建议书编制和专家评审，按程序申报立项。

【生活垃圾分类试点】 2017年，珠海市印发《珠海市推进生活垃圾分类工作方案》，完成《珠海市生活垃圾分类收运体系建设管理指南》和《珠海市居民生活垃圾分类投放指引》；引进智能垃圾分类服务商，利用“互联网+”模式对大镜山馨园、龙光海悦等小区开展分类试点服务；在市属主要公园和主城区主要路段安装30套太阳能宣传分类设施，用于开展垃圾分类宣传动员和分类投放，培养市民的垃圾分类意识。 （杨锡华）

【建筑垃圾管理】 2017年，珠海市住规建局配合市市政和林业局开展房屋市政工程建筑垃圾专项整治。试点工地泥头车密闭运输，做好工地出入口洗车设施设置，强化运输车辆冲洗。采取就地循环利用、易地循环利用、加工再利用、填埋处理4种处置方式，规范建筑垃圾处理。 （陈文辉）

城市生活污水处理

【概 况】 2017年，珠海市有污水处理厂15座（东部城区7座，西部7座，桂山海岛1座），总设计规模83.4万吨/日。全市污水管网总长1425.5千米。全年污水处理总量26115.91万吨。城镇生活污水集中处理率96.36%。

【城市水环境建设】 2017年，珠海市平沙水质净化厂提标改造及扩建工程完成形象进度80%；三灶水质净化厂提标改造及扩建工程完成形象进度95%；香洲水质净化厂三期工程开展项目前期工作；拱北水质净化厂提标改造完成施工图设计。污水管网（香洲区）第一批工程计划新建27.5千米污水主干管基本完工。污水管网（斗门区）第一批工程计划新建10.7千米污水主干管，完成形象进度92%。斗门区农村污水接驳管网工程计划新建污水管网48千米完工。斗门区斗门镇、白蕉镇农村湿地生态园及其配套管网工程新建污水管网95千米完工。污水管网（香洲区）第二批工程和污水管网（金湾区）第一批工程开展项目前期工作。全市12条黑臭水体中南屏东排洪渠、造贝排洪渠、鸡山排洪渠、东岸排洪渠、五福涌、合禾涌、白头翁涌、咸坑河等8条黑臭水体完成整治效果初步评估工作，群众满意度达90%以上，实现“初见成效、不黑不臭”目标；三灶北排河、新青正涌、鸡咀涌和沙龙涌等4条黑臭水体加快整治。

【排水管理】 2017年，珠海市完成《珠海市排水管网建设技术指引（试行）》《珠海市排水管网专项普查技术规范》编制，制定《珠海市排水管网工作方案》，下发各区具体实施。1月1日起，珠海市主城区污水处理费收费标准调整为：居民生活用水按0.95元/立方米征收；非居民用水按1.40元/立方米征收。 （杨锡华）

·责任编辑：曾维浩·

2017年8月27日，市城建集团公司员工进行灾后复产工作

（市城建集团 供稿）

环境保护

【概　况】 2017年，珠海市落实《广东省大气污染防治2017年度实施方案》《广东省大气污染防治强化措施及分工方案》，印发《珠海市大气污染防治2017年度实施方案》，提出6大方面33条措施精准发力“治气”，展开“大气污染防治攻坚战”，空气质量全面达标。开展水污染整治工作，水环境质量基本保持稳定。有序推进土壤污染防治和农村环境保护。环保监管执法保持高压态势。环境监察执法实行网格化管理和随机抽取检查对象、随机选派执法检查人员的“双随机”抽查机制，出动执法人员1.28万人次，比上年下降0.92%；检查企业5998家次，下降1.1%；发出责令改正违法行为决定书262份，下降1.1%；作出行政处罚决定164宗，上升15.5%；罚款金额1545.80万元，上升13.2%。受理环境信访案件1.05万件，答复率100%。中央环境保护督察反馈问题整改进展明显。出台或制定5项规划，推进控制污染物排放许可证制度改革、市级环境信用评价、排污权有偿使用和交易试点等环保领域改革，优化环境管理服务。12月20日，全市第二次（全国）污染源普查工作动员暨宣传贯彻大会在北京师范大学珠海分校召开。全市第二次污染源普查工作启动。完成《珠海市重点工业行业主要污染物排放标准》的编制工作并通过广东省质量技术监督局组织的专家评审，该标准涉及制浆造纸、钢铁、纺织染整和制革及毛皮加工等4类重点工业行业企业。

【环保法制建设】 2017年4月10日，珠海市人大常委会公布《珠海市人民代表大会常务委员会关于修改〈珠海市环境保护条例〉的决定》，对《珠海市环境保护条例》进行修改，删除与上位法不一致的规定，细化和完善相关制度，提高部分违法行为的罚款额度。针对建筑噪声扰民问题，设立专门条款明确要求建设单位在工程项目发包时，应当要求施工单位制定施工期间建筑施工噪声防治方案，推动各责任主体落实噪声防治措施。该决定自7月1日起施行。

【环保“十三五”规划】 2017年2月，珠海市印发《珠海市环境保护和生态建设“十三五”规划》。规划以提高环境质量为核心，实行最严格的环境保护制度，重点突出改善环境质量为核心的规划思路，

2017年10月20日，市长姚奕生（中）在珠海市金湾区三灶镇调研南排河整治工作　（市环保局 供稿）

强化环境质量指标。12月1日，印发《珠海市“十三五”农村环境保护规划》。规划以改善农村环境质量为核心，开展农村环境保护、农业源减排等工作，推进农村环境综合整治。完善农村环境基础设施建设，推进规划中的重点工程项目。12月5日，《珠海市生态文明建设规划修编（2017—2020年）》通过专家评审。12月26日，印发《珠海市土壤污染治理与修复规划（2017—2020年）》。规划以改善区域土壤环境质量为核心，切实加强土壤污染防治，稳步推进土壤污染治理与修复。新修订的《珠海市高污染燃料禁燃区划》于12月27日通过市人民政府常务会议审议。该区划重新定义高污染燃料，明确禁燃区内按照三类最严标准执行，扩大高污染燃料禁燃区范围面积，禁燃区面积占全市陆地面积的94.9%。

【环境执法】 2017年，珠海市开展规模化畜禽养殖场和养殖专业户专项检查行动、饮用水源保护区专项监管执法行动。通过执法行动，推进全市畜禽养殖业污染防治和饮用水源保护区内违法建设项目清理整治工作。对重点水体流域开展专项环保执法行动，严厉查处、曝光重点水体流域周边工业污染源环境违法行为。落实全市大气污染防治攻坚战的统一部署，对吉大、前山、唐家、斗门4个敏感区域开展“一日三查”，加强对废气重点排放单位、工业企业堆场、施工工地扬尘管控。开展高栏港区大气污染整治专项行动。结合全省2017—2018年大气和水污染防治专项督查工作，对全市大气和水污染防治工作进行专项自查。开展汛期环境安全检查、集中式饮用水水源环境保护专项行动、地下水环境保护执法专项行动、新青工业园重点污染源监察监测联合行动，全面保障水和大气环境质量。以解决当前影响群众生活环境和社会安全稳定的重点区域环境信访问题为切入点，开展重点区域环境信访问题调处专项行动，化解一批重点区域的环境信访热点、难点问题。打击和取缔前山河流域规定范围内“小散乱污”企业违法违规行为，推动企业守法排污、合法经营。12月22日，根据案审过程和复议、诉讼过程中发现的问题，珠海市环境保护局向各区（功能区）环保局、富山工业园管委会环保局和局相关科室、直属单位发出首份《行政执法监督建议书》，对作为行政处罚依据的《环境监测报告》进行规范。

【大气污染防治】 2017年，珠海市继续实施《珠海市大气污染防治行动方案（2014—2017年）》，出台《珠海市大气污染防治2017年度实施方案》《珠海市大气污染防治强化措施及分工方案》《珠海市轻度及中度污染天气应对方案》《珠海市臭氧污染防治专项行动实施方案》《开展施工扬尘集中整治行动防治大气污染工作方案》《珠海市人民政府关于在2017年12月26—29日实施污染天气应对措施的通知》《横琴新区泥头车管理暂行办法》等专项文件。7月5日，珠海电厂完成1号机组超低排放改造项目。至此，金湾电厂3号、4号机组，珠海电厂1号、2号机组完成全部燃煤机组脱硫除尘、全负荷脱硝改造和超低排放改造任务，4台燃煤机组综合脱硫效率均达95%以上，脱硝设施综合效率达80%以上，全面完成燃煤电厂超低

2017年6月5日，从珠海三中可清晰望见2.3千米外的珠海大剧院
（朱　见　摄）

排放和节能改造工作。完成省政府下达的2014—2017年挥发性有机物（VOCs）重点企业治理任务（56家）。全市112个加油站、57辆油罐车、8座储油库全部完成油气回收改造并通过验收。开展《珠海市固定源VOCs排放情况核查及综合整治方案研究项目》，全面调查掌握行政区域内VOCs排放情况。完成全市非道路移动机械污染防治摸底调查，建立非道路移动机械信息化管理系统。启动5次污染天气应对措施。全年淘汰"黄标车"1454辆（2013—2017年，全市淘汰黄标车和老旧车辆5.56万辆），完成年度任务量的163.6%。

【水污染防治】 2017年，珠海市实施《珠海市2017年水污染整治工作方案》，每月公布全市9个集中式饮用水源地水质监测结果。全市污水处理厂15座（东部城区7座，西部城区7座，海岛区域1座），总设计规模83.4万吨/日。全市配套建设污水干管总长1425.5千米，其中，全年新增污水管网约70千米。城镇生活污水集中处理率96.36%。污水厂污泥基本得到无害化处置。开展黑臭水体整治工作。五福涌、合禾涌等2条省政府挂牌督办的黑臭水体以及南屏东排洪渠、造贝排洪渠、鸡山排洪渠、东岸排洪渠、咸坑河、白头翁涌等6条黑臭水体完成整治工作。周边市民满意度达90%以上，达到"初见成效"的整治要求。黑臭水体消除比例为67%，达到国家和省的消除比例达60%以上要求。开展加油站地下油罐更新改造工作，全市改造加油站56座，未改造58座，完成改造49.1%。改造地下油罐217个，未改造215个，完成改造50.2%。推进水污染防治重点行业企业清洁化改造。13家企业开展新一轮清洁生产审核。

【土壤污染防治】 2017年，珠海市成立土壤污染防治工作领导小组，印发《珠海市土壤污染防治行动计划实施方案》，开展重点行业企业用地土壤污染状况定性调查，完成336家重点行业企业空间位置遥感信息核实和441个农用地详查点位核实。完成《珠海市土壤污染治理与修复规划（2017—2020）》编制。年内，各区（功能区）与19家重点监管企业签订土壤污染防治责任书。

【固体废物处置】 工业危险废物处置 2017年，珠海市产生危险废物企业691家，产生危险废物17.66万吨，比上年增长21%。主要类别为废矿物油（HW08）、表面处理废物（HW17）、含铜废物（HW22）等，主要委托珠海、深圳、惠州、江门等具有危险废物处理资质单位进行处置。处置利用危险废物15.32万吨，贮存量2.34万吨。全市有3家企业通过配套污染防治设施自行处置其产生的危险废物，自行处置3.73万吨。全市危险废物处置利用率达到100%（不含暂贮存厂内部分）。

医疗废物处置 全市医疗废物产生量2047.87吨，增加11%。其中68.45吨因医疗废物焚烧厂维修停产外运至江门医疗废物处置中心处置，其余经珠海城市容环卫综合服务有限公司收集后，交珠海海宜环境投资有限公司医疗废物焚烧厂焚烧处置，处置率为100%。

重金属治理及废旧放射源管理 全年未发生涉重金属突发环境事件和突发公共卫生事件。全市产生废旧放射源13枚，增加160%，均按要求安全回收（收贮）。

【主要污染物减排】 2017年，印发《珠海市2017年主要污染物减排工作推进方案》《珠海市2017年主要污染物总量控制目标》。完成广东省粤电集团有限公司珠海发电厂1号机组超低排放改造项目。至此，全市4台燃煤发电机组全面完成改造工作，大幅降低发电煤耗和污染排放。加强对电厂、钢铁厂等重点行业企业的监管。钢铁厂烧结综合脱硫效率达到80%以上。前山水质净化厂通过环保验收，在建的主要污水处理厂和管网建设进展顺利。珠海化学需氧量、氨氮、二氧化硫、氮氧化物保持下降趋势，完成广东省人民政府下达的主要污染物减排任务。

【环境保护督察】 2017年5月3日，珠海市成立珠海市环境保护督察问题整改工作领导小组，组织对中央环境保护督察反馈问题的整改工作。经过整改，关闭香洲区蛇地坑水库内南湖山庄餐饮项目、梅溪水库附近3个违法窝棚和斗门区南门泵站内长河码头等3处一级饮用水源保护区内项目；清理一批禁养区内养殖项目，包括：高新区2家养鸡场、高栏港区50家生猪散养户、斗门区16家畜禽养殖项目；建成农村污水处理设施132套，探索委托第三方专业技术机构对污水处理设施统一负责日常运行、维护和管理。金湾区、斗门区制定农村生活污水治理设施运行维护管理工作考核办法；市政部门开展垃圾分类试点，科学布局全市生活垃圾焚烧处理设施；主要河流水质保持稳定达标。持续跟进44宗交办案件，定期回查，防止相关问题“回弹”。持续跟进洪湾片区扬尘污染、新青水质净化厂水质不能稳定达标排放等重点案件。香洲区全面开展洪湾片区污染综合整治工作。斗门区推进新青水质净化厂提标改造。市、区环保部门继续对新青水质净化厂周边企业实施执法监督。

【环境信用评价】 2017年6月26日，珠海市在绿色明珠网首次公布企业环境信用评价（市级）结果，其中“环保诚信企业”17家，“环保警示企业”14家，“环保不良企业”10家，其余未公布名单的企业均为“环保良好企业”。

【生态文明制度建设】 2017年，按照《珠海市全面深化改革2017年工作要点》，生态文明体制改革领域包括4项改革内容，分别是率先探索生态文明制度建设、落实省关于自然生态空间统一确权登记工作方案、推进生态环境损害赔偿改革以及制定贯彻国家和省关于污染物排放许可制实施方案的措施。其中，生态文明制度建设方面，重点推进水环境综合整治改革，开展水生态文明城市建设试点，全面实施“河长制”。探索绿色金融创新，印发《珠海市排污权抵押贷款指导意见》，拓宽企业融资的渠道，助力绿色经济发展。污染物排放许可制改革方面，印发《珠海市控制污染物排放许可制实施计划》。5月17日，珠海首张具有全国统一编码的排污许可证核发给广东珠海金湾发电有限公司。全年完成火电、造纸、钢铁、水泥、石化、印染、电镀、制革、农药、制药、制糖等11个行业56家企业排污许可证核发工作。

【环境管理服务】 2017年1月25日，珠海市印发《珠海市环境保护局珠海市发展和改革局关于印发〈珠海市实施差别化环保准入指导意见〉的通知》。该意见从产业布局、总量控制、环境准入三个层面实施差别化环境管理和政策支持。印发《珠海市环境保护局关于扶持实体经济发展的若干措施的通知》，降低实体经济企业成本，支持和推动实体经济发展，助推企业转型升级。实施《珠海市招商引资项目环境影响预评估办法》，开展全市招商引资项目与重大交通项目环境影响预评估，减少政府和企业的资源浪费，加快行政及投资决策效率，对有投资意向、尚未办理落户手续的重大和环境敏感项目提高招商引资的环境效益和综合效益。对奥斯康第三科学园、兴业路快速通道（北段）等拟建项目开展环境影响预评估工作。全年出具6份环境影响预评估报告或初步意见。对环境影响技术评估工作进行改革，分离行政审批和技术审查，通过政府采购方式，引入有资质的第三方评估机构承担技术评估工作。印发《珠海市环境保护局关于印发珠海市重大项目环境影响第三方预评估咨询指引的通知》，旨在促进珠海市实体经济发展和加快推进城市基础设施、公共设施项目建设，优化环评审批服务，提高行政效率。将

横琴滨海湿地公园，位于横琴新区，总面积392公顷，包括芒洲和二井湾红树林湿地片区。图为2017年8月5日拍摄的芒洲湿地片区 （朱　见　摄）

原本由企业承担的技术审查、专家评审费等有关评估评审费用改由珠海市环境保护局承担并纳入该局部门年度预算，进一步减轻企业负担。全年开展16个建设项目的技术评估工作。

【自然生态保护区】 2017年，珠海市各级各类自然保护区9个，其中珠江口中华白海豚自然保护区（国家级）和淇澳—担杆岛省级自然保护区等为中华白海豚、猕猴、红树林、原生森林、水松等物种提供栖息保护。自然保护区总面积6.2万公顷，其中海洋类保护区2个、面积4.84万公顷，陆地类7个、面积1.39万公顷。分别于7月12日、10月18—19日开展绿盾行动，对珠江口中华白海豚国家级自然保护区、淇澳—担杆岛省级自然保护区遥感监测疑似问题清单进行核查。8月29日成立珠海市自然保护区评审委员会，负责：对珠海市调整市（区）级自然保护区的申报进行评审，并提出评审意见；对设立、撤销市（区）级自然保护区提出初审意见；对申报省级自然保护区进行论证，提出建议意见。

【农村环境保护】 2017年，珠海市印发《珠海市“十三五”农村环境综合整治目标任务及年度计划》。金湾区三灶镇的中心村、鱼月村，斗门区莲洲镇的三家村、福安村，井岸镇的新堂村，斗门镇的南门村、新乡村以及高栏港区南水镇的南场村等8个行政村完成农村环境综合整治工作，超过省、市两级规定的目标任务。

【排污权有偿使用和交易试点】 2017年11月2日，珠海市环境保护局、中国人民银行珠海市中心支行、珠海市金融工作局、珠海市财政局联合印发《珠海市排污权抵押贷款指导意见》。全市排污权有偿使用和交易试点工作“1+4”文件体系搭建完成。11月17日，市环境保护局、市公共资源交易中心联合印发《珠海市排污权网上交易操作细则（试行）》，明确珠海市公共资源交易中心为排污权交易平台，排污权出让采用网络竞价方式。12月29日，22家首批自愿参与排污权有偿使用交易的企业获排污权交易鉴证书。全市排污权有偿使用和交易试点工作实现实际交易。

2017年12月29日，珠海市举行首批排污权交易仪式。首批参与排污权交易的企业获《珠海市排污权交易鉴证书》 （市环保局 供稿）

【地表水监测事权上收】 上收地表水环境质量监测事权是深化环境监测体制改革的核心内容，2017年9月底起，原环境保护部全面部署国家地表水环境质量监测事权上收工作。珠海市环境保护监测站按时按质完成尖峰大桥、石角咀水闸、布洲、珠海大桥、鸡啼门大桥等5个珠海市地表水国考断面桩的选点设置及安装，完成任务进度100%。开展采测分离监测工作模式，承担中国环境监测总站分配密码样的分析测试与数据直报任务，协助第三方机构完成水质采样监测工作。对原负责监测任务的国考断面继续开展同步采样与监测。10—12月接收采测分离的水样869瓶，通过中国环境监测总站管理系统上报分析数据1365个。推进尖峰大桥、石角咀水闸、布洲、珠海大桥、鸡啼门大桥等5个国考断面的水环境质量自动监测站建设。编制选址论证方案和站房建设所需的道路交通、水电通信等“四通一平”预算，形成《水站选址论证资料（珠海市）》并上报广东省环境监测中心。

（余乐富）

·责任编辑：曾维浩·

开放型经济·民营经济

开放型经济

对外和对港澳台贸易

【概 况】 2017年，珠海市外贸和对港澳台贸易额2990.12亿元，比上年增长8.6%。其中，出口（或销售）额1882.98亿元，增长4.4%；进口（或购入）额1107.14亿元，增长16.4%。进出口、出口（或销售）、进口（或购入）规模在全省分别排第六位、第七位和第六位。

【出口贸易】 2017年，珠海市出口额中，一般贸易出口1112.05亿元，比去年增长9.5%；加工贸易出口684.82亿元，下降7.1%。外商投资企业出口788.06亿元，下降5.1%；国有企业出口212.79亿元，下降1.0%；集体企业出口28.90亿元，增长63.5%；私营企业出口853.23亿元，增长15.5%。出口商品销往217个国家和地区。

【进口贸易】 2017年，珠海市进口额中，一般贸易进口543.90亿元，比上年增长27.4%；加工贸易进口330.16亿元，增长29.2%。

2017年珠海市外贸出口主要商品情况

商 品	出口额（亿元）		
	总 量	增速（%）	比重（%）
总 计	1882.98	4.4	100.0
机电产品	1382.71	8.0	73.4
高新技术产品	607.77	24.4	32.3
空气调节器	144.72	13.9	7.7
印刷电路	66.04	9.3	3.5
服装及衣着附件	57.92	−41.8	3.1
灯具、照明装置及类似品	37.87	12.6	2.0
电话机	33.28	−43.5	1.8
塑料制品	31.40	−0.7	1.7
陶瓷产品	26.91	4.8	1.4
自动数据处理设备及其部件	25.50	−7.8	1.4
家具及其零件	22.86	−5.7	1.2
鞋 类	22.75	−16.5	1.2
医药品	22.08	16.3	1.2
液化石油气及其他烃类气	21.89	34.9	1.2
玩 具	21.80	75.1	1.2
通断保护电路装置及零件	21.71	6.9	1.2
电视机（包括整套散件）	20.93	8.5	1.1
电动机及发电机	19.91	15.2	1.1
纺织纱线、织物及制品	19.51	−34.6	1.0
钢 材	19.01	35.4	1.0

外商投资企业进口586.96亿元，增长29.8%；国有企业进口283.27亿美元，增长21.5%；集体企业进口16.21亿元，下降26.1%；私营企业进口220.70亿元，下降9.4%。进口商品来自131个国家和地区。

2017年珠海市外贸进口主要商品情况

商　品	进口额（亿元）		
	总　量	增速（%）	比重（%）
总　计	1107.14	16.4	100.0
机电产品	511.31	3.0	46.2
高新技术产品	334.58	–3.3	30.2
原　油	219.84	27.4	19.9
集成电路	170.32	–3.2	15.4
液化石油气及其他烃类气	51.98	4.2	4.7
二甲苯	46.51	93.7	4.2
通断保护电路装置及零件	30.52	30.7	2.8
初级形状的塑料	29.02	25.1	2.6
成品油	26.38	63.9	2.4
铁矿砂及其精矿	23.11	209.5	2.1
变压、整流、电感器及零件	18.53	–20.4	1.7
二极管及类似半导体器件	17.79	15.6	1.6
印刷电路	17.12	27.7	1.5
纸　浆	14.60	48.9	1.3
印刷、装订机械及零件	12.89	–4.7	1.2
液晶显示板	11.15	54.6	1.0
计量检测分析自控仪器及器具	9.75	–2.8	0.9
未锻造的铜及铜材	8.90	–12.1	0.8
非泡沫塑料的板、片、膜、箔	8.44	6.4	0.8
医药品	8.06	7.4	0.7

【服务贸易】　2017年，珠海市服务贸易进出口额394亿元，比上年增长9.25%，总量列全省第五位，服务贸易占对外贸易比重11.6%，达到历年最高水平。全市完成服务外包执行金额2.68亿美元，增长47.9%，比全省高15个百分点，完成全年任务的134%，比全省高13个百分点；其中离岸执行金额1.79亿美元，占比67%，比全省高1个百分点；累计登记服务外包企业174家，服务外包从业人员累计3.7万人，其中大学（含大专）以上学历1.5万人，培训人才4506人。全市登记109份技术进出口合同，其中技术进口38份，技术出口71份，共涉及金额7.63亿美元，同比增长370%。是年，支持36家服务贸易企业申报国家和省级的相关资金项目48项，落实中央和省级资金409万元，组织46家企业参加国内外经贸活动9场。

【加工贸易】　2017年，珠海市加工贸易企业总数444家，加工贸易进出口1014.98亿元，比上年增长2.23%，占全市份额33.94%。其中出口684.82亿元，下降7.11%，占全市份额36.37%；进口330.16亿元，增长29.17%，占全市份额29.82%；加工贸易高新技术产品出口278.2亿元，增长8.93%，占全市份额45.77%。　（廖　慧）

【引进投资】　2017年，珠海市新设外商和港澳台商投资企业1565家，比上年增长94.9%；其中，合同外资和港澳台资金1000万美元以上项目84个。合同金额107.19亿美元，增长18.4%。实际吸收投资24.33亿美元，增长6.0%。

实际吸收中国香港特别行政区资金 10.82 亿美元，增长 2.6%；实际吸收中国澳门特别行政区资金 4.20 亿美元，下降 27.5%。实际吸收美国资金 2.54 亿美元，增长 41.3%。制造业实际吸收外资 8.67 亿美元，增长 31.1%；服务业实际吸收外资 12.81 亿美元，增长 8.5%。（刘少仰）

对外和对港澳台经济合作

【概　况】　至 2017 年底，珠海市累计对外和对港澳台投资项目达 408 个，协议投资总额达到 99.72 亿美元。珠海市投资遍及全球 36 个国家和地区，主要集中在北美及中国港澳地区，其中对北美地区协议投资 46.02 亿美元，所占比重为 46.15%；对中国港澳地区协议投资 38.05 亿美元，所占比重为 38.15%。投资产业主要集中在第三产业（占 61.17%）及第二产业（占 38.51%），涉及 18 个门类。其中，智能制造和信息技术两大支柱产业占比近 50%。对中国澳门劳务合作新签劳务人员合同工资总额 0.43 亿美元，劳务人员实际收入总额 3.86 亿美元；劳务合作年末人员 3.3 万人。（温晓敏）

【经贸代表处】　至 2017 年底，珠海市有驻德国、美国、马来西亚、以色列和中国香港特别行政区等 5 个经贸代表处。全市驻境外代表处对接有效项目 44 个，投资总额达 170.6 亿元，其中欧洲 20 个，北美洲 12 个，东南亚国家 6 个，中国香港特别行政区 6 个。从产业类别看，装备制造业项目 17 个，现代服务业 5 个，电子信息业 2 个，生物医药 7 个，其他产业 13 个。

（徐斯源）

民营经济

【概　况】　至 2017 年底，珠海市实有民营（非公有制）商事主体（含私营企业、个体工商户、外商投资企业、农民专业合作社）27.51 万户（含横琴新区，下同），其中私营企业 11.03 万户，比上年增长 22.99%，注册资本（金）21588.72 亿元，增长 51.54%；外商投资企业 8305 户，增长 24.81%，注册资本（金）463.16 亿美元，增长 35.98%；个体工商户 15.62 万户，增长 7.75%，投资金额 681，448.73 万元，增长 23.02%；农民专业合作社 270 户，增长 14 户，增长率为 5.47%，出资总额 36861.77 万元，增长 8.79%。新登记私营企业 2.35 万户，增长 15.51%；新登记外商投资企业 1804 户，增长 88.31%；新登记个体工商户 2.44 万户，增长 12.66%；新登记农民专业合作社 24 户。私营企业单体实力明显提升，户均资本规模增长 23.21%，达 1957.57 万元 / 户；外资企业户均资本规模增长 8.95%。外资企业、个体工商户、农民专业合作社户均资本规模分别为 557.69 万美元 / 户、4.36 万元 / 户、136.53 万元 / 户，比上年有所提高。

【个体工商户】　至 2017 年底，珠海市实有个体工商户 15.62 万户，比上年增长 7.75%；投资金额 68.14 亿元，增长 23.02%。从历年新登记情况来看，个体工商户增长速度有所放缓，其主要原因有：全市工商系统大力支持个体工商户转型升级，通过支持、引导经营能力强的个体工商户依法向生产经营规模化、组织形式企业化发展，减少了个体工商户数量；商事登记便利化改革措施及《公司法》的修订，使公司注册更加便利、门槛降低，投资者更加倾向于注册小微企业。

【有限责任公司】　至 2017 年底，珠海市有私营企业 11.03 万家，比上年增长 22.99%。其中个人独资企业 1821 家，合伙企业 6403 家。私营有限公司 10.17 万家，占私营总户数的 92.17%。有限责任公司是私营企业的主要形式，一人有限公司达 27637 家，其中自然人独资有限公司 27616 家，是个人独资企业的 15.16 倍。一人有限公司逐步壮大而个人独资企业逐步萎缩。实施商事登记制度改革及《公司法》修订实施后，公司的准入门槛大大降低，一人有限责任公司既有个人独资企业没有的法人资格，又有个人独资企业具有的如经营理念、运行机制灵活，避免很多诸如股东之间意见不一致、债务纠纷等优势，大受投资者青睐。（张述桐）

【民营经济创新能力】　2017 年，珠海市民营企业拥有国家级和省级工程中心、企业技术中心 255 家，占全市比重 77%；省级民营企业创新产业化示范基地 19 家，市级民营企业创新产业化示范基地 94 家；全市民营科技企业 175 家，全市 1400 余家高新技术企业中民营企业占比超过八成。珠海南方软件园发展有限公司和珠海壹拾贰文化创意产业园发展有限公司获认定为国家级小型微型企业创业创新示范基地。

【民营经济融资服务】 2017年，珠海市推动农业担保股权变更、珠海格力担保组建、粤财普惠（珠海）担保业务落地，初步建立国有控股担保公司主导、民营担保补充的融资担保体系。为中小微企业提供96笔共6.36亿元贷款，其中，担保贷为中小微企业提供80笔4.48亿元贷款，支小贷为中小微企业提供11笔1.59亿元贷款，助保贷为中小微企业提供4笔0.21亿元贷款，技改贷为中小微企业提供1笔800万元贷款。融资增信子平台撮合1897笔企业贷款，合计95.34亿元，缓解了部分民营中小企业融资难问题。

【民营经济公共服务体系】 2017年，珠海市升级珠海企业服务平台（政企云）服务能力，建立覆盖市区镇街共38个三级网络服务网点"珠海政企云服务平台工作站"，联络员达100人，初步建成市区镇三级联动服务体系。通过统一门户网站、热线电话及网上客服、政策信息发布推送、诉求办理、融资增信等系统模块为全市民营中小企业提供经营发展所需各项服务。珠海出入境检验检疫局检验检疫技术中心获认定为国家级中小企业公共服务示范平台，为全市首家国家级中小企业公共服务示范平台。拥有省级中小企业公共服务示范平台9家，市级中小企业公共服务示范平台38家。全年开展民营中小企业培训活动114场，参训企业人员超过1.1万人次。组织150名民营企业家开展两期国内知名高校专题研修班和一期香港大学创新发展研修班。

【民营经济政策支持】 2017年，珠海市贯彻落实《加快民营经济发展的若干措施》，安排1.15亿元年度民营经济发展专项资金，按照措施内容和相关预算划分到区和职能部门。4月5日，珠海市事业单位管理局核准成立珠海市民营经济发展研究院，打造高端新型智库。利用暨南大学人才资源，为民营经济发展提供决策咨询和技术支撑。编制印发《珠海市战略性新兴产业重点产品推广指导目录》，安排105家企业240个产品录入。

【民营经济资金扶持】 2017年，珠海市民营及中小微企业发展专项资金安排618万元，对中小企业信用担保体系、民营及中小企业公共服务平台给予财政资金支持；安排719万元兑现企业创新创业大赛奖励资金和中国民营500强奖励资金。争取省级中小企业发展专项资金1500万元，用于高新区小微企业创业创新示范城市建设和中小企业服务券试点工作；争取省级工业和信息化专项资金2002.65万元用于支持民营中小企业上市融资和新三板挂牌。推动小微企业"幼狮计划"和小微工业企业上规模工作。全年新增规模以上工业企业183家。

（邓　宇）

【民营经济产业布局优化】 至2017年底，珠海市第一、二、三产业民营（非公有制）商事主体分别为1385户、22032户和251665户，分别比上年增长25.23%、17%和13.63%，占全市民营（非公有制）商事主体的0.50%、8.01%和91.49%，占比分别提升0.04、0.21和-0.25个百分点。产业结构趋向于更加合理。大批商业、旅游、能源、金融等行业相互融合形成的新型商业综合体落户横琴新区，对横琴第三产业的发展具有强劲的拉动作用。

（张述桐）

2016—2017年，珠海市企业增长情况

企业类型	期末实有企业总量（家）			
	2016年12月	2017年12月	增长量	占全年企业增量比例（%）
内资（非私营）企业	12626	15278	2652	10.63
私营企业	89666	110283	20617	82.69
外资企业	6654	8305	1651	6.62
农民专业合作社	256	270	14	0.06
合　计	109202	134136	24934	100

2016—2017 年珠海市民营（非公有制）商事主体产业分布情况

产业名称	2016 年 12 月		2017 年 12 月		同比增长率
	户数	占比（%）	户数	占比（%）	
第一产业	1106	0.46	1385	0.50	25.23
第二产业	18832	7.8	22032	8.01	17
第三产业	221479	91.74	251665	91.49	13.63

2017 年珠海市行政（功能）各区商事主体占比情况

行政（功能）区	私营企业（%）	个体工商户（%）
横琴新区	36.66	0.74
香洲区	42.05	35.39
斗门区	8.73	37.46
金湾区	5.94	10.71
高新区	4.33	9.73
高栏港区	1.62	5.4
万山区	0.66	0.56

2016—2017 年珠海市商事主体总量结构变动情况

企业类型	2016 年 12 月（%）	2017 年 12 月（%）
内资（非私营）企业	4.97	5.26
私营企业	35.27	37.98
外资企业	2.62	2.86
个体工商户	57.04	53.80
农民专业合作社	0.10	0.09

·责任编辑：曾维浩·

旅游业·会展业

旅游业

【概　况】 2017年，珠海市接待旅游总人数3980.69万人次，比上年增长2%，其中接待入境游客499.46万人次，境内游客3481.23万人次。全年实现旅游总收入367.7亿元，增长16%。其中旅游外汇收入12.1亿美元，增长15.8%，境内旅游收入286亿元，增长15.5%。全年接待过夜游客2288.63万人次，其中入境过夜游客318.25万人次。

【旅游产业规模】 2017年，纳入统计范围的宾馆饭店平均开房率为60.57%。旅行社组团境内游116.94万人次，出境游48.27万人次。纳入统计范围的景点全年接待游客2138.55万人次。全市有星级饭店66家，五星级饭店8家，四星级饭店8家，三星级47家，二星级3家。全市有旅行社188家，其中组团出境的旅行社49家。至年底，全市景区（点）45个，A级景区6个，其中国家4A级景区6个。全市持证导游6978人（含持高级导游证5人，中级导游证101人），其中专职导游679人，兼职导游6299人。

【入境旅游】 2017年，珠海市接待入境游客499.46万人次，比上年增长1.5%.入境游客按客源地分，外国人62.93万人次，下降1.2%；香港同胞175.68万人次，下降2.4%；澳门同胞181.78万人次，增长6.1%；台湾同胞79.07万人次，增长2.6%。旅游外汇收入12.1亿美元，增长15.8%。

【出境旅游】 2017年，珠海旅行社组团出境游48.27万人次，比上年下降2.4%。其中，中国香港游15.26万人次，下降14.1%；中国澳门游8.78万人次，下降26.9%；中国台湾游0.69万人次，下降37.7%；其他国家和地区游23.53万人次，增长26.9%。

【境内旅游接待与收入】 2017年，珠海市接待境内游客3481.23万人次，比上年增长2.1%。旅行社组团境内游116.94万人次，增长8.4%。其中，省内游82.33万人次，增长7.5%；省外游34.61万人次，增长10.7%。境内旅游收入286亿元，增长15.5%。

【假日旅游】 2017年，珠海市春节黄金周、“五一”国际劳动节小长假和“十一”国庆节黄金周接待游客总人数534.94万人次，比上年增长10.9%。其中春节黄金周，全市接待游客162.28万人次，增长17.7%；旅游收入9.4亿元，增长23%。“五一”国际劳动节小长假3天，接待游客135.49万人次，增长18.5%。“十一”国庆节黄金周8天接待游客237.17万人次，增长2.1%(按7天可比口径,下同)；旅游收入13.7亿元，增长5.6%。

【旅游推广】 2017年，珠海市利用多种渠道广泛开展旅游宣传推广。内源依托官方网站、微信公众号及借助电视台、电台、报刊纸媒等渠道对旅游信息进行宣传报道，外源借助同程旅游、今日头条、腾讯大粤网等专业的新媒体平台宣传。在省旅游局的支持下，珠海3月在中央电视台4频道《城市1对1》节目中精彩亮相；12月在珠海举办2017广东旅游文化节。12月12日，珠海市参与发起成立粤港澳大湾区城市旅游联合会。在珠海横琴成立大会现场，通过《粤港澳大湾区城市旅游联合会章程》。发布全新制作的珠海旅游城市形象宣传片，向全国各地以及境外21个国家和地区的参会嘉宾展示珠海全域旅游创建的成果。

【旅游市场监管】 2017年，珠海市通过信息化手段实现对旅行社团队、导游及领队的日常管理和服务质量监管。按照《广东省旅游局关于换发电子导游证的通知》要求开展电子导游证的换发工作，至年底审核、换发3048人，领队人员审核491人。开展旅行社接待外国人“144小时便利签证措施”旅游团管理工作，全市办理签证7640团，25189人，旅客来源于51个国家。组织开展“旅游团队服务管理系统”管理工作，审核出境旅行团1975个，29402人。完善旅游市场综合监管机制，开展旅游市场联合执法。按照国家和省旅游局的部署，全市开展旅游市场秩序综合整治春季行动和暑期行动。国庆节前夕，市委、市政府部署开展旅游购物市场专项整顿。市政府相关部门和各区成立专项整治工作组，以高新区、香洲区、斗门区为重点整治区域。全年珠海市文化体育旅游局（简称文体旅游局）出动执法人员1084人次，检查旅游经营场所496家次，与物价、公安、工商、交通、质监等部门采取联合行动19次，查处违规涉旅企业5家次，查处违规导游2人，处罚6.33万元。

【重大旅游项目】 2017年，珠海市建立完善市、区两级旅游部门共同推进的重大旅游项目跟踪服务责任制，加快推进横琴国际休闲旅游岛、长隆二期、海泉湾二期、御温泉二期、岭南大地田园综合体等重大旅游项目建设工作。支持旅游企业开展各级荣誉申报工作。圆明新园、爱飞客航空俱乐部、农科奇观申报第二批港澳青少年游学基地。逸丰生态养生园、十里莲江农业观光体验园、竹洲水乡水利风景区、岭南大地田园综合体、绿色家园申报省级乡村旅游重点项目。东澳岛玲玎海岸项目、罗西尼钟表文化产业园申报省旅游发展高端旅游项目专项资金。逸丰生态养生园、南屏北山申报省级乡村旅游发展典型案例。

2017年12月12日，粤港澳大湾区城市旅游联合会在珠海横琴新区成立

（市文体旅游局 供稿）

【旅游行业培训】 2017年，珠海市通过政策宣讲、行业培训等形式引导旅游经营者和从业人员自觉遵守法规和市场规则，规范从业的经营、履约、服务行为。2月17日，市文体旅游局联合拱北海关举办海关行李物品监管政策宣传会，旅行社协会会员及导游110人参会。5月26日，旅行社协会、饭店行业协会分别与市国税局直属税务分局联合举办税收政策专题培训，近500人参加，现场酒店企业签署《规范开票，诚信纳税倡议书》。7月21日，旅游总会联合中国银行举办出境游保证金代保管业务政策宣讲及培训，5家旅行社与中国银行签订合作意向书。8月26日，饭店协会针对台风期间酒店价格发布诚信经营的倡议书。11月15日旅行社协会、江泰保险公司联合举办旅行社风险管控培训活动。8—9月，针对强台风“天鸽”的破坏，组织志愿人员开展清障志愿服务。市旅游志愿服务总队获香洲区拱北街道办授予“抗风救灾先进集体”称号。2月10日，在珠海大剧院和野狸岛公园开展珠澳导游“为文明旅游点赞”宣传活动。

【旅游安全管理】 2017年，珠海市旅游行政部门与全市旅游企业签订《安全生产责任承诺书》。重点抓好党的十九大特别防护期和节假日旅游旺季的安全生产工作，加强督导检查。7月在珠海农科中心举办珠海市旅游安全生产知识培训暨消防突发事故应急处置演练活动，10月，开展消防安全培训和消防技能实操竞赛。建立规范指引，制定《珠海市台风暴雨极端天气期间文化体育旅游行业应急工作指引》。推广应用省旅游局开发的《广东旅游应急管理平台》，实现与各级旅游管理部门、景区、星级酒店和旅行社多级联动与应急协同，提升旅游安全预警预报和应急处置能力，推进全市旅游安全科学化、信息化、智能化建设。

【旅游投诉处理】 2017年，珠海市文体旅游局接到各类旅游投诉293宗，涉及1963人，退赔金额336万余元。其中涉及旅行社投诉92宗246人，退赔31万余元；涉及酒店投诉20宗34人，退赔4万余元；涉及景点投诉13宗33人，退赔1万元；涉及购物投诉158宗1016人，退赔289万元；其他投诉10宗634人，退赔10万元。

【旅游厕所建设】 2017年，根据《珠海市旅游厕所建设管理三年行动计划》，市委农办和市文体旅游局联合印发的《关于加强农村厕所建设工作的通知》，全市各区（功能区）将新农村厕所建设纳入工作日程，结合新农村建设规划和产业发展实际，按照《珠海市公共厕所建设管理指南》的要求，以数量充足、等级达标为目标，有针对性地加强厕所配套建设。至年底，全市计划建设旅游厕所40间，完成建设53间（其中新建22间、改建31间，2015—2017年三年计划新建改建厕所150座，实际完成新建改建厕所186座），有效解决城区和旅游景区景点广大群众及游客入厕难的问题。

【2017广东旅游文化节】 经省委、省政府批准，由广东省旅游局、广东省文化厅、珠海市人民政府共同主办，珠海市文化体育旅游局承办，珠海华发文化传播有限公司执行。2017年12月12日，广东旅游文化节在珠海大剧院开幕，主题为“活力广东·浪漫珠海”，主要由开幕式、惠民欢乐嘉年华、两广城市旅游联席会议、旅游论坛以及珠海特色旅游线路推介等5个板块组成，有21个国家驻穗总领馆代表，14个省（区、市）旅游部门负责人、中国港澳地区旅游部门负责人、广东21个地市政府领导和旅游部门负责人，以及德国、马来西来等国际旅游业界人士、旅游投资商等约800人参加。

（李伟华、张苑红、黄玉玲）

会展业

【会议业】 2017年，珠海市依托优美的城市环境及先进的展馆硬件设施，会议业在规模与质量上均呈快速增长态势。会议业的经济效应首次赶超展览业，重要性突显，

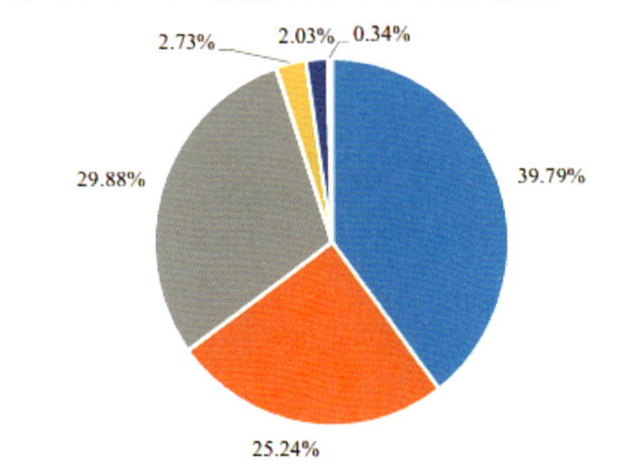

2017年会议规模占比图

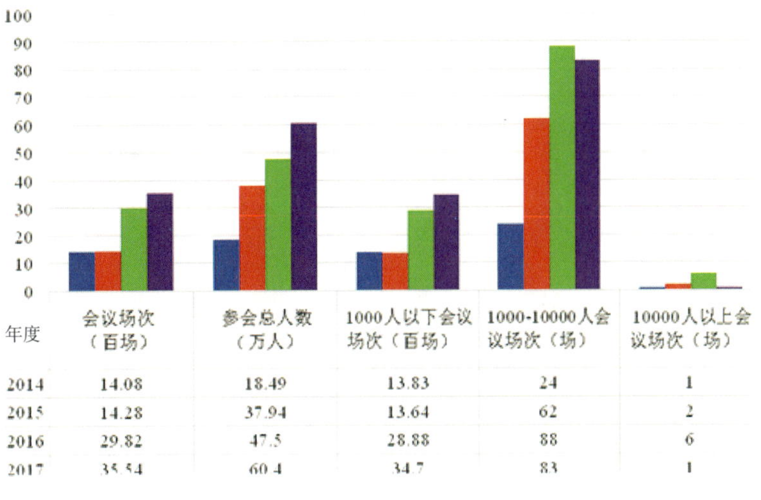

年度	会议场次（百场）	参会总人数（万人）	1000人以下会议场次（百场）	1000-10000人会议场次（场）	10000人以上会议场次（场）
2014	14.08	18.49	13.83	24	1
2015	14.28	37.94	13.64	62	2
2016	29.82	47.5	28.88	88	6
2017	35.54	60.4	34.7	83	1

2014—2017年珠海会议数据对比图

逐渐占据主流地位。全年举办会议3554场，比上年增长19.18%；参会总人数达60.4万人次，增长27.16%；3000人以上的大型会议12场，增长20%。会议业总体经济效益达83.85亿元，占全市GDP的3.27%。

【展览业】 2017年，珠海市举办各类展览23场，室内展览总面积超31.1万平方米，观众总数超过42万人次。展览题材、组织运营、观众服务等方面的专业化程度和行业集中度获提升。展览总体经济效益达42.72亿元，占全市GDP1.67%。

【会展招商】 2017年，珠海市发挥品牌展会招商引资功能，利用第三届中（国）以（色列）科技创新投资大会、中国—拉美国际博览会、打印耗材展览会、中华医学会第十九届骨科学术会议暨第十二届国际学术大会、中国（珠海）绿色电力创新大会暨展览会以及横琴国际医疗健康产业高峰论坛暨投融资大会等品牌展会平台，以展招商。在中（国）以（色列）科技创新投资大会开幕式上，有14个项目启动、签约，涉及总金额25.18亿美元。中国—拉美国际博览会促成73个合作项目签约，涵盖现代物流、石油化工、家电电器、打印耗材等领域，首批15个合作项目签署入驻横琴中拉经贸合作园协议。

【会展交流合作】 2017年，珠海市与澳门贸易投资促进局、澳门展贸协会、澳门会议展览业协会、南光集团等政府、业界社团和会展人士建立常态化互访交流合作机制。以市场为先导，推动珠海国际会展中心、横琴长隆横琴湾酒店和香港亚洲国际博览馆、香港富豪酒店开展合作，共同打造“港珠澳桥头大桥会展旅游带”。

【中华医学会第十九届骨科学术会议暨第十二届COA国际学术大会】 2017年11月15—18日，在珠海举行。由中华医学会、中华医学会骨科科学分会主办，来自31个国家和地区的364名骨科专家与会。设特装展区2.55万平方米，参展企业246家，参展商4000人，观众7万人次。

【中国（珠海）国际打印耗材展览会】 2017年10月12—14日，在珠海国际会展中心举办。展会吸引来自28个国家和地区的482家展商和104个国家和地区的1.5万名专业观众，连续第八届蝉联世界最大的打印耗材展览会。总体观众数量、新观众比例、海外观众比例均刷新纪录。展会结合欧、美、亚三大洲的展会活动，为打印耗材中小企业发起全球推广。海外实力买家团成员主要来自欧洲、北美、南美、中东、非洲、澳大利亚、印度和东南亚等国家和地区，采购金额3252万美元。

【“21世纪海上丝绸之路”国际传播暨中国（广东）企业走出去论坛】 2017年11月28—30日，在珠海举行。该论坛经中宣部国际联络局备案同意，旨在打造集对外宣传、国际合作、研讨对话及成果发布于一体的国际交流合作新平台和国际传播新品牌。100多名外籍专家、80家媒体记者和上千名各界人士，围绕“一带一路”沿线合作、提升中国企业国际形象以及扩大中国方案在国际上的传播力等主题在论坛展开讨论。该论坛确定永久落户珠海。

【中国（珠海）绿色创新电力峰会暨展览会】 2017年12月14—16日，在珠海举行。由中国电力企业联合会、中国国际贸易促进委员会电力行业委员会、中国南方电网有限责任公司、华北电力大学、珠海

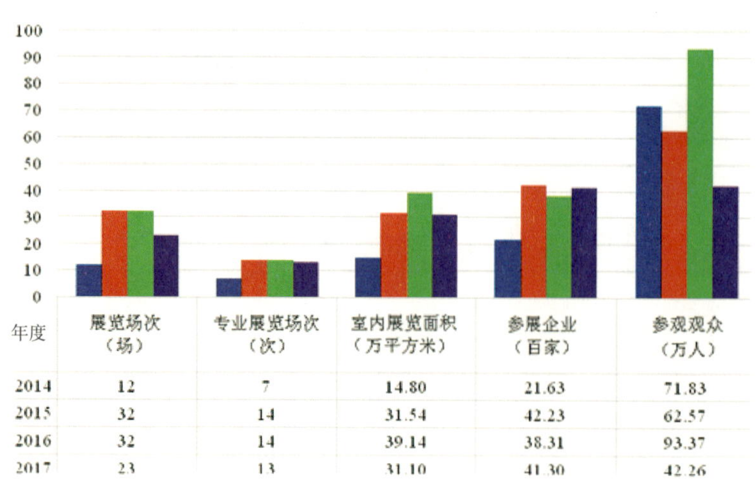

年度	展览场次（场）	专业展览场次（次）	室内展览面积（万平方米）	参展企业（百家）	参观观众（万人）
2014	12	7	14.80	21.63	71.83
2015	32	14	31.54	42.23	62.57
2016	32	14	39.14	38.31	93.37
2017	23	13	31.10	41.30	42.26

2014—2017年珠海展览数据对比图

市会展集团有限公司共同主办，中国电力企业联合会科技开发服务中心、珠海博联国际会展有限公司、北京泰格尔展览有限公司共同承办。峰会以“引领粤港澳大湾区电力创新”为主题，同期开设一个主论坛、7场专题分论坛和5大精品展，展览总面积达1.6万平方米，汇聚131家电力企业，吸引海内外专业观众逾1.3万人次。

2017年12月13—15日，全球无人系统大会在珠海喜来登酒店举行。图为无人机展示 （市会展局 供稿）

【全球无人系统大会暨中国（珠海）国际无人系统博览会】 2017年12月13—15日，在珠海喜来登酒店举行。大会分为主论坛和警用及应急无人系统应用论坛。行业专家、企业代表约800人参加。同期举办中国（珠海）国际无人系统博览会。展会展出面积5000平方米，展品汇聚无人机、无人车、无人船等生产企业和机型，致力打造智能化综合性展览会。

2017年珠海市展览项目

序　号	举办日期	展会名称	举办地点	主承办单位
1	1月1—3日	珠海报业元旦房车联展	珠海体育中心	珠海报业传媒控股有限公司
2	1月5—22日	广东省（珠海）折扣购物节	珠海国际会展中心	广东博浩展览发展有限公司
3	3月18—19日	珠海报业2017斗门315春季车展	斗门区体育馆	珠海报业传媒控股有限公司
4	5月1—3日	珠海报业五一房车联展	珠海体育中心	珠海报业传媒控股有限公司
5	7月20—22日	珠海第四届ANIMATION SHOW动漫游戏节	珠海国际会展中心	珠海报业传媒控股有限公司
6	7月22—23日	珠海报业2017斗门夏季车展	斗门区体育馆	珠海报业传播控股有限公司
7	9月4—9日	2017第四届珠海先进制造业装备展览会	珠海国际会展中心	广东亚联展览股份有限公司
8	9月23—24日	04直线竞速汽车文化节（秋季）	珠海国际航展中心	珠海航展广告有限公司、深圳豪霆赛车文化发展有限公司、北京埃速达文化传播有限公司
9	10月1—3日	珠海报业十一房车联展	珠海体育中心	珠海报业传媒控股有限公司

（续 表）

序 号	举办日期	展会名称	举办地点	主承办单位
10	10 月 1—8 日	2017 珠海首届广电城市生活节	珠海国际会展中心	珠海广播电视台、珠海国际会展中心
11	10 月 12—14 日	2017 中国（珠海）国际打印耗材展览会	珠海国际会展中心	珠海再生时代文化传播有限公司
12	10 月 12—14 日	2017 中国（珠海）国际 3D 打印展览会	珠海国际会展中心	珠海再生时代文化传播有限公司
13	11 月 3—5 日	2017VEX 机器人展览会暨中国区选拔赛	珠海国际航展中心	亚洲机器人联盟、海横琴维思港机器人科技有限公司、珠海航展广告有限公司
14	11 月 9—11 日	中国—拉美国际博览会	珠海国际会展中心	中国国际商会
15	11 月 15—18 日	中华医学会第十九届骨科学术会议暨第十二届 COA 国际学术大会	珠海国际会展中心	中华医学会、中华医学会骨科分会
16	11 月 30 日—12 月 3 日	珠海国际汽车展览会	珠海国际航展中心	贸促会汽车行业分会、东望洋展览有限公司
17	12 月 2—18 日	2017 品牌服装服饰折扣商品（珠海）购物节	珠海国际会展中心	广东博浩展览发展有限公司
18	12 月 7—9 日	第四届留学生节暨 2017 海外学人回国创业周展览	珠海国际会展中心	珠海华发城市艺术发展有限公司
19	12 月 12 日	2017 广东旅游文化节	珠海大剧院	广东省旅游局
20	12 月 13—15 日	中国（珠海）国际无人系统博览会	珠海国际会展中心	中国人工智能学会、珠海市无人机协会
21	12 月 14—16 日	2017 中国（珠海）绿色创新电力大会暨展览会	珠海国际会展中心	中国电力企业联合会、中国国际贸易促进委员会电力行业委员会、中国南方电网有限责任公司、华北电力大学、珠海市会展集团有限公司
22	12 月 20—22 日	第八届华南小动物医师大会	珠海国际会展中心	珠海市香洲区宠物行业协会
23	2017 年 12 月 30 日至 2018 年 1 月 1 日	2017 珠港澳国际电玩动漫展	珠海国际会展中心	珠海市华昇展览有限公司

（安琪儿）

·责任编辑：曾维浩·

教育·科技

教 育

概 述

【概 况】 2017年，珠海市有幼儿园318所，在园幼儿77854人，招生15980人，毕业15025人。全市幼儿园教职工11178人，其中专任教师5768人。小学122所，在校生162238人，招生29876人，毕业22605人。学龄儿童净入学率101.82%；小学毕业生升学率97.18%。全市小学专任教师6900人。普通中学74所，在校生90237人，招生32461人，毕业27283人。其中初中54所，初中在校生60246人，招生21968人，毕业18079人；普通高中20所，在校生29991人，招生10493人，毕业9204人。普通中学专任教师8359人，其中初中专任教师5319人，普通高中专任教师3040人。初中毕业生升学率为93.57%，高中阶段毛入学率116.60%。中等职业学校13所，在校生28311人，招生8454人，毕业8868人，教职工1735人，专任教师1356人。其中技工学校4所，在校生8194人；招生2548人，毕业1961人，教职工572人，专任教师404人。普通中专2所，在校生4080人，招生1282人，毕业1421人，教职工210人，专任教师107人。职业高中7所，在校生16037人，招生4624人，毕业5486人，教职工953人，专任教师845人。普通高中与职业高中在校生比例为51∶49。特殊教育学校2所，在校生472人，招生98人，毕业57人，教职工149人，其中专任教师110人。有中山大学珠海校区等10所高等学校（校区、学院），全日制本专科在校生13.68万人，招生36436人，毕业30797人，专任教师6528人。全年有24.14万名学生享受中小学12年免费教育，财政补贴3.71亿元，其中免费义务教育21.29万人，财政补贴3.21亿元。

【教师队伍建设】 2017年，珠海市开展“我喜爱的老师”评选活动，廖秋玲等21名教师被评为年度“我喜爱的老师”，推荐叶芬等3名教师参加“广东最美教师”评选。推进名师队伍建设，遴选推荐省特支计划名师、名校长、中小学名师工作室主持人12名。做好学校岗位设置、岗位聘任和中小学教师专业技术资格评审、中小学教师资格考试和注册工作。调整和增补中小学教师职称评审委员会专家库。向省推荐中小学正高级教师13人。全年785人申领中小学（幼儿园）教师资格证，2万多名中小学在岗教师进行教师资格注册。完成中小学校长和骨干教师培训、高中教师职务培训、第二十五期中学新任教师培训、中小学教师信息技术应用能力提升培训、幼儿园园长培训、班主任培训等各级各类培训任务，促进全市中小学校长、幼儿园园长和教师队伍整体素质的提升。

【学校建设】 2017年，珠海市扩大学位供给，推进12所中小学校建设，完成4所学校建设，其中中山大学附属小学和中学、礼和小学已招生，其余8所学校建设按计划有序推进。金湾一中（广东省实验中学珠海金湾学校）建设竣工。按国家级示范性普通高中标准建设的珠海中学项目于10月底举行开工仪式。

【教育科研】 2017年，珠海市完成全国义务教育阶段学生科学和德育质量监测工作，开展普通高中教学质量监测和分析。落实和推进学科教研基地活动，市教研中心学科教研员每月赴学科基地开展教研指导活动两次以上。组织开展青年

位于金湾二路的珠海金湾区航空新城小学，2017 年 3 月建成，占地面积 2.19 万平方米，总建筑面积 1.85 万平方米，办学规模 36 个教学班 （游 涛 摄）

教师教学技能大赛、高中数学应用与创新活动、化学实验创新成果大赛、中小学实验教学课活动等学科竞赛活动，为教师业务提升搭建平台。在年度“一师一优课、一课一名师”活动中，全市 1 万多名教师“晒课”近 2 万节，“晒课”率为 195%，居全省第一位；获省级优课 455 节，其中 313 节获推荐参评部级优课，占全省 1/6。创新教研模式，组织开展多学科联动课堂观察系列主题研究活动，推进“同课同构”新型教研模式，有效促进教师间的交流与合作。加强课题研究，立项珠海市教育科研“十三五”规划 2017 年课题 152 项、微课题 270 项，推荐年度珠海市科技计划（教育类）项目 15 项，向省推荐 2018 年重点课题 3 项、一般课题 10 项。评出首批 40 门珠海市中小学校本精品课程，丰富中小学教育内涵，增加课程的选择性，满足学生个性化的多元成长需求。在省教育厅 4 年举办一次的基础教育成果奖评比中，获奖率为 50%，远高于省平均 30% 的获奖率，一等奖获奖数量居全省第三位。举办 3 期“珠海教育大讲堂”，邀请国内外知名专家开展高端学术讲座，拓展全市教育工作者的视野。

【素质教育】 2017 年，珠海市在全市中小学组织开展学习和争做美德少年、中华经典诵读、向国旗敬礼等主题教育活动，评选出年度“十佳美德少年”、64 名“最美珠海少年”。开展文明校园创建活动，评出第一届珠海市文明校园 16 所，2 所学校被评为全省文明校园，香洲区杨匏安纪念学校获首届“全国文明校园”称号。强化学校体育工作，组织开展田径、游泳、羽毛球、武术、健美操等 10 余项中小学体育竞赛活动。推进校园足球工作，构建从幼儿园到高校的五级校园足球常态化竞赛体系，新创建全国青少年足球特色学校 22 所、省校园足球推广学校 26 所。推荐香洲区申报广东省校园足球试点区。出台《关于全面加强和改进学校美育工作的实施意见》，举办第二十九届珠海市青少儿艺术花会。全年评选出 41 个特色项目培育对象，验收 30 个特色项目。珠海学生在全省青少年科技创新大赛中获一等奖 4 项、二等奖 9 项、三等奖 21 项。市一中学生李晨天代表广东省参加全国青少年科技创新大赛获一等奖。市实验中学等 3 所学校被评为广东省绿色学校。继续推进教育系统“逐梦 100”团建项目和中小学生课外实践活动，第三批 35 所中小学校与高校结对共建。召开项目推进会，评出 9 所优秀结对学校及一批优秀指导教师和优秀大学生志愿者。

【教育信息化建设】 2017 年，珠海市重点支持本市西部地区硬件资源配置、网络改造和提速，构建满足教育教学需要的信息环境。推进云计算、4G 技术、移动终端网络教学、视频教学、电子书包等教学研究、应用和服务。深入推进“粤教云”项目和智慧校园建设，完成上年 30 所“粤教云”应用学校建设，新建 30 所“粤教云”应用学校，验收 5 所高中“智慧课堂”电子书包实验班项目。加强创客教育，首批 25 个青少年创客教育基地建设取得阶段性成果，确定第二批 13 个青少年创客教育基地，珠海入选十佳广东中小学创新创客教育实验园。

【教育对外开放】 2017 年，珠

海市教育局与香港保良局签订教育合作与交流项目备忘录、与澳门教育暨青年局签订教育合作与交流协议，建立定期互访制度。珠港新缔结6对姊妹学校。11月21日，教育部“内地与港澳中小学姊妹学校平台”建设工作会议在珠海召开。珠海城市职业技术学院与英国友好城市朴茨茅斯市朴茨茅斯大学就两校短期交流与长期合作项目进行多次深入沟通，签署备忘录。继续推动吉林大学珠海学院与瑞典耶夫勒大学开展“3+1”双学士学位项目、林奈・帕尔蒙国际交流项目、硕士项目，开展第八轮教师和学生交换项目。至年底，学校选派156人赴瑞典耶夫勒大学交流学习。吉林大学珠海学院选派16名学生赴韩国水原大学公费留学半年，招收韩国水原大学16名学生来校留学半年。暨南大学珠海校区与澳大利亚阳光海岸市开展学术交流。11月，横琴“创新方”项目与哈罗国际（中国）管理服务有限公司及礼德国际控股有限公司携手合作，筹建由哈罗国际（中国）管理的横琴礼德学校。

【依法治教】 2017年，珠海市全面推进依法治教，推进制度建设，建立完善教育费附加分配办法、项目支出管理办法、财务及经费收支管理办法、预算执行管理制度、采购管理制度、机关合同管理制度等制度，切实提高依法治教水平。中小学招生政策调整等重大行政决策严格执行公众参与、专家论证、风险评估、合法性审查等程序。加大政务信息公开力度，加强通讯员、信息员队伍建设，充分利用市教育局官方网站、微信、微博，加大教育宣传力度，市教育局微信公众号“珠海特区教育”自5月开通至12月底，总用户数达38万，编发184期，推送528条新闻，总阅读量达500余万次。推进依法治校，创建4所学校申报省级依法治校示范校、26所依法治校达标校。加大教育督导力度，按国家和省的要求开展大中小学（幼儿园）开学工作情况、学前教育第二期3年行动计划执行情况、德体美育等课程开课情况、公办义务教育学校“20条底线”要求达标情况、幼儿园办园行为等10余项专项督查，开展中小学校和在职中小学教师有偿补课专项督查，规范办学行为。健全教育系统学法制度，整合和利用各种法制教育资源，全面加强学校法制教育，营造有利于青少年学生健康成长的校园法治环境。

【校园安全】 2017年，珠海市新创建“平安校园”48所，实验中学等15所中小学（幼儿园）被评为省“安全文明校园”，全市“平安校园”比例达98.52%。建立校园安全工作会议和安全检查工作制度，开展各类风险隐患专项排查，确保全市教育系统的安全稳定。市教育局会同公安交警支队、交通运输管理局对全市开展校车安全攻坚治理和学生上下学交通安全专项检查。完成市一中保安人员聘请本市专业保安公司特保加强校园安保工作的试点，并在市直属学校逐步铺开，取得良好效果。协助省教育厅举办广东省第二十二个全国中小学安全教育日系列活动，在香洲十五小举行应急疏散示范演练。对市一中等18所中小学校进行消防检查，做好迎接国务院消防考核准备工作。开展防溺水宣传教育，在全市315个村（社区）安装防溺水宣传板，在城区主干道LED显示屏播放防溺水公益广告，向中小学生发放《致

2017年1月3—8日，珠海市教育界一行8人，实地考察云南怒江傈僳族自治州4县市的教育状况，并与怒江州教育局签署两地教育对口帮扶协作协议

（市教育局 供稿）

全国中小学生家长的一封信》《珠海市青少年防溺水安全教育手册》。举办200多人参加的校园突发事件应急处置演练活动，提升校园应急管理能力和水平。举办全市首届中小学生“平安校园”安全知识竞赛，23.5万名中小学生、家长参与，进一步提升中小学生安全防范意识和参与“平安校园”建设的积极性。

【助学帮扶】 2017年，珠海市成立市学生资助管理办公室，统筹全市学生资助工作。对150名考上大学的贫困生（本科72人、专科78人）资助134.4万元，对90名珠海市户籍高校在校生资助27万元。全面开展普通高校本科、专科生和研究生生源地信用助学贷款工作。各区与国家开发银行股份公司签订生源地信用贷款三方协议，有序开展贷款相关工作。香洲区选派21名中小学教师赴市西部（海岛）地区支教，同时接收10名教师跟岗学习。做好高州市禾田村、军屯村的精准扶贫工作。启动新一轮对口帮扶阳江教育工作，推动百家学校签订结对帮扶协议，开展教研员跟岗、骨干教师交流、珠海名师巡讲、教育统计培训等4项帮扶工作。开展对口帮扶云南怒江州教育工作，设立4个“珠海班”，派出支教教师26人次，珠海9所学校（高中3所、初中2所、小学4所）与怒江中小学结对帮扶；举办怒江州中小学校长幼儿园园长珠海培训班、怒江州中小学骨干教师珠海培训班各2期，培训40名校长（园长）、129名骨干教师。帮扶怒江州职教中心进行专业建设，开展“1+2”分段培养方式合作办学，第一批56名学生到珠海技师学院学习。建立教育信息化对口帮扶合作，向怒江州113所接通宽带网络的学校输送优质教育教学资源，送出优质课120多节，同课异构40节。选派2名教师赴西藏林芝地区支教，选派8名教师赴广东揭西县支教，帮助显著提高受援地区学校的教育教学水平。

【民办教育】 2017年，珠海市贯彻落实《珠海市进一步促进民办教育规范特色发展实施办法》，出台《珠海市民办教育发展专项资金管理办法》。加强民办学校年检工作，规范民办学校办学行为，民办学校标准化覆盖率为85.7%。开展贯彻落实《民办教育促进法》实施情况执法检查，组织民办学校举办者和校长学习《民办教育促进法》修法精神。

【特殊教育】 2017年，珠海市落实特殊教育提升计划，基本形成以特殊教育学校为骨干、以随班就读为主体、以送教上门为补充的特殊教育办学体系。第二批20个随班就读资源教室基本建成，为残疾学生提供个性化服务。各区对不能到校就读的重度残疾儿童少年建立学籍，将其纳入送教上门工作计划。与北京师范大学—香港浸会大学联合国际学院举办自闭症学生课堂管理讲座，提高教师特殊教育专业技能。

基础教育

【学前教育】 2017年，珠海市促进学前教育公益性普惠性发展，组织起草《珠海市学前教育第三期3年行动计划（2018—2020）》，明确学前教育发展思路。落实市民生实事，推动各区出台普惠性民办幼儿园奖补办法，对207所经认定的普惠性民办幼儿园按每年2万元/班的标准给予奖励。各区全面完

2017年5月25日，教育局负责人到高栏港区、横琴新区调研教育工作（市教育局 供稿）

成对学前教育困难家庭幼儿给予每年1500元/人的资助工作。推进幼儿园上等级，2所幼儿园被评为省一级幼儿园，7所幼儿园被评为市一级幼儿园。至年底，全市有省、市一级幼儿园125所。新成立香洲区教育幼儿园、南山幼儿园2个一体化发展联盟，8所省一级公办幼儿园分别带动5所区内相对薄弱或新办幼儿园的发展。公办属性幼儿园和普惠性民办幼儿园占全市幼儿园总数的75%。规范化幼儿园比例达91.5%。

【义务教育】 2017年，珠海市在广泛调研论证和充分风险评估的基础上，研究出台《珠海市2017年普通中小学招生考试工作实施意见》，指导各区制定义务教育招生细则，完成义务教育学校招生工作。全市小学阶段公办学校计划招生22102人，报名27913人，录取22058人，学位比上年增长14.3%；初中阶段公办学校计划招生18445人，报名21264人，录取18465人，学位增长4.4%；全市公办小学积分入学报名人员录取率为61.2%，初中为76.1%，较好保障随迁子女入学需求。开展中小学办学联盟各项工作。1亿元提升西部及海岛地区教育水平专项资金主要用于珠海市西部地区教育信息化建设、教师支教、特色项目培育、校园文化建设等，促进珠海西部地区教育发展水平的提升。

普通高中与中等职业教育

【普通高中教育】 2017年，珠海市增加国家级示范性普通高中学位400余个。全年有17612人在珠海市报名参加中考，高中阶段学校录取17195人，录取率为97.63%，其中普通高中录取10156人，中职学校录取7039人；有3363名随迁子女符合普通高中指标生资格，其中839人被录取，占指标生录取总数的24.63%。加强民族团结教育，稳妥推进混班教学、混合住宿工作，内地民族班办学质量不断提高。起草《珠海市购买高中阶段民办学校学位暂行办法》，更好满足高中公办学位不断增长的需求。全年普通高考报名12971人（含随迁子女905人），有10712人（含新疆班128人）被普通高校录取，比上年增加843人，增长8.3%。

【中等职业教育】 2017年，珠海市开展中等职业学校教学诊断与改进工作，市一职校和市理工学校成为省试点学校。成立中等职业学校研究性工作室，从校园文化、产学研、德育、教学、校企合作等方面做强中等职业学校教育。中等职业学校学生在国家和省职业院校技能大赛中取得优异成绩，3个项目5名学生获国家级二等奖，22名学生获省级一等奖。推进中等与高等职业教育衔接的办学模式，市一职校、市理工学校、市卫校、市技工学校“三二分段”招生人数达2021人。

高等教育

【概　况】 2017年，珠海市有中山大学珠海校区等10所高等学校（校区、学院），全日制本专科在校生13.68万人，招生36436人，毕业30797人，专任教师6528人。全年着力提升高校创新驱动能力和水平，推进中山大学“天琴计划”基建工程、配套项目建设以及暨南大学创新科技园建设。助推北京师范大学珠海分校转型升级，省政府、珠海市政府和北京师范大学于8月底签订协议，三方共建北京师范大学珠海校区。市政府与中山大学签署进一步加强新型战略合作协议，明确将汇聚粤港澳以及其他国际国内优势资源，在中山大学珠海校区建设国际高水平核科学、深空、深海、深地和电子信息等创新集群，新型战略合作项目动工仪式于10月27日举行。支持暨南大学珠海校区等5所高校与市政府联合申报8个广东省重点学科，促进高校学科建设和教学、科研水平的提升。开展珠海特聘学者、珠海市优势学科、珠海市重点实验室或重点研究基地和珠海市协同创新中心等4大项目的年度考核工作，对推动和促进高校学科建设及珠海创新驱动发展产生积极作用。

（陈银娇　李日虹　邹胜雅）

【中山大学珠海校区】 2017年，中山大学珠海校区基本形成学士—硕士—博士完整的人才培养体系，在校本科生、硕士生、博士生、留学生和港澳台各类学生9000余人。设有旅游学院、国际翻译学院、国际金融学院、海洋学院、中法核工程与技术学院、地球科学与工程学院、中文系（珠海）、历史系（珠海）、哲学系（珠海）、数学学院（珠海）、物理与天文学院、化学工程与技术学院、国际关系学院、大气科学学院等14个整建制学院。基础教学实验室投入近亿元建设并进行教学实验改革，形成地学学科、

链　接：

天琴计划

中山大学“天琴计划”以引力波研究为中心，开展空间引力波探测计划任务的预先研究，制定中国空间引力波探测计划的实施方案和路线图，并开展关键技术研究。2017年3月20日，“天琴计划”基础设施工程建设奠基仪式在“天琴计划”上山公路起点处——中山大学珠海校区沥水湖畔举行。12月28日，“天琴计划”山洞实验室开工仪式，唐家湾大南山应急避险工程暨中山大学“天琴计划”山洞实验室开工仪式在中山大学珠海校区举行。该计划的实施将为国家提供全球重力场战略数据，为国家制定重大政策提供科学依据。

信息学科、生物学科、物理学科、化学学科、计算机科学、语言科学、心理科学等8大学科实验平台。

【暨南大学珠海校区】　暨南大学诞生于1906年，是中国第一所由政府创办的华侨学府。2000年4月，暨南大学与珠海市政府签订进一步合作建设珠海学院的协议。2009年4月，学校实施校区化改革，珠海学院更名为暨南大学珠海校区。2017年，校区有人文学院、翻译学院、国际商学院、电气信息学院、物联网工程学院、包装工程学院等6个专业学院，轨道交通研究院、物联网与物流工程研究院2个研究院，20个本科专业，涵盖文、经、管、法、工等学科门类，有国际商务、包装工程、智能信息处理、翻译学等4个硕士专业学位授权点。其中，包装工程、信息安全、法学和翻译学为珠海市优势学科。有各类学生5965人，博士、硕士研究生402人，本科生5563人，其中留学生676人，基本形成学士—硕士—博士完整的人才培养体系。在职教职工269人，其中专任教师169人，中国工程院院士1人，中组部“千人计划”学者1人，珠江学者特聘教授1人。教授29人，副教授71人，博士生导师7人，硕士生导师37人，珠海市特聘学者7人。3月，暨南大学科技创新园（珠海）项目代建协议签约。11月19日，“CATTI杯第二十九届韩素音青年翻译奖竞赛”颁奖典礼在该校区举行。该赛由中国翻译协会和暨南大学联合主办，《中国翻译》编辑部与暨南大学翻译学院联合承办，中国外文局全国翻译专业资格（水平）考评中心协办。颁奖典礼由暨南大学翻译学院承办。暨南大学翻译学院获“组织承办奖”。12月2日，暨南大学珠海校区举行主题为“不忘初心·砥砺奋进”的庆祝党的十九大胜利召开文艺晚会。

【北京师范大学珠海分校】　北京师范大学珠海分校是教育部批准设立、由北京师范大学和珠海市人民政府合作举办、进行本科层次教育的全日制普通高等学校。2017年，设有文学院、教育学院、管理学院、信息技术学院、不动产学院、特许经营学院、物流学院、法律与行政学院、设计学院、艺术与传播学院、外国语学院、工程技术学院、应用数学学院、运动休闲学院以及国际商学部等15个学院（部），涵盖8大学科门类的61个本科专业，在校学生2.3万人。自有师资队伍中，82%以上具有硕士学位，25%以上具有博士学位；高级职称比例占38%，其中正高级职称比例占14%；35岁以下的专任教师占47%；高学历、高职称和年富力强的中青年教师成为教学队伍的主要力量。外籍教师比例约10%。分校占地333.35万平方米，总规划建筑面积100万平方米，完成建筑面积62万平方米。拥有专业实验室80个，其中，国家级实验室4个。实践教学基地479个。分校图书馆馆藏中外文纸质图书110余万册，电子图书80万种，中外文报刊2000种、中外文数据库45种。

【北京理工大学珠海学院】　北京理工大学珠海学院是经教育部批准，于2004年5月8日成立的普通高等学校。建成教学楼、图书馆、实验室、学生宿舍和学生食堂等教学和配套设施50万平方米。教学设施完备，技术先进。已建成信息、计算机、机械、化工、材料、艺术、设计等52个实验室（中心）。体育运动场地10万平方米。工程训练中心占地面积6800平方米，总建筑面积达1万平方米，其中包括价值2000万元的实验设备，是珠海市同类型院校中规模最大的工程训练中心，在广东省内亦属先进行列。以北京理工大学为办学主体，是其重要延伸和战略组成。2017年，设有信息学院、计算机学院、工业自动化学院、航空学院、材料与环境学院、商学院、会计与金融学院、民商法律学院、外国语学院、设计与艺术学院、数理与土木工程学院、布莱恩特学院、中美国际学院等13个专业学院。有统招全日制本科在校生26774人。在继承北京理工大学的品牌学科专业优势的基础上，根据广东省尤其是珠三角地区产业结构特点，设置优势和特色专业，体现专业的应用性、创新性和复合性。设置53个本科专业，形成以工为主，工、理、管、文、经、法、艺多学科协调发展的格局。珠海学院设大学生事务中心，其规模及运行模式在广东省内属首创，服务项目包括收费充值、学生资助、教务管理、后勤管理、户籍管理、社团服务、商业保险、网络与卡务、失物招领等36项业务。9月18日，由珠海市人力资源和社会保障局主办，北京理工大学珠海学院等11所高校协办的“2017·第四届珠海市大学生创业大赛”在报告厅启动。11月27日，由珠台经济文化交流协会主办、北京理工大学珠海学院承办的第三届珠台高校“两岸一家亲”文化交流营活动在明德楼报告厅举行开营仪式。

【吉林大学珠海学院】 吉林大学是教育部直属的国家重点综合性大学。吉林大学珠海学院是经教育部2004年5月18日批准成立，由吉林大学与珠海市华政教育投资有限公司在吉林大学珠海校区合作建设的独立学院。学科初步形成理、工、医、文、管、经、法、艺术等多学科共同发展的学科布局，49个本科专业。建成智能制造及自动化类、新能源与新材料类、生物工程与食品科学类、大数据科学与信息技术类、海洋科学、建筑与城市规划类、现代经济与管理类、人文与艺术、大健康科学、航空工程技术类等10大特色鲜明的学科专业群体系。学校依山傍海，占地160余万平方米，建筑面积近60万平方米，2017年，毕业生人数6553人，初次就业率97.94%，在广东就业的占82.4%，毕业生所在的40个专业中，13个专业初次就业率达到100%，39个专业初次就业率在90%以上。12月5日，在学校举行吉林大学超硬材料国家重点实验室珠海分实验室揭牌仪式。

【遵义医学院珠海校区】 经贵州省教育厅和珠海市人民政府批准，遵义医学院于2001年与珠海市签约建设珠海校区，2002年9月落成并投入使用。校区在珠江口磨刀门西岸，占地面积46万平方米，建筑面积11万平方米。有专任教师347人，其中高级职称占56.59%，硕士研究生及以上学历占95.60%，有海外留学经历人员占14.84%，硕士生导师85人。设基础教学部、第二临床学院、医学影像学系、口腔医学系、护理学系、生物工程系、外语系、人文社会科学公共教学部等8个教学院部系。本科开设临床医学、口腔医学、医学影像学、护理学、生物工程（生物技术与制药）、药学、英语、商务英语、社会体育指导与管理等9个专业，涵盖医学、理学、工学、文学、教育学等5个学科门类。研究生教育涵盖4个学科门类，其中，一级学科硕士学位授权点6个，二级学科硕士学位授权点27个，专

链　接：

金砖国家文学论坛在北京师范大学珠海分校举行

2017年12月15—17日，“新时代·新经验·新想象”金砖国家文学论坛在北京师范大学珠海分校举行。论坛由北京师范大学主办，北京师范大学珠海分校和国际写作中心联合承办。莫言、韩少功、苏童、格非、阿来等中国当代作家与来自巴西、俄罗斯、印度、南非的作家们进行深入的交流对话。开幕式和主题论坛在京师会议厅举办，由著名作家、北京师范大学国际写作中心主任莫言主持。北京师范大学副校长陈光巨致欢迎辞。中国作家协会副主席、书记处书记、著名诗人吉狄马加表示，金砖五国在当代文学方面有诸多共同话题，希望作家们真诚交流，创造出属于全人类的伟大作品。广东省委宣传部常务副部长郑雁雄认为金砖合作不仅是一个经济概念，同时也应是一个文化概念，此次论坛是连接金砖五国作家们合作交流的文化纽带。俄罗斯著名作家尤里·米哈伊洛维奇·波利亚科夫、南非作家尼克·姆隆戈、巴西诗人玛利亚·露西亚·威尔第、印度诗人苏库瑞塔等出席。

业学位授权点 3 个。药理学是珠海市优势学科，中药基础及应用研究实验室是珠海市重点实验室。校区根据珠海市生物医药产业发展需要，设立生物工程专业，引进生物医药高层次人才，生物工程系有专任教师 42 人，博士学位教师比例达 76%。拥有国家级大学生校外实践教育基地（第五附属医院临床技能综合培训中心）、省级大学生创新创业训练中心、省级实验教学示范中心。遵义医学院第五附属（珠海）医院是学校直属附属医院。2017 年 9—10 月，学校接受珠海市对市中药基础及应用研究重点实验室、珠海市药理学优势学科及珠海市特聘学者的第一年度考核，均通过考核。

【北京师范大学—香港浸会大学联合国际学院】 简称 UIC。由北京师范大学和香港浸会大学于广东省珠海市携手创立，是首家中国内地与香港高等教育界合作创办的大学，获得教育部特批。自 2005 年成立，UIC 发展成为一所拥有独特教育理念的国际化大学。学院设有工商管理学部、文化与创意学部、人文与社会科学学部及理工科技学部 4 个学部，设 23 个专业方向。拥有一支来自 30 多个国家和地区的优秀师资队伍，实施全英文教学，本科毕业生学成后获颁 UIC 毕业证书和香港浸会大学学士学位。2017 年 12 月 9 日，中华文化传播研究院在学院文化创意群落举行启用仪式。中华文化传播研究院设“华信杰出学者”“华信驻校学人”“华信驻校艺术家”等项目，陆续举办有关中华文化的系列讲座和活动，对全校师生开放。

【广东科学技术职业学院】 广东省人民政府 1985 年批准设立、教育部备案的一所全日制公办普通高等学院。2001 年与珠海市政府合作共建珠海校区，位于珠海金湾区。2017 年，有珠海和广州 2 个校区，校园建筑面积 53.06 万平方米（含在建工程：4.28 万平方米）（其中：教室 3.09 万平方米，图书馆 3.05 万平方米，体育场馆 0.98 万平方米，实习实训场所 12.29 万平方米）。教学仪器设备 2.16 万台（套），教学科研仪器设备值 2.33 亿元。馆藏图书 149.85 万册、电子图书数字资源量 7866GB。有教职员工 1298 人，其中专任教师 1038 人。专任教师中，正高职称 65 人，副高职称 286 人，拥有博士学位 62 人，硕士学位 645 人，“双师素质”教师 901 人，专任教师“双师素质”比例达 86.8%。全国教育系统先进集体 1 个，省级教学名师 1 人，南粤优秀教师 6 人，“千百十工程”省级培养对象 5 人，省高职教育专业领军人才培养对象 3 人，省优秀青年教师培养对象 7 人，珠海市特聘学者 1 人。学院全日制在校生 2.1 万人。设有 14 个二级院（系），4 个科研机构。有招生专业 48 个，其中国家骨干高职院校重点建设专业 5 个，央财支持建设专业 2 个，省级示范专业 5 个，省级重点专业 6 个，广东省一类品牌专业 1 个、二类品牌专业 12 个。2017 年，学院与法国克莱蒙商学院、德国德累斯顿工业大学签订合作协议，与法国克莱蒙商学院合作的项目班首批 40 多名学生开班。全年科研与社会服务项目立项经费 1015 万元。学生获 2017 中国机器人及人工智能大赛 4 项全国冠军、2017 全国高等职业院校日语技能全国团体赛冠军。

【珠海城市职业技术学院】 2017 年，珠海城市职业技术学院坚持以高等职业教育为主体，继续教育、终身教育、开放教育为补充，创新政校企、行校企“双三元”互动，产学研协同的开放式办学模式，在协同创新中建设高职特色名校。占地 33.22 万平方米，教学科研仪器设备价值 7355.69 万元，纸质图书 41.26 万册。对接珠海产业布局，建立电子信息、机电工程、旅游管理、物流管理、社会工作和艺术设计等 6 大专业群。全年新增专业数 2 个，停招专业数 1 个。已建成 2 个中央财政支持专业，2 个省级品牌专业，4 个省级重点建设专业，1 个专业入选教育部“中德诺浩高技能汽车人才培养助推计划”。各类在校生 1.4 万人，其中全日制高职高专学生 5921 人，各类非全日制成人学历教育在校生约 8000 人。有高职教育专任教师 343 人，其中高级职称教师 139 人，博士 53 人（含在读），双师素质教师占比近 81.63%，达 280 人。引进省级教学名师 2 人、建设省级教学团队 4 个，入选教育部高职教育教学指导委员会 3 人、入选新一届广东省高职教育教学指导委员会 11 人，珠海特聘学者 1 人、珠海市高层次人才 5 人，成为第二批广东省高等职业教育专业领军人才培养对象 1 人，1 人成为省优秀青年教师培养对象。学生获国赛奖项 85 个，省赛奖项 100 个，其中 2015 级酒店专业学生马玫妍同学获 2017 年“西式宴会服务”国赛二等奖，2015 级计算机应用专业郑威迪、谢泽钦、黄山获“云计算技术与应用赛项”国赛二等奖。

【珠海艺术职业学院】 珠海艺术职业学院前身为1998年创办的中国舞教学研究院。2003年经广东省人民政府批准，教育部备案，颁发电子注册文凭，纳入国家统一招生计划，为全日制普通高等院校。专业设置对接文化艺术事业和第三产业的持续发展需求，为区域经济和社会发展培养应用型高技能专业人才，设有音乐舞蹈学院、艺术设计学院、经济管理学院和文化与旅游学院，开设首饰工艺与设计（广东省首批高职高专品牌专业）、环境艺术设计、音乐表演、舞蹈表演、公共文化服务与管理、工商企业管理、旅游管理和商务英语等31个专业，涵盖艺术学、管理学、经济学等5大学科门类。6月，承办由广东省高等教育学会美术与设计教育专业委员会主办的2017广东省高校设计作品学院奖双年展珠海站巡展。展示广东省70余所高校教师和学生的获奖作品，其中设计类获奖作品331件、教学文案类获奖作品72件。11月21日，第十一届珠海大学生文化艺术节之“舞动青春”——珠海大学生舞蹈大赛在学校举行。（朱　见）

科学技术

高新技术产业

【概　况】 2017年，珠海市有835家企业通过国家高新技术企业认定，总数达到1478家。全市有省级新型研发机构14个，省级以上孵化器13家。拥有国家级工程研究中心4个，省级190个，市级94个；已建立国家级企业技术研究中心3个、省级77个、市级重点企业技术中心298个，规模以上工业企业研发机构覆盖率达37.5%。科技企业孵化器总数21家，孵化器总面积62.28万平方米，在孵企业1092家，当年毕业企业93家，众创空间24家。拥有广东省战略新兴产业基地5个。

【创新驱动政策制定】 2017年，珠海市制订《珠海市深入推进创新驱动发展打造粤港澳大湾区创新高地实施方案》，明确创新高地建设的路线图，提出打造高端产业、产业技术孵化、创新人才、创业投资、知识产权服务、质量标准“六大高地”的具体措施。制订《关于建设知识产权强市的意见》《珠海市引进建设重大研发机构扶持资金管理暂行办法》《珠海市市级重点企业技术中心和市级工程技术研究开发中心暂行管理办法》《珠海市孵化器建设规划（2016—2020）》，优化完善创新驱动政策环境。（黄昭颖）

【科技计划项目】 2017年，珠海市562家企业获得国家及省科技专项支持，获扶持资金2.71亿元，其中省重大科技专项8个，获扶持资金3000万元。珠海市下达高新技术企业申报后补助资金3380万元，对338家高新技术企业予以支持。组织实施新型研发机构和科技创新公共平台资金项目。补贴华南理工大学珠海现代产业创新研究院、珠海冀百康生物科技有限公司、中航通飞研究院有限公司等20个项目合计1705万元。支持粤澳合作中医药科技产业园孵化器、集合科技企业孵化器等31个孵化器及众创空间项目经费1295万元。（甘　露）

【产学研合作】 2017年，珠海深圳清华大学研究院创新中心、珠海霍普金斯医药研究院股份有限公司被认定为省级新型研发机构。全市省级新型研发机构达到14家，数量居全省第五位。新认定市级新型研发机构5家，全市新型研发机构达到34家，主要分布在生物医药、电子信息、装备制造等领域，基本实现产业区全覆盖。全市有科技企业孵化器37家，孵化器面积超过150万平方米，在孵企业超过1300家。新增国家级科技企业孵化器2家、省级科技企业孵化器2家，累计达到省级以上科技企业孵化器13家，其中国家级8家。由珠海市人民政府与中国科学院深圳先进技术研究院共同设立的新型研发机构珠海中科先进技术研究院有限公司于7月7日挂牌成立。（翟　玥）

【民营科技企业】 2017年，珠海市按照《珠海市民营科技企业认定暂行办法》，开展民营科技企业认定和资格复核工作。通过企业申报、材料初审、现场考察、专家评审等环节，珠海网博信息科技股份有限公司、珠海丽珠试剂股份有限公司、珠海一统实业有限公司、星玛智能电气有限公司、珠海市精实测控技术有限公司、珠海启世机械设备股份有限公司等33家企业被认定为市民营科技企业。广东宝莱特医用科技股份有限公司、珠海汇金科技股份有限公司、珠海市长陆工业自动控制系统股份有限公司、长园电力技术有限公司、珠海英搏尔电气股份有限公司、珠海光宇电池有限公司等18家企业通过复核。（邓　宇）

科技成果与知识产权

【科技成果与奖励】 2017年，珠海市登记科技成果62项。珠海格力电器股份有限公司和珠海格力节能环保制冷技术研究中心有限公司完成的“食空气源热泵空调”项目获广东省科学技术奖一等奖。广东中星电子有限公司完成的“具有加解密可扩展安防监控视音频编解码国家标准高性能系统级芯片”、珠海格力电器股份有限公司完成的“低噪声高可靠性舰船螺杆式冷水机组关键技术研究及应用”和珠海国佳新材股份有限公司完成的“去除污泥重金属的凝胶材料及其新技术、新设备开发”3个项目获广东省科学技术奖三等奖。（肖茜虹）

【专利数量】 2017年，珠海市专利申请20737件，比上年增长17.48%，其中发明专利申请7769件，实用新型申请10765件，外观设计申请2203件。专利授权12544件，增长35.07%，其中发明专利授权2479件，实用新型授权8021件，外观设计授权2044件。全年全市每百万人均发明专利申请量4637.38件，排全省第二位。年末有效发明专利8401件，每万人口拥有有效发明专利量50.15件，增长49.84%，排名全省第二位。

【知识产权保护】 2017年，珠海市印发《珠海市人民政府关于建设知识产权强市的意见》《珠海市建立重点企业知识产权保护直通车制度》《珠海市知识产权局2017年专利执法维权“护航”“雷霆”专项行动实施方案》及《珠海市查处假冒专利行为双随机一公开工作方案》。全年受理专利纠纷和涉嫌假冒专利案件33件，结案33件，结案率100%。11个专利项目获中国专利优秀奖，2个专利项目获中国外观设计优秀奖，有中国专利奖获奖项目50个。全市有1家企业通过国家知识产权示范企业认定，2家企业通过国家知识产权优势企业认定，国家知识产权示范企业3家、优势企业9家，2家企业通过省示范企业认定，2家企业通过省知识产权优势企业认定，省知识产权示范企业14家、优势企业32家，10家企业通过市知识产权优势企业认定，市知识产权优势企业90家。组织开展系列专利宣传与培训活动25场，培训4480人次，派发资料1500册。通过珠海特区报等媒体进行宣传，营造尊重和保护知识产权氛围。（权　超）

2017年10月27日，由珠海格力电器股份有限公司牵头成立的空调行业知识产权联盟启动会议在横琴国际知识产权交易中心举行（市科工信局 供稿）

气　象

【气象探测平台建设】 2017年，世界先进的微波辐射计和风廓线雷达落户珠澳共建珠江口气象探测网高栏港标准站，有效填补探测空白。珠海市气象探测资源管理平台整合全市气象大数据，应对气候变化决策支持系统显著提高决策支撑能力。健全体系，织密织牢预警信息发布“一张网”，预警信息发布提速扩面，并启动二期工程建设。“珠海风暴潮灾害监测预警中心”立项。“气象预报预警综合业务应用平台”完成可研编制审核。“气象防灾减灾工程”项目转为新开工项目，进入建设阶段。完成前山街道应急综合管理服务站试点建设并通过验收。攻克16风向的大风重现期、三维风数值模拟等多项技术难题。开展金海大桥、横琴口岸交通枢纽等 5 项气候可行性论证报告。

【气象监测与预报】 2017 年，珠海市气象局发布气象预警信号 234 次，决策短信 275 次，服务 52 万人次。重大气象信息快报发布 50 期，各类气象信息专报 63 期。全年发布 11 次全网手机短信，覆盖人群 5448 万人次。围绕全市灾后复产工作提供《救灾复产重建天气专报》17 期，为市民正确开展救灾复产工作提供指引帮助。深度融合移动互联网，打造新媒体发布矩阵。新开“专家讲天气”实况播报，强台风“天鸽”影响期间，节目被中国气象局官方微博转发。新增“天气微语”等个性化栏目。“斗门天气”微信号开发“农业气象”和“水产气象”子模块，为种养殖户提供针对性服务。确定建立港珠澳三方气象观测数据及信息共享平台、港珠澳三方信息通报制度、大桥应急服务的联络及会商协调机制，为港珠澳大桥建设提供贴身气象服务。

【气象依法行政】 2017 年，珠海市气象局清理规范防雷行政审批中介服务 4 项，明确行政许可事项 4 项，修订权责清单合计行政职权 101 项、公共服务 9 项，将相关行政许可事项和公共服务事项录入全市标准化系统平台，调整行政许可等信用信息目录及数据标准。

【防雷减灾安全监督】 2017 年，珠海市气象局增设横琴新区、高新区、富山工业园区气象服务站，为各功能区提供气象服务，实现气象业务“办事不出区”；落实“五级五覆盖”的防雷安全网格化管理工作。全年无重大雷灾事故发生。动态巡查企业 143 家，组织气象与防雷安全专项执法检查 39 次。

2017 年 3 月 11 日，由珠海市气象局、狮山街道办事处共同主办的“云你同行”世界气象日防灾减灾知识宣传系列活动启动。气象专家给市民讲解气象知识

（市气象局 供稿）

【气象合作与人才建设】 2017 年，珠海市气象局与中山大学签署《珠海市气象局与中山大学全面合作协议》，双方合作探索大学专业院校与气象业务平台共融发展。气象局天气监测、预报预警、突发事件信息发布等核心业务全面融入大气学院建设中，成为国内首例。多篇技术论文发表于《广东气象》等杂志，获全省气象行业天气预报职业技能竞赛单项一等奖。新增省“英才助推计划”培养导师 1 名。

【气象科普宣传】 2017 年，珠海市气象宣传形成“面对面、点对点的传统宣传为辅，网络媒体宣传为主”模式，将气象科普宣传融入微博、微信等新媒体发布。气象防灾知识长廊建成，全年接待 24 个团体和 3000 余名群众。气象防灾宣讲各类活动全年 122 场。强台风“天鸽”“帕卡”过后，与市教育局联合开展“开学第一课——气象防灾减灾知识大讲堂”系列活动，为全市 200 多所中小学送去台风防御知识讲座和“台风防御”宣传视频光碟。“3·23”气象系列活动参与总人数近 40 万。

【联合预警】 2017 年，珠海市气象局与住规建部门联合建立灾害性天气预警信息服务机制，与市环保局联合开展空气质量会商，与市国土局联合发布地质灾害预警 30 次，与市海事局签订合作备忘录建立气象预报预警服务合作机制和预报预警信息通报机制，与交通部门合作建设首块交通气象电子显示屏，与金湾区政府合作建设金湾区综合指挥中心（金湾区突发事件预警信息发布中心）。为各镇街防灾减灾量身定制个性化气象服务。

（杨丽蓉）

·责任编辑：曾维浩·

文 化

文化事业

概 述

【概　况】 至2017年底，珠海市每万人拥有室内公共文化设施面积约1600平方米，高于全省平均水平。市级建有市图书馆、文化馆、博物馆和古元美术馆，其中市图书馆、文化馆为国家一级馆。区级建有图书馆2个（金湾区图书馆、斗门区图书馆）、文化馆3个（香洲区文化馆、金湾区文化馆、斗门区文化馆）、博物馆1个（斗门区博物馆），其中香洲区文化馆、斗门区文化馆为国家一级馆。镇街级建有综合文化站24个，其中21个达到省一级站标准，17个文化站达到省特级站标准。村居级建有318个村居文化中心，全部达到“5+2”标准（即“五个有”+“专职管理人员、年度专项经费”），其中89.1%达到综合性文化服务中心标准。建立数字农家书屋316家，村居覆盖率100%。

【社会文化活动】 2017年，珠海市市民艺术节等一系列群众文化品牌活动。市民艺术节包括歌手、舞蹈、民乐、戏曲、小提琴钢琴、书法摄影六大赛事及群众原创作品评选活动、优秀作品展演巡演3大板块。举办第二十九届“童心向党”青少儿艺术花会、第三十五届“滨海之声”音乐会、市基层文化骨干培训班等各类文化活动及培训。珠海乐团举办珠海仲夏之夜音乐会、“祖国颂”交响音乐会、“2017高雅艺术进校园”音乐会等。“百姓舞台”举办惠民活动180场次，全市73支群众文艺社团参加演出活动，受惠市民6万人次。市文化馆开设公益培训班44期、各类馆办活动及演出250场次、展览16期。各区利用区镇村基层文化基础设施，开展各类免费文化艺术培训及公益演出，全市各场馆开展群众文化活动3000场次，惠及市民群众100万人次。

【广东省第七届群众音乐舞蹈花会】 2017年11月4—7日，广东省第七届群众音乐舞蹈花会决赛在珠海举行，举办11场赛事和惠民活动，全省2个省直单位、21个地市的1900多名演员、122支团队参赛。决赛评出优秀组织奖6个，金奖26个，银奖38个。

2017年11月7日，广东省第七届群众音乐舞蹈花会颁奖晚会在珠海大剧院举行
（市文体旅游局 供稿）

【文化创意产业与活动】 2017年，珠海市有文化创意产业经营单位近3000家，规模以上文化及相关产业企业142家，文化制造企业70家，文化服务企业51家。举办第四届中国国际马戏节、广东省第七届群众音乐舞蹈花会、2017广东旅游文化节、第二届珠海莫扎特国际青少年音乐周、2017珠海沙滩音乐节、2017北山音乐节等品牌文化活动。

（李伟华 金 璐 张 茜 梁加亮 陶 丽）

【公益电影】 2017年，珠海市以“一村一月一场电影”为原则，合理配置放映资源，督促放映单位开展设备更新，推动提高放映数量和质量，超额完成公益电影放映任务。结合广东省千场公益电影进军营，以征兵宣传工作为主导，采取军民共建、共同观影的方式播放60场公益电影。电影开播前播放全国征兵宣传短片2649场。

（李伟华 曾 兵）

公共文化服务

【概 况】 2017年，珠海市新建前山、北山、湾仔、红旗、井岸、唐家湾、美平等7个市民艺术中心。全市市民艺术中心22家。补齐全市基层公共文化设施短板，提升基层公共文化服务效能。创新公共文化服务社会化供给模式，“珠海市民艺术中心社会化供给体系”努力创建广东省公共文化服务体系示范项目。着力完善基层文化站建设，推动公共文化服务向珠海西部地区倾斜，推进公共文化服务供给东西部均衡发展。编制完成《珠海市公共文化设施“十三五”规划》和《珠海市公共图书馆事业发展“十三五”规划》等，推动图书馆总、分馆建设，构建全市公共图书馆服务网络。完成文化部第六届图书馆评估定级工作。金湾区通过广东省第一批图书馆总分馆试点验收。基本形成市、区、镇、村四级公共文化设施健全的公共文化服务网络。

【图书馆】 珠海市图书馆 位于香洲区迎宾北路，占地面积3万平方米，建筑面积1.6万平方米。2017年，藏书总量119.4万册。全年完成新书采购5.4万册，分编加工图书14627册，新书上架29934册。地方文献征集1432册。征订年度报纸315种，期刊974种。接待读者88.51万人次，办理借书证9054个。图书外借53.22万册次，13.60万人次。为读者解答各类咨询1.34万例，其中免费远程传递文献1.34万篇。举办展览128场次，其中举办书画摄影艺术等展览38场次，科普展览（含巡展）58场次，接待30万人次参观。举办“走丝绸之路建海洋强国教育展览”“反腐倡廉警钟长鸣教育展览”“美丽中国梦七彩思路情——澳门珠海摄影艺术交流展”。以“2017悦读，人生路”为主题举办22项阅读推广活动。承办珠海文化大讲堂，邀请童卫东、卜宪群、王江海等知名专家学者举办讲座19场，现场听众5700人，网站、报纸、电视、电台等媒体观众和读者近19万人次。

斗门区图书馆 前身为1974年兴建的斗门县图书馆，2013年12月底迁至斗门区文化艺术中心，建筑面积为3081平方米。2017年4月与市图书馆实现通借通还业务。全年办证数新增5084个（累计1.24万个），外借27.09万册次（含电子文献）4.13万人次，接待14.44万人次。全年完成100万元图书采购工作。在新购中文图书中加入RFID芯片，以便让读者使用便捷的自助借还服务。新增24小时自助借还室。3月中旬开始对旧版网站进行升级改版。新版网站于5月上线。

金湾区图书馆 位于金湾区三灶镇金岛路和万寿路交会处的金海岸文化艺术中心，占地总面积为3.97万平方米（含文化馆）。2017年，藏书量22万册，订阅期刊约400种。馆内设有图书借阅厅、期刊阅览室、电子阅览室、读者自修室、少儿阅览室、少儿体验区、少儿活动室等功能室，有7台电子借阅机、3台少儿机。图书入库9.32万册次，办理读者证7100个，借阅14.01万册次，归还13.8万册次。举办阅读推广活动48次、全区读书活动138场次。

【文化馆】 珠海市文化馆 2017年，占地面积11990平方米，建筑面积7074.6平方米。馆内常设演出、展览、培训、非遗展示等10项免费服务项目，涵盖29个功能室，每周开放72小时，30万人次享受免费公共文化服务成果。馆办团队73个，完成广场演出和送戏下乡16场，其中广东省七届花会惠民演出4场。迎新春送春联活动4场，百姓舞台演出180场。全年馆办阵地活动37场次，参与人数超过6万人次。举办“王坤和山水花鸟精品展”“大漠魂额济纳旗摄影作品展”“全国著名书画艺术家作品联展”等美术书法摄影作品展览

2017 年 11 月 12 日晚，粤剧《疍家女》在珠海大剧院举行公益惠民演出
（市粤剧团 供稿）

16 期，举办 44 期免费培训班，其中少儿培训班设 13 门课程，成人培训班设 7 门课程，超过 14 万人次受益。组织策划和承办活动 217 场次，其中第二十九届“童心向党”青少儿艺术花会、第三十五届“滨海之声”音乐会暨第四届群众音乐舞蹈花会等大型文化活动23场次。在珠海举办的广东省第七届群众音乐舞蹈花会决赛中，珠海 12 个节目入围，经角逐，获 4 个金奖、4 个银奖、4 个铜奖的成绩，其中，弹拨乐三重奏《抢花炮》、演唱组合《插秧对歌》、群舞《疍水谣》、广场舞《花袖印象》获金奖。在广东省廉政小品曲艺创作大赛中，市文化馆选送的小品《领导的盆栽怎么剪》获金奖。

香洲区文化馆（中心） 国家一级馆，位于香洲区柠溪路 284 号香洲文化广场，实际使用面积约 1000 平方米。有文化广场约 5000 平方米，其中舞台面积 200 平方米。2017 年，承办“文化香洲·缤纷四季”系列活动，举办“香洲艺术大课堂”免费开放公益系列活动。选送粤剧传承基地香洲区北岭小学参加 2017 广东粤曲私伙局大赛，原创粤曲《清风徐润》以及折子戏《帝女花之香夭》获铜奖。

斗门区文化馆 国家一级馆，地处斗门区井岸镇江湾中路 2 号，总建筑面积 5494 平方米，文化活动厅室总面积 4889 平方米，室外活动场地 3467 平方米。群众文化活动用房使用面积占总使用面积的 89%。馆内设有视听室、录音室、排练大厅、艺术展览厅、非遗展示厅和多功能剧场等 25 个功能厅、（室）。2017 年，选送的粤语小组唱《黄杨河畔清风扬》（黄华欢创作）和舞蹈《白藤好景》参加珠海市第三十五届“滨海之声”音乐会暨第四届群众音乐舞蹈花会分获一等奖和二等奖，在省第七届群众音乐舞蹈花会中分获金奖和银奖。组织（或参与）“斗门区第十三届民间艺术大巡游”“斗门区第三十届青少儿艺术花会暨第十届中小学生艺术展演”“斗门区第十六届曲艺大赛”“斗门水上婚嫁集体婚礼活动”等多场活动。9 月，承办 2017 年珠海市民艺术节市民戏剧曲艺大赛。

金海岸文化艺术中心 位于金湾区三灶镇金岛路和万寿路交会处，总建筑面积 2.57 万平方米，总投资 1.66 亿元。2017 年，文化馆和图书馆各大功能服务区全面开放，馆内无线网络 100% 覆盖。全年接待群众 30.67 万人次，接受咨询 426 人次，网站发布资讯 160 条，原创文字 10.08 万字、图片 737 张，点击量 43.9 万次。微信公众号发布资讯 112 条，粉丝 5800 个。举办大型文化活动 44 场，参加群众 2.64 万人次；举办展览 10 场，参加群众 4 万余人次。预约场地 118 个。提供各类公益培训课时 1640 节，参加培训群众 10.82 万人次；公益电影 66 场，观影 8197 人次。区内单位放映电影 32 场，观影 2360 人次。

【博物馆】 珠海市博物馆 2017 年征集文物资料 3628 件（套），包括接收深圳海关、拱北海关移交文物资料 2 批共 1605 件（套）；参加 7 场拍卖会，拍得珠海历史文化、香山文化、岭南文化相关的文物资料 23 件（套）；征集到相关特区实物资料 2000 多件（套）。新增文物藏品 66 件（套）、资料品 88 件（套）。莫鹏先生、曹海燕女士捐赠图书资料 2 批计 868 件（套）。继续开展省文物局“珠江口西岸海岛文物调查”，完成三灶岛文化遗产调查工作。7 月出版《珠海市高栏港经济区海岛文化遗产调查报告》。5 月 9 日至 6 月 13 日开展香海大桥支线工程项目沿线陆域文物考古调查、勘探。全年接待观众67万人，未成年人参观人数20.85万人。举办各类展览23次。由广东教育出版社出版《珠海市博物馆历年接受捐赠文物集粹》，收录1986年至2015年历年接受捐赠文物784件，编写《珠海市博物馆历年接受捐赠文物资料纪事》。

斗门区博物馆　2017年，新增入库藏品3814件（套），总藏品数为5162件（套）。完成“斗门区博物馆RFID藏品智能管理系统”一期内容并投入使用，实现基本藏品管理功能；完成馆舍消防设施改造项目并通过消防验收，彻底解决历史遗留问题。全年举办陈列展览23个。全年接待进馆观众超10万人次，其中未成年人近5万人次；馆外24小时展廊观众约6万人次。

【美术馆】　珠海市古元美术馆位于珠海市香洲区梅华路，是以中国杰出的人民美术家、美术教育家古元之名而命名的市属美术馆。2017年，举办“曹文汉版画研究展”“东北版画展”“全省高校版画展”“黄金海岸——澳大利亚图片展”“珠海、中山、江门、阳江书法展”“抗风救灾——珠海市美术摄影作品展”“情系高原——古锦其中国画展”以及港澳台系列展览60场次。组织策划“缤纷暑假·美术馆体验之旅系列活动”“刀痕背后的故事·美术馆体验之旅”“走近齐白石——古元美术馆送艺术进社区活动”志愿服务暨儿童美术活动体验等系列美术公共教育进社区、进校园活动31场次。组织“画家面对面”美术普及教育讲座活动，邀请市内外各高校教授和美术名家到市内高校、学校、社区等地方举办12场美术讲座。通过举办各类展览收到捐赠作品97幅，包括国画、油画、水彩、版画、书法等作品。使用30万元专项收藏经费共收藏“广州美术学院首届师生版画展”和“北版中流——北大荒六人展”中的部分优秀版画作品50幅。全年接待团体参观2.42万人次（旅游团348个1.16万人、学生团222个1.27万人）；接待观众14.75万人次；接待外宾2496人次。

珠海诚丰美术馆　位于珠海市香洲区梅界东路诚丰怡园，占地面积2000平方米，是珠海首家民营美术馆，举办过陈逸飞、吴冠中、郭润文等国内外知名画家画展80次。馆内藏画室收藏500余幅画作。

（李伟华　金　璐　张　茜　梁加亮　陶　丽）

文艺创作

【文　学】　2017年，珠海作家耿立的散文集《青苍》、裴蓓的中篇小说《制片人》、唐不遇的诗集《世界的右边》获广东省第十届鲁迅文学奖。陈继明短篇小说《空荡荡的正午》在《十月》杂志发表。卢卫平诗歌《一万或万一》《中年货车》在《诗选刊》《诗潮》发表。耿立散文《节气是一个一个的美学格子》《泥土的虔敬》等在《散文选刊》《散文》（海外版）发表。盛祥兰诗歌《诗六首》《寂静的夜晚（外一首）》等在《星星》《诗潮》杂志发表。

【美术·工艺】　2017年，珠海市民间文艺家协会吴志伟象牙作品《乾坤吉祥·法界源流图》获第五十二届全国工艺品交易会“金凤凰”金奖，《五方佛》《念珠观音》分别获第十三届中国工艺美术文化创意奖“特别金奖”，《三宝佛》获第十八届中国工艺美术大师作品暨手工艺术精品博览会“百花杯”中国工艺美术精品奖金奖，《企龙观音》获全国手工艺产业博览会暨非物质文化遗产传统技艺展“国匠

2017年7月15日，第三十五届“滨海之声”音乐会暨第四届群众音乐舞蹈花会在珠海广播电视台演播厅举行

（市文体旅游局 供稿）

杯”优秀作品金项奖。珠海市美术家参加广东省文化厅主办的“第十三届广东省艺术节优秀美术作品展”，金凡油画作品《好日子》获金奖，张治华版画作品《称鱼》获优秀奖。古锦其、刘文伟、黄剑波、林洋、何显标、张向钧、曲湘平、姚海峰、戴郁明、刘建华、高庆荣、王春华、常晓冰、张治华、魏涛版、叶又绿、朱建中的作品入选中国美术家协会主办的相关展览。

【音乐·舞蹈】 2017年，珠海音乐家协会李需民作曲的《白发如花》《雁儿飞》获广东省第十届鲁迅文艺奖、广东省第十届精神文明建设“五个一工程”奖。李需民作曲的《雁儿飞》在中央人民广播电台的“中国民歌榜”连续9周打榜，2周登顶冠军。在“一带一路”海洋歌曲全国征集活动中，珠海作曲家李需民作曲的《路到哪里我到哪里》（车行词）获一等奖。珠海作曲家左政华作曲的《我想着远方的海》获三等奖。宋俊岭作词、朱庆志作曲的《南沙的海燕》，叶振平作词作曲的《爱的港湾》，杨德作曲的《这片海》获优秀奖。市舞蹈家协会谭甜编导的舞蹈《岭水谣》在“戴爱莲杯”群星璀璨人人跳全国舞蹈展演中获“潜力之星”称号，丁爱军编导的《花秀印象》、丹阳编导的舞蹈《鹤舞》获“风采之星”称号。

【戏剧·曲艺】 2017年，珠海市戏剧曲艺家协会张林枝编剧、黄少飞编曲的粤曲说唱《海魂》获广东省第十届鲁迅文艺奖。市粤剧团创作排演的粤剧《疍家女》在第十三届广东省艺术节上，获剧目一等奖、优秀表演奖、优秀编剧奖、优秀导演奖、优秀音乐创作奖、优秀舞台美术奖等6个奖项。吴海榕编剧、苑文茜导演的小品《领导的盆栽怎么剪》获广东省廉政小品曲艺创作大赛一等奖，陈文治编剧、吴伶导演的小品《酒壮怂人胆》获三等奖。

【电影·电视】 2017年，珠海市影视家协会裴蓓电影《青涩日记》获广东省第十届鲁迅文艺奖。11月，在杭州径山微电影小镇举办的“金桂花之夜”，由市公安局交警支队出品、郑为导演的微电影《月满情侣路》，获评第五届中国国际微电影展“金桂花奖”十佳公益微电影。

【书法·摄影】 2017年，珠海市书法家协会吴国贤、周新明、赵东升、洪丽珊、袁华生、徐焰、容晓芬、黄文颉、黄丽英、梁健夫、颜辉作品分别获广东省第七届新人新作书法展优秀奖；吴国贤、洪伟春、容顺兴分别获广东省“康有为奖”书法作品展优秀奖。杜国志、张治楚、朱起明、崔青云、童莉作品入选中国书法家协会举办的相关展览。市摄影家协会黄德文获“香港第七届全国摄影艺术展览”综合类大奖，陈立新两幅作品入选“第二十六届全国影展”。（陈　菲）

【“一带一路·翰墨丹青”珠海—酒泉书画作品联展】 2017年9月下旬，由珠海市文联、珠海市人大书画院，酒泉市书法家协会、美术家协会联合主办的“一带一路·翰墨丹青”珠海—酒泉书画作品联展在酒泉市博物馆举行，展出两地书画家作品120幅。在20日举办的开展仪式上，珠海、酒泉两地书画家代表互赠书画作品，并举行两地书画家现场笔会。（朱　见）

文化遗产

【文物保护】 2017年，珠海市完成陈芳家宅（全国重点文物保护单位）、蔡昌故居（市级文物保护单位）、会同祠（区级文物保护单位）、那洲南闸门、北沙蔡氏大宗祠、上栅梁氏大宗祠、官塘佘氏大宗祠、凤台梁公祠、鸡山二房祠修缮工程。深化省级文物保护单位拱北拉塔石炮台陈列布展及配套服务工作。启动第九批广东省文物保护单位、第七批珠海市文物保护单位申报和推荐工作。启动省级文物保护单位东澳湾沙丘遗址、后沙湾遗址保护规划编制。启动省级文物保护单位拱北拉塔石炮台、东澳湾沙丘遗址、后沙湾沙丘遗址、香洲烈士墓“四有”（有保护范围，有保护标志，有记录档案，有保管机构）工作的招投标工作。开展文物安全大排查。制作安装三灶岛侵华日军罪行遗迹(万人坟、日本文字摩崖)、香洲石溪摩崖石刻、大王宫工丈摩崖石刻、徐诚斋墓、东澳岛铳城、东澳湾沙丘遗址等6处文物保护单位安全视频监控系统。按照省部署，实施全市古驿道的调查、保护与展示工程，将有历史价值的古驿道公布为文物保护单位；以香山古驿道（岐澳古驿道、长南迳古道）示范段建设沿线100处不可移动文物为重点，挖掘沿线历史人文资源及自然资源，为全省南粤古驿道保护利用工作做好示范。编辑出版《珠海香山古驿道不可移动文物》宣传册。

【非物质文化遗产】 2017年，珠海市有41个项目列入市级以上非遗名录，其中省级10项，国家级4项；市级以上非遗传承人33个，其中省级传承人8个，国家级传承人1个；全市市级以上传承基地10个，其中省级1个。组织开展国家级非物质文化遗产项目及第七批省级非物质文化遗产申报与推荐工作；评审与公布市级第十批非遗名录项目，健全全市非遗名录体系。推进斗门水上婚嫁和装泥鱼的保护传承基地建设，打造推出非遗展演精品项目及作品。

（李伟华 全 璐 张 茜 梁加亮 陶 丽）

【“文化和自然遗产日”珠海系列活动】 2017年5月30日，“文化和自然遗产日”珠海市系列活动启动仪式暨珠海高新区第八届非遗文化节于淇澳岛兆征纪念广场启动。6月10日是中国第十二个“文化和自然遗产日”。为营造全社会参与非物质文化遗产保护的良好氛围，以“非遗保护—传承发展的生动实践”为主题，珠海市文化体育旅游局主办，珠海市非物质文化遗产保护中心、珠海高新区社会发展局承办“文化和自然遗产日”珠海系列活动。启动仪式上，颁发珠海市第七批市级非物质文化遗产项目代表性传承人证书。从5月到7月，该活动展示高新区的“唐家湾茶果”“药线炙”“麦记饼艺”；香洲区的“大休丝弦古琴斫造工艺”“孙氏踩跷理筋术”“一指禅推拿”；斗门区的“装泥鱼”“七月三十装路香”“斗门锣鼓柜”；金湾区的“三灶编织”“定家湾茶果”等项目。经典项目由传承人直接和市民互动交流，彰显珠海传统文化魅力。

（朱 见）

文化产业与文化市场

【文化产业】 2017年，珠海市修订《珠海市文化创意产业发展专项资金暂行管理办法》和《珠海市文化创意产业园区及基地试行细则》，启动编制珠海市文化创意产业发展三年行动计划。市文化创意产业发展专项资金给予1个文化产业园区及72个文化产业项目共计2000万元扶持资金。推荐金嘉创意谷创建省级文化产业示范园区。有4个市级文化创意产业园区和4个特色产业基地。以“心跃珠海——生态引领，创新科技”为主题，组织17家手信企业、5个文化创意产业园区、3家特色产业基地、3家重点科技企业以及4个城市文化服务品牌参加第十三届深圳文博会。珠海展馆获“优秀展示奖”。市文体旅游局、市文化产业协会获“优秀组织奖”。珠海展团获“中国工艺美术文化创意奖”金奖、银奖各一项。

【文化市场监管】 2017年，珠海市完成“扫黄打非”“2017清源、净网、护苗、固边和秋风”5个专项行动，进行其他各类专项行动41次，出动执法人员1.09万人次，检查各类场所4354家次，其中检查娱乐场所807家次，网吧1098家次，出版物经营店档686家次，印刷复制企业514家次，互联网文化经营单位372家次。取缔“黑网吧”29家，扣押电脑主机400台，显示器367台；没收各类非法书报刊1026份，非法光盘1.07万张；现场消除安全生产隐患36家。处理群众投诉121件，查办各类案件137件（其中从事违法旅游经营案件11件），行政处罚32.71万元（其中旅游案件处罚9.43万元），没收非法所得6317元（其中旅游案件没收非法所得1000元）。12月29日，市机构编制办公室印发《珠海市文化体育旅游市场综合执法体制调整方案的通知》，实现同城一支执法队伍。

（李伟华 全 璐 张 茜 梁加亮 陶 丽）

【珠海文化科技博览会】 2017年12月29日，由珠海市文化产业发展联席会议办公室主办，珠海市文化产业协会承办的首届珠海文化科技博览会在乐士文化区开幕。博览会为期5天，设文化科技博览会和文化产业投融资对接会两个会场，融合戏曲与爵士乐的“金爵士·跨乐”演出，举办首届珠海文创智客汇颁奖典礼。珠海市四维时代网络科技有限公司展演四维虚拟世界。仙剑奇缘（三）游戏设计团队、魅族科技有限公司、珠海市蔚科科技开发有限公司等展示高科技融合下游戏、电子设备和音乐设备的变革。

（朱 见）

文化交流

【概 况】 2017年，珠海市探索文化交流活动新模式，与澳门文化局签订《珠澳文化交流合作协议》，进一步加强珠澳文化交流合作。举办第四届中国国际马戏节、第二届珠海莫扎特国际青少年音乐周、珠海沙滩音乐节、北山音乐节等一系列文化品牌活动，为珠海开展“一带一路”文化交流夯实基础。

【第四届中国国际马戏节】 由中华人民共和国文化部、广东省人民政府主办，珠海市人民政府、广东长隆集团有限公司承办的第四届中国国际马戏节于2017年11月18—25日在珠海长隆横琴国际马戏城举办，来自18个国家的25支参演队伍、近200名演职人员演出18场，吸引4.5万人次观众观看，其中6场为惠民演出。

【珠海沙滩音乐节】 由华发实业股份有限公司主办、华发文化传播有限公司承办，于2017年10月1—2日在吉大海滨泳场举行，吸引全国各地4万音乐爱好者和游客参与，为国庆期间的珠海增添快乐浪漫的元素。10月1日以陈粒、赵雷为首的民谣/摇滚阵营，10月2日以GAI/VAVA/沙漠兄弟为首的嘻哈阵营等演出。音乐节倡导环保及人与自然和谐共生的理念，做成干净的节庆活动。

【第二届珠海莫扎特国际青少年音乐周】 由珠海市人民政府与奥地利萨尔茨堡莫扎特音乐与表演艺术大学共同主办，珠海华发集团有限公司承办的第二届珠海莫扎特国际青少年音乐周于2017年9月12日—24日在华发中演大剧院举办。来自21个国家和地区的114名钢琴、小提琴演奏者经过激烈角逐，18人分获钢琴和小提琴A、B、C组前三名。音乐周为彰显公益性与惠民性，策划组织系列惠民艺术活动18场，选手音乐会30场。通过大师讲座、古典音乐进校园进社区、沙龙、名琴展览等多种形式，吸引过万市民参与。

（李伟华　金璐　张茜　梁加亮　陶丽）

档　案

【概　况】 2017年，珠海市有国家综合档案馆4个（市档案馆、香洲区档案馆、金湾区档案馆、斗门区档案馆），专业档案馆1个（市城市建设档案馆），部门档案馆1个（市房地产档案馆）。专职档案工作人员69人，其中研究馆员1人、副研究馆员6人、馆员6人。各级各类档案馆馆藏档案235.84万卷、69.34万件，录音磁带、照片档案8.20万盘（张）。市文件管理中心保存归档文件57.68万件。市档案馆建筑面积1.85万平方米。全年接收档案11.98万卷、12.07万件，抢救档案22卷，编研档案资料8种，接待档案、资料利用者5.55万人次，提供档案利用6.96万卷次、6.02万件次。全年举办档案专题展览5个，接待参观档案展览超过1万人次。

【档案服务】 重大活动档案服务　2017年，珠海市档案局（馆）参与拍摄市委、市政府主要领导重要公务活动以及市第八次党代会、“两会”、重大项目建设等340次，归档照片3万张；香洲区档案局（馆）收集区重大活动照片2200多张；金湾区档案局（馆）接收全区8项重大活动的声像档案资料；市城建档案馆拍摄建设成就及重点建设工程照片1.44万张，视频771分钟，推出“瞰珠海”微信成果系列10期。

资政史料档案服务　市档案局（馆）编写《档案资政参考》4期。编纂《珠海市大事记（2017年）》《珠海市档案馆馆藏老照片选录》等编研材料。为珠海建设粤港澳大

2017年12月4日，市档案局（馆）围绕“学习贯彻党的十九大精神，维护宪法权威”主题，开展“12·4”档案法治宣传活动　（市档案局　供稿）

湾区创新高地、港珠澳大桥建设、珠海经济特区改革开放40周年展览、市政府规范性文件清理、南粤古驿道保护、评选珠海文化名片以及珠海规划展览馆布展等重点工作提供大量档案利用服务。

服务经济社会发展　服务全市经济支柱行业重大建设项目，对51个重大项目档案工作建立跟踪台账；督导市大桥办、市供电局、市港口管理局、市城乡防洪设施管理和技术审查中心等单位做好港珠澳大桥、广东加林500千伏输变电工程、水利防灾减灾工程等重大建设项目档案工作。珠海港高栏港区15万吨级主航道工程等6个项目档案通过省、市验收。市档案局（馆）牵头金湾区、斗门区、高栏港区联合各级农业部门贯彻落实国家和省关于农村土地确权工作精神和档案工作的要求，确保农村土地确权登记颁证档案按时按质完成归档并通过专项验收。印发进一步做好精准扶贫档案管理工作的通知，制定《珠海市精准扶贫档案整理细则》。召开全市精准扶贫档案工作业务培训会议，对全市220名驻阳江、茂名、怒江等地工作组负责人和驻村干部进行业务培训。组织业务骨干深入怒江、凉山、阳江、茂名等地档案现场指导服务。开展“档案进社区、档案入万家”活动。将“南粤丰碑”党性主题教育展览送进社区。组织社区党员群众开展党性主题教育。推进家庭建档活动、送档案法律法规上门、捐赠珍贵档案资料、文明交通志愿引导等多项便民举措。

服务文化强市建设　围绕纪念《档案法》颁布30周年，以“档案——我们共同的记忆”为主题开展“6·9”国际档案日系列宣传活动。联合中国第一历史档案馆推出《清宫秘藏档案珍品展》。斗门区档案局（馆）于“6·9”国际档案日在井岸镇步行街发放宣传资料、接受群众现场咨询110人次。香洲、金湾区档案局（馆）向社区派发档案法律知识手册、宣传画册等资料。市档案馆完成馆藏第十四批1987年度3.27万件文书档案鉴定工作，依法向社会开放2085件档案。

档案育人　市档案馆发挥“市直机关党员教育基地”平台作用，接待全市50个党组织5000名党员干部到馆开展党性主题教育。依托市档案馆多个教育基地的教育内容、形式和条件，开展爱国主义教育、档案历史文化教育和档案保密宣传教育。接待云南省怒江傈僳族自治州领导干部专题研修班、乡（镇）党委干部培训班学员参观学习。协助举办“跨越山海的相会·怒江留守儿童珠海夏令营”公益活动，接待珠港澳和怒江州四地青少年到馆分享档案历史文化。市档案馆全年接待全市党员干部、学生、群众1万余人次。

【依法治档】　档案执法调研检查　2017年，珠海市档案局启动《珠海市档案条例》修订，报经市政府常务会议和市人大常委会审议通过，列入珠海市2017—2021年五年立法规划。按照“执法与评估相融”“施法与业务相合”的原则，采取“网上填报＋现场评估”的形式，开展档案行政执法调研检查和年度评估工作。市档案局对28家单位进行现场检查评估，并全市通报，印发整改通知书限期整改。香洲区档案局对20家区直单位开展执法检查和现场评估。金湾区档案局将年度检查评估单位范围扩大到区二级单位、市驻区单位和区属国有企业，对全区91个单位开展年度检查评估。斗门区档案局对13个区直单位进行执法检查。高新区坚持每季度开展档案检查。万山区对各镇、各区属单位开展档案安全保密专项检查。

档案业务督导　市档案局以开展档案目标管理为抓手，对市文体旅游局、市残联等40个单位档案目标管理升级复查进行督导和验收。斗门区对21个单位档案工作目标管理进行复查。横琴新区加大对区直各部门档案目标管理督导力度，区建设环保局档案目标管理晋升为省一级。市城建档案馆为横琴中交集团市政BT项目、港珠澳大桥人工岛市政配套项目、淇澳岛海上风电项目等数十个工程项目开展上门培训，培训项目建设、施工、建立、设计等工程人员840人次。全市各级档案部门通过现场、电话、QQ、微信、网上督导等多种形式，从行政管理、基础业务、设施设备、开发利用等方面为200个单位提供业务指导。

档案业务培训　强化全市档案人员持证上岗制度，全年完成280名档案员《珠海市档案人员上岗证》年审工作。完善档案网络教育培训模式，实现教育培训、考试“全流程”网上在线操作。举办两期档案人员在线岗位培训班考试，272人取得上岗证，比上年增长46.6%。创新珠澳档案网络教育培训合作方式，通过共享珠海档案网络教育培训平台，面向驻澳机构和央企档案工作者免费开展档案岗位和实操技能等专题网上培训。档案专业技术人才建设不断推进，全年全市9人获档案专业技术馆员（中级）资格，17人获档案助理馆员（初级）资格。

【档案收集】 2017年，珠海市档案局（馆）征集珠海地区民国时期的珍贵档案5903件，5.10万页，丰富馆藏民国档案资源。收藏市人大常委会原主任李南华捐赠的个人工作证照、公务活动函件、工作笔记和字画、书籍等资料一批。征集珠海援川实物档案资料一批。斗门区档案局（馆）向原区图片社征集一批反映斗门社会主义建设的旧照片和旧新闻记录影视胶片，并投入经费进行修复。香洲区档案局（馆）接收香洲区对口帮扶阳春市的精准扶贫文书和声像档案。万山区完成全区所有古树名木文字、影像、电子档案建档工作。市档案局（馆）印发《珠海市档案馆档案接收办法》，提前5年接收2012年度241卷审计档案进馆。香洲区档案局（馆）接收2004—2009年婚姻登记档案约2000卷，为集中提供民生档案利用服务打好基础。全市各级各类档案馆接收进馆档案及归档文件11.98万卷、12.07件。

【档案安全管理】 2017年，珠海市开展安全保密自查自纠，做到不走形式、不留死角，以自查自纠促规范管理，确保档案馆库、实体、信息安全保密万无一失。市档案局（馆）、香洲区档案局（馆）与韶关市档案局（馆）开展档案数据异地异质备份。市档案局（馆）按照国家最新标准对数据中心机房完成升级改造，推进网站集约化规范管理，狠抓档案数字化外包安全不放松，全面提升安全保密技术防护水平。市档案局（馆）在全省档案安全专项执法检查、珠海市党政领导干部保密工作责任制考核检查和保密工作专项督查中被评为优秀单位。

【档案宣传】 2017年，珠海市各级档案部门围绕纪念《档案法》颁布30周年，通过电台公益广告、派发海报和宣传册、现场咨询等形式开展丰富多彩的宣传活动和多种主题教育活动，以“档案——我们共同的记忆”为主题开展“6·9”国际档案日系列宣传活动。各级档案部门开展“12·4”国家宪法日宣传活动，通过电台播放档案法规宣传公益广告、在免税广场等地开展现场档案法治宣传咨询活动等方式增强全社会的档案法治意识。市档案馆接待波兰、乌拉圭、马来西亚等国和中国香港特别行政区的交流考察团来访，展示珠海悠久的历史文化和特区建设的巨大成就，为宣传“一带一路”倡议发挥作用。在年底召开的中国档案第十六次宣传工作会议上，市档案局（馆）获评“2015—2017年度《中国档案》宣传工作先进集体”称号，是广东省唯一的全国档案宣传工作“优秀市县级单位”。

【档案馆舍建设】 2017年，珠海市香洲区、金湾区、斗门区档案馆新馆工程全部动工，其中香洲区、金湾区完成新馆主体工程建设，进入装修阶段。斗门区新馆完成第五层顶梁浇筑。“智慧城建档案馆”完成前期调研工作。

【大数据+档案】 2017年，珠海市推进数字档案馆（室）一体化建设，加快推进国家数字档案室示范点创建工作，完善“大数据+档案”服务模式，在全省率先构建业务督导一体化平台，组织全市100多家单位进行培训使用，深度监管各单位档案工作发展动态，逐步实

2017年6月9日国际档案日，副市长阎武（左）在市档案馆为市人大常委会原主任李南华颁发珍贵档案捐赠证书 （市档案局 供稿）

现档案日常督导、行政执法、年度评估的双向反馈和在线考核。各行政区在新馆建设过程中按照国家标准同步建设数字档案馆。在全省率先开展电子档案“单套制”“单轨制”试点工作。在线接收市工商局2016年以前形成的各类商事登记原生电子档案120余万件。累计在线接收12个部门涉及婚姻、公证、健康等27个专题电子档案220余万条原生专业电子档案。档案全文数字化工作取得突破性进展，市、区档案馆完成280万页馆藏档案全文数字化，提前1年完成省下达目标任务，其中斗门区档案局（馆）连续两年完成每年120万页的全文数字化任务。高栏港区对2010—2016年6.9万页归档文件进行全文数字化。保税区完成2012—2016年归档文件全文数字化工作。市城建档案馆完成20世纪80年代至2017年的7万多卷历史档案的全文数字化。（吴　蔚）

地方志

【概　况】 2017年，珠海市地方志工作围绕中心、服务大局，为党立言、为市存史、为民修志的作用得到进一步发挥。开展自然村落历史人文普查、资料三审、汇编工作，在全省率先完成报送出版任务。出版《珠海年鉴·2017》。编印《珠海市情》（2016版、2017版）。地方志资料年报征集，在全省率先启用史志鉴资料年报三稿合征。地情网增容改版，访问量及综合排名在全省地情网站前列。

【自然村落历史人文普查】 2017年，珠海市地方志办公室根据省地方志办公室的部署，组织全市各级普查机构、人员，集中力量全面开展珠海市自然村落历史人文普查，完成全市7个区（含经济功能区）461个自然村落历史人文普查资料镇级初审、区级复审和市级终审，汇编成《全粤村情（香洲金湾卷）》和《全粤村情（斗门卷）》，经市政府审批后送出版社，在全省率先完成报送出版任务。期间，联合市教育局、团市委、市学生联合会等单位，组织宣传“爱家乡查村情”主题教育实践活动，发动青年学生积极参与自然村落历史人文普查工作，取得良好成效。全市获广东省组委会通报表彰优秀作品15个（件）、优秀组织机构2个和优秀指导员2名。启动自然村落历史人文普查成果的开发利用工作，编印珠海村情地图宣传册，与媒体合作宣传推介村落普查结果。

【综合年鉴编纂】 2017年，珠海市举办年鉴编纂业务培训班1期，130名撰稿人参加培训。6月，编纂出版《珠海市情2016》3000册；11月，编纂出版《珠海市情2017》3000册，供各级领导和各单位施政参考，被选为“两会”（人大和政协）材料和市委组织部干部培训参考资料。12月，出版《珠海年鉴·2017》，全书80万字，分28个篇目全面记录珠海2016年度自然、政治、经济、文化社会等方面的基本情况，实现“一年一鉴、公开出版、当年出版”的目标。完成《广东年鉴·2017》及《粤港澳大湾区年鉴·2017》珠海部分的组稿及编写任务。各行政区年鉴工作开展顺利。《斗门年鉴》连续六年实现省志办提出的“一年一鉴、公开出版、当年出版”的目标。香洲区、金湾区地方志办公室合理统筹，在优先完成当年年鉴编纂任务的基础上，采取“交叉编纂，同步进行”的工作办法补足短板。

【地方志资料年报征集】 2017年，珠海市创新地方志资料年报征集工作，在全省率先启用史志鉴资料年报三稿合征。优化报送平台，制定简洁便于操作的总体报送提纲；细化周到服务，为119个承报单位分别列出条目；强化业务指导，编制《编写指南》及报送范例，确保高效征集。各承报单位由原来每年报送3次减为1次，工作量减少约50%。减轻承报单位的工作负担，实现本单位内部资料共享，丰富年报资料内容，拓展年报资料开发利用的渠道。

【地情资源开发利用】 2017年，珠海市地方志办公室与市电视台携手，制作完成珠海市情宣传短片，成为珠海市对外宣传、招商推介的最新宣传片。深入挖掘地情资源，组织编写《珠海地情概览》地情书籍。申报地方志资源开发利用项目，会同村村史编纂、村史展览和斗门旧街展馆项目获省方志办批准立项。各区资源开发利用取得新进展。落实斗门区斗门镇、香洲区北山村为全市首批名镇名村志编修单位。高新区以南粤古驿道开发为契机，组织编修《会同村志》《鸡山村志》；高栏港区利用自然村落历史人文成果编印《高栏村情》；金湾区三灶镇编辑出版《三灶古代历史钩沉》。

【信息化和方志馆建设】 2017年，珠海市完成珠海地情网的增容改版工作，设置运作的一级栏目17个、二级栏目26个，网站访问量累计550万人（次），综合排名在全省地情网站前列。各区地情网站建设运行情况良好。金湾区方志办开通“金湾档案史志微信公众号”。成立筹建方志馆项目联席会议制度，组织市发改局、市住规建局等单位到国内先进方志馆开展调研，完成项目建议书的编制，开展珠海方志馆立项申报工作。

【史志研究】 2017年，珠海市地方志办公室聘请高校和文化部门33位学者为珠海史志专家库专家，动员社会力量参与史志工作。创办内部资料刊物《珠海史志》，12月出刊，刊发“学习十九大精神”“人物春秋”“年鉴研究”“口述历史”“地情古今”等文章14篇。坚持“研究立室”，全年公开发表论文9篇，参加学术研讨会3次。 （赵艳珍）

新闻出版·广播电视

【概　况】 2017年，珠海市审批一次性内部资料出版物56次、审批连续性内部资料出版物28次；办理印刷企业新设立10家、变更21家、注销1家，完成336家印刷企业的年度报告公示工作；境外一般性出版物来料加工审批27次、印件加工备案8次；完成加工贸易项下光盘进出口2批、申请复制光盘132.2万张的审批；完成审批音像制品复制企业承接境外音像制品、电子出版物及计算机软件业务6批。市版权服务中心共受理版权登记79件，其中作品71件，软件8件。组织开展“国际儿童读书日”“世界读书日”“书香岭南最美阅读”“我的书屋，我的梦”等专题活动，发布“阅读，让我们生活更美好”的倡议书，刊登由市新华书店推荐的优秀出版物推荐书刊书目100种，倡导喜爱阅读、崇尚知识、感受快乐的理念，提高全民思想素质和道德情操，丰富市民文化生活，满足不同群众的精神文化需求。 （李伟华　曾　兵）

【珠海报业传媒集团】 2017年9月8日（以珠海特区报社为基础）挂牌成立，拥有珠海特区报、珠江晚报、珠海新闻网、珠海杂志社、珠海俏丽杂志社、珠海百年电子音像出版社等，下设报业广告公司、印务公司、发行公司、文化传播公司、文化产业投资公司等9家公司。

党的十九大报道　精心组织策划党的十九大宣传报道，实现报、网、端全媒体立体传播。《珠海特区报》《珠江晚报》、珠海特报APP、珠海新闻网等各媒体，开设《深入学习贯彻党的十九大精神》《不忘初心牢记使命》《新时代新思想新征程》《在岗位见行动》《城市管理精细化市民生活更美好》《贯彻十九大精神·新时代新气象新作为》等专栏，邀请各区、各部门有关负责人做客珠报融媒演播室。至年底，《珠海特区报》《珠江晚报》刊发学习贯彻党的十九大精神专版180个，稿件1300篇。珠海特报APP、珠海新闻网等新媒体，精心制作一批形式新颖的融媒体传播产品，如“我的十九大学习笔记”“‘深入学习十九大精神’网上知识竞赛”》答题活动等，形成网上网下立体传播格局，兴起宣传贯彻党的十九大精神的热潮。及时向人民日

2017年11月28日，由中央广播电视台、广东省人民政府主办，中共广东省委宣传部（广东省人民新闻办公室）珠海市人民政府承办的“21世纪海上丝绸之路”国际传播暨中国（广东）企业走出去论坛在珠海国际会议中心举行
（市会展局 供稿）

报客户端、新华社客户端、“南方+”客户端等中央、省重点媒体融媒平台供稿，反映珠海贯彻落实党的十九大精神的新气象新作为，推动党的十九大精神落地生根。

立体传播　投入近1000万元，建设“珠海报业融媒体指挥中心”，升级“特报APP”，实现报纸、网络、微博、微信、客户端全方位、全时段、多渠道、多体裁的立体传播。在港珠澳大桥主体工程贯通的报道中，推出《三十公里巨龙飞架伶仃洋》的航拍视频，在互联网上引发全国关注，《珠海特区报》四连版，图文并茂报道这一历史时刻。在抗击强台风“天鸽”“帕卡”宣传报道中，《珠海特区报》《珠江晚报》、珠海新闻网、珠海特报APP及旗下微信微博矩阵滚动播发新闻2000余条。

作品获奖和荣誉　在广东省新闻奖评选中，有1件作品获得一等奖，1人获得金梭奖，4件作品获得二等奖，2件作品获得三等奖，获奖数量及质量继续位居全省地市级报社前列。珠海报业融媒中心启用。11月，获广东省精神文明建设委员会颁发的“广东省文明单位”称号。12月28日，获评“2016—2017年度珠海市文明单位”。

（张中定　赵　芳）

【珠海广电影视传媒集团】　2017年9月8日（在珠海广播电视台基础上）成立，拥有2个电视频道：新闻综合频道（ZHTV-1）和公共频道（ZHTV-2），开办《珠海新闻》《新闻121》《湾区会客厅》等栏目。拥有3个广播频率：FM95.1、FM87.5、FM91.5，开办《早安珠海》《市民热线》《百姓交通台》等节目。拥有珠海网络电视台，为CUTV（城市联合网络电视台）成员。拥有《珠海广电报》。

宣传报道　围绕深入学习宣传贯彻落实党的十九大精神，策划“学习贯彻习近平总书记重要批示精神”“砥砺奋进的五年”“新思想引领新征程——学习宣传贯彻党的十九大精神”等20个主题宣传。围绕学习贯彻习近平总书记对广东工作重要批示精神，在重要时段开辟专栏，推出系列访谈和专题报道，全面反映珠海学习热潮和贯彻批示精神的思路举措。围绕省十二次党代会，派出5人报道组奔赴广州开展专题报道。聚焦湾区大动脉，关注重大项目建设、海上丝绸之路论坛。

关注民生　《行风热线——局长面对面》特别节目、《珠海新闻》《民生最前线》《幸福来敲门》等栏目，针对社会高度关注、群众反映强烈的“二孩”就诊难、老龄化社会、弱势群体救助等话题，推出系列报道。《支教阳江显大爱》《全城搜寻好姑娘》等系列报道受到市民广泛关注。

外联节目　加强与国家级和省级媒体的联动，与中央电视台中文国际频道《走遍中国》栏目联合拍摄五集系列专题《特区中的特区》，全面展示横琴开发建设成就。6月和7月配合中央电视台财经频道《粤港澳大湾区经济观察》节目和中央人民广播电台的“政务直通——一带一路进行时”特别直播节目，向全国介绍珠海参与“一带一路”建设的措施和成效，讲述珠海在粤港澳大湾区中已有的发展优势和未来的战略举措。9月，配合中央电视台完成献礼党的十九大宣传片。

节目创优　32件作品获省级以上奖。其中中国广播影视大奖2件，广东省第十届精神文明建设“五个一工程”优秀作品奖1件，广东省广播影视奖一等奖5件、二等奖15件、三等奖8件，取得创纪录的好成绩。在全国城市台社教节目评析中，获一等奖3件，二等奖1件。在“广东新闻奖”评选中，获一等奖3件，二等奖4件，三等奖1件。

媒体融合　广播电视全新改版，着重升级珠海网新闻客户端，加强本地新闻资讯的推送力度，提升时效性和互动性。与ZAKER新闻客户端合作搭建ZAKER珠海频道。拓展传播渠道，与新华社、人民日报、触电新闻、全国城市台云平台等建立联动合作关系。

（周　琦）

【安全播出保障】　2017年，珠海市以省新闻出版广电系统第一、第二阶段安全大检查为契机，以迎接党的十九大胜利召开为主要抓手，督促广电系统认真梳理安全播出、网络安全、安全生产、设施安全存在的问题和隐患，突出抓好排查整改，做到认清责任主体，专人负责，月月有检查，有记录，有图片，有存档；责任单位每周有安全工作小结，每半月有安全工作报表，每月有安全工作总结，形成完整的安全生产的有效台账。组织完成党的十九大重点防护时期安全播出保障工作，督促广播电视、广播电视网络实施抽查、24小时值班、“零报告”等安全播出制度落实，保证全市广播电视安全播出无异常、无事故。

【"黑广播"查处】 2017年，珠海市按照省新闻出版广电局统一部署，联合公安、无线电管理等部门严格查处"黑广播"，全年出动文化市场综合执法人员339人次，检查场所126家次，监测锁定无人值守黑广播89.6MHz和97.7MHz两例，并拆除发射天线。联合国安、公安等部门深入开展非法卫星电视地面接收设施专项整治，重点整治居民住宅小区"小耳朵"，全市出动执法人员129人次，检查相关商家73家，拆除非法地面接收设备96套，取得预期成效。

【软件正版化】 2017年，珠海市根据省版权局《2017年广东省推进企业使用正版软件工作计划》要求，制定《珠海市2017年度推进企业使用正版软件工作计划》及实施方案，确立13家企业为珠海市正版化督办企业。举办"珠海市各区正版化软件会议及培训班""珠海市督办企业培训班""珠海市市属国有企业使用正版软件工作培训班"和"版权执法培训班"，聘请软件公司专家学者授课。市文体旅游局与珠海金山软件有限公司签署《金山WPS软件使用许可权购置协议》，金山公司采取场地授权的形式（资金由市财政统一支付），为珠海市提供办公软件WPS Office及正版升级服务，实现珠海市政府机关、事业单位范围内的全覆盖。市文体旅游局与市国资委联合发文，要求各区版权局、国资监管机构、各市管企业指导下属企业建立软件资产台账、资产管理办法、使用管理制度，为建立国有企业使用正版软件长效机制提供制度保障。

【印刷企业】 2017年，珠海市有印刷企业336家，其中出版物印刷企业17家。规模以上重点印刷企业（年印刷总产值超过5000万元）16家，占全市印刷企业的5.08%，主营业务为包装、商标、纸箱印刷。全市印刷企业营业收入66亿元，从业人数1.44万人。3月初珠海市印刷协会组织160人参加华南印刷展；3月底，组织15家企业26位企业家前往澳大利亚参观悉尼印刷展、海德堡墨尔本分部；5月，组织30人前往北京参观第九届北京国际印刷技术展览会；7月，印刷协会负责人赴台湾拜访当地各商业公会；9月，组织印刷企业参加芝加哥印刷展。

【图书销售】 珠海市新华书店 2017年，向全市党政机关及企事业单位重点发行《习近平的七年知青岁月》《十九大报告》《党的十九大报告辅导读本》《中国共产党第十九次全国代表大会文件汇编》《中国共产党章程》等，共计配送300个单位，近700车次，图书总数近22万册，为领导干部学习提供强有力的保障。在全国"两会"、党的十九大召开、庆祝中国人民解放军建军90周年、香港回归20周年等重要时期，及时组织货源，通过在书店显著位置设立书展、专柜重点陈列、张贴海报等形式以及利用电视、报纸、微信微博公众平台等多种媒体渠道，宣传推荐相关政治读物。"4·23世界读书日"期间，联合市图书馆举办"你选书，我买单"的免费借阅活动。在党的十九大召开之际，专门设立"喜迎十九大，共筑中国梦优秀政治读物展""不忘初心、牢记使命，学习贯彻党的十九大精神"等主题展台。承办南国书香节活动，21万人次参与。12月，在野狸岛海韵广场开设书笙馆。

（李伟华 曾兵）

文华书城 创办于1993年，是国内成立较早的民营连锁书店之一，拥有10家分店。2017年，经销图书11.53万种，组织阅读及公益活动近1000场次，文华珠海区域图书销售额6335.76万元，春节期间，推出"解忧书店"读者互动体验，赠送书券近10万元。扬名店参与承办南国书香节，并联合"一个人的书房"网络电台及樊登读书会举办读书分享会。11月，珠海扬名店获中国建筑学会室内设计分会主办的"第二十届中国室内设计大奖赛"奖项。12月，出资与市慈善总会共同成立"华夏文化儿童慈善基金"。（钟燕东）

阅·潮书店 创办于2014年。2017年1月，在珠海万山群岛外伶仃岛上开设外伶仃店；3月，在拱北联安路开设拱北店；8月，在西区开设金海岸店；10月，开设又一城店，助力珠海西部文化建设。全年新开设4家社区店，成为珠海市民的"文化邻居"。11月，引进中国台湾最大文创集团知音文创共同举办文创快闪活动"乐响森林"。全年经销图书4.6万种，组织阅读、作家见面会、文化沙龙、公益活动400场次。（潘慧婷）

·责任编辑：曾维浩·

卫生·体育

卫　生

【概　况】 2017年，珠海市常住人口出生3.3万人，人口自然增长率控制在14‰，出生人口性别比控制在105.68，出生缺陷发生率控制在2‰左右。全市人均期望寿命82.2岁，超过全国全省平均水平。婴儿死亡率为2.81‰，孕产妇死亡率为3.7/10万，基本控制在全国、全省平均水平以下。无甲类传染病报告，乙类传染病报告发病率内458.66/10万。居民主要健康指标接近发达国家水平。全市拥有各类医疗卫生机构742个，其中，医院43所，基层医疗卫生机构672个，专业公共卫生机构25个，其他卫生机构2个；民营医疗机构416个，占56.1%。全市6所公办三级医院中4所达到三级甲等；24个镇(街道)全部设置医院(卫生院、站)；197个社区、124个行政村中有194个社区(占98.48%)、122个行政村(占98.39%)建立了医疗卫生服务站(中心)，超过90%的村(居)提前实现“十五分钟医疗服务圈”标准化建设目标；全市每千常住人口执业医师数、病床数分别达到3.64人、5.32张。紧急医疗救援中心1个，疾病预防控制机构1个，卫生监督机构3个，中心血站1个。

【医疗服务】 2017年，珠海市总诊疗1678.04万人次，出院30.41万人次，院前急救调度总数3.80万人次，救治人数3.06万人次。全市各类疫苗接种率均达99%以上。18岁及以上人口高血压和糖尿病规范管理率分别为76.69%和79.13%，严重精神病障碍患者规范管理率为81.42%，达到国家要求。坚持开展医疗机构第三方满意度调查工作，举办各类临床专科和护理培训，强化临床合理用药管理，建立和实施重点药品及百元药耗占比等专项监控制度，强化开展“医疗质量管理年”工作，深入开展创建“平安医院”活动和改善医疗服务行动，医疗服务质量得到有效提升。

【基层医疗】 2017年，珠海市落实12类国家基本公共卫生服务项目，在全市范围内推行家庭医生团队签约服务。全市建立310个家庭医生服务团队，其中香洲区171个、斗门区72个、金湾区18个、高栏港区20个、高新区17个、万山区9个、横琴新区3个。与

2017年12月1日，珠海市在香洲区柠溪文化广场开展“世界艾滋病日”主题宣传活动 （市卫计局 供稿）

62.04万名居民签订家庭医生式团队服务协议，签约率37.96%。与19.96万名重点人群市民签订了协议，签约率67.82%。在全市范围内启动家庭病床试点工作，经各区推荐，选定湾仔社区卫生服务中心、华发新城社区卫生服务中心、乾务镇卫生院、三灶社区卫生服务中心、红旗社区卫生服务中心、万山镇卫生院、金鼎社区卫生服务中心、平沙社区卫生服务中心等11个基层医疗机构为家庭病床服务试点机构。全市人均基本公共卫生服务经费提高至55元/人。拨付市级基本公共卫生服务经费预算1392.07万元；拨付农村卫生院补助经费862万元；拨付农村卫生服务中心运作经费1435万元。

【妇幼卫生】 2017年，珠海市应对二胎潮，调整危重症孕产妇救治专家组，成立危重症新生儿救治专家组，制定《高危孕产妇管理服务和临床救治实施方案》，进一步做好高危孕产妇管理，完善高危孕产妇救治、转诊等机制，加强危重孕产妇和新生儿救治网络建设，提升危重症孕产妇综合救治能力。指定市妇幼保健院为市级危重症孕产妇和新生儿救治中心，遵义医学院第五附属医院为西区危重症孕产妇和新生儿救治中心，推动增设市人民医院为危重症孕产妇和新生儿救治中心，负责危重症孕产妇和新生儿的会诊、转诊、救治工作。加强宣教，通过孕妇学校、微信公众号、电台节目、工作简报等，传播妇幼健康知识，动员高危孕妇到二级以上医院、妇幼保健院接受孕产期保健服务和分娩。进一步健全出生缺陷综合防控体系，服务对象扩增到常住人口的孕妇及所有本市出生的新生儿，实现婚前、孕（前）孕期和新生儿三级干预防控措施。市、区财政共同全额承担项目经费。预防艾滋病乙肝梅毒母婴传播项目、地中海贫血干预项目、早期增补叶酸等重大公共卫生服务项目进展顺利。开展产前筛查、诊断和新生儿疾病筛查等干预措施，确保出生缺陷综合防治效果。

【医政管理】 2017年，1月，珠海市卫计局组织检查组对全市各级医疗机构的H7N9医疗救治和医疗安全工作进行督导抽查。2—3月，珠海市卫计局在全市范围内组织医疗安全管理和风险防范专项整顿工作。全市6家三级医院，13家二级医院，19家一级医院均按照要求针对医疗环节中存在的各个风险点进行排查和整改。3月，市卫计局根据国家等级评审规定要求各区级医院开展等级评审工作。5月，组织专家对死亡病历进行检查、分析，将检查情况分别通报各医院，促进各医院针对发现的问题进行整改。加强重点药品临床使用监测，跟踪重点为每月使用金额、使用量排名前十的药品和使用量波动幅度在50%以上的药品，采用限量采购或停止采购的措施控制使用，最大限度地降低临床用药的不合理情况，确保安全合理使用药物。

【疾病防控】 2017年，珠海市设立防治重大疾病工作联席会议制度，制定并组织实施全市年度重点传染病监测计划，逐步增加监测病种、扩大监测范围，每月向各相关部门及单位提供疫情简报，为防控工作决策提供第一手数据。香洲区、金湾区、斗门区、高新区成功创建“省级慢性病综合防控示范区”，实现省级慢性病综合防控示范区零的突破。全市心血管病监测干预体系初步建立，完成国家“心血管病高危人群早期筛查与综合干预项目”阶段性任务。市慢性病防治中心取得职业病诊断资质（职业性化学中毒），填补全市职业病诊断机构空白。10月10日（世界精神卫生日），“珠海市慢性病防治中心住院部（精神专区）”揭牌，22日收治患者。推进健康城市细胞工程建设，高新区那洲社区、市妇幼保健院、市人民医院、第一中学、香山学校、金湾区第一小学、罗西尼表业有限公司、星园市场、粤海酒店等9个单位获WHO健康城市合作中心（中国）命名和颁牌。

【医疗卫生救援应急】 2017年，珠海市卫计局组织制定发布《珠海市卫计系统防风防汛卫生应急预案》《珠海市突发事件医疗卫生救援应急预案》《珠海市突发中毒事件卫生应急预案》《珠海市突发中毒事件紧急医疗卫生救援方案》等预案制度，修订《珠海市突发公共卫生事件应急预案》，明确工作流程，提升预案的针对性、实效性和可操作性，优化各类突发事件应急预案体系。全年全市接报并处置204起公共卫生事件，比上年下降7.7%。紧急医疗救援中心派出救护车3.8万次（上升9.7%），救治3.06万人（上升5.2%），院前死亡人数1280人（上升8.9%）；处理事故208宗（下降31.4%），救治567人。8月，抗击强台风“天鸽”“帕卡”期间组织救治伤病员3108人次，派出医疗队85

支，610人次。12月，完成凤凰山山火等紧急医疗救援值守任务。建立市突发事件卫生应急专家咨询委员会。组建18支市突发事件卫生应急专业救援队伍，共230人。各区各组建1支卫生应急专业救援队伍，共132人。优化各类应急预案体系5个。组织突发事件应急技能培训9场次，培训医护人员1000人次。开展卫生应急演练4场次。基层卫生应急救援能力得到全面提升，组队参加广东省卫生应急技能决赛获团体二等奖，2名队员获个人二等奖、全省卫生应急技术标兵称号，3名队员获个人三等奖。

【医疗卫生人才管理】 2017年，珠海市出台《珠海市全科医生规范化培训及转岗培训管理办法》，着力加强基层医疗卫生机构人才培养，规范全科医疗人才管理。从以下三方面加快全科医生培养：一是增加全科医生转岗培训，调整面向社会招收转岗定向培训对象的条件，将学历从本科降低至全国普通高等医学院（校）全日制临床医学专业大专以上，从事相关工作满5年以上，具有临床类别执业（助理）医师资格的人员，拓宽培训对象。二是提高全科医生培训期间待遇，全科医师规范化定向培训学员住宿补助从每年1200元/人提高至3600元/人，生活补助从每月2200～5000元/人提高至4000～6500元/人，增加转岗定向培训学员生活补助每月500元/人。三是发挥基层的主管能动性，将全科医生招聘工作下放至各区，明确基层全科医生整体工资水平高于域内医院同级别医生15%的政策。全年招聘41名全科医生。全市全科医生达到488人（含已注册全科医生及在规范化培训和转岗培训的全科医生），万人常住人口拥有全科医生比例达到2.9人。

【医疗基础建设】 2017年，珠海市西部医疗中心通过立项。市妇幼保健院易址新建项目开工。市慢性病防治中心，市人民医院“放疗中心、介入诊疗中心、精准医学诊疗中心”等新建项目进入前期审批程序。市口腔医院易址新建项目、市紧急医疗中心启动前期准备工作。广东省人民医院珠海医院（金湾中心医院）投入使用。广东省中医院珠海医院新住院大楼建成竣工。斗门区侨立中医院（珠海市第二中医院）、平沙医院（市第五人民医院）住院楼等项目主体工程基本完工。

【医疗卫生法治与监督】 2017年，珠海市卫计局印发《关于印发珠海市卫生和计划生育系统法治宣传教育第七个五年实施计划（2016—2020年）的通知》，布置卫生计生法治建设和普法工作的重点任务，确定目标任务、宣传形式、宣传对象、具体措施、时间节点等，明确普法依法治理的责任主体。落实“谁执法谁普法”普法责任制，制定《珠海市卫计局落实“谁执法谁普法”责任重点任务清单》。结合卫生计生行业节日纪念日，结合行业特点，开展形式多样的法制宣传教育活动，提高卫计系统干部职工的法律素养和社会公众的卫生计生法律意识。市卫计局、市教育局、市食药监局联合印发《关于2017年开展珠海市学校卫生综合评价工作的通知》，通过卫生管理评分和卫生监测评分对全市68家学校卫生进行综合评价，其中A级5家，B级63家，全市学校卫生综合评价合格率为100%。

【公立医院改革】 2017年，珠海市深化药品供应保障制度改革。药品“零差率”政策稳固实施，药耗收入累计降价4.83亿元。实行通用和专科医用耗材统一配送改革政策，累计节约1.37亿元。完善现代医院管理制度，加大政府投入，解决公立医院历史债务和非医方责任欠费问题。出台医疗服务价格调整方案，建立以控制药耗比为核心的价格动态调整机制。出台公立医院医务人员薪酬制度改革政策，确立薪酬总额核定机制和动态调整机制。深化医保支付制度改革，完成市医保基金管理中心建设试点任务，医保财政补助标准提高到510元/人（比广东省标准高出60元）；出台公立医院住院病人病种点数法实施细则，建立以按病种分值付费为主的复合式付费方式。病种项目超过省要求的1000种。建立分级诊疗制度。出台《珠海市区域健康服务联合体建设实施意见》和医疗机构双向转诊制度。市人民医院“四位一体”健联体和斗门区、高新区等域内健联体初显成效。签约启动广东省人民医院与市（区）专科联盟、市人民医院五大国家重点专科的植入型医联体。

【医疗高层次建设】 2017年，中山大学附属第五医院、珠海市人民医院顺利通过“三甲”医院评审和复审。珠海市卫计局委托第三方对珠海市三级医院综合实力和临床重点专科进行评估，确定第一批市级高水平临床重点专科11个和临床诊疗中心3个。市政府加大投入，支持市人民医院和中山大学附属第五医院创建广东省高水平医院30强。出台并落实《珠海市引进高层次人才管理暂行办法》，全市首次引进高层次医疗卫生人才3人、高层次医疗卫生团队15个，落实财政资助经费2514.5万元。委托第三方对二、三级公立医院全面实行绩效评价，促进医院精细化管理。

【社会办医】 2017年，珠海市新设医疗机构90家，超过上年新设数的两倍，社会办医数量明显增加。新增的医疗机构中，高端体检机构1家，医学检验实验室3家，肿瘤医院1家，眼科医院1家，耳鼻喉医院1家，儿童医院1家，神经脊柱医院1家，社会办医类别丰富。全市民营医疗机构诊疗量487.95万人次，占全市医疗机构总诊疗量的29.08%，比上年增长24.11万人，增长5.02个百分点。出台进一步加快发展社会办医措施。实现港澳人员办医零的突破。

【中医中药】 2017年，珠海市第二人民医院（市中西医结合医院）挂牌“澳门科技大学临床教研中心”和“湖南中医药大学教学医院”。斗门区侨立中医院新建外科大楼投入使用，住院床位达到460张。全市基层医疗机构中医药服务标准化建设顺利推进，70%以上镇卫生院（社区卫生服务中心）按标准设置中医药综合服务区（国医馆）。市医改领导小组印发《关于印发珠海市中医“治未病”服务体系建设实施方案的通知》，启动市、区、镇（社区）三级中医“治未病”服务网络建设。7月22日至28日举办首届“中医药文化宣传周”活动，以市中西医结合医院为基地的“国医论坛”开讲。“中医药进藏区、藏医药进特区”的“双进”项目启动，首批市级10名中医药师承指导老师和20名师承继承人的项目经费绩效评工作顺利完成。

【智慧医疗】 2017年，珠海市市民健康信息服务系统集“一卡通系统”“全员人口信息系统”“部门信息共享系统”为一体。建成覆盖全市各医疗卫生单位的基础医疗卫生管理信息系统，全面实现医疗机构内部的信息化管理。试点单位高新区开发应用的“社区580”健康服务系统获得国家卫计委年度评选一等奖。在建的功能包含面向全市市民健康的“互联网+医疗”、医疗卫生信息流程改造及标准化建设、区域医疗影像信息系统建设、公立医院信息系统改造升级、实名就医卡及自助机建设、应急及公共卫生系统建设、人口健康大数据平台、医疗业务物联网系统建设等，将实现“远程视频会诊”“网上预约挂号”“手机APP健康管理”等服务项目，全面提升基层和群众的就医体验。

【医疗卫生科研管理】 2017年，珠海市卫计局课题立项49项，其中经费资助35项，资助金额35万元；自筹经费12项；新技术、项目推广2项。获市科工贸局立项课题60项，资助金额50万元。获省卫计委医学科研基金立项课题9项，资助金额3.5万元。获批国家科技部重点研发计划重大项目1项，资助经费767万元。获国家自然基金面上项目5项，资助经费281万元。获青年科学基金项目5项，资助经费110万元。获中国博士后科学基金特别资助项目1项，资助经费8万元。应急管理项目1项，资助经费15万元。获省科技计划项目10项，资助经费120万。获中山大学青年教师科研资助计划项目（医科）8项，资助经费150万元。全市各医院以第一/通讯作者发表的SCI文章64篇，其中符合奖励标准的33篇。“科研共同体”教授发表SCI文章2篇，获4项实用新型专利。

【医疗卫生人员教育培训】 2017年，珠海市组织180名考生报名参加省统考，通过审核125人。89名考生报名参加中医统考，通过审核63人。取得省住院医师规范化培训合格证114人。取得中医住院医师规范化培训合格证40人。全市106名全科转岗培训学员完成理论培训和基层实践。组织各级医院机构申报国家级继续医学教育项目20项，评审通过19项，参加总人数4520人。申报省级继续医学教育项目86项，评审通过64项，参加总人数9600人。申报市级继续医学教育项目369项，评审通过295项，参加总人数5.91万人。西部（海岛）医技人员到东部进修累计完成培训189名。学分验证工作完成年度验证7146份，周期验证680份。

【健康宣传教育】 2017年，珠海市分别在《珠海特区报》《珠江晚报》开设《健康珠海》和《健康与养生》栏目，全年刊出52期，刊发文章600多篇。在市委党校开设“国家人口发展战略研究”“港珠澳大桥三地人口流动与公共服务及福利制度对接研究”“人口和计生知识”等自修课程。在元旦、春节、“5·29”“7·11”、世界避孕日、流动人口关爱日、中医药文化宣传周、世界艾滋病日等相关节假日期间组织举办专项宣传活动。全年进行大型专项宣传活动4次，协调联合各区和各级医院开展免费送医送药义诊活动180多场。发放卫生计生宣传资料80余万份，咨询近18万人次。免费派发避孕药套268万多个，外用避孕药6510多盒，口服避孕药1670多盒，卫生计生宣传小礼品12万余件。免费义诊近2万人次，派发价值近30万余元的药品。开展家庭发展和婚育新风进万家宣传活动30余场。为在校学生、企事业单位员工、社区居民举办201场59个主题的健康知识讲座，受众人数达2.32万人次。在电台先锋951频道开设《辣妈爱宝贝》科学育儿栏目。电视计生新闻报道152条。通过珠海网、贝壳APP客户端发布相关计生宣传视频76条。利用局网站、微博、微信公众平台、微信工作群、信息平台等线上宣传。在“两微”发布卫生计生信息1892条，局官方微博全年5次登上“医疗卫生@微博传播力BCI”周榜。网站更新工作动态118条，发布健康科普文章170篇，组织开展全市性防病知识网络有奖问答活动2次，2.18万人次参加答题。金湾区卫计局制作的相声节目《对话艾滋》获得第十五届中国人口文化奖舞台艺术类曲艺类优秀奖。香洲区计生协会1篇新闻作品获中国计划生育协会“计生协好新闻”二等奖。全年开展50次合理用药健康教育专题活动。

【医疗废物管理】 2017年，珠海市卫计局开展各类医疗废物管理宣传活动多次，组织了区卫生局、三级医疗卫生机构主管领导、主管部门负责人参加的法规知识培训。培训约2000余人。专门从事收集、运送人员的受训率达90%以上。市卫计局与民营医疗机构协会共同举办“民营医疗机构医疗废物管理培训班”，提高民营医疗机构医疗废物管理工作水平。珠海市辖区内医疗废物集中处置单位1所。由市环保局许可的化学性医疗废物处置单位1个。辖区内所产生的医疗废物总量为2030吨，医院产生的医疗废物总量为1754吨。由医疗废物处置集中的1014吨，基层医疗废物处置单位集中处置的740吨，未有上送至上一级医疗机构由医疗废物处置单位集中处置的情况以及自行焚烧、消毒填埋处理的情况。

（邓　斐）

体　育

【概　况】 2017年，珠海市完成《珠海市体育运动场地设施专项规划》和《珠海市全民健身计划（2016—2020年）》编制，在全省率先出台《关于加快发展健身休闲产业的实施意见》。全年建成社区体育公园14处，全市已达191处。社区体育公园与绿道网连接，构成“点”“面”相结合的绿色低碳立体全民健身场地网络，基本实现“城市10分钟体育健身圈”和“乡村10里体育健身圈”。全年参加体育锻炼达到80万人次，基本达到50%，处于全省前列。举办“2017珠海市民健身运动会和南粤香山古驿道骑行活动”。重新制定全市竞技体育奖励办法和引进优秀运动员管理办法，做好省足球试点城市检查考评工作，引进省女子足球队。与澳门体育局签订《体育合作框架协议》。举办2017环中国国际公路自行车赛（珠海站）、2017珠海WTA（国际女子职业网联，下称WTA）超级精英赛、2017年全国帆船帆板锦标赛等赛事，扩大了珠海国际影响力。珠海市文化体育旅游局、珠海市体育总会、香洲区前山街道办、斗门区体育局等4个单位获“全国群众体育先进单位”荣誉称号，3人获“全国先进个人”荣誉称号。

【群众体育】 2017年，珠海市基层体育健身设施基本达到全覆盖，人均体育场地面积达到2.5平方米。全年向珠海西部投放公共体育健身设施50万元，缓解西区公共体育服务不平衡矛盾。市体育中心全年免费或低收费开放360多天，接待健身活动人员达200多万人次，其中免费开放游泳、羽毛球等项目88天，受益4万人次。斗门区体育馆全年免费、低收费开放340天，16万人次参加健身。全年培训940多名社会体育指导员（其中二级140人，三级800人），社会体育指导员达到5500人，超过省体育部门每万人拥有25名的要求。完成国民体质监测工作，全年测试人数1892人，合格率95.7%，优秀率45.4%。珠海市、斗门区两级国民体质测定和科学健身指导站，免费为市民进行体质测试，全年为4335人进行测试并开出运动处方。举办以“快乐健身，幸福生活”为主题的市民健身运动会，各项赛事从3月至12月，设有足球、篮球、钓鱼、风筝、广场舞等86个项目的比赛，采取市区联动、政府指导、社会参与的形式，由各级体育社会组织分项实施。全年15万人次参与各类活动。组织选拔253名业余运动员参加广东省第四届体育大会。经9大项12小项比赛，珠海代表队最终以346分排全省第九名，获“体育道德风尚奖”和“优秀组织奖”。举办粤台港澳四地武术交流大会，珠中江澳四地乒乓球团体友谊赛、篮球邀请赛、网球团体邀请赛、羽毛球赛，珠澳禅保龄球埠际赛，珠澳网球埠际赛、三棋友谊赛，珠中江阳健身操舞交流赛、风筝交流、休闲垂钓交流赛等活动。

【竞技体育】 2017年，珠海市有注册运动员1000多人。在天津举办的第十三届全运会上，49名运动员参加19个项目比赛，获得金牌6枚、银牌6枚、铜牌3枚，11人获得第四名，3人获得第五名。参赛人数、参赛项目和参赛成绩均创历史新高。国际赛场上，获得世界冠军4个、亚军3个，洲际赛事冠军2个、亚军1个、季军1个。

【体育产业】 2017年，珠海市举办环中国国际公路自行车赛（珠海站）、全国帆船锦标赛和珠海WTA超级精英赛等大型赛事。结合《珠海市全民健身实施计划（2016—2020年）》《珠海市“十三五”体育产业专项规划》《珠海市滨海运动休闲旅游规划》和在编的《珠海市体育运动场地设施专项规划（2016—2020年）》，4月21日，印发《珠海市人民政府办公室关于加快发展健身休闲产业的实施意见》。组织22家相关单位及各区体育部门代表参加第三十五届（上海）中国国际体育用品博览会。

2017年12月25日，“格健杯”珠海市民健身运动会在珠海大剧院海韵城广场举行闭幕式
（市文体旅游局 供稿）

【珠海市体育运动学校】 2017年，学校派出29人参加全运会决赛阶段比赛，夺得4金3银2铜，创学校参加历届全运会最佳成绩。戴建华、吴水娇、王帅焜获广东省政府表彰。孙瑜获得2017年苏迪曼杯世界羽毛球混合赛亚军，朱雨玲夺得杜塞尔多夫世乒赛女单亚军,(与陈梦）夺得女双亚军。在广东省青少年年度锦标赛中，学校男子足球队首次跻身全省前三甲，并获“体育道德风尚奖”。

【珠海市体育中心】 2017年，市体育中心完成体育场塑胶跑道铺设工程、五人场和副场足球场地人造草更换工程、体育馆和羽毛球馆监控系统完善工程等部分设施设备维修改造。继续实行体育场馆周末白天免费开放和国家法定节假日白天免费开放的体育惠民措施，惠及群众近400万人次。承担市民健身运动会中的健身气功、武术套路、跆拳道、广场舞、保龄球、足球和游泳等项目比赛的场地任务；承接广东省第七届群众音乐舞蹈花会比赛、2017年中国足协室内五人制甲级联赛、2017全国健美操联赛、中拉美足球赛、横琴杯足球赛等体育比赛活动16次47场。游泳馆在暑期开办不同年龄段的游泳培训班，培训936人次，其中幼儿班149人，少儿初学班486人，少儿提高班141人，成人初学班 129 人，成人提高班 11 人，中考提高班 20 人。

【珠海国际赛车场】 2017 年 3 月 18—19 日、6 月 17—18 日、9 月 16—17 日，泛珠三角超级赛车节春季、夏季、秋季赛事在珠海国际赛车场举行。泛珠三角超级赛车节主要有赛道英雄—壹、赛道英雄—贰、赛道英雄—叁、ZIC 超级摩托车赛、亚洲雷诺方程式系列赛、青年冠军方程式系列赛、赛道英雄—飘等比赛。2 月，赛道英雄—壹和赛道英雄—贰均升级为区域性国际比赛。赛事影响力进一步提升，已成为中国赛车行业最有影响力的品牌赛事之一。10 月 28—29 日，亚洲勒芒系列赛珠海 4 小时赛在珠海国际赛车场举行。该赛事汇聚世界级的车队和车手，面向全球观众播出。亚洲勒芒系列赛汇聚原型车和 GT 车同场竞技，为通向世界最重要耐力赛事——勒芒 24 小时耐力赛的唯一直接途径。

【环中国国际公路自行车赛（珠海站）】 2017 年 9 月 24 日在横琴新区举行。赛事由国家体育总局自行车击剑运动管理中心、中国自行车运动协会主办，珠海市人民政府、中奥体育产业公司承办，珠海市文化体育旅游局、横琴新区管委会、珠海华发体育运营管理有限公司协办。赛事起、终点设在横琴国际网球中心，赛段总长度为 91.2 千米，来自世界各地的 22 支顶级车队 132 名选手参赛。来自拉脱维亚瑞图银行洲际队的伯格丹诺维克斯·梅里斯率先冲刺，以 1 小时 53 分 23 秒的成绩获得珠海站冠军。

2017 年 11 月 10—20 日，全国帆船帆板锦标赛在珠海举行　（程　斌　摄）

【珠海 WTA 超级精英赛】 2017 年于 10 月 31 日至 11 月 5 日在珠海横琴国际网球中心举办，为中国第三大女子网球赛事（仅次于中国网球公开赛和武汉网球公开赛），参加单打比赛的为 WTA 年终排名 9 ～ 19 名的选手（第 9、10 名不强制参赛），参加双打比赛的为未参加 WTA 年终总决赛的排名前 4 的选手（主要双打排名应为 9 ～ 12 名）。22 场比赛，其中单打 15 场，双打 7 场。赛事总奖金 228 万美元，单打冠军积分 700 分。赛事入场观众 4.56 万人。经过 6 天的激烈角逐，德国球员茱莉亚·格尔格斯获得女子单打冠军，中国金花组合段莹莹、韩馨蕴获双打冠军。

【全国帆船帆板锦标赛】 2017 年 11 月 10—20 日在九洲港帆船赛事保障中心及珠海市海滨泳场举行。由国家体育总局水上运动管理中心、珠海市人民政府主办，珠海市文化体育旅游局、珠海九洲控股集团有限公司承办，珠海市九洲航海文化有限公司具体执行。全国帆船锦标赛包括男子 470 级、女子 470 级、男子激光级、女子激光雷迪尔和男子芬兰人级 5 个奥运级别帆船项目，300 名国家级帆船运动员参赛。全国帆板锦标赛包括男（女）RS：X 级共 4 个奥运级别帆板项目，100 名国家级帆板运动员参赛。场地赛经过 11 轮比拼，来自浙江的参赛选手囊括帆船男子和女子 470 场地赛的桂冠，获奖者分别是徐建勇、陈诚和魏梦喜、高海燕。长距离赛，来自广东的黄秀建和陈琳琳获帆船男子 470 级冠军；来自福建的罗仁焕获帆船芬兰人级的冠军，广东选手黄彬斌获第二名。男女 RS：X 级障碍赛冠军被浙江选手李涛和史红梅摘得；广东陈昊泽以总分 10 分的成绩获男子 T293 级障碍赛冠军，山东选手周薇以总分 12 分的成绩获女子冠军。

（李伟华　李　强　冯玉宇　陈海燕）

·责任编辑：曾维浩·

社会生活

人力资源·劳动就业

就业培训

【就业创业】 2017年，珠海市全面落实就业工作目标责任制，城镇新增就业人数4.69万人，就业困难人员实现就业2230人，促进创业3214人，分别完成年度目标任务的117.3%、111.5%和107.1%。至年底，城镇登记失业率为2.26%，控制在年度目标内，就业形势稳中向好。全市促进就业创业资金支出1.14亿元（含创业小额贷款贴息和劳动力培训转移就业资金职业培训补贴），城乡劳动者享受就业创业补贴人数达8.56万人次，分别增长10.4%和8%，就业资金支出、享受就业创业政策人数均创历史新高。发放稳岗补贴9665万元，扩大失业保险基金支出范围试点支出4054万元。新增3家市级创业孵化基地，全市创业孵化基地至24家，在孵企业（项目）2746个，带动就业2.68万人。出台《关于印发珠海市高校毕业生就业见习管理办法的通知》，举办高校毕业生公益性专场招聘会100场，现场录用1916人；举办"就业援助月""就业直通车"等系列招聘活动129场，健全就业困难人员岗位信息收集发布制度，落实公益性岗位优先招用失业人员规定，解决2230名就业困难人员就业问题。

【广东"众创杯"创业创新大赛科技（海归）人员领航赛】 2017年8月23—25日，珠海市承办广东"众创杯"创业创新大赛科技（海归）人员领航赛决赛在珠海举行。国内外489珠海市参赛团队在国内外489个参赛项目中，7个项目晋级决赛（团队组4个，企业组3个），最终获2金2银3铜，在22个晋级决赛项目中占30%，获奖数量、质量名列全省第一。

【异地务工人员服务管理】 2017年，珠海市出台《关于印发2017年珠海市异地务工人员服务管理工作要点的通知》，提出稳定和扩大就业创业、大力开展职业技能培训、提高社会保障水平、切实保障

2017年8月25日，由珠海市承办的2017年广东"众创杯"创业创新大赛科技（海归）人员领航赛决赛颁奖仪式在珠海电视台演播厅举行

（市人社局 供稿）

合法权益、稳步推进在城镇落户等措施；举办“春风行动”“南粤春暖”等异地务工人员专场招聘活动398场，进场企业2.02万家次，进场求职人员62.79万人次，现场录用4.14万人次。做好技术工人招调入户工作，全年办理技术工人招调1423人（取得职业资格证书1400人，企业业务骨干23人）。

【职业技能提升培训】 2017年，珠海市技能人才总量达35.5万人，其中高技能人才11.4万人，占技能人才总量的32%。进一步加大城乡劳动力职业技能培训力度，提高全市劳动力的就业技能。加强职业技能培训组织和动员工作，采取送培训上门、开展订单式培训和举办各类集中培训班等措施，培训技能人才5.83万人，涉及职业培训补贴金额1489.92万元；全面实施“万名大学生学技能”计划，培训1.47万人，其中职业指导7760人、技能培训3296人、创业培训3612人。

【技工教育】 2017年，珠海市依托技工院校培养技术工人后备军，向企业输送更多具备“工匠精神”的高素质技能人才。加大技工教育工作力度。市技师学院吉大校区4.5万平方米的新教学实训楼投入使用，培养毕业生961人。毕业生初次就业率达99%。市技师学院新学年增设工业机器人应用与维护、机电一体化、数控机床装配与维修、移动互联技术应用4个专业，完成招生1194人。

人事人才

【人才优先引进制度】 2017年1月，珠海市出台《珠海市人才引进核准办法》，3月1日实施。对企业引进的高层次人才、专业技术（技能）人才、全日制大专以上学历人员等10类人才，采取直接核准方式予以引进。至年底，引进各类人才1.83万人（含应届高校毕业生9439人），引进人数增长35%。引进的人才主要集中在科技型企业、制造业企业、中小微企业。

【高层次人才队伍建设】 2017年，珠海市引进国家“千人计划”专家43人（累计93人）；引进博士148人、硕士2000人；接收留学回国人员400余人；入选省领军人才达到12人。组织开展“2017年度珠海市产业发展与创新人才奖励”申报工作，给予企业高管和技术研发骨干人员奖励，为全市251家企业3488名人才发放产业发展与创新人才奖励金共计4155.58万元（累计1.42亿元）。组织开展年度高层次（青优）人才工作津贴、住房补贴、补充养老保险、创业场地租金补贴、研发费用补贴等待遇核发工作，审核数7300余人次，兑现待遇合计3081万元；为34名高层次人才申请入住华发高级人才公寓，为160名创新创业人才配租大镜山馨园保障性住房。组织开展2016年度重点培育企业新引进人才租房补贴申请工作，为68家企业2479名新引进人才发放租房补贴1039.01万元。

【博士后工作站】 2017年3月，珠海市横琴新区博士后工作站获批独立招收资格。全市新增博士后工作站点6个（增至52个），新招收博士后22人。

【公务员管理】 2017年，珠海市严格按照公职人员考录程序，新录用公务员202人。创新公务员培训方式，构建多层次的培训体系，

2017年8月25—27日，珠海市在珠海度假村酒店举办“广东省第九届海外专家南粤行（珠海）”专场活动 （市人社局 供稿）

在强化任职培训、初任培训等主体班培训的同时，将培训重点由主体班向专题班逐步转移，大规模地开设面向不同层级公务员的专题培训，完成脱产培训5200人次。按照省的统一部署，做好公务员分类改革及聘任制改革，完善绩效考核激励机制，激发全市公务员队伍的活力。

【事业单位人事制度改革】 2017年，珠海市全面实施事业单位公开招聘、岗位管理和人员聘用制度改革，核准事业单位岗位设置（调整）方案76个。办理“管理岗位”聘用人员认定198人（其中新聘84人，调整114人），“专业技术岗位”聘用人员认定1756人（其中新聘745人，调整1011人）。统计628家事业单位，2.19万人。根据统计全面掌握事业单位工作人员的基本情况。

【军转干部安置】 2017年，珠海市接收安置军队转业干部284人，其中计划安置262人，自主择业22人。接收安置随军家属146名。

【人才鉴定考试】 2017年，珠海市开展公务员招录考试、专业技术资格考试、国家职业技能鉴定考试，为政府、企事业单位评价选拔人才。全年完成各类鉴定考试报名5.84万人次，组织各类考试1192场次、考试人数5.58万人次，其中公务员笔试6064人、面试532人，军转干部考试123人，专业技术资格考试1.97万人次，职业技能鉴定2.94万人次（其中鉴定高技能人才1.3万人次）；核发各类证书2.54万本（其中高技能人才8395人）。 （钟咏珊）

【广东省第九届海外专家南粤行（珠海）专场活动】 2017年8月26—27日，由广东省人力资源和社会保障厅、广东省外国专家局、珠海市人民政府主办，珠海市人力资源和社会保障局承办的广东省第九届海外专家南粤行（珠海）专场活动在珠海举行。30名海外专家齐聚珠海考察创新创业环境，洽谈项目合作。所有专家由省外国专家局从法国遴选邀请，学术水平高、创新能力强，1人为院士，九成以上为博士，半数以上在法国知名高校或科研机构任职。亮相的30个科技项目主要集中在高端电子信息、生物医药与健康产业、新材料与节能环保等各领域，与珠海现代产业发展方向高度契合。60家企业负责人、9家高校国际项目合作及人力资源等部门负责人和职能部门代表逾200人参与现场活动及对接交流。该活动是珠海市引进海外专家及科技项目的重要渠道。近年来，依托“海外专家南粤行”活动平台，珠海邀请近300名海外专家来珠海考察洽谈，至年底，落地项目超过30个。 （朱　见）

劳动关系

【劳动工资制度体系和企业劳动关系管理】 2017年，珠海市开展劳动力市场工资指导价位调查统计和企业人工成本、薪酬专项调查统计工作，建立人工成本信息发布制度，按年度发布行业人工成本信息，引导企业控制人工成本；汇总并统计确定市属企业在岗职工工资情况和负责人绩效年薪调节系数，加强对国有企业工资分配调控和监管。指导企业依法做好职工安置工作，防范突发劳资纠纷的发生。审核国有企业改制员工安置方案2宗，涉及员工77人；认定劳动关系588宗，涉及人数757人。

【劳动监察执法和权益保护】 2017年，珠海市劳动监察执法开展日常巡查475家次，检查用人单位1545家次，协调处理1072件，投诉举报立案860件；处理突发群体性事件147件；向用人单位发出限期改正指令书135份，做出行政处罚决定14件，罚款金额19.07万元；移送公安案件44件，重大违法行为社会公布26件；共为3.74万名劳动者追发工资等待遇7802.08万元。依托“互联网+”和大数据应用，探索劳动监察新方式，通过网络申报平台进行自主申报的企业有1.28万家次，发现隐患用人单位信息1949家次，安排各区开展隐患排查206家次。

【劳动人事争议仲裁】 2017年，珠海市劳动人事争议仲裁院处理案件1089件。其中不予受理143件，立案受理946件，涉案人数为1070人次，10人以上集体劳动争议仲裁案件6件，挽回劳动者经济损失2416万元。当期审结案件945件，其中调解结案325件，调解率为34.39%，裁决结案474件，裁决率为50.16%。当期末法定审限内未结案件数为92件，仲裁累计结案率为91.13%。

社会保障

社会保险

【概　况】 至2017年底，珠海市586.26万人次参保，比上年增长6.17%。其中养老保险113.25万人，增长5.26%；医疗保险175.11万人，增长6.67%；失业保险98.18万人，增长6.49%；工伤保险99.80万人，增长5.77%；生育保险99.92万人，增长6.40%。全市社会保险基金收入165.15亿元，增长6.82%；支出124.57亿元，增长33.00%；当期结余40.58亿元，下降33.42%；历年滚存500.64亿元。社会保障卡有效持卡量为200.01万张。合理确定社保缴费基数，统筹降低生育、失业、工伤保险费率，落实失业保险援企稳岗政策，为企业降低社保成本7.56亿元。

【养老保险】 2017年，珠海市出台《关于提高我市城乡居民基本养老保险基础养老金的通知》，从1月起，城乡居民基本养老保险基础养老金从每人每月360元提高至380元，提高后的基础养老金从5月1日起发放，并补发1月至4月期间的提高部分，惠及3.7万人。城乡居民月人均养老金达519元，待遇水平居全省前列。按照全省统一部署，稳妥推进机关事业单位工作人员养老保险制度改革工作，贯彻落实企业职工基本养老保险省级统筹；组织实施年度退休人员基本养老金调整工作，根据普遍调整和适当倾斜相结合原则，采取定额调整与定比调整相结合的办法，对全市约13万名离退休人员加发养老金，人均增长5.5%。

【医疗保险和生育保险】 2017年，珠海市389.5万人次享受医疗保险待遇，其中住院人次为18.6万，门诊特定病种待遇124.2万人次，门诊统筹待遇246.7万人次。实现城乡居民与企业职工医疗保险同等报销待遇的基础上，完善医疗保险政策，将连续参保缴费1年以上的参保人，住院医疗费用每社保年度最高支付限额从62万元提高至72万元；6月出台《关于印发珠海市生育保险和基本医疗保险合并实施试点工作方案的通知》和《珠海市人民政府关于印发珠海市职工生育保险办法的通知》，通过整合职工生育保险与基本医疗保险基金及管理，强化基金共济能力，提升管理综合效能，降低管理运行成本。新修订的《珠海市职工生育保险办法》7月1日起实施。

【工伤保险】 2017年，珠海市工伤保险参保人数达99.79万人，创历史新高。建筑项目参保累计达1189个，新开工项目达到100%参保。工伤保险服务优质高效，完成工伤认定6180宗，劳动能力鉴定2599宗。工伤预防稳步推进，部署开展工伤预防性职业健康体检。工伤保险缴费费率全国最低，降费率支持实体经济发展，连续多次降低工伤保险缴费费率，为企业累计减负1.73亿元。工伤事故发生率保持在0.08%以下，工伤保险待遇水平不断提高，工伤职工待遇平均每年增幅约10%，一到四级伤残职工的伤残津贴提高到2858元/月。

【失业保险】 2017年，珠海市印发《关于进一步做好扩大失业保险基金支出范围试点有关工作的通知》，扩大失业保险基金支出范围

2017年6月12日，市民政局、市质监局、市公安局和市老龄办联合举办养老服务标准化暨养老院服务质量建设专项行动培训班　（市民政局 供稿）

试点各项补贴支出4054万元，涉及1.48万人；出台《关于进一步做好失业保险支持企业稳定岗位有关工作的通知》，为7695家企业发放稳岗补贴9665万元，受惠职工人数54.7万人。

【社保经办服务】 2017年，珠海市全面优化自助服务，落实便民惠民，不断完善自助服务平台，在自助服务机上实现7项社保业务自助服务功能，进一步扩大自助服务办理范围。全年195.6万人次使用自助服务；建成网上办事大厅系统，服务事项全部实现网上办理，全年84.40万人次在网上办理业务，其中打印82.86万人次，网上自动办结15428笔。积极推进省异地就医联网结算平台建设，至年底，基本医疗保险参保人在省内21个地级市的536家（含珠海）医院就医实现直接联网结算，省内市外基本医疗保险参保人在全市22家医院就医实现直接联网结算，有7家三级医院实现省外参保人跨省异地就医直接结算；并将全国8500多家医院纳入全市异地就医直接结算医院范畴。至年底，全市参保人在异地医院就医通过省平台结算6508人次，统筹基金支付1.68亿元。

【社保基金监督】 2017年，珠海市开展城乡居民养老保险、补充医疗保险和基本养老保险重点指标三项专项检查；分类、筛查、处理8000多条基金监督预警信息；继续推进社保基金风险安全评估试点工作，加强基金风险防控。制定《关于进一步规范社会保险反欺诈工作的通知》，梳理案件查处移送工作流程；全年成立专案组调查社保欺诈案件1件，向各区（功能区）局移交7件。至年底建立企业年金制度单位228家，其中本年度新建方案8家。

【工伤预防性职业健康体检】 2017年，珠海市为建立健全工伤预防、补偿、康复“三位一体”的制度体系，降低职业病危害风险，切实维护职工健康权益，促进和谐幸福珠海建设，市人力资源和社会保障局联合市安全生产监督管理局、市卫生和计划生育局、市总工会、市社会保险基金管理中心5部门开展工伤预防性职业健康体检。体检工作本着“以人为本、预防为主、健康第一、服务职工”的理念，按“政府政策引导、用人单位申请、医疗机构配合、社会保险资助”的模式开展。体检补助主要针对全市生产企业接触粉尘类、化学类等存在职业病危害岗位的参保在岗职工。体检机构有广东省工伤康复中心、全市职业健康体检机构等9家。体检人数为3.75万人。每人补助100元。

（钟咏珊）

【最低生活保障】 2017年1月1日起，珠海市低保标准由每月630元/人提高至896元/人，提高幅度42.2%。至年底，全市在册低保对象5622户8188人，城乡低保月补差水平分别达到885元和925元，在全省位于前列。全年按时足额发放低保金8507万元。继续确保动态管理下的应保尽保和分类施保，保障困难群众的基本生活。

（冼佳霖）

社会救助

【五保供养】 2017年，珠海市印发《珠海市特困人员救助供养制度实施方案》，将农村五保供养、城市“三无”人员救济等制度整合并完善为特困人员救助供养制度，以规范性文件的形式确保特困人员基本生活标准不低于低保标准的1.6倍。第四季度全市特困人员1112人，基本生活标准达1434元每月，比上年提高51.7%。农村五保年集中供养和分散供养标准分别达到22260元和18929元。

【医疗救助】 2017年，珠海市根据《珠海市困难群众医疗救助实施办法》，为符合条件的困难群众提供医疗救助，保障其基本医疗权益。医疗救助4.18万人次，比上年增加3.6%，支出救助金1508.2万元。

【流浪乞讨人员救助】 2017年，珠海市救助站救助1835人，其中未成年人50人，疑似精神病患者12人。按照省民政厅部署，做好春运期间生活无着流浪乞讨人员救助管理暨“寒冬送温暖”工作。救助机构出动工作人员655人次，车辆323辆次，救助各类人员496人次。发放棉被88床，棉大衣49件，方便面485桶，饼干33份，水777份。

【临时救助】 2017年，珠海市对包括符合条件非本市户籍在内的，因临时性、突发性等各种原因造成基本生活出现暂时困难的人员提供临时生活救助3125户次，支出金额310.8万元。

【灾害救助】 2017年，珠海市遭遇强降雨、台风等自然灾害，全年受灾人口76.4万人，因灾死亡4人，倒塌居民住房9户13间，直接经济损失208.5亿元。其中第13号台风“天鸽”8月23日正面登陆金湾，为1961年有气象资料以来袭击珠海市的最强台风，造成巨大损失。全市全年灾害庇护场所转移安置临险人员和困难群众约16.2万人，接收省民政厅紧急调拨救灾物资3批10328箱（件），紧急采购约50万元食品饮用水等生活必需物资。全市民政部门在灾害期间发放矿泉水、方便面、面包等生活救助物资46244箱（件），价值约723万元。组织开展灾情统计核对，制定省财政拨付的自然灾害救助资金572万元分配方案并核拨各区。全年各级民政部门发放受灾人员生活救助款100.4万元、伤病救助款4.28万元、因灾死亡人员家属抚慰金8万元。印发《珠海市台风“天鸽”灾害倒塌民房重建工作方案》，省、市、区三级财政合共拨付55万元、市残联下拨10万元、市慈善总会筹集社会捐赠资金25万元帮助全市9户全倒户重建家园。发放严重损坏房屋修缮资金52.2万元。发动社会组织党支部1600余名党员和49家社工机构约5000人，服务受灾群众5.1万人次。

【慈善事业】 2017年，珠海市接收捐款19349.07万元，其中接收年度“广东扶贫济困日”活动捐款1288.03万元。发放救助资金15644.48万元，惠及困难群众数十万人次。（冼佳霖）

住房保障

【概　况】 2017年，珠海市不断扩大住房保障覆盖面、提高保障标准，超额完成省政府下达的住房保障工作目标责任任务。全市完成开工建设棚户区改造住房任务2863套，开工完成率105%；基本建成保障性住房和棚户区改造安居住房2260套，基本建成率108%；发放租赁补贴587户473万元，其中新增租赁补贴267户，任务完成率890%。政府投资建设的公租房分配2213套，分配任务完成率112%，其中2013年开工的公租房分配1919套，任务完成率111%；2014年开工的公租房分配290套，任务完成率为106%；完成投资16.78亿元。全市将低收入住房困难家庭类收入保障线从人均945元/月提高至人均1344元/月，其他低收入住房困难家庭类收入保障线从人均1916元/月提高至人均2127元/月。

【保障性住房管理平台】 2017年3月31日，珠海市保障性住房管理平台上线启用。保障性住房项目进展、政策、审核、分配、退出管理等情况全部在该平台予以公开，主动接受社会各界监督。该平台实现公共租赁住房从申请、审核、轮候、分配（选房）、入住、退租等环节网上一站式办理、一条龙服务、一体化管理。至年底，有2500户家庭通过平台在网上提交资料申请公共租赁住房。

【住房保障创新】 2017年8月7日，珠海市住房和城乡规划建设局出台《珠海市保障性住房和人才住房室内装修标准指引》，完善珠海市公共租赁住房和人才住房管理体系。落实新出让土地商品住房开发项目和城市更新项目有住宅功能的用地配建公共租赁住房和人才住房政策，全年有28宗新出让商品住房项目用地配建公共租赁住房和人才住房，配建建筑面积32.5万平方米。（陈文辉）

住房公积金管理

【概　况】 截至2017年12月31日，珠海市住房公积金累计开户缴存人数为91.05万人，比上年增长10%；期末累计缴存总额500.75亿元，增长15%；期末累计缴存余额98.54亿元，增长18%；期末累计提取总额402.21亿元，增长15%；期末累计发放个人购房贷款总额176.97亿元，增长6%，其中发放“公转商”贴息贷款额38.55亿元；期末累计发放个人购房贷款89803笔，增长9%。实现增值收益10430万元，减少25.4%。

【住房公积金缴存】 2017年，珠海市新增住房公积金缴存单位1020个，比上年增长12%，新增缴存人数8.03万人。全年缴存额66.26亿元，增长10%，月均缴存额5.52亿元。8月2日，市住房公积金管理委员会、市人力资源和社会保障局、市财政局联合发布《关于2017年度我市住房公积金月缴存限额标准的通知》，明确2017年7月至2018年6月全市企业和职工个人缴存比例上限为12%，下限为5%，缴存基数上限为上年度月平均工资的3倍。年度企业职工的住房公积金月缴存上限标准为4496元，下限标准为166元。

【住房公积金提取】 2017年，珠海市提取住房公积金51.51亿元用于个人或其直系亲属的购房、偿还银行贷款、租房等住房消费和重大疾病、低保家庭子女上学等救助。提取金额比上年减少8%。月均提取额4.29亿元，提取率为78%。3月28日，珠海市住房公积金管理中心派出机构金湾管理部对外服务，通办全市范围内住房公积金提取业务。

【住房公积金贷款】 2017年，珠海市发放住房公积金个人购房贷款额10.76亿元，比上年减少75%，其中发放“公转商”贴息贷款额6.8亿元，月均贷款额8967万元，个贷率73%。全年回收贷款7.87亿元，月均回收6558万元。期末贷款余额72.37亿元，其中逾期贷款额22万元，贷款逾期率为0.03‰，低于国家1.5‰的标准值和商业性贷款逾期率。6月1日起，暂停“公转商”贴息贷款，恢复公积金组合贷款业务。

【住房公积金异地转移接续平台】 2017年6月28日，根据国家住房和城乡建设部统一部署，珠海市住房公积金管理中心启用全国住房公积金异地转移接续平台。住房公积金缴存职工可通过该平台办理住房公积金异地转移接续业务，实现“账随人走、钱随账走”。全年受理异地转入申请791份，转出申请505份。职工账户和资金信息实现无缝对接，在新就业地同等享受公积金提取、贷款政策，保障了缴存职工合法权益。

【住房公积金信息系统升级改造】 2017年12月28日，珠海市新一代住房公积金信息系统上线，完成全国住房公积金“双贯标”（《关于贯彻住房公积金基础数据标准》和《住房公积金银行结算数据应用系统与公积金中心接口标准》），实现支付宝、微信“双刷脸”认证登录模式，24小时全天候线上办理提取业务，资金秒速到账。

（刘海婷）

2017年5月17日，珠海市住房公积金管理中心在珠海电台《行风热线》栏目宣传住房公积金政策 （市住房公积金管理中心 供稿）

收入·消费

城乡居民收入

【概　况】 国家统计局珠海调查队城乡一体化住户调查数据显示，2017年，珠海市全体居民人均可支配收入为44043.1元，比上年增加3889元，名义增长9.7%，扣除价格因素实际增长8.8%，低0.2个百分点。其中，城镇常住居民人均可支配收入46826.4元，比上年名义增长10.1%，扣除价格因素实际增长9.2%，高0.4个百分点；农村常住居民人均可支配收入23496.4元，比上年名义增长2.7%，扣除价格因素实际增长1.9%，低7.6个百分点。

工资性收入　全体居民人均工资性收入32941.0元，比上年增长9.3%，占可支配收入的74.8%，是拉动居民收入增长的主要因素。

2017年珠海全体居民人均可支配收入情况

单位：元

指标名称	本　年	上　年	比上年增减	增幅（%）
可支配收入	44043.1	40154.1	3889.0	9.7
一、工资性收入	32941.0	30140.3	2800.7	9.3
二、经营净收入	3545.4	3808.5	-263.1	-6.9
三、财产净收入	5929.2	4859.6	1069.6	22.0
四、转移净收入	1627.6	1345.7	281.9	20.9

其中城镇常住居民人均工资性收入35141.6元，增长9.3%；农村常住居民人均工资性收入16695.7元，增长6.6%。珠海陆续出台多项措施促进居民就业及工资收入提高，如提高企业工资指导线、出台各类鼓励自主创业以及税负减免等；行政机关和事业单位养老保险改革对居民工资收入提高有一定的贡献。

经营净收入　全体居民人均经营净收入3545.4元，比上年下降6.9%，其中城镇常住居民人均经营净收入3663.7元，下降4.5%；农村常住居民人均经营净收入2671.9元，下降25.7%。受三季度强台风"天鸽"等自然灾害影响，珠海农业生产经营损失较为严重，是造成居民经营净收入总体下滑的主要因素。

财产净收入　全体居民人均财产净收入5929.2元，比上年增长22.0%，其中城镇常住居民人均财产净收入6392.3元，增长22.9%；农村常住居民人均财产净收入2510.2元，增长5.4%。随着城镇居民投资理财观念的增强，来自投资红利和出租房屋的收入有所增加，带动居民财产性收入较快增长。

转移净收入　全体居民人均转移净收入1627.6元，比上年增长20.9%。其中，城镇常住居民人均转移净收入1628.8元，增长19.9%；农村常住居民人均转移净收入1618.6元，增长29.3%。转移净收入的增长主要受政府加大财政支持力度影响，提高离退休人员养老金水平及城乡居民养老金标准、低保标准等政策有效推动居民增收。

【各区居民可支配收入情况】2017年，珠海市各区居民收入呈现稳步增长态势，但从收入水平和增速来看，东西部城区居民收入差距仍较明显。全体居民人均可支配收入超过全市平均收入水平的仅有香洲区，为53015.1元，比上年增加4924.5元。斗门、金湾、高新、高栏港区人均可支配收入分别为32328.6元、32427.3元、41645.0元、31629.3元，分别增加2707.4元、2681.1元、3765.2元、2792.5元。有两个区高于9.7%的全市平均增速。其中，香洲区增长10.2%，高新区增长9.9%。高栏港区增长9.7%，与全市增速持平。斗门区、金湾区分别增长9.1%和9.0%。

城乡居民消费

【概　况】2017年，珠海市全体居民人均消费支出为32981.4元，比上年增长8.2%。其中，城镇常住居民人均消费支出34734.7元，增长8.0%；农村常住居民人均居民消费支出20038.1元，增长9.1%。

食品消费　全体居民人均食品烟酒支出10432.3元，比上年增长6.1%。其中，城镇常住居民人均食品烟酒支出10871.4元，增长6.0%；农村常住居民人均食品烟酒支出7190.8元，增长6.5%。随着居民消费结构逐步升级，食品烟酒支出占消费支出比重继续下降，全体居民恩格尔系数为31.6%，其中城镇和农村分别是31.3%和35.9%，同比分别下降0.7、0.6和0.9

个百分点。

衣着消费　全体居民人均衣着支出 1391.8 元，比上年下降 0.9%。其中，城镇常住居民人均衣着支出 1491.4 元，下降 1.2%；农村常住居民人均衣着支出 656.7 元，增长 2.4%。

居住消费　全体居民人均居住支出 7134.6 元，比上年增长 21.1%。其中，城镇常住居民人均居住支出 7479.2 元，增长 20.4%；农村常住居民人均居住支出 4590.6 元，增长 28.4%。

生活用品及服务消费　全体居民人均生活用品及服务支出 1937.4 元，比上年增长 7.4%。其中，城镇常住居民人均生活用品及服务消费支出 2034.5 元，增长 6.2%；农村常住居民人均生活用品及服务消费支出 1221.1 元，增长 24.0%。

交通通信消费　全体居民人均交通通信支出 5154.5 元，比上年下降 3.7%。其中，城镇常住居民人均交通通信支出 5431.5 元，下降 3.5%；农村常住居民人均交通通信支出 3109.5 元，下降 7.6%。

教育文化娱乐消费　全体居民人均教育文化娱乐支出 4337.5 元，比上年增长 13.2%。其中，城镇常住居民人均教育文化娱乐支出 4710.2 元，增长 13.9%；农村常住居民人均教育文化娱乐支出 1586.9 元，下降 2.7%。

其他用品及服务消费　全体居民人均其他用品及服务支出 765.3 元，比上年下降 7.6%。其中，城镇常住居民人均其他用品及服务支出 833.4 元，下降 8.1%；农村常住居民人均其他用品及服务支出 262.2 元，增长 2.6%。

【医疗保健和服务性消费显著增长】　2017 年，珠海市全体居民人均医疗保健支出 1828.0 元，比上年增长 19.0%。其中，城镇常住居民人均医疗保健支出 1883.2 元，增长 18.7%；农村常住居民人均医疗保健支出 1420.3 元，增长 21.9%。随着生活水平的提高，通信、旅游、娱乐等满足精神生活需求的服务性消费成为新的消费增长点。全体居民人均服务性消费支出为 10830.7 元，同比增长 18.9%，占消费支出的比重从上年的 29.9% 扩大到 32.8%。

2017 年珠海全体居民人均消费支出情况

单位：元

指标名称	本　年	上　年	比上年增减	增幅（%）
消费支出	32981.4	30479.3	2502.14	8.2
一、食品烟酒	10432.3	9831.3	601.01	6.1
二、衣着	1391.8	1404.3	-12.46	-0.9
三、居住	7134.6	5892.1	1242.47	21.1
四、生活用品及服务	1937.4	1803.1	134.30	7.4
五、交通通信	5154.5	5352.8	-198.33	-3.7
六、教育文化娱乐	4337.5	3831.7	505.87	13.2
七、医疗保健	1828.0	1535.7	292.27	19.0
八、其他用品和服务	765.3	828.2	-62.98	-7.6

市场物价

【概　况】 2017年，珠海市居民消费价格总水平（CPI）比上年上涨0.8%，涨幅较2016年（上涨1.9%）缩小1.1个百分点。其中，消费品价格上涨1.2%，服务价格上涨0.4%。

月环比价格波动较为平稳　从各月价格环比情况来看，全年12个月居民消费价格呈现“7涨4降1持平”态势。其中，1月适逢春节，应节食品需求增加，致CPI环比上涨1.1%，为年内最大涨幅月份；2月，春节后需求减弱，商品和服务价格随之回落，致CPI下降0.9%，为年内最大降幅月份；其余各月价格走势相对平稳，在-0.6%～0.6%之间运行。

月同比价格高位回落　从各月价格同比情况来看，居民消费价格高位回落，下半年稳中趋升。在高翘尾及新涨价因素共同作用下，1月价格出现年内涨幅最大值3.6%。随后月份受翘尾因素影响逐渐减弱，价格涨幅收窄，并在4、5月出现下降。其中，4月价格为年内最低值，同比下降0.3%，也是时隔87个月后珠海居民消费价格再次出现同比下降的情况；5月价格同比下降0.2%，6月持平。随后月份受暴雨、台风及新涨价因素等持续影响，价格稳中趋升，同比涨幅在1%上下波动。

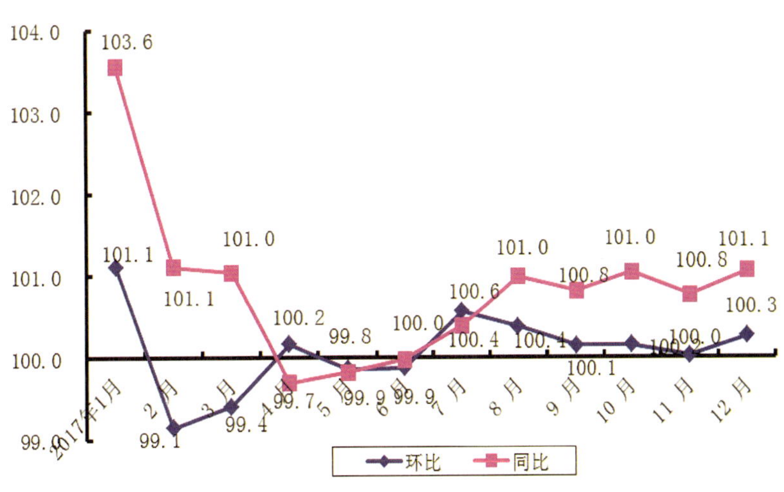

2017年珠海居民消费价格走势

八大类商品及服务价格同比呈现“全涨”格局　从消费类别看，八大类商品及服务价格同比均保持上涨态势。其中，教育文化和娱乐价格上涨2.3%，影响总指数上涨0.24个百分点，是拉动CPI上涨的主要动力。

2017年珠海居民消费价格分类指数

名　称	上年同期=100	涨跌率（%）	对总指数拉动（百分点）
居民消费价格指数	100.8	0.8	—
食品烟酒	100.3	0.3	0.10
衣着	102.5	2.5	0.13
居住	100.5	0.5	0.11
生活用品及服务	100.5	0.5	0.03
交通和通信	100.6	0.6	0.08
教育文化和娱乐	102.3	2.3	0.24
医疗保健	102.5	2.5	0.14
其他用品和服务	100.1	0.1	0.00

食品烟酒价格涨多跌少 食品烟酒价格同比上涨0.3%。其中，食品价格下降0.6%，茶及饮料价格下降0.2%，烟酒价格上涨3.3%，在外餐饮价格上涨1.9%。列入调查的14类食品价格“7升6降1持平”：粮食价格上涨5.2%，食用油价格上涨0.7%，水产品价格上涨3.1%，干鲜瓜果价格上涨6.2%，糖果糕点价格上涨1.4%，调味品价格上涨3.5%，其他食品价格上涨0.7%；薯类价格下降2.8%，豆类价格下降0.3%，菜类价格下降3.9%，畜肉价格下降6.1%，禽肉价格下降0.5%，蛋类价格下降3.0%；奶类价格与上年持平。

教育文化和娱乐价格上涨明显 教育文化和娱乐价格同比上涨2.3%，拉动CPI上涨0.24个百分点，是“八大类”价格中上涨贡献率最大的类别。其中教育价格上涨2.6%，文化娱乐价格上涨1.7%。由于教师薪酬、办学成本以及优质教育需求的持续增长，教育支出明显提高，其中，民办学校和普通高等学校学费上涨影响较为明显，导致教育服务价格上涨2.6%。

医疗保健价格持续上涨 医疗保健价格同比上涨2.5%，拉动CPI上涨0.14个百分点，其中药品及医疗器具价格上涨2.6%，医疗服务价格上涨2.5%。由于原材料上涨影响，中药和西药价格分别上涨3.4%和7.7%。

居住价格涨幅回落 居住价格同比上涨0.5%，拉动CPI上涨0.11个百分点。受2016年10月及2017年4月两轮房地产调控政策影响，珠海房地产市场逐渐降温，房租价格在2017年第二、三季度出现一定回落，私房房租价格涨幅收窄，全年上涨0.7%。受国际原油价格上涨影响，液化石油气价格持续上涨，全年累计上涨27.2%，拉动CPI上涨0.33个百分点。

【CPI低于全国和全省平均水平】 2017年，珠海居民消费价格总水平分别较全国（涨1.6%）及全省（涨1.5%）低0.8和0.7个百分点。在全省21个地级市中，按CPI涨幅由高到低排序，珠海位居第20位。在珠三角9市中，广州上涨2.3%，佛山上涨1.9%，惠州上涨1.8%，江门上涨1.6%，中山上涨1.6%，肇庆上涨1.6%，深圳上涨1.4%，东莞上涨1.4%，珠海居末位。全年居民消费价格总水平涨幅较上年收窄明显，涨幅温和，既是国内外经济大环境综合作用的结果，也表明各级政府宏观调控政策执行较为到位。

（国家统计局珠海调查队）

社会事务

【基层自治组织建设】 2017年，珠海市有24个街道（镇）、319个村（社区），社区公共服务站319个，覆盖率达到100%。贯彻落实省工作要求，按照换届选举政策法规，有序推进全市村（社区）“两委”换届选举。6月底，全市村（社区）“两委”换届工作全部完成，选出村（社区）“两委”成员2052名，高中（中专）以上文化程度占91.7%，其中大专以上文化程度占66.9%；班子成员平均年龄42岁，35岁左右的621名，占30%；妇女干部868名，占42%，其中女村委会主任5名；71个社区开展非户籍居民及党员参选试点工作，占社区总数的36.2%。贯彻落实《珠海市加强城乡社区协商实施方案》（珠委办〔2016〕51号），在香洲区、斗门区开展城乡社区协商示范点工作。香洲区、斗门区建立社区协商机制，出台区级社区协商工作方案，选取试点社区，开展社区协商试点建设工作。6月，召开城乡社区协商经验推广会，总结推广香洲区、斗门区经验，在全市进一步推进社区协商工作。

【社会组织建设】 2017年，珠海市办理社会组织注册登记218宗，变更登记154宗，注销登记15宗。至年底，全市登记在册社会组织2304家（市级1236家，区级1068家），按常住人口统计每万人拥有社会组织13.75家。全市搭建市、区、镇（街）11个社会组织服务平台，促进市、区、社区各级社会组织全面发展。市社会组织培育发展中心为30家入驻组织提供全面服务，开展活动400余次，向社会组织开放公共空间314次。对20家社会组织进行综合评估，评选出5A级社会组织8家、4A级7家，3A级5家。推动评估结果的应用，对获得3A以上评估等级的社会组织简化年检程序，试行年度检查报告书报告制度。全年主办9期社会组织专职人员能力建设培训。其中为期一周的“珠海社会组织备战99公益日筹款训练营”活动，为社会组织参与网络筹款起推动作用。社会组织承接政府职能转移和购买服务工作持续推进。257家市级社会组织进入《珠海市具备承接政府职能转移和购买服务资质的市级社会组织目录》，为政府转移职能和购买社会组织服务提供了参考依据。全市有161个单位通过“珠海市社会组织信息公示平台”公示政府购买社会组织项目1219个，项目预算金额达1.83亿元。

【社会组织党建工作】 2017年，珠海市新社会组织新建党委3个，党总支1个，党支部26个。截至12月31日，市新社会组织党委有党委13个，党总支5个，党支部208个，党员1840人。党在社会组织领域的影响力和覆盖面有效提升。11月，党建工作在社会组织等级评估中的比重，由原来的20分增加到50分，高于民政部和省的要求，进一步提高社会组织负责人对党建工作的认识，为提高“两个覆盖”提供刚性约束和制度保障。全年举办“学习讲堂”12期、党建主题培训班166场，开展主题党日活动212次，新发展党员30人，确定入党积极分子111人，135人参加入党积极分子或发展对象培训班并取得结业证书。10月，下发《关于申报珠海市社会组织党群服务中心共建单位的通知》，以自愿申报、实地考察、专家评审、市新社会组织党委购买服务的方式，确立市外经贸专修学院党委、市社会工作者协会党委两个单位为党群服务中心共建单位，探索新型社会组织党建和服务模式。

【社会工作】 2017年，珠海市民政局与市人力资源和社会保障局联合印发《珠海市公益服务类社会组织社工薪酬指导价位表（2017年）》，调整公益服务类社会组织社工薪酬指导价。对入驻社会工作服务中心的民办社工机构开展第四期入驻招募，新增5家社工机构入驻社会工作服务中心。安排专项资金，培训社会工作者近4000人。市社会组织培育发展中心和金湾区社会工作协会联合举办全市社会工作人才资源对接会，21家社会组织现场提供70多个专职工作岗位。至年底，全市登记民办社工机构82家，2313名社会工作者通过国家职业水平考试，万人持证率超过12.47，居全省前列。1846人登记为社会工作员，城乡社区工作者职业化率达85%（其中城市社区98%以上）。

政府购买服务 市、区、镇各级加大购买专业社会服务力度。全市投入购买专业社会工作服务资金约5000万元。市民政局选取15个村作为农村社会工作示范点。至年底，农村社会工作服务中心建立服务档案5100余个，开展咨询及辅导个案1100余例，开展社区活动1900余场，约40万人次受益。市民政局安排资金在城区9个社区开展社工服务项目。香洲区投入社会建设创新专项资金扶持项目1500万购买社会组织服务。拱北街道、翠香街道、狮山街道通过公益创投形式在各个社区铺开社会工作服务。

社会工作创新 制定《珠海市开展2017年“专业社工全民义工”试点工作实施方案》，选取老年人、青少年、企业、学校、禁毒等5个专业社会工作服务领域试点。至年底，5个市级试点领域开展专业服务914次，6931位志愿者参与，受益群众40.33万人。各区同步开展“专业社工全民义工”试点。香洲区开展“专业社工全民义工”服务1499次，1.37万名义工参与，受益群众68.16万人。斗门区、金湾区共开展专业服务1196次，5427名义工参与，3.62万人受益。

【志愿服务活动】 2017年，珠海团市委、市文明办、市民政局等部门联合印发《珠海市关于支持和发展志愿服务组织的实施意见》。全市注册志愿者31.55万人，志愿服务时长250万小时，志愿服务组织1922个，志愿服务项目1.36万个。

【优抚安置】 2017年，珠海市为重点优抚对象和农村籍60岁退役人员3180人拨发定恤定补金和生活补助金3371.66万元。接收退役士兵361人（其中退役士兵265人、复员士官96人、复员干部5人、转业士官13人）。为13名符合政府安置条件的退役士兵安置工作，5名复员干部办理落户手续。为361名自主就业的退役士兵发放一次性经济补助金2666.86万元。培训退役士兵71人，支出培训费39.75万元。6月，凤凰山烈士陵园完工通过验收，将辖区内分散在各地的63位零散烈士纪念设施集中迁移至此，进行统一保护管理。

【双拥共建】 2017年，珠海市开展“双拥在基层”“双百拥军行”“四进军营”等特色活动。利用公众信息网等传媒，开展拥军优属、拥政爱民宣传教育活动。各双拥成员单位开展国防教育活动40

场次，约25万人次受教育。6月，珠海市爱国拥军促进会常务副会长王飞获《中国双拥》杂志年度人物提名奖。

拥军优属　全市投入双拥经费5.57亿元，其中支持部队建设和慰问官兵1.81亿元、安排优待抚恤经费3.28亿元。春节、“八一”期间，市、区、功能区共组织45个慰问团（组）开展拥军慰问活动，慰问军警部队机关和基层单位159个（次），拥军慰问演出208场。举办现役军人汽车维修技术培训班，为部队培训技术骨干18名。组织复退军人到从化疗养。组织60名驻军优秀战士代表看航展。“双百拥军行医疗队进军营”为120多名基层官兵体检。组织医疗队下乡入户，为斗门镇光荣院的孤老复员军人、烈士家属、在乡复员军人等重点优抚对象检查身体和看病送药。在珠海市边防支队上冲检查站营区联合举办“军地共庆佳节、缘定绿色军营”军地青年联谊活动。举办“红色印记——光阴的故事”征文比赛，编印5000册老兵故事书籍。全年接收安置随军家属146名，其中干部身份75名，工人身份71名；行政调配29名，自主择业117名。

拥政爱民　驻珠军警部队出动830次，抢救群众93人，挽回地方经济损失5125万元。公安局与驻地部队探索建立军警共同参与的治安“打、防、控”一体化长效机制，维护珠海社会治安。在迎接香港回归20周年、十九大等重大安保维稳行动中，武警部队官兵与各辖区紧密配合，联手编织严密的社会治安防控网络。公安消防支队全年接警3438起，出动3586次（含增援），出动消防车7015辆次，消防人员3.51万人次，抢救被困人员595人，疏散人员3970人，抢救财产价值1.78亿元。成功处置斗门富山工业区“10·15”方正科技园越亚封装基板技术股份有限公司火灾。

庆祝建军90周年活动　8月3—4日，驻澳门部队在珠海基地举行军事开放活动，3000多名机关干部、中小学生、各界群众参加观礼。7月16日，香洲区狮山街道南香社区联合珠海市慈善总会、珠海电台交通875、广东台协源慈善基金等10多家爱心企业开展“敬礼老兵——建军90周年关爱老兵慈善活动”，向全市参与抗战的老兵表达敬意和祝福。7月28日，翠香街道康宁社区组织辖区50多名退役士兵及居民，走进军营、重返部队，听老兵故事、学老兵风范。“八一”建军节前后，全市各区、镇（街）通过开设双拥广告牌、双拥宣传栏、墙报、在显著地带悬挂横幅标语等形式，开展爱国拥军宣传，营造庆祝建军90周年氛围。

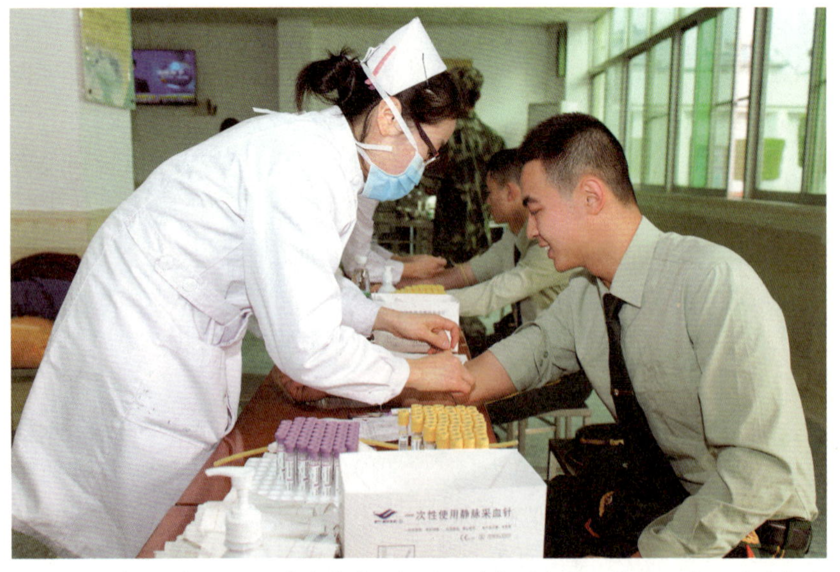

2017年11月28日，珠海市爱国拥军促进会联合市双拥办、市卫计局与市人民医院的专家组成医疗慰问团，到武警珠海市支队直属大队进行义诊活动
（市爱国拥军促进会 供稿）

【区划勘界】　2017年，珠海市贯彻落实《行政区域界线管理条例》，依托《珠海市行政区划图》，宣传行政区域界线情况，为政府和有关部门依法实施有效行政管理发挥作用，从而巩固勘界成果。边界地区居民和睦相处，生产生活秩序正常，未发生边界纠纷事件。

【地名规范】　2017年，珠海市开展第二次全国地名普查试点地区地名补查工作。市民政局实地督查，指导各区和服务技术公司整改完善地名普查资料及数据录入，按时上报省地名普查办各种资料及表格，完成地名普查试点地区地名补查工作并通过国家、省的验收。配合民政部、省政府完成粤澳陆地界线界桩揭桩仪式。按照国家、省、市相关条例及规定，审批道路、建筑物命名申请，审核地名116个。

【福利彩票】 2017年，珠海市销售福利彩票6.56亿元，完成省福彩中心下达的年度销售任务，筹集公益金1.97亿元。严格遵守公益金使用规定，完善和简化拨付程序，加强监督管理，在资助困难群体、支持社会福利事业和其他公益事业方面发挥作用。

【婚姻登记】 2017年，珠海市办理结婚登记12217对，离婚登记4578对（其中涉港澳台居民、华侨、外国人结婚328对、离婚101对）。

【老龄工作】 2017年，珠海市户籍80岁以上老年人1.97万人享受高龄津贴待遇，发放资金5012.46万元。“银龄安康行动”有10.64万老年人购买老年人意外伤害保险，保费767.8万元。其中政府出资325.7万元，为6.49万名珠海户籍70周岁以上老年人及60周岁以上五保户、城乡低保户老年人购买意外伤害险。全市4.15万名珠海老年人自愿付费442.1万元购买意外伤害险。全年度发生意外理赔2251人次，赔付金额538万元，赔付率70%，减轻出险老年人及其家庭的经济负担。

【殡葬管理与服务】 2017年，珠海市有仙峰山墓园、合罗山墓园和斗门区大洋山陵园等3座经营性公墓，均依法经营，服务规范。完成清明节期间群众祭扫服务保障工作，接待祭扫市民、港澳台同胞45万余人，疏导车辆7万余辆。组织开展生态安葬活动，4月14日、10月20日分别开展骨灰花坛葬和骨灰海葬活动，有65户家庭参与，95份骨灰回归大自然。（冼佳霖）

计划生育

【计生服务管理】 2017年，珠海市户籍人口出生2.3万人，其中二孩出生1.3万人，比上年上升36.4个百分点；户籍人口自然增长率控制在15.06‰，出生人口性别比控制在106.64。全年完成7571对夫妇的免费孕前优生健康医学检查和风险评估，目标人群覆盖率达119.7%，超额完成广东省年度目标任务。在广东省内创新并率先启用全员人口信息共享和采集应用系统平台，多部门共建共享人口信息、提高公共服务的能力明显提升。推行生育事务网上办理，开通“生育服务网上办事信息系统”和微信办证服务，网上办理生育登记和再生育审批4903件。

【流动人口计生服务】 2017年，珠海市推动流动人口卫生计生基本公共服务均等化试点工作。省试点单位香洲区以创建流动人口卫生计生基本公共服务均等化示范区为统揽，“抓机制、抓队伍、抓项目、抓宣传、抓信息”，全区建立居民电子健康档案50.36万份，建档率为61.4%。为3546名流动待孕妇女免费提供孕前优生健康检查服务。香洲区第十九小学获全国首批“流动人口健康促进示范学校”称号。市试点单位金湾区建立流动人口健康档案10.52万份，建档率比上年提升10.39个百分点；辖区企业珠海联邦制药有限公司被评为全国首批“流动人口健康促进示范企业”。登记建档的0岁以上全员流入人口89.14万人，规范化电子健康档案建档率为78.28%，其中跨省流入人口占71.14%，男性占流入人口总数的53.25%，已婚育龄妇女占流入人口的25.94%。跨市流出人口6.56万人，其中已婚育龄妇女占28.06%。流动儿童预防接种率为98.55%。3岁以下流动儿童体检率为90.27%。流动孕产妇产前检查率为95.6%。流动人口传染病报告率为100%。流入已婚育龄群众避孕药具免费发放率和流动人口计生手术免费服务率均达100%。全市查验、办理流入人口计生证件20.71万人次，网络交互流动人口信息7.57万条，落实流动人口计生手术3222例。流动人口出生1.54万人，符合政策生育率为96.15%，比上年提高4.84个百分点。（邓　斐）

民族·宗教

民族事务

【民族领域和谐稳定】 2017年，珠海市深入贯彻中央、全省民族工作会议精神，加强民族领域维稳形势分析研判，做好民族领域矛盾纠纷排查工作。构筑“民宗部门牵头，信息员保障，区、镇街齐抓共管”的工作模式，不断提高处理民族领域问题的能力。民族宗教事务局加强与公安、国安、民政、城管等有关单位的沟通联络，确保伊斯兰教开斋节、古尔邦节会礼活动以及朝觏工作的安全有序，定期交换民族方面有关情况，及时发现问题，处置涉民族因素矛盾纠纷13起，有效维护民族领域和谐稳定。

【城市民族工作】 2017年，珠海市组织各区民族工作干部，到深圳、云浮、汕尾、汕头、顺德等市、区开展全省城市工作“互检互学”活动，学习交流民族团结进步创建工作经验。进一步完善少数民族流动人口信息、少数民族流动人口服务岗、民族团结进步和谐宣传栏等少数民族服务平台，确保各项基本公共服务对少数民族流动人口全覆盖，指导各社区帮助解决少数民族群众在生产生活、医疗卫生、法律援助等方面的实际困难。推动民族团结进步创建的人文化、实体化、大众化。贯彻落实全国、全省民族团结进步创建经验交流会精神。推进民族团结进步创建“六进”（进机关、企业、社区、乡镇、学校、寺庙）活动持续、深入开展。市民族团结进步促进会联系少数民族群众，宣传政策、参与公益、化解矛盾，发挥民族政策“宣传员”、矛盾纠纷“调解员”、政府与少数民族“联络员”作用。走访慰问少数民族代表人士和困难家庭、民族班学生2000多人次。

【民族团结进步宣传】 2017年，珠海市围绕“知边疆，赞边疆”的主题，广泛开展民族方针政策、法律法规、民族知识的宣传活动。全年开展各类活动36场，组织张贴宣传画（标语）452张，悬挂横幅62幅，派发宣传资料近5500份。民族宗教事务局联合各区举办“爱我中华，魅力红旗”民族风情文化活动月、少数民族题材户外电影展映月、“牵手民族情，畅想中国梦”文艺演出、“伞动夏日，指尖上的民族风”以及“心手相牵·民族相连——益起DIY民族手工包”民族手工艺品制作等活动，帮助各族群众树立“全国一盘棋，各族一家亲”理念。 （市委统战部）

宗教事务

【和谐寺观教堂创建】 2017年，珠海市落实国家宗教局、省民族宗教委关于“创建和谐寺观教堂”的重要部署，以“教风”“安全”“规范”为活动主题，以“活动规范”“行为规范”“管理规范”为主要抓手，制定和完善人员、财务、消防等各项管理制度。宗教团体、宗教活动场所严格依法依规办事，自觉在政策法规和教义教规允许的范围内开展活动。全市11处登记开放的宗教活动场所全部被评为全省“和谐寺观教堂”达标场所。珠海普陀寺被评为第三届“全国创建和谐寺观教堂先进集体”。

【宗教中国化方向】 2017年，珠海市分别组织市、区民族宗教部门和宗教团体、宗教教职人员开展中共十九大和全国宗教会议精神专题学习。6月份，组织全市宗教教职人员前往广西壮族自治区百色市开展爱国主义教育系列活动，学习“百色起义精神及其时代价值”，参观百色起义纪念馆等爱国主义教育基地。组织宗教活动场所负责人和信徒代表，进行坚持宗教中国化方向大讨论。指导宗教团体和宗教活动场所开展社会主义核心价值观教育和“坚持宗教中国化方向”征文活动。

【宗教工作法治化】 2017年，珠海市开展新修订《宗教事务条例》专题学习活动，邀请参与修订《宗教事务条例》的专家学者为全市统战系统和公安、宣传部门300余人重点解读。印制发放新修订《宗教事务条例》30000余册。编写《珠海市学习贯彻新修订〈宗教事务条例〉知识竞赛试题》，指导各区及宗教活动场所开展新《条例》知识问答及竞赛活动。用信教群众听得懂、听得进、能领会的方式宣讲宗教政策法规，20000余信教群众参与学习。倡导广大群众学法守法，以正确的态度看待身边的宗教活动，增强对非法宗教活动的识别能力，自觉抵制非法宗教活动，促进宗教关系和谐，维护社会稳定。

【宗教界服务社会】 2017年，珠海市宗教界参加“宗教慈善周”“扶贫济困日”等公益活动，为慈善公益事业捐款430余万元。8月下旬，全市宗教界积极发动教职人员和信教群众，参与抗强台风“天鸽”救灾复产重建工作，投入8000余人次参与救灾，为一线抢险救灾工作人员免费派送饭菜5000余份、矿泉水30000余瓶，并开放宗教场所免费提供住宿和餐食。珠海普陀寺等活动场所经上级部门批准，开展“佛教英语夏令营”等，与斯里兰卡佛教三大教派宗教领袖进行友好交流。 （市委统战部）

·责任编辑：曾维浩·

行政区

香洲区

【概 况】 香洲区成立于1984年，是珠海市政治、经济、文化、交通和金融中心。位于广东省南部、珠江口西岸、珠海市东部，毗邻港澳，东与香港隔海相望，南与澳门陆路相连，距广州140千米。随着港珠澳大桥主体工程全线贯通，香洲区在区域的交通地位发生历史性变化，成为唯一与港澳陆桥相连的城区。2017年下辖拱北、吉大、狮山、翠香、香湾、梅华、前山、湾仔8个街道和南屏镇，有社区居委会126个。行政区域面积550.84平方千米（包括横琴新区、高新区、万山区、保税区）。年末户籍人口60.87万人（不含横琴新区、高新区、万山区、保税区，下同），常住人口88.06万人。

2017年，香洲区耕地面积647公顷，农作物播种面积503公顷，其中蔬菜类497公顷、水果类6公顷。林地面积6465公顷，森林覆盖率40.6%，活立木蓄积量43.96万立方米。城镇人均公园绿地面积19.65平方米。重要矿产资源有石料、石英砂以及多种类型的黏土矿、高岭土矿。重要海洋资源有海岛111个、具有捕捞价值的鱼类近200种，以及品种较多的壳类、贝类、藻类等。

香洲区属亚热带海洋性气候，依山傍海，风景秀丽。区内有珠海渔女、石景山、海滨公园、圆明新园、梅溪牌坊、农科奇观等特色旅游景点，以及全国、省、市级文物保护单位20余处，如列为全国重点文物保护单位的陈芳家宅，以及竹仙洞、杨氏大宗祠、石溪摩崖石刻群等。有一大批在中国近代史上扮演重要角色的人物，如中国留学生之父、近代著名教育家容闳，清朝驻夏威夷王国第一任商董、领事陈芳，华南地区第一位马克思主义传播者杨匏安，中国第一位世界冠军容国团，文学家苏曼殊，版画家古元等。

【经济社会发展】 2017年，香洲区地区生产总值1190.95亿元，三次产业比为0.1∶42.7∶57.2。

2017年8月16日，香洲渔港开渔　（蔡振丰 摄）

2017 年香洲区国民经济发展情况

指　标	单　位	绝对值	比上年增长（%）
地区生产总值	亿元	1190.95	7.5
第一产业增加值	亿元	0.55	-4.4
第二产业增加值	亿元	508.57	9.9
工业增加值	亿元	447.78	10.3
第三产业增加值	亿元	681.82	5.7
人均地区生产总值	万元	13.88	6.5
规模以上工业总产值	亿元	1622.97	10.0
规模以上工业增加值	亿元	423.95	10.8
固定资产投资	亿元	429.59	21.2
社会消费品零售总额	亿元	831.43	11.0
外贸进口总额	亿元	1122.61	13.5
外贸出口总额	亿元	683.51	3.1
实际利用外资	亿美元	6.98	3.2
地方一般公共预算收入	亿元	36.81	1.2
地方一般公共预算支出	亿元	58.33	17.4
城镇居民人均可支配收入	元	53015.1	10.2

2016—2017 年香洲区社会事业情况

指　标	单　位	2016 年	2017 年
普通中学	所	24	24
普通中学在校学生	万人	3.24	3.28
高中阶段教育毛入学率	%	100	100
小学	所	54	55
小学在校学生	万人	8.8	8.95
九年义务教育巩固率	%	103.55	101.59
医院、卫生院	所	2	2
医院、卫生院床位	张	500	500

【产业发展】　制造业　2017年，香洲区工业对经济增长贡献率52.2%，比上年增长23.6%。实现工业投资33.76亿元，增长44.2%。鼓励企业通过大数据、互联网、人工智能与工业化深度融合提高竞争力，紫翔电子等66家企业完成技改投资33.50亿元，比上年增长45.6%。格力智能制造（凌达厂房）、丽珠试剂建成投产，赛纳和格力大金模具新厂房、贝索生物厂房建成，杰理科技、中油中泰等项目动工，智新科技等12个高新技术项目完成用地招拍挂。全国首批制冷设备、办公设备及耗材技术性贸易措施研究评议基地落户香洲区。是年，格力电器获第三届中国质量奖，优特电力、建星建造获广东省政府质量奖。

服务业　实现增加值681.82亿元。天虹商场、世邦家居五号馆等高端商贸业项目全面开业，中安世纪广场等高端写字楼投入运营，凯悦嘉轩等高端品牌酒店建成营业。

对外开放　全年实际吸收外资6.98亿美元，引进和新增实际吸收外资1000万美元以上项目6个。完成外贸进出口1090亿元，增长9.7%。以松下马达、三美电机为代表的加工贸易企业进出口平均增长22.9%，获评国家级“现代打印设备及耗材产品出口质量安全示范区”。利用会展促进开放，举办中国—拉美国际博览会香洲投资环境说明会、中国（珠海）国际打印耗材展览会，组织企业参加广交会等境内外大型展会80余场。

工业园区和商贸物流中心　南屏科技工业园有企业615家，实现工业总产值1189.30亿元，比上年增长12.6%；其中规模以上工业企业125家，规模以上工业总产值1155.01亿元，比上年增长13.9%。家电电器、智能制造装备、办公自动化及打印耗材主导产业产值占园区规模以上工业产值的87.0%，以格力电器为龙头的家电电器行业产值突破800亿元，以泰坦新动力为代表的智能制造装备产业产值比上年增长34.2%。洪湾商贸物流中心有规模以上工业企业23家，实现工业总产值34.14亿元，比上年增长3.9%；规模以上第三产业企业11家，营业总收入13.57亿元，比上年下降40.8%。前山商贸物流中心有规模以上工业企业32家，实现工业总产值45.64亿元，增长8.4%；规模以上批发零售企业56家，销售额96.80亿元，增长14.0%；重点服务企业3家，营业收入2.02亿元，下降23.0%。

【创新驱动发展】　提升创新能力　2017年，香洲区投入创新发展资金4.5亿元，实施《香洲区创新发展若干措施》，激发企业自主创新活力。高企总量583家，占全市的39.4%。发明专利拥有量5084件，比上年增长42%，位居全市第一。新增润星泰等省级企业技术中心7个、雷特科技等省级工程技术研究中心18个。格力电器“工业余热用高效压缩式热泵”课题获国家重点研发计划立项，艾派克“国产嵌入式CPU规模化应用”课题获国家“核高基”重大专项立项。

集聚创新人才　落实《香洲区创新发展若干措施人才扶持实施细则》，投入人才专项资金3500万元，引进国家“千人计划”专家2人，培养“珠江人才计划”领军人才1人、“广东特支计划”人才3人、市级各类高层次人才78人，引进中科院杜春雷教授光学科技等优秀项目团队。举办“百名博士硕士走进香洲”“香洲工匠”技能大赛等“香山人才”系列活动8场。

2017年5月17日，溢思得瑞智能制造研究院揭牌仪式在珠海度假村酒店举行（蔡振丰　摄）

优化创新环境　出台《香洲区天使投资扶持办法（试行）》和《香洲区天使投资资金管理办法（试行）》，区政府投资引导基金与清华科技园等机构合作设立总规模1.5亿元的“香洲科溢天使投资基金”，主要与香洲清创孵化器等区内孵化器配套，支持可编程并列处理器和纳金科技公司等初创型科技企业发展。推动赛隆药业成功上市，科美华、好顺发挂牌新三板，太川股份、网博科技等5家企业进入创新层。推动孵化器及众创空间建设，新增产业孵化器3.2万平方米，在孵企业316家。促进科溢天使基金与清华清创孵化器合作，孵化珠海芯动力、纳金科技等高新技术企业。赛伯乐众创大厦投入运营。投资2.5亿元的南屏人才公寓动工。

【社会民生】　2017年，香洲区全年民生支出48.87亿元，比上年增长27.6%，占公共财政预算支出83.8%。

就业与社会保障　全年举办各类招聘会189场，新增就业2.5万人，城镇登记失业率2.27%。基本医疗保险待遇进一步提升，参保年度报销上限从60万增至72万，城乡居民和企业职工享受医疗保险门诊及住院报销同等待遇。在全市率先将户籍独生子女死亡或伤病残后未再生育子女的家庭纳入参保财政补贴范围，其家庭人员参加珠海市城乡居民养老保险和居民医疗保险的个人缴费部分进行全额补贴。6—9月，开展参保入户登记调查，推进全民参保计划。城乡居民养老保险、基本医疗保险和户籍未成年人医保参保覆盖率均达100%。

社会救济　全年发放低保金2199.49万元，临时救济金61.35万元，医疗救助金196.84万元，涉法涉诉救助金71.90万元。分配公租房1339套，对559户收入困难家庭发放住房补贴326.72万元。动工建设棚户区改造保障房1700套，基本建成900套。

社区养老　翠香社区养老服务中心于2月运营，湾仔社区养老服务中心于11月试运营，其他社区养老服务中心在规划或建设中。

教　育　全年投入21.85亿元，比上年增长37.3%。岱山小学、海湾小学建成，梅华中学、北山小学、TOD小镇幼儿园等9所学校动工。

卫生计生　继续深化医药卫生体制改革，区人民医院改扩建、香湾社区卫生服务中心改造提升工程启动，分级诊疗、家庭医生式服务和家庭病床服务试点工作有序开展。落实“全面两孩”政策，通过省人口计生目标责任制考核。是年，香洲区获“省级慢性病综合防控示范区”称号。

食品安全　创新食品药品监管举措，官方头条号“食安香洲”获“2017年度全国最具影响力民生头条号”，是广东省食药监系统唯一获奖单位。珠海家乐福商业有限公司被评为全市唯一国家级“放心肉菜超市”，拱北摩尔广场被评为“广东省食品安全示范街（园区）”，茂业百货被评为省级化妆品示范区。实施牛羊定点屠宰、集中检验，确保源头可溯、质量安全。辖区30家农贸市场、8家超市配齐食品安全快速检测设备和快检试剂，5月起委托第三方开展食品安全快速检测，并在南屏市场、翠微市场和拱北市场开设固定检测点接受“市民免费送检”。年内全区无发生重大食品药品安全事件。

2017年12月10日，“并肩同行　义工与城市在一起——香洲义工公益嘉年华”在柠溪文化广场开幕（蔡振丰 摄）

【城市更新】　旧工业区改造　2017年5月，香洲区出台《关于加快推进香洲区旧工业区升级改造的若干意见》，为香洲区旧工业区转型升级改造提供政策指引。是月，召开新闻通气会，邀请南方日报社等主流媒体出席，加强政策宣传。至年底，泰福金融大厦、西九大厦、世邦佰亚·燕都、海港基层板、嘉宝华等5个旧工业区改造项目建成，丽珠等11个旧厂房改造项目动工建设。

旧村改造　继续推进新一轮27个旧村改造工作，出台《关于加快推进香洲区城中旧村更新工作的通知》。海湾村一期开展回迁抽签选房工作，沥溪村、福溪村安置房建成封顶，洪湾村一期、银坑村回迁房动工。

老旧小区整治　分批推进老旧小区整治提升，白莲新村等第一批26个总占地面积76.35万平方米的老旧小区整治工程动工。

【十件民生实事】　2017年，香洲区十件民生实事安排具体工作22项，完成10项，完成年度计划9项，进度相对滞后3项。详见下表。

2017年香洲区十件民生实事进展情况

<table>
<tr><th>序　号</th><th colspan="2">工作任务</th><th>落实情况</th></tr>
<tr><td>1</td><td colspan="2">增加优质学位，动工建设梅华中学、凤凰中学、格力学校、海湾小学、北山小学、明珠小学、容国团小学、第十二小学高年级部等8所中小学校</td><td>完成年度计划
海湾小学已交付使用；北山小学主体工程完成60%；梅华中学主体工程完成50%；明珠小学、第十二小学高年级部、凤凰中学和格力学校进场施工；容国团小学经市政府批准，暂缓建设</td></tr>
<tr><td rowspan="2">2</td><td rowspan="2">提升基层医疗卫生水平</td><td>动工建设香洲区人民医院</td><td>完成年度计划
香洲区人民医院项目由财政直接投资改为PPP模式，列入财政部PPP项目库统一实施，进行项目社会资本招标及改扩建设计方案报建；临时消毒供应中心改造工程动工</td></tr>
<tr><td>第二人民医院改扩建项目</td><td>完成年度计划
香洲区第二人民医院项目否定原项目改扩建方案，待土地划拨完成后再确定新建设方案</td></tr>
<tr><td rowspan="4">3</td><td rowspan="4">提高老年人、残疾人、困难群众服务保障水平</td><td>为70周岁以上2.6万名户籍老年人统一购买每人50元/年意外伤害综合险</td><td>已完成
全年为香洲区2.72万名70周岁以上户籍老人购买2017年“银龄安康行动”老人意外伤害综合保险，支付136.25万元</td></tr>
<tr><td>建成香洲区残疾人综合服务中心</td><td>已完成
香洲区残疾人综合服务中心投入使用。位于前山街道翠珠五街六号，7层合计面积约1748.11平方米</td></tr>
<tr><td>将城乡最低生活保障标准提高到每人690元/月</td><td>已完成
2017年1月起，香洲区最低生活保障标准提高至每人896元/月</td></tr>
<tr><td>对223名学前教育困难家庭幼儿给予每人1500元/年的资助</td><td>已完成
按照每人1500元/年标准，分别发放2017年春季学期、秋季学期学前教育家庭经济困难幼儿资助223人，合计33.45万元</td></tr>
<tr><td rowspan="3">4</td><td rowspan="3">保障食品安全</td><td>为30家农贸市场、8家超市配备快检设备，开展农产品快速检测；委托专业检测机构对农贸市场开展全覆盖快速检测</td><td>已完成
为30家农贸市场、8家超市配备快检设备，并开展快速检测工作。委托第三方检测机构对香洲区农贸市场农产品快速检测，检测结果定期公示，开展“快检开放日”活动，设置3个固定市民免费送检点，为市民提供农产品快检免费检测服务</td></tr>
<tr><td>建成定点屠宰牛车间1个、定点屠宰羊车间2个</td><td>已完成
建成定点屠宰牛车间1个和定点屠宰羊车间3个</td></tr>
<tr><td>启动建设食品小作坊集中加工区，对熟肉制品、豆制品、腌制品等食品实行集中加工</td><td>完成年度计划
完成概念方案设计和初步选址，开始办理用地划拨手续</td></tr>
</table>

（续 表）

<table>
<tr><th>序 号</th><th colspan="2">工作任务</th><th>落实情况</th></tr>
<tr><td rowspan="2">5</td><td rowspan="2">加强住房保障工作</td><td>动工建设 2600 套、完成建设 1700 套保障房</td><td>完成年度计划
1. 海湾村、红联村及南联村（濠江丽景苑小区）完工，分别于 2017 年 4 月底、10 月 29 日、11 月 21 日完成村民新房抽签
2. 洪湾安置房一期于 2017 年 9 月底开工</td></tr>
<tr><td>动工建设南屏科技园 400 套人才公寓大厦项目</td><td>完成年度计划
于 2017 年 11 月 18 日进场施工</td></tr>
<tr><td rowspan="3">6</td><td rowspan="3">改善人居环境，完成、动工、启动各 100 万平方米老旧小区基础设施更新改造工作</td><td>完成拱北、吉大、狮山、翠香、香湾、南屏片区 100 万平方米老旧小区基础设施更新改造</td><td>未按计划完成
1. 拱北、吉大、翠香、香湾、南屏片区进场施工
2. 狮山片区完成设计方案</td></tr>
<tr><td>动工建设梅华、香湾、翠香片区 100 万平方米老旧小区基础设施更新改造</td><td>未按计划完成
完成初步勘察设计</td></tr>
<tr><td>启动第三批 100 万平方米老旧小区基础设施更新改造</td><td>完成年度计划
完成项目可研勘察设计一体化招标</td></tr>
<tr><td>7</td><td colspan="2">减轻城中旧村集体经济组织负担，将 26 个城中旧村的路灯、道路、污水管网等市政设施和环境卫生纳入城市管理养护范围</td><td>已完成
将 26 个城中旧村路灯、道路、污水管网等市政设施和环境卫生纳入城市养护范围</td></tr>
<tr><td rowspan="2">8</td><td rowspan="2">推进文化惠民，动工建设区文化中心，启动建设区体育中心</td><td>区文化中心项目位于南屏北山片区 V1-9 地块，占地面积 1.88 万平方米，总建筑面积 5.13 万平方米</td><td>完成年度计划
区文化中心项目由财政直接投资改为 PPP 模式，并调整工作计划。项目用地已清场</td></tr>
<tr><td>区体育中心项目位于南屏珠海大道南、南屏中学西侧，占地面积 8.7 万平方米，总建筑面积 5.4 万平方米</td><td>完成年度计划
区体育中心项目办理“建设用地规划许可证”和“建设用地批准书”，完成工程估算、项目建议书编制、地质勘探报告、交通影响评价报告</td></tr>
<tr><td rowspan="2">9</td><td rowspan="2">改善出行条件</td><td>打通 9 千米断头路、半边路</td><td>完成年度计划
1. 翠海路、园山路、胡湾一街、南阳路、翠前北三街（二期）、翠前北三街（都市经典段）、河畔豪庭和变电站之间市政道路、翠福路、园明纵路、支路一道路、兴国街北段、夏南一路、怡华北街、夏侨路、第二十三小学配套市政道路、熙园北侧市政道路等基本完工
2. 金地伊顿山门前道路、童心路、第十三中学配套市政道路、中铁诺德国际花园周边市政道路、红宝路收尾中</td></tr>
<tr><td>完成 12 千米道路沥青罩面改造</td><td>完成年度计划
12 千米道路沥青罩面改造工作收尾中</td></tr>
</table>

（续 表）

序 号	工作任务		落实情况
10	实施环境提升工程，完成海滨泳场改造提升工程（三期）和凤凰湾沙滩修复工程（二期）建设	海滨泳场改造提升工程（三期）：占地约3万平方米，主要建设内容为瞭望台、淡水游泳池、婚礼栈道和爱情半岛等	未按计划完成 施工招标计划于2018年初开标
		凤凰湾沙滩修复工程（二期）：工程范围从美丽小筑北端延伸至北端岬角，全长约490米	已完成 投入使用

【国家级现代打印设备及耗材产品出口质量安全示范区】 2017年12月29日，香洲区通过“珠海现代打印设备及其耗材产品出口质量安全示范区”考核组验收，成为珠海首个国家级出口质量安全示范区，也是全国现代打印设备及耗材产品唯一出口质量安全示范区。至年底，34家标杆企业入驻示范区，入驻企业可享受检验检疫绿色通道。香洲区拥有国内产业规模最大、产业链最完善、技术水平最高的打印耗材产业集群，辖区汇聚珠三角地区近40%打印耗材企业，企业数量超650家，打印耗材从业人员约5万人，占全球耗材从业人员的1/3，供应全球80%以上的色带、70%的兼容墨盒、30%的再生激光碳粉盒组件，产品销往100多个国家和地区。

【“香洲工匠”大赛】 2017年，香洲区延续“弘扬工匠精神，营造工匠氛围，追求精湛技艺”主旨，以“党员引领凝智求精”为主题，举办2017“香洲工匠”技能大赛，活动被列为2017年香洲区“书记项目”。大赛于8月11日启动，设竞赛项目11个，涉及电力电缆工、电子商务、汽车维修喷漆工、西式烹调师、中式面点师、普通铣工、维修电工、办公软件操作、打印耗材、普通车工和特种机车等技能。全区213家企业473名选手参赛，评出“香洲工匠”11人。《珠海特区报》在10月30日头版刊登信息，并开设专刊详细报道。

（曹雅锐）

链 接：

2017“香洲工匠”

序 号	工种 / 技能领域	香洲工匠
1	电力电缆工	熊世桥
2	电子商务	杨雪（女）
3	汽车维修喷漆工	陈嘉文
4	西式烹调师	朱权文
5	中式面点师	刘永祥
6	普通铣工	岑华振
7	维修电工	王世彬
8	办公软件操作	刘宏平
9	打印耗材	屈金华（女）
10	普通车工	郑俊生
11	特种机车（叉车）	姚志慧

金湾区

【概　况】 金湾区位于珠海市西南部。2017 年下辖红旗、三灶两镇。土地面积 268.85 平方千米。年末户籍人口 8.87 万人，常住人口 16.5 万人。耕地面积 0.12 万公顷，粮食播种面积 60 公顷，粮食产量 550 吨。林地面积 4101 公顷，森林覆盖率 24.8%，活立木蓄积量 20 万立方米。重要海洋资源有海鲈、石斑鱼、银鲳、海鲤、黄花鱼、生蚝、文蛤等，土特产有珍珠芭乐、定家湾茶果、小林草鲩、黄鳍鲷等，主要旅游景点有金沙滩景区、汤臣倍健透明工厂。

【经济社会发展】 2017 年，金湾区生产总值 269.65 亿元，比上年增长 10.3%，三次产业比为：1.22 ∶ 72.98 ∶ 25.80。

【产业发展】 2017 年，金湾区逐步完善产业体系，促进产业发展。

航空产业　12 月 24 日，大型水陆两栖飞机 AG600 在金湾首飞成功，实现国家应急救援航空装备体系建设跨越式发展。珠海羽人农业航空有限公司生产的农用无人机进行飞行植保作业。珠海佰家科技有限公司生产的共轴双旋翼无人机第三次试飞成功。珠海航空产业园全年引进项目 12 个，投资额超 20 亿元，初步形成航空制造和运营服务共同发展的特色产业体系。

生物医药产业　全区规模以上工业总产值 169.75 亿元，占全市比重近八成。承办 2017 年中国生命科学行业合作论坛，搭建区内

2017 年金湾区国民经济发展情况

指　标	单　位	绝对值	比上年增长（%）
地区生产总值	亿元	269.65	10.3
第一产业增加值	亿元	3.30	2.4
第二产业增加值	亿元	196.79	11.5
工业增加值	亿元	183.25	12
第三产业增加值	亿元	69.56	7.5
人均地区生产总值	元	163387.40	12.53
规模以上工业总产值	亿元	675.58	13.3
农林牧渔业总产值	亿元	7.0	30
固定资产投资	亿元	183.25	23.35
社会消费品零售总额	亿元	49.33	11.7
外贸进口总额	亿元	56.39	14.9
外贸出口总额	亿元	242.39	-3.7
实际利用外资	亿美元	1.7225	3.58
地方一般公共预算收入	亿元	23.51	12.8
地方一般公共预算支出	亿元	51.08	72
城镇居民人均可支配收入	元	32427.3	9.0

2016—2017 年金湾区社会事业情况

指　标	单　位	2016 年	2017 年
普通高校	所	5	5
普通高校在校学生	万人	6.32	6.69
普通中学	所	4	4
普通中学在校学生	万人	0.57	0.58
九年一贯制学校	所	2（含 1 所民办）	2（含 1 所民办）
小学	所	12	12
小学在校学生	万人	1.36	1.48
医院、卫生院	所	43	48
医院、卫生院床位	张	378	533
群众艺术馆、文化馆	个	1	1
公共图书馆	间	1	1

企业开展国内外合作平台。丽珠集团参芪扶正注射液研究获国家科技进步二等奖。联邦制药甘精胰岛素原料药及注射液向全国发售，成为国内唯一生产二、三代胰岛素的企业。科域生物挂牌上市，是全区第十四家“新三板”挂牌企业。

新能源产业　7月28日，银隆新能源产业园项目开工建设，总投资200亿元，打造全产业链新能源产业园。中兴智能汽车基地建设提速，新的产业支柱加快形成。

【创新驱动发展】　2017年，金湾区引导市场主体创新发展，增强创新发展内生动力。汤臣倍健股份有限公司获珠海市政府“珠海市市长质量奖”，《保健品行业连续化生产智能制造示范应用》项目获国家智能制造专项资金扶持。龙丰精密铜管有限公司设立“院士工作站”。全区有高新技术企业195家，其中新增国家高新技术企业75家。加快建设创新驱动发展平台，康德莱产业园、金湾智造大街和指点科技园3家产业孵化器总面积20.8万平方米，进驻孵化项目157个，其中40个项目实现产业化发展。珠海国际健康港一期工程基本建成。国家新能源汽车动力电池及电驱动系统质量监督检验中心（广东）经国家质检总局批准落户金湾。全区有公共技术平台15个、新型研发机构9个、企业工程中心47个、技术中心76个。三灶镇获评“中国产学研创新示范镇”。实施“人才强区”战略，向区内82家企业3200余名人才发放各类补贴1834万元，首批156套人才公寓建成投入使用。建立企业科技贷款政府风险补偿和分担机制，出台“增信助贷”和“助保贷”金融创新扶持政策，为区内中小微企业发放贷款5230万元。

【社会民生】　2017年，金湾区发展教育、医疗、文化、体育等各项社会事业，健全社会保障制度，改善人居环境，提升基本公共服务水平。全年民生支出37.36亿元，占一般公共预算支出的73%。

2017年6月28日，金湾区首家院士工作站在广东龙丰精密铜管有限公司成立　（詹燕超　摄）

十件民生实事落实　建设一批中小学，推进虹晖小学、林伟民纪念小学项目建设和中兴小学改扩建项目前期工作，鱼林小学、矿山小学改扩建项目根据实际需求调整为迁址新建。建设居民自愿签约家庭医生服务团队，家庭医生签约服务覆盖率超30%，老年人、儿童、慢性疾病患者等重点人群签约服务覆盖率超过60%。推进康复治疗机构建设，争取精神康复医院用地等立项；残疾人综合服务中心建设有序推进。提升区域水生态环境，南排河生态补水工程、大门口水道围堰填筑及河道清淤工程完成建设任务；三灶水质净化厂（二期）具备通水调试条件，累计完成投资约7000万元，超额完成建设任务。持续推进水浸黑点治理，东咀片区排涝整治工程、金银商都水浸黑点治理工程、红旗小林联合泵站建设项目按期完工；金湾区外国语学校门前水浸黑点整治工程受强台风“天鸽”影响延期。建设金湾航空城中心湖堤岸及滨水景观工程，完成中心湖堤岸方案设计。完善区内公交设施建设，50座候车亭、金湾互通立交等路段行人过街设施建成使用。启动区内管道天然气普及建设工作，完成近6000户加建管道燃气设施工程。向企业退休人员提供免费体检服务。建设金湾区突发事件预警信息发布中心。

民生保障和服务能力增强　发放普惠性幼儿园奖补资金305万元，公办属性和民办普惠性幼儿园比例达81%。航空新城小学新校舍启用。投入专项补助216.2万元，促进培训机构、民办义务教育学校良性发展。推进基层医疗机构综合

2017 年 1 月 9 日，金湾区举办海滩清洁活动，提升市民保护海洋环境意识（陈思轶 摄）

改革，金湾中心医院开科运营，三灶医院、红旗医院完成升级改造。红旗镇获评国家卫生镇。完善提升公共文化服务基础设施，实现区、镇、村（居）三级全覆盖，基本形成“十里文化圈”。开展自然村落历史人文普查工作，编印《三灶古代历史钩沉》。新建扩建金海岸社区、小林村等体育公园 4 个，举办航空艺术节、市民艺术节和第六届“航空新城杯”公路自行车公开赛等群众文化体育品牌活动 50 余项近千场。完成三灶镇社会福利中心选址工作。改造升级实发新村、海华阁等老旧小区一批，启动建设青湾花园等保障性住房项目一批。

【交通网络完善】 2017 年，金湾区完善立体化交通体系，构建海陆空交通枢纽，推进珠海机场候机楼改扩建工程及第二滑行道建设，推进空港物流园规划建设，配合做好港珠澳大桥西延线、广珠城轨延长线、广佛江珠城轨、金海大桥、香海大桥等区域交通大动脉建设工作，构建互联互通交通格局。改善公共交通服务，完善区内公交微循环线网，开通公交线路 18 条，投入公交车 60 辆，实现村居、厂区互通公交；扩大公交线网覆盖，新增至井岸、香洲等区域公交线路 10 余条，增加公交班次，延长服务时间，增设公交站点，完成小林公交站等站场一批及充电设施建设。健全城乡道路网络，全年投资 7.5 亿元，完成航空新城内主、次干道和支线路网建设。推进红旗片区 35 条市政道路升级改造，完成 X589 线三板至八一段升级改造工程。完成航空产业园市政道路建设一批，新建双湖路、湖滨路、呈祥路、顺达路等区域干道，推进安基路西段、机场北路南段和虹阳路南段等重要路段建设，新城与镇区、园区连接路网逐步打通。

【环保综合服务平台运行】 2017 年 8 月，珠海市首个企业环保在线服务、环保管理业务系统、环境监测实验室系统融合联动的环保综合服务平台在金湾区运行。通过统一的数据平台，水污染防治、大气污染防治、土壤污染防治、突发环境事件应急管理等管理部门与责任主体（项目建设方）之间实现数据共享、达到信息连通。企业可通过登录在线服务平台办理环保业务，查看环保历史档案材料，享受“一站式”网络化服务和点对点业务办理提醒。平台监测水平提升，实现数据实时、动态展示，对监测结果超标的工业企业可及时发出整改要求。平台地理信息系统对辖区重点河涌水质排名情况、超标情况进行直观展示，实现环境应急工作事前、事中、事后管控。至年底，综合服务平台登记机械项目 479 个、工业项目 2208 个、第三产业 1325 家，发出排口校验提醒 1339 条，422 家企业参与排污许可证到期提醒功能，114 家企业参与应急预案演练提醒功能。

【金湾都市农业示范区建设】 2017 年，金湾都市农业示范区建设取得进展。4 月 18 日，中共珠海市金湾区委办公室印发《金湾都市农业示范区建设实施方案》。5 月 9 日，全区农业农村三防工作暨扶贫开发工作会议召开，部署打造金湾都市农业示范区工作。编制完成《珠海市金湾都市农业示范区总体规划》初稿，规划利用金湾田园景观、自然生态及环境资源，依托金湾区海陆空交通优势，打造集生态示范、科普教育、赏花品果、采摘游乐、休闲旅游、生产创收于一体的都市农业示范区，初步规划为海洋生态渔业产业区、亚热带特色作物产业园、特色都市农（渔）业体验示范区三大功能示范区。推进农业与旅游、文化等产业深度融合。5月1日，在金湾区红旗镇湖东社区举办“金湾都市农业发展体验暨休闲体育节”，以湖东社区四连乐诗农业生态园景区建成环境为基础，以市民家庭趣味参与体验为手段，打造金湾都市农业示范区都市农业观光游市场。7月15日，在金湾区红旗镇三板村举办以“都市农业、水乡风情”为主题的都市农业体验节，通过“农民运动会、农耕体验、怀旧游戏”等活动，让游客领略都市农业的魅力。

【“放管服”改革】 2017年，金湾区推进简政放权、放管结合、优化服务，提高政府效能。完成7449项权责清单编制和区级970项行政审批、公共服务事项标准化工作，清理规范行政审批中介服务事项18项，承接和落实市级下放事权26项。珠海市公共资源交易中心西部中心在金湾设立并运营，市级部门下放事项全面承接落地。深化以商事登记“一照一码”全程电子化为重点的商事制度改革，推行企业名称自主申报制，申请商事登记的渠道更多元、方式更便捷。公立医院管理体制改革被列入全市出彩改革项目。推进区属国企改革重组工作。发挥“互联网+”优势，落实“一门式一网式”服务模式改革，优化服务流程，创新服务机制，拓展服务载体，强化信息数据共享，实现区、镇、村（居）“全地域、全天候、全流程、全通办、零跑动”政务服务。完善投资建设并联审批机制，设立工业园区政务服务站，企业项目从立项到验收行政审批压缩在37个工作日内。

【共建共治共享社会治理体系建设】 2017年，金湾区继续完善基层社会治理体系，共建共治共享社会治理格局初显成效。镇村社会服务中心（站）实现全覆盖，“和睦·三板居”“和美·八一居”社区营造项目运营，两镇社会服务中心全年开展服务1846场次，直接服务8万余人次；举办“岭南社工周”等金湾“公益大家乐”11期，举办金湾“和谐讲坛”35期。发挥区社会治理创新专项资金杠杆作用，全年投入500万元，培育社会治理创新项目35个，涵盖非公企业党建、应急管理、社区营造、特殊人群关爱等多个领域。设立全市首个区级社区公益基金——金湾社区公益基金，引导社区组织、社会组织、社区居民更好处理社区公共事务和公益事业。启动金湾社会创新谷“义仓”项目，用社区内部资源解决社区内部问题。加强社会建设人才队伍建设，全年新增社会组织11家，其中民办非企业10家，社会团体1家。8月，强台风“天鸽”灾后，发动社会组织38家、社工281人、志愿者2546人次，深入21个村（居）协助开展救灾复产工作。继续打造“综治中心+信息化+网格化”体系，投入1446.9万元新装视频摄像头655个，将全区划分为204个综治网格，梳理网格任务事项124项，自主研发综治网格管理系统，为21个村（居）配备综治网格巡逻车。区综治办被评为2016—2017年度全省社会治安综合治理先进集体。

【强台风“天鸽”防御抗击行动】 2017年8月23日10时，台风“天鸽”加强为强台风（48米/秒，15级），12时50分正面登陆金湾区三灶镇，是继1964年台风“露比”后，53年来对金湾影响最大的台风。“天鸽”登陆时适逢农历七月初二天文大潮，登陆期间伴随狂风、骤雨、大潮，造成金湾区低洼地带、地下停车场等严重水浸。全区受灾

2017年8月23日，强台风“天鸽”登陆金湾区三灶镇，金湾警力在风中维持秩序 （金湾区应急办 供稿）

人口15.04万人，转移人口1.3万人，直接经济损失16.49亿元。农作物受灾面积1020公顷，水产养殖受灾面积1666.67公顷，倒塌掀顶旧房、窝棚、工棚3700余间，部分居民和商户房屋受损。失压变电站15座，失压10千伏线路272条，停电用户数8.34万户。建筑工地倒塌塔吊6台、变形2台，倒塌工棚5万平方米、围挡8万平方米，受损车辆逾2000辆。全区绝大部分地区停水停电，通信基本处于中断状态，区内树木绿化折断倒伏、户外广告牌倒塌、市政设施及路灯电杆等受损严重，道路通行严重受阻。区三防指挥部启动防风I级应急响应，全区范围内停工（业）、停产、停课，台风期间无人员死亡。区委、区政府成立强台风“天鸽”救灾复产指挥部，紧急下拨救灾复产资金15.06亿元，动员全区机关、企事业单位及广大市民全力投入救灾复产工作。8月26日，恢复通水、通电、通路、通信，恢复正常生活和经济社会秩序。

【水陆两栖飞机AG600金湾首飞】 2017年12月24日，大型灭火/水上救援水陆两栖飞机“鲲龙”AG600在珠海金湾机场西南3000米高度规定的空域内平稳飞行64分钟，完成飞机各系统和基本操纵特性初步检查、模拟着陆等预定试飞科目，成功实现陆上首飞。

【珠海国际健康港建设】 2017年，金湾区继续推进珠海国际健康港建设。项目位于金湾区金海岸大道与机场高速交界处，规划建设为高端化、国际化生物医药综合产业园，集生物医药产、学、研、销、服等功能于一体。由珠海市金航产业投资有限公司负责投资及运营管理，珠海市第二城市开发有限公司负责代建。一期工程检测办公大楼、人才公寓及配套大楼投资总额约5亿元，用地面积4.41万平方米，地上建筑面积5.07万平方米。其中，检测办公大楼建筑面积3.13万平方米，人才公寓大楼建筑面积1.94万平方米。至年底，珠海国际健康港一期工程项目主体建设基本完工。

【三灶镇获“2017年中国产学研合作创新示范镇”称号】 2017年11月认定，成为全国获此称号的16个乡镇之一。三灶镇采取“一企一策”办法，提高企业对研发、技改资金持续投入的积极性。加强企业培训，配合区科工信局做好企业技术改造和高新技术企业培育入库工作。重视知识产权保护，完善知识产权单项执法和联合执法信息共享和交流，了解各项知识产权的开发、生产及技术转让情况。三灶镇生物医药企业与国内生物医药科研院校合作，设立产学研教学实习基地（点）20个，形成由产业群体、研究开发、教育培训三大模块组成的以“人才培养—科学研究—技术开发—规模生产”为上下游的现代生物医药创新体系。推进产学研技术创新平台建设，引导外部创新机构与本地企业合作共建创新平台，累计创建各类创新研发机构36个，其中国家级5个，省级15个，市、区级16个。 （谢永强）

链 接：

大型灭火/水上救援水陆两栖飞机“鲲龙”AG600

AG600飞机机长37米，翼展38.8米，机高12.1米，采用单船身、悬臂上单翼布局及前三点可收放式起落架，选装4台国产涡桨-6发动机，最大起飞重量53.5吨，最大巡航速度500千米/小时，最大航时10小时，最大航程超过4000千米，20秒内可一次汲水12吨，具备执行森林灭火、水上救援等特种任务能力。2009年立项，2012年完成初步设计，2014年完成详细设计、全面转入试制，2016年完成总装下线，2017年12月7日获得首飞特许飞行证。AG600飞机是中国首次按照中国民航适航规章要求研制的大型特种用途飞机，是国家应急救援体系建设急需的重大航空装备。

斗门区

【概 况】 斗门区位于珠江三角洲西南部，珠海市西部，磨刀门至崖门之间。从赤鼻岛至白蕉七围交界线，东西之间最宽33.4千米，总面积674.8平方千米。斗门区东连中山市，北倚江门市，与澳门水域相连。距香港56海里，至广州、深圳2小时车程，水陆交通便利。

2017年下辖井岸镇、白蕉镇、斗门镇、乾务镇、莲洲镇5个镇和白藤街道办事处，101个村民委员会，26个居民委员会，常住人口46.09万人。斗门区基本农田保护面积1.92万公顷。

斗门区“二山三水五分田”，低山突屹，平原宽广，孤丘众多，水道交错，河涌密布，滩涂淤积，浮露迅速。境内东北部低于西南部，山丘边缘的冲积地带高于江河两侧的沉积平原。区内10条主干河道总长135.83千米，面积1.65万公顷。地下水资源蕴藏量0.5亿立方米（其中浅层0.05亿立方米），已开发利用量244.1万立方米，占蕴藏量5%，占全区年用水量0.5%左右，绝大部分水质尚属良好。区内有地穴矿泉矿、地下矿泉水等重要矿产资源，有大弹涂鱼（即花鱼、泥鱼）、棘头梅童鱼（即黄皮鱼）、蜥形副平牙鰕虎鱼（即白鸽鱼）等海洋资源。

2017年，斗门区林业用地面积1.26万公顷，森林覆盖率24%，林木绿化率24.7%，活立木总蓄积量76.25万立方米，森林蓄积量76.24万立方米，生态公益林8043.78公顷，商品林7196.01公顷。区内有黄杨山自然保护区、锅盖栋自然保护区、竹篙岭自然保护区和竹洲岛水松林自然保护区4个区级自然保护区。年内完成造林种植面积410.34公顷，其中森林碳汇造林133.33公顷、桉树林改造工程造林277.01公顷，超额完成省、市造林任务。完成中幼林抚育任务1487.36公顷。完成尖峰山森林公园改造提升一期工程。

是年，斗门区获“全国休闲农业和乡村旅游示范区”“中国最美乡村旅游目的地”称号。斗门区、莲江村分别入选全国县（市）域乡村建设规划和村庄规划示范名单，石龙村获评中国美丽乡村百佳范例，白蕉镇南澳村获评“全国文明村”，斗门镇入选全国第二批特色小镇，岭南大地生态度假区获评首批国家级田园综合体试点项目。

【经济社会发展】 2017年，斗门区地区生产总值341.68亿元，比上年增长10.3%，财政总收入116.77亿元，历史性突破百亿元大关。财政总支出108.38亿元。

【产业发展】 2017年，斗门区加快完善现代产业体系。

工　业　出台实体经济“27条”，实施工业企业培育“幼狮计划”和“强龙计划”，鹏辉能源等11个项目建成投产。区内产值超百亿元工业企业（集团）2家，超十亿元工业企业11家，超亿元工业企业90家。新一代电子信息、智能制造、新能源材料和现代物流四大主导产业日渐成型，电子信息产业集群获评全国第四批产业集群区域品牌建设试点。镇域经济持续向好，工业总产值超百亿元镇街3个。民营经济快速发展，规模以上民营工业企业实现增加值56.23亿元，增长9%。国有经济发展提速，国有独资企业基本完成公司制改革，年内盈利企业增至13家。

旅游产业　以黄杨山风景区开发建设为龙头，用新理念、新需求策划培育一批古镇开发、休闲养生、山地运动、文化创意等类型旅游招商项目，推动旅游资源向市场化、项目化、产业化发展；推动黄杨山旅游资源招商开发，并就黄杨山开发建设与国内著名投资基金达成初步意向；在2017“广东旅游产业投融资对接会”上，斗门区作为广东省三个区县代表之一，进行现场招商推介。以组建斗门区文化旅游公司为契机，搭建斗门旅游产业发展投融资平台，全面梳理斗门旅游资源，撬动社会资本和资源集

2017年7月，岭南大地田园综合体项目启动，打造粤港澳大湾区三农建设标杆
（斗门生态农业园管理委员会 供稿）

2017 年斗门区国民经济发展情况

指　标	单　位	绝对值	比上年增长（%）
地区生产总值	亿元	341.68	10.3
第一产业增加值	亿元	35.54	4.1
第二产业增加值	亿元	180.43	13.8
工业增加值	亿元	153.20	8.6
第三产业增加值	亿元	125.71	7.0
人均地区生产总值	元	75939	7.4
规模以上工业总产值	亿元	705.92	11.4
农林牧渔业总产值	亿元	69.48	4.9
渔业总产值	亿元	55.25	5.12
固定资产投资	亿元	215.50	17.7
社会消费品零售总额	亿元	136.13	10.1
外贸进口总额	亿元	563.52	-16.2
外贸出口总额	亿元	398.71	-12.6
实际吸收外商直接投资额	亿美元	2.4	6.9
地方一般公共预算收入	亿元	26.24	10.8
地方一般公共预算支出	亿元	41.00	12.6

2016—2017 年斗门区社会事业情况

指　标	单　位	2016 年	2017 年
中职和技校	所	2	2
中职和技校在校学生	人	1647	2848
普通中学	所	22	21
普通中学在校学生	人	21136	15138（不含高中）
小学（含九年一贯制学校 2 所）	所	38	41（不含民办）
小学在校学生	人	36898	39175
九年义务教育巩固率	%	97.2	98.3
医院、卫生院	所	14	14
医院、卫生院床位	张	2143	2212
群众艺术馆、文化馆	个	1	1
公共图书馆	间	1	1
博物馆	个	1	1
档案馆	个	1	1
体育场馆	座	1	1

聚，推动项目规划开发和资源资金资本转化。重点推动岭南大地、御温泉、竹洲水乡、逸丰生态养生园、十里莲江、乡村民宿示范点等旅游项目的建设发展，打造生态观光、农耕体验、文化创意、养生休闲度假等多元化休闲旅游产品，构建大旅游发展格局。珠海御温泉度假村获评为国家级 AAAA 景区、岭南大地项目获评国家级田园综合体试点项目。

现代服务业　农村电子商务园开园运营，获科技部批复为第一批国家“星创天地”、获农业部批复为全国农村农业双创基地。农业电商企业迅速发展，其中珠海十亿人社区农业科技有限公司被认定为全国农业农村信息化示范基地，村淘项目村级服务站有 20 家提升为 3.0 模式，提前完成市政府要求新增 5 ～ 10 家服务站的建设任务，村淘工作位于全省前列，农村电商服务站网络体系初步建成。农业孵化器签约引进企业 23 家，开展培训 15 场，培训 1000 余人。

房地产业　年内全区房地产投资 107.92 亿元，房屋施工面积 630.66 万平方米，房地产竣工面积 136.13 万平方米，商品房销售金额 188.05 亿元。引导打造质量安全示范工程，5 个项目获省优工程称号，6 个建筑项目获市优良建筑工程称号，2 个市政项目获省、市优良市政工程称号。

【创新驱动发展】　2017 年，斗门区高新技术企业培育成效显现，全年高新技术企业认定 84 家，累计 141 家。新认定省级工程技术中心 10 个、省级企业技术中心 3 个、

2017年7月28日，斗门区为16个实体经济项目举行集中动工、竣工投产仪式，项目总投资58.63亿元，总产能102.3亿元（林建文 摄）

市级工程技术中心2个、市级企业技术中心11个，累计组建省级以上创新平台37个。斗门农业电商孵化园获评全国“互联网+产业双创工程示范基地”。研发经费支出占地区生产总值2.5%，完成规模以上工业企业技术改造53家，累计完成工业技改投资27.6万元，比上年增长60.97%。高技术制造业增加值占规模以上工业增加值比重41.3%。新增“新三板”挂牌企业1家，完成股改企业4家。新增广东省著名商标1件，国内专利申请量1634件、授权量1182件，分别增长32%和69%，PCT累计申请量15万件。

【西部生态新城建设】 2017年，斗门区高标准完成西部生态新城重点区域规划项目编制19项，完成土地利用规划中期调整。斗门新城43个项目扎实推进，完成年度投资12.48亿元。区内46个绿化美化项目加快建设，新增绿地面积31.25万平方米，累计绿地面积864.9万平方米。投入2.25亿元升级改造农村电网。新建4G基站62个，升级改造120个。“智慧城市管理系统”上线，数字城管区、镇、村三级联网，实现巡查区域全覆盖、管理无盲区。区、镇、村、自然村四级河长体系搭建完成，243名河长“上岗”治河，8条黑臭河涌基本消除黑臭现象，总投资5.77亿元的水生态修复项目及河道违法堆砂场专项整治全面启动。完成大气污染防治年度任务，空气质量全面达标，全年优良以上天气314天。

【园区建设】 2017年，斗门区做大做强新青科技工业园、珠海国家农业科技园区（斗门生态农业园）两大园区。

新青科技工业园　园区实现规模以上工业总产值344.96亿元，比上年增长14.76%，固定资产投资58.7亿元，增长9.5%。32家企业进入广东省2017年第一、二批拟认定高企名单。年内新增高新技术企业28家、高企培育入库企业17家，两项指标均超过往年累计总和。至年底，园区有高新技术企业49家，规模以上工业企业设立研发机构新增5个，比上年增长25%。

珠海国家农业科技园区（斗门生态农业园）　5月22日，由斗门生态农业园主办的中国云谷斗门农业电商孵化园暨阿里巴巴农村淘宝斗门区级服务中心正式开园。6月，农村电子商务园获农业部批复，成为全国农村农业双创基地。7月，园内河口渔业研究所成功申报农业类省级河口渔业院士工作站。11月，珠海国家农业科技园区挂牌。园内岭南大地田园综合体项目获第一批国家田园综合体试点；十亿人企业被认定为全国农村农业信息化示范基地。12月，园内斗门白蕉海鲈特色农产品优势区成为农业部特色农产品优势区备选试点，是广东省唯一入选的优势区。年内，园区新增国家高新科学技术企业6家，分别是鸿福隆蛋品、强竞农业、宝门食品、德海生物、海之利和裕禾农牧。基壮农业、海之利、强竞农业、乡意浓和之山水产5家企业获省名牌农产品企业。鸿福隆咸蛋、湖江渔业大头鱼和仙泉鲩、新城华合作社鸭扎包获省名特优新农产品。园区农业总产值累计48.5亿元，固定资产24亿元，比上年增长42%。

【农业生产】 2017年，斗门区实现农业总产值68.65亿元，增长3.9%。粮食作物种植面积5804.67公顷，总产量4.13万吨。蔬菜种植面积 4486.69 公顷，总产量 9.29 万吨。水果种植 2593.35 公顷。水产养殖面积为 1.29 万公顷，渔业产量 24.3 万吨，比上年增长 4.9%。渔业总产值 55.25 亿元，增长 5.12%。发放种粮补贴、农机购置补贴和生猪良种补贴等资金 439.958 万元，补贴购置农机具 1.07 万台；落实 4066.7 公顷（6.1 万亩）种粮补贴；开展能繁母猪保险补贴工作，落实能繁母猪保险 2.6 万头，补贴资金 30.7 万元。落实 3000 万元用于新型农业经营主体设施建设，落实 1000 万元用于复产贷款贴息。

【社会民生】 2017 年，斗门区一般公共预算民生事业支出 31.5 亿元，占全区一般公共预算支出 76.9%。

十件民生实事　加快推进珠海市第二中医院综合楼建设；加快推进乡村道路硬底化工程及路灯安装工程建设；启动 8 条黑臭河涌水生态修复工程；加快推进 10 个街心公园建设；加快推进 6 所学校改扩建工程；加快推进白蕉市民艺术中心建设；启动市民公园建设；启动老旧小区更新改造示范点工程；加快推进农村农贸市场的新建、改扩建；开展斗门区低收入群体精准帮扶项目。

就业与社会保障　全区城镇新增就业 9537 人，完成任务的 113.5%；城镇登记失业率 2.29%，接收省内对口劳务合作地区劳动力 1465 人，完成任务的 244.1%；资助创业项目 70 个，完成任务的 116.7%。加大支付城乡劳动力社会保障补贴、岗位补贴和技能培训补贴工作力度，支付区就业专项资金 1187.45 万元，支付中央、省就业补助专项资金 115.7 万元；发放稳岗补贴 1035.7 万元。全区参加城镇职工基本养老保险人数20万人，城乡居民基本养老保险基础养老金从每人每月 360 元提高到 380 元，惠及 3.3 万名老年人。发放 3 项被征地农民社保保障资金 42.12 万元。发放水资源保护区社会保险财政资金 7230 余万元，惠及 68 个行政村、12 万余名群众。

卫生计生　编制《珠海市斗门区医疗机构设置规划（2016—2020 年）》，印发《推进斗门区中医药事业发展的实施方案》，建设中医药先进示范区。基本公共卫生服务经费人均标准 55 元。全区组建家庭医生式服务团队 71 个，累计签约服务 23.18 万人，签约服务覆盖率 54.09%，其中重点人群签约 7.55 万人，签约服务覆盖率 70.75%。建立居民电子健康档案 37.4 万份，建档率 87.25%。依托医联体推进“两病”分级诊疗，高血压、糖尿病患者规范管理率分别为 74.51% 和 75.91%。实施“零差率”向群众让利 5322.4 万元。白蕉、斗门、乾务成功创建国家卫生镇，省卫生村总数 97 个。

住房保障　年内 48 家企业被纳入斗门区公共租赁住房管理，合计增加住房保障面积43万平方米、保障性住房 1.28 万套、保障异地务工人员约 4 万人，为企业减免房产税及土地使用税约 500 万元。全年新增符合住房保障条件家庭 133 户，其中 45 户享受租赁补贴，14 户享受实物配租，其余 74 户进入轮候库。发放租赁补贴资金 80 万元。启动白藤农场 290 套危房改造住房配售工作，完成竣工验收备案一年以上公租房分配工作。

教　育　加快推进珠峰实验学校等 5 所新校建设。9 月 1 日，区实验二小建成招生。全年区政府投资学校建设 57 项，斗门镇初级中学教学楼重建工程等 14 个项目完工，完成总投资约 7108 万元。争取珠海市支持 2500 万元，推进 15 个“粤教云”实验项目学校建设。新建完善 9 所公办镇中心幼儿园的配套建设。规范民办教育机构审批，实施学前教育三年行动计划，普惠民办幼儿园 47 所，72 所幼儿园通过办园年审。

社会救济　在全市率先启动低收入群体精准排查，核定斗门区人均年收入低于 1.1 万元的低收入群体 3979 户 7032 人。出台《斗门区低收入群体精准帮扶实施方案》，所有在编公务员以及部分事业干部对每个低收入家庭实行“一对一”的定人、定责、定时结对帮扶，做细做实低收入群体精准帮扶工作。斗门区城乡最低生活保障标准调整为每人 896 元 / 月。在册低保对象 3454 户 5024 人，发放低保金 5273.4 万元、医疗救助金 354.89 万元、临时救助金 180.88 万元、残疾人生活津贴费 1729.16 万元、护理补贴费 905.14 万元。启动首批 623 户低收入家庭住房改造。

拥军安抚　全面落实优抚安置政策，发放定期定量补助金 1807.6 万元、优抚对象参保补助金 560.03 万元。向 332 名优抚对象发放义务兵家属优待金 421.95 万元。发放重点优抚对象节日慰问金和其他补助 6942 人次 984.87 万元。年临时救助金由3500元调整到4200元。部分重点优抚对象节日慰问金由2500元/年提高到3000元/年。

食品安全　全年立案查处食品药品违法案件117件，涉案货值12.7万元，罚没款47.2万元。其中，移送涉嫌食品药品犯罪案件5件，吊销食品经营许可证1张。全年出动执法人员5000余人次，检查各类企业3424家次。完成“斗门美食节”“龙舟赛”“两考”等重大活动食品安全保障任务。建设化妆品安全示范街1条、食品安全示范街2条、食品安全示范单位7家、健康食堂5家，受理投诉举报260件，发放投诉举报奖励金2900元。在全区129所学校、幼儿园食堂建设“明厨亮灶”食品监控，建设率100%。对全区2237家获证餐饮单位进行量化分级，实施量化分级单位2088家。全年无重大食品药品安全事件。

【中国最美乡村旅游目的地】 2017年，斗门区获“中国最美乡村旅游目的地”称号，是全国22个获评单位之一，也是广东省内唯一获评单位。斗门区长期坚持“项目带动产业发展”理念，通过“大旅游、大产业、大服务”复合开发，乡村旅游向休闲度假、康体娱乐为主的多元休闲旅游产品转变。举办以“寻找时光的房子，共建文明家园”为主题的斗门民宿设计大赛，推进“斗门手信”开发，利用“斗门味道”展现斗门山水田园风光、民俗、历史、城市建设及产业发展。实施“旅游+”战略，结合新农村建设，深挖本土文化、乡村元素、特色资源，推动三大产业融合发展，构建“旅游+农业+文化+产业+社会治理”深度融合的“斗门模式”产业链条。

【斗门农业品牌化】 2017年，斗门区新增乾务清泉家庭农场火龙果、新农人合作社稻米等21个无公害农产品和3个产地认证；乾尚佳品海藻猪肉、孖指牌麻黄鸡苗等7个产品获“省级名牌产品”称号；顺明鲜鸡蛋、乡意浓寰宝米等3个产品通过省级名牌产品复评。湖江渔业的仙泉湖鲜泉鲩、新城华合作社的斗乡味道鸭扎包等4个产品获“广东省第二届名特优新农产品”称号。顺明鸡蛋、炽达生猪获省第二届“十大名牌产品”称号。

2017年，斗门区获“中国最美乡村旅游目的地”称号　（陆绍龙 摄）

【美丽乡村建设】 2017年，斗门区新农村建设项目投入市、区两级财政资金1.17亿元。农村土地确权发放证书3.76万本，发证率92.26%。签订“政银保”合作贷款协议，落实涉农专项资金500万元。推进8条黑臭河涌修复工程，清理关闭污染养殖场16家。省级卫生镇实现全覆盖，省级卫生村97个。投入资金4080万元，做好行政村标识及道路美化、绿化、亮化等环境提升工程。投入资金约9600万元，开展鹤洲北海堤达标加固工程等农村水利设施建设项目8个。井岸镇、莲洲镇红星村获评省文明村镇。确定基层文化中心管理运行示范点12个。

【全国群众体育先进单位】 2017年，斗门区获“全国群众体育先进单位”称号。25名斗门区运动员入选广东省体育代表团，代表广东省参加第十三届全运会皮划艇、皮划艇激流、赛艇、水球、田径、手球、航海模型等7项比赛中的10个小项决赛，取得4金3银1铜成绩。全市入选参赛全运会运动员45人，其中斗门籍25人，是斗门历年来参加全运会人数最多、项目最广的一届。 （马红艳）

·责任编辑：潘杜鹃·

经济功能区

珠海市横琴新区

【概　况】 珠海市横琴新区（简称横琴新区）位于珠海市南部，珠江口西岸，总面积106.46平方千米。毗邻港澳，与澳门隔河相望，一桥相连，距离香港34海里。拥有保存完好的海洋、森林、湿地三大生态系统，环岛岸线长约50千米。主要旅游景点有长隆国际海洋度假区等。

2017年，全区生产总值183.62亿元，比上年增长11.6%；固定资产投资412.31亿元，增长19.08%；实际吸收外资6.72亿美元，增长28.3%；区级一般公共预算收入50.06亿元，首次突破50亿元，增长14%。

是年，横琴新区综合管廊项目获中国建筑工程质量最高荣誉奖——鲁班奖，是全国第一个获此项殊荣的城市地下综合管廊项目。

【港澳合作】 2017年，横琴新区新注册港澳投资企业849家，比上年增长72%，总量达2006家。

产业协同发展　在横琴落地的澳门产业项目中，年内新签约项目4个，新供地项目3个，新开工项目4个。粤澳合作中医药科技产业园GMP中试大楼、科研总部办公大楼建成封顶，横琴新区专门出台14条措施支持园区产业入驻。

通关更加便利　启用“粤澳两地牌小客车检查结果参考互认”新模式，提升通关效率30%。经澳门中转货物在横琴口岸实现“无纸化”通关，每票货物通关时间减少约1小时，报检无纸化率95%。澳门单牌车入出横琴政策落地实施并不断放宽申请条件，申请对象拓展至在横琴置业和工作的澳门居民，申请指标扩大至800辆。粤港澳游艇自由行政策落地。

力促服务一体　设立港澳中小企业法律服务中心，创新跨境商事登记导办和智能办税服务，方便港澳投资者办理商事登记和涉税业务。大西洋银行横琴分行开业，是内地首家澳门银行营业性机构。广东粤澳合作发展基金落户横琴，首期规模约200亿元。

青年创业优化　澳门青年创业谷被认定为“国家级科技企业孵化器”。谷内累计孵化企业（项目）231家，其中港澳创业企业（项目）130家，占比近六成。20家企业累计获风险投资资金4.04亿元。

【对外开放】 2017年10月10日，出台《横琴新区促进中拉经贸合作的若干措施》，促进中国（尤其是广东）与拉美及加勒比国家和地区在经贸领域的交流和合作，打造横琴中拉经贸合作平台。11月9—11日，成功举办首届中国—拉美国际博览会，其间中拉经贸合作园开园。粤澳合作中医药科技产业园与莫桑比克卫生部、葡萄牙食畜总局等葡语系国家医药卫生机构建立合作关系，帮助企业拓展海外资源和市场，与“一带一路”沿线国家开放合作更紧密。通过横琴“走出去”企业83家，新增“引进来”外资企业886家，比上年增长56%。粤澳合作中医药科技产业园引入国际知名商业检验机构天祥集团。国家工商总局授权在横琴设立全国商标注册受理窗口，建立横琴“一带一路”商标注册申请服务中心。

【创新驱动发展】 至2017年底，横琴新区注册企业突破4.2万家，其中科技企业超过6500家。

创新主体加速聚集　全区孵化器面积超15万平方米，建成科技企业孵化器3个。年内新认定高新技术企业超过100家，比上年增加74家。引进横琴云计算资源产业联盟、北师大—北中医科技创新研究院等创新平台。是年，横琴澳门青年创业谷被确定为国家级科技企业孵化器，北京大学创业训练营横琴基地被确定为国家备案众创空间，粤澳中医药科技产业园被确定为省级粤港澳台科技企业孵化器。

创新人才加速集聚　获批全国自贸区首个博士后工作站，并取得博士后独立招收资格。至年底，拥有博士后科研工作站（创新实践基地）8个，在站博士后5人。年内新引进院士1人、国家“千人计划”专家55人，培育省级创新创业团队1个、省领军人才2人、市高层次人才11人。落实出入境政策16条，在外籍人才申请中国绿卡、延长居留期限、办理人才签证等方面提供绿色通道。推出高层次人才交流会7期、横琴“人才沙龙”4期、博士后名师大讲堂等人才品牌活动4期。实施“港人港税、澳人澳税”，对在横琴工作的香港、澳门居民进行个人所得税差额补贴。实施特殊人才奖励，全年发放7887人次，累计发放1.5万人次。

创新环境持续优化　出台《横琴新区鼓励科技服务机构发展暂行办法》《横琴新区科技型企业办公场地租金补贴暂行办法》《横琴新区促进知识产权工作暂行办法》《横琴新区企业研究开发费补助资金管理暂行办法》《横琴新区科技型企业科技计划项目配套扶持暂行办法》等一系列促进科技创新政策，每年安排不少于1亿元财政资金用于培育高新产业，首次认定企业及新落户高新技术企业按100万元/家奖励。重大科技平台落户最高支持200万元、孵化器建设最高支持300万元，创新创业团队按省标准1：0.5配套奖励，在研发补助、知识产权发展等方面给予相应扶持。出台配套政策，千人计划专家和两院院士领军团队到横琴创新创业，分别给予200万元和500万元专项扶持。横琴在站博士后取得科研成果最高可奖励500万元。

创新型产业实现突破　休闲旅游产业发展壮大。长隆国际海洋度假区累计接待游客超4000万人次，投资500亿元的二期工程加速建设。成功举办第四届中国国际马戏节、第三届WTA超级精英赛、第二届WDC标准舞/拉丁舞国际邀请赛等国际大型赛事。金融产业迅猛发展。至年底，区内金融和类金融企业6790家，注册资本达8376亿元，其中新增3074家。财富管理机构资产管理规模约2.4万亿元。年内办理跨境人民币结算业务超3065亿元。上市企业11家。总规模超过1000亿元的珠海发展投资基金落户横琴。文化创意产业蓬勃兴起。香洲埠文化院街一期建成，二期加紧建设。9家企业进驻横琴紫檀文化中心，其中故宫博物院和中国紫檀博物馆联手在横琴设立中国紫檀博物馆横琴分馆。国际高端广告产业聚集区加快建设，横琴国家广告产业园引进注册企业超过200家。

2017年，横琴澳门青年创业谷成功申报成为“国家级众创空间”

（李建束 摄）

【制度创新】　2017年，横琴新区实际落地改革创新措施84项，其中9项措施在全省复制推广，占全省复制推广的45%；11项在珠海市复制推广，“企业专属网页政务服务新模式”获全国自贸区“最佳实践案例”。

创新自贸区供用电规则　首创《横琴自贸试验区供用电规则》，在明确客户建设、供电设备安置地义务等方面，填补国内规则空白。参照世界银行营商评估模型和测算数据，《规则》实施后，用电办理程序由5个减至3个，服务过程耗时缩减73.2%；用电报装成本下降81%；电力设备品类精简75%。世界银行测评电力获得指数从全球100名外跃升至前列。

跨境纳税服务创新 国内率先启用政府共享电子税票应用平台，将电子税票与自主研发的V-TAX远程可视办税系统有机融合，形成"互联网+跨境办税"全流程体系。港澳纳税人通过PC端、移动端远程可视办税，实现"远程受理—视频办理—电子税票"智能化操作，满足纳税人对税票取得的时效性和便利性需求。3月7日，横琴自贸片区纳税人在澳门成功打印个税完税证明，开出国内首张境外电子税票。

国内首部临时仲裁规则 3月23日发布。临时仲裁完全依据当事人的意思自治展开仲裁程序，双方当事人可以自行创设仲裁程序，自行组织管理仲裁案件，仲裁庭成员由当事人协商选定，实现与国际先进仲裁规则接轨。该规则同时适用于全国其他自贸试验区，具有重要复制推广价值。

国内首份失信商事主体联合惩戒清单 将清单管理模式引入信用监管领域，梳理首批58种违法失信情形，划分轻微、较重、严重等三个失信层级，覆盖全区25个行政司法机关，汇总整合5大类80条具体惩戒措施，以清单形式向社会公开，形成"一处违法，处处受限"的信用监管效应。国内首份失信商事主体联合惩戒清单于4月发布。

城市智慧化管理模式 4月18日，"横琴管家"APP上线运行。引导市民通过APP平台参与市政、市容、交通、生态、警情等7大类17小类城市治理问题，推动城市治理模式由"政府全包"向"市民治理"方向转变，构建市民、志愿者、商家、专业公司和执法人员五个层级的城市治理"新生态圈"。至年底，市民累计上报案件681件。

立法认可人力资本出资入股 出台《中国（广东）自由贸易试验区珠海横琴新区片区人力资本出资管理办法（试行）》。通过向用人主体放权，鼓励企业家、创业者、管理人才、技术人才以其自身知识、技能、经验等人力资本出资入股，人力资本出资额不得超过公司注册资本的1/3。7月，《办法》在创业谷率先落地，珠海铂华生物工程有限公司申请变更注册资本，增资至5000万元，其股东作为血液肿瘤诊断和治疗技术领域专家，以人力资本出资方式出资。

推动港澳投资建设领域专业人士准入执业落地 横琴新区管委会和香港特别行政区政府发展局签署《珠海市横琴新区管理委员会、香港特别行政区政府发展局合作意向书》《在珠海市横琴新区试行香港工程建设管理模式的合作安排》，横琴成为国内首个以"港澳服务专项"形式推动港澳专业人士准入执业落地的自贸试验区。

【城市建设】 重大项目加快推进 2017年，横琴新区省、市重点建设项目累计完成投资190亿元。广珠城际机场延长线横琴段各站主体结构完成。北起十字门商务区、中经口岸服务区，南至长隆的环澳产业带近50个重点项目大规模集中建设，洲际航运中心大厦等一批项目竣工，港澳金融中心等一批项目主体结构封顶。

生态文明建设取得新成果 做好台风灾后修复工作，对绿化树木、公共照明、雨（污）管网等市政设施进行重点修复。在全市率先进行泥头车专项整治，营造干净整洁、环境优美的城市风貌。全面落实"河长制"，严格实施排污许可证制度。新增马骝洲交通隧道项目综合管廊2.8千米。横琴芒洲湿地公园建成对外开放，并申报国家级湿地公园。建设"百里绿廊，十里花海"的城市公园绿地系统，完成森林碳汇重点生态工程100公顷。

【中拉经贸合作园】 2017年11月10日开园。作为落实国家战略的重点特色项目，合作园通过"三中心三平台"（中拉休闲旅游文化交流推广中心、中拉企业法律服务中心、中拉政策研究与创新中心以及中拉商品国际交易平台、中拉跨境电商合作平台、中拉金融合作服务平台）的搭建，利用横琴自贸片区政策和区位优势，全面深化与拉美合作，形成对外开放、跨境合作新亮点，打造国家级中拉商贸合作基地，全面打造科技创新生态圈与全能型创新社区。为中拉文化交流、旅游交流、跨境电商、经贸服务、现代商服等提供载体与平台，满足拉美企业的实际需求，发挥拉美企业集群发展的规模效应。

【第二届横琴新区发展咨询委员会】 2017年12月6日，第二届横琴新区发展咨询委员会暨横琴自贸试验片区专家委员会年度工作会议召开。何厚铧、马有礼、蔡锷生等22位咨询委员和专家委员，围绕赋予自贸试验区更大改革自主权、粤港澳大湾区建设、开放型经济体制、创新驱动发展高地、大桥经济区等主题，提出高质量咨询意见和建议，为增创横琴发展新优势、深化粤港澳合作发挥“智囊团”“思想库”作用。

【城市新中心建设】 2017年12月26日，横琴新区、保税区、洪湾片区一体化区域重点项目启动、签约、揭牌仪式在十字门会议中心举行。一批重点政府投资及社会投资项目现场签约，总投资额超过1100亿元，同时公布陆续动工的科学城、城市花园、中国铁建广场、光大控股华南区域总部等重大项目一批，拉开一体化区域建设序幕。

【国内首个金融创新知识产权运营交易国家平台】 2017年6月19日，国内首个金融创新知识产权运营交易国家平台——国家知识产权运营公共服务平台金融创新（横琴）试点平台（七弦琴国家平台）上线运营。平台集合社交、IP电商、IP金融、大数据功能，以七弦琴国家知识产权交易网与七弦琴APP客户端为载体，初步形成以知识产权金融创新、知识产权跨境交易为特色的知识产权线上交易系统。年内在售知识产权交易额2028万元。

【港澳中小企业法律服务中心】 2017年11月8日，横琴新区港澳中小企业法律服务中心新闻发布会暨揭牌仪式在横琴·澳门青年创业谷举行。该中心是国内首家面向港澳中小企业提供法律服务的专业机构，也是横琴新区打造服务型政府的又一创新，旨在打造趋同港澳的法律环境、接轨国际的营商环境，促进港澳中小企业在横琴实现深度融合、快速发展，进而做大做强、走向世界。

【大西洋银行横琴分行】 2017年1月18日开业。这是澳门首次在中国内地开设分行。作为首家受惠于CEPA及其框架下的《粤澳服务贸易自由化协议》而进驻中国内地的澳门本土银行，分行的开设为促进澳门打造“中葡金融服务平台”“中葡人民币清算中心”增添助力。（陈晓冬）

2017年1月18日，大西洋银行横琴分行开业（刘心宇 摄）

珠海（国家）高新技术产业开发区

【概　况】 珠海（国家）高新技术产业开发区（简称珠海高新区）位于珠海市北部，是出入珠海的主要门户，京珠高速、粤西沿海高速、广珠城际轨道等主要交通设施贯穿其中，与香港、深圳隔海相望。2017年下辖1个镇（唐家湾镇），总面积187.95平方千米。

唐家湾镇是中国历史文化名镇，历史名人辈出，民国首任内阁总理唐绍仪、中国工人运动领袖苏兆征、清华学校（清华大学前身）首任校长唐国安、洋务运动先驱唐廷枢、著名版画家古元、粤剧名家唐涤生等名人均出自唐家湾。历史文化遗产丰富，有唐家古镇、会同古村等古建筑群，有唐绍仪私家园林——共乐园、中西合璧的栖霞仙馆、承载着中国人民抗英胜利历史的淇澳白石街及众多珍贵的名人故居，被誉为“中国近代名人故里”“岭南百年文化古镇”。主要旅游景点有淇澳岛（苏兆征故居、白石街抗英纪念广场、红树林湿地公园）、唐家古镇（唐家共乐园、唐家三庙）、会同古村等。

2017年，全区生产总值214.59亿元，增长10.5%。产业结构进一步优化，高技术制造业和先进制造业增加值占规模以上工业增加值比重分别为57.8%和68.2%，互联网和移动互联网、软件和集成电路设计、智能制造和机器人产业收入实现30%以上的增长，智能配电网装备产业集群成为国家级创新型产业集群试点，三灶科技园生物医药产业集群纳入国家级创新型产业集群试点（培育）。企业规模加快壮大，新增规模以上工业企业9家；魅力科技产值增长近7倍，安联锐视产值增长80%，优时比、亿胜生物、ABB机器人产值增长40%以上；新增高新技术企业140家，总数352家；新增上市企业3家，新增"新三板"挂牌企业3家，上市企业和"新三板"挂牌企业总数40家，占全市1/3。高新技术企业产值1920亿元，增长14%。珠海高新区在全国国家级高新区综合排名上升至第二十四位。

2017年珠海高新区国民经济发展情况

指　标	单　位	绝对值	比上年增长（%）
地区生产总值	亿元	214.59	10.5
规模以上工业增加值	亿元	106.6	11.0
规模以上工业总产值	亿元	473.04	9.3
固定资产投资	亿元	123.4	22.8
社会消费品零售总额	亿元	73.4	11.0
外贸进口总额	亿元	88.8	14.3
外贸出口总额	亿元	287.96	109.3
实际利用外资	亿美元	1.99	3.2
地方一般公共预算收入	亿元	16.2	11.6
地方一般公共预算支出	亿元	27.0	35.6

2016—2017年珠海高新区社会事业情况

指　标	单　位	2016年	2017年
普通中学	所	2	3
普通中学在校学生	人	2323	2382
小学	所	4	6
小学在校学生	人	4794	5397
九年义务教育巩固率	%	100	100
医院、卫生院	所	医院1所、卫生院1所	医院1所、卫生院1所
医院、卫生院床位	张	编制床位280张 实有床位170张	编制床位280张 实有床位249张
群众艺术馆、文化馆	个	0	2
公共图书馆	间	0	1

【创新驱动发展】 2017年，珠海高新区创新发展形成新格局。4月，《珠海国家自主创新示范区发展规划纲要（2016—2025年）》印发实施，空间发展规划编制工作初步完成。自创区与自贸区"双自联动"落地实施，9.45平方千米的横琴高新技术产业片区纳入高新区范围。珠海智慧产业园挂牌运营。境内外联动创新加快推进，在以色列、香港设立离岸创新中心，与美国德州医学中心、澳门大学共建平行创新孵化中心，聘请8名港澳专家学者担任高新区首批科技顾问，聘请北京理工大学珠海学院15名专家担任高新区首期科技特派员。资源对接平台加速拓展，成功举办第二届中国制造2025与人工智能大会、中以医疗技术资本对接会、"菁牛汇"创新创业大赛，定期举办清源论坛等高科技创新交流活动。

珠海高新区全年统筹投入省、市、区财政资金8亿元，着力聚集创新要素，增强创新动能。高端人才加快集聚。新引进"千人计划"专家7人，总数22人，占全市24%。培育广东省领军人才2人，总数8人，占全市62%；培育市级人才64人，总数361人，占全市25%。创业载体优化升级。高盛科技园、中电科技园等新建、扩建孵化器投入运营；南方软件园、清华科技园获评优秀国家级科技企业孵化器；湾区清创空间、Bee+空间升级为国家级众创空间；南方软件园被认定为国家小型微型企业创业创新示范基地，获"2017年中国最具活力软件园"称号。科技金融服务力度加大。建立全市首个中小企业创新发展能力及信用评估平台，49家企业成功注册。完善“成长之翼”科技企业助贷平台，25家企业获得授信额度2.41亿元。区天使投资基金投资11个项目总额6020万元，撬动社会资本投资1.3亿元，区直投和参股基金投资7个项目总额7000万元。科技创新能力加快提升。年主营业务收入5亿元以上企业研发机构实现全覆盖，规模以上工业企业研发机构覆盖率48%。罗西尼获评国家级工业设计中心，兴业新能源、世纪鼎利等14家企业获评广东省工程技术研究中心。清华珠海创新中心被认定为省级新型研发机构，珠海中科先进技术研究院挂牌成立；炬芯公司获批国家“核高基”重大专项，安联锐视、云洲智能等4家企业获评第十八届中国专利优秀奖，欧比特公司成为国内首家独立运营卫星星座的民营企业，纳睿达公司研制的相控阵天气雷达被中国气象探测中心认定为“国内首创、国际先进”，英诺赛科自主研发的中国首条8英寸硅基氮化镓生产线通线投产；晶通科技、司迈科技等20家企业获市级中小企业技术创新资金项目立项，占全市40%。

【产城融合】 2017年，珠海高新区加强产城一体规划，开展后环片区、那洲会同—东岸宁堂片区、唐家—鸡山片区控规编制或修改工作，将新出让或更新类工业用地及新型产业用地容积率提高至2.0或以上。优先保障重点项目用地，推进金鼎工业片区、格力学院一期等产业、科研、基建项目用地清理，清理土地190万平方米。交通建设全面提速，“三纵三横”路网5个重点项目有力推进，金琴快线港湾大道—凤凰山隧道段、兴业快速路北段动工。广澳高速珠海段签订产权回购协议，港湾大道中山大学至海天驿站段改造工程基本建成，金唐西路、金唐东路一期全线贯通，金环路等11个重点项目动工，古元大道高新段等10个重点项目加快前期工作，前环、金鼎、北围TOD、唐家和银坑等片区市政道路加快完善。完善城市功能配套，共有产权房惠景慧园再配售308套，区内首家全球品牌酒店悦榕庄建成完工，国企投资的四星级标准商务酒店完成土建工程。“美丽高新”行动深入开展，共乐大花园等一批高品质生态公园动工建设，岐澳古驿道—长南迳唐家湾段及驿路文化线修建快速推进；实施淇澳红树林海堤加固达标和景观提升工程，高标准开展主次干道特色绿化及沿线建筑立面美化；全面推行“河长制”，制定中珠渠和中珠渠副渠等河道生态修复及水景观提升三年行动计划，投资1.2亿元建设东岸排洪渠生态廊道；继续实施河渠截污整治，鸡山渠黑臭水体治理取得初步成效。城市管理扎实有效，拆除违法建筑160宗3.3万平方米，拆除大型广告牌12块、立柱广告36宗，实现违法建筑“零增长”。

2017年12月7日，2017珠海（国家）高新区“菁牛汇”创新创业大赛总决赛颁奖典礼在珠海南方软件园举行，图为区领导与获奖者合影 （高新区 供稿）

【民生服务】 2017年，珠海高新区民生投入22.8亿元，比上年增长49%。科教新城建设全面推进。落实珠海与中山大学新型战略合作协议，中大珠海校区基础设施项目动工建设，北师大珠海分校转型为北师大珠海校区，北京师范大学—香港浸会大学联合国际学院（UIC）新校区投入使用，中大附中附小、礼和小学开学。健康惠民工程大力实施。区人民医院二期工程投入使用，成功创建广东省慢性病综合防控示范区，“社区580”家庭医生服务平台获2017年全国基层卫生信息化应用创新大赛一等奖；继续实施“小病基本免费，大病救助兜底”，投入财政资金170余万元，惠及辖区群众近3万人次；健康城市建设扎实推进。那洲社区和珠海罗西尼表业有限公司分别被世界卫生组织健康城市合作中心授予“健康促进社区”和“健康促进企业”称号。公共文化服务继续加强。官塘市民艺术中心开放，唐家湾市民艺术中心完成升级改造；唐家湾美食节、非遗文化节和“会同情韵”国庆艺术节等特色文化活动形成品牌；古镇文化保护发掘进展顺利，凤台梁公祠、官塘余氏大宗祠等9个不可移动文物修缮完成，组织编写淇澳村史和会同村史，唐家湾镇成为“珠海十大文化名片”之一。落实促进就业和社保兜底政策。城镇登记失业率保持在1.87%的较低水平，城乡居民基本养老保险、基本医疗保险参保全面覆盖，给326名低保对象发放扶助金293.6万元，发放988名高龄老人政府生活津贴298万元，发放669名残疾人补贴245.15万元。

【基层治理】 2017年，珠海高新区加强和创新社会治理，将资源和力量向基层一线下沉。遭受“天鸽”“帕卡”双台风袭击后，第一时间设立救灾复产专项资金2亿元，全区干部群众和社会各界勠力同心，在全市率先恢复“四通”。设立促进社区集体经济发展专项资金2000万元，投入1700多万元支持新建鸡山综合市场、永丰和淇澳农贸市场。“三资”监管成效明显，组织集体资产、资源交易49宗8788万元。社会大局和谐有序，依托“数字高新”完善网格化工作机制，全面抓好社会治安、信访维稳、食品药品监管、安全生产等工作，构建“综治中心+网格化+信息化”新模式，实施“天眼”工程，推进立体化社会治安防控体系建设，完成党的十九大等重点防护期维稳安保任务，群众安全感、满意度在全市排名第一。

【政务服务】 2017年，珠海高新区扎实开展“两学一做”学习教育，深入学习宣传贯彻党的十九大精神和习近平总书记对广东工作重要指示批示精神，把全面从严治党要求切实体现到抓改革、转作风、提效能当中，政务效能有新提升。稳妥有序推进机构改革，区职能部门优化调整为5个内设机构和4个直属机构，完善国有资产监督管理、政府投资项目审核、建设工程质量监督检测等机构设置，配合落实工商质监、劳动监察和农业综合执法体制改革。统筹推进国企改革，新设区属投资企业，整合部分国企设置，清理整顿“僵尸企业”16家。加强法治政府建设，设立区管委会法律顾问室，推进行政审批标准化，301项行政许可事项和390项公共服务事项纳入市权责清单和省网上办事大厅目录管理系统，承接23项市级行政管理事权。深入推进“一门式、一网式”政务服务改革，网上办事大厅延伸至16个社区，289项行政审批事项实现在线办理，拓展手机APP办事功能，80项行政许可事项实现移动办理。加强干部队伍建设，建立健全以创新和实干为导向的机关事业单位考核机制，深入开展驻点联系服务群众活动，解决落实群众意见建议540余件，干部作风在抢险救灾中得到锤炼，涌现出一批不畏艰险、冲锋在前的先进集体和先进个人。加强党风廉政建设，严格落实中央八项规定精神，深入开展“为官不为”专项整治，立案查处9件9人，给予党纪处分7人，严肃追究6家单位失察失职责任。强化审计监督，完成审计项目30个。

【第二届中国制造2025与人工智能大会】 2017年9月13—14日由珠海高新区主办。大会主题是“中德智造、共塑未来”，邀请中德两国专家、学者以及相关领域专业人

2017年9月13日，在第二届中国制造2025与人工智能大会上，中德（珠海）人工智能研究院与德国智能研究中心举行现场签约仪式　（高新区 供稿）

士约600人出席，200家人工智能相关领域企业参加成果展示和项目对接。完成基于光栅扫描的全自动高精度三维数字化重建、远程同步自主操控机器人、人类意识（脑信号）自动识别系统可穿戴设备、智慧城市能源优化系统工程4个合作项目签约。

【珠海智慧产业园】 2017年9月20日，珠海智慧产业园揭牌及项目签约仪式在珠海高新区科技创新海岸北围片区举办，总投资额近100亿元的15个重点项目在现场签约。珠海智慧产业园规划有先导区和集聚区，重点发展大数据、云计算、人工智能等智慧产业，致力于成为国家级智慧产业示范园区。年内，先导区“港湾1号”项目一期完工，中德（珠海）人工智能研究院、360华南总部基地等12个项目签约，总签约面积4.87万平方米；集聚区北围市政配套基本建成，总投资75.5亿元的城智大数据中心、中以科技企业加速器等7个项目落地。

【珠海高新区综合排名升至第二十四位】 2017年11月27日，科技部火炬中心发布国家高新区2016年度综合排名，珠海高新区在146个园区中，排名升至第二十四位，其中产业升级和结构优化能力、国际化和参与全球竞争能力两大指标均位于前20名以内。评价结果显示，珠海高新区在企业研发投入、创新成果产出、企业国际拓展能力、高新技术企业培育以及知识产权产出等方面处于国家高新区领先水平。 （陶泓旭）

珠海保税区

【概 况】 珠海保税区位于珠海市主城区南部，紧靠湾仔口岸，东与澳门隔水相望，毗邻横琴新区和十字门中央商务区，于1996年11月经国务院批准设立，1999年封关运作，是珠江口西岸唯一的保税区。面积3平方千米，预留发展用地2.89平方千米。保税区有保税加工、保税物流、国际贸易等主要功能，区内企业在海关监管、外汇管理、税收等方面与非保税区相比享有一定的优惠政策。

珠澳跨境工业区于2003年12月经国务院批准设立，2006年12月运行，由珠海市和澳门特别行政区分别填土造地形成，总占地面积0.4平方千米，其中珠海园区0.29平方千米，澳门园区0.11平方千米。园区之间由自然水道隔离，开设专门口岸通道连接，分别由珠海市人民政府、澳门特别行政区政府管理。珠海园区实行“保税区＋出口加工区出口退税政策+24小时通关专用口岸”优惠政策。

珠海保税区、珠澳跨境工业区珠海园区管理委员会是市政府的派出机构，实行“两块牌子、一套人马”，负责管理珠海保税区和珠澳跨境工业区珠海园区。

2017年，珠海保税区生产总值67.92亿元，比上年增长11.6%。区内23个市重点建设项目总投资142.55亿元，年内累计完成投资20.74亿元。重点产业集群发展态势良好，其中，电子信息技术产业工业产值51.91亿元，增长22.5%；航空配套产业实现营业收入72.03亿元，增长28.9%；生物医药产业工业产值18.12亿元，增长1.8%；商贸服务业保持高速增长，实现销售额100.74亿元，增长86.1%。跨境电商全年进出口业务通关票数超过33万票，增长149%，货值达6528万元，增长181%。

2017年珠海保税区国民经济发展情况

指　标	单　位	绝对值	比上年增长（%）
地区生产总值	亿元	67.92	11.6
第二产业增加值	亿元	39.55	9.3
工业增加值	亿元	38.50	8.9
第三产业增加值	亿元	28.37	15.0
规模以上工业总产值	亿元	153.71	12.2
固定资产投资	亿元	23.55	50.2
社会消费品零售总额	亿元	5.33	13.0
外贸进口总额	亿美元	14.08	8.5
外贸出口总额	亿美元	11.22	−25.9
实际利用外资	亿美元	0.54	7.2

【创新驱动发展】 2017年，珠海保税区修订完善《珠海保税区技术改造资金管理实施意见》《珠海保税区促进科技创新实施意见》等6项扶持措施，兑现企业技术改造奖励资金超500万元，全区规模以上工业企业实施技术改造覆盖率67.8%；兑现高新技术企业认定奖励资金712万元，高新技术企业数量从16家增至22家，省级入库培育企业新增5家；省级以上创新平台7个，市级以上技术中心（工程中心）15个，规模以上工业企业设立的研发机构中心占比40%，研发经费投入超3.3亿元，发明专利授权量33项；全区万元单位GDP能耗同比下降3.5%，单耗值0.1853吨标准煤/万元。

【"保税+"现代产业体系】 2017年，珠海保税区推动加工贸易创新发展，形成电子信息技术、航空配套、生物医药、商贸服务四大"保税+"产业体系。是年，电子信息技术产业工业产值51.91亿元，比上年增长22.5%；航空配套产业实现营业收入72.03亿元，增长28.9%；生物医药产业工业产值18.12亿元，增长1.8%；商贸服务业保持高速增长，实现销售额100.74亿元，增长86.1%。另外，跨境电商全年进出口业务通关票数超过33万票，增长149%，货值6528万元，增长181%。

【营商环境】 2017年，珠海保税区完成视频监控系统建设项目验收前期工作和信息化辅助管理系统新增优化三期方案，园区通关信息化、自动化水平进一步提升。与珠海出入境检验检疫局合作建设食品及消费品检测实验室，进出口商品质量检测效率进一步提升。多次开展安全生产大检查和专项检查，年内全区未发生危害国家安全和社会稳定的重大事件，平安园区建设进一步加强。设立区法律顾问室，聘请法律顾问，为依法行政提供专业的法治保障。做好抗风救灾和灾后复产工作，23个因灾受损在建项目、28家规模以上工业企业全部按期复工生产。

【一体化区域建设】 2017年10月13日，珠海市委、市政府印发《横琴、保税区、洪湾片区一体化改革发展实施方案》，决定把一体化区域打造成为对接港澳的"大桥经济区"和城市新中心。12月26日，横琴新区、保税区、洪湾片区一体化区域重点项目启动、签约、揭牌仪式在十字门会议中心举行，保税区与中珠医疗总部基地、格力塔、光学玻璃全球总部基地、星汉总部基地二期、龙光国际创业园、启恒总部办公大楼6个项目签约。

（彭美苑）

2017年12月28日，珠海保税区管委会与中航国际控股（珠海）有限公司、中国飞机强度研究所签订"三方战略合作框架协议" （保税区 供稿）

珠海万山海洋开发试验区

【概 况】 珠海万山海洋开发试验区（简称珠海万山区）位于珠海市东部，是中国第一个地方性海洋综合开发试验区。2017年下辖桂山、担杆、万山3个建制镇7个行政村。年末户籍人口2991人，常住人口4243人，户籍人口自然增长率1.34‰，常住人口自然增长率为0。

珠海万山区地处珠江入海口，东邻香港，西接澳门，中心区域为珠江口国际锚地，有大西、大濠等6条国际著名水道纵横其间，是珠江三角洲乃至华南腹地出入南海、通向世界的咽喉要道。全区林地面积7059公顷，森林覆盖率66.27%，活立木蓄积量4.53万立方米。海域面积4500平方千米，海岛岸线长296.62千米。区内渔业资源丰富，万山渔场是全国著名渔场，有经济价值的鱼类200余种、贝类68种、虾蟹61种、海藻18种，区内设有国家级中华白海豚保护区、省级猕猴保护区、市级珊瑚保护区和国际游艇垂钓区。土特产有鲍鱼、狗爪、桂山沙蚬、海参、海胆、花螺、将军帽、苦螺、龙须菜等。主要旅游景点有桂山岛、东澳岛、万山岛、外伶仃岛等。

2017年，珠海万山区完成地区生产总值21.85亿元，比上年增长10.3%。

2017年珠海万山区国民经济发展情况

指 标	单 位	绝对值	比上年增长（%）
地区生产总值	亿元	21.85	10.3
固定资产投资	亿元	11.3	75
社会消费品零售总额	亿元	9.07	11.2
外贸进出口总额	亿元	47.75	20.9
实际吸收外资	万美元	1027	5.2
渔业产值	亿元	4.62	14.6
海岛旅游综合收入	亿元	3.75	19
地方一般公共预算收入	亿元	4.57	6.1
地方一般公共预算支出	亿元	27.0	35.6
渔民人均纯收入	元	23152	4.2

2017年12月28日，珠海万山区组织机关干部职工开展火灾应急疏散演练活动，提高干部职工安全防范意识和火灾应急能力 （那呤北 摄）

【海岛旅游业】 2017年，珠海万山区外伶仃岛、东澳岛获评国家AAAA级旅游景区，大万山天后诞庆典获评省级非物质文化遗产。7月，格力东澳大酒店复业后发展势头稳中向好，海岛高端酒店承载力持续增强。6月15日，深圳蛇口—珠海外伶仃航线复通运营。12月20日，三角岛“公益＋旅游”项目动工，无人岛开发利用迈出实质一步，是全国首批以市场化方式转让无居民海岛使用权的示范项目；庙湾岛开发方案上报省政府审批。鼓励发展休闲渔业，万山镇获评为省级休闲渔业示范镇，万山村和东澳村获评省级休闲渔业示范基地。

【创新驱动发展】 2017年，珠海万山区制定《珠海万山海洋开发试验区鼓励企业创新驱动暂行制度（修订）》等系列政策方案，建立完善区高新技术企业培育库，推动区内科技型中小微企业创新驱动发展。是年，和维克医疗设备公司通过国家高新技术企业认定；灰谷科技、和维克医疗设备、闪矿环保3家企业纳入省级高新技术企业培育库。至年底，珠海万山区有高新技术企业4家，省高企培育库企业6家。

【招商引资】 2017年，珠海万山区修改完善《万山区促进重点企业发展工作制度》和《万山区招商引资奖励制度》，确保在招商引资竞争中形成比较优势，引进全市第一家利用横琴优惠政策异地注册的外资企业。年内，担杆镇德润环保疏浚股份有限公司在新三板上市，全区新引进企业215家，注册资金合计35.34亿元，其中贡献最大的

链　接：

三角岛"公益＋旅游"项目

珠海市三角岛运动休闲及科教示范项目（简称三角岛项目）是国内首个以"公益＋旅游"开发模式、省内首个实施生态文明旅游开发的无居民海岛。

三角岛隶属珠海万山海洋开发试验区，位于广东省珠海市东部海域万山群岛的西北部，地处粤港澳大湾区几何中心。受历史采石活动影响，近2/3岛体遭到严重破坏，生态环境脆弱。2017年2月，三角岛旅游用岛使用权以挂牌方式转让，珠海九洲控股集团属下珠海九控蓝色海洋旅游发展有限公司（简称"九控蓝海"）摘牌成为三角岛生态修复、旅游开发的主体单位。

三角岛项目总投资22亿元，其中第一期投资总金额约12亿元。2017年底动工，建设将历时五年半，主要包括前期工作，基础设施、游览设施、客运码头、内湾湖等工程建设，以及沙滩与植被修复等内容。三角岛在开发建设中将引入多种先进技术，例如智能雨水收集系统、海水淡化系统、中水回用的环保循环技术、海上风力发电、垃圾及污水无害处理技术等，致力于打造环保、生态、智慧的海岛全域旅游。通过与市场相结合的方式将三角岛打造成全国示范性运动休闲及科教旅游岛。

2017年11月3日，珠海万山区启动以"美丽海岛"为主题的专项行动（那吟北　摄）

5家新进公司年度税收均超过500万元，入库总税收超过1200万元。

【生态建设】　2017年，珠海万山区推动《海域海岛保护与利用条例》进入立法程序，完成万山群岛自然保护区调整落界和国家生态公益林调整前期工作，为海域海岛保护性开发提供法理和政策支撑。完善海岛环保基础设施，外伶仃岛污水处理系统工程投入使用，万山湾污水处理系统工程动工建设，东澳湾污水处理系统工程、海岛存量垃圾转运整治项目完成前期工作。启动"美丽海岛"专项行动，制定《海岛公约》。新增公园绿地面积6万平方米，新建绿道步道2.4千米。广东省庙湾大型人工鱼礁示范项目完成礁体投放。是年，桂山镇获评省级文明镇，桂海村获评市级文明村。

【强台风"天鸽"正面袭击万山】　2017年8月23日，第13号强台风"天鸽"正面袭击珠海万山区各海岛，造成大面积停水停电，市政设施、园林绿化严重受损，给全区造成20余亿元损失，8月27日，第14号台风"帕卡"再次来袭。灾情发生后，区主要领导亲临一线指导抢险救灾工作，各镇政府科学统筹、周密部署，市直有关单位、军警部队、驻岛单位、协会、企业等给予强力支持。在抗风救灾工作中，驻军、驻岛单位、公安民警视灾情为命令，冲锋在前、奋不顾身，发挥抢险救灾主力军作用。全区广大党员干部和人民群众万众一心、众志成城、齐心协力。按照"民生优先、转危为机"思路，制定出台珠海万山区灾后重建方案和项目清单，指导重建工作有序实施。电力、供水、通讯、市政、城建、“三防”、城管等各条战线日夜奋战、攻坚克难，在一周内，全区基本实现恢复通电通水通路通讯。

【“美丽海岛”专项行动】 2017年11月3日，珠海万山区启动“美丽海岛”专项行动，制定《海岛公约》，倡导爱岛护岛、保护生态、文明出游、诚实守信等良好风尚。“美丽海岛”专项行动分三个阶段实施：第一是起步阶段，全面摸查清理各海岛卫生死角，基本实现海岛环境卫生管理全覆盖，同时以市补资金项目、渔村更新改造项目和灾后重建项目等为抓手，按高起点设计、高标准建设，稳步开展项目建设实施；第二是攻坚阶段，通过开展各类专项整治行动，查找问题，攻坚克难，逐步建立岛容岛貌日常管理秩序与规则，基本实现“最干净海岛”目标；第三是深入推进阶段，在海岛软环境干净整洁、经营有序、文明礼让、和谐有序的基础上，通过各类美岛工程项目的陆续完成，使海岛硬件设施环境上一个新台阶。

【国家AAAA级旅游景区】 2017年3月，珠海万山区外伶仃岛、东澳岛在景观资源、服务管理等八方面获专家组一致认可，达到国家AAAA级景区创建标准，通过国家AAAA级景区评定性检查。评定委员会专家认为：“两岛已呈现出全域旅游健康发展的良好格局，有望成为广东省滨海旅游的代表和后起之秀。” （江　云）

珠海经济技术开发区（高栏港经济区）

【概　况】 珠海经济技术开发区（又名高栏港经济区，简称珠海高栏港区）位于珠海市西南端，2017年下辖南水、平沙两个镇，由高栏、南水两个半岛和三角山、荷包、大杧等18个海岛及黄茅海东部沿岸陆域和海域组成，开发总面积380平方千米。年末户籍人口6.28万人，常住人口11.56万人。常住人口自然增长率12.23‰。

国家一类对外开放口岸、全国沿海主枢纽港珠海港的主体港区——高栏港位于珠海高栏港区内。高栏港是珠三角建港条件最好的港口之一，距离国际主航道仅1海里，建港岸线68千米，可以建设万吨至30万吨级泊位150多个，可最终形成货物吞吐能力2亿吨，集装箱吞吐能力500万标箱以上。高栏港区属于亚热带海洋性季风气候，夏长冬短，日照充足，雨量充沛，海洋温泉资源和海岛旅游资源丰富，拥有海泉湾度假村、荷包岛、飞沙滩等著名旅游景点。高栏岛宝镜湾摩崖石刻距今约4000年，可辨别的石刻岩画5处7幅。

高栏港区地势平坦，耕地面积5333公顷，粮食播种面积125公顷，粮食产量0.19万吨。林地面积7370公顷，森林覆盖率30.35%，活立木蓄积量19.44万立方米。重要矿产资源有钨矿、建筑用材花岗岩、地热水和矿泉水等；海产资源丰富，盛产鱼、虾、蟹、蚝、贝等，有广东省连片最大的罗非鱼无公害养殖示范基地。区内由农业部、国台办批准设立的广东省首个台湾农民创业园是台湾农业企业在珠三角的投资热土。

2017年，全区生产总值274.47亿元，比上年增长10.4%。三次产业比为1.4 ∶ 77.3 ∶ 21.3。

九年义务教育巩固率100%；高中阶段教育毛入学率50.6%。参加城镇职工基本养老保险66418人，覆盖率98%；参加城镇职工基本医疗保险68640人，覆盖率98%；参加城镇居民基本医疗保险15902人，覆盖率100%。

2017年珠海高栏港区国民经济发展情况

指　标	单　位	绝对值	比上年增长（%）
地区生产总值	亿元	274.47	10.4
第一产业增加值	亿元	3.75	6.2
第二产业增加值	亿元	215.80	10.4
工业增加值	亿元	208.48	11.0
第三产业增加值	亿元	54.92	11.0
人均地区生产总值	万元	23.74	11.3
规模以上工业总产值	亿元	998.88	10.8

（续 表）

指　标	单　位	绝对值	比上年增长（%）
固定资产投资	亿元	263.08	12.13
社会消费品零售总额	亿元	5.49	14.4
外贸进口总额	亿美元	34.09	33.04
外贸出口总额	亿美元	18.08	-16.09
实际利用外资	亿美元	3.88	-14.0
地方公共财政预算收入	亿元	22.45	10.7
地方公共财政预算支出	亿元	36.05	26.8
城镇居民人均可支配收入	元	31629.3	9.7
农村居民人均纯收入	元	19817	9.1

2016—2017 年珠海高栏港区社会事业情况

指　标	单　位	2016 年	2017 年
普通中学	所	5	4
普通中学在校学生	人	4040	2765
小　学	所	6	6
小学在校学生	人	7308	7873
医院、卫生院	所	3	3
医院、卫生院床位	张	实际开放 284 张 核编床位 520 张	实际开放 284 张 核编床位 470 张
公共图书馆	间	2	2

【现代临港产业建设】　2017 年，珠海高栏港区全年工业总产值 1000.8 亿元，实现历史性突破。三次产业结构为 1.4 ∶ 77.3 ∶ 21.3，其中工业占全区经济总量的 74.5%，前 20 名重点企业对 GDP 贡献 58.89%。全年工业投资 140.2 亿元，占全市工业投资比重的 41.6%。百亿级企业 3 家，50 亿级企业突破 6 家，百亿级企业数量占全市的 3/7。“3+1”产业（装备制造、石油化工、清洁能源和港口物流）发展迅猛，全年完成装备制造业产值 140.51 亿元，比上年增长 22.2%；清洁能源行业产值 138.91 亿元，增长 21.1%；石油化工产值 474.31 亿元，增长 9.8%。港口物流业实现新突破，全港货物吞吐量 1.3 亿吨，高栏港突破亿吨大关，实现货物吞吐量 1.2 亿吨，增长 33.3%，其中集装箱吞吐量 177 万标准箱，增长 49.5%，增速在全国 39 个沿海港口排名第四。供给侧结构性改革扎实推进，3 家企业挂牌“新三板”，规模以上工业利润 56.81 亿元，增幅 61.3%。盘活存量土地 31.5 万平方米，完成 22 个项目用地清补 371.35 万平方米、清拆面积 1.4 万平方米。产业转型升级成效显著，全年高端精细化工及新材料企业增加 9 家，全区聚焦先进装备制造、新材料、电子信息等高端产业，引进利安隆新材料、崇达技术、景旺电子、理文化工新材料等产业类项目 27 个，其中装备制造类项目 10 个，新材料类项目 13 个，落地项目总投资 150 亿元，投产后将形成新产能 200 亿元。财政结构和质量优化。全年高栏港区税收区级留成 17.4 亿元，占全区一般财政收入的 78%。坚持房子是用来住的理念，全年全区完成房地产开发投资 59.24 亿元，房地产开发投资仅占全区全社会固定资产投资比重 22.5%，较全市 40.8% 比重低 18.3 个百分点。房地产业增加值占全区 GDP 总量的 3.3%。

【创新驱动发展】　2017 年，珠海高栏港区创新发展水平逐步提升。烽火海洋的海洋通信设备产业化绿色关键工艺系统集成项目、中海福陆的典型海工装备绿色供应链系统构建项目、珠海醋纤的醋酸纤维绿色关键工艺系统集成项目入选国家工信部 2017 年绿色制造系统集成项目，获数千万元无偿资金支持。成功举办中国第七届新材料资本技术峰会。高新技术企业 86 家，比上年增长 62%。研发机构建设加快，年主营业务收入 5 亿元以上企业实现研发机构全覆盖，规模以上工业企业研发机构覆盖率 28%，新增省级以上创新平台 13 家，到达

28家。科技孵化器3家，科技企业孵化器面积4万平方米，新增市级众创空间1家。63家企业入驻中大创新谷、高栏智谷产业园等孵化器。创新型经济加快增长。万华化学、中海福陆、华润、格力机器人、赛纬科技等一批核心技术企业发展加快，全区先进制造业增加值145.49亿元，增速15.7%，占全区工业增加值的69.9%；先进制造业产值769.25亿元，增速28.6%，占全区工业总产值的77%。科德电子、伊斯佳等33家企业50个项目通过技术改造实现提质增效，全年累计完成技改投资75.65亿元，占全市技改投资的38.8%。创新体系逐步完善，设立3亿元人才专项资金，出台《关于促进人才驱动、打造人才港湾的若干措施》，引进包含院士在内的各领域专家20余人。发明专利申请量为265件，比上年增长137%，发明专利拥有量为296件，增长50%，全社会研发经费支出占全区生产总值的2.9%，PCT（专利合作条约）申请量新增3件。金融创新取得新突破。推动平沙新城生态公园等5个PPP（政府和社会资本合作）项目加快建设，与鼎典资本签订100亿元产业基金框架合作协议，支持产业发展和基础设施建设。

2017年10月26日，2017中国新材料资本技术秋季峰会在高栏港区召开
（高栏港区 供稿）

【港口开放】 2017年，珠海高栏港经济区依托高栏港深水大港，实施江海联运、海铁联运、海公联运、管道运输等多式联运体系，拓展内外贸航线，新增集装箱班轮国内国际航线9条，集装箱班轮航线总数达58条。高栏港—巴西维多利亚港直航航线于7月开通，高栏国际货柜码头水果口岸投入运行，巨涛码头1号泊位对外开放。珠海国际贸易“单一窗口”国家标准版在高栏港首单申报成功，海关、边检、国检、海事等查验单位推进压缩货物通关时间取得成效。高栏港综合保税区申报顺利。全区2017年实际利用外资3.88亿美元，占全市的15.95%。

【重大项目建设】 2017年，珠海高栏港区39个重点项目完成投资138.18亿元，完成年度投资计划的132.1%。中海福陆三期工程等19个项目动工建设，醋酸纤维搬迁扩建工程等7个项目年内竣工投产。政府投资计划如期推进。67个园区配套项目完工，完成政府基础设施项目投资24.7亿元。

【港产城融合发展】 2017年，珠海高栏港北港池15万吨级航道升级工程投入使用、黄茅海5万吨级航道及15万吨级主航道维护工程开工建设。至年底，有生产性泊位71个，万吨级以上泊位27个。高栏港10万吨集装箱1号泊位投入使用，2号、3号泊位试运行。高栏港首个集装箱拆拼物流中心中谷物流签约，中谷国际航运注册高栏，新增载重运力25万吨。平沙新城建设步伐加快，16条市政道路全面开工，4座主桥梁、地下综合管廊、对外交通4条主干道、碧桂园、保利项目、城市中心公园、生态公园建设加快推进，全年累计完成投资9.8亿元，完成年度计划投资的127.1%。城乡规划建设和市政设施有新提升。加快编制《高栏港经济区总体规划及“一园四小镇”城乡统筹概念规划》，平沙影视文化小镇入选广东省首批特色小镇创建工作示范点。建设核心价值观主题公园、广场7个，设置善行义举榜17个、“村民公约牌”19个。出台城市环境清理、规范、优化、提升“1+7”工作方案（高栏港经济区城市环境清理规范化提升总体工作方案、立柱广告设施整治工作方案、公共设施保洁工作方案、科学合理设置交通标志工作方案、文明公益广告优化工作方案、市政道路设施和立面破损修复工作方案、加强工地文明施工管理工作方案、全区绿化综合提升工作方案），完成工地围挡总长度15.49千米，道路绿地改造5228平方米。平东大道实现单向通车，南水农贸市场人行天桥主体工程完工，完成低标准县道升级改造道路10.15千米。

【生态建设】 2017年，珠海高栏港区生态环境进一步优化。实施森林封育管理100公顷（1500亩）、新增森林公园1个、完成森林碳汇面积177.33公顷（2660亩），人均占有绿地33.91平方米，通过市政府考核。严格生态保护制度，完成2017年主要减排任务，全区4台燃煤发电机组全部实现超低排放改造，新建污水管网及雨污分流约10千米，全区城镇污水处理率90.4%。区内环境质量日益改善。全年可吸入颗粒物（PM10）平均浓度54微克/立方米、细颗粒物（PM2.5）平均浓度22微克/立方米，氮氧化物（NO2）平均浓度25微克/立方米，达到国家二级标准；全区15条河涌水质均达到《地表水环境质量标准》（GB3838-2002）要求，南新、先锋岭、白水寨水库等3个饮用水源保护地水质达到III类标准。

【平安港区建设】 2017年，珠海高栏港区深化安全生产体制改革。推动安全生产管理“四化”（制度化、标准化、网格化和信息化）建设，基本完成智能化应急调度指挥平台建设项目，完成安全风险管控和隐患排查治理双重预防体系建设试点和全区化工产业安全容量分析。抓好减灾防治工作，地质灾害防治“高标准十有县”工作通过验收，完成全区乡村道路生命防护工程设施建设，通过省挂牌督办南水镇消防安全考核。公共安全体系建设进一步加强。受理调解各类民事纠纷1292起，调解成功率98.5%，受理各类法律援助案件98件，援助574人，为援助对象挽回经济损失1000余万元。建成全天候治安防控系统，严厉打击各种违法犯罪行为，平沙、南水两镇全年平安指数分别为96.78、93.25，全年未发生食品药品安全事故。

2017年8月10日，巴西维多利亚港与珠海港成功首航 （高栏港区 供稿）

【高栏国码进境水果指定口岸】 2017年3月29日，通过国家质量监督检验检疫总局验收，珠海高栏港成为珠江西岸城市首个东南亚进境水果货物挂靠港和集散中心，珠海口岸功能进一步完善。

【巴西维多利亚港与珠海港成功首航】 2017年8月10日，中远海运特运“天祺”轮满载3.5万吨花岗岩和部分集装箱从巴西维多利亚港抵达珠海高栏港，标志着维多利亚港与珠海港直航航线开通。这是珠江西岸通往巴西的首条海运航线，也为中巴物流海上“丝绸之路”再添新通道。

【高栏港货物吞吐量突破亿吨大关】 2017年10月28日，珠海高栏港货物吞吐量突破1亿吨，较2008年增长300%，占珠海港全港比例由30%提升至90%，继2013年珠海港全港迈入亿吨大港的基础上实现主体港区新跨越。（郑雪颖）

·责任编辑：潘杜鹃·

人　物

全国五一劳动奖章获得者

陶永耀　男，1978年11月出生，毕业于华中科技大学通信专业，研究生学历，炬芯（珠海）科技有限公司技术市场高级经理。2010—2013年，带领团队研发的Android平台平板电脑核心处理器及整机解决方案获珠海市战略性新兴产业重大项目。2014年，担任省级前沿与关键技术创新专项——集智能电源和音频编解码、网络功能为一体的专用集成芯片项目负责人，申请发明专利11项。2015年，担任省级前沿与关键技术创新专项——支持超清智能一体机的四核应用处理器芯片项目总负责人，带领团队协同攻关，不断摸索，反复试验，取得佳绩，申请发明专利4项，发表论文3篇。2013年，被评为珠海市软件创新人才，取得广东省电子技术高级工程师资格。2014年，获广东省科学技术奖励二等奖、“广东省五一劳动奖章”。2017年，获“全国五一劳动奖章”。

广东省五一劳动奖章获得者

方祥建　男，1978年10月出生，中共党员，硕士，高级工程师，广东省政府质量奖评审专家库成员、广州市市长质量奖评审专家、珠海市青年优秀人才、中国质量协会可靠性推进委员会委员，珠海格力电器股份有限公司信息中心执行主任。长期从事质量领域技术研究及管理工作，至2017年底，累计获专利授权123项，进入实审85项，受理9项，其中授权发明专利5项。在《制冷与空调》《中国质量》等刊物发表论文5篇，论文《论领导在质量管理中的作用》获中国质量协会第七届中国质量学术与创新论坛优秀奖。2016年，获“刘源张质量技术奖个人奖”（原“中国质量协会质量技术突出贡献奖”，为纪念国际质量科学院院士、中国工程院院士刘源张先生而冠名）。2017年，获“广东省五一劳动奖章”。

吴希文　男，1967年12月出生，中共党员，本科，广东兆邦智能科技有限公司董事长。2007年担任广东兆邦智能科技有限公司董事长以来，率领公司实施创新驱动发展战略，实现跨越式发展，2016年实现主营业务收入突破1.2亿元，比上年增长62%。在智慧城市、智能建筑领域享有较高知名度和号召力，担任中国企业联合会副会长、中国建筑业协会智能建筑分会常务理事及专家、广东省茂名商会副会长、广东省公共安全技术防范协会常务理事、广东省智慧安防专业库专家等。2016年，当选“珠海市建筑业优秀企业家”。2017年，获“广东省五一劳动奖章”。

郭友兵　男，1982年8月出生，中专，伟创力制造（珠海）有限公司自动化软件开发工程师。2013年开始自学软件编程，独立开发多个有实用价值的管理系统。开发对人员效率、坏品堆积、

返修板、不良超期进行管理的维修管理系统，使坏品堆积数从2000以上降至200～400，二次维修率从26.58%降至10.06%，不良超期大于30天从300以上降至5以下，每年可节约成本200万元以上。2017年，获“广东省五一劳动奖章”。

袁长林 男，1972年9月出生，中共党员，本科，珠海市第一中学数学教师。在担任班主任工作中，后进生思想品行转变成效突出，热心资助后进生完成学业，所带班级多次被评为“文明班”，转化后进生200余人，转化率93.4%。多次到薄弱学校讲学、给珠海市新入职老师做专题教育教学讲座，多次在珠海市高中教师暑假培训中做教学讲座。2017年，获“广东省五一劳动奖章”。

童华 女，1983年5月出生，中共党员，本科，横琴出入境边防检查站八队主任科员。先后在拱北边检站、珠海总站指挥中心、湾仔边检站、横琴边检站任职。入警以来荣立个人二等功1次、个人三等功3次，多次获个人嘉奖。在珠海总站第四届业务竞技比赛、公安部出入境管理局组织的全国边检业务大比武中，均为团体取得第一名贡献了优秀成绩。2015年，参加珠海总站第一批、第二批数据排查工作，与队友们先后发现变换身份违法违规人员200余名。在公安部出入境管理局搭建专项数据排查系统时，结合排查经验提出“三级甄别审核制”“高度怀疑人员红色报警”“动态调整报警阈值”意见，被公安部出入境管理局和总站采纳。2017年，获“广东省五一劳动奖章”。（余日旭）

全国巾帼建功标兵

伍素萍 女，1971年4月出生，硕士，珠海元朗食品有限公司，副董事长兼总经理。带领公司获得“全国优秀龙头食品企业”“广东省食品行业优秀龙头食品企业”“广东省烘焙十强企业”等称号。关心教育，组织多所学校学生到公司现场参观、实践。积极投身社会公益事业，率公司支持“我来珠海看大海”雅安学子夏令营、“康乃馨单亲特困母亲温暖行动”“关爱白内障老人复明行动”等多项公益活动。2010年被评为珠海市“三八红旗手”；2016年被评为广东省“三八红旗手”；2017年，被评为“全国巾帼建功标兵”。

刘文 女，1968年8月出生，硕士，民革党员，珠海市现代农业发展中心科技研发部部长。1993年6月硕士研究生毕业于华南农业大学，2001年7月通过全省公开招考任珠海市花卉科学技术推广站站长，长期在基层从事农业科技推广工作，开办60期花木“绿色证书”培训和实用技术知识讲座，培训5000人次；推广花木常规技术、新技术和新品种百余项；承担珠海市妇联“珠海市农村妇女能手结对帮扶”“珠海市农村妇女增收致富”等任务，重点扶持妇女花木种植户，实施科技入户工程，效果显著。2005年被评为广东省林业教育先进个人；2008年，获广东省农业技术推广三等奖；2012年，被评为珠海市“三八红旗手”；2014年，获广东省农业技术推广三等奖，获2014–2016年度农业部农牧渔业丰收奖（成果奖）三等奖；2017年，被评为“全国巾帼建功标兵”。

广东省三八红旗手

管文超 女，1974年11月出生，研究生，中共党员，珠海市中级人民法院执行局执行二科科长。坚持慎独慎微，恪守职业道德。关注民生案件，帮助农民工获工资3000余万元。撰写论文连续四次获全国法院学术讨论会二等奖，多篇论文在省、市获一等奖。2010年荣立珠海市中级人民法院个人三等功；2011年荣立广东省高级人民法院个人专项三

等功；2012年荣立广东省高级人民法院个人二等功；2012年被评为珠海市中级人民法院办案能手；2013年被评为珠海市“三八红旗手”；2013年荣立广东省高级人民法院个人专项三等功；2014年被评为广东省优秀法官；2017年3月，被评为广东省“三八红旗手”。

黄　丹　女，1972年11出生，本科，中共党员，中共珠海市直属机关工作委员会主任科员。2010年底主动报名到揭阳普宁市里湖镇龙兴村驻村开展“双到”扶贫工作，是珠海帮扶揭阳的唯一驻村女干部。在扶贫工作中，让104户贫困户全部脱贫，为村集体促成两项商贸经济项目。在广东省“双到”扶贫三年总考评中获评优秀个人。2011年11月，获珠海市精神文明建设委员会授予的“敬业奉献道德模范”称号；2012年3月，被评为珠海市“三八红旗手”；2012年9月，被评为2011年度广东省扶贫开发“规划到户、责任到人”工作“扶贫使者”；2013年3月，被广东省委组织部、广东省扶贫开发办公室评为优秀驻村干部；2013年7月，被珠海市扶贫工作领导小组办公室、珠海市人力资源和社会保障局授予2012年度嘉奖；2015年7月，获评“珠海市创建全国文明城市”先进个人；2017年3月，被评为广东省“三八红旗手”。

黄文燕　女，1968年3月出生，硕士，中共党员，珠海市疾病预防控制中心副主任。长期从事疾病预防与控制和公共卫生工作，先后负责职业病防治、技术质量管理与控制、科研与专业技术培训、相关业务协调和管理。主持完成多项省、市立项的科研课题，发表科研论文10余篇。2016年当选珠海市第九届人民代表大会代表。任珠海市妇女联合会第六、七届执行委员会委员。兼任珠海市青年志愿者协会副会长，积极组织学校志愿服务大队开展志愿服务。获珠海市巾帼科技创新带头人、珠海市“三八红旗手”、珠海市“十佳女卫生工作者”和市直卫生系统“岗位排头兵”等称号；2017年3月，被评为广东省“三八红旗手”。

石淑亚　女，1972年7月出生，本科，拱北边检站十三队（处突队）主任科员，二级警督警衔。1990年3月参加工作，1991年7月加入中国共产党，参与百余次重大安保任务，表现突出。参与拱北口岸600余宗棘手的处突警情，救助过近千名旅客，挽回人民群众财产数百万元。荣立“2007—2009年度公安部出入境管理局提高服务水平”个人二等功；2009年、2011年被公安部出入境管理局和珠海边检总站评为优秀共产党员；2010年，被公安部评为“提高服务水平突出个人”；2012年被评为珠海市“三八红旗手”、珠海市优秀共产党员、珠海边检总站及拱北边检站年度文明使者，记个人三等功一次；2015年被评为公安部出入境管理局优秀共产党员；2017年3月，被评为广东省“三八红旗手”。

刘红燕　女，1975年5月出生，中共党员，本科，工程师，1994年7月参加工作，广东电网有限责任公司珠海供电局客户服务中心大客户服务专责。带头参与网上营业厅掌上营业厅上线建设，建立局官方微博运营管理平台，率先在全国推出“微信营业厅空中排队及预约叫号”服务，建立“金点子创新工作室”，积极开展科研创新活动。2006年7月，获中国质量协会、中国质量杂志社颁发的"中国铝业"杯全国QC小组成果发表赛二等奖；2010年12月，获广东省质量协会、广东省总工会、共青团广东省委员会、广东省妇女联合会、广东省科学技术协会评出的“广东省用户满意服务明星”称号；2014年1月，获广东电网有限责任公司颁发的“技术能手”称号；2016年6月，获广东电网有限责任公司颁发的技术改进贡献奖三等奖（三项）；2017年3月，被评为广东省“三八红旗手”。

（贾传恩）

·责任编辑：曾维浩·

统计资料

珠海市国民经济及社会发展情况（一）

指标名称	计量单位	2016 年	2017 年	2017 年比 2016 年增减（%）
一、人口				
（一）年末家庭总户数	户	317571	325007	2.3
（二）年末户籍人口	人	1147765	1188713	3.6
其中：男性	人	583400	598761	2.6
女性	人	564365	589952	4.5
其中：农业人口	人	0	0	--
非农业人口	人	1147765	1188713	3.6
（三）出生人口	人	15817	23714	49.9
其中：男性	人	8147	12238	50.2
女性	人	7670	11476	49.6
（四）出生率	‰	13.92	20.30	6.4
（五）死亡人口	人	3269	12154	271.8
（六）死亡率	‰	2.88	10.40	7.5
（七）自然增长率	‰	11.04	9.90	-1.1
（八）人口迁入	人	18169	39830	119.2
人口迁出	人	9566	14322	49.7
（九）流动渔民人口	人	8894	8872	-0.2
二、地区生产总值	万元	22670197	26751795	10.8
总计中：第一产业	万元	451518	488242	8.7
第二产业	万元	11145437	12871858	10.9
第三产业	万元	11073242	13391695	10.8
总计中：农林牧渔业	万元	487135	525121	8.3
工业	万元	9954972	11332073	9.7
建筑业	万元	1268570	1642015	21.3
批发和零售业	万元	2275877	2573887	10.8
交通运输、仓储和邮政业	万元	462949	549574	7.5
住宿和餐饮业	万元	481644	565313	16.0
信息传输、软件和信息技术服务业	万元	919275	1181202	17.7
金融业	万元	1667556	1948264	13.8
房地产业	万元	1993819	1974028	-9.4
人均地区生产总值	元	137005	155502	6.6

珠海市国民经济及社会发展情况（二）

指标名称	计量单位	2016 年	2017 年	2017 年比 2016 年增减（%）
三、财政收支（带 * 号为可比口径增长率）				
（一）财政一般公共预算收入 *	万元	2923683	3143761	10.4
1. 税收收入 *	万元	2319016	2390559	6.6
# 增值税 *	万元	702588	828894	0
企业所得税	万元	373949	474219	26.8
个人所得税	万元	115551	160509	38.9
房产税	万元	98037	138476	41.2
印花税	万元	51752	61126	18.1
契税	万元	243846	267464	9.7
2. 非税收入	万元	604667	753202	24.6
（二）财政一般公共预算支出	万元	4171576	4938852	18.4
# 一般公共服务	万元	349802	488799	39.7
公共安全	万元	369916	393888	6.5
教育	万元	572555	742206	29.6
科学技术	万元	352358	453039	28.6
文化体育与传媒	万元	62968	77002	22.3
社会保障和就业	万元	391363	575867	47.1
医疗卫生	万元	223136	278071	24.6
节能环保	万元	101333	172610	70.3
城乡社区事务	万元	944237	1047669	11.0
农林水事务	万元	168236	176586	5.0
交通运输	万元	81131	100083	23.4

珠海市国民经济及社会发展情况（三）

指标名称	计量单位	2016 年	2017 年	2017 年比 2016 年增减（%）
四、工业				
（一）工业企业单位数	个	6881	7377	7.2
1. 规模以上工业企业数	个	1048	1163	11.0
（1）轻重工业				
轻工业	个	378	435	15.1
重工业	个	670	728	8.7
（2）经济类型				
集体企业	个	2	1	-50.0
港澳台投资企业	个	291	294	1.0
外商投资企业	个	195	197	1.0
（3）企业规模				
大型企业	个	54	66	22.2
中型企业	个	260	256	-1.5
小型企业	个	734	841	14.6
2. 规模以下工业企业数	个	5833	6214	6.5
（二）工业总产值（现价）		—	—	13.0
1. 规模以上工业总产值	万元	43533772	39435608	12.9
（1）轻重工业				
轻工业	万元	16017929	12662024	11.0
重工业	万元	27515842	26773584	13.9
（2）经济类型				
集体企业	万元	13917	14017	-4.1
港澳台投资企业	万元	7304945	7117900	12.6
外商投资企业	万元	12524159	12152471	13.3
（3）企业规模				
大型企业	万元	22353335	17453103	11.7
中型企业	万元	11051447	10350894	23.7
小微企业	万元	10128991	11631611	3.8
2. 规模以下工业总产值	万元	1850932	1714670	15.5

注：规模以上工业统计范围为年主营业务收入 2000 万元及以上的企业；工业总产值指标同比增长按同比口径可比价计算。

珠海市国民经济及社会发展情况（四）

指标名称	计量单位	2016 年	2017 年	2017 年比 2016 年增减（%）
五、农业				
（一）农林牧渔业总产值（现价）	万元	855713	916347	7.1
农业	万元	109078	112131	2.8
林业	万元	456	1410	209.5
畜牧业	万元	108769	97246	-10.6
渔业	万元	551128	616221	11.8
农林牧渔服务业	万元	86282	89339	3.5
（二）农林牧渔业增加值（现价）	万元	487135	525121	7.8
农业	万元	75021	77121	2.8
林业	万元	349	1081	209.5
畜牧业	万元	47015	42035	-10.6
渔业	万元	329132	368005	11.8
农林牧渔服务业	万元	35617	36879	3.5
（三）农作物播种面积	亩	225320	228078	1.2
粮食	亩	61857	58751	-5.0
稻谷	亩	56177	53677	-4.5
旱粮	亩	3341	3290	-1.5
薯类	亩	1569	1054	-32.8
番薯	亩	320	211	-34.1
大豆	亩	612	605	-1.1
经济作物	亩	24345	37857	55.5
花生	亩	3412	3105	-9.0
木薯	亩	233	16	-93.1
甘蔗	亩	392	224	-42.9
糖蔗	亩	221	43	-80.5
其他农作物	亩	139118	131471	-5.5
蔬菜	亩	108640	112104	3.2
果用瓜	亩	6320	9513	50.5
青饲料	亩	7315	7097	-3.0
（四）农作物总产量		181704	184736	1.7
粮食	吨	26525	22659	-14.6
稻谷	吨	22275	19941	-10.5
旱粮	吨	1882	1677	-10.9
薯类	吨	2225	1405	-36.9
番薯	吨	220	295	34.1
大豆	吨	112	117	4.5
经济作物	吨	2800	1904	-32.0
花生	吨	747	725	-2.9
木薯	吨	210	10	-95.2
甘蔗	吨	1828	1151	-37.0
糖蔗	吨	795	216	-72.8
其他农作物	吨	152379	160173	5.1
蔬菜	吨	132667	141899	7.0
果用瓜	吨	8981	10652	18.6
青饲料	吨	10731	7622	-29.0

注：农业总产值和增加值指标同比增长按可比价计算。

珠海市国民经济及社会发展情况（五）

指标名称	计量单位	2016 年	2017 年	2017 年比 2016 年增减（%）
（五）水果实有面积	亩	74231	79778	7.5
柑、橘、橙	亩	2299	2192	-4.7
香（大）蕉	亩	14796	13527	-8.6
荔枝	亩	24949	26938	8.0
龙眼	亩	7783	8519	9.5
其他水果	亩	24404	28602	17.2
（六）水果总产量	吨	64807	62261	-3.9
柑、橘、橙	吨	2854	1756	-38.5
香（大）蕉	吨	25557	19456	-23.9
荔枝	吨	2002	4278	113.7
龙眼	吨	1771	2501	41.2
其他水果	吨	32623	34270	5.0
（七）畜牧业生产情况				
年末生猪存栏量	万头	25.39	23.93	-5.8
全年生猪出栏量	万头	32.60	31.42	-3.6
三鸟饲养量	万只	902.23	918.18	1.8
猪肉总产量	吨	26341	25402	-3.6
牛肉总产量	吨	10	10	0.0
禽肉总产量	吨	9621	9965	3.6
禽蛋总产量	吨	9843	10485	6.5
（八）水产品生产情况				
水产养殖面积	亩	406103	393735	-3.0
海水养殖	亩	229937	219690	-4.5
淡水养殖	亩	176166	174045	-1.2
水产品总产量	吨	299034	309635	3.5
海洋捕捞	吨	10725	21194	97.6
海水养殖	吨	80924	83292	2.9
淡水捕捞	吨	1786	1781	-0.3
淡水养殖	吨	205599	203368	-1.1

珠海市国民经济及社会发展情况（六）

指标名称	计量单位	2016 年	2017 年	2017 年比 2016 年增减（%）
六、社会消费品零售总额	万元	10161281	11281763	11.0
（一）批发业	万元	2256992	2325912	3.1
限额以上企业	万元	261983	649794	8.3
（二）零售业	万元	6757559	7653354	13.3
限额以上企业	万元	2627271	3895380	13.3
（三）住宿业	万元	203148	263671	28.0
限额以上企业	万元	170456	218894	19.1
（四）餐饮业	万元	943582	1038826	10.1
限额以上企业	万元	153474	442225	12.5
七、运输业				
（一）货运量	万吨	11395	12110	6.3
1. 公路	万吨	9244	9599	3.8
2. 水路	万吨	1625	1871	15.2
（二）货物周转量	万吨公里	1591349	1674801	5.2
1. 公路	万吨公里	508176	525747	3.5
2. 水路	万吨公里	985588	1029969	4.5
（三）客运量	万人	5240	5379	2.6
1. 公路	万人	3018	2760	-8.5
2. 水路	万人	690	633	-8.2
（四）旅客周转量	万人公里	945479	912815	-3.5
1. 公路	万人公里	581957	511798	-12.1
2. 水路	万人公里	27439	25946	-5.4
（五）港口吞吐量				
1. 货物进出港量	万吨	11779	13586	15.3
2. 旅客进出港量	万人	720	736	2.3

珠海市国民经济及社会发展情况（七）

指标名称	计量单位	2016 年	2017 年	2017 年比 2016 年增减（%）
（六）机动车拥有量				
1. 民用汽车	辆	473746	549458	16.0
客车	辆	432187	504921	16.8
其中：大型	辆	7368	7935	7.7
小型	辆	422915	495224	17.1
货车	辆	39862	42808	7.4
其中：重型	辆	6894	7635	10.7
中型	辆	1425	1417	-0.6
轻型	辆	31537	33750	7.0
微型	辆	6	6	0
2. 其他机动车	辆	74251	75121	1.2
# 摩托车	辆	72091	72797	1.0
（七）船拥有量				
1. 机动船	艘	251	235	-6.4
	吨位	334931	323989	-3.3
	客位	9050	7323	-19.1
2. 驳船	艘	9	7	-22.2
	吨位	11220	8570	-23.6
八．邮电业务总量	万元	1396870	1084784	-22.3
（一）邮政业务总量	万元	157095	191069	21.6
函件	万件	6265.12	5387.05	-14.0
包件	万件	11.59	6.55	-43.5
快递业务量	万件	6032.40	7271.52	20.5
订销报纸累计份数	万份	2161.51	1980.14	-8.4
订销杂志累计份数	万份	214.15	181.47	-15.3
（二）电信业务总量	万元	1239775	893715	-27.9
电话用户	万户	74.08	61.79	-16.6
九．固定资产投资				
（一）固定资产投资总额	万元	13897545	16620214	19.6

珠海市国民经济及社会发展情况（八）

指标名称	计量单位	2016 年	2017 年	2017 年比 2016 年增减（%）
1. 按构成分				
（1）建筑工程	万元	7781224	9430238	21.2
（2）安装工程	万元	856889	875474	2.2
（3）设备工器具购置	万元	979950	1586471	61.9
（4）其他费用	万元	4279482	4728031	10.5
2. 按用途分				
（1）第一产业	万元	30287	12601	-58.4
（2）第二产业	万元	2874737	3367057	17.1
（3）第三产业	万元	10992521	13240556	20.5
3. 按行业分				
农林牧渔业	万元	37737	21821	-42.2
采矿业	万元	134807	8226	-93.9
制造业	万元	2412826	2952946	22.4
电力、燃气及水的生产和供应业	万元	327104	406613	24.3
建筑业	万元	0	0	--
批发和零售业	万元	126875	62976	-50.4
交通运输、仓储和邮政业	万元	1232133	2664056	116.2
住宿餐饮业	万元	93123	76173	-18.2
信息传输、软件和信息技术服务业	万元	87465	83399	-4.6
金融业	万元	0	0	
房地产业	万元	6918043	7447441	7.7
租赁和商务服务业	万元	388731	499649	28.5
科学研究和技术服务业	万元	71228	146817	106.1
水利、环境和公共设施管理业	万元	1122865	1520250	35.4
居民服务、修理和其他服务业	万元	16552	9362	-43.4
教育	万元	186456	254172	36.3
卫生和社会工作	万元	20843	63587	205.1
文化、体育和娱乐业	万元	186117	181527	-2.5
公共管理、社会保障和社会组织	万元	534640	221199	-58.6
（二）新增固定资产	万元	5331126	4226819	-20.7
（三）房地产开发投资来源与投向				
1. 房地产开发完成投资额	万元	6410315	6661158	3.9
按构成分：				
（1）建筑工程	万元	3826650	3740886	-2.2
（2）安装工程	万元	399570	428476	7.2

珠海市国民经济及社会发展情况（九）

指标名称	计量单位	2016 年	2017 年	2017 年比 2016 年增减（%）
（3）设备工器具购置	万元	53815	27142	-49.6
（4）其他费用	万元	2130280	2464654	15.7
按工程用途分：				
（1）住宅	万元	4494982	4252197	-5.4
（2）办公楼	万元	506228	897014	77.2
（3）商业营业用房	万元	611225	721033	18.0
（4）其他	万元	797880	790914	-0.9
2. 新增固定资产	万元	2425213	1756366	-27.6
3. 本年购置土地面积	平方米	1182442	631198	-46.6
4. 本年资金来源合计	万元	20758003	21209560	2.2
上年末结余资金	万元	4393632	6746819	53.6
本年资金来源小计	万元	16364371	14462741	-11.6
（1）国内贷款	万元	1801810	4865814	170.1
（2）利用外资	万元	30012	131104	336.8
（3）自筹资金	万元	2345559	4104604	75.0
（4）其他资金	万元	12186990	5361219	-56.0
定金及预收款	万元	5840236	2645848	-54.7
5. 各项应付款	万元	1841677	2463220	33.7
（四）房地产开发施工、竣工面积及销售情况				
1. 施工面积合计	平方米	26438826	32539828	23.1
# 住宅	平方米	17253481	19088458	10.6
办公楼	平方米	2527234	4179080	65.4
商业营业用房	平方米	2159212	3184769	47.5
2. 新开工面积合计	平方米	6769415	10069803	48.8
# 住宅	平方米	4553321	5279036	15.9
办公楼	平方米	836375	1646500	96.9
商业营业用房	平方米	448565	1057855	135.8
3. 待售面积合计	平方米	1593748	1670927	4.8
按用途分				
# 住宅	平方米	726968	667681	-8.2
办公楼	平方米	179110	242222	35.2
商业营业用房	平方米	288552	359841	24.7
按时间分				
一年以下	平方米	545289	476732	-12.6
一至三年	平方米	790109	882076	11.6
三年以上	平方米	258350	312119	20.8

珠海市国民经济及社会发展情况（十）

指标名称	计量单位	2016 年	2017 年	2017 年比 2016 年增减（%）
4. 商品房竣工面积	平方米	3609345	4228004	17.1
# 住宅	平方米	3095014	2800695	-9.5
办公楼	平方米	20421	213677	946.4
商业营业用房	平方米	122110	218338	78.8
5. 商品房竣工价值	万元	2256735	1600267	-29.1
# 住宅	万元	2035061	1027566	-49.5
办公楼	万元	6125	74792	1121.1
商业营业用房	万元	61707	150045	143.2
6. 商品房销售面积	平方米	6531465	5096505	-22.0
# 住宅	平方米	5966123	4202772	-29.6
办公楼	平方米	346924	503533	45.1
商业营业用房	平方米	121081	209392	72.9
7. 销售面积按房源分				
现房	平方米	1274983	759761	-40.4
期房	平方米	5256482	4336744	-17.5
8. 房地产开发企业主要财务指标				
（1）流动资产	万元	45518006	48786864	7.2
（2）固定资产原价	万元	571397	630750	10.4
其中：累计折旧	万元	133870	160912	20.2
（3）资产总计	万元	50809196	54909331	8.1
（4）负债合计	万元	41485495	42105879	1.5
（5）所有者权益	万元	9323701	12803452	37.3
（6）实收资本	万元	4505954	5503087	22.1
（7）主营业务收入	万元	6025426	8554598	42.0
（8）主营业务成本	万元	3674717	5157187	40.3
（9）主营业员税金及附加	万元	707489	808488	14.3
（10）营业利润	万元	1004191	1959937	95.2
（11）利润总额	万元	967824	1932052	99.6
（12）本年应付职工薪酬	万元	173671	242092	39.4
（13）应交所得税	万元	341965	416261	21.7
十、对外经济贸易				
（一）批准利用外资项目数	宗、个	803	1565	94.9
1. 外商直接投资	宗、个	803	1565	94.9
2. 外商其他投资	宗、个	0	0	--
（二）合同吸收外商投资额	万美元	905108	1071877	18.4
1. 外商直接投资	万美元	905108	1071877	18.4

珠海市国民经济及社会发展情况（十一）

指标名称	计量单位	2016 年	2017 年	2017 年比 2016 年增减（%）
2. 外商其他投资	万美元	0	0	--
（三）实际吸收外资额	万美元	229466	243304	6.0
1. 外商直接投资	万美元	229466	243304	6.0
2. 外商其他投资	万美元	0	0	--
（四）外贸出口总值	万元	18029910	18829807	4.4
机电产品	万元	12798746	13827091	8.0
高新技术产品	万元	4884113	6077692	24.4
按贸易性质统计				
1. 一般贸易	万元	10153203	11120513	9.5
2. 加工贸易	万元	7372445	6848158	-7.1
来料加工	万元	482553	1007788	108.8
3. 其他贸易	万元	504262	861136	70.8
按企业性质统计				
1. 内资企业	万元	9722220	10949248	12.6
国有企业	万元	2149047	2127917	-1.0
集体企业	万元	176770	288994	63.5
私营企业	万元	7396403	8532338	15.4
2. 外商投资企业	万元	8307690	7880559	-5.1
中外合作企业	万元	28247	15116	-46.5
中外合资企业	万元	834662	848496	1.7
外资企业	万元	7444781	7016947	-5.7
（五）外贸进口总值	万元	9510689	11071354	16.4
机电产品	万元	4963855	5113055	3.0
高新技术产品	万元	3460964	3345784	-3.3
按贸易性质统计				
1. 一般贸易	万元	4268038	5439021	27.4
2. 加工贸易	万元	2556095	3301603	29.2
来料加工	万元	388859	745249	91.7
3. 其他贸易	万元	2686556	2330730	-13.2
按企业性质统计				
1. 内资企业	万元	4989841	5201748	4.2
国有企业	万元	2331632	2832698	21.5
集体企业	万元	219390	162069	-26.1
私营企业	万元	2438818	2206980	-9.5
2. 外商投资企业	万元	4520848	5869607	29.8
中外合作企业	万元	15194	4914	-67.7
中外合资企业	万元	1129463	1547967	37.1
外资企业	万元	3376190	4316726	27.9

珠海市国民经济及社会发展情况（十二）

指标名称	计量单位	2016 年	2017 年	2017 年比 2016 年增减（%）
十一、旅游				
（一）宾馆、酒店接待过夜旅游人数	万人	2226.41	2288.63	2.8
1. 外国游客	万人	50.96	51.07	0.2
2. 港澳台游客	万人	266.27	267.18	0.3
香港同胞	万人	120.99	115.56	-4.5
澳门同胞	万人	84.27	88.71	5.3
台湾同胞	万人	61.01	62.91	3.1
3. 内地游客	万人	1909.18	1970.37	3.2
（二）涉外宾馆酒店				
1. 酒店数	家	66	66	0
五星酒店	家	8	8	0
四星酒店	家	8	8	0
三星酒店	家	47	47	0
二星酒店	家	3	3	0
一星酒店	家	0	0	--
2. 客房数	间	9905	9832	-0.7
3. 床位数	张	15819	15575	-1.5
4. 客房出租率	%	59.0	60.6	1.5
（三）旅行社组团游客人数	人次	1573089	1652073	5.0
内地游	人次	1078646	1169413	8.4
省内游	人次	766051	823308	7.5
省外游	人次	312595	346105	10.7
港澳台游	人次	308994	247360	-19.9
香港	人次	177686	152610	-14.1
澳门	人次	120193	87827	-26.9
台湾	人次	11115	6923	-37.7
出国游	人次	185449	235300	26.9
（四）口岸出入境人数	万人次	13645	14075	3.2
十二、劳动工资				
（一）年末从业人员数	人	1095471	1123679	2.6
1. 国有经济	人	96562	98309	1.8
2. 集体经济	人	30526	28526	-6.6
3. 其他经济	人	968383	996844	2.9
（二）全年在岗职工工资总额	万元	5053389	5604148	10.9
1. 国有单位	万元	950047	1022497	7.6
2. 集体单位	万元	58706	58334	-0.6

珠海市国民经济及社会发展情况（十三）

指标名称	计量单位	2016 年	2017 年	2017 年比 2016 年增减（%）
3. 其他单位	万元	4044637	4523317	11.8
（三）在岗职工年平均工资	元 / 人	74931	81014	8.1
1. 国有单位	元 / 人	101892	110560	8.5
2. 集体单位	元 / 人	84581	94109	11.3
3. 其他单位	元 / 人	70406	76280	8.3
十三、科技				
（一）专利申请受理量	项	17651	20737	17.5
（二）专利申请授权量	项	9287	12544	35.1
其中：发明专利申请授权量	项	1796	2479	38.0
十四、教育				
（一）学校数	所	514	540	5.1
1. 普通高等学校	所	10	10	0
2. 成人高等学校	所	1	1	0
3. 中等职业学校	所	9	9	0
4. 技工学校	所	3	4	33
5. 普通中学	所	73	74	1.4
6. 小学	所	118	122	3.4
7. 幼儿园	所	298	318	6.7
8. 特殊学校（教育）	所	2	2	0
（二）在校学生数	人	494724	512469	3.6
1. 普通高等学校（不含研究生）	人	133626	136829	2.4
2. 成人高等学校	人	17717	16528	-6.7
3. 中等职业学校	人	21597	20117	-6.9
4. 技工学校	人	7430	8194	10.3
5. 普通中学	人	86928	90237	3.8
6. 小学	人	155269	162238	4.5
7. 幼儿园	人	71727	77854	8.5
8. 特殊学校（教育）	人	430	472	9.8
（三）毕业生数	人	106264	104635	-1.5
1. 普通高等学校（不含研究生）	人	32813	30797	-6.1
2. 成人高等学校	人	—	—	—
3. 中等职业学校	人	6262	6907	10.3
4. 技工学校	人	1720	1961	14.0
5. 普通中学	人	29388	27283	-7.2
6. 小学	人	21275	22605	6.3
7. 幼儿园	人	14726	15025	2.0
8. 特殊学校（教育）	人	80	57	-28.8

珠海市国民经济及社会发展情况（十四）

指标名称	计量单位	2016 年	2017 年	2017 年比 2016 年增减（%）
十五、文化				
艺术表演团体	个	6	7	16.7
公共图书馆	间	3	3	0
图书馆图书总藏量（纸质）	万册（件）	153	170	10.7
文化站	间	24	24	0
群众艺术馆、文化馆	间	4	4	0
博物馆	个	2	2	0
十六、广播电视事业				
广播电视台	座	2	3	50
广播电视发射台	座	2	0	-100
广播覆盖率	%	100	100	0
电视覆盖率	%	100	100	0
有线电视入户数	万户	63.63	61.15	-3.9
十七、新闻出版				
全年出版报纸	种	3	3	0
全年出版杂志	种	3	3	0
十八、卫生				
（一）卫生机构	个	721	742	2.9
其中：医院、卫生院	个	53	55	3.8
社区卫生服务中心（站）	个	123	118	-4.1
门诊部（所）	个	93	105	12.9
村卫生室	个	149	140	-6.0
专科疾病防治院（所、站）	个	1	1	0
疾病预防控制中心（防疫站）	个	1	1	0
卫生监督所（中心）	个	3	3	0
妇幼保健院（所、站）	个	2	2	0
（二）卫生机构人员数	人	18673	20128	7.8
卫生技术人员	人	15741	16962	7.8
（三）卫生机构床位数	张	8806	9394	6.7
（四）入院人数	人	271242	303793	12.0
（五）出院人数	人	269972	304133	12.7
（六）病床周转率	次 / 年	31.4	33.8	2.4

（珠海市统计局 供稿）

·责任编辑：潘杜鹃·

文献·法规

珠海市 2017 年国民经济和社会发展计划执行情况与 2018 年计划草案的报告

——2018 年 1 月 16 日在珠海市第九届人民代表大会第五次会议上

珠海市发展和改革局局长　于思浩

各位代表：

受市人民政府委托，我向大会报告珠海市 2017 年国民经济和社会发展计划执行情况与 2018 年计划草案，请予审议，并请市政协委员和列席人员提出意见。

一、2017 年国民经济和社会发展计划执行情况

2017 年是实施“十三五”规划的重要一年，在市委、市政府的正确领导下，在市人大及其常委会、市政协的监督指导下，全市上下认真贯彻党的十八大、十八届历次全会和十九大精神，以习近平新时代中国特色社会主义思想为指导，坚持稳中求进工作总基调，牢固树立和贯彻落实新发展理念，适应把握引领经济发展新常态，统筹推进产业、交通、城市和社会民生重大项目建设，经济社会发展取得显著成效，市九届人大一次会议确定的年度主要目标任务总体完成。

（一）经人大批准的经济社会预期目标完成情况

——预计 2017 年全市实现地区生产总值 2554 亿元，增长 9.0%；

——规模以上工业增加值 1105.62 亿元，增长 10.9%，高于年度目标 2.9 个百分点；

——固定资产投资 1662.02 亿元，增长 19.6%，高于年度预期目标 4.6 个百分点；

——社会消费品零售总额 1130.8 亿元，增长 11.3%，低于年度预期目标 0.7 个百分点；

——外贸进出口总额 2973.29 亿元，增长 8%，高于年度预期目标 6.5 个百分点；

——实际吸收外资金额 24.33 亿美元，增长 6%，高于年度预期目标 3 个百分点；

——一般公共预算收入完成 314.35 亿元，增长 10.4%，超过年度预期目标 0.4 个百分点；

——居民消费价格指数上涨 0.8%，低于年度控制目标 2.2 个百分点；

——全年城镇登记失业率预计为 2.26%，低于年度控制目标 0.94 个百分点。

（二）计划执行的主要情况

1. 国民经济运行稳中有进，发展质量效益明显提升

以供给侧结构性改革为主线，注重提升经济发展的质量与效益，出台了加快发展实体经济等“1+5”政策措施。今年以来，全市经济运行稳的格局逐步巩固，进的态势更加明显。全市完成地区生产总值预计同比增长 9%，超过年度预期目

标0.5个百分点。结构调整持续推进，实体经济发展成效显著。全市工业总产值4653.09亿元，比上年增长12.9%，规模以上工业增加值1105.62亿元，增长10.9%，增速在全省位居前列。装备制造业增加值434.17亿元，增长16.6%，先进制造业占规模以上工业增加值比重达54.3%。工业和建筑业对经济增长贡献率达61%，比上年提高16个百分点。税收及工业利润保持较快增长。全年一般公共预算收入同比增长10.4%，规模以上工业企业实现利润总额同比增长24.3%。物价就业基本保持稳定。全市居民消费价格指数（CPI）同比上涨0.8%，低于年度控制目标2.2个百分点。全市城镇登记失业率2.26%，低于年度目标0.94个百分点。

2. 创新能力显著增强，新旧动能转换步伐提速

深入实施创新驱动发展战略，创新能力进一步提高，创新基础进一步夯实。全年R&D经费支出占GDP比重预计达2.9%。每万人口发明专利拥有量48件，居全省第二位。大力培育高新技术企业，全年高企总数突破1400家。加快建设创新平台载体，全市拥有省级新型研发机构12家、省级以上创新平台304家。完善企业孵化育成体系，科技企业孵化器37家，孵化面积154.94万平方米，在孵企业1304家，成功孵化出健帆生物、全志科技、光库科技、炬力科技等具有代表性的高新技术企业。大力实施知识产权战略，出台建设知识产权强市意见，通过国家知识产权试点城市验收。成立知识产权质押贷款服务联盟，建立重点企业知识产权保护直通车制度。新旧动能转换步伐加快。先进制造业、装备制造业和高技术制造业增加值分别增长16.2%、16.8%和20.3%。高技术制造业增加值占规模以上工业增加值比重达27.8%。格力智能装备、泰坦新动力等科技成长型企业产值翻倍增长。纳睿达、四维科技、光驭科技等新兴企业加快成长。战略性新兴产业培育成效初显，生物医药、电子信息产值分别同比增长20.8%、15.4%。促进军民融合产业发展，大型国产水陆两栖飞机AG600首飞成功。

3. 消费市场增长稳健，对外开放进一步深化

消费需求稳步回升。全市完成社会消费品零售总额1130.8亿元，同比增长11.3%。升级类消费保持较快增长。汽车类零售额同比增长13.3%。刚需消费用品增速强劲。粮油食品类、服装鞋帽针纺织品类、日用品类分别同比增长29.4%、26.2%和25.3%。外贸进出口形势好转。全市外贸进出口总额2973.29亿元，同比增长8%。出口产品结构进一步优化。高新技术产品进出口增长12.4%，高新技术产品出口占总出口比重达34.9%，超过省下达27.4%的任务目标。积极推进“一带一路”倡议支点建设，对“一带一路”市场进出口总额增长15.8%。成功举办中以科技创新大会、中拉国际博览会，共签约87个项目，中拉经贸合作园开园。以横琴自贸区为主要平台，粤港澳紧密合作示范区加快建设，横琴新区累计注册港澳企业超1800家。招商引资取得积极进展。实际吸收外资金额为24.33亿美元，同比增长6%。全市引进重点新签约项目127个，计划投资总额约993亿元，同比增长22.3%。

4. 投资保持高速增长，交通建设实现重大突破

投资增速保持高位运行。全市完成固定资产投资1662.02亿元，增长19.6%。重点项目建设进一步提速。全市重点建设项目完成投资703.87亿元，完成年度计划的114.4%。42个列入省重点项目计划的项目、省通报我市进度的30个项目分别完成计划的148.2%、204.2%，均超额完成全年计划。交通项目建设取得新进展。港珠澳大桥主体、珠海连接线和珠海口岸工程基本完工。洪湾枢纽互通二期工程、白石桥建成通车。香海大桥、洪鹤大桥、鹤港高速一期工程、金琴快线全面开工，兴业路快速通道北段工程动工建设。珠机城轨一期市区至横琴段全线站点主体工程基本完工。交通拥堵治理取得积极成效。港湾大道、吉大路、迎宾北路、翠微路等沥青罩面加铺工程完工。全市新开公交线路20条，其中微循环公交线路15条，新建成公交专用道3条。完成16个道路交叉口挖潜改造。更换新能源公交车400辆。

5. 供给侧结构性改革深入推进，发展活力动力持续增强

“去降补”工作扎实推进。去产能取得实效，全市特困企业全部完成出清重组，向粤东西北地区转移落户项目26个。去库存稳步推进。实施“限购、限贷、价格备案、限售”调控措施，平均房价趋于稳定。降成本使企业获益，全年预计为企业累计降负超过80亿元。软硬件基础设施补短板工作进展总体顺利，全年完成补短板投资251.16亿元，完成计划的142.5%。“放

管服”改革打造良好营商环境。新增下放44项市级行政管理事权。15个部门的56个项目事项实现“一门式一网式”审批。投融资体制改革加快推进。修订完成《珠海经济特区政府投资项目管理条例》《珠海市建设工程招标投标管理办法》。组建珠海发展投资基金，首期推进总规模超过500亿元的34支子基金投向珠海的基础设施和产业项目。信用体系建设成效显著，全市信用信息管理系统初步实现信用信息的互通共享，自2012年我市社会信用体系建设工作在全省“两建”考核中五年蝉联第一。深化商事制度改革，出台商事主体“一照一码”登记服务全程电子化暂行办法，珠海易注册全面开通上线；出台商事主体名称申报管理办法，在全国率先取消名称预先核准，实行商事主体名称自主申报制度。

6. 城乡协调发展翻开新篇章，生态文明建设再创佳绩

城市建设扎实推进。高起点启动横琴自贸区、保税区、洪湾片区一体化发展，国际居住区、高新技术产业区市政基础设施及配套工程全面铺开。富山工业园、智慧产业园、西部生态新区土地清理工作进入收尾阶段，全面铺开基础设施建设。建成斗门西堤路南延段、平沙新城铭恩路等20条道路，建成航空城小学、广东省实验中学珠海金湾学校，完成白藤湖中学扩建工程等公共设施。农村发展基础进一步夯实。农村土地承包经营权登记颁证顺利推进。斗门区成为我省唯一的全国主要农作物全程机械化示范县。万山海域获批成为第一批20个国家级海洋牧场示范区之一。对口帮扶取得积极进展。累计落实对口阳江、茂名两市帮扶资金8.8亿元。珠海阳江合作共建产业园财政帮扶资金到位17.3亿元，位居全省第一。成功创建国家生态文明建设示范市。国家生态园林城市创建成果进一步巩固，完成40千米健康步道、80千米林荫道、70千米绿道、1.1万亩森林碳汇造林工程。成功创建国家节水型城市。新建污水管网约70千米，全面完成12条黑臭水体截污工作，空气质量在全国74个重点城市中排名前十。

7. 社会事业全面进步，民生保障持续改善

深化教育领域改革。学前教育公益性、普惠性不断发展，新增认定省一级幼儿园3所、市一级幼儿园7所。新建凤凰中学、梅华中学等12所中小学，中山大学附属中学、中山大学附属小学、礼和小学开始招生。充分挖掘教育资源潜力，小学、初中公办学校学位分别增长14.3%与4.4%。中山大学“天琴计划”、暨南大学珠海科技创新园等项目建设顺利推进。健康城市建设步伐进一步加快。公立医院改革稳步推进，市妇幼保健院、市慢性病防治中心等项目建设加快，西部医疗中心项目完成立项。基本公共卫生服务经费标准提高到每人每年55元。“全面两孩”政策顺利实施。全面落实就业扶持政策，城镇新增就业人数44231人。城乡居民基本养老保险基础养老金提高至380元。低保标准大幅提高至每月896元/人。成功对接国家、省异地就医直接结算平台，推进生育保险和基本医疗保险合并实施试点工作。开工建设棚户区改造住房2863套，基本建成棚户区改造住房和公共租赁住房2260套，超额完成省政府下达的年度保障房建设任务。公共文化体育旅游设施不断完善。新建社区体育公园14处，成功举办2017年市民健身运动会。新建7个市民艺术中心。成功举办2017年珠海市民艺术节、广东省第七届音乐舞蹈花会、2017年广东旅游文化节、第四届中国国际马戏节、国际沙滩音乐节、2017珠海WTA超级精英赛、2017环中国国际公路自行车赛（珠海站）和2017年全国帆船帆板锦标赛等大型文化体育赛事和活动。

（三）计划执行存在的问题

2017年，珠海经济运行总体保持稳中提质态势，多项主要经济指标在全省名列前茅，社会事业发展水平进一步跃升，但依然存在一些问题和短板：

一是经济在长期发展中积累了深层次结构性问题。实体经济体量较小，工业新增产能和后劲不足，对少数龙头企业依赖度较高，工业投资占比及增速仍然偏低。民营经济体量不大，创新主体偏少。投资结构不平衡，西部地区投资总量和增速远低于东部地区。外经贸转型升级缓慢，自贸区、港口、机场等贸易功能集成不够，开放优势转向发展优势程度不高。

二是城市精细化管理水平及城市品质有待进一步提升。市容市貌需进一步优化提升。全市12条黑臭水体的部分河涌黑臭问题解决进度缓慢，水质监测结果时有反复。违规广告、人行道路面坑洼、公交站台破损、交通指示设置杂乱等细节问题仍然存在，影响人民群众的感受及招商引资。

三是民生和社会事业领域仍存在短板。城区交通拥堵问题仍未

得到有效解决。学前教育发展较滞后，高等教育支撑创新驱动能力不足。医疗卫生资源配置不均衡，整体医疗水平有待提高，公共卫生健康保障功能发挥不充分。社会保障体系有待进一步完善。就业困难人员再就业难和技能人才招工难并存，就业服务机制有待理顺。东西部和城乡公共服务供给不平衡不充分问题仍然存在。

二、2018 年经济社会发展的总体思路和预期目标

（一）发展环境

从宏观环境看，新兴经济体和发展中国家成为拉动全球经济回暖的主要力量，美联储宣布再次加息，全球性宽松货币政策正酝酿渐次退出，国际货币基金组织（IMF）调高全球经济 2018 年增速至 3.7%，表明世界经济复苏的动力仍然强劲。但仍存在很多不确定性、不稳定性因素，逆全球化思潮继续发展并发挥作用，全球资本紧缩会导致较大的金融风险，对世界经济带来较大影响。从国内看，我国经济已由高速增长阶段转向高质量发展阶段，正处在转变发展方式、优化经济结构、转换增长动力的攻关期。十九大报告提出建设现代化经济体系，为新时代如何做好经济工作指明了方向。中央经济工作会议指出，推动高质量发展是当前和今后一个时期确定发展思路、制定经济政策、实施宏观调控的根本要求，表明我国经济发展将长期延续稳中提质态势。从珠海自身情况看，经济平稳增长的压力动力并存。消费新热点不多，外贸转型缓慢，创新基础不强，产业集聚度不高，实体经济发展面临放缓压力。同时也要看到，创新驱动发展及开放引领战略深入实施、供给侧结构性改革的扎实推进，进一步夯实珠海发展基础。港珠澳大桥建成通车、粤港澳大湾区世界级城市群的规划建设，以及“一带一路”倡议、自贸区、自创区建设的深入推进，珠海将迎来新一轮发展的战略机遇期，作为珠江西岸核心城市、广东省副中心城市，珠海的战略地位更加凸显。国家和省对珠海寄予厚望，全市人民对未来充满期待，珠海有基础、有底气、有使命实现更高质量、更高水平的发展。

（二）总体思路

全面贯彻党的十九大和中央经济工作会议、中央农村工作会议精神，以习近平新时代中国特色社会主义思想为指导，贯彻落实省十二次党代会，省委十二届二次、三次全会，市委八届三次、四次全会精神，按照 2018 年市政府工作报告的有关部署，坚持用新发展理念统领发展全局，坚持“抢抓机遇、担当使命、干在实处、走在前列”的工作总要求，坚持质量第一、效益优先，以供给侧结构性改革为主线，建设现代化经济体系，推动经济发展质量变革、效率变革、动力变革。着力完善公共服务体系，不断满足人民群众日益增长的美好生活需要，努力实现经济社会持续健康发展，为高质量全面建成小康社会，打造创新型、开放型珠江西岸核心城市和交通枢纽城市奠定更加坚实的基础。

（三）主要预期目标

——地区生产总值增长 8.5% 左右；

——规模以上工业增加值增长 10.5%；

——社会消费品零售总额增长 11%；

——固定资产投资总额增长 18%；

——外贸进出口总额保持正增长；

——实际吸收外商直接投资增长 3%；

——一般公共预算收入增长 9%；

——居民消费价格指数涨幅控制在 3% 以内；

——全体居民人均可支配收入增长 9%；

——城镇登记失业率控制在 3% 以内；

——现代服务业增加值占服务业比重完成省下达目标；

——先进制造业增加值占规模以上工业比重完成省下达目标；

——高技术制造业增加值占规模以上工业比重完成省下达目标；

——研究和试验发展经费（R&D）支出占 GDP 比重达 3.0%；

——节能减排降碳约束性指标完成省下达目标。

三、2018 年国民经济和社会发展重点工作

（一）扎实推进供给侧结构性改革，着力发展壮大实体经济

切实提高供给体系质量。推进“破、立、降”各项工作。巩固国有“僵尸企业”出清重组成果，实现非国有“僵尸企业”全部市场出清。完善促进房地产市场平稳健康发展的长效机制，保持房地产市场调控政策连续性和稳定性，建立购租并举的多层次住房供应体系，更好满足在珠人才、创业人士、在珠就业创业港澳人士居住需求，确保房地产去化周期控制在合理水平。

集中有效资源开展去杠杆行动，处置互联网金融风险，严厉打击非法集资，严防发生影响社会稳定的金融风险事件。严格落实国家税费减免及政府性基金减免政策，全年为企业减负60亿元。构建现代产业体系。出台实施现代产业体系规划。提升产业存量，实施“十百千”工业企业梯度培育年度计划，全年培育产值10亿元以上企业67家、超百亿元企业7家。启动新一轮技改三年行动计划，实施技术改造规上工业企业超260家。做大产业增量，加强招商引资工作，全年实际吸收外资超过25亿美元。

大力促进实体经济发展。全力建设全省智能制造示范基地和珠江西岸先进装备制造产业带龙头。推动格力国际智能制造产业园、国机机器人产业科技园、伟创力工业4.0制造基地和云洲智能无人船产业基地等智能工厂建设。抓好战略性新兴产业项目，加快推进珠海信息港、粤澳合作中医药科技产业园、中兴智能汽车有限公司新能源商用车生产基地建设项目、中海福陆海洋工程装备制造基地三期工程等项目。大力推进服务业项目建设，谋划建设大桥经济区。抓好珠海奥园广场综合项目、长隆国际海洋度假区（二期）、横琴国际科技创新中心等项目建设。加快互联网与现代物流融合，规划建设国家级产业物流园。积极创建国家级电子商务示范企业基地。推动军民融合发展，支持富山工业园、航空产业园、智慧产业园等园区创建军民融合基地。

扩大有效投资、消费、外贸需求。加大投资力度，优化投资结构，提高工业投资占比，加大招商项目落地工作力度，全面清理和推动已供地未开工项目尽快开工建设。安排年度重点项目411项，年度计划投资780亿元，计划投产项目64个，新开工项目146个。安排市政府投资项目78项，计划安排投资97.28亿元。加快基础设施供给侧结构性改革。落实“互联网+”计划，加强与通信运营商和行业龙头企业的战略合作，推进大数据中心等第一批20个项目建设，推动智慧园区服务平台等第二、第三批25个项目启动。加大西部地区基础设施投资力度。以西部城区和横琴新区为重点，带动全市推进海绵城市样板工程建设。促进产业园区扩能增效，支持园区开展特色专业园区建设，高水平推进富山工业园开发建设。提振消费需求，进一步加大对电子商务发展的政策引导，继续深化与阿里巴巴、京东商城和大龙网等知名电商项目合作。大力发展商务旅游和会展旅游，推进海泉湾二期等项目建设。全力稳定外贸增长。积极培育孵化外贸100强企业，加快调整外贸结构。加强与我国签订自由贸易协定国家的经贸往来，巩固拓展传统市场，争取在60个国家和地区建立贸易联络点。大力发展外贸新业态。支持企业申报省级外贸综合服务企业。加快推进外贸企业市场采购试点工作，积极申报国家级服务外包示范城市。

（二）全面深化重点领域改革，激发体制机制新活力

完善社会主义市场经济体制。加强国资国企改革，推动国有企业创新发展。推动在国有资本做强做优做大、国企战略重组、国有资本授权经营体制改革、完善企业法人治理结构等领域上取得新突破。推动华发集团、九洲控股集团等引进战略投资者，提升国企竞争力，推动国企在经济发展中发挥更大作用。深化商事制度改革，对标国际标准，组织开展全市商事主体营商环境指标评估工作，优化珠海易注册，全面推行商事主体登记注册“同城通办”，探索加强事中事后协同监管。深化投融资体制改革，发挥珠海发展投资基金撬动作用，合理扩大子基金规模，总规模超过1000亿元。加强社会信用体系建设，升级完善公共信用信息管理系统。建立健全信用法规和标准体系，建立部门和行业间联动奖惩机制。

深化“放管服”改革。科学下放市级行政管理事权，优化机构资源配置，做好省政府下放事项的有效承接，完善市级事权下放的后续监管和动态调整机制。继续清理规范政府部门行政审批中介服务事项。进一步完善珠海市建设项目审批综合管理平台，将市级部门的全部审批事项纳入平台管理。拓展市政务服务大厅“一门式”综合受理范围，持续优化“一网式”部门事项手机办理，推动基层公共服务平台规范化建设，加强区镇两级落实“一门式一网式”政务服务模式改革。动态调整权责清单。推进办税便利化改革，在全市国税、地税办税服务厅全面推行“一厅通办”。深化城市管理机制改革，做实网格化管理，确保每一寸土地、每一个角落都有人负责。

推进社会治理创新。贯彻落实国家、省城乡社区治理政策，继续推进各区按批次开展社区协商工作。推进社会工作发展，开展2018年“专业社工全民义工”专业社会工作服务试点。加强社会工作人才队伍建设。开展社会工作者

能力提升及继续教育培训。促进社会组织健康发展，稳妥推进直接登记，重点培育、优先发展行业协会商会类、科技类、公益慈善类、城乡社区服务类社会组织。

（三）深入实施创新驱动发展战略，推动形成全面开放新格局

大力培育创新主体。制定并实施高新技术企业树标提质行动计划，力争高新技术企业达1550家。加强重点领域核心技术攻关，围绕我市重点发展的高端新型电子信息、生物医药、新能源、新材料等领域组织实施一批核心关键技术攻关项目。推动新型研发机构提质，制定《珠海市院士工作站建设管理暂行办法》。推进华南理工现代产业研究院、珠海深圳清华大学研究院创新中心等现有机构提升科研实力和成果转化能力。引进建设新型研发机构，新增省级新型研发机构2家，新增省级以上创新平台50家。推进国家新能源汽车动力电池及电驱动系统质检中心等公共平台建设。落实孵化器建设规划，新增3家科技孵化器。高起点高标准推进智慧产业园建设，全力打造国家级智慧产业示范园区。推动高校向创新型应用型转型发展，新增本科院校重点学科10个，推动吉林大学等高校建设研究生院，加快中山大学“天琴计划”等项目建设。

着力优化创新生态。实施更加开放的创新人才引进政策，深化横琴人才管理改革试验区建设，引进海外高端创新人才，实施高层次人才支持计划。全年引进省创新创业团队不少于3家、国家“千人计划”专家不少于30人、各类人才不少于2万名。完善创新扶持资金管理办法，修订新型研发机构和科技创新公共平台、高新技术企业培育、专利促进、科技企业孵化器等资金管理办法，加大奖励支持力度。推进质量强市建设，提升产品、技术、服务、工程等各方面标准。支持企业主导或参与制定一批国际国内标准，开展标准国际化创新型城市试点创建工作。构建知识产权保护机制，启动《珠海经济特区知识产权保护条例》立法相关工作，申报国家知识产权示范城市。完善“菁创荟”服务平台，支持青年创新创业。

推动横琴自贸片区发展建设。加快横琴、保税区、洪湾片区一体化发展进程，在推动口岸监管模式创新、重大金融改革、外商投资和境外投资等领域争取更大突破。加强与港澳更深层次合作，配合澳门打造世界旅游休闲中心，加快申报横琴国际休闲旅游岛，争取横琴、澳门之间人员往来更加便利的措施，推动两地游客资源共享。与澳门携手建设“粤澳信息港”，推动珠港澳物流合作园建设。推进励骏庞都广场、粤澳中医药科技产业园等合作项目首期建成运营。全面优化法治环境，探索建立粤港澳大湾区商标知识产权跨境合作机制，支持横琴国际知识产权交易中心加快发展。

构建开放型经济体系。抢抓港珠澳大桥建成通车机遇，主动融入粤港澳大湾区城市群建设。深度参与国家“一带一路”建设，加快高栏港综合保税区建设，积极申报自由贸易港。发挥驻境外经贸代表处作用，强化与东南亚、南太平洋岛国、拉美等沿线国家和地区的经贸交流。打通“川贵广—南亚”国际物流大通道，跟踪推动中以科技创新大会、中拉国际博览会签约项目落地，推进中以产业园及以色列中国（珠海）离岸创新中心建设。高质量办好第十二届国际航空航天博览会。强化与黑河市的对口合作，深化两地旅游、装备制造等领域合作。

（四）加快协调发展和生态文明建设，大力提升城市现代化水平

加快城市扩容提质升级。开展新一轮城市总规编制，促进城市“东接西拓南进北联”，尽快拉开城市建设框架。以“生产空间集约高效，生活空间便利舒适，生态空间山清水秀”为发展方向，以“厕所革命”、户外广告规范、公共设施保洁、市政道路修复、工地文明施工和绿化综合提升为抓手，着力提升城市精细化管理水平。落实好城市环境清理规范优化提升“1+7”工作方案。开展主干道环境综合提升，及时修补破损路面、护栏等市政设施，继续开展违法建设专项治理。加强环卫基础配套保障，提高保洁人员待遇和机械化水平。打造城市阳台等一批山水相连、亲山近水的标志项目。启动“厕所革命”新三年行动计划。对所有大中型桥梁实施景观亮化工程。稳妥推进主城区三旧改造。重点推动中心城区旧工业转型升级。推动金鼎第一工业区等“工改产”项目启动建设。推动上冲、东桥、湾仔银坑、洪湾旧村等城中旧村更新项目加快建设。出台老旧小区更新管理办法及老旧小区综合整治技术标准。启动建设拱北口岸南区、城市之心等位于重要门户及中心区位的城市更新项目。推广使用管道天然气。新建40千米市政燃气管道，完成7.6万户老旧小区住宅的公共燃气管道加建工作。

全面实施乡村振兴战略。全面

铺开西部生态新区起步区建设。加快金湾B片区主干路网、斗门片区平华大道等续建项目。动工建设金湾航空新城中学、珠海国际体育中心、斗门展览中心、富山新城南片区公交枢纽、邻里中心、幼儿园、小学等公共服务项目。建成平沙新城中心公园。扎实推进农业供给侧结构性改革，加快推进岭南大地田园综合体试点项目等农业园区建设，促进三产融合，培育“三品一标”等农业名牌，打造绿色高效的都市现代农业，提高农民收入。加快补齐农村基础设施短板，重点帮扶危房改造、学校、饮水等基本民生工程。加强农村卫生环境整治，加大垃圾处理力度。推进海岛公路、码头建设。落实精准扶贫，实现我市对口帮扶阳江、茂名211个贫困村全部脱贫。扎实做好对口怒江州东西部扶贫协作和对口支援四川甘孜、西藏米林县及米林农场、重庆巫山等藏区库区工作。

全面提升交通辐射能力。加快完善港珠澳大桥配套设施及衔接路网建设。全面铺开香海大桥、洪鹤大桥、鹤洲至高栏港高速公路、香海大桥支线、金海公路大桥等项目建设，珠机城轨一期工程2018年具备通车条件。加快推进金琴快线、兴业路快速通道、情侣路南段主（辅）线工程等重点城市道路项目建设。加快推进中珠澳沿江高速等对接深中通道的项目进展，推进珠江肇高铁、珠海地铁前期工作。打造空港枢纽。加快珠海机场升级改造、珠海机场综合交通枢纽建设，将珠海机场旅客保障能力提升至1200万人次/年，谋划建设空港经济区。全力推进高栏港集装箱码头二期工程、东澳岛客货运码头、格力海岸游艇码头等在建项目工程，开展高栏港区20万吨级主航道前期工作，推动北方石油石化码头和烽火科技等配套码头项目开工建设。

大力治理交通拥堵。高标准建设一批人行天桥和地下通道，推进海滨北路、凤凰路拓宽改造，开展屏东四路等14个路口道路挖潜，推进造贝路北延段等断头道路打通工作。提高节假日和上下班高峰期路面见警率，重点疏导上冲检查站、金凤路、旅游路、柠溪路、桂花路等拥堵路段。优化交通项目施工方案，科学安排施工时段，减少路面施工对市民出行的影响。开工建设板樟山隧道扩容工程。优先发展公共交通，更新投放1340辆、新增400辆纯电动公交车，新开10条以上公交线路。提升绿色智慧交通水平，加强智慧交通运行管理平台应用。

建设生态文明美丽珠海。打好水、大气、土壤污染防治“三大战役”。全力加强污水处理工作，推进香洲污水处理厂三期工程、吉大、南区污水处理厂提标改造工程等，新建污水管网约40千米，新增污水处理能力10万吨/日。全面落实污染天气应对措施，加快推进泥头车全密闭改造试点等工作。深化前山河流域环境综合整治，加强对工业污染源的污染排放监督，全面落实“河长制”。建设社区公园、市政特色公园，改造提升老旧市属公园。推进城市绿道、健康步道、林荫道建设。新建5个市政公园和一批社区公园、20千米健康步道、30千米城市绿道，改造提升40千米林荫道。

（五）顺应人民美好生活新期待，促进社会事业全面发展

提升教育资源水平。发展公益性普惠性学前教育，2018年建成3所公办幼儿园，增加公办幼儿园学位1170个，全市公办属性幼儿园和普惠性民办幼儿园覆盖率达80%以上，规范化幼儿园达95%以上。积极引入社会资本和民间资本参与学校等教育基础设施建设。加快推进凤凰中学、梅华中学、珠峰实验学校、珠海中学等一批重点项目建设进度，增加学位供给。促进东西部义务教育优质均衡发展，深入推进中小学办学联盟工作，加强对西部地区学校教师的指导。分类支持中山大学珠海校区、北京师范大学珠海校区、暨南大学珠海校区等加快高水平学科和应用型专业建设，重点支持建设一批高水平理工类学科和学科群。发展中等职业教育，建设一批校企紧密合作“前店后校”模式的产教实训基地。

推进健康城市建设。加快推进健康基础设施建设，重点推进市西部医疗中心、市妇幼保健院易址新建、市慢性病防治中心等项目建设。提高医疗卫生服务水平，支持市人民医院和中山大学附属第五医院进军全省“30强”医院。深化医药卫生体制改革，加快五项基本医疗卫生制度建设。继续实施改善医疗服务行动计划，不断提升百姓看病就医获得感。加快完善基层医疗卫生服务体系，推进家庭医生签约服务，完善基层医疗卫生机构绩效管理。推进慢性病综合防控示范区全覆盖。建成5个健康镇、50个健康村、100个健康“细胞”单元。启动市民健康信息服务平台建设，初步实现预约挂号、排队等候等功能。

加大就业服务及社会保障力度。做好高质量就业工作。新增城镇就业人数4万人。开展2018年度高层次人才、青年优秀人才选拔工作。出台《珠海市就业困难人员认定管理和就业援助暂行办法》《珠海市公益性岗位开发与管理办法》，加大就业援助力度。开展失业保险浮动费率试点。做好2018年劳动力市场工资指导价位和人工成本信息的发布及宣传工作。面向毕业大学生举办创业大赛等创业主题活动，以创业带动就业。继续贯彻落实企业职工基本养老保险省级统筹工作。深化医疗保险支付方式改革，探索紧密型医联体内签约人群实行“总额包干，节余留用”模式。加快推进市社会福利中心二期工程、社区居家养老服务站建设。实施市工伤保险浮动费率管理。加快建设保障房项目，基本建成保障性住房1140套，新开工建设棚户区改造安置房1600套以上。将住房保障人群扩大到人均住房建筑面积13平方米以下的城镇中低收入住房困难家庭。加大特困人员保障力度，确保特困人员基本生活标准达低保标准的1.6倍。

打造特色文化强市。推进珠海市美术馆改扩建工程、全民健身综合训练馆等一批文体基础设施建设。推动珠海博物馆和规划展览馆向公众开放。全面推进市区镇村四级文化设施达标，实现社区体育公园全覆盖，完成市区“十分钟文化圈”、西部地区“十里文化圈”建设。继续办好市民艺术节和加强非物质文化遗产保护工作，评定市级非物质文化遗产项目名录。大力推进市民艺术中心建设，推动珠海市民艺术中心社会化供给体系项目成为广东省第二批公共文化服务示范项目。加强未成年人思想道德建设。办好春晚珠海分会场、中国国际马戏节、珠海沙滩音乐节等城市品牌活动，进一步加强和开展对港澳的文体交流活动。加强文物保护利用工作，搭建文物安全监控、智慧管理平台。成立珠海文化创意产业基金，支持新兴文化创意业态发展。深化文化体制改革，完善文化艺术人才引进培养机制。

（六）完善计划实施保障机制，确保完成年度目标

压实各区各部门稳增长主体责任。做好各区各部门督办、协调、服务和指导工作，将年度预期目标层层分解下达各区各部门，加强对各区各部门指标完成情况、政策落实情况、重点项目建设的督查督办，并纳入各区、各部门经济社会发展综合评价和绩效考核，合力推动全市经济持续增长、社会和谐稳定。完善检查监督机制。发挥监察、审计、统计等部门的作用，及时查找问题、提出解决措施。完善计划实施的公众参与和民主监督机制，拓宽公众参与渠道，及时公开计划实施情况，主动接受社会监督，确保不折不扣完成全年发展目标任务。

各位代表，2018年是全面贯彻落实党的十九大精神的开局之年，也是实施“十三五”规划承上启下的一年，我们将继续在市委、市政府的正确领导下，在市人大、市政协的监督指导下，精准施策、勇于担当，扎实工作，干在实处，全面完成经济社会发展各项任务，向改革开放40周年献礼！

2017年珠海市主要指标完成情况与2018年预期目标

主要指标	2017年			2018年	
	预期目标	预计完成数	预计增速（%）	预期目标	增长（%）
1. 地区生产总值（GDP）（亿元）	8～8.5	2554	9	—	8.5
2. 人均GDP（万元）	7	14.34	7	15.34	7
3. 服务业增加值占GDP比重（%）	49	49	—	50	—
4. 规模以上工业增加值（亿元）	8	1105.6	10.9	—	10.5
5. 一般公共预算收入（亿元）	10	314.35	10.4	342.64	9
6. 居民消费价格指数	3	100.8	0.8	103	3

（续 表）

主要指标	2017 年			2018 年	
	预期目标	预计完成数	预计增速（%）	预期目标	增 长（%）
7. 社会消费品零售总额（亿元）	12	1130.8	11.3	1254	11
8. 固定资产投资额（亿元）	15	1662.02	19.6	1965	18
9. 外贸进出口总额（亿元）	1.5	2973.29	8	—	保持正增长
10. 实际吸收外商直接投资（亿美元）	3	24.33	6	25.06	3
11. 全体居民人均可支配收入（元）	8.5	43969	9.5	—	9
12. 现代服务业增加值占服务业比重（%）	59.6	60.6	—	待省下达目标	
13. 先进制造业增加值占规模以上工业比重（%）	50.6	54.3	—	待省下达目标	
14. 高技术制造业增加值占规模以上工业比重（%）	24.8	27.8	—	待省下达目标	
15. 年末总人口（万人）	1.8	170	1.47	172.7	1.6
16. 人口自然增长率（‰）	15	15	—	—	16.7
17. 城镇登记失业率（%）	3.2	2.26	—	3	—
18. 城镇生活污水处理率（%）	95	100	—	100	—
19. R&D 经费支出占 GDP 比重（%）	2.9	2.9	—	3.0	—
20. 城镇人均公园绿地面积（平方米）	19.8	20	—	22	—
21. 单位 GDP 能耗下降率（%）★	3.8	—	≥ 3.8	待省下达目标	
22. 二氧化硫排放量（万吨）★	2.464	≤ 2.464	—	待省下达目标	
23. 化学需氧量排放量（万吨）★	2.786	≤ 2.786	—	待省下达目标	

带★标志的为约束性目标，其余为指导性目标；2017 年数据为初步预计数；地区生产总值、人均 GDP、规模以上工业增加值增长速度按可比价计算，其余指标增长速度均按现价计算。

2017 年珠海市人大常委会制定、修订的地方性法规

法规名称	性 质	通过时间	生效时间
《珠海经济特区政府投资项目管理条例》	修 订	2017 年 7 月 26 日珠海市第九届人民代表大会常务委员会第五次会议	2018 年 1 月 1 日起施行
《珠海经济特区物业管理条例》	制 定	2017 年 11 月 22 日珠海市第九届人民代表大会常务委员会第九次会议	2018 年 3 月 15 日起施行
《珠海市人民代表大会常务委员会关于废止〈珠海市物业管理条例〉的决定》	修 改	2017 年 11 月 22 日珠海市第九届人民代表大会常务委员会第九次会议	2018 年 3 月 15 日起施行
《珠海经济特区海域海岛保护与利用条例（草案）》	初 审	2017 年 12 月 25 日珠海市第九届人民代表大会常务委员会第十次会议	

2017 年珠海市人民政府规范性文件统一编号登记表

序　号	起草单位	文件名称	统一编号
珠府办〔2017〕1 号	市交通局	珠海市人民政府办公室关于印发《珠海市交通信息资源管理办法》的通知	ZFGS-2017-01
珠府〔2017〕6 号	市人社局	珠海市人民政府关于印发《珠海市人才引进核准办法》的通知	ZFGS-2017-02
珠府〔2017〕45 号	市交通局	珠海市人民政府关于印发《珠海市网络预约出租汽车经营服务管理暂行规定》的通知	ZFGS-2017-03
珠府办函〔2017〕133 号	市工商局	珠海市人民政府办公室关于印发《珠海市商事主体“一照一码”登记服务全程电子化暂行办法》的通知	ZFGS-2017-04
珠府函〔2017〕168 号	市科工信局	珠海市人民政府关于印发《珠海市实施工业企业培育“十百千计划”若干政策措施》的通知	ZFGS-2017-05
珠府〔2017〕48 号	市人社局	珠海市人民政府关于印发《珠海市职工生育保险办法》的通知	ZFGS-2017-06
珠府〔2017〕48 号	市人社局	珠海市人民政府办公室关于调整珠海市困难群体补充医疗保险待遇的通知	ZFGS-2017-07
珠府办〔2017〕5 号	市工商局	珠海市人民政府办公室关于印发《珠海市商事主体名称申报管理办法》的通知	ZFGS-2017-08
珠府办函〔2017〕166 号	市国土局	珠海市人民政府关于印发《珠海市国有土地上房屋征收与补偿办法》的通知	ZFGS-2017-09
珠府〔2017〕75 号	市住规建局	珠海市人民政府关于印发《珠海市推进建筑产业现代化发展管理办法（试行）》的通知	ZFGS-2017-10
珠府办〔2017〕14 号	市民政局	珠海市人民政府办公室关于印发《珠海市特困人员救助供养制度实施方案》的通知	ZFGS-2017-11

2017 年珠海市人民政府颁布的政府令

令　号	名　称
珠府令第 115 号	珠海经济特区餐厨垃圾管理办法
珠府令第 116 号	珠海经济特区促进横琴休闲旅游业发展办法
珠府令第 117 号	珠海经济特区牛羊定点屠宰管理办法
珠府令第 118 号	珠海经济特区建设工程招标投标管理办法
珠府令第 119 号	珠海经济特区绿色建筑管理办法
珠府令第 120 号	关于废止珠海市小型客运船舶管理规定的决定

·责任编辑：曾维浩·

附　录

珠海市各级文物保护单位名单

全国重点文物保护单位（3 处）

序　号	文物保护单位名称	类　别	年　代	地　址	公布时间	保护范围/平方米	建设控制地带/平方米
1	宝镜湾遗址	古遗址	新石器至青铜时代	高栏港区南水镇高栏岛	2006-5-25	249533	300000
2	陈芳家宅	近现代重要史迹及代表性建筑	清	香洲区前山街道旅游路 268 号	2006-5-25	46515.97	73048.84
3	三灶岛侵华日军罪行遗迹（三灶万人坟、千人坟遗址）	近现代重要史迹及代表性建筑	中华民国	金湾区三灶镇竹沥山、鱼弄	2013-3	10000	65000
	三灶岛侵华日军罪行遗迹（慰安所）	近现代重要史迹及代表性建筑	中华民国	金湾区三灶镇海澄村上表村民小组上表路五巷 12 号	2013-3	176.21	266.20
	三灶岛侵华日军罪行遗迹（轿顶山侵华日军摩崖石刻）	近现代重要史迹及代表性建筑	中华民国	金湾区三灶镇轿顶山路旁	2013-3		
	三灶岛侵华日军罪行遗迹（轿顶山侵华日军碉堡）	近现代重要史迹及代表性建筑	中华民国	金湾区三灶镇海澄村正表村轿顶山	2013-3	33.36	138.69
	三灶岛侵华日军罪行遗迹（横栏山侵华日军碉堡）	近现代重要史迹及代表性建筑	中华民国	金湾区三灶镇鱼月村定家湾村横栏山	2013-3	41.08	154.50

（续 表）

序 号	文物保护单位名称	类 别	年 代	地 址	公布时间	保护范围/平方米	建设控制地带/平方米
3	三灶岛侵华日军罪行遗迹（兴亚第一国民学校遗址）	近现代重要史迹及代表性建筑	中华民国	金湾区三灶镇中心村中兴小学内	2013-3		
	三灶岛侵华日军罪行遗迹（神社遗址）	近现代重要史迹及代表性建筑	中华民国	金湾区三灶镇海澄村莲塘村民小组海澄小学内	2013-3		

链接：

全国重点文物保护单位简介

宝镜湾遗址 位于高栏岛西南部的宝镜湾，包括遗址和摩崖石刻画，是一处沙丘连山岗遗址。1997-2000年，先后进行一次试掘和三次发掘，出土大量新石器时代晚期至商周时期的陶器、石器、玉器、水晶器等遗物及居住遗迹。其中，网坠100多件和重达18.5千克的石锚，反映了史前居民渔业生产特征，对研究环珠江口的史前文化具有重要的标尺作用。宝镜湾岩画中的人物现象，以大船为中心的密集神秘图案，对于研究南方沿海这一时期的祭祀活动、宗教信仰、图腾崇拜具有重要意义。（朱 见）

陈芳家宅 位于香洲区前山街道办梅溪村，包括陈芳故居、石牌坊群和陈氏墓园。陈芳（1825-1906年），字国芬，出生于梅溪村，1848年开始在夏威夷经商，成为檀香山华人百万富翁第一人，有“商界王子”美誉。陈芳故居位于梅溪村口，现旅游路268号，建于清代晚期，总占地面积5742平方米，建筑面积2600平方米，包括陈公祠1座、大屋3座、洋房和花厅各1座。石牌坊群，建于清光绪十二年（1886年）和光绪十七年（1891年），系光绪皇帝为陈芳及其父母等热心公益事业而赐建，原为4座，现存3座，均为三间三楼式石牌坊。陈氏墓园，为石砌灰砖墓，座北向南，占地2000平方米，筑有凉亭，竖有民国时期广东督军莫荣新题写的“胜地佳城”石牌。（叶伟忠）

三灶岛侵华日军罪行遗迹 位于金湾区三灶镇，含万人坟、千人坟、日军慰问所、日军“慰灵”石刻、碉堡、机场遗址等，是日军侵华的重要罪证。1983年列为广东省文物保护单位，2013年5月入选国家重点文保单位。1938年1月17日，日军6000多人在三灶岛莲塘湾登陆，在岛南部修建机场，设立以藤田中将为首的海、陆、空军组成的司令部，把三灶作为侵略华南的军事基地。是年农历三月十二日，日军洗劫鱼弄村，枪杀386人；13日，日军烧毁上表、邓家湾等36座村庄和164艘渔船，强奸妇女、杀戮儿童，在全岛施行灭绝人性的“三光政策”；14日，日军将抓来的男女老少2000多人分别在草堂沙岗、莲塘湾沙滩、春园祠堂、石湾关帝庙前、鱼林先锋坑、青湾等地进行集体枪杀。在沦陷的八年中，2891名三灶人被日军杀害，3500人被饿死。同期，日军还将从朝鲜、台湾以及万山、横琴等地抓来修机场的3000多名民工秘密杀害。日本投降后，逃离的群众陆续返岛，1948年，收拾死难同胞骨骸埋葬于上茅村等地，1979年将骨骸迁葬于竹沥山。（朱 见）

广东省文物保护单位（23 处）

序　号	文物保护单位名称	类　别	年　代	地　址	公布时间	保护范围 / 平方米	建设控制地带 / 平方米
4	苏兆征故居	近现代重要史迹及代表性建筑	清	高新区唐家湾镇淇澳社区	1979-12-19	936.31	8211.32
5	石溪摩崖石刻	石窟寺及石刻	清	香洲区翠香街道山场社区古元美术馆西侧	2002-7-17	35800	
6	杨氏大宗祠	古建筑	清	香洲区南屏镇北山社区	2002-7-17	9075.92	76789.37
7	菉猗堂及建筑群	古建筑	明—中华民国	斗门区斗门镇南门村	2008-11-18	3872.84	53456
8	苏曼殊故居	近现代重要史迹及代表性建筑	近代	香洲区前山街道沥溪社区西街 27 号	2008-11-18	1838.43	10755.27
9	唐绍仪故居	近现代重要史迹及代表性建筑	中华民国	高新区唐家湾镇唐家社区山房路 99 号	2008-11-18	973.03	5593.06
9	唐家共乐园	近现代重要史迹及代表性建筑	1910 年	高新区唐家湾镇唐乐社区山房路 234 号	2008-11-18	137799.93	163847.94
	望慈山房	近现代重要史迹及代表性建筑	1929 年	高新区唐家湾镇唐乐社区山房路 12 号	2008-11-18	828.09	1290.22
10	甄贤社学旧址	近现代重要史迹及代表性建筑	1871 年	香洲区南屏镇南屏社区甄贤小学	2008-11-18	1376	保护范围向外延伸 30 米
11	香洲烈士墓	近现代重要史迹及代表性建筑	1925 年	香洲区狮山街道红旗社区凤凰南路	2008-11-18	15050.87	23653.93
12	东澳湾遗址	古遗址	新石器时代	高新区唐家湾镇淇澳社区	2010-5-10	16474	21600

（续 表）

序号	文物保护单位名称	类别	年代	地址	公布时间	保护范围/平方米	建设控制地带/平方米
13	万山海战遗址（含战斗遗址、桂山舰登陆点、烈士纪念碑、烈士陵园）	近现代重要史迹及代表性建筑	中华人民共和国成立初期	万山区桂山镇吊藤湾	2010-5-10	43200	47200
14	淇澳岛抗英遗址（含天后宫、土炮台、白石街）	近现代重要史迹及代表性建筑	清道光	高新区唐家湾镇淇澳社区	2010-5-10	36037	36037
15	东澳岛铳城	古建筑	清雍正七年（1729）	万山区万山镇东澳岛	2010-5-10	28160	47460
16	唐家三庙（含圣堂庙、文武帝殿、金花庙）	古建筑	清	高新区唐家湾镇唐乐社区大同路	2010-5-10	2577	4883
17	后沙湾沙丘遗址	古遗址	新石器时代	高新区唐家湾镇淇澳社区东部后沙湾	2010-5-10	883.69	2860.12
18	容闳故居遗址	近现代重要史迹及代表性建筑	清	香洲区南屏镇南屏社区西大街3巷1号	2010-5-10	495.14	2066.47
19	草堂湾遗址	古遗址	新石器时代	金湾区三灶镇草堂湾社区草堂居民小组	2012-10-20	8076.16	9237.10
20	大王宫工丈摩崖石刻	石窟寺及石刻	清	斗门区白蕉镇桅夹村	2012-10-20	276.18	810.91
21	蚊尾洲灯塔	近现代重要史迹及代表性建筑	清	万山区担杆镇佳蓬列岛西南端蚊尾洲	2012-10-20	300.03	500.03
22	古元故居	近现代重要史迹及代表性建筑	中华民国	高新区唐家湾镇那洲社区	2012-10-20	212.34	481.99

（续 表）

序 号	文物保护单位名称	类 别	年 代	地 址	公布时间	保护范围/平方米	建设控制地带/平方米
23	拉塔石炮台遗址	近现代重要史迹及代表性建筑	清	香洲区拱北街道夏湾社区炮台山	2015-12-10	1833.46	3429.52
24	荔山村黄氏宗祠建筑群	古建筑	明	斗门区乾务镇荔山村	2015-12-10	2608.80	4410.51
25	横琴赤沙湾遗址	古遗址	新石器时代晚期	横琴区横琴镇深井村赤沙湾	2015-12-10	10316.49	29432.89
26	徐诚斋墓	古墓葬	清	香洲区湾仔街道作物社区加林山北坡	2015-12-10	4163.15	6487.02

珠海市文物保护单位（19 处）

序 号	文物保护单位名称	类 别	年 代	地 址	公布时间	保护范围/平方米	建设控制地带/平方米
27	中山纪念亭	近现代重要史迹及代表性建筑	1912 年	香洲区前山街道中山亭社区梅花路	1986-5-13	539.79	910.04
28	前山寨城墙	古遗址	明	香洲区前山街道逸仙路 65 号	1986-5-13	2534.99	13802.58
29	竹仙洞摩崖群	石窟寺及石刻	清	香洲区湾仔镇竹仙洞水库	1986-5-13		
30	愚园	近现代重要史迹及代表性建筑	清末	香洲区拱北街道北岭社区	1986-5-13	20865	外延 20 米
31	张世杰墓	古墓葬	南宋	斗门区黄杨山	1994-8-23		
32	连湾山摩崖石刻	石窟寺及石刻	清同治	高栏港区平沙镇连湾山	1994-8-23	193.21	1948.15
33	拱北莲花亭	近现代重要史迹及代表性建筑	中华民国	香洲区拱北街道粤华社区莲花路	1994-8-23	165.50	228.03

（续 表）

序 号	文物保护单位名称	类 别	年 代	地 址	公布时间	保护范围/平方米	建设控制地带/平方米
34	乌岩山“第一石门”摩崖石刻	石窟寺及石刻	1785 年	斗门区黄杨山乌岩山	2011-5-13	3331.75	6148.64
35	珠海渔女石雕像	近现代重要史迹及代表性建筑	1988 年	香洲区吉大街道香炉湾畔	2011-5-13	5974.40	10861.50
36	九洲城	近现代重要史迹及代表性建筑	1984 年	香洲区吉大街道景山社区景山路 191 号	2011-5-13	11087.36	13667.64
37	沥溪简氏宗祠	古建筑	清	香洲区前山街道南溪社区祠堂街 27 号	2011-5-13	237.54	431.13
38	西安码头泵站	近现代重要史迹及代表性建筑	1979 年	斗门区莲洲镇西安码头北侧	2011-5-13	1073.39	2869.8
39	乾北石桥	古建筑	明末	斗门区乾务镇乾北村	2011-5-13	12.63	52.63
40	财星阁	近现代重要史迹及代表性建筑	中华民国十一年	斗门区斗门镇大濠涌村	2011-5-13	155	1802
41	淇澳祖庙	古建筑	清	高新区唐家湾镇淇澳社区东和街	2011-5-13	387.83	1141.51
42	卢慕贞故居	近现代重要史迹及代表性建筑	清末	高新区唐家湾镇北沙社区外沙村 193 号	2011-5-13	128.03	205.01
43	蔡昌故居	近现代重要史迹及代表性建筑	清末	高新区唐家湾镇北沙社区外沙村 91 号	2011-5-13	139.01	765.35
44	瑞芝唐公祠	古建筑	清	高新区唐家湾镇唐家社区山房路	2011-5-13	927.95	1270.58
45	灵岩洞摩崖石刻	石窟寺及石刻	清光绪十年	金湾区三灶镇草堂社区游岩山灵岩洞石壁上	2011-5-13	458.06	753.32

珠海市区级文物保护单位（11 处）

序 号	文物保护单位名称	类 别	年 代	地 址	公布时间	保护范围/平方米	建设控制地带/平方米
46	马南宝古墓	古墓葬	元	斗门区斗门镇小赤坎新村	1987-11-30		
47	斗门区革命烈士纪念碑	近现代重要史迹及代表性建筑	1980 年	斗门区井岸镇港霞路西	1988-12-6		
48	黄鏞家族墓	古墓葬	明	斗门区乾务镇蛤婆岭	1988-12-6		
49	山场北帝庙	古建筑	清	香洲区翠香街道山场社区	2006-6-6		
50	白莲洞	石窟寺及石刻	清	香洲区吉大街道官村社区九洲大道中	2006-6-6		
51	会同村（调梅莫公祠、莫氏大宗祠、会同祠，碉楼，南、北闸门，栖霞仙馆）	古建筑	清	高新区唐家湾镇会同社区	2006-6-6		
52	保遐杨公祠（含澄川杨公祠）	古建筑	清	香洲区南屏镇北山社区北山正街北四巷 28 号、北山正街北三巷 8 号	2010-4-7		
53	莲花山古井	古建筑	清	斗门区乾务镇乾西村	2011-7-6		
54	南山村镇南楼	近现代重要史迹及代表性建筑	中华民国十四年（1925）	斗门区乾务镇南山村	2011-7-6		
55	抗台风暴潮殉职同志纪念碑	近现代重要史迹及代表性建筑	1980 年	金湾区红旗镇湖东社区湖东居委会北侧	2011-4-29		
56	晒鱼石摩崖石刻	石窟寺及石刻	清光绪十六年（1890）	金湾区三灶镇金海岸社区斜尾居民小组东南角	2011-4-29		

（市文体旅游局）

·责任编辑：曾维浩·

索引

说明

一、本索引款目按汉语拼音字母（同音字按声调）顺序排列。

二、文中的类目题、分目题、次分目题用黑体字标明，其余用宋体字排印。

三、索引款目后的数字表示内容所在的页码，数字后的英文字母（a、b、c）表示栏别（即版面1、2、3栏）。

四、同一主题内容在文中多处出现的，在其款目后用不同的页码标明。

五、本索引对《特载》《大事记》《人物》《统计资料》《文献·法规》《附录》等类目不作内容主题分析。

D

K

T

W

X

图书在版编目（CIP）数据

珠海年鉴．2018 / 珠海年鉴编纂委员会编．—广州：广东教育出版社，2018．10

ISBN 978-7-5548-2585-3

Ⅰ．①珠… Ⅱ．①珠… Ⅲ．①珠海—2018—年鉴
Ⅳ．① Z526．53

中国版本图书馆 CIP 数据核字（2018）第 235893 号

责任编辑：罗　莉　田建利
责任技编：佟长缨　刘莉敏
装帧设计：冯建华
封面摄影：梁　旭

ZHUHAI NIANJIAN
珠海年鉴 · 2018

广东教育出版社出版
（广州市环市东路 472 号 12–15 楼）
邮政编码：510075
网址：http://www.gjs.cn
广东新华发行集团股份有限公司经销
雅昌文化（集团）有限公司印刷
（深圳市南山区深云路 19 号）
开本：850mm × 1168mm　1/16　印张：30　彩页：32　字数：867 千字
2018 年 11 月第 1 版　2018 年 11 月第 1 次印刷
印数 1- 1000 册
ISBN 978-7-5548-2585-3
定价：280.00 元
质量监督电话：020-87613102　邮箱：gjs-quality@gdpg.com.cn
购书咨询电话：020-87615809

版权声明：《珠海年鉴 · 2018》版权属珠海年鉴编纂委员会所有。未经同意，不得以任何文字和形式将本书内容进行翻印、翻译、转载和出版